C湛庐文化 Cheers Publishing

a mindstyle business
与 思 想 有 关

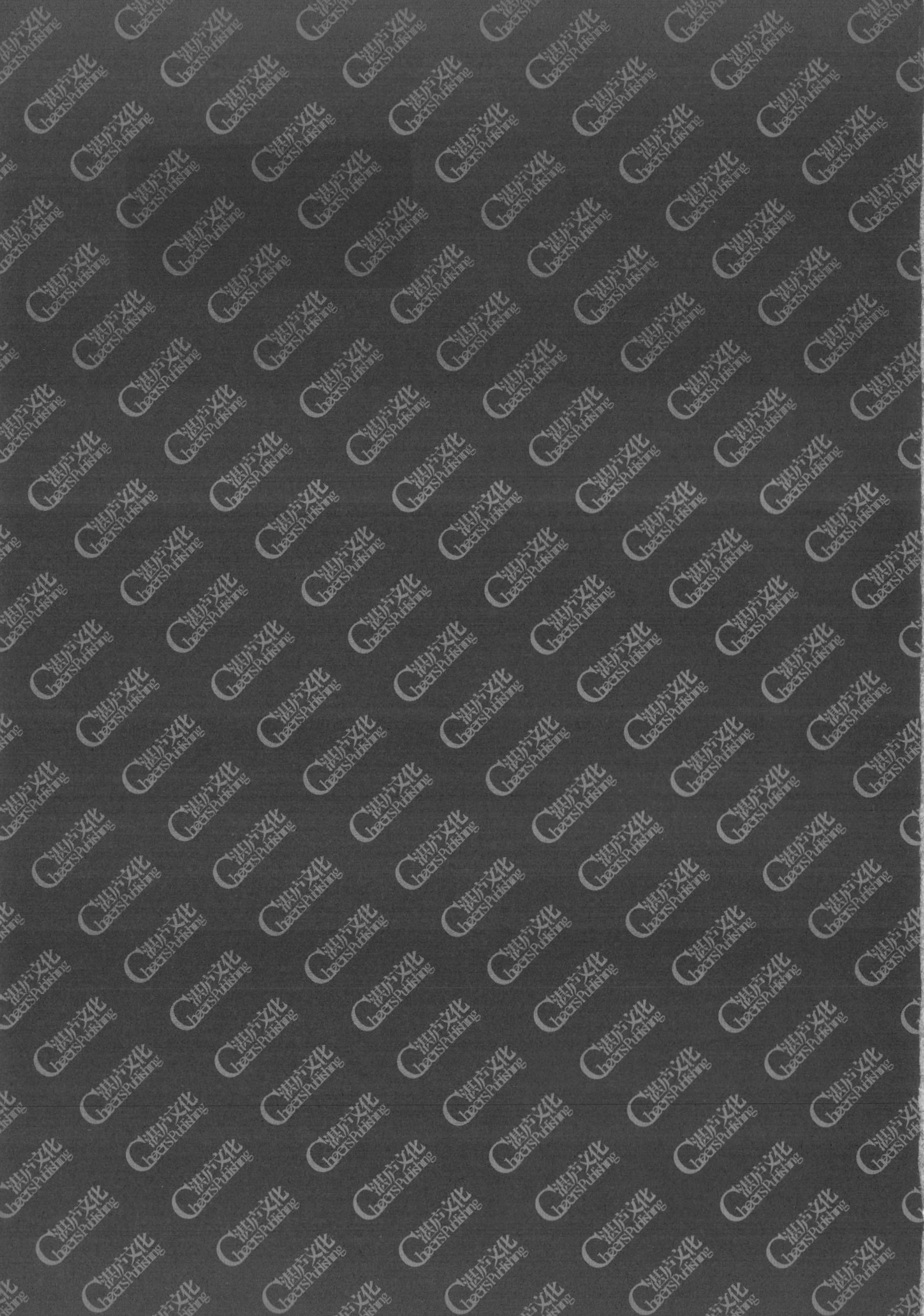

BUILDING A RENMINBI OFFSHORE PRODUCTS CENTRE

HKEX'S PRODUCT INNOVATIONS

打造人民币离岸产品中心

香港交易所的创新产品巡礼

巴曙松◎主编

蔡秀清◎副主编

浙江人民出版社
ZHEJIANG PEOPLE'S PUBLISHING HOUSE

序言

为人民币国际化奠定坚实的产品和市场基础

李小加
香港交易及结算所有限公司　集团行政总裁

纵观香港经济金融体系发展的历史，可以说是一部在东西方交汇与互动的过程中不断探索自身独特定位的历史，香港也因此从荒芜的渔村，一跃而成为繁荣的国际金融中心。一代又一代的香港人，为此付出了自己的努力与智慧。

在当前的全球格局变化中，香港应当如何找到自己在新的环境下的独特定位？这一直是我在思考中的一个重要问题。

香港与纽约及伦敦并列为全球金融体系中十分活跃的国际金融中心，亦位处后两者之间的时区，更是辐射"一带一路"沿线国家与地区的关键节点。历史上，香港凭借开放的市场环境、完善的法治和与国际接轨的市场制度，以及充足的专业人才成就其国际金融中心之地位。在全球金融中心的多种指数排名中，香港长期居于三甲之列。

当前，全球经济金融体系正在经历又一轮大规模的剧烈变化，一方面，中国越来越深入地融入全球金融体系中；另一方面，全球金融体系与中国市场的互动也日益频繁。在这个过程中，香港作为国际金融中心，在“连接中国与世界”方面，将继续发挥独特的枢纽作用，“沪港通”、“深港通”和“债券通”的成功运行，更是强化了这一定位。

环顾全球金融体系，虽然中国的国内生产总值总量在迅速提升，但是人民币资产融入国际金融体系中的比重还处于起步阶段。人民币成功加入国际货币基金特别提款权（SDR）的货币篮子，占比 10.92%，但是人民币在外汇储备以及国际金融体系中的应用占比，却离这个比例还有相当的距离。我们判断，未来一段时间，人民币资产将有望加速融入全球金融体系中，并且迅速提升其在全球金融体系中的影响力。在这个过程中，香港还能够发挥重要的作用，特别是在人民币“走出去”的过程中，香港离岸市场可充分利用资金进出自由的优势、国际资金港的地位，进一步丰富人民币计价的金融产品创新，成为推动人民币走出去和实现国际人民币跨境投融资、风险管理、金融创新的重要门户。更为重要的是，“一国两制”下的香港作为中国内地与国际市场的“超级联系人”，提供了根本的制度优势。在“一国”的框架下，香港与内地的协作深度可以超越其他任何国家和地区，为全面开放体系提供无所比拟的可控性；“两制”又使得香港拥有符合国际金融市场惯例的市场运行机制和制度框架，得以具备高度的灵活性来连接内地人民币国际化过程中与国际市场之间的互动需求。

在中国构建全面开放新秩序的过程中，持续对外开放市场，实现中国资本全球化布局、加快推进人民币国际化将是持续发生且不可逆转的重大转变。中国未来的发展正在出现多个方面的重要转变：第一，由以往的引进来为主，走向引进来与走出去并重，形成资金双向流动，资源、资产双向配置的局面；第二，由以往的贸易、商品输出为主，走向商品输出与资本输出相结合；第三，由以往的游戏规则的遵循者，转为既是游戏规则的遵循者也是参与者和制定者。如何在资本项目未完全放开的情况下，平稳可控地实现上述目标？我相信这是当前中国经济金融改革亟待解决又具有挑战意义的重要课题。

如果在现有框架下，逐步开放境内市场和资本项目，推动资本、资源进一步双向流动，固然可以实现中国经济的全面开放。然而，鉴于内地与国际金融市场在规则体系、运作上的重大差异在相当长的时间内会存在，境内外资金出现规模更大、更频繁的跨境流动也会带来相当大的监管挑战。因此，需要建立一个有序可控且不会对内地的宏观经济金融政策造成明显冲击的跨境平台，开发金融产品和发展金融生态圈，在既符合中国的金融开放的要求，又符合国际认可的规则体系的基础上，推动中国的资本、资产、资源与国际金融体系之间的良性平稳互动融合，提升中国资本在国际金融市场上的影响力和话语权。

这正是我们香港交易所近年来着力发展的“互联互通”以及多项人民币产品的着眼点：为中国提供一个既开放又风险可控的平台，将国际投资者和企业与中国企业和投资者连接起来，在推动金融产品创新的同时，充分保证交易便利性、资本畅通流动，无缝对接国内与国际市场，在中国与全球资源双向配置中发挥独特作用。

基于这些判断，我们近年来在香港积极推动产品创新，我们认为有深度的、多元的而且发达的金融产品市场，未来必定会在人民币国际化的进程中成为重要的载体和支持力量。这本以香港人民币离岸产品为主题的研究报告集，正是对我们近年来的一系列产品创新的跟踪研究的成果。

这本书尝试把握国际视角和中国需求，集中探讨了近年来香港交易所在股票、定息产品及货币、大宗商品等各个范畴开拓人民币产品的最新进展，以及推动落实打造人民币离岸产品中心的市场目标，为读者展现了人民币离岸产品发展的演进历程，亦有助于引发读者思考香港离岸金融创新在推动人民币国际化和金融深化中所扮演的独特角色和积极意义。

本书的第一部分介绍了香港交易所近年来在股票市场上推动的各项创新。股票通（又分为沪港通和深港通）是“互联互通”模式在股票市场的先行先试，通过基础设施和交易平台的跨境对接，实现香港和内地股票二级市场的互联互通。建议中的“新股通”，即允许境内外投资者分别申购对方市场所发售的新股，实质是将股票市场的互联互通模式从二级市场向一级市场的进一步延伸。容许有同股不同权架构的企业在港上市，特别是某些未录得盈利、尚处于起步阶段的新经济、新能源、高端装备制造等创新公司，有助于内地优质公司嫁接国际合作者、参与全球布局和国际产业定价。本部分还对服务于内地和香港两地跨境投资的指数及其相关产品做了介绍，为投资者投资内地 A 股和共同市场选择有效工具提供借鉴。

本书的第二部分谈及定息及货币产品，围绕中国债券市场开放及债券通的制度创新等内容展开。债券通是互联互通在债券及定息类产品市场上的具体体现，它不仅是一个实现人民币跨境投资、双向循环的载体，更可能成为发展多层次人民币风险管理产品和金融工具的孵化器。通过债券通带动国债期货、美元兑人民币（香港）期权合约、人民币货币指数等衍生品的开发和运用，推动人民币离岸金融产品生态圈发展，将提升香港人民币定价能力和风险对冲能力，强化海外人民币定价权。

本书的第三部分介绍了香港交易所首只实物交收双币（以美元及人民币定价及结算）黄金期货合约，以及以美元计价、现金结算的中国铁矿石期货合约。香港交易所2012年收购伦敦金属交易所后，积极推动在亚洲建立透明度高且流动性好的大宗商品期货市场，这不仅可满足市场参与者对风险管理的需要，更促使香港成为内地黄金、铁矿石乃至石油等重要商品连接国际市场的交易门户，助推实现中国商品市场的对外开放，强化中国在国际商品市场的定价权。

本书的第四部分结集了有关离岸人民币中心的多篇文章，对离岸人民币的流动性、香港交易所人民币产品的交易，以及为国内金融机构提供的场外结算方案等话题进行了探讨，显示香港交易所致力成为便利全球投资者的离岸人民币产品交易及风险管理中心。

当前，中国金融市场在稳步推动双向开放，越来越多的海外和内地投资者需要参与香港市场，需要对国际金融产品和香港离岸人民币市场有更多更深入的认识。随着香港交易所的“互联互通”不断延伸，越来越多的内地金融机构、企业，以及个人投资者，都可能会利用香港交易所的平台进入国际金融市场。同时，随着内地经济转型推进、人民币的进一步国际化，海外投资者亦越发希望加大人民币资产的配置。在内地金融市场还未完全开放之际，人民币离岸产品以及“互联互通”平台也就提供了难得的便捷渠道。本书围绕上述主题进行了较为系统的介绍，并将一些贴近市场发展的第一手资料进行了梳理，使读者不仅对香港人民币离岸市场和产品创新有一个全局认识，也有利于支持内地投资者熟练运用这些工具、平台和产品涉足海外市场投资，以及海外投资者投资内地市场，共同成为香港“互联互通”金融生态圈的活跃参与力量。

我相信，在人民币国际化发展的新阶段，香港可以通过“互联互通”，成为连接内地与全球重要的门户市场和离岸中心，为中国进一步融入国际金融体系、提升国际市场的影响力带来新动力。在这个过程中，我希望香港能涌现出更多类型的产品，来推动这一激动人心的进程。

Preface

Laying a solid product and market foundation for Renminbi internationalisation

Li Xiaojia, Charles
Chief Executive
Hong Kong Exchanges and Clearing Limited

The history of Hong Kong's economic and financial systems has been a history of perpetual exploration of self-positioning in the course of growing interactions between the East and the West. Along the way, Hong Kong has transformed from a barren fishing village into a thriving international financial centre, thanks to the efforts and wisdom of generations of the Hong Kong people.

How should Hong Kong find its unique position in the current changing global landscape? This is a question I keep asking myself.

Hong Kong ranks alongside with New York and London as the world's most active international financial centres (IFC). Situated in a time zone in between New York and London, Hong Kong is at a key juncture to serve countries and regions along the Belt and Road. Thanks to its open market environment and rule of law, a market structure of international standards, and a large pool of professionals and experts, Hong Kong has lived up to its name as an IFC and for a long time ranked among the top three in various league tables ranking global financial centres.

Today's global economic and financial systems are in the midst of another round of large-scale drastic changes. China's integration with global finance is deepening. Interactions between global finance and the Chinese market are becoming frequent. In the process, Hong Kong, as an IFC, continues to play a unique pivotal role connecting China with the rest of the world, a role that has been enhanced by the success of Shanghai Connect, Shenzhen Connect and Bond Connect.

Globally, China's gross domestic product is rapidly rising, but the proportion of renminbi assets in international finance is still at a starting point. The renminbi is now included in the International Monetary Fund's Special Drawing Right (SDR) basket of currencies with a weighting of 10.92 per cent. However, the currency's share in foreign exchange reserves and its use in international finance are considerably lower than that percentage. We predict that, soon enough, the integration of renminbi assets into global finance will accelerate, and the currency's global influence will increase. In the process, Hong Kong can play a critical role, especially in the globalisation of the renminbi. Capitalising on the free flow of capital and its role as a port for international capital, the offshore market in Hong Kong can promote the innovation of renminbi financial products and become a crucial gateway for the currency's internationalisation and its application in cross-border investment and financing, risk management and financial innovation. More importantly, under "one country two systems", Hong Kong, as a "super-connector" between Mainland China and the international market, has fundamental institutional advantages. Under the framework of "one country", Hong Kong can collaborate with the Mainland more intensively than any other country and region, giving the Mainland unparalleled control over its comprehensive market opening reforms. "Two systems" preserves Hong Kong's market mechanisms and institutional frameworks that are in line with international financial market practices. This allows Hong Kong to have a high degree of flexibility to tackle the interactions between Mainland China and the international market during the course of the renminbi's internationalisation.

As China constructs a new order of comprehensive market opening, there are major, perpetuating and irreversible changes — the market's continuous opening up, global allocation of Mainland capital and accelerated internationalisation of the renminbi. China is heading towards significant changes in several aspects. Firstly, capital flow and asset and resources allocation will be two-way rather than one-way that focused on inflows only as in the past. Secondly, the dominance of trade and export of goods will move towards parallel export of both goods and capital. Thirdly, China will turn from a follower of rules into both a follower and a participant and developer of rules. How can these objectives be achieved smoothly and under control when the capital account is not yet fully opened up? This, I believe, is one of China's most important, challenging and urgent questions to answer as it proceeds with its economic and financial reforms.

Under the existing framework, gradual opening of the domestic market and capital account and promotion of further two-way flows of capital and resources will certainly lead to full-scale opening of China's economy. However, huge gaps between Mainland and international financial markets' institutional systems and operations will continue to exist for a long time. Regulatory challenges are expected to be considerable as cross-border flows of domestic and foreign capital become larger and more frequent. In the light of these, it is important to establish an orderly and controllable cross-border platform, that would not have significant impacts on the Mainland's macro economic and financial policies, for developing financial products and a financial ecosystem. Grounded on an internationally recognised regulatory structure while satisfying the requirements of China's financial opening, the platform will promote healthy and steady interactions of China's capital, assets and resources with the international financial system. The influential power of Chinese capital in the international financial market will thereby be enhanced.

This is precisely the focus of the mutual market access or connectivity programme and the renminbi products which HKEX has been developing with full efforts in recent years. The aim is to provide China with an open and controllable platform that connects international investors and enterprises with Chinese enterprises and investors. While promoting financial product innovation, the platform also fully guarantees the ease of trading, the smooth flow of capital and the seamless connection between the Mainland and international markets. This will play a unique role in the two-way allocation of resources between China and the rest of the world.

Based on these assessments, we have been actively promoting product innovation in Hong Kong in recent years. We believe a deep, diversified and well-developed market for financial products will be an important vehicle and supporting force for the renminbi's internationalisation. This book of a collection of research reports on renminbi offshore products in Hong Kong is the product of a series of studies we have conducted on our latest product innovations.

This collection attempts to explore, from an international perspective and from the angle of China's demands, the latest developments of HKEX's renminbi products in asset classes ranging from stocks, fixed income and currency products to commodities, and the objective of building a renminbi offshore product centre in Hong Kong. It presents to readers the evolution of renminbi offshore products, and inspires readers to think about the unique role and significance of Hong Kong's offshore financial innovations in the renminbi's internationalisation process and in the deepening of the financial systems.

Part One of this book introduces HKEX's recent innovations in its stock market. Stock Connect (Shanghai Connect and Shenzhen Connect) is the first connectivity scheme with pilot implementation in the stock market. It aims at achieving mutual stock market access in the secondary market between Hong Kong and the Mainland through linking up the two markets' infrastructure and trading platforms. The proposed Primary Equity Connect, which allows Mainland and offshore investors to subscribe for newly issued shares in each other's market, is an extension of mutual stock market access from the secondary market to the primary market. Allowing the listing in Hong Kong of companies that adopt weighted voting rights, particularly pre-profit start-ups in the new economy, new energy and high-end equipment manufacturing sectors, will help quality Chinese companies connect with international partners, expand globally and participate in international pricing. This chapter also introduces Mainland-Hong Kong cross-border indices and other related products that provide benchmarks for investors investing in Mainland A shares and the mutual market.

Part Two discusses fixed income and currency products, examining the opening up of the Chinese domestic bond market and innovations in Bond Connect. Bond Connect is the manifestation of connectivity in bonds and fixed-income products. It is more than a vehicle for cross-border renminbi investment and two-way renminbi circulation. It could even become an incubator for developing multi-level renminbi risk management products and financial instruments. Bond Connect will stimulate the development and application of treasury bond futures, USD/CNH options, RMB currency index futures and other derivatives, thereby promoting the development of an ecosystem of renminbi offshore financial products. This will enhance Hong Kong's capability in renminbi pricing and risk hedging, and increase the pricing power of offshore renminbi.

Part Three introduces HKEX's first dual-currency (priced and settled in US dollar and renminbi) gold futures contract that is physically settled, and its USD-denominated and cash-settled iron ore China futures. After acquiring the London Metal Exchange in 2012, HKEX actively pushed for the establishment of a transparent and highly-liquid commodity futures market in Asia. Such a market will not only satisfy the risk management needs of market participants, but will also turn Hong Kong into a trading gateway connecting major Mainland commodities such as gold, iron ore and petroleum oil with the international market.

This will help China's opening up of its commodity market and strengthen the country's pricing power in international commodities.

Several articles in Part Four on offshore renminbi centres discuss such topics as the liquidity of offshore renminbi, trading of renminbi products at HKEX and over-the-counter (OTC) clearing solutions for Mainland financial institutions. HKEX's commitment to serve global investors as a trading and risk management centre of offshore renminbi products is demonstrated.

Two-way opening of the Chinese financial market is in steady progress. An increasing number of overseas and Mainland investors need to participate in the Hong Kong market and need a wider and deeper understanding of international financial products and the offshore renminbi market in Hong Kong. As HKEX's connectivity programme continues to expand, more and more Mainland financial institutions, enterprises and individual investors may use HKEX's platform to enter the global financial market. With the Mainland's economic transformation and the renminbi's internationalisation under way, overseas investors increasingly want to increase their exposure to renminbi assets. Before the Mainland financial market is fully open, offshore renminbi products and the connectivity platform will continue to be valuable and convenient channels of access. This book provides a systematic introduction of the above themes and first-hand information on related market development. It will not only enable readers to have a full picture of the renminbi's offshore market and product innovations in Hong Kong, but will also empower, on the one hand, Mainland investors to utilise these instruments, platforms and products to invest in overseas markets and, on the other hand, overseas investors to participate in the Mainland market, thereby nurturing an active participant base in the Hong Kong ecosystem of financial connectivity.

In this new stage of the renminbi's internationalisation, I am confident that through mutual market access, Hong Kong can serve as an important gateway and offshore hub for the Mainland to connect with the global market and provide China with new impetus to integrate with international finance and increase its international market influence. In this process, I hope a greater variety of products will emerge in Hong Kong that will advance such an exciting journey.

目 录

第三部分　大宗商品

第四部分　人民币离岸产品中心

Contents

第一部分
股票

01

中华交易服务中国 120 指数期货

跨境投资离岸对冲的好工具

2017 年 2 月

概 要

自沪港股票市场交易互联互通机制试点（沪港通）于 2014 年 11 月正式开通以来，内地与香港市场之间的跨境股票投资活动揭开全新一页。其后 2016 年 8 月 16 日宣布设立深港股票市场交易互联互通机制（深港通），并即时取消沪港通总额度的设立，及至 2016 年 12 月 5 日深港通正式开通，互通机制一再突破。沪港通与深港通合称“互联互通”机制。至此，沪深港三个市场之间一个“共同市场”的平台已然基本成形。这些发展无疑会促进跨境股票投资活动，同时也会产生越来越多对跨境股票投资组合的风险管理需求。

然而，环球市场中专为内地 A 股或共同市场跨境股票投资而设的指数期货及期权等的相关风险管理工具却十分稀缺。衍生产品（期货 / 期权）在内地以外的海外交易所挂牌买卖的中国相关指数中，唯有中华交易服务中国 120 指数（中华 120）兼含内地 A 股及香港上市中资股票，其余要么只是涵盖内地 A 股（富时中国 A50 指数），要么就只包括香港和国外上市的中资股（包括富时中国 50 指数及 MSCI 中国外资自由投资指数）。相比之下，中华 120 的成分股覆盖共同市场三家交易所（香港、上海及深圳），不少更是沪港通及深港通下的合资格股票，无论以上市交易所还是股票或行业的类别而言均有所及。此外，中华 120 与 A 股指数有很高的相关性。2016 年全年，中华 120 的回报率及波幅均高于其他的交易指数，股息收益率媲美内地蓝筹的上证 50 指数。

基于中华 120 指数的这些特点，香港交易所衍生产品市场所提供的中华 120 期货可以作为投资者对冲其股票投资的有效风险管理工具，又或直接用作投资内地 A 股和共同市场的工具。若跟新加坡交易所的富时中国 A50 期货比较，中华 120 期货的交易所费用较低（按每合约名义金额计），价位相对指数水平较小，持仓限额也较高，不失为投资 A 股和共同市场的一个方便兼具成本效益的离岸市场工具。参照欧元区斯托克 50 指数（EURO STOXX 50 Index）及其衍生产品和结构性产品在服务欧洲共同市场的成功案例，中华 120 指数及其衍生产品和结构性产品，应当可以为内地和香港这个共同市场提供同样的效益。

跨境投资的风险管理需要

1. 沪港通及深港通促进跨境股票投资活动

沪港股票市场交易互联互通机制试点（沪港通）于 2014 年 11 月正式推出，是中国内地与香港之间破天荒的市场互联互通计划的首个项目，为海外投资者投资内地股票市场及内地投资者投资香港股票市场开设崭新的正式渠道。此前，境外人士参与内地证券市场的渠道只限于合格境外机构投资者（QFII）计划及人民币合格境外机构投资者（RQFII）计划，境外散户投资者只能通过 QFII 及 RQFII 提供的投资基金参与内地股市[①]。反向地，合格境内机构投资者（QDII）计划及人民币合格境内机构投资者（RQDII）计划，是内地参与海外证券市场的唯一全国性正式渠道[②]。

直至 2016 年 12 月 5 日，沪港通的延伸篇章——**深港股票市场交易互联互通机制（深港通）**也正式开通，合资格证券范围扩大。沪港通与深港通合称“互联互通”机制。互联互通机制最重要的突破，是 2016 年 8 月 16 日中国证券监督管理委员会（中国证监会）与香港证券及期货事务监察委员会（香港证监会）联合宣布设立深港通当日即时取消了总额度限制。深港通正式开通后，沪深港三个市场之间的

① 1992 年在上海及深圳交易所推出的 B 股市场（以外币交易，与 A 股市场分开），是为内地首次尝试将股票市场对外国投资者开放，但在市场开放的新浪潮下，B 股市场并不活跃。

② 地区政府推出的特殊计划，比如上海的“合格境内有限合伙人”（QDLP）计划和深圳的“合格境内投资者境外投资试点”（QDIE），但这些计划只限于主要服务机构投资者及高端个人客户的私募基金或投资工具，并不如 QDII 产品开放给一般投资者。

“共同市场”模式基本成形；按此，三个市场上的各式金融产品，只要在法规准许范围内，内地及全球投资者均可跨境买卖。具体操作可分为南北两个方向：内地投资者通过上海证券交易所（上交所）及深圳证券交易所（深交所）的交易平台落盘，指示买卖在香港上市的合资格产品（南向交易 / 港股通），以及国际投资者通过香港联合交易所（联交所）交易平台落盘，指示买卖在上交所及深交所上市的合资格产品（北向交易 / 沪股通及深股通）。**这样一个没有总额度限制的共同市场，让投资者可从较长线的投资角度于内地与香港的市场中配置资产。**

在沪港通及深港通下，北向交易的合资格证券包括：上证 180 及上证 380 指数的成分股；深证成份指数和深证中小创新指数成分股中所有市值不少于 60 亿元人民币的成分股；所有有相关 H 股在联交所上市的上交所或深交所上市 A 股[①]。反向地，南向交易的合资格证券包括：恒生综合大型股指数（HSLI）及恒生综合中型股指数（HSMI）的成分股；市值 50 亿港元或以上的恒生综合小型股指数（HSSI）的成分股；所有有 A 股在内地市场（上交所或深交所）上市的 H 股[②]。HSLI 及 HSMI 在恒生综合指数（HSCI）总市值中的占比已高达 95% 之多，而 HSCI 又涵盖香港市场总市值最高的 95%[③]。在深港通正式开通当日（2016 年 12 月 5 日），南向交易合资格证券占联交所主板上市股票总市值的 87%，沪港通北向交易合资格证券占上交所上市 A 股总市值的 81%，而深港通北向交易合资格证券占深交所市场（主板、中小板及创业板）上市 A 股总市值的 71%[④]。

纵使现时合资格的证券只限于沪港通及深港通的指定股票范围，沪港通及深港通已无形中打开了一个潜在的内地与香港股票共同市场，其股份总值 109 860 亿美元（截至 2016 年 11 月底），日均股份成交约 850 亿美元（2016 年截至 11 月），于**全球交易所中按市值计排名第二（仅次于纽约证券交易所），按股份成交额计排名第二**[⑤]。

① 不包括不以人民币交易的股份及被上交所或深交所实施风险警示的股份（包括“ST 公司”及“*ST 公司”的股份以及须进行除牌程序的股份）。

② 不包括不以港元交易的股份及其相应 A 股被实施风险警示的 H 股。

③ 资料来自恒生指数有限公司网站。HSCI 的香港市场选股范畴，包括所有于联交所作第一上市的股份和房地产投资信托基金，但并不包括第二上市的证券、外国公司、优先股、债务证券、互惠基金及其他衍生产品。

④ 基于取自汤森路透及有关交易所网站的数据以及该等交易所网站所载的合资格证券名单。

⑤ 国际证券交易所联会（WFE）数据（WFE 网站 2016 年 12 月 22 日资料）。日均成交额按 WFE 2016 年截至 11 月的数据的合并股份成交额以及香港市场交易日总数（225 日）计算。排名按 2016 年截至 11 月的合并成交额计算。

2. 跨境股票投资的风险管理

共同市场平台设立后，跨境买卖活动增多可以预见，针对跨境股票组合的风险管理也随之愈加重要。要对冲投资组合的风险，常用的风险管理工具包括上市股份及 / 或相关市场指数的期货及期权。然而，市场上为内地投资者买卖港股提供的相关对冲工具却乏善可陈：内地的交易所至今没有提供任何香港指数 / 股票的期货或期权产品。同样的，香港亦欠缺 A 股指数期货期权等的 A 股对冲工具。相关的衍生产品日后或会被纳入共同市场模式，但在此之前，投资者可考虑利用其本地市场所提供的替代工具。

在香港买卖内地 A 股的环球投资者，可以使用替代性质的指数期货作为对冲。在沪港通和深港通下，资产配置可横跨香港与内地（上海及深圳）市场，若有指数的成分股同时涵盖这三个市场的上市股份，会是不错的替代工具。由中华证券交易服务有限公司（“中华交易服务公司”，香港交易所合资公司）发展的中华交易服务中国 120 指数（中华 120）正好是这样的一个跨境指数，并有相关的期货合约在香港交易所买卖。事实上，在环球交易所当中，中华交易服务中国 120 指数期货（中华 120 期货）是唯一以同时追踪中国内地 A 股及香港上市中资股票的指数作为相关指数的期货合约。世界各地交易所所提供的其他中国相关指数期货，要么只是涵盖内地 A 股，要么就只涵盖香港及国外上市的中资股。

下文将综览这些指数及相关的衍生产品，并将中华 120 和中华 120 期货与其他内地相关股票指数加以对照。

中国股票指数及其衍生产品

富时罗素（FTSE Russell）和 MSCI 是环球市场两大指数供货商，各自编制的中国指数有 20 只左右，有些仅覆盖 A 股，有些单涵盖非内地的境外上市中资股，也有些同时覆盖内地上市及非内地上市中资股，但除中国内地以外，获其他地方交易所采用作为相关指数而提供期货（及期权）产品的却不多。

在内地，上交所和深交所共同成立的中证指数有限公司（中证）是最主要的指数供货商，既编制单一市场（上交所或深交所）指数，亦编制跨市场（上交所和深交所）指数。在这些指数中，只有 3 个指数有期货产品在中国金融期货交易所（中金所）买卖。在主要中国股票指数中，确认有场内交易衍生产品者（以下称“交易指数”）的摘要于表 1-1。

表 1-1　　主要中国股票指数（有场内交易衍生产品者）

指数	简称	成分股	衍生产品	上市交易所
涵盖内地上市股份				
富时中国 A50 指数（FTSE China A50 Index）	富时 A50	50 只在上交所及深交所上市的市值最大的 A 股	富时中国 A50 指数期货	新加坡交易所（新交所）
沪深 300 指数	沪深 300	300 只在上交所及深交所上市的市值最大及最具流通性的 A 股	沪深 300 指数期货	中金所
沪深 500 指数	沪深 500	500 只在上交所及深交所上市的中小型 A 股	沪深 500 指数期货	中金所
上证 50 指数	上证 50	50 只在上交所上市的市值最大及最具流通性的 A 股	上证 50 指数期货	中金所
涵盖香港上市中资股				
恒生中国企业指数	恒生国企指数	在联交所上市的 H 股	H 股指数期货及期权	香港交易所
富时中国 50 指数（FTSE China 50 Index）	富时中国 50	50 只在联交所上市及买卖的市值最大及最具流通性中资股票（H 股、红筹股、民企股＊）	E 小型富时中国 50 指数期货（E-Mini FTSE China 50 Index Futures）	芝加哥商品交易所（CME）
			富时中国 50 指数期货（FTSE China 50 Index Futures）	日本交易所集团（JPX）
涵盖香港及海外上市中资股				
MSCI 中国外资自由投资指数（MSCI China Free Index）	MSCI 中国自由指数	在内地以外地区上市、市值属大中型的中资股，包括在联交所上市的 H 股、红筹股、民企股＊及海外上市股票	MSCI 中国指数期货及期权	新交所
			MSCI 中国外资自由投资指数期货	欧洲期货交易所（Eurex）

续前表

指数	简称	成分股	衍生产品	上市交易所
涵盖内地及香港上市中资股				
中华交易服务中华120指数	中华120	80只在上交所及深交所上市的市值最大及最具流通性的A股及40只在联交所上市的市值最大及最具流通性内地公司股票（H股、红筹股及民企股*）	中华120指数期货	香港交易所

* H股是由中国内地注册成立而于香港交易所上市的公司发行；红筹股是由中国内地以外注册成立而在香港上市的公司发行，该等公司由内地政府实透过直接或间接持股及 / 或派员担任公司董事而控制；民企股亦是由中国内地以外注册成立而在香港上市的公司发行，但该等公司在中国内地的业务是由民营企业人士运作。

资料来源：富时罗素、MSCI、中华交易服务、中证指数有限公司及相关交易所的网站。

现时已知在中国内地以外的主要环球交易所有期货产品买卖的主要中资股指数有5个（以下称“海外交易指数”），其中之一的富时中国A50指数（富时A50）仅覆盖内地上市A股，其期货（富时A50期货）在新加坡交易所（新交所）交易，另外三个覆盖香港上市中资股为富时中国50指数、恒生中国企业指数（恒生国企指数）及其他外国上市股票MSCI中国外资自由投资指数（MSCI中国自由指数），其中**只有中华120同时覆盖内地上市A股和香港上市中资股**。图1-1为具有场内交易衍生产品的中国股票指数按成分股划分的类别图。

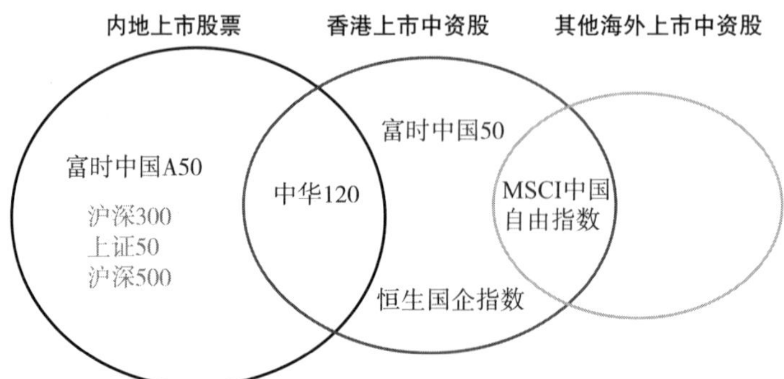

图1-1 按成分股类别划分的中国股票指数（有场内交易衍生产品者）

注：黑色字的指数为有期货产品在香港或海外交易所买卖的指数；灰色字的指数为有期货产品在内地中金所买卖的指数。

中华交易服务中国 120 指数及指数期货

本节首先按市值和行业类别探讨交易指数（有衍生产品在内地或海外衍生产品交易所买卖的指数）中于内地与香港两地上市成分股的组成，将不同指数的成分股组合做比较，并将之与互联互通合资格股票及沪深港主要指数——上海：上证 A 股指数（上证 A）、深圳：深证 A 股指数（深证 A）及香港：恒生指数（恒指）做比较。此外，亦会研究指数间的相关性，并扼要比较各指数的表现。

最后是中华 120 期货作为跨境投资风险管理工具的概述。

1. 中华交易服务中国 120 指数——A 股及共同市场指数的代表

就来自共同市场平台上三个市场（联交所、上交所和深交所）的**成分股权重**而言，2016 年 11 月 30 日，中华 120 成分股中的联交所和上交所股票权重几乎相同，深交所股票的权重相对较轻（分别为 44%、43% 和 13%）。与现有中资股可交易指数相比，中华 120 更能代表共同市场：与 A 股指数比较，中华 120 成分股中的深股权重与富时 A50 相同，沪深 A 股权重比例（77∶23）亦与沪深跨市场大型股指数沪深 300 指数的比例相近。其他在海外交易的中资股指数仅覆盖联交所上市中资股（如富时中国 50 指数及恒生国企指数）或另加美国上市中资股（如 MSCI 中国自由指数）。**中华 120 按上市交易所划分的权重分布，亦与互联互通合资格股票的相应权重分布最为接近**（见图 1-2）。

此外，**中华 120 的联交所上市成分股包括 H 股、红筹股及非 H 股内地民企（P 股）**[①]，不同股票类别的权重均模拟互联互通合资格股票的权重（见图 1-3）。

① 有关这些股票类别的定义，见表 1-1 中的注（*）。

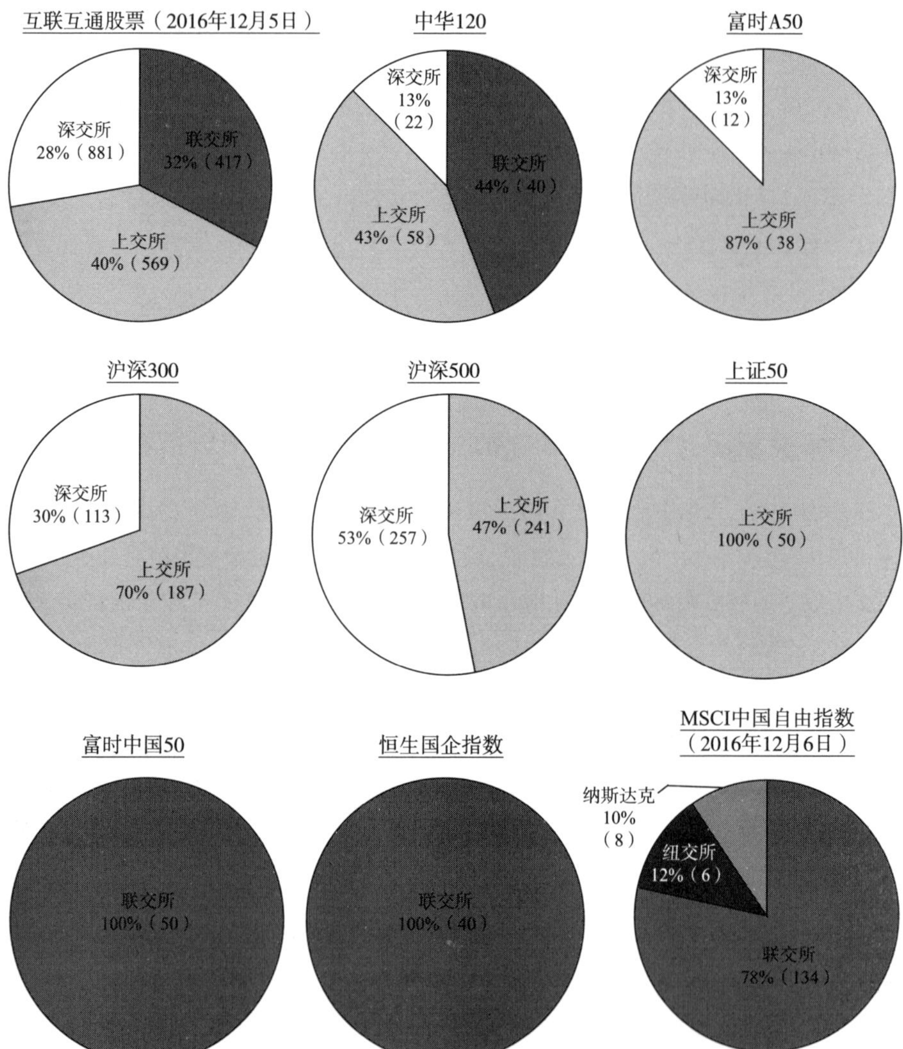

图 1-2　中华 120 及其他中资股交易指数成分股的上市交易所权重占比
（对照互联互通合资格股票，2016 年 11 月 30 日数据，另有说明除外）

注：不包括市值或权重数值并无数据的成分股。括号内为股票数目。

资料来源：互联互通合资格证券名单来自香港交易所、上交所及深交所网站，市值资料来自香港交易所及汤森路透；中华 120 权重资料来自中华交易服务网站；MSCI 中国自由指数权重资料来自彭博；其他资料来自汤森路透。

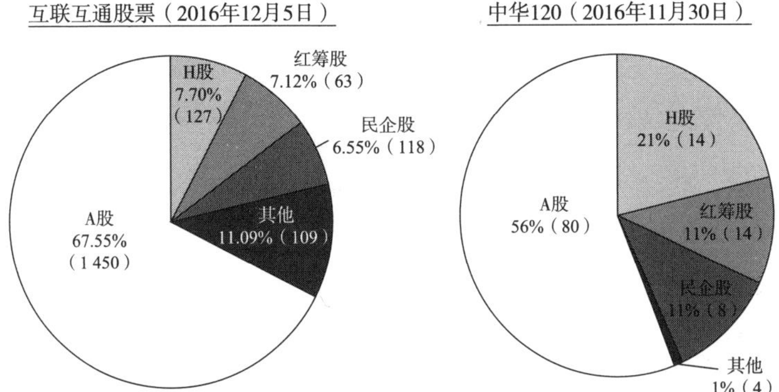

图 1-3　中华 120 成分股的股票类别权重占比（对照互联互通合资格股票）

注：括号内为股票数目。

资料来源：互联互通合资格证券名单来自香港交易所、上交所及深交所网站，市值资料来自香港交易所及汤森路透；中华 120 权重资料来自中华交易服务网站；MSCI 中国自由指数权重资料来自彭博；其他资料来自汤森路透。

细看上述每个指数所**覆盖的互联互通合资格股票**，于深港通开通当日（2016 年 12 月 5 日），就市值而言，中华 120 的覆盖最为广泛。以市值计，中华 120 覆盖互联互通合资格股票的比重约为 41.3%，其他海外交易指数中比例最高者富时 A50 只覆盖约 22%，内地交易指数中比例最高者沪深 300 指数则覆盖约 40.6%。以股票数目计，中华 120 的成分股代表了互联互通合资格股票的约 6.4%，比例本身不高，但已是海外交易指数中比例最高者（仅覆盖联交所上市股票的 MSCI 中国自由指数除外）。若按上市交易所分析所覆盖的互联互通股票，其他海外交易指数仅覆盖内地 A 股或联交所上市股票，而并未同时覆盖两地股票。相反，**中华 120 的成分股分布于联交所、上交所和深交所三家交易所**（见图 1-4）。

如果**按行业分析指数的组成，并与互联互通股票比较**，中华 120 中金融业权重较大（2016 年 11 月 30 日约为 47%，互联互通股票中的金融业权重约为 25%），但其他行业的权重分布则与互联互通股票一样均衡。中华 120 的行业分布亦类似沪深跨市场蓝筹指数沪深 300 指数。相反，若干其他海外交易指数较集中于单一行业（金融业在富时 A50 及恒生国企指数的权重分别约为 68% 及 71%，房地产在富时中国 50 指数约占 72%）。特别的是，**中华 120 中的信息技术及电信服务成分股权重较为均衡，分别约为 12% 及 6%**，相比之下，富时 A50 并无电信服务股，信息技术比重较低（约 1%）；而恒生国企指数则没有信息技术股，电信股比重较低（约 2%，见图 1-5）。上证 A 股和深证 A 股的行业组成相当不同，而中华 120 由于覆盖上交所和深交所股票，其行业组成较接近内地跨市场指数沪深 300 指数。基于同一理由，其行业覆盖范围亦较香港市场的恒指广阔。

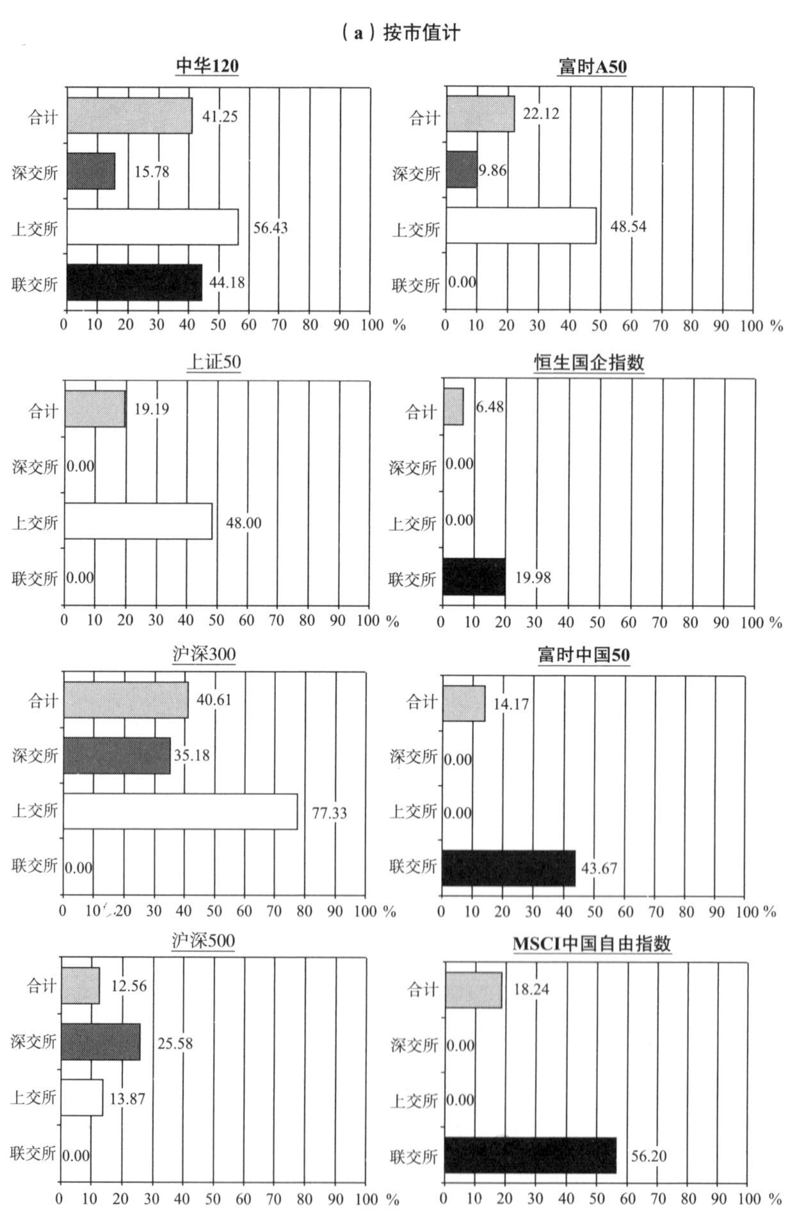

图 1-4　中华 120 及其他中资股交易指数所涵盖互联互通合资格股票的百分比（2016 年 12 月 5 日）

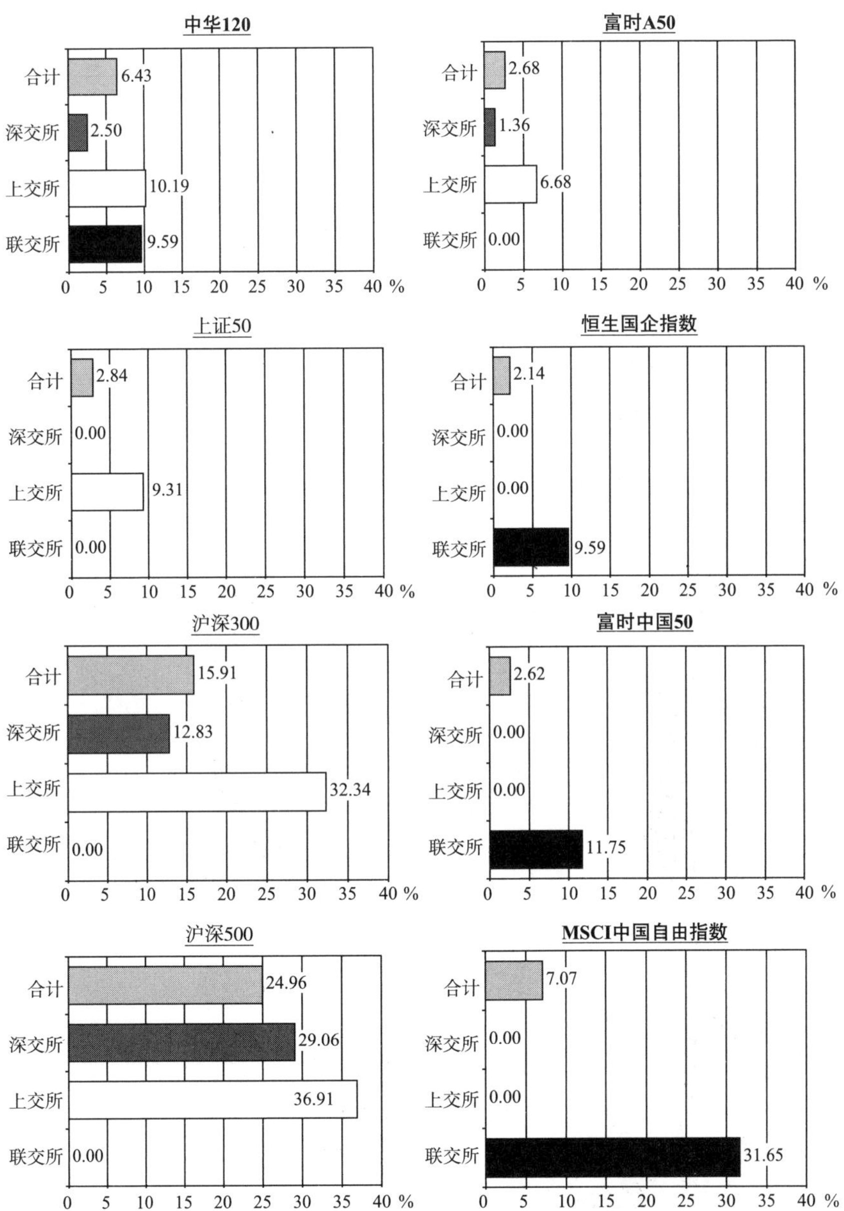

图 1-4　中华 120 及其他中资股交易指数所涵盖互联互通合资格股票的百分比（2016 年 12 月 5 日）（续）

注：标题为**黑体**的指数为海外买卖的指数；其余为内地买卖的指数。

资料来源：互联互通合资格股票名单来自香港交易所、上交所及深交所网站；指数成分股名单来自中华交易服务网站、汤森路透及彭博；市值资料来自香港交易所及汤森路透。

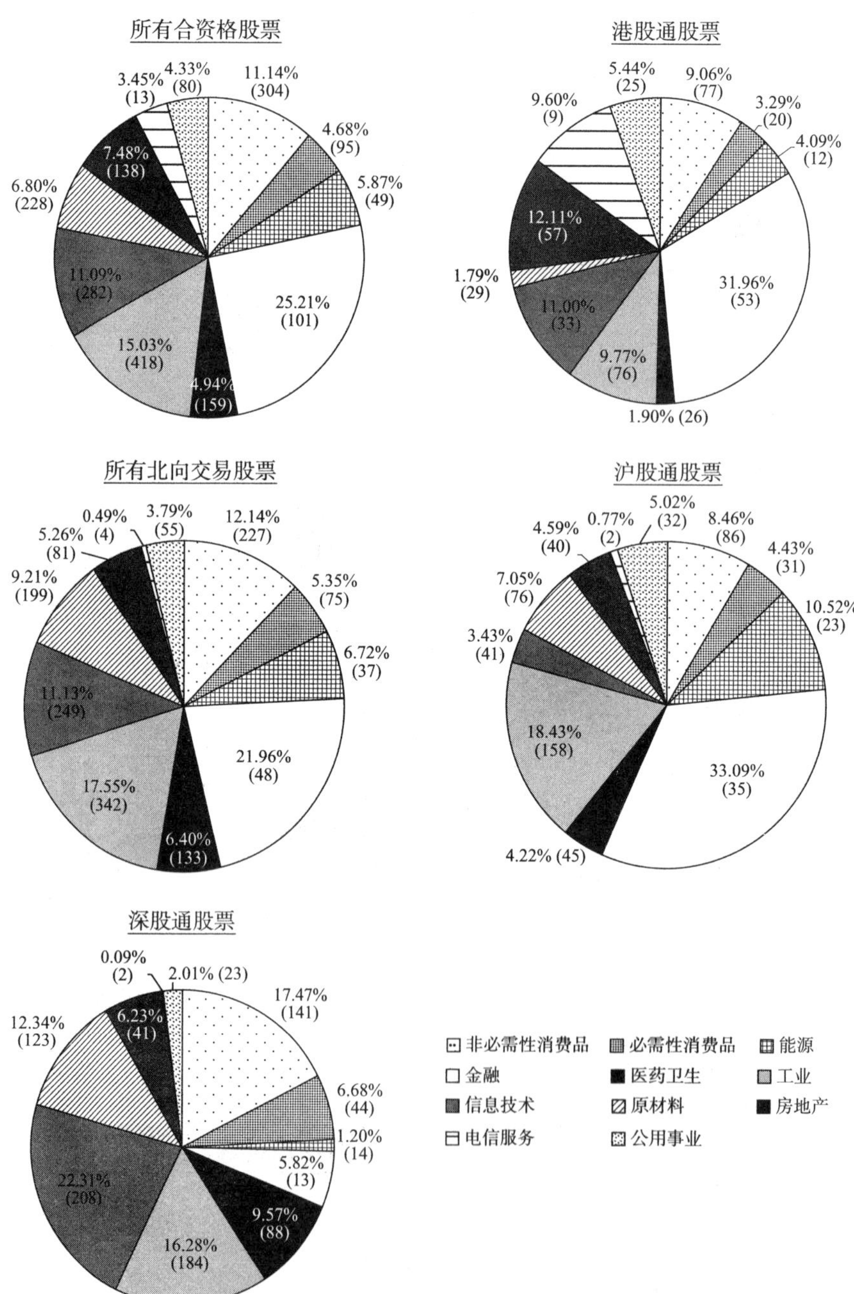

图 1-5　中华 120 及其他中资股交易指数成分股的行业权重占比
（对照互联互通合资格股票和内地及香港主要市场指数）

（b）交易指数（2016年11月30日）

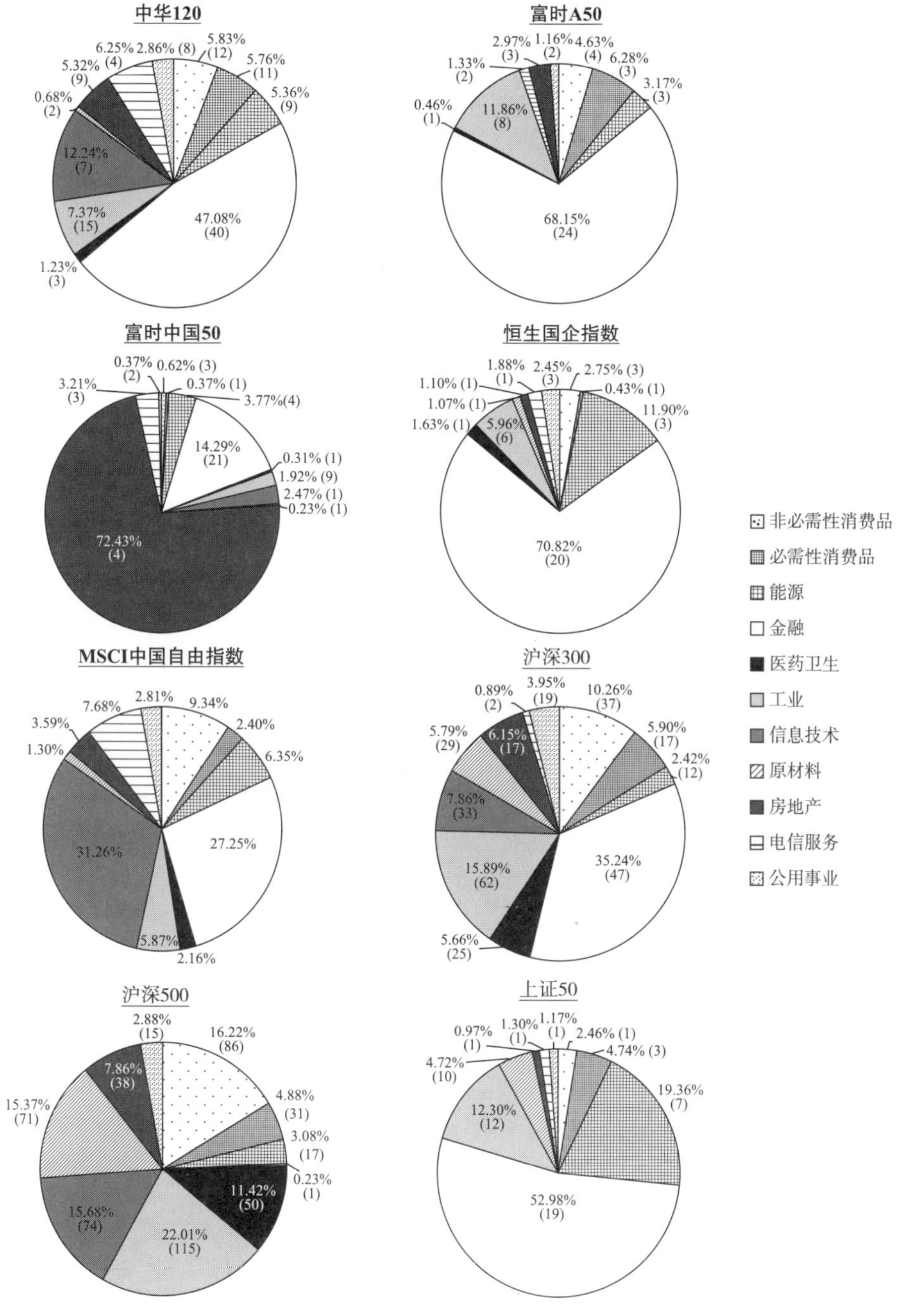

中华120

富时A50

富时中国50

恒生国企指数

MSCI中国自由指数

沪深300

沪深500

上证50

- 非必需性消费品
- 必需性消费品
- 能源
- 金融
- 医药卫生
- 工业
- 信息技术
- 原材料
- 房地产
- 电信服务
- 公用事业

图 1-5　中华 120 及其他中资股交易指数成分股的行业权重占比
（对照互联互通合资格股票和内地及香港主要市场指数）（续）

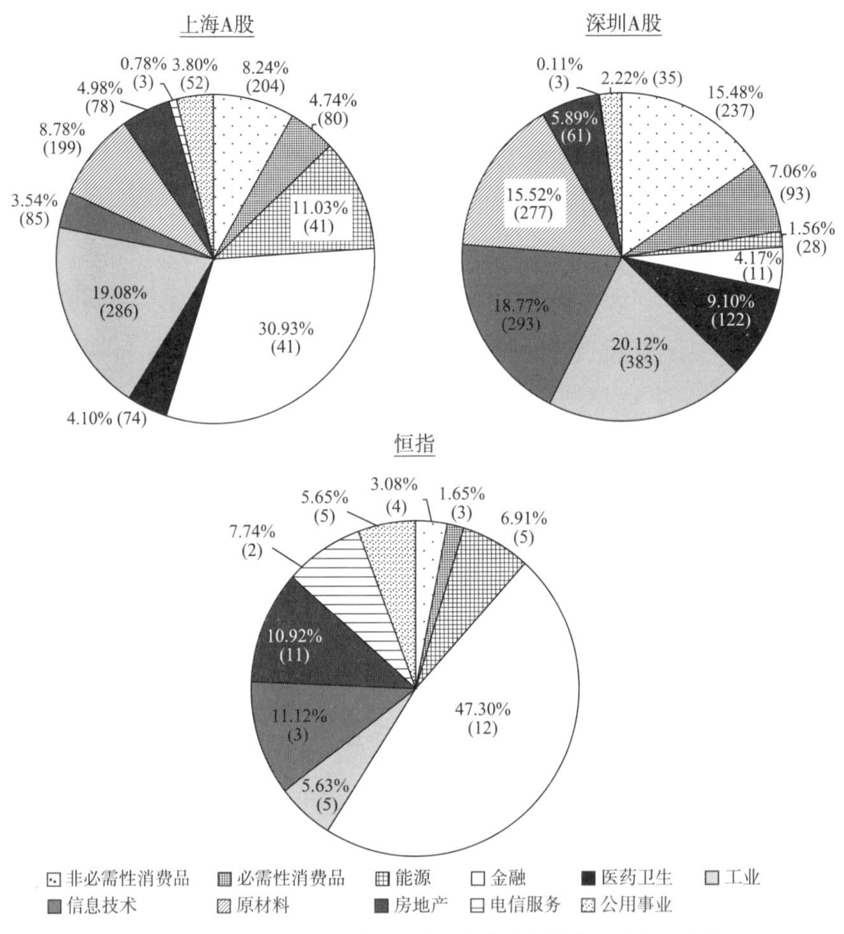

图 1-5　中华 120 及其他中资股交易指数成分股的行业权重占比（对照互联互通合资格股票和内地及香港主要市场指数）（续）

注：不包括市值或权重数值并无数据的成分股。括号内为股票数目。标题为**黑体**的指数为海外买卖的指数；其余的指数为内地买卖的指数。由于对数值采用四舍五入的方式，因此总和未必等于100%。

资料来源：互联互通合资格股票名单来自香港交易所、上交所及深交所网站；中华 120 成分股名单来自中华交易服务网站；MSCI 中国自由指数行业组成资料来自 MSCI 网站；其他资料来自香港交易所及汤森路透。

中华 120 由于有具代表性的内地 A 股覆盖率，因此能有效追踪 A 股市场。如图 1-6 所示，中华 120 的每日走势紧随上证 50 和沪深 300 指数。经进一步验证，**中华**

120 与 A 股指数有很高的相关性。2011 年 1 月至 2016 年 11 月期间，中华 120 的日回报率与富时 A50、上证 50 及沪深 300 的相关系数约为 0.9（与富时 A50：0.904、与上证 50：0.905、与沪深 300：0.887），与上证 A 股的相关系数较高（0.869），与深证 A 股的相关性则低很多（系数：0.671）。所有或大部分成分股均在香港上市的其他海外中资股交易指数（富时中国 50、恒生国企指数和 MSCI 中国自由指数）的日回报率，其彼此之间及与香港市场的恒指的相关性（期内相关系数为 0.944 或以上）均高于与 A 股指数的相关性（系数约为 0.6 或以下）。期内每一年的相关表现皆很相似（关于中华 120 与各指数的相关性，见图 1-7；关于不同指数对的相关性，见附录一）。

图 1-6　中华 120 及个别 A 股指数的每日收市值（2011 年 1 月—2016 年 11 月）

资料来源：汤森路透。

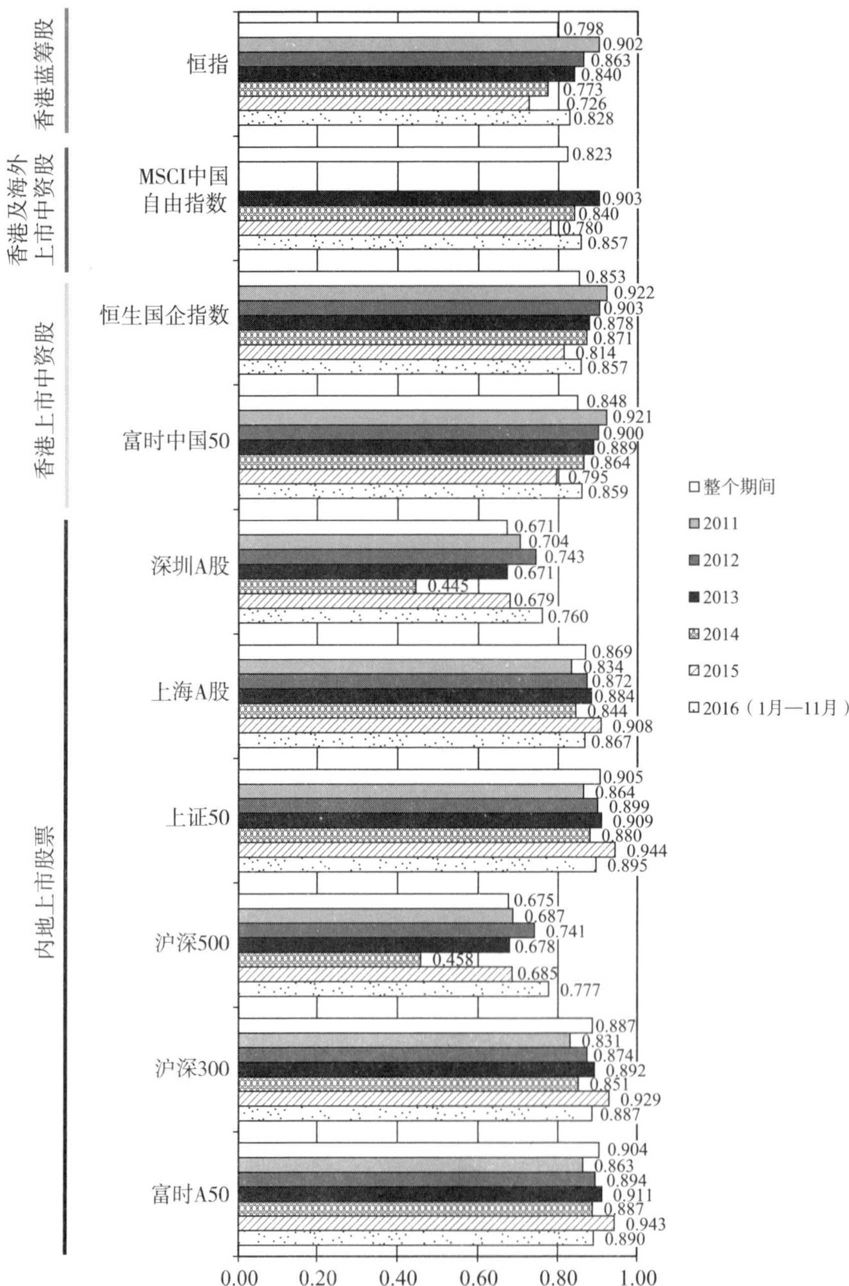

图 1-7 中华 120 与个别指数每日回报率的相关系数（2011 年 1 月—2016 年 11 月）

资料来源：根据汤森路透每日指数收市值数据进行的分析。

中华 120 除了是追踪 A 股市场的有效指数外，2015 年和 2016 年的股息率亦与上证 50 指数相若，并高于沪深 300 指数、沪深 500 指数和富时 A50 指数（见图 1-8）。此外，与这些交易指数相比，2015 年中华 120 在回报及波幅方面的表现均处于中游位置——较低负回报率（–2.66%），波幅介乎其他指数之间；2016 年其表现则优于所有这些指数——回报虽低，但为正数（0.17%），而所有其他指数均为负回报，波幅亦为所有指数中最低者（见图 1-9）。

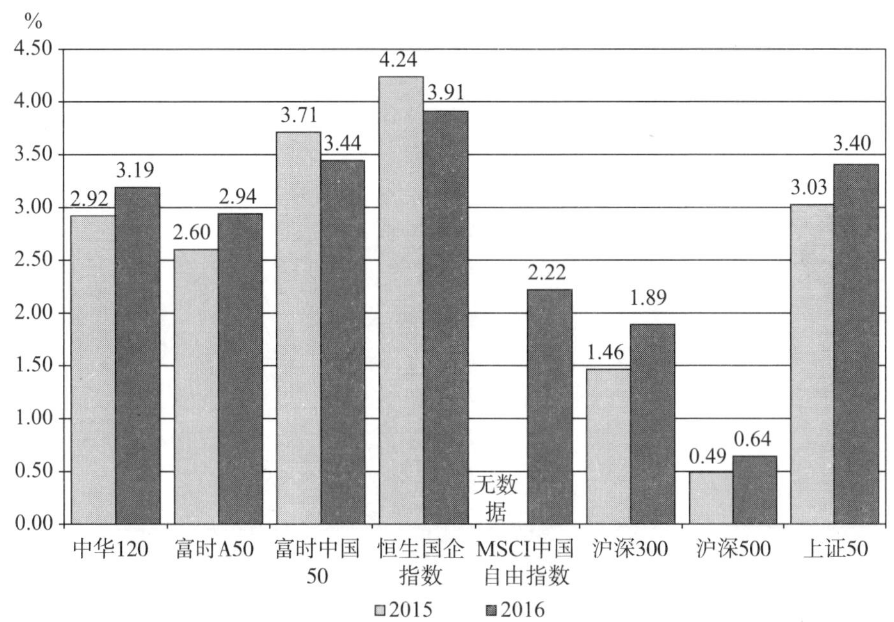

图 1-8 中华 120 及其他交易指数的股息收益率（2015 年及 2016 年）

注：2016 年中华 120 的股息收益率是来自中华交易服务网站的 2016 年 9 月 30 日（而非年结日）的数据。暂无 2015 年 MSCI 中国自由指数的数据。

资料来源：汤森路透、中华交易服务网站、MSCI 网站。

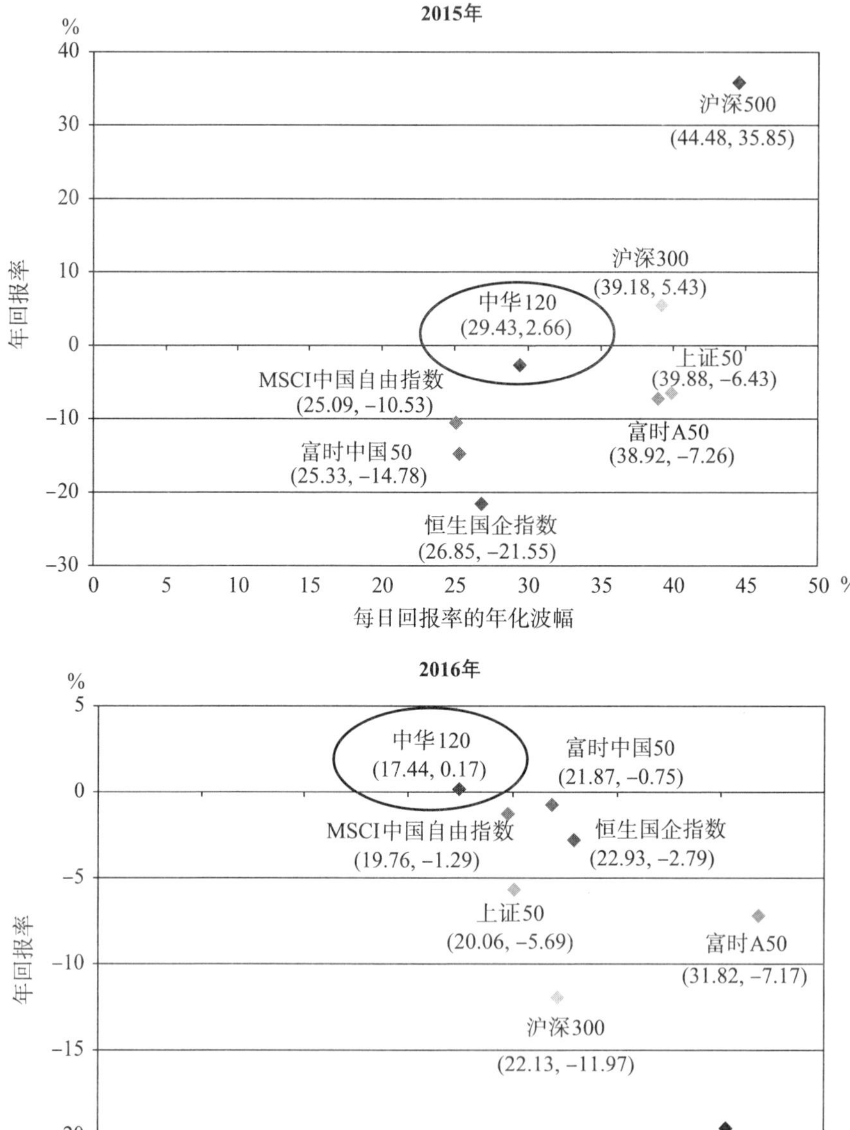

图 1-9 中华 120 及其他交易指数的年回报率与每日回报率年化波幅（2015 年及 2016 年）

注：回报率按自然对数回报率计算。

资料来源：根据汤森路透的每日指数收市值计算。

综上所述，分析结果显示中华 120 的特征如下：

- 按上市交易所划分的权重，较任何其他海外交易指数更接近互联互通合资格证券的相应权重；
- 所覆盖的 A 股及联交所上市的不同类别股票（H 股、红筹股及 P 股）均与互联互通证券相若；
- 在所有内地及海外交易指数中，包括及广泛覆盖联交所、上交所和深交所三家交易所的成分股；
- 行业组成较香港市场的恒指更接近内地跨市场大型股指数沪深 300 指数，行业覆盖亦更广阔；
- 与 A 股指数有很高的相关性；
- 2016 年回报率及波幅均优于其他交易指数，股息率与内地蓝筹指数上证 50 相若。

作为共同市场蓝筹指数，中华 120 可成为涉足内地与香港共同市场股票投资及相关风险管理的投资产品的相关指数。一如欧元区的领先跨市场蓝筹指数欧洲 STOXX 50 指数（见下文）那样，中华 120 可成为内地与香港共同市场的主要跨市场蓝筹指数。

欧洲 STOXX 50 指数始于 1998 年 2 月 26 日，由德意志银行拥有的指数供应商 STOXX 推出，以迎接 1999 年 1 月 1 日欧元正式启用所诞生的欧元区。该指数旨在“为欧元区提供一个可代表超级行业先行者的指数”。该指数由 11 个欧元区国家（1999 年加入欧元区的 11 个欧盟成员国奥地利、比利时、芬兰、法国、德国、爱尔兰、意大利、卢森堡、荷兰、葡萄牙和西班牙）的 19 个超级行业中的 50 家公众持股市值最高的大型公司组成。该指数占欧洲 STOXX 全市场指数（TMI）公众持股市值约 60%，后者覆盖相关国家公众持股市值约 95%[①]。

金融机构获授权使用欧洲 STOXX 50 指数作为全球多种投资产品，如交易所买卖基金（ETF）、期货及期权，以及结构性产品的相关指数。德意志银行经营的电子市场——欧洲期货交易所（Eurex），于 1998 年 6 月推出的欧洲 STOXX 50 指数期货，被誉为全欧洲流动性最高的衍生工具，2016 年在 Eurex 的年成交合约总数为 3.74 亿张，平均每日成交合约 146 万张[②]。

① 资料来自欧洲期货交易所（Eurex）网站和维基百科。

② Eurex 网站 2016 年 3 月的 *EURO STOXX 50 Index Quanto Futures*; Eurex 网站 2016 年 12 月的 *Eurex Monthly Short Statistics*。

借鉴为欧洲共同市场提供服务的欧洲 STOXX 50 指数及其衍生产品和结构性产品，中华 120 指数及其衍生产品和结构性产品应能够满足内地与香港共同市场的同样需要。

2. 中华 120 期货——有助于投资 A 股及共同市场

中华 120 期货合约于 2013 年 8 月 12 日在香港交易所衍生产品市场香港期货交易所（期交所）推出，**是全球市场唯一以同时追踪内地上市 A 股和香港上市中资股的指数作其相关指数的期货合约**。其他在中国内地以外地方买卖的中国相关指数期货或仅以 A 股为基础，或仅以境外上市中资股（主要是香港股票）为基础（见上文表 1-1）。在其他指数期货中，只有新交所的富时 A50 期货合约提供涉足内地 A 股的机会。表 1-2 是中华 120 期货与新交所富时 A50 期货的简明对照。

表 1-2　　香港交易所中华 120 期货与新交所富时 A50 期货的比较

指数	中华 120 期货	富时 A50 期货
相关指数	内地 A 股及在联交所上市的中资股（包括 H 股、红筹股及民企股）	内地 A 股
合约金额	每个指数点 50 港元 （于 2016 年 11 月 30 日约为 263 844 港元或 34 014 美元）	每个指数点 1 美元 （于 2016 年 11 月 30 日约为 10 500 美元）
合约月份	现月、下月及之后的两个季月	最近两个连续月及一年内的 3 月、6 月、9 月及 12 月
大手交易	最低 100 张合约	最低 50 手
持仓限额	300 000 张合约	15 000 张合约
最低上落价位（价位波动）	0.5 个指数点（25 港元或约 3 美元）	2.5 个指数点（2.50 美元）
最低上落价位相对指数	0.0095%	0.0237%
按金	（2016 年 12 月 1 日起生效） 初始：16 450 港元（约 2 121 美元） 维持：13 170 港元（约 1 698 美元）	（在 2016 年 11 月 4 日） 初始：495 美元 维持：450 美元
按金占名义价值百分比（%）	初始：6.23% 维持：4.99% 合计：11.22%	初始：4.7% 维持：4.3% 合计：9%
交易所费用	10 港元 （2017 年 12 月 31 日前折收 5 港元） （约 1.3 美元，折收 0.6 美元）	0.80 美元（结算费）

续前表

指数	中华 120 期货	富时 A50 期货
交易所费用占名义价值百分比（%）	0.0038% （按折扣后费用计为 0.0019%）	0.0076%

注：根据 2016 年 11 月 30 日指数收市值计算，中华 120 为 5276.87 点，富时 A50 为 10537.38 点。汇率为 2016 年 11 月底香港金融管理局网站所报汇率：1 美元兑 7.757 港元。

资料来源：香港交易所及新交所网站。

如上一小节所述，中华 120 的成分股为跨境共同市场平台上的内地 A 股和香港上市中资股，指数表现与 A 股市场有很高的相关性。因具有这些特征，中华 120 期货可成为投资者对冲内地 A 股市场持仓的**一个有效风险管理工具，有关持仓包括以富时 A50 和沪深 300 两只 A 股指数为基础的交易所买卖基金（即 ETF），以及通过在共同市场下互联互通买卖的持仓**。中华 120 期货亦可作为投资者同时涉足内地及香港股市的交易工具。

中华 120 期货作为 A 股对冲或投资的工具，相对于富时 A50 期货而言，其按每张合约名义价值计的**交易费用较低**（见上文表 1-2），纵使其保证金稍高。与富时 A50 期货比较，中华 120 期货拥有相对于相关指数水平较高的持仓限额及较小的最低上落价位，因此可以提供具成本效益的另类投资交易机会。

此外，就内地与香港共同市场的投资组合进行风险管理，中华 120 期货亦是一个方便又具成本效益的离岸市场工具。同时拥有内地 A 股和香港中资股持仓的投资者，可以根据中华 120 与其投资组合持仓的关联，而考虑利用中华 120 期货对冲其在共同市场的持仓。

附录一　中华 120 指数与个别指数的每日回报率的相关性（2016 年 1 月—2016 年 11 月）

各指数的数据，从期内首个有数据提供之日起计算（见表 1-A1）。

每日回报率 = LN（当日指数收市值 / 上日指数收市值）。

表 1-A1　　　计算相关系数中各指数首个日回报率的日期

指数	首个日回报率的日期
中华 120	2011/01/03
富时 A50	2011/01/04
沪深 300	2011/01/04
沪深 500	2011/01/04
上证 50	2011/01/04
上海 A 股	2011/01/04
深圳 A 股	2011/01/04
富时中国 50	2011/01/03
恒生国企指数	2011/01/03
MSCI 中国自由指数	2013/01/11
恒指	2011/01/03

表 1-A2　Pearson 相关系数（所有系数在统计学上于 0.1% 水平具显著相关性）

		内地上市股票						香港上市中资股		香港及海外上市中资股	香港主要指数
期间	指数	富时 A50	沪深 300	沪深 500	上证 50	上海 A 股	深圳 A 股	富时中国 50	恒生国企指数	MSCI 中国自由指数	恒指
整个期间	中华 120	0.904（1 438）	0.887（1 436）	0.675（1 436）	0.905（1 436）	0.869（1 436）	0.671（1 436）	0.848（1 427）	0.853（1 423）	0.823（952）	0.798（1 423）
	富时 A50		0.939（1 436）	0.663（1 436）	0.993（1 436）	0.910（1 436）	0.658（1 436）	0.590（1 401）	0.613（1 397）	0.588（946）	0.519（1 397）
	沪深 300			0.863（1 436）	0.948（1 436）	0.984（1 436）	0.856（1 436）	0.586（1 398）	0.605（1 394）	0.608（943）	0.522（1 394）
	沪深 500				0.682（1 436）	0.885（1 436）	0.988（1 436）	0.470（1 398）	0.480（1 394）	0.507（943）	0.428（1 394）
	上证 50					0.921（1 436）	0.676（1 436）	0.593（1 398）	0.615（1 394）	0.590（943）	0.523（1 394）
	上海 A 股						0.872（1 436）	0.580（1 398）	0.598（1 394）	0.602（943）	0.518（1 394）
	深圳 A 股							0.468（1 398）	0.476（1 394）	0.501（943）	0.427（1 394）
	富时中国 50								0.986（1 456）	0.982（958）	0.963（1 456）
	恒生国企指数									0.962（955）	0.944（1 456）
	MSCI 中国自由指数										0.957（955）
2011 年	中华 120	0.863（244）	0.831（244）	0.687（244）	0.864（244）	0.834（244）	0.704（244）	0.921（247）	0.922（246）	.（0）	0.902（246）
	富时 A50		0.963（244）	0.800（244）	0.995（244）	0.955（244）	0.825（244）	0.622（237）	0.629（236）	.（0）	0.598（236）
	沪深 300			0.916（244）	0.965（244）	0.990（244）	0.934（244）	0.579（237）	0.587（236）	.（0）	0.559（236）
	沪深 500				0.803（244）	0.922（244）	0.990（244）	0.460（237）	0.470（236）	.（0）	0.445（236）
	上证 50					0.957（244）	0.825（244）	0.624（237）	0.631（236）	.（0）	0.602（236）
	上海 A 股						0.931（244）	0.592（237）	0.598（236）	.（0）	0.573（236）
	深圳 A 股							0.471（237）	0.481（236）	.（0）	0.454（236）

注：括号内数据表示个案数目。

续前表

		内地上市股票						香港上市中资股		香港及海外上市中资股	香港主要指数
期间	**指数**	**富时A50**	**沪深300**	**沪深500**	**上证50**	**上海A股**	**深圳A股**	**富时中国50**	**恒生国企指数**	**MSCI中国自由指数**	**恒指**
2011年	富时中国50								0.993（246）	.（0）	0.974（246）
	恒生国企指数									.（0）	0.970（246）
	MSCI中国自由指数										.（0）
2012年	中华120	0.894（243）	0.874（243）	0.741（243）	0.899（243）	0.872（243）	0.743（243）	0.900（247）	0.903（247）	.（0）	0.863（247）
	富时A50		0.968（243）	0.827（243）	0.991（243）	0.962（243）	0.833（243）	0.642（237）	0.660（237）	.（0）	0.588（237）
	沪深300			0.925（243）	0.975（243）	0.990（243）	0.930（243）	0.606（237）	0.624（237）	.（0）	0.550（237）
	沪深500				0.841（243）	0.928（243）	0.991（243）	0.486（237）	0.502（237）	.（0）	0.432（237）
	上证50					0.973（243）	0.842（243）	0.649（237）	0.668（237）	.（0）	0.594（237）
	上海A股						0.924（243）	0.614（237）	0.631（237）	.（0）	0.557（237）
	深圳A股							0.487（237）	0.500（237）	.（0）	0.436（237）
	富时中国50								0.987（247）	.（0）	0.962（247）
	恒生国企指数									.（0）	0.951（247）
	MSCI中国自由指数										.（0）
2013年	中华120	0.911（238）	0.892（238）	0.678（238）	0.909（238）	0.884（238）	0.671（238）	0.889（233）	0.878（232）	0.903（234）	0.840（232）
	富时A50		0.958（238）	0.691（238）	0.995（238）	0.941（238）	0.680（238）	0.683（231）	0.682（230）	0.683（232）	0.611（230）
	沪深300			0.853（238）	0.963（238）	0.986（238）	0.842（238）	0.668（231）	0.668（230）	0.680（232）	0.609（230）
	沪深500				0.705（238）	0.862（238）	0.986（238）	0.513（231）	0.516（230）	0.546（232）	0.485（230）

注：括号内数据表示个案数目。

续前表

		内地上市股票						香港上市中资股		香港及海外上市中资股	香港主要指数
期间	**指数**	**富时A50**	**沪深300**	**沪深500**	**上证50**	**上海A股**	**深圳A股**	**富时中国50**	**恒生国企指数**	**MSCI中国自由指数**	**恒指**
2013年	上证50					0.946 （238）	0.692 （238）	0.681 （231）	0.680 （230）	0.681 （232）	0.611 （230）
	上海A股						0.840 （238）	0.665 （231）	0.667 （230）	0.677 （232）	0.610 （230）
	深圳A股							0.512 （231）	0.513 （230）	0.543 （232）	0.485 （230）
	富时中国50								0.988 （244）	0.986 （237）	0.960 （244）
	恒生国企指数									0.977 （236）	0.946 （244）
	MSCI中国自由指数										0.964 （236）
2014年	中华120	0.887 （245）	0.851 （245）	0.458 （245）	0.880 （245）	0.844 （245）	0.445 （245）	0.864 （238）	0.871 （238）	0.840 （245）	0.773 （238）
	富时A50		0.938 （245）	0.454 （245）	0.993 （245）	0.911 （245）	0.454 （245）	0.580 （238）	0.628 （238）	0.539 （245）	0.462 （238）
	沪深300			0.707 （245）	0.947 （245）	0.973 （245）	0.700 （245）	0.563 （238）	0.599 （238）	0.533 （245）	0.446 （238）
	沪深500				0.479 （245）	0.725 （245）	0.981 （245）	0.337 （238）	0.323 （238）	0.346 （245）	0.278 （238）
	上证50					0.918 （245）	0.476 （245）	0.573 （238）	0.619 （238）	0.530 （245）	0.448 （238）
	上海A股						0.707 （245）	0.585 （238）	0.619 （238）	0.557 （245）	0.474 （238）
	深圳A股							0.316 （238）	0.304 （238）	0.330 （245）	0.260 （238）
	富时中国50								0.969 （247）	0.980 （247）	0.928 （247）
	恒生国企指数									0.942 （247）	0.871 （247）
	MSCI中国自由指数										0.954 （247）

注：括号内数据表示个案数目。

续前表

		内地上市股票						香港上市中资股		香港及海外上市中资股	香港主要指数
期间	指数	富时A50	沪深300	沪深500	上证50	上海A股	深圳A股	富时中国50	恒生国企指数	MSCI中国自由指数	恒指
2015年	中华 120	0.943（244）	0.929（244）	0.685（244）	0.944（244）	0.908（244）	0.679（244）	0.795（237）	0.814（237）	0.780（244）	0.726（237）
	富时 A50		0.928（244）	0.614（244）	0.994（244）	0.902（244）	0.606（244）	0.609（237）	0.646（237）	0.587（244）	0.517（237）
	沪深 300			0.848（244）	0.936（244）	0.986（244）	0.838（244）	0.635（237）	0.667（237）	0.627（244）	0.553（237）
	沪深 500				0.632（244）	0.880（244）	0.988（244）	0.532（237）	0.554（237）	0.544（244）	0.479（237）
	上证 50					0.909（244）	0.624（244）	0.612（237）	0.650（237）	0.591（244）	0.522（237）
	上海 A 股						0.865（244）	0.632（237）	0.663（237）	0.625（244）	0.549（237）
	深圳 A 股							0.534（237）	0.553（237）	0.545（244）	0.484（237）
	富时中国 50								0.982（247）	0.990（247）	0.960（247）
	恒生国企指数									0.967（247）	0.922（247）
	MSCI 中国自由指数										0.959（247）
2016年1月—11月	中华 120	0.890（224）	0.887（222）	0.777（222）	0.895（222）	0.867（222）	0.760（222）	0.859（225）	0.857（223）	0.857（229）	0.828（223）
	富时 A50		0.946（222）	0.792（222）	0.988（222）	0.920（222）	0.773（222）	0.574（221）	0.592（219）	0.587（225）	0.525（219）
	沪深 300			0.933（222）	0.957（222）	0.991（222）	0.920（222）	0.573（218）	0.585（216）	0.589（222）	0.516（216）
	沪深 500				0.804（222）	0.959（222）	0.994（222）	0.515（218）	0.517（216）	0.530（222）	0.456（216）
	上证 50					0.932（222）	0.785（222）	0.573（218）	0.591（216）	0.585（222）	0.525（216）
	上海 A 股						0.945（222）	0.564（218）	0.573（216）	0.577（222）	0.505（216）
	深圳 A 股							0.500（218）	0.502（216）	0.514（222）	0.443（216）

注：括号内数据表示个案数目。

续前表

		内地上市股票						香港上市中资股		香港及海外上市中资股	香港主要指数
期间	**指数**	**富时A50**	**沪深300**	**沪深500**	**上证50**	**上海A股**	**深圳A股**	**富时中国50**	**恒生国企指数**	**MSCI中国自由指数**	**恒指**
2016年1月—11月	富时中国50								0.991（225）	0.973（227）	0.979（225）
	恒生国企指数									0.960（225）	0.965（225）
	MSCI中国自由指数										0.956（225）

注：括号内数据表示个案数目。

附录二 中华交易服务中国 120 指数成分股（于 2016 年 11 月 30 日）

表 1-A3　　中华交易服务中国 120 指数成分股（于 2016 年 11 月 30 日）

编号	成分股代号	成分股名称	上市交易所	股份类别	权重（%）
1	135	昆仑能源有限公司	联交所	红筹股	0.16
2	144	招商局港口控股有限公司	联交所	红筹股	0.22
3	151	中国旺旺控股有限公司	联交所	其他	0.34
4	267	中国中信股份有限公司	联交所	红筹股	0.62
5	270	粤海投资有限公司	联交所	红筹股	0.30
6	322	康师傅控股有限公司	联交所	其他	0.18
7	384	中国燃气控股有限公司	联交所	民企股	0.18
8	386	中国石油化工股份有限公司	联交所	H 股	1.23
9	392	北京控股有限公司	联交所	红筹股	0.16
10	656	复星国际有限公司	联交所	民企股	0.26
11	688	中国海外发展有限公司	联交所	红筹股	0.87
12	700	腾讯控股有限公司	联交所	民企股	9.72
13	728	中国电信集团公司	联交所	H 股	0.46
14	762	中国联合网络通讯集团有限公司	联交所	红筹股	0.60
15	836	华润电力控股有限公司	联交所	红筹股	0.22
16	857	中国石油股份天然气股份有限公司	联交所	H 股	0.99
17	883	中国海洋石油有限公司	联交所	红筹股	1.55
18	939	建设银行股份有限公司	联交所	H 股	4.94
19	941	中国移动通信集团公司	联交所	红筹股	4.62
20	960	龙湖地产有限公司	联交所	民企股	0.15
21	966	中国太平保险控股有限公司	联交所	红筹股	0.28
22	992	联想集团有限公司	联交所	红筹股	0.33
23	998	中信银行股份有限公司	联交所	H 股	0.40
24	1044	恒安国际有限公司	联交所	民企股	0.47

续前表

编号	成分股代号	成分股名称	上市交易所	股份类别	权重（%）
25	1109	华润置地有限公司	联交所	红筹股	0.46
26	1288	农业银行股份有限公司	联交所	H 股	0.71
27	1398	工商银行股份有限公司	联交所	H 股	3.66
28	1880	百丽国际控股有限公司	联交所	其他	0.20
29	2007	碧桂园控股有限公司	联交所	民企股	0.35
30	2318	中国平安保险（集团）股份有限公司	联交所	H 股	1.99
31	2319	中国蒙牛乳业有限公司	联交所	红筹股	0.39
32	2328	中国人民财产保险股份有限公司	联交所	H 股	0.53
33	2601	中国太平洋保险（集团）股份有限公司	联交所	H 股	0.74
34	2628	中国人寿保险股份有限公司	联交所	H 股	1.49
35	3328	交通银行股份有限公司	联交所	H 股	0.56
36	3333	中国恒大集团	联交所	民企股	0.19
37	3799	达利食品集团有限公司	联交所	民企股	0.08
38	3968	招商银行股份有限公司	联交所	H 股	0.78
39	3988	中国银行股份有限公司	联交所	H 股	2.62
40	6808	高鑫零售有限公司	联交所	其他	0.17
41	600000	上海浦东发展银行股份有限公司	上交所	A 股	1.49
42	600011	华能国际电力股份有限公司	上交所	A 股	0.32
43	600015	华夏银行股份有限公司	上交所	A 股	0.62
44	600016	中国民生银行股份有限公司	上交所	A 股	2.25
45	600018	上海国际港务（集团）股份有限公司	上交所	A 股	0.17
46	600019	宝山钢铁股份有限公司	上交所	A 股	0.32
47	600023	浙江浙能电力股份有限公司	上交所	A 股	0.23
48	600028	中国石油化工股份有限公司	上交所	A 股	0.54
49	600030	中信证券股份有限公司	上交所	A 股	1.40
50	600036	招商银行股份有限公司	上交所	A 股	1.92
51	600048	保利房地产（集团）股份有限公司	上交所	A 股	0.70
52	600050	中国联合网络通信股份有限公司	上交所	A 股	0.57
53	600104	上海汽车集团股份有限公司	上交所	A 股	0.84
54	600276	江苏恒瑞医药股份有限公司	上交所	A 股	0.66

续前表

编号	成分股代号	成分股名称	上市交易所	股份类别	权重（%）
55	600485	北京信威科技集团股份有限公司	上交所	A 股	0.20
56	600519	贵州茅台酒股份有限公司	上交所	A 股	1.60
57	600585	安徽海螺水泥股份有限公司	上交所	A 股	0.36
58	600606	绿地控股集团股份有限公司	上交所	A 股	0.04
59	600637	上海东方明珠新媒体股份有限公司	上交所	A 股	0.33
60	600690	青岛海尔股份有限公司	上交所	A 股	0.33
61	600795	国电电力发展股份有限公司	上交所	A 股	0.39
62	600837	海通证券股份有限公司	上交所	A 股	1.36
63	600871	中石化石油工程技术服务股份有限公司	上交所	A 股	0.07
64	600887	内蒙古伊利实业集团股份有限公司	上交所	A 股	1.20
65	600893	中航动力股份有限公司	上交所	A 股	0.27
66	600900	中国长江电力股份有限公司	上交所	A 股	0.88
67	600958	东方证券股份有限公司	上交所	A 股	0.45
68	600999	招商证券股份有限公司	上交所	A 股	0.55
69	601006	大秦铁路股份有限公司	上交所	A 股	0.44
70	601088	中国神华能源股份有限公司	上交所	A 股	0.34
71	601166	兴业银行股份有限公司	上交所	A 股	2.25
72	601169	北京银行股份有限公司	上交所	A 股	1.23
73	601186	中国铁建股份有限公司	上交所	A 股	0.43
74	601211	国泰君安证券股份有限公司	上交所	A 股	0.30
75	601288	中国农业银行股份有限公司	上交所	A 股	1.23
76	601318	中国平安保险（集团）股份有限公司	上交所	A 股	3.94
77	601328	交通银行股份有限公司	上交所	A 股	1.61
78	601336	新华人寿保险股份有限公司	上交所	A 股	0.39
79	601390	中国中铁股份有限公司	上交所	A 股	0.55
80	601398	中国工商银行股份有限公司	上交所	A 股	1.10
81	601601	中国太平洋保险（集团）股份有限公司	上交所	A 股	0.95
82	601628	中国人寿保险股份有限公司	上交所	A 股	0.43
83	601633	长城汽车股份有限公司	上交所	A 股	0.13
84	601668	中国建筑股份有限公司	上交所	A 股	1.65

续前表

编号	成分股代号	成分股名称	上市交易所	股份类别	权重（%）
85	601669	中国电力建设股份有限公司	上交所	A 股	0.33
86	601688	华泰证券股份有限公司	上交所	A 股	0.65
87	601727	上海电气集团股份有限公司	上交所	A 股	0.26
88	601766	中国中车股份有限公司	上交所	A 股	1.10
89	601788	光大证券股份有限公司	上交所	A 股	0.21
90	601800	中国交通建设股份有限公司	上交所	A 股	0.25
91	601818	中国光大银行股份有限公司	上交所	A 股	0.65
92	601857	中国石油天然气股份有限公司	上交所	A 股	0.37
93	601898	中国中煤能源股份有限公司	上交所	A 股	0.11
94	601901	方正证券股份有限公司	上交所	A 股	0.35
95	601985	中国核能电力股份有限公司	上交所	A 股	0.34
96	601988	中国银行股份有限公司	上交所	A 股	0.74
97	601989	中国船舶重工股份有限公司	上交所	A 股	0.66
98	601998	中信银行股份有限公司	上交所	A 股	0.21
99	1	平安银行股份有限公司	深交所	A 股	0.66
100	2	万科企业股份有限公司	深交所	A 股	2.10
101	69	深圳华侨城股份有限公司	深交所	A 股	0.24
102	166	申万宏源集团股份有限公司	深交所	A 股	0.42
103	333	美的集团股份有限公司	深交所	A 股	0.97
104	538	云南白药集团股份有限公司	深交所	A 股	0.36
105	625	重庆长安汽车股份有限公司	深交所	A 股	0.37
106	651	珠海格力电器股份有限公司	深交所	A 股	1.37
107	725	京东方科技集团股份有限公司	深交所	A 股	0.69
108	776	广发证券股份有限公司	深交所	A 股	0.58
109	858	宜宾五粮液股份有限公司	深交所	A 股	0.68
110	895	河南双汇投资发展股份有限公司	深交所	A 股	0.22
111	1979	招商局蛇口工业区控股股份有限公司	深交所	A 股	0.46
112	2024	苏宁云商集团股份有限公司	深交所	A 股	0.44
113	2252	上海莱士血液制品股份有限公司	深交所	A 股	0.21
114	2304	江苏洋河酒厂股份有限公司	深交所	A 股	0.43

续前表

编号	成分股代号	成分股名称	上市交易所	股份类别	权重（%）
115	2415	杭州海康威视数字技术股份有限公司	深交所	A 股	0.46
116	2594	比亚迪股份有限公司	深交所	A 股	0.30
117	2736	国信证券股份有限公司	深交所	A 股	0.44
118	2739	万达电影院线股份有限公司	深交所	A 股	0.31
119	300059	东方财富信息股份有限公司	深交所	A 股	0.46
120	300104	乐视网信息技术（北京）股份有限公司	深交所	A 股	0.38

注：H 股是由中国内地注册成立而于香港交易所上市的公司发行；红筹股是由中国内地以外注册成立而在香港交易所上市的公司发行，该等公司由内地政府实体透过直接或间接持股及 / 或派员担任公司董事而控制；民企股是由中国内地以外注册成立但在香港交易所上市的民营企业发行。

资料来源：中华交易服务网站。

02

沪港通与深港通下的互联互通

内地及全球投资者的“共同市场”

2017年3月

概要

沪港股票市场交易互联互通机制试点（沪港通）于2014年11月17日正式推出，是中国内地与香港之间破天荒的市场互联互通计划，为海外投资者投资内地股票市场及内地投资者投资香港股票市场提供崭新的正式渠道。此渠道实现全程封闭兼有序的人民币跨境资金流，减低对内地市场的潜在金融风险。深港股票市场交易互联互通机制（深港通）亦已于2016年12月5日推出，为沪港通的延伸篇章，进一步扩充合资格股票范围。沪深港之间的“共同市场”模式已然基本形成。中国内地与香港之间的共同市场模式是中国内地资本账开放进程中极具象征意义的突破，为内地投资者开启越来越多的环球投资机会，同时也为全球投资者打开更多的内地投资机会。

沪港通的经验显示，内地投资者对于透过港股通投资港股的需求正与日俱增。他们的投资不止于大型蓝筹股，亦涉及不同行业的中小型股。沪股通的交投显示全球投资者对内地多元化行业的中小型股亦兴趣日浓。深港通涵盖更多小型股，以迎合内地及全球投资者的需要。两地监管机构已就交易所买卖基金纳入互联互通机制达成共识，具体时间将另行公告。若获监管机构批准，日后亦可能纳入债券及其他证券、商品及衍生产品。透过“共同市场”模式下的南向交易，内地投资者面向全球资产配置的机遇，或许能获得更佳的潜在回报，以及利用较内地市场更为多元化的投资及风险管理工具。在国际市场的交易经验亦有助内地投资者（特别是散户投资者）趋向成熟。

随着跨境投资活动日增，将人民币股票衍生产品、人民币利率及货币衍生产品等相关跨境组合对冲工具纳入共同市场模式中的需求可能越来越大。

股票市场交易互联互通机制试点——破天荒
连通内地股票市场，迈向“共同市场”

股票市场交易互联互通机制试点于2014年11月推出首项计划——沪港股票市场交易互联互通机制试点（沪港通）。尽管交易范围有限制，这是接通内地证券市场与海外市场股票交易的破天荒机制。继沪港通顺利开通后，深港股票市场交易互联互通机制（深港通）亦于2016年12月推出。沪港通与深港通于下文合称“互联互通”机制。

互联互通机制是中国内地资本账开放的重要里程碑。在实施每日额度及跨境资金流全程封闭的情况下，跨境资金投资活动可在密切监控下进行及有序发展，降低对内地股票市场的潜在金融风险。此机制日后可因应内地市场的开放进程，在规模、范围及市场领域等方面扩容，目标是为内地及全球投资者建立中国内地与香港的“共同市场”。

以下分节简介两项股票市场交易互联互通计划。下文也将载列互联互通自推出后的表现，并探讨“共同市场”模式可提供的机遇。

1. 沪港通

中国证券监督管理委员会（中国证监会）与香港证券及期货事务监察委员会（香港证监会）于2014年4月发出联合公告，宣布开展中国内地与香港的股票市场交易互联互通机制试点——沪港通。香港交易所全资附属公司香港联合交易所有限公司（联交所）与上海证券交易所（上交所）联手建立跨境买卖盘传递及相关技术基础设施（交易通）。香港交易所另一全资附属公司香港中央结算有限公司（香港结算）与中国内地的证券结算所中国证券登记结算有限责任公司（中国结算）则共同建立结算及交收基础设施（结算通）。经过多月的市场准备及系统测试后，沪港通于2014年11月17日正式开通。机制旨在于设定的合资格范围内，容许香港及海外投资者在内地市场买卖上交所上市股票（“沪股通”或“沪港通北向交易”）及内地投资者在香港市场买卖联交所上市股票（“沪港通下的港股通”或“沪港通南向交易”）。

在初期阶段，**沪股通合资格证券**范围属以下在上交所上市的A股（“沪股通股票”）：

- 上证180指数及上证380指数的成分股；
- 有H股同时在联交所上市的上交所上市A股；

但不包括不以人民币交易的沪股及被实施风险警示的沪股[①]。

沪港通下的港股通合资格证券范围属以下在联交所主板上市的股票（“港股通股票”）：

- 恒生综合大型股指数（HSLI）成分股；
- 恒生综合中型股指数（HSMI）成分股；
- 有相关A股在上交所上市的H股；

但不包括不以港币交易的港股及其相应A股被实施风险警示的H股。

在沪股通股票中，上证180指数成分股是上交所最具市场代表性的180只A股，而上证380指数则由380家规模中型的公司组成，综合反映上交所在上证180指数以外一批新兴蓝筹公司的表现[②]。因此，上证180指数的沪股通股票视为对应于港股通HSLI股票的“大型”股，而上证380指数的沪股通股票则为与港股通HSMI股票相应的“中型”股。

于2017年2月底，合资格证券范围中共有715只上交所上市沪股通股票（包括139只仅合资格出售的股票[③]）及317只联交所上市港股通股票[④]。

投资者资格方面，所有香港及海外投资者均可参与沪股通交易，但只有内地机构投资者及拥有证券账户和资金账户余额合计不低于50万元人民币的个人投资者方可参与港股通。

---

① 指相关股份被上交所实施“风险警示”，包括ST公司及*ST公司的股份以及须根据上交所规则进行除牌程序的股份。

② 资料来自上交所网站。

③ 原为合资格沪股，但根据预设规定其后不再合资格者。

④ 香港交易所及上交所网站2017年2月28日资料。

沪股通（北向）交易方面，在香港的投资者透过香港经纪进行买卖，交易则在上交所平台执行。港股通（南向）交易方面，内地投资者透过内地经纪进行买卖，交易则在联交所平台执行。沪股通及港股通遵循交易执行平台各自的市场规则。具体而言，内地 A 股市场不可进行即日回转交易，但香港市场则容许。沪股通股票仅以人民币进行买卖及交收，港股通股票则以港元进行买卖，内地投资者再与中国结算或其结算参与人以人民币进行交收。

沪港通下的交易受制于投资额度，最初设有跨境投资价值上限的总额度及每日额度。沪股通及港股通的总额度分别为 3 000 亿元人民币及 2 500 亿元人民币。其后在宣布建立深港通当日（2016 年 8 月 16 日）已取消总额度之设。每日额度现时仍然适用，按“净买盘”计算的沪股通股票每日上限为 130 亿元人民币，港股通股票则为 105 亿元人民币（于 2016 年底折合约 117 亿港元）。

自 2014 年 11 月沪港通推出后，投资者对沪股通及港股通的兴趣时有不同。推出后大部分时间均见沪股通交易较港股通交易更为活跃，但自 2015 年后期以来则见港股通交易额日渐增长并有见超越沪股通之势。2016 年 12 月深港通推出，该月的北向交易显著提升，数据显示有近三成归功于深股通（详见下文）。

2. 深港通

中国证监会与香港证监会于 2016 年 8 月 16 日联合宣布建立深港股票市场交易互联互通机制（深港通），是基于沪港通推出以来平稳运行的基础而建立的股票市场交易互联互通机制试点的延伸项目。深圳证券交易所（深交所）、联交所、中国结算及香港结算按类似沪港通的形式建立深港通，其后于 2016 年 12 月 5 日开通。含深港通的互联互通机制现包括的交易通如图 2-1 所示。

交易类别		沪港通	深港通
	北向	沪股交易通	深股交易通
	南向	沪港通下的 港股交易通	深港通下的 港股交易通

图 2-1　股票市场交易互联互通机制

深股通合资格证券范围：

- 深证成份指数和深证中小创新指数成分股中所有市值不少于 60 亿元人民币的成分股；
- 有相关 H 股在联交所上市的所有深交所上市 A 股；

但不包括不以人民币交易的深股及被实施风险警示的深股[①]。

除沪港通下的港股通合资格证券外，深港通下的**港股通合资格证券**范围扩展至包括：

- 所有市值 50 亿港元或以上的恒生综合小型股指数（HSSI）成分股；
- 所有联交所上市公司中同时有 A 股在深交所上市的 H 股；

但不包括不以港币交易的港股及其相应 A 股被实施风险警示的 H 股。

深港通下的港股通合资格内地投资者与沪港通相同，但通过深港通买卖深交所创业板上市股票的合资格投资者，初期只限于相关香港规则及规例所界定的机构专业投资者[②]。

深港通亦沿用沪港通的每日额度，同时不设总额度。

表 2-1 概述沪港通及深港通的主要异同。

表 2-1　沪港通及深港通主要特点

特点	沪港通	深港通
沪 / 深股通合资格证券	• 上证 180 指数的成分股及上证 380 指数的成分股 • 有 H 股同时在联交所上市的上交所上市 A 股	• 深证成份指数和深证中小创新指数成分股中市值在 60 亿元人民币或以上的成分股 • 有相关 H 股在联交所上市的深交所上市 A 股
	不包括被实施风险警示的 A 股及不以人民币交易的 A 股	
	合资格可买可卖的股票共 576 只（于 2017 年 2 月 28 日）	合资格可买可卖的股票共 904 只（于 2017 年 2 月 28 日）

① 指相关股份被深交所实施“风险警示”，包括 ST 公司及 *ST 公司的股份以及须根据深交所规则进行除牌程序的股份。

② 有关“机构专业投资者”的定义见《证券及期货条例》下的《证券及期货（专业投资者）规则》。

续前表

特点	沪港通	深港通
港股通合资格证券	• 恒生综合大型股指数（HSLI）成分股 • 恒生综合中型股指数（HSMI）成分股	
	有相关A股在上交所上市的H股	• 市值50亿港元或以上的恒生综合小型股指数（HSSI）的成分股 • 有A股在上交所或深交所上市的H股
	不包括其相应A股被实施风险警示的H股及不以港币交易的港股	
	317只股票（于2017年2月28日）	417只股票（较沪港通下的港股通股票多出100只）（于2017年2月28日）
沪/深股通合资格投资者	所有香港及海外投资者（个人及机构）	• 创业板合资格股票：初期仅限于机构专业投资者 • 其他合资格股票：所有香港及海外投资者（个人及机构）
港股通合资格投资者	内地机构投资者及拥有证券账户及资金账户余额合计≥50万元人民币的个人投资者	
每日额度	• 北向：130亿元人民币 • 南向：105亿元人民币	
总额度	没有	
北向交易、结算及交收	按照上交所及中国结算在上海市场的惯例	按照深交所及中国结算在深圳市场的惯例
南向交易、结算及交收	按照联交所及香港结算的市场惯例	

互联互通迄今的表现（截至2016年底）

1. 北向及南向交易的整体表现

北向及南向交易的成交量随着市场气氛的转变而时有不同。然而，北向交易的日均成交额占内地A股市场总体日均成交额的比重一直维持在1%至2%相对窄幅的水平。反观南向交易，在沪港通推出后首9个月，南向交易成交量涨跌互现，但自2015年第4季度，南向交易额在联交所主板市场总成交的占比出现强劲上升趋势，从2015年9月占主板日均成交额的2.1%升至2016年9月的10.8%；纵使其后有所回落，但上升势头持续。南向交易日均成交额于 2016 年 6 月再度超过北向交易，是 2015 年 4 月来的首次，其后月度亦屡次超过北向交易。

值得注意的是，在 2016 年 12 月 5 日深港通开通日起至 2016 年底的 17 个北向交易日中，深港通北向交易占互联互通北向交易总成交额的 27%，占北向买盘总额的 40%，显示国际投资者对深股有浓厚兴趣。

详细内容见图 2-2 及图 2-3。

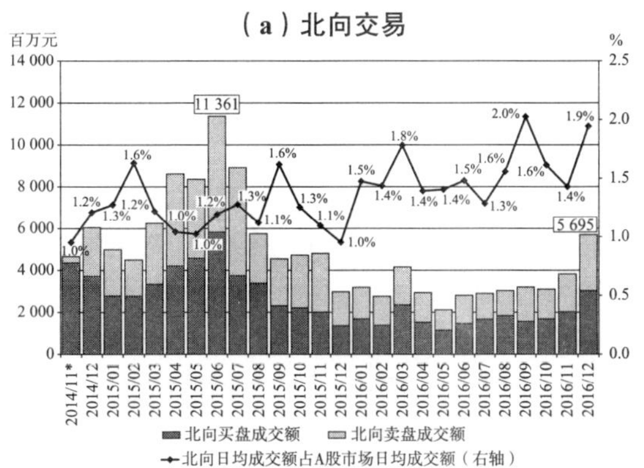

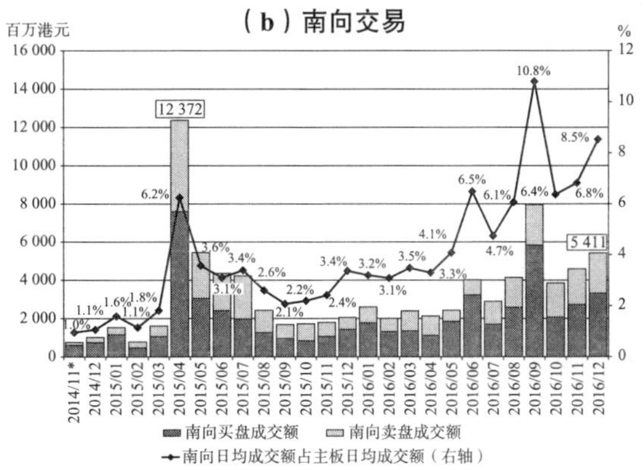

图 2-2　互联互通平均每日成交额（2014 年 11 月—2016 年 12 月）

* 自 2014 年 11 月 17 日沪港通开通之日起计。

注：自 2016 年 12 月 5 日起包括于当日推出的深港通数据；作为基础比较的 A 股市场数据自该日起包括深交所 A 股市场；在计算占市场日均成交总额的百分比时，北向交易 / 南向交易的交易额为双边成交额（买盘及卖盘分别计算在内），而市场总成交额为单边成交额（买盘及卖盘以单一交易额计算）。

资料来源：香港交易所。

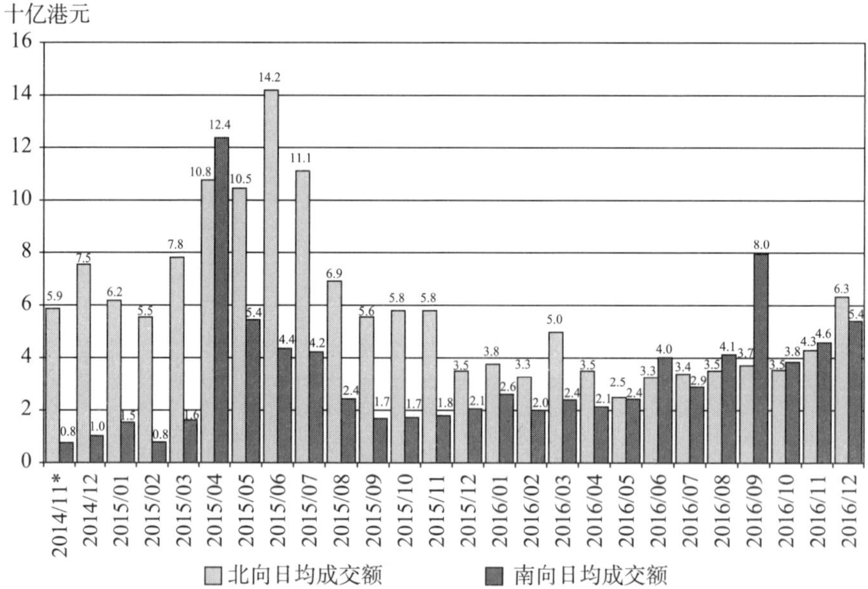

图 2-3　互联互通下的南向交易与北向交易日均成交总额（买盘及卖盘）对比（2014 年 11 月—2016 年 12 月）

* 自 2014 年 11 月 17 日沪港通开通之日起计。

注：北向交易成交额按月末汇率（来自香港金融管理局网站）转换为港元。自 2016 年 12 月 5 日起包括于当日推出的深港通数据。

资料来源：香港交易所。

此外，自 2015 年后期开始，南向交易的平均每日买盘净额均远高于北向交易。自互联互通推出至 2016 年底，南向交易只有两个月录得净卖盘，相比之下北向交易则曾录得 6 个月的净卖盘（见图 2-4）。其间 485 个南向交易日中，有 86% 的时间出现净买盘，而 494 个北向交易日中有 56% 的日子出现净买盘。然而，北向交易及南向交易两者按净买盘基础计算的每日额度使用量一直不高——沪港通下仅有 18% 的北向交易日及 20% 的南向交易日的每日额度用量曾超过 10%，以及有 6% 的北向交易日及 6% 的南向交易日的每日额度用量曾超过 20%[①]。在深港通下，17 个交易日中有 4 日（即 24%）的北向交易日的每日额度用量超过 10% 及只有 1 日（即 6%）超过 20%，而南向交易额度则从未超过 10%。（详细见图 2-5 及表 2-2。）

① 就北向交易而言，每日额度用量超过 10%，意指净买盘超过北向交易每日额度 130 亿元人民币的 10%，即净买盘超过 13 亿元人民币。南向交易方面亦同理，只是以南向交易净买盘每日额度 105 亿元人民币为计算基准，货币转换按汤森路透每日人民币兑港币的汇率计算。

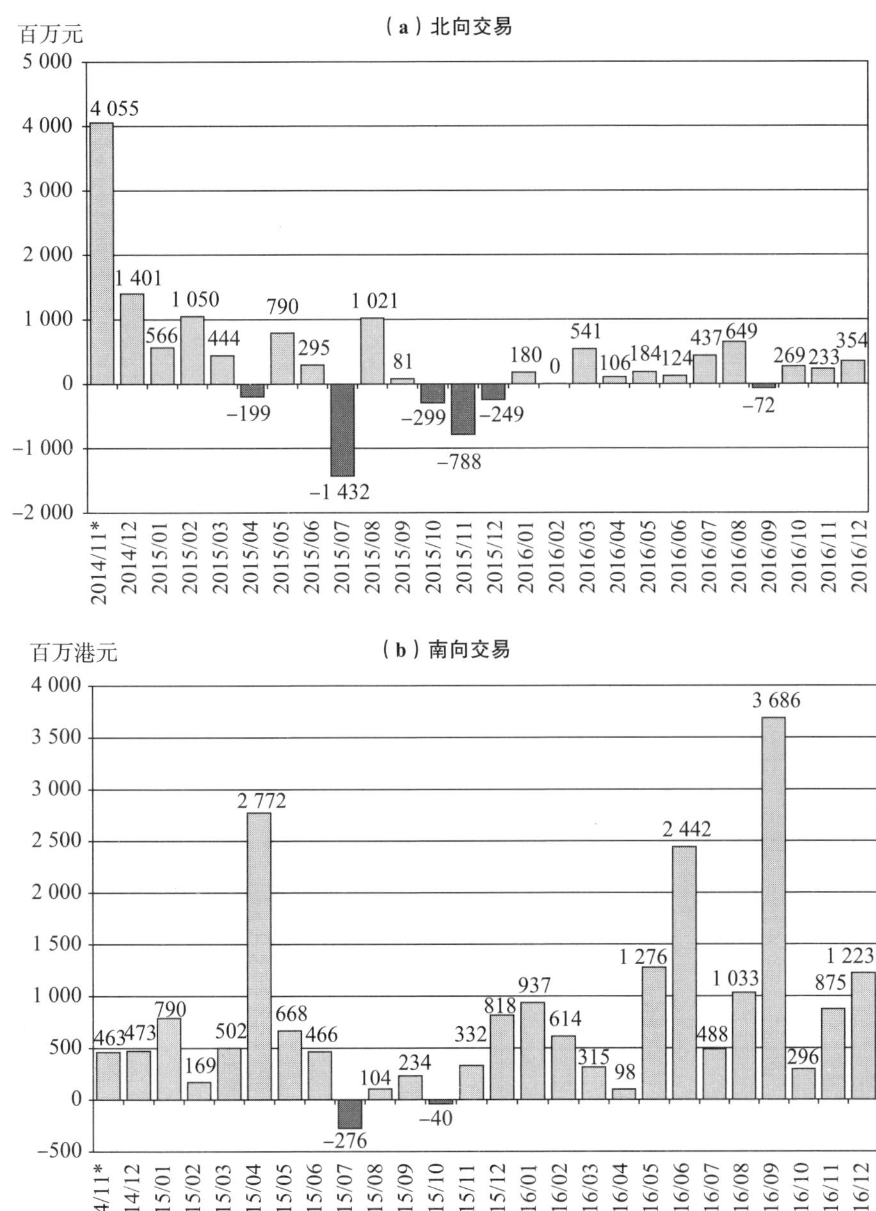

图 2-4　互联互通下的北向交易与南向交易日均净买盘 / 卖盘成交额
（2014 年 11 月—2016 年 12 月）

* 自 2014 年 11 月 17 日沪港通开通之日起计。

注：自 2016 年 12 月 5 日起包括于当日推出的深港通数据。负数为净卖盘。

资料来源：香港交易所。

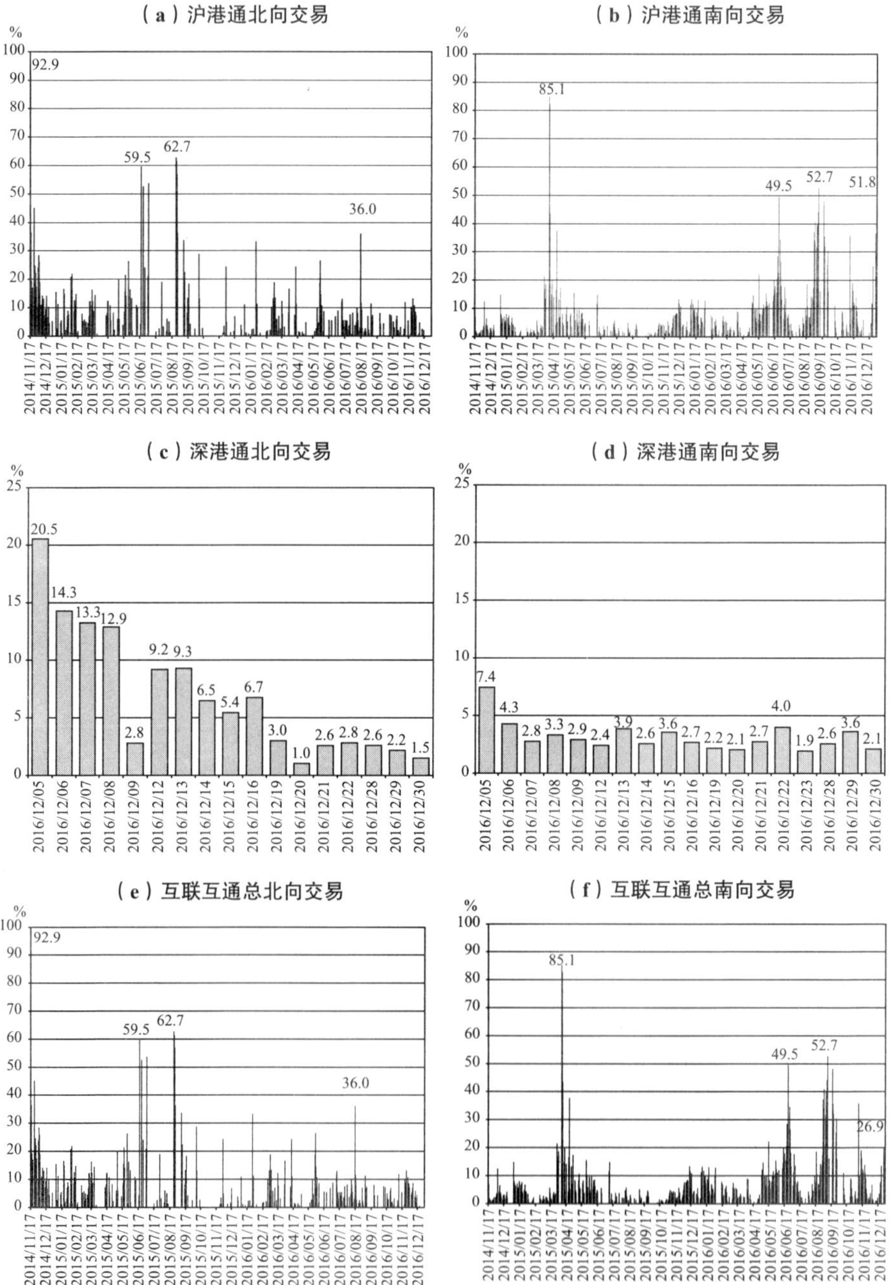

图 2-5　互联互通每日净买盘额度用量（2014 年 11 月 17 日—2016 年 12 月 31 日）

注：自 2016 年 12 月 5 日起，互联互通总北向交易及总南向交易的每日总额度是沪股通与深股通之和。

资料来源：香港交易所；用以计算南向额度用量的每日成交额按汤森路透的每日汇率转换为人民币。

表 2-2　互联互通每日额度使用量（2014 年 11 月 17 日—2016 年 12 月 31 日）

	沪港通		深港通	
	北向交易	南向交易	北向交易	南向交易
交易日总数	494	485	17	18
录得净买盘日数占比	55%	85%	100%	100%
每日额度使用量范围	北向交易（日数 / 相对总日数占比）	南向交易（日数 / 相对总日数占比）	北向交易（日数 / 相对总日数占比）	南向交易（日数 / 相对总日数占比）
>0% ~ 10%	186 / 37.7%	317 / 65.4%	13 / 76.5%	18 / 100%
>10% ~ 20%	58 / 11.7%	66 / 13.6%	3 / 17.6%	0 / 0%
>20% ~ 30%	17 / 3.4%	10 / 2.1%	1 / 5.9%	0 / 0%
>30% ~ 40%	5 / 1.0%	11 / 2.3%	0 / 0%	0 / 0%
>40% ~ 50%	1 / 0.2%	6 / 1.2%	0 / 0%	0 / 0%
>50% ~ 60%	4 / 0.8%	2 / 0.4%	0 / 0%	0 / 0%
>60% ~ 70%	2 / 0.4%	0 / 0%	0 / 0%	0 / 0%
>70% ~ 80%	0 / 0%	0 / 0%	0 / 0%	0 / 0%
>80% ~ 90%	0 / 0%	2 / 0.4%	0 / 0%	0 / 0%
>90% ~ 100%	1 / 0.2%	0 / 0%	0 / 0%	0 / 0%

互联互通总和	北向交易	南向交易
交易日总数	494	485
录得净买盘日数占比	56%	86%
每日额度使用量范围	北向交易	南向交易
>0% ~ 10%	191 / 38.7%	324 / 66.8%
>10% ~ 20%	58 / 11.7%	67 / 13.8%
>20% ~ 30%	17 / 3.4%	9 / 1.9%
>30% ~ 40%	5 / 1.0%	10 / 2.1%
>40% ~ 50%	1 / 0.2%	6 / 1.2%
>50% ~ 60%	4 / 0.8%	1 / 0.2%
>60% ~ 70%	2 / 0.4%	0 / 0%
>70% ~ 80%	0 / 0%	0 / 0%

续前表

每日额度使用量范围	北向交易	南向交易
>80% ~ 90%	0 / 0%	2 / 0.4%
>90% ~ 100%	1 / 0.2%	0 / 0%

2. 环球投资者对互联互通北向股票的兴趣

在沪港通推出初期，环球投资者北向买卖及持有的沪股通股票主要涉及市值庞大的上证 180 指数成分股（占 2014 年成交金额的 94% 及 2014 年底持股金额的 96%）。北向交易中，买卖中型的上证 380 指数成分股的比例由 2014 年占 6% 逐渐增至 2016 年的 23%。经沪股通持有此等中型股的比例曾于 2015 年年底升至 22%，又于 2016 年底回落至 17%，但仍远高于 2014 年底的 4%。不过，环球投资者对沪股通股票的兴趣始终以内地大型蓝筹股为主。（见图 2-6a 及图 2-6b。）

2016 年 12 月 5 日推出的深港通方面，环球投资者北向买卖及持有的股票，亦主要是深证成份指数的蓝筹股——占 2016 年交易金额的 90% 及年底持股金额的 93%（见图 2-6c 及图 2-6d）。

沪股通下环球投资者对内地消费板块（非必需性消费品及必需性消费品）股票的兴趣保持平稳，自沪港通推出以来，该板块股票占北向交易金额略增至 2016 年的 20%，持股占比亦有所上升。深股通下的消费板块占更重要的比重——2016 年交易金额的 47% 及年底持股金额的 58%。沪股通与深股通合计，环球投资者于 2016 年底持有的内地消费板块高达 38%。

沪股通下的内地工业板块股票亦颇具吸引力——该板块股票占 2016 年北向交易金额及期末持股金额达 17%。沪股通下的金融板块股票（均为市值大的上证 180 指数成分股）的较大占比则渐降——由 2014 年分别占北向交易金额及期末持股金额的 51% 及 43% 降至 2016 年底的 31% 及 20%。深股通下的信息科技股票对环球投资者亦有相当的吸引力，2016 年其交易额占 16% 及年底持股额占 15%。深股通的推出促使内地信息科技股在互联互通下的北向交易占比进一步提升。（见图 2-7。）

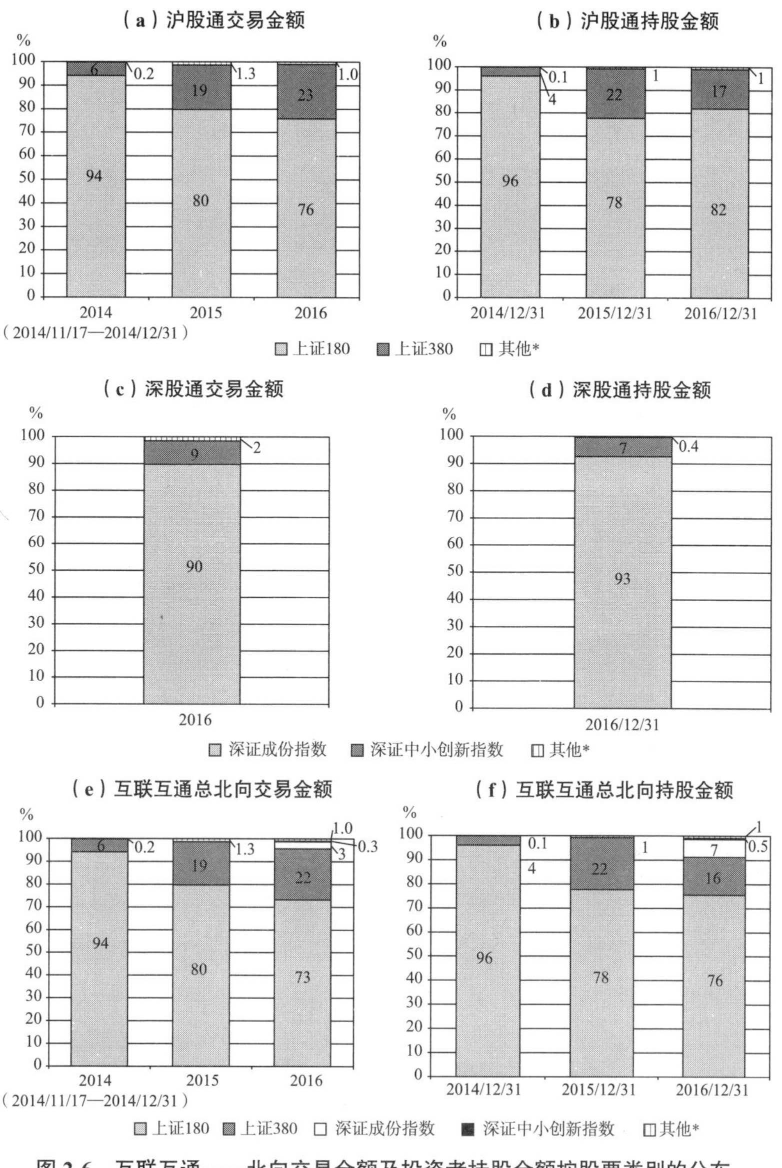

图 2-6　互联互通——北向交易金额及投资者持股金额按股票类别的分布（2014 年 11 月—2016 年 12 月）

* “其他”包括非为合资格指数成分股但有 H 股同时在联交所上市的 A 股，以及期内从合资格股票名单中剔除的股票（只可卖出）。

注：深港通数据是从 2016 年 12 月 5 日深港通推出之日起计算。因四舍五入关系，百分比的总和或不等于 100%。

资料来源：香港交易所。

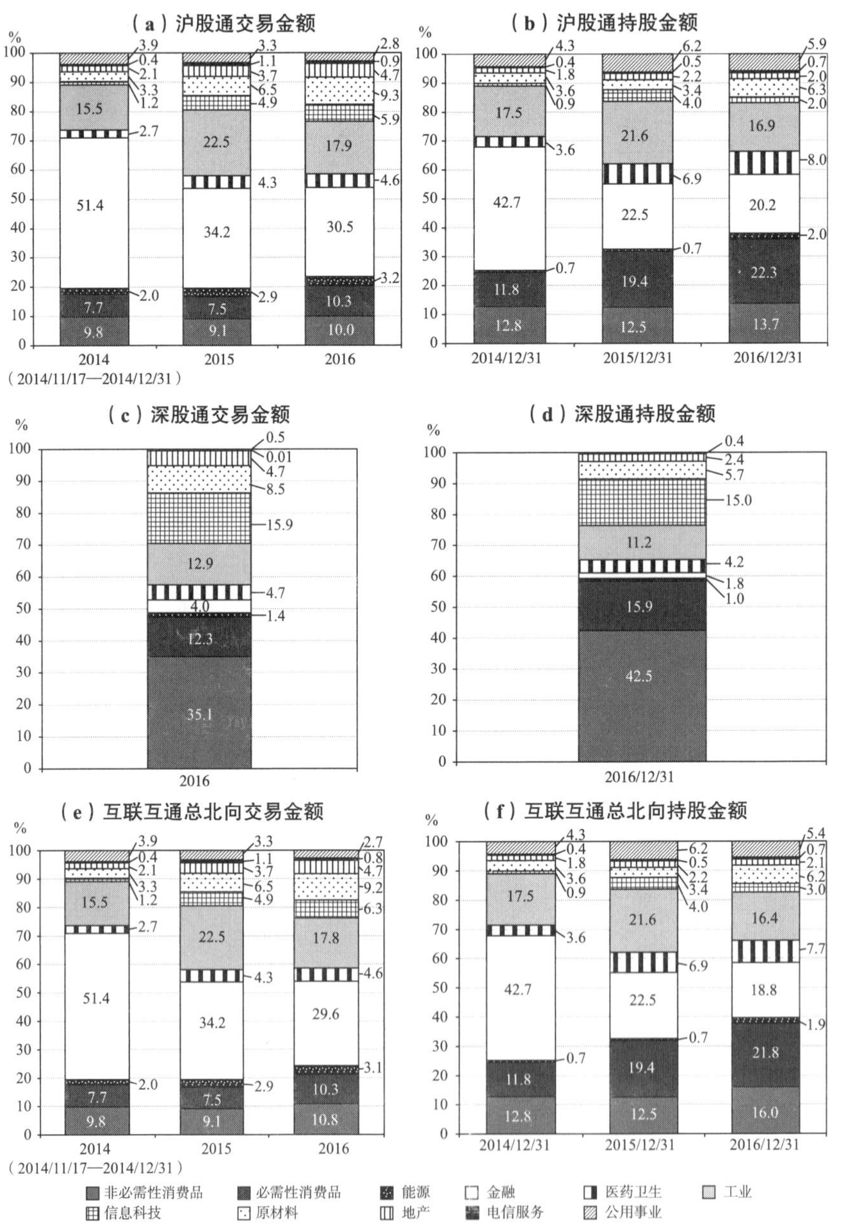

图 2-7　互联互通——北向交易金额及投资者持股金额按行业类别的分布（2014 年 11 月—2016 年 12 月）

注：深港通数据是由 2016 年 12 月 5 日深港通推出之日起计算。因四舍五入关系，百分比的总和或不等于 100%。

资料来源：香港交易所；股份分类采用来自彭博或汤森路透的环球指数分类标准（GICS）。

在涉及大型的上证 180 指数股份的北向交易中，金融股的占比最大，而涉及中型的上证 380 指数股份的北向交易中，工业板块股票占相当高的比重。消费板块股票亦占大型上证 180 指数股份北向交易的相当大比重，而消费及信息科技板块股票占中型上证 380 指数股份北向交易的比重呈显著上升趋势。诚然，纵使中型上证 380 指数股份中没有金融类股票，其成分股中的信息科技、原材料及医药卫生板块的股票较大型上证 180 指数股份更能吸引多元化的投资。（详细见图 2-8 及图 2-9。）

至于深股通方面，属蓝筹股指数的深证成份指数的北向交易中，消费板块股票的交易及持股金额占比相当高，信息科技股的占比亦颇高；而涉及深证中小创新指数股份的北向交易中，工业、信息科技以及原材料板块股票均有相当大的比重，非必需性消费品板块股票则在持股比重方面占优。（详细见图 2-10 及图 2-11。）

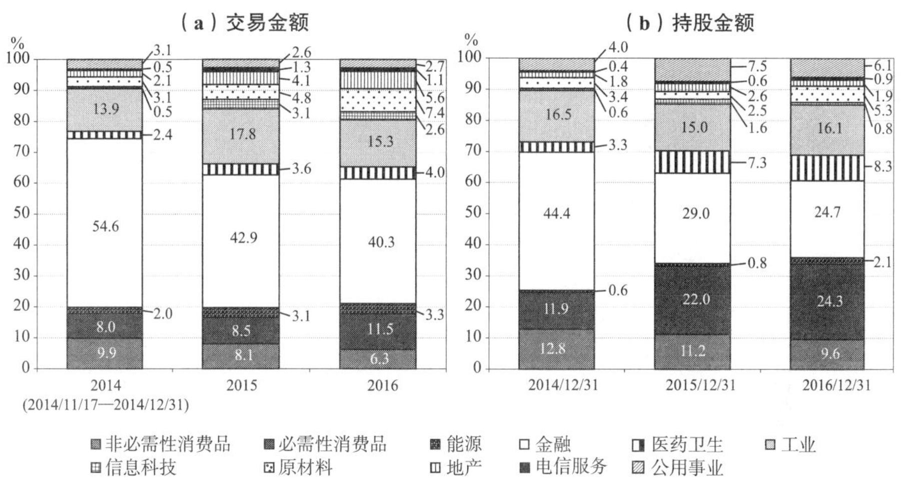

图 2-8　沪港通——上证 180 指数成分股的北向交易金额及投资者持股金额按行业类别的分布（2014 年 11 月—2016 年 12 月）

注：因四舍五入关系，百分比的总和或不等于 100%。

资料来源：香港交易所；股份分类采用来自彭博或汤森路透的环球指数分类标准（GICS）。

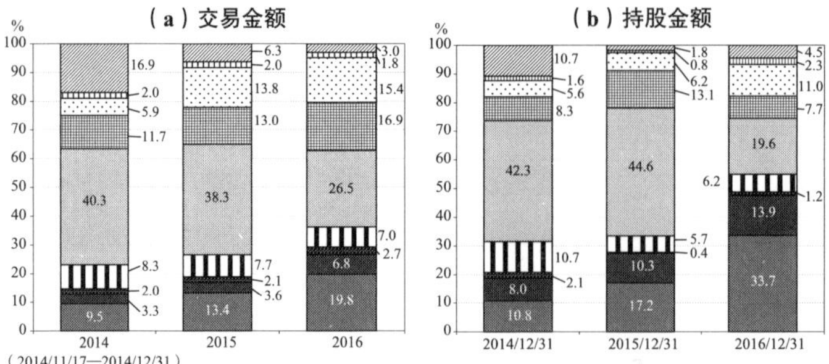

图 2-9　沪港通——上证 380 指数成分股的北向交易金额及投资者持股金额按行业类别的分布（2014 年 11 月—2016 年 12 月）

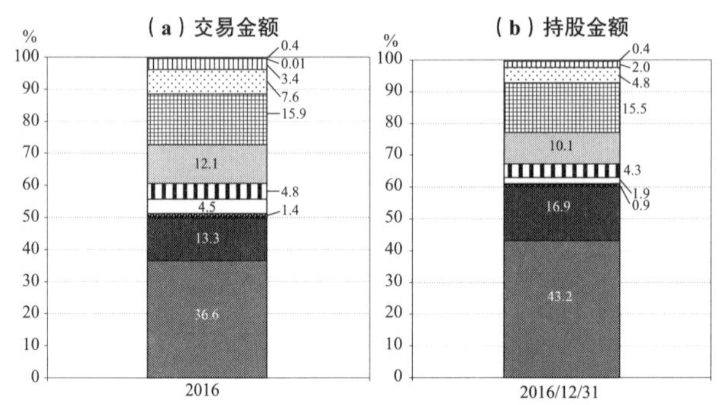

图 2-10　深港通——深证成份指数成分股的北向交易金额及投资者持股金额按行业类别的分布（2016 年 12 月）

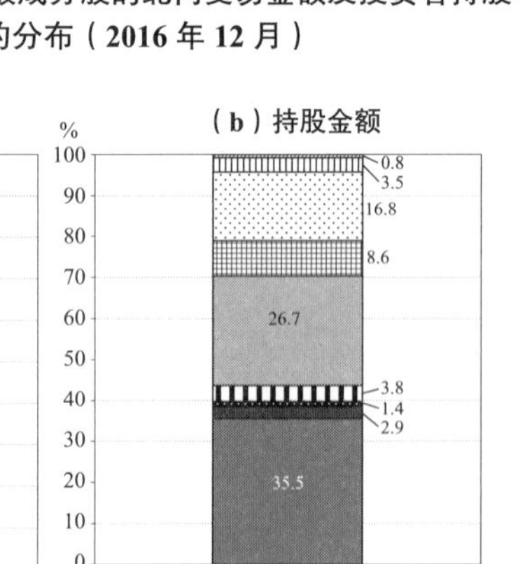

图 2-11　深港通——深证中小创新指数成分股的北向交易金额及投资者持股金额按行业类别的分布（2016 年 12 月）

注：数据自 2016 年 12 月 5 日起深港通推出之日起计。因四舍五入关系，百分比的总和或不等于 100%。图 2-9、图 2-10、图 2-11 的图例相同。

资料来源：香港交易所；股份分类采用来自彭博或汤森路透的环球指数分类标准（GICS）。

3. 内地投资者对港股通股票的兴趣

图 2-12 显示各类合资格港股通股票的交易及投资者持股情况。与北向的沪股通投资相较之下，南向的港股通交易及持股金额在 2014 年互联互通推出之时，多集中于恒生综合中型股指数成分股。到 2016 年期间，某种程度上已转为以恒生综合大型股指数成分股为主。尽管如此，恒生综合中型股指数股份仍占港股通 2016 年全年交易金额及期末持股金额的相当大比重（约 40%）。

除了恒生综合大型股指数及中型股指数成分股外，在深港通下的合资格南向交易股票还包括恒生综合小型股指数成分股，后者所占深港通 2016 年 18 个交易日的南向交易的比重相当高，与中型股的比重同为 42%，小型股在深港通下的持股比重较中型股更高（46% 对比 42%）。然而互联互通总体南向持股分布方面，恒生综合小型股的比重因其低资产价值定义的内在性质关系仍相对甚低（4%）。

从行业来看，投资者对金融股的兴趣日浓，互联互通下的金融股于 2016 年独占鳌头，成为交易及持股最多的行业。其他较受欢迎的行业还有消费品制造业及地产建筑业。深港通下的南向交易和持股则并未集中于金融股，而有相当比重分布于消费品类、地产建筑、信息科技及工业类股票。（详细见图 2-13。）

而南向的港股通投资以金融股为主的情况，主要见于恒生综合大型股指数股份方面。在恒生综合中型股指数股份方面，内地投资者经港股通买卖及持有的行业类别更为多元化。2016 年，南向交易及持有的恒生综合中型股指数成分股中，有相当大的比例是消费品制造业股份（约 25% ~ 27%，若计及消费品服务业更超过 30%）及地产建筑业股份（约 16% ~ 18%）。金融股只位列第三，与其于恒生综合大型股指数成分股的港股通交易及持股中的主力地位显然有别。在深港通下，恒生综合大型及中型股指数成分股的南向交易金额及持股金额按行业类别的分布同样有相若的显著分别。而深港通下的恒生综合小型股指数成分股中的信息科技股，明显能吸引颇高的交易与持股比重。（详细见图 2-14 至图 2-16。）

换言之，在互联互通机制下，内地投资者对多种不同类型行业的中型港股通股票有相当大兴趣。相对大型股中金融股占比相当重的情况，**较小型的股份反为内地投资者提供更多元的股份行业投资选择。**

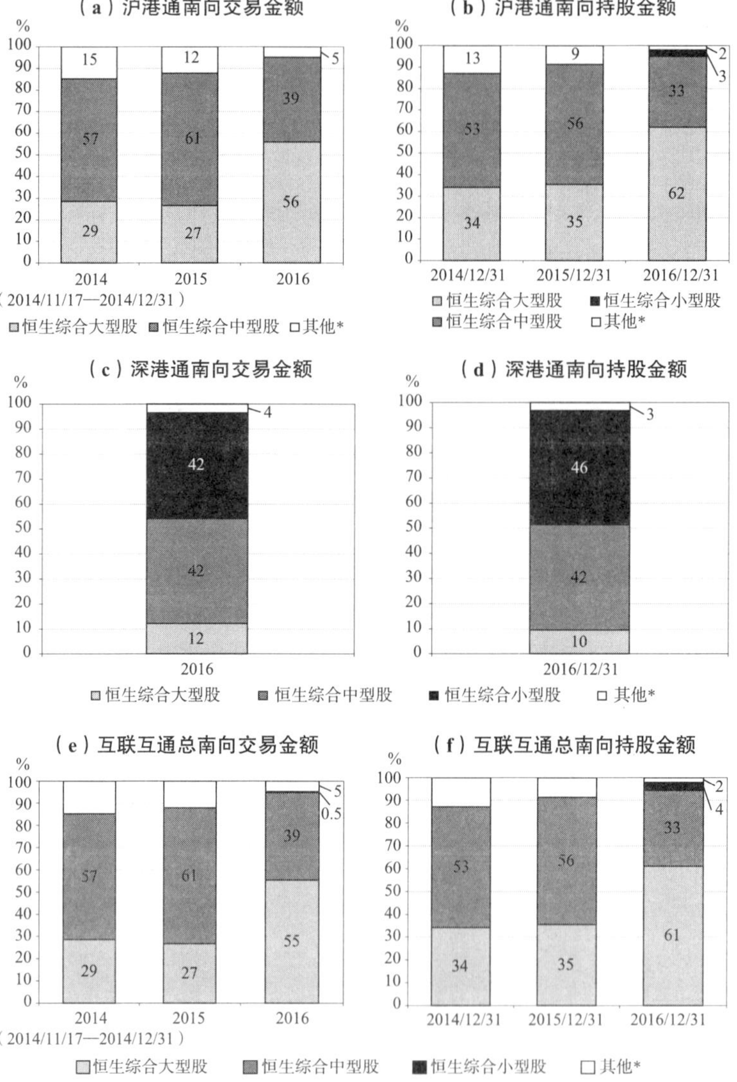

图 2-12　互联互通——南向交易金额及投资者持股金额按股票类别的分布（2014 年 11 月—2016 年 12 月）

* “其他”包括非为合资格指数成分股但有 A 股同时在上交所或深交所（2016 年 12 月 5 日起计）上市的 H 股以及期内从合资格股票名单中剔除的股票（只供卖出）。

注：深港通数据是由 2016 年 12 月 5 日深港通推出之日起计算。持股类别为期末之状态，交易期间之股票类别可能有变；因股票类别变更，沪港通下于期末会持有恒生综合小型股，但其买卖则计算入“其他”类别。因四舍五入关系，百分比的总和或不等于 100%。

资料来源：交易数据来自香港交易所，持股数据来自 Webb-site Who's Who 数据库，股份分类采用恒生指数有限公司的分类。

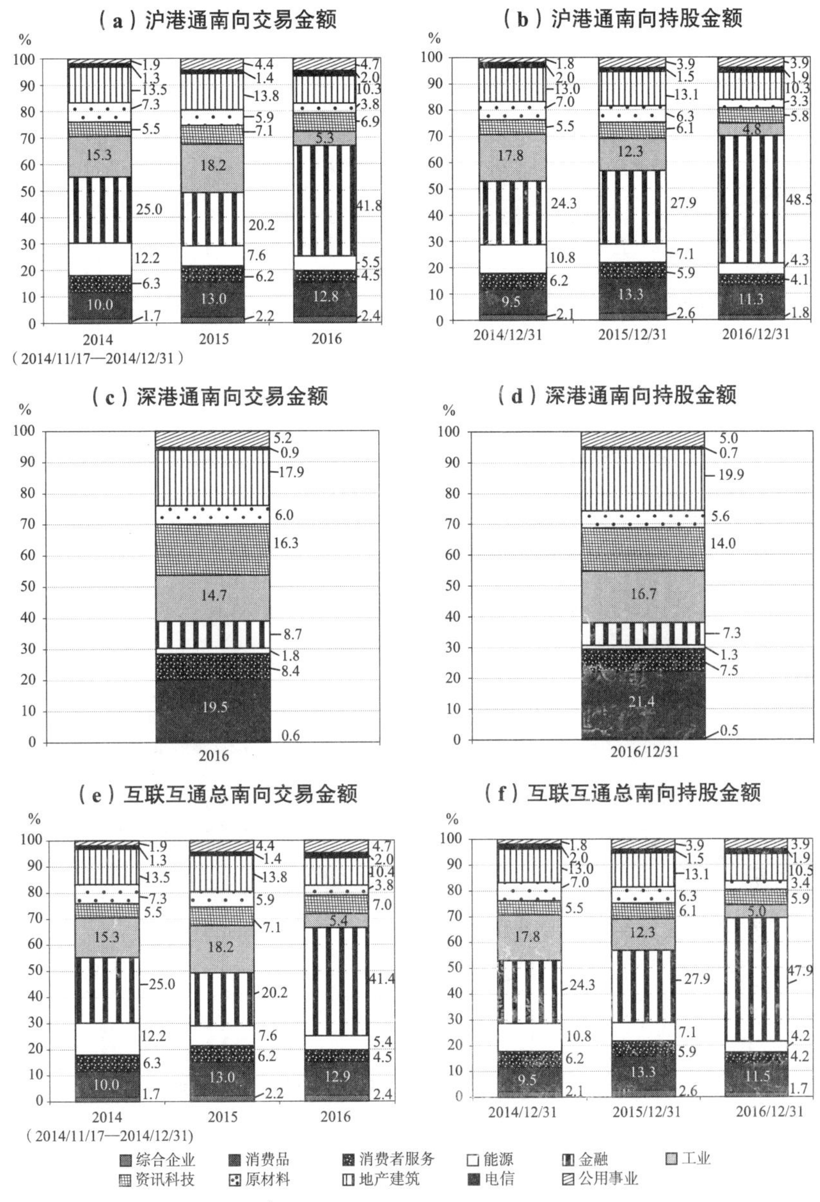

图 2-13　互联互通——南向交易金额及投资者持股金额按行业类别的分布（2014 年 11 月—2016 年 12 月）

注：深港通数据是由 2016 年 12 月 5 日深港通推出之日起计算。因四舍五入关系，百分比的总和或不等于 100%。

资料来源：交易数据来自香港交易所；持股数据来自 Webb-site Who's Who 数据库。股份分类采用恒生指数有限公司的分类。

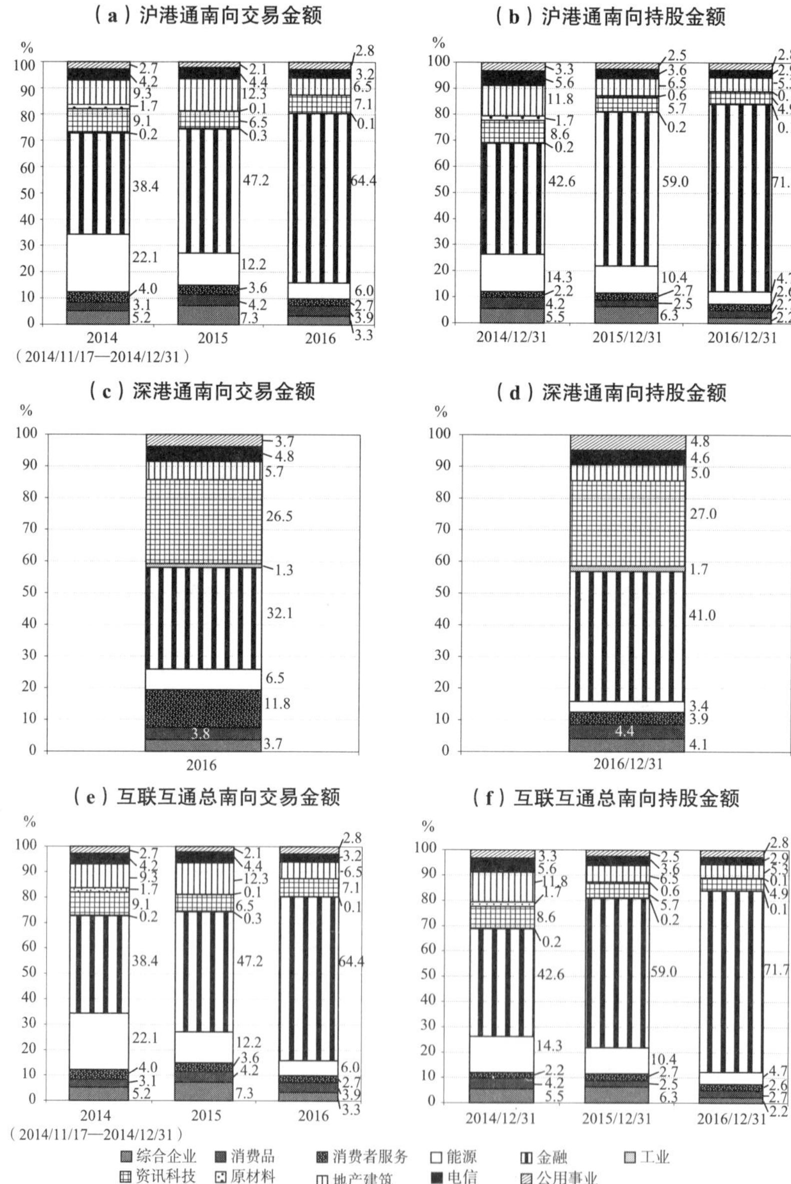

图 2-14　互联互通——恒生综合大型指数成分股的南向交易金额及投资者持股金额按行业类别的分布（2014 年 11 月—2016 年 12 月）

注：深港通数据是由 2016 年 12 月 5 日深港通推出之日起计算。持股类别为期末之状态，交易期间之股票类别可能有变。因四舍五入关系，百分比的总和或不等于 100%。

资料来源：交易数据来自香港交易所，持股数据来自 Webb-site Who's Who 数据库，股份分类采用恒生指数有限公司的分类。

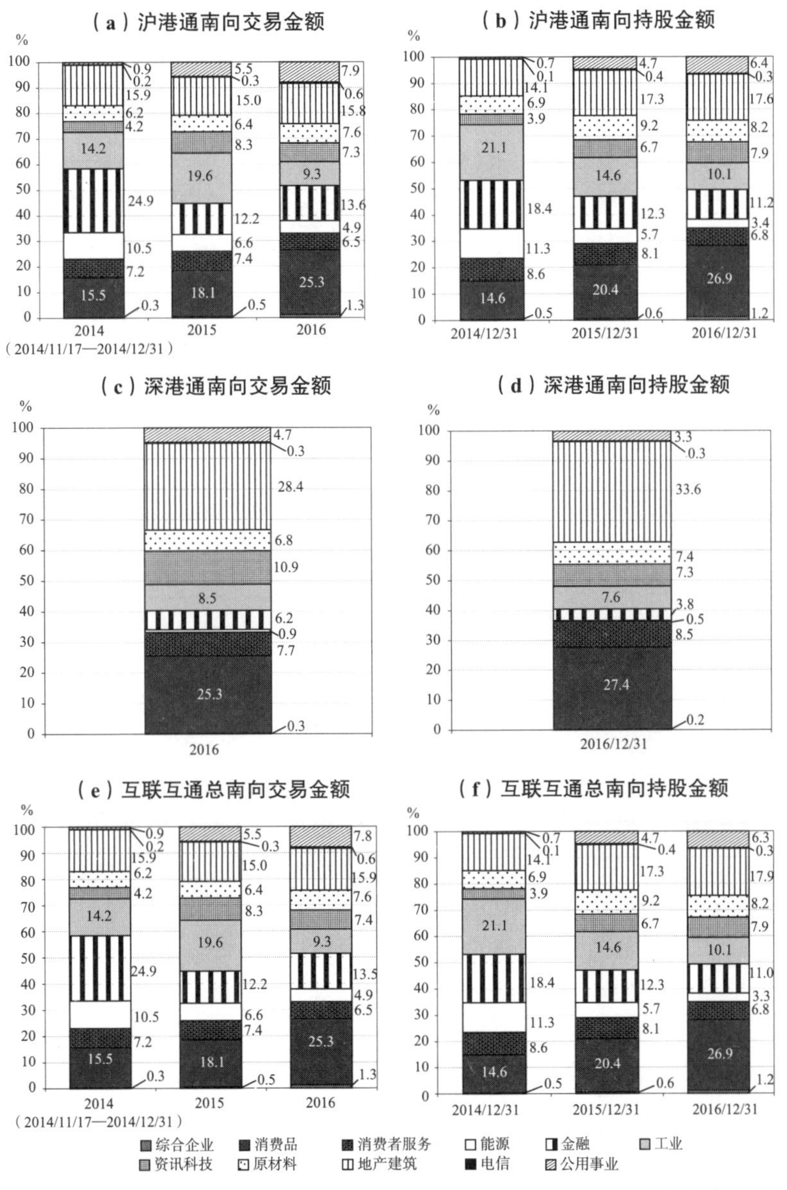

图 2-15　互联互通——恒生综合中型指数成分股的南向交易金额及投资者持股金额按行业类别的分布（2014 年 11 月—2016 年 12 月）

注：深港通数据是由 2016 年 12 月 5 日深港通推出之日起计算。持股类别为期末之状态，交易期间之股票类别可能有变。因四舍五入关系，百分比的总和或不等于 100%。

资料来源：交易数据来自香港交易所，持股数据来自 Webb-site Who's Who 数据库，股份分类采用恒生指数有限公司的分类。

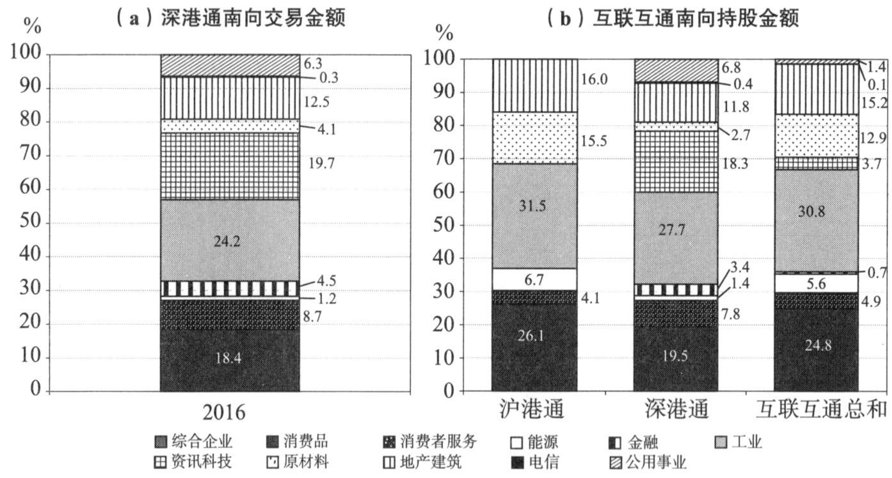

图 2-16　互联互通——恒生综合小型指数成分股的南向交易金额及投资者持股金额按行业类别的分布（2016 年 12 月）

注：深港通数据是由 2016 年 12 月 5 日深港通推出之日起计算。持股类别为期末之状态，交易期间之股票类别可能有变；因股票类别变更，沪港通下于期末会持有恒生综合小型股，但其买卖则计算入“其他”类别。因四舍五入关系，百分比的总和或不等于 100%。

资料来源：交易数据来自香港交易所，持股数据来自 Webb-site Who's Who 数据库，股份分类采用恒生指数有限公司的分类。

“共同市场”模式——给予内地及全球投资者的机遇

在深港通推出后，纵使是在指定合资格股票范围内运作，沪深港三地的“**共同市场**”模式也已然基本形成。由于股票市场交易互联互通机制可以扩容，这无形中打开了一个潜在的内地与香港股票共同市场，其股份总值为 105 140 亿美元（2016 年底），日均股份成交约为 843 亿美元（2016 年），于全球交易所中按市值计排名第二（仅次于纽约证券交易所），按股份成交额计排名第二[①]。“共同市场”模式更可扩展至股票以外的多个范畴。按中国证监会与香港证监会于 2016 年 8 月 16 日就原则上批准建立深港通的联合公告所披露，两家监管机构已就将**交易所买卖基金纳入机制内合资格股票**达成共识，将于深港通运行一段时间及满足相关条件后再宣布推出日期。此外，中国证监会与香港证监会将共同研究及推出其他金融产品，便利

① 国际证券交易所联会（WFE）数据（WFE 网站 2017 年 1 月 20 日取得的市值资料及 2017 年 3 月 1 日取得的成交资料）。日均成交额按 WFE 2016 年数据的合并成交额以及内地市场交易日总数 244 日计算。排名按 2016 年截至 12 月的合并成交额计算。

及迎合内地与环球投资者对于管理对方股票市场的价格风险的需要。

在“共同市场”模式下，可以向内地投资者提供各式各样的海外产品，亦可以向全球投资者提供不同的内地产品。南向交易为**内地投资者（个人及机构）**打开**投资海外资产的规范化渠道**。此渠道全程封闭，每日额度的使用受审慎监控，但又在无总额度的情况下提供相当的灵活度。在无总额度限制的情况下，投资者可较以往更自由地配置跨境资产组合投资，这等于**为内地投资者提供了全球资产配置机会**。按此机制操作，资金全程封闭：在机制下人民币先转成港元用于购买海外资产，他日出售海外资产时再转换成人民币汇回中国内地，实质上完全避免长远的资金外流问题。**这样的模式等于扩展了内地投资者可投资资产的种类**。在此环境下，互联互通渠道补足了内地可投资资产相对短缺的问题，内地资金可以投资于海外，**或者能获得较内地市场更佳的潜在回报**。鉴于此，中国保险监督管理委员会于2016年9月初发出政策文件[①]，容许保险资金参与沪港通下的港股通交易。深港通的合资格内地投资者与沪港通相同，“共同市场”在深港通扩阔投资范围下会为这些内地投资者提供更为多元化的南向投资选择。

此外，港股通对内地投资者而言实际上是投资外币（与美元挂钩的港元）。在人民币贬值预期下，南向投资提供了**从币值角度看的另类投资选择**。

基于“共同市场”模式的合资格工具可予扩充，相信**向内地投资者提供的投资工具将会日趋多元化**，尽管短期内或只能提供现货市场证券，包括股票及有可能纳入的交易所买卖基金。深港通推出后，港股通的合资格股票除了HSLI及HSMI成分股外，还包括市值50亿港元或以上的HSSI成分股，以及有A股在内地市场上市的所有H股（不只限于上交所上市A股）。HSLI及HSMI已涵盖恒生综合指数（HSCI）总市值95%，占香港市场总市值95%[②]。故此，合资格股票名单添加了100多只股票。更重要的是，扩充后的股票范围加入了许多不同行业，包括新经济行业如信息科技和消费品及服务。

再者，香港市场的主要参与者为国际专业机构投资者，这样的**国际证券市场所给予的交易经验**对内地投资者（特别是散户投资者）而言具一定价值。成熟市场的

① 《关于保险资金参与沪港通试点的监管口径》，2016年9月8日。

② HSCI所涉及的香港市场整体包含所有在联交所作主要上市的股票及房地产投资信托基金（REIT），不包括第二上市的证券、境外公司、优先股、债务证券、互惠基金及其他衍生产品。（资料来自恒生指数有限公司网站）

专业投资策略一般基于股票的基本面以及经济及行业因素，这有助于平衡内地部分投资者的短期投机交易行为。**因此港股通的交易经验预期将有助内地投资者基础日趋成熟。**

除二级市场的交易外，共同市场的模式下亦可推出**集资市场 / 一级市场**（即首次公开招股市场）**的互联互通**（新股通，须获监管机构批准），让两边市场的投资者可认购对方市场的首次公开招股的股份。模式下所涵盖的产品日后还可以延伸至**债券、商品及风险管理工具，包括股票衍生产品、人民币利率及货币衍生产品**（须获监管机构批准）。事实上，鉴于股票市场交易互联互通计划已顺利实施，如何切合投资者对冲其跨境股票组合的需要会是当前急切的问题：现在内地投资者可买卖港股，但却没有**香港指数 / 股票期货及期权作为对冲**，同样的，香港亦欠缺 **A 股指数期货期权等 A 股对冲工具**。相关的衍生产品日后或会被纳入共同市场模式。

“共同市场”模式实际上是中国内地资本账开放进程中极具象征意义的突破，在内地资本市场可能作全面开放前，这是个可长线提供极为多元化的投资及风险管理工具配套的市场模式。按此，内地投资者可受惠于更佳的资产配置及投资组合管理，全球投资者亦获得开放渠道，能在有相关风险管理工具可用的情况下捕捉更多内地投资机会。

03

新股通

内地与香港市场互联互通及人民币国际化的突破性契机

2017 年 8 月

概 要

随着沪港通及深港通（以下合称“沪深港通”）先后于 2014 年 11 月及 2016 年 12 月开通，内地与香港市场互联互通平台基本形成。然而，这个平台现阶段只限于股票交易市场上的买卖，两地市场的投资者仍未能参与对方的新股市场，以致投资者无法从另一方的首次公开招股中寻求投资机遇，这亦实质上妨碍了“共同市场”要实现汇集资金、支持发行人进行集资的本意。

香港交易所《战略规划 2016—2018》提出了新股通计划[①]，为市场提供了突破性机遇，以协助完成“共同市场”在股市部分的版图。新股通的概念是提供机制容许内地投资者在香港市场认购首次公开招股（南向）股份，以及允许香港的全球投资者认购内地市场的首次公开招股（北向）股份。所发行的首次公开招股股份上市后，另一方市场的投资者可透过现有沪深港通机制进行买卖。按此联通模式，循新股通认购股份及经沪深港通买卖股份将有效实现一个密封式机制。

对内地市场及香港市场各自而言，在国际化层面上的发展同样面临瓶颈，新股通预期可令两者共同受惠。目前内地股票市场的国际化程度在多个方面仍相对偏低，包括投

① 须经监管部门批准。

资者基础、发行人基础及制度结构等。合格境外机构投资者（QFII）和人民币合格境外机构投资者（RQFII）在内地股市的参与度仍然偏低（总持股价值占沪深证券交易所总流通市值不足0.3%）；境外公司尚未获准在内地交易所上市；内地的市场惯例也尚未与国际惯例接轨。至于另一端的香港，参与股票市场的投资者已高度国际化，但上市发行人方面则不然。面对这些短板，新股通可助内地市场及香港市场同时拓展自身的国际版图，以致整个共同市场的国际化程度也得以提升。

内地与香港共同市场的国际化本身并不是一个终极目标，而是中国达致更平衡的经济、更有效的市场开放及最终使人民币更高度国际化的战略的其中一环。共同市场模式下的新股通计划正好提供了改善现状的机会。

对内地而言，新股通可:（1）为内地投资者提供全球资产配置的新机遇，从而改善国家的资产负债表;（2）以较低成本，利于市场双向开放;（3）在人民币资本项目自由兑换方面向前迈进一步;（4）支持市场发展国际投资者基础;（5）为内地企业带来更多上市机会；以及（6）协助培育内地投资者基础。此外，新股通又能同时以适当监控措施减低潜在风险。对香港而言，新股通将有助于吸引海外公司来港上市、增加投资者参与度而进一步激活市场，并为市场中介机构带来更多商机。

实施新股通较沪深港通计划涉及更多包括监管及营运方面的议题。不过，相信只要机制模式设计合宜，符合内地与香港共同市场的最佳利益，这些问题大致上都可迎刃而解，最终会惠及中国国民经济账目以至人民币国际化这一大战略。

欠缺新股互通的共同市场

1. 交易市场互联互通——沪深港通

内地与香港股票市场交易互联互通机制试点计划（“试点计划”）于2014年11月17日由沪港通揭开序幕，内地与香港市场的跨境股票投资自此接通，到2016年12月5日更进一步推出深港通。于2016年8月16日正式宣布深港通时，更即时取消试点计划最初采用的总额度安排。（本文内，沪港通及深港通合称“沪深港通”。）至此，沪深港三地的共同市场平台基本形成，打开了一个潜在的内地与香港股票共同市场；而共同市场模式或可由股票扩展至交易所买卖基金（ETF）等合资格交易工具[①]。

沪深港通计划让香港及海外投资者在计划的合资格范围内买卖在上海证券交易所（上交所）或深圳证券交易所（深交所）上市的内地市场证券（沪港通及深港通下各自的沪股通及深股通），以及让内地投资者在计划的合资格范围内买卖在香港联合交易所（联交所）上市的香港市场证券（沪港通及深港通下各自的港股通）。

沪股通的合资格证券涵盖在上交所上市的上证 180 指数及上证 380 指数的成分股，以及有相关 H 股同时在联交所上市的上交所上市 A 股，但不包括不以人民币交易的沪股及被实施风险警示[②]的沪股。**深股通合资格证券**涵盖在深交所上市的深证成分指数和深证中小创新指数成分股中所有市值不少于 60 亿元人民币的成分股，以及有相关 H 股在联交所上市的所有深交所上市 A 股，但不包括不以人民币交易的深股及被深交所实施风险警示的深股。**沪港通下的港股通合资格证券**涵盖在联交所主板上市的恒生综合大型股指数（HSLI）成分股及恒生综合中型股指数（HSMI）成分股，以及有相关 A 股在上交所上市的 H 股，但不包括不以港币交易的港股及其相应 A 股被实施风险警示的 H 股。除沪港通下的港股通合资格证券外，**深港通下的港股通合资格证券**亦包括所有市值 50 亿港元或以上的恒生综合小型股指数（HSSI）成分股，以及所有联交所上市公司中同时有 A 股在深交所上市的 H 股，但不包括不以港币交易的港股及其相应 A 股被实施风险警示的 H 股。

于 2017 年 6 月 28 日，沪港通下合资格可买可卖的沪股通股票共 574 只、港股通合资格股票共 310 只；深港通下合资格可买可卖的深股通股票共 901 只、港股通合资格股票共 418 只。换言之，上交所及深交所上市 A 股分别约 44% 及 45% 以及联交所主板约 24% 属沪深港通合资格证券[③]。至 2016 年底，北向交易的日均成交额占内地 A 股市场成交总额约 2%，而南向交易的日均成交额则占联交所主板成交总额约 8%[④]。

---

① 见本书第 2 章《沪港通与深港通下的互联互通》。

② 指相关股份被上交所实施“风险警示”，包括“ST 公司”及“*ST 公司”的股份以及须根据上交所规则进行除牌程序的股份。

③ 资料来自香港交易所、上交所及深交所网站。

④ 见本书第二章《沪港通与深港通下的互联互通》。

2. 新股市场商机

沪深港通计划是接通内地证券市场与海外市场的破天荒机制。然而，目前这一机制只限于二级股票交易市场上的买卖，两个市场的投资者尚未可参与对方市场的一级股票集资市场。投资者无法参与另一方市场新上市公司首次公开招股所提供的投资机会。根据国际证券交易所联会（WFE）的数据，2015—2016 年香港、上海及深圳均位列全球首次公开招股集资额排名的前 10 名（见图 3-1）。2009—2016 年中，香港有 5 年均高踞首次公开招股集资额榜首（见图 3-2）。

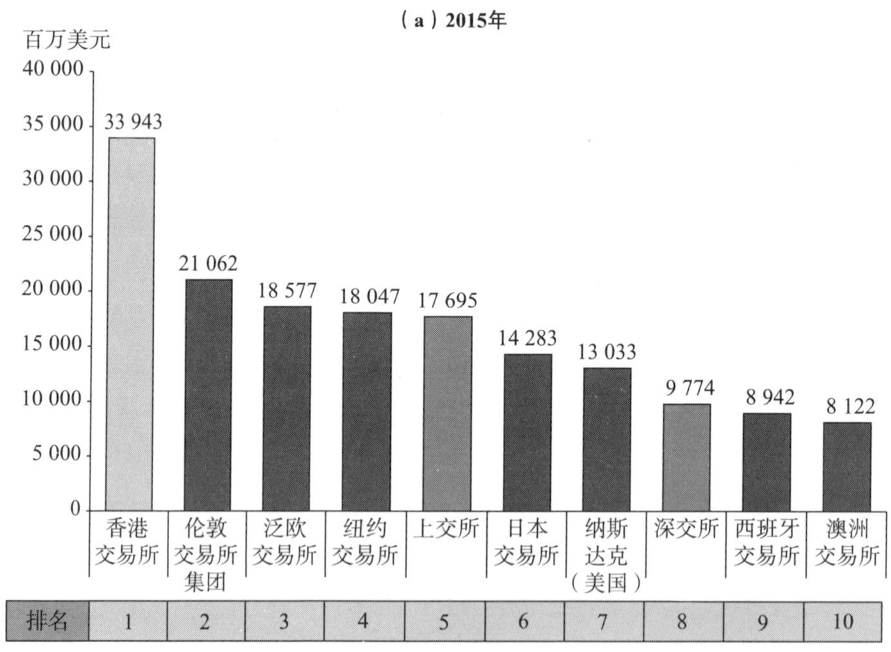

图 3-1　首次公开招股集资额最高的 10 大交易所（2015 年及 2016 年）

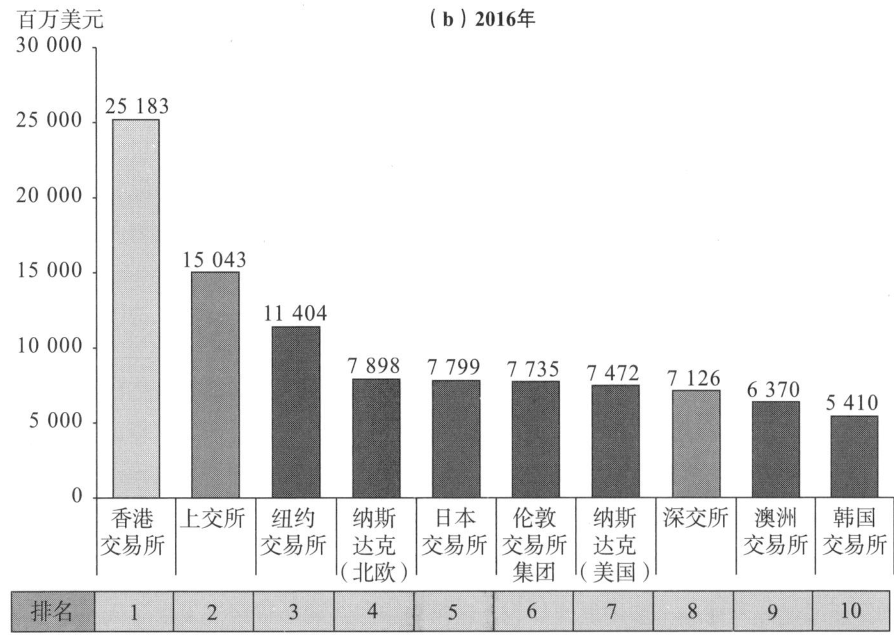

图 3-1　首次公开招股集资额最高的 10 大交易所（2015 年及 2016 年）（续）

资料来源：WFE 网站。

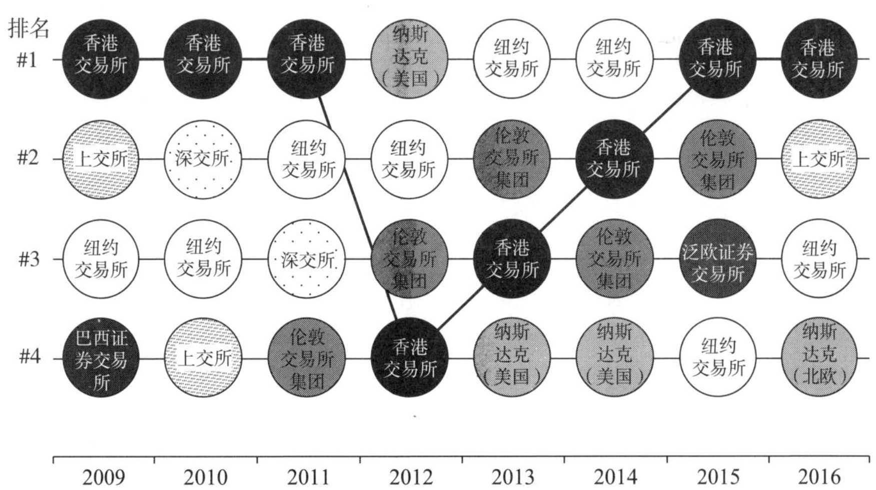

图 3-2　按首次公开招股集资额排名的全球 4 大交易所（2009 年—2016 年）

资料来源：WFE 网站。

股票市场方面，沪深港通仅仅接通二级交易市场，但尚未打通集资市场，内地与香港的共同市场始终未臻圆满。事实上，欠缺集资市场互通或会损害投资者在交易市场联通方面的权益，造成市场不公。以较近期的交通银行股份有限公司（交通银行）分拆交银国际控股有限公司（交银国际）为例，交通银行 H 股在香港上市，其 A 股在上交所上市。交通银行于 2016 年 8 月宣布建议分拆交银国际在联交所上市，并为现有股东提供交银国际发行新股的保证配额。然而，受法律及政策体制所限，交通银行只可向当时的 H 股股东而非 A 股股东提供保证配额 ①。部分市场人士 ② 亦建议，接通新股市场应有助解决市场这类不公平现象。

香港交易所于其《战略规划 2016—2018》中，提出了深港通以及新股通作为进一步拓展市场互联互通的计划。在深港通于 2016 年 12 月开通后，**新股通计划预期可为内地投资者的环球资产配置进一步提供新机遇。计划亦会支持内地股票市场进一步国际化及协助完善互联互通机制，从而促使共同市场汇聚的资金能更有效发挥支持发行人集资及投资者买卖股票的功能。就更广泛的层面而言，共同市场若能加添新股通或其他进一步的联通计划，还可助中国实现推进经济发展及人民币国际化等更宏大的蓝图。**

以下就此一一阐释。

内地及香港股票市场的发展瓶颈

市场进一步开放及国际化一直是内地资本市场发展主要政策方向。《中国国民经济和社会发展第十三个五年规划纲要》提出为市场全方位开放建立新模式的措施，包括扩大金融业双向开放及资本市场开放。尤其是，将上海发展成国际金融中心一直是中央政策。

为达到这个目标，中国人民银行（人行）与其他政府部门于 2015 年联合发表的规划 ③ 中，提出多项措施加快上海国际金融中心的发展。国务院于 2017 年 3 月进

① 交通银行 2016 年 9 月 12 日的公告对此有所解释，指出的原因包括沪港通并无为 A 股股东设立认购香港市场新发行股份的机制。

② 见香港的《东方日报》及《香港经济日报》2017 年 1 月 18 日的报道。

③《进一步推进中国（上海）自由贸易试验区金融开放创新试点加快上海国际金融中心建设方案》，2015 年 10 月 30 日。

一步发表规划[1]，推进中国（上海）自由贸易试验区（上海自贸区）金融改革及市场开放措施，包括进一步深化区内开放创新，有序推进资本项目开放，以及金融惯例国际化等试验计划。

香港一直是知名的国际金融中心[2]，其资本市场奉行符合国际标准的市场惯例，国际投资者活跃其中。香港资本市场一直利用自身优势支持内地资本市场开放及国际化，例如通过让内地企业来港上市、经沪深港通接通内地二级市场交易等。**内地市场全然国际化固然需要时间，但香港市场在国际化层面方面也仍有不足。**两边市场均需要在若干方面创新突破，互惠互利。

以下分节论述两个市场的发展瓶颈状况，有关创新突破于下文再作讨论。

1. 内地股市的“国际化”

在投资者方面，于沪深港通推出前，合资格投资内地股票市场的外地投资者只有**合格境外机构投资者（QFII）及人民币合格境外机构投资者（RQFII）**。2017 年 4 月 26 日数据显示，国家外汇管理局向 281 家 QFII 及 183 家 RQFII 分别批出 907.65 亿美元（约 6 266.38 亿元人民币）及 5 420.04 亿元人民币的总投资额度[3]。当中，香港注册的机构获批最多名额及最高投资额度——分别占 QFII 额度的 23% 及 RQFII 额度的 49%（见图 3-3）。

然而，所有获批的 QFII 及 RQFII 投资额度合计，也只占上海及深圳股市总流通市值不足 3%[4]。再者，并非全部 QFII 及 RQFII 投资额度均会投资于股市。

---

① 《全面深化中国（上海）自由贸易试验区改革开放方案》，2017 年 3 月 31 日。

② 根据英国智库 Z/Yen 集团与中国（深圳）综合开发研究院共同编制的全球金融中心指数（2017 年 3 月），香港名列全球第 4 大金融中心。上海、北京及深圳分别排第 13、16 及 22 位。

③ 资料来自国家外汇管理局网站。

④ 根据 2016 年 4 月 26 日的总批准额度占内地交易所 2017 年 3 月底的股本证券总流通市值 41.405 万亿元人民币——上交所（254 101.07 亿元人民币）及深交所（159 953.68 亿元人民币）—计算（资料来自上交所及深交所网站各自的每月统计数据）。

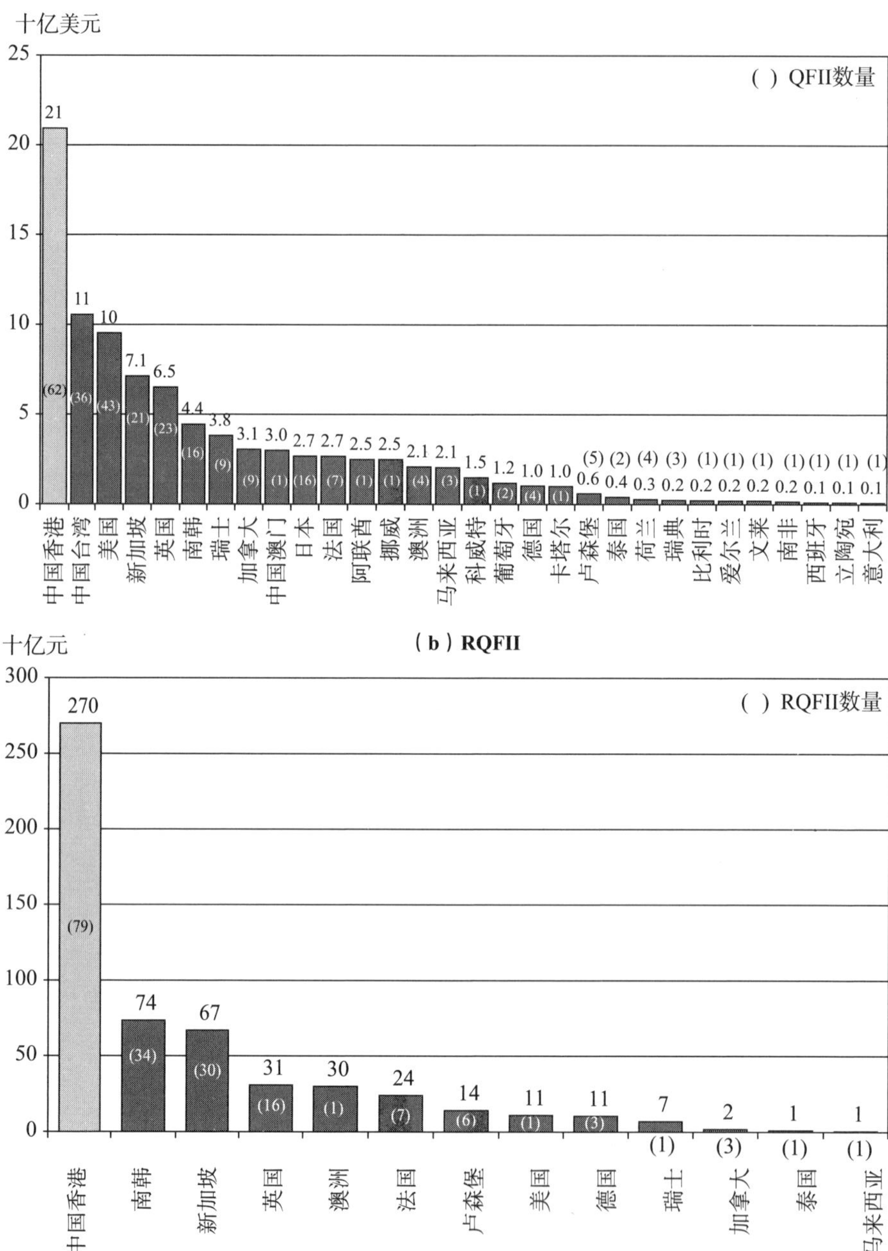

图 3-3　QFII 及 RQFII 获批准投资额度（按注册地划分）（2017 年 4 月 26 日）

资料来源：国家外汇管理局网站。

至 2016 年底，上海及深圳股市的中央结算所——中国证券登记结算有限责任公司（中国结算）——共有 32.6 万个“法人”投资者户口，但当中只有 1 088 个 QFII 户口（上海 543 个，深圳 545 个）及 1 078 个 RQFII 户口（上海 534 个，深圳 544 个），即**合共占户口总数少于 1%**[①]。

就持股市值而言，2017 年 3 月底 QFII 投资于内地股市的总金额为人民币 1 144.4 亿元，**占上交所及深交所总流通市值少于 0.3%**[②]。沪深港通已然为外地投资者开拓另一途径投资于内地市场，但其参与规模仍相当低——北向交易只占内地 A 股市场交易额的 2% 或以下（见上文）。

在发行人方面，外资公司现时仍未可在内地股票市场上市。上海政府 2009 年提出在上交所设立国际板的方案[③]，获中央政府在 2011 年公布的《中国国民经济和社会发展第十二个五年规划纲要》中支持探讨其可行性，但至今未见太大进展。

在股票以外的现货产品方面，涉外产品只有少数追踪境外资产的 ETF。于 2016 年底，上交所共有 75 只 ETF，当中 6 只是跨境 ETF（8%）；而深交所则有 48 只 ETF，当中只有 2 只追踪境外产品（分别追踪恒生指数及纳斯达克 100 指数）[④]。

在市场结构方面，内地股市主要以散户为主。市场常规、规则及法规均为满足内地市场发展进程的特别需要而设，未必贴近国际市场常规。

总括而言，**内地股市在投资者基础、发行人基础及制度架构等多个范畴上的国际化程度仍相对偏低**。提高外资参与度将有助于上海迈向成为国际金融中心这一目标。

① 中国结算 2016 年 12 月统计数据，中国结算网站。注：不同的 QFII 及 RQFII 基金产品会使用不同的投资者户口。

② 有关 QFII 投资的资料来自西南证券有关 2017 年第一季 QFII 持股状况的研究报告，2017 年 5 月 1 日。

③ 上海政府发表的《沪贯彻国务院关于推进“两个中心”建设实施意见》，2009 年 5 月 11 日。

④ 资料来自上交所及深交所网站。

2. 香港股市的“国际化”

以投资者参与度而言，香港股市是一个非常国际化的市场，外地投资者于香港交易所现货市场交易的比重较本地投资者的交易比重为高（2016年分别为40%及36%，见图3-4），他们来自世界各地——亚洲区的外地投资者报称来自18个地区，亚洲及欧美以外地区的外地投资者报称来自53个地区[①]。

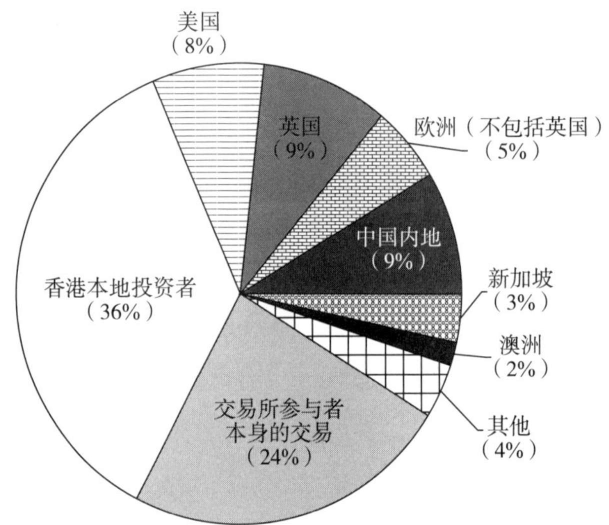

图3-4　香港交易所现货市场交易金额的分布（按投资者来源地划分）（2016年）

资料来源：香港交易所现货市场交易研究调查，2016。

注：由于四舍五入，百分比的总和未必等于100%。“其他”涵盖来自日本、中国台湾、亚洲其他地区及世界其他地区。

2010年至2017年第一季度，香港市场几乎所有首次公开招股活动均有向国际投资者作公开发售，期内首次公开招股集资额超过80%来自国际发售部分[②]（见图3-5）。换言之，**在香港，不论是首次公开招股的一级市场认购活动还是二级市场交易活动，国际投资者都同样活跃。**

① 香港交易所现货市场交易研究调查2016。

② 参与国际发售的国际投资者包括香港投资者、内地投资者及其他海外投资者，而香港许多机构投资者均源自海外。

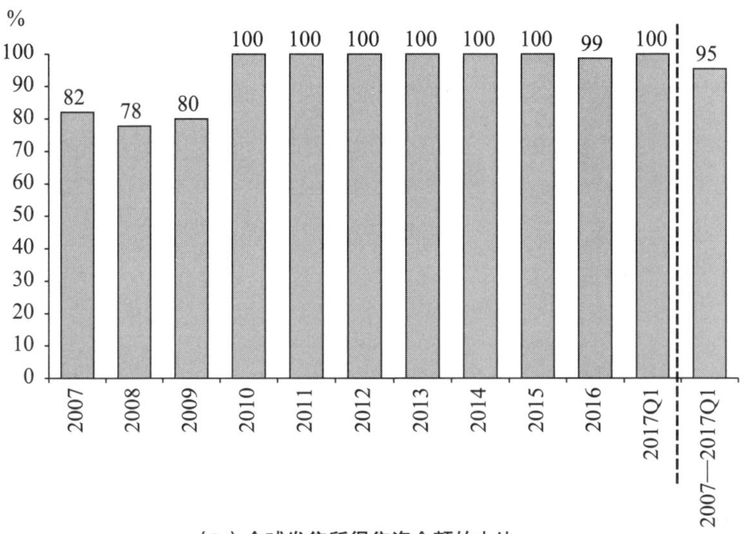

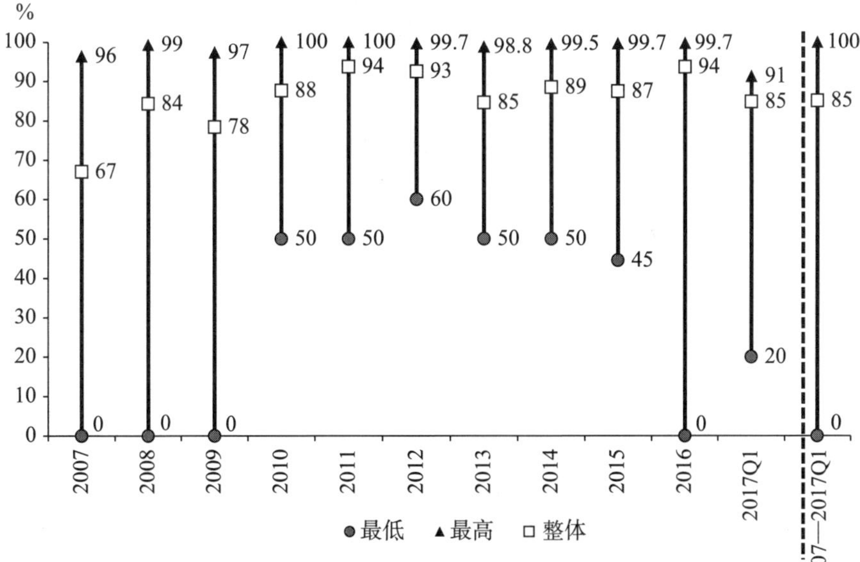

图 3-5　香港首次公开招股中全球发售的占比（2007 年—2017 年第一季度）

资料来源：香港交易所。

在上市发行人方面，情况恰好相反，在香港交易所整体市场（主板及创业板）上市的，以市值及成交额计，大部分是内地企业：H 股、红筹股及内地民营企业，按市值计共占 64%（2017 年 6 月底），按成交额计共占 74%（2017 年 1 月—6 月）（见图 3-6）。

过去 10 年（2008 年至 2017 年第一季度）的新上市公司中，仅 8% 来自香港及中国内地以外地区，共占首次公开招股集资总额的 20%。以公司数目计，内地民营企业占比最高（47%）；以首次公开招股集资额计，H 股公司占比最高（48%）（见图 3-7）。换言之，**香港一级市场的服务对象主要是香港及内地公司，在服务国际公司方面尚未尽展所长。**

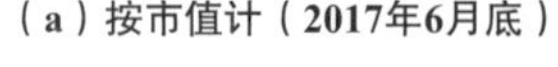

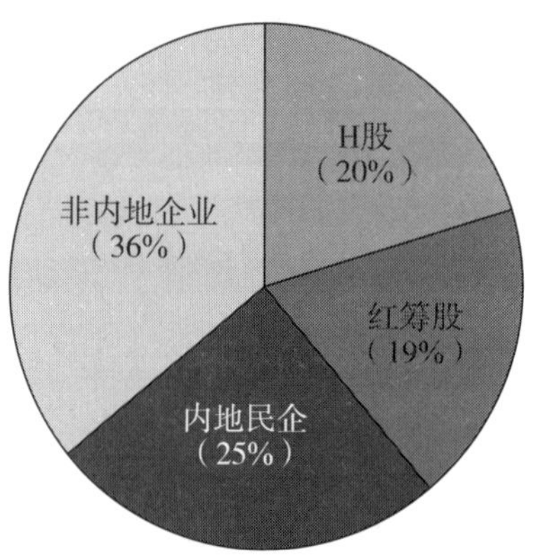

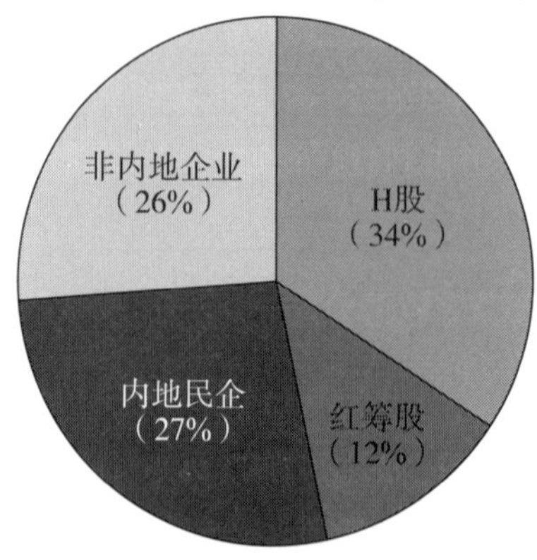

图 3-6　联交所主板上市公司分布

资料来源：香港交易所。

（a）按公司数目计

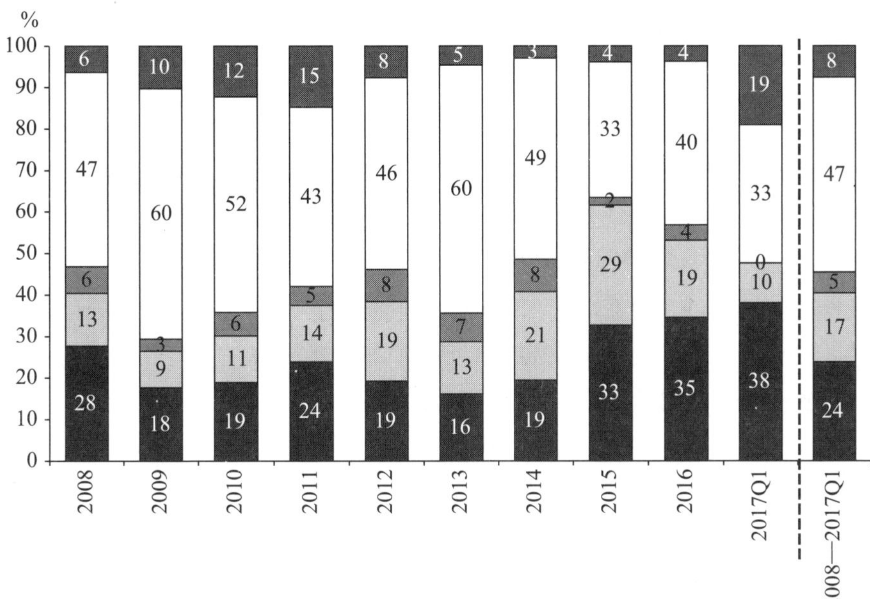

（b）按首次公开招股集资额计

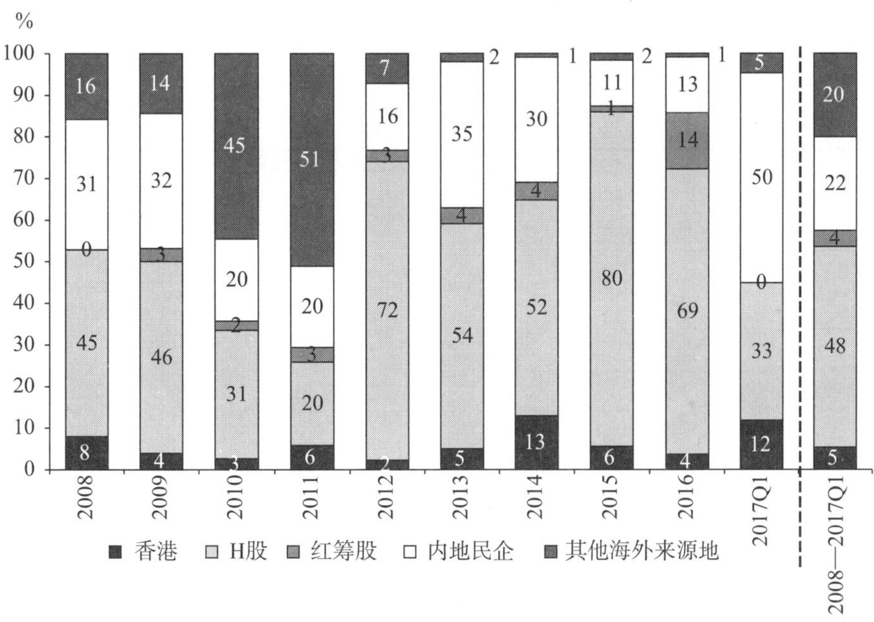

图 3-7 联交所主板新上市公司分布（2008 年—2017 年第一季度）

资料来源：香港交易所。

总体而言，**以投资者参与程度观之，香港股市是极为国际化的市场，但以上市发行人类别计则国际化程度偏低。**

3. 内地与香港共同市场的“国际化”

内地及香港共同市场的概念，主要就是透过特设的联通模式，向国际及内地投资者开放一个渠道，投资于结合内地与国际元素的大型市场。就股本市场而言，沪深港通现行的联通模式只限于二级市场交易，自然也局限了共同市场的参与者（包括发行人及投资者）可得享的裨益。股票市场的主要功能是让发行人筹集资金。要达到这个目的，发行人在新上市时发售股份是基础所在，一方面令私营企业可筹集发展业务所需的资金，另一方面亦为投资者提供多元化的投资机遇。以联交所主板为例，首次公开招股集资额占股份集资总额的比重于 2011 年曾高见 54%，最近 2016 年亦达 40%；过去 10 年，股份发售也是公司上市后集资的最主要采用方式（见图 3-8）。

内地与香港共同股票市场的国际化，意味着市场拥有国际投资者基础及国际发行人基础。香港股市具有国际投资者基础，只是国际发行人基础较薄弱，而内地股市则两方面均有待更大进展。二级市场联通后，这个共同市场的国际化发展已踏前一步，但如上文所述，一级市场一日未联通，共同市场的联通机制就不完善，会阻碍市场国际化发展的进程。

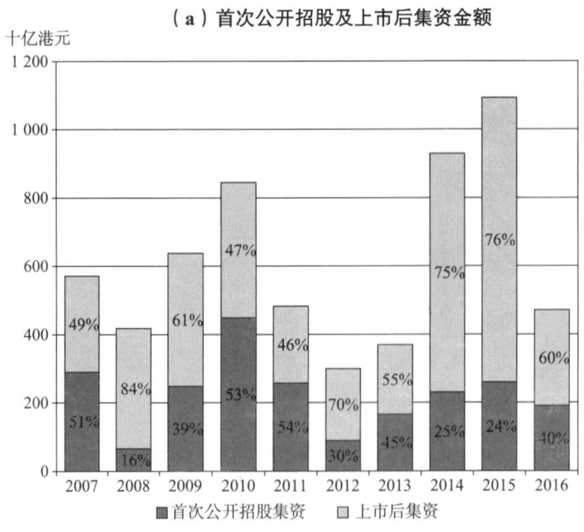

图 3-8　在联交所主板的股份集资金额——首次公开招股与上市后发行集资金额的占比以及发售股份集资金额的占比（2007 年—2016 年）

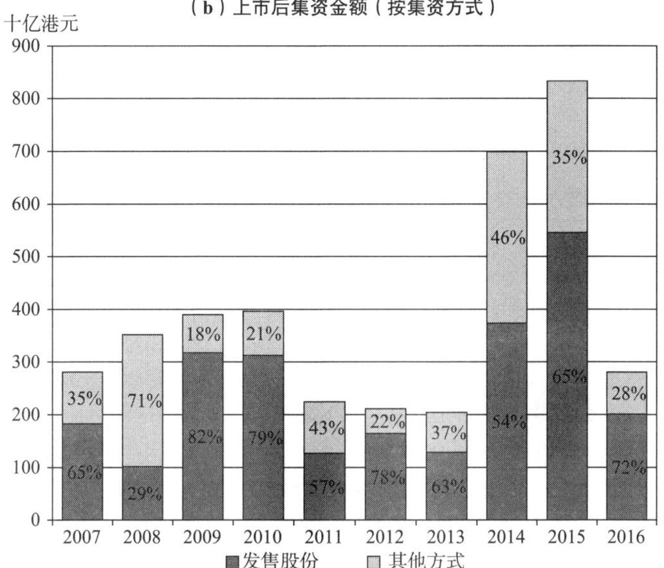

图 3-8　在联交所主板的股份集资金额——首次公开招股与上市后发行集资金额的占比以及发售股份集资金额的占比(2007 年—2016 年)(续)

注：首次公开招股的集资方式包括发售以供认购、发售现有证券及配售；上市后发售股份集资的方式包括配售、供股及公开招股；其他方式包括代价发行、行使权证及购股权计划。

资料来源：香港交易所。

中国宏图：国民经济账目、市场开放及人民币国际化

内地与香港共同市场的国际化本身并不是一个终极目标，而是中国达致更平衡经济、更有效市场开放及最终使人民币更高度国际化的战略的其中一环。

1. 改善国家资产负债表的可能性

中国的国家资产负债表[①]上，在资产项目下，2007 年至 2013 年间的对外直接投资及其他境外资产（不包括国际储备）不断上升——对外直接投资由 2007 年的人民币 7 180 亿元上升至 2013 年的人民币 61 470 亿元；后者则由人民币 38 660 亿元上升至人民币 61 610 亿元。若以其占金融资产总值的百分比计算，对外直接投资的占比日益增加，2013 年升至 1.7%，后者的占比相若，但多少呈下降趋势。

① 资料来自 Wind 资讯（一手资料来自中国社会科学院）。

相比之下，国际储备在2013年国家资产负债表中占金融资产的比重较高（7.5%）。国际储备的金额后来虽从2014年的近期新高（38 430亿美元）回落，但在2016年仍维持于相对较高的水平（30 105亿美元）[①]。

至于表上负债项目下，2007年至2013年间外国直接投资及其他对外负债的金额亦不断增加，两者占负债总额的百分比近年保持平稳，分别约4%及1.5%（见图3-9）。

尽管对外投资不断增长，经常账的数据显示中国2010年至2014年间的投资收入为负数（见图3-10），与美国的国民经济账目所见明显不同。

图3-11清楚地显示，美国2007年至2016年的国际投资头寸净额负数愈来愈大，而投资收入则为正数并渐增。美国大部分投资收入来自组合投资（见图3-12）。

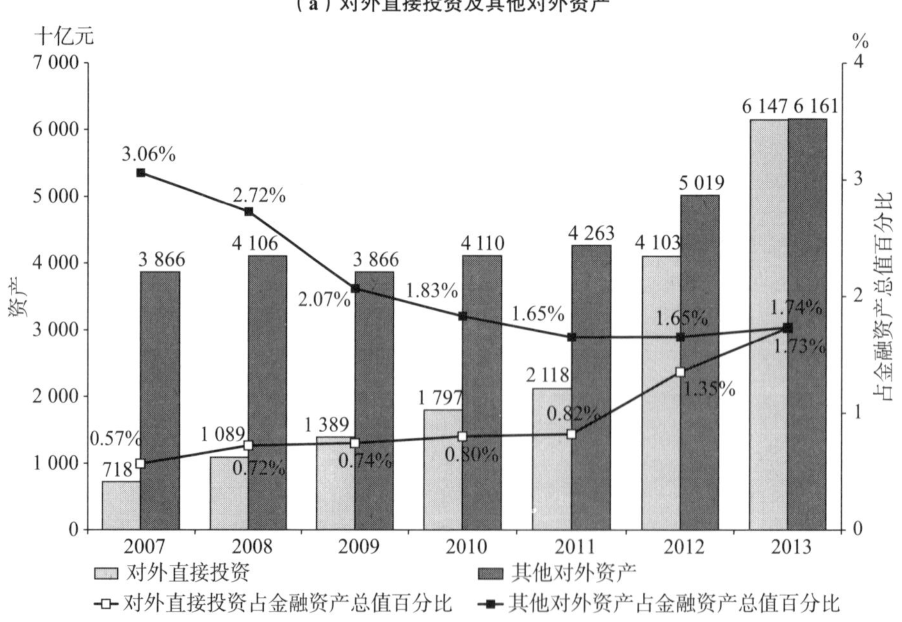

图3-9 中国对外直接投资/外国直接投资及其他对外资产/负债（2007年—2013年）

① 资料来自中国国家统计局。

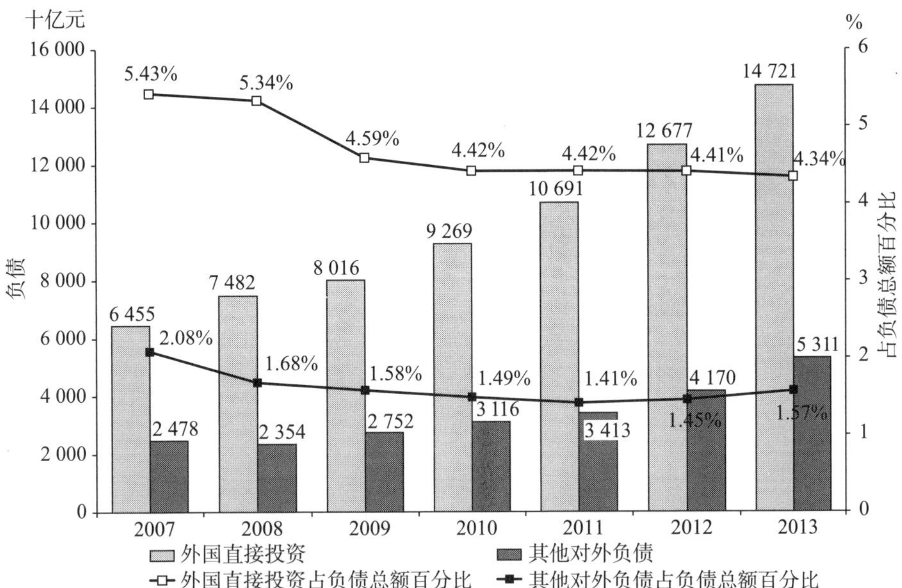

图 3-9　中国对外直接投资 / 外国直接投资及其他对外资产 / 负债（2007 年—2013 年）（续）

资料来源：Wind 资讯。

注：所有对外负债均为金融负债。

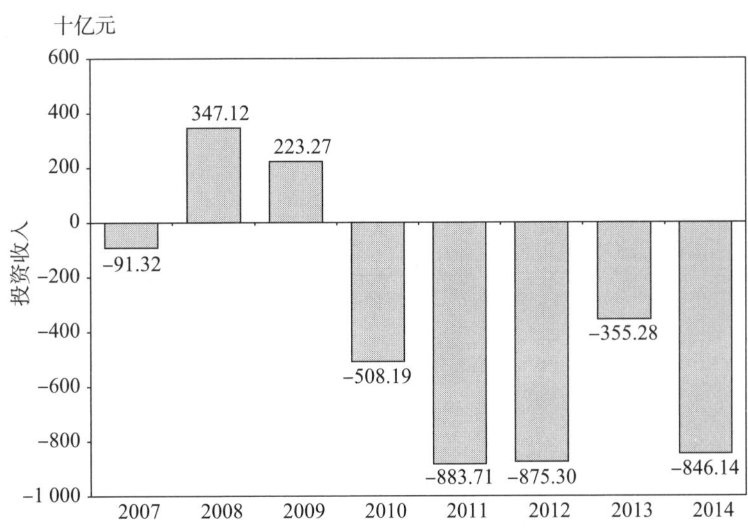

图 3-10　中国经常账项目下的投资收入（2007 年—2014 年）

资料来源：Wind 资讯。

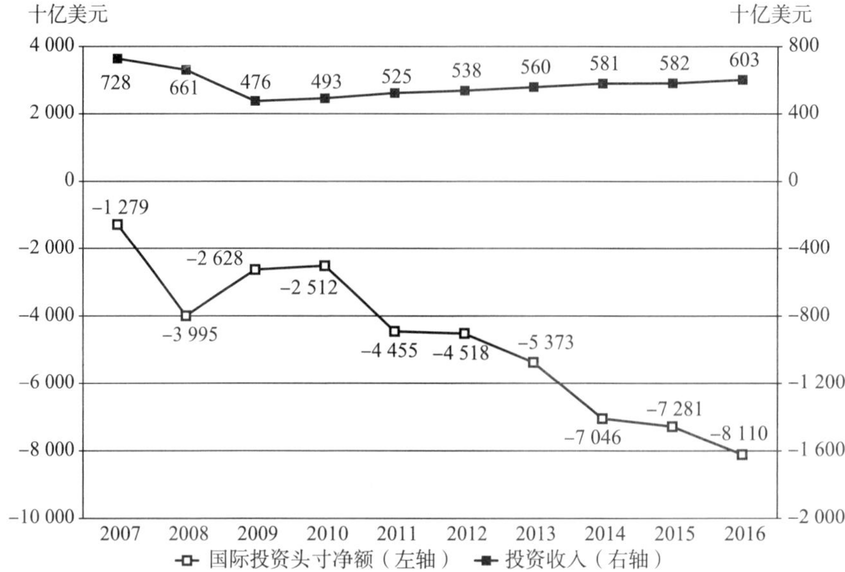

图 3-11　美国的国际投资头寸净额及投资收入（2007 年—2016 年）

资料来源：美国经济分析局。

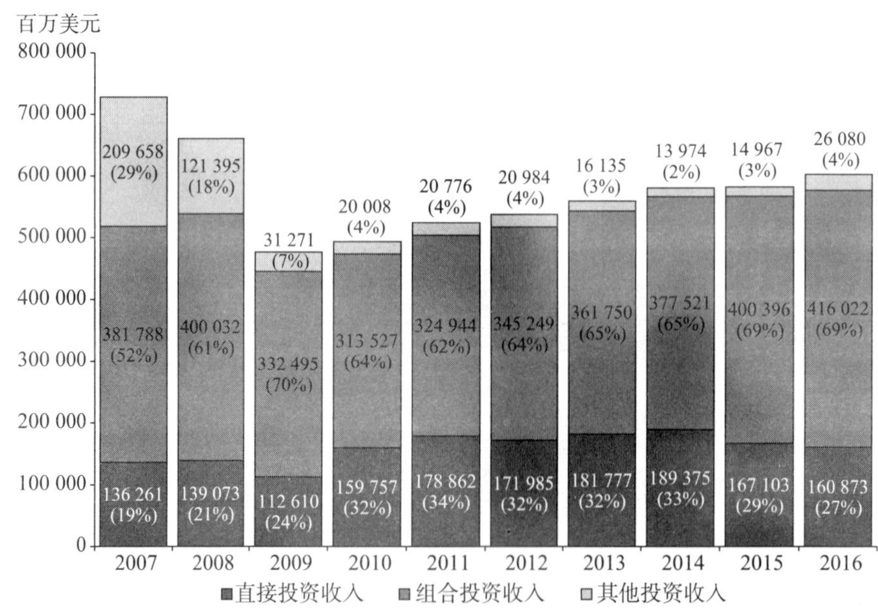

图 3-12　美国投资收入的组成（2007 年—2016 年）

资料来源：美国经济分析局。

事实上，美国自20世纪90年代起20多年来的收入净额均录得正数，而国际投资头寸净额则一直恶化。这勾起学者们要破解这个长久以来的谜团的兴趣——为何美国面向全球各国明明是个净借贷国，但其对外头寸却能录得净收入？他们发现了两大因素：（1）美国的对外股本结余净额是正数，对外债务结余净额是负数，而股本收益率高于债务收益率；（2）美国对外直接投资资产所获得的收益一直高于外国人在美国直接投资赚取的收益①。诺贝尔奖得主保罗·克鲁曼（Paul Krugman）评论道："美国资产通常是美国公司在外地的附属公司……当许多境外资金都购买（美国）国债时……美国资产的回报率要比美国负债所付出的回报高……因此，美国在外地拥有的资产的收入一直高于外国在美国拥有的资产的付酬"②。

还有一项研究发现，美国拥有的外国资产所赚取的收入与要向外国拥有的美国资产支付的收入回异，除却一些次要因素外，可以归因于税制的不同（美国税率一般较美国拥有外国资产的所在国家为高），以及美国所投资的外国国家有较高风险（使得调整风险后的收益高于外国拥有的美国资产）③。同一研究亦发现，在股票及债务组合方面，申索与负债的平均收益几乎相等（1990年—2010年期间）。

美国的情况对中国极具参考价值，中国的情况好比是美国的反照：境外资产净额为正数，其投资收入净额却为负数。中国有庞大的国际储备，大部分投资于收益率极低的美国国债④。另一方面，中国以优惠政策吸引外国直接投资，付出了相对较高的成本，其对外直接投资又饱受当地一定程度的反对及监管障碍。此外，中国在欧美等发达国家的对外直接投资，其风险调整收益会不及在发展中国家（如中国）的外国直接投资。**美国的情况点出了一个可以改善中国国家资产负债表的方法，就是放宽对外组合投资，以期增进国际投资收入净额。朝此方向，发展这一富于国际元素的内地与香港共同市场平台，应当极具前景**（见下文）。

---

① Alexandra Heath 著作《为什么美国可有净收入？》（*What Explains the US Net Income Balance?*），国际清算银行工作文件第223号（2007年1月）。

② 保罗·克鲁曼于《纽约时报》的专栏《自由主义者的良知》（*The Conscience of a Liberal*）中2011年12月31日的文章《美国投资收入净额》（*US Net Investment Income*）（https://krugman.blogs.nytimes.com）。

③ Stephanie E. Curcuru 及 Charles P. Thomas 著作《美国本土及对外直接投资的回报》（*The Return on US Direct Investment at Home and Aboard*），联邦储备系统委员会国际金融讨论文件第1057号（2012年10月）。

④ 中国外汇储备的分布并无正式对外披露。部分数据源按中国的经济数据估计约7成是美元资产。（资料来源：维基百科《揭秘：中国3万亿美元外汇储备是如何配置的》，http://finance.sina.com.cn/）。

2. 金融市场的进一步开放

正如上文所论述，进一步开放金融市场是“十三五”规划的一大政策线，国家亦投入了大量政策支持发展上海为国际金融中心。回望2009年，在上交所设立国际板的建议亦获得政府的政策支持，好让外国公司在当地交易所挂牌上市。此政策主张及对对外直接投资的政策支持，揭示了中国的经济发展政策的进展——首先是自20世纪90年代起让中国企业走出去集资（及让外国资金流入），进而让国内资金通过对外直接投资及组合投资渠道如合格境内机构投资者（QDII）（自2006年起）及沪深港通（自2014年起）等流出去，再而**日后可能容许外国企业进入内地市场集资**。

对开放市场的憧憬是双向（对内及对外）的全面开放金融市场，让外国资金投资于中国内地本土的金融产品，也让境内资金投资于外国金融产品。基于现时内地的金融市场体系及惯例尚与国际成熟市场有别，再加上内地部门对国内金融稳定性有所顾虑，中国要从现时的有限度开发展至全面开放市场并非易事，亦不是朝夕可成。内地与香港共同市场平台体现封闭式系统，覆盖范围又可逐步扩容，可对上述开放市场的漫长进程提供助力（见下文）。

3. 迈向资本项目全面可兑换

有序实现人民币资本项目可兑换是国家在“十三五”规划订明的目标，而开放金融市场正是实现此目标的关键。有分析指，在国际货币基金组织分类为资本项目的40个子项中，中国只有数项仍不可兑换①，主要涉及非居民境内发行股票、货币市场工具、衍生工具及其他工具等。为使人民币成为可兑换及自由使用的货币，正如中国人民银行2015年年报所载，进一步开放金融市场的主张可包括：

- 进一步放宽及促进:（1）境内居民投资海外金融市场（2）外国投资者投资内地金融市场；
- 让合资格外国公司在内地市场发行股份。

为此，**具备集资市场互通功能的内地与香港共同市场平台，当可助人民币资本项目可兑换更进一步**（见下文）。

① 其余项目为可兑换或基本可兑换或部分可兑换。资料来自第一财经《人民币资本项目开放的现状评估及趋势展望》（2016年4月）（http://www.yicai.com/）。

新股通——突破性机遇

对于内地和香港股市在国际化发展上碰到的瓶颈，包含集资市场互联互通（新股通）及交易市场互联互通（沪深港通）的共同市场互联互通模式很可能会是一条解决之道。图 3-13 为此模式的概念图。

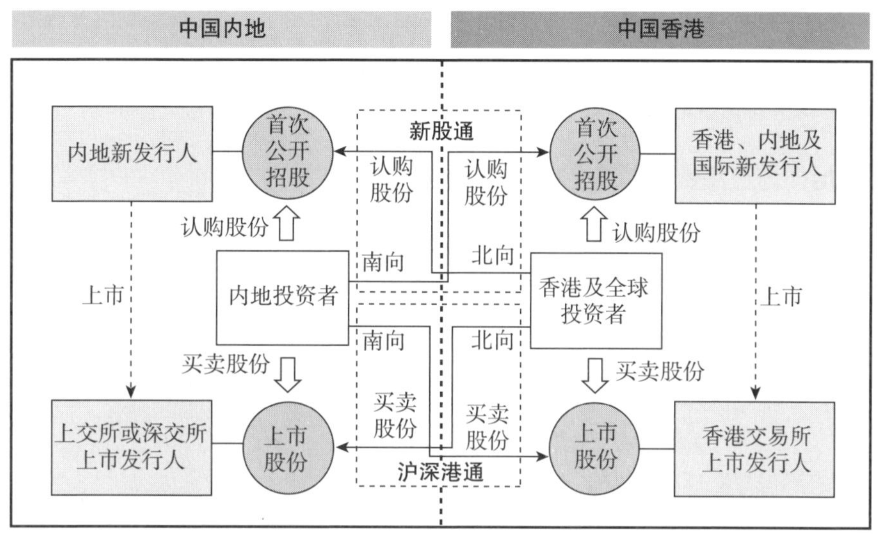

图 3-13　包含集资及交易市场互联互通的内地与香港共同市场互联互通模式的概念图

注：新股通及沪深港通实现全程封闭的资金流系统。

新股通的概念是允许内地投资者在香港市场认购首次公开招股（南向），以及允许香港的国际投资者认购内地市场的首次公开招股（北向）。所发行的首次公开招股股份上市后，另一方市场的投资者可透过现有沪深港通机制进行买卖。按此联通模式，**循新股通认购股份及经沪深港通买卖股份将有效实现一个密封式机制**。

相较于 QFII 及 RQFII 机制，通过沪深港通投资内地股市的外地投资者无须向内地监管机构申请特别资格或投资额度或在内地券商及托管商开立户口。经沪深港通买卖内地股票沿用其于香港股市交易的惯用方式。同样的，内地投资者经沪深港通买卖港股沿用其内地市场惯用的交易方式。再者，沪深港通让内地个人投资者直接参与买卖港股而毋须透过 QDII 的产品作投资渠道。源于沪深港通所提供的此等交易效率与便利，若服务一级集资市场新股认购的新股通与服务二级市场股票买卖的沪深港通作无缝对接，对投资者会特别有利。

实施新股通将有助于改善内地市场的国际投资者参与度，以及香港市场的国际发行人基础，使两个市场更国际化。此外，新股通也会为内地投资者带来更多国内市场短期内未能提供的投资机会。更重要的是，正如上文所述，内地与香港共同市场模式有助于达成中国更远大的目标：改善国家资产负债表、进一步双向开放市场以及人民币国际化。加入新股通将共同市场的联通范围扩大，相信将会是一大突破。新股通的潜在裨益论述如下。

对内地市场及投资者的潜在裨益

（1）带来新的环球资产配置渠道，可改善国家资产负债表

2006 年至 2015 年 10 年间，国内存款增加至约 337 080 亿元人民币（约 51 150 亿美元），复合年增长率达 14%[①]。同期对外直接投资的复合年增长率为 32%，虽然 2006 年推出了 QDII 计划，对外证券投资的复合年增长率却录得负数（–0.2%）[②]。对外证券投资占境内存款总额的比例从 2011 年起维持于 5% 左右的相对偏低水平，但对外直接投资则大升至 2015 年底的约 21%（见图 3-14）。

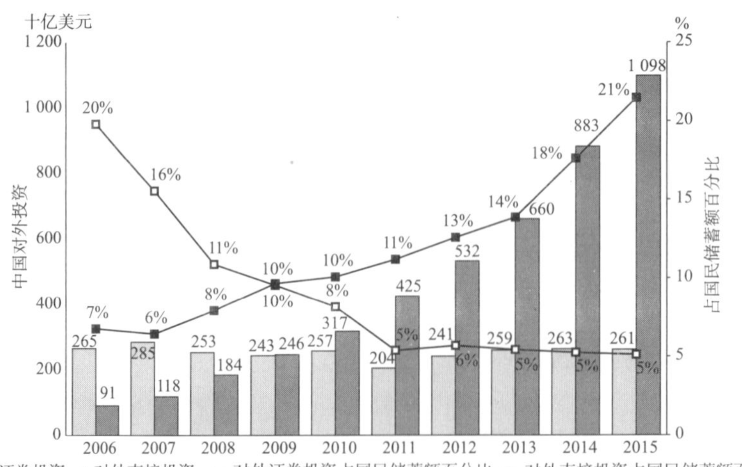

图 3-14 中国内地对外直接投资及证券投资（2006 年—2015 年）

资料来源：Wind 资讯。

① 资料来自 Wind 资讯。

② 复合年增长率乃按 Wind 资讯的年度数据计算得出。

此外，人民币自 2015 年 8 月起呈贬值之势[①]（见图 3-15），市场恐怕跌势会持续一段时间。内地投资者（包括政府机关及企业的投资部门）纷纷寻求非人民币资产，以分散投资组合，也可于人民币继续贬值时作对冲。

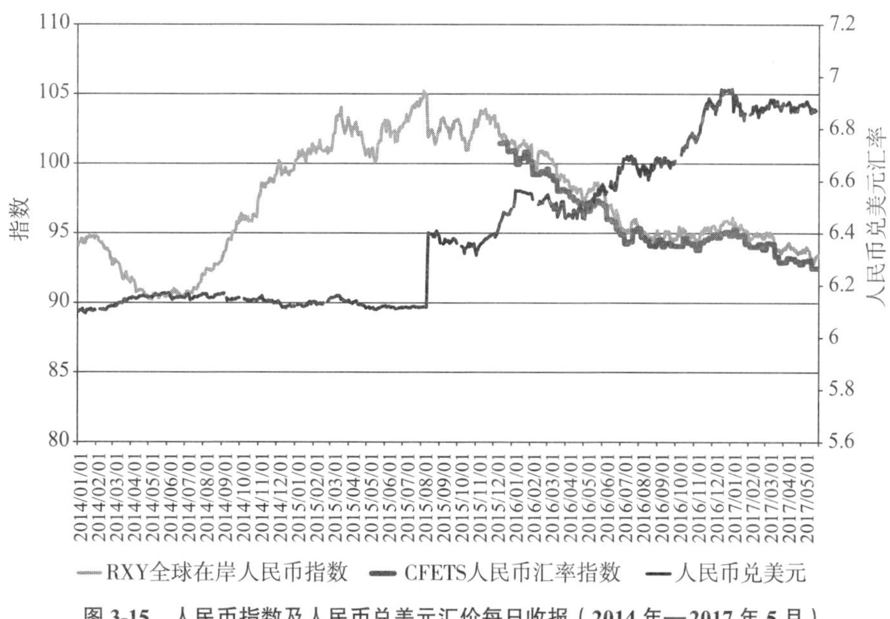

图 3-15 人民币指数及人民币兑美元汇价每日收报（2014 年—2017 年 5 月）

注：RXY 全球在岸人民币指数是香港交易所与汤森路透合作推出的指数，用于计量在岸人民币兑一篮子主要国际货币的表现。CFETS 人民币汇率指数是中国外汇交易中心（CFETS）计量人民币兑一篮子主要国际货币的官方指数。

资料来源：汤森路透。

相对于国内存款的充裕，境内投资产品的供应却不足以应付人民对投资保值及为资产增值的需要。就如一学术研究所载，这引致中国内地自 1990 年以来的资产短缺情况，导致资产泡沫这样的后果，其现象表现于地产市场、股市甚至消费品的价格飙升[②]。该研究解释了资产短缺程度是以国内储蓄（即资产需求）减去资产供给所占国内储蓄的百分比来衡量；而资产供给是债券、股票、借出款、短期存款变化和持有的非本币资产的总额。作为一参考点，2015 年沪、深交易所的股本集资总金

① 触发点为 2015 年 8 月 11 日人行改革人民币兑美元汇率中间价报价机制，使之更加市场化。

② 杨胜刚、梁粲，《中国资产短缺问题研究》，2015（http://www.sinoss.net）。

额约为人民币 15 400 亿元，少于 2015 年底国内储蓄额的 5%[①]，与 2015 年对外证券投资的水平相若（见图 3-14）。

由此可见，内地投资者对全球资产配置有迫切需求。再者，要改善国家资产负债表，亦需增加海外投资的收入。“一带一路”倡议会促进对发展中国家的投资，固然可增加海外直接投资的收入[②]，但加大海外投资组合将可带来潜在的庞大收入。

除沪深港通的南向交易外，现行的 QDII 计划是海外证券投资的唯一合法渠道，但有额度限制，亦须经审批。事实上，QDII 的投资额度自 2015 年 3 月以来并无增长，至 2017 年 6 月仍维持于 899.93 亿美元的水平（见图 3-16），与 2015 年底国内存款相比只占不足 2%。

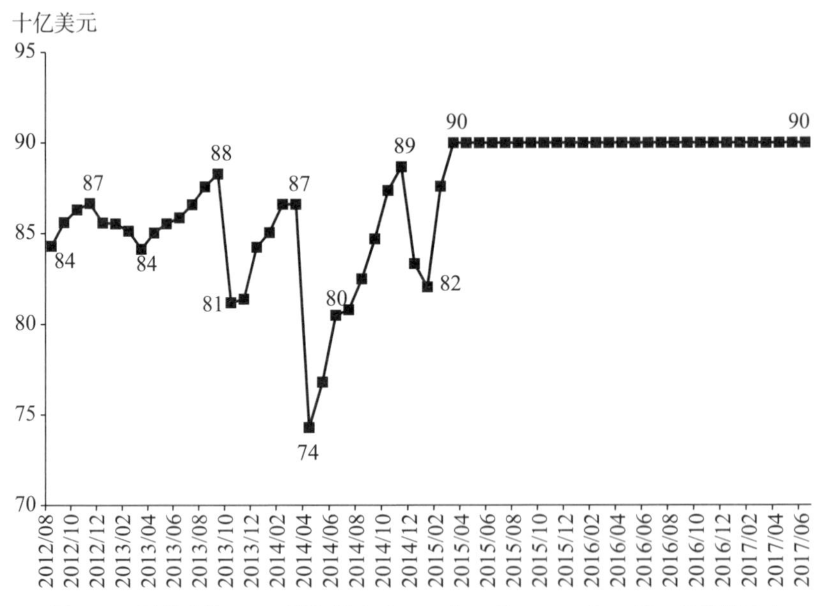

图 3-16　已批准的 QDII 投资额度（2012 年 8 月—2017 年 6 月，月底数字）

资料来源：国家外汇管理局网站。

---

① 2015 年，于上交所的股票发行集资总额为人民币 871 082 百万元，于深交所的（包括主板、中小企业板、创业板）则为人民币 668 902 百万元（资料来源：沪交所、深交所网站上的每月市场统计数据）。2015 年底的国内储蓄额为人民币 337 080 亿元（资料来自 Wind 资讯）。

② “一带一路”包括“丝绸之路经济带”及“21 世纪海上丝绸之路”。“丝绸之路经济带”连接中亚、西亚、中东至欧洲，伸延至南亚及东南亚。“21 世纪海上丝绸之路”则横跨东南亚、大洋洲及北非。中国国际贸易研究中心在 2015 年 8 月发布的《“一带一路”沿线国家产业合作报告》中，列出了 65 个参与“一带一路”倡议的沿线国家。

除QDII外，国家外汇管理局亦特设“绿色通道”，若干国内投资者（主要是内地基础投资者）可经此渠道向外管局申请特别许可，以认购将于香港上市的内地企业的首次公开发售股份。这是中国邮政储蓄银行首次公开招股时开始实行的做法，自此曾应用于多家内地企业首次上市，但始终属特事特办，特别许可亦只适用于特定企业，也须符合国家外汇管理局的特别规定[①]。

南向新股通将使内地投资者能认购将于香港上市的国际公司的新股，等同为国内投资者多开辟了一个正式的环球资产配置渠道，更可能较现有渠道广阔。与现时只有交易市场联通相比，南向新股通将可在更大程度上改善内地资金的海外投资组合。

（2）促进双向市场开放

能否成功开放内地本土市场供国际公司集资，取决于内地市场对潜在发行人在集资需要及资金成本考虑上有多大吸引力。一些有意在中国扩展业务的大型国际公司可能会为了国内上市地位的品牌效益而感兴趣，但这类的发行人未必很多，容易无以为继。再者，内地股市的监管框架与国际发达市场大相径庭，即使设立了国际板，合规成本也可能很高，大部分有意上市的外国发行人恐怕会望而却步。

相形之下，透过内地与香港共同市场模式下的新股通，外国发行人向内地投资者发售股份时可遵从其更熟悉、更国际化的香港股市规则及标准。

正如图3-17所示，共同市场的联通平台[②]能让内地境内资金及金融产品流出，反之亦能让国际资金及金融产品流入内地，任何一边的共同市场投资者及发行人都不用勉强适应另一边市场的做法。

---

① 据市场参与者所述，在“绿色通道”许可下，国家外汇管理局要求发行人在境外上市募集资金结束后要调回募集所得资金，并要求境内基础投资者在出售认购所得股份后调回部分（若非全部）资金至国内。一般认为这是个苛刻的“双重结汇”规定。

② 某些项目需要经过监管部门的批准。

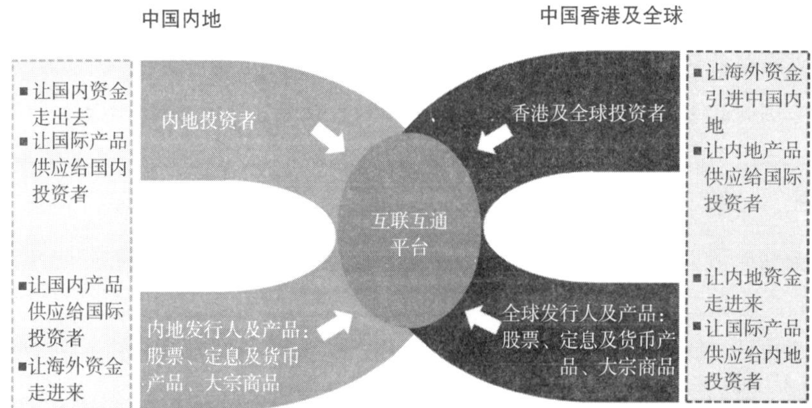

图 3-17　内地与香港共同市场的互联互通平台

（3）推进人民币资本项目可兑换

共同市场的南向新股通将等同在资本项目下实行多一项的人民币可兑换，即让非境内居民于境内发行股票或股本类证券。日后，共同市场大可续推其他合适的联通计划（例如金融衍生产品的发售），在其余资本项目实现人民币可兑换。

尽管长远而言，中国总有其他方法实现人民币资本项目全面可兑换，但通过新股通及共同市场的其他联通计划，则有助于以可控方式（见下文第 7 点）加快这个进程。

（4）发展国际投资者基础

正如上文所述，外国人在内地股市的持股量占上交所及深交所流通市值总额不足 0.3%，而外国投资者在香港股市的交易占比则达 40%。**北向新股通有助于开拓内地的国际投资者基础**，这是股市国际化不可或缺的要素。

通过北向新股通的首次公开招股将会对所有国际投资者开放。相较于只开放于合格外国投资者（QFII 及 RQFII）的国内首次公开招股而言，北向新股通的首次公开招股预料会获得发行人和证券业（国内及国际业界）更大的国际市场推广力度，国际投资者将能获得大量发行人信息，可能较针对国内投资者的国内招股更全面，从而更清楚了解投资价值。再者，外地投资者可以经新股通于一级集资市场获取相对较大的持股量，而不会像在二级市场买入大量股份般对股价造成影响。

（5）为内地企业带来更多上市机会

在中国内地经济发展相对较快的情况下，国内存款不断增长，另一方面现有及新成立的企业亦不断需要资金作发展及扩充之用，两边似乎正可各取所需。然而，内地股市现时的首次公开招股步伐未必能适时应付大量的企业申请。据彭博报道[①]，截至 2016 年 9 月，仍待中国证监会批准在上交所或深交所上市的首次公开招股申请人逾 830 名。中国证监会努力加快审批[②]，至 2017 年 2 月已将轮候队伍缩短至约 700 名，但申请人一般仍需轮候 18 个月或以上[③]。按地方媒体报道，还有待省级审批方可轮候上市的公司申请更超过 700 宗[④]。官方交易所数据显示，上交所及深交所于 2016 年的新上市总数分别有 103 及 124 宗，2017 年截至 5 月则分别有 103 及 108 宗。按 2017 年已加快处理新股上市申请的速度（约每年 500 宗）估计，现有的申请者队伍（包括省级轮候申请）可于三年内消化，但这并未计中国经济发展而不断有新申请者加入，更不用说国家在熊市时可能会实施暂缓新股上市的政策（有先例可援）。

对于在内地轮候上市的内地企业来说，到香港首次公开招股无疑是另一选择，但这意味着有关企业主要选择面向香港及全球投资者，很大程度上要舍却内地投资者。若落实南向新股通，在港上市的内地企业亦可向内地投资者发售股份。如此，在香港首次公开上市会成为以内地投资者客源为目标的内地企业的另一个实际选择，同时亦让他们有机会接触全球投资者。**故此，新股通有助于舒缓内地市场发展现阶段对首次公开招股的制约。**

（6）培育内地投资者基础

香港市场的国际监管框架及市场惯例，对内地投资者而言是一个极具价值的训练场。2006 年推出的 QDII 计划使内地机构投资者受惠，亦间接通过 QDII 产品惠及内地散户投资者。2014 年 11 月推出沪港通后，更进一步为内地散户投资者直接提供在交易市场买卖方面的练习场。至于在集资市场认购新股，内地的市场惯例与

---

① 《中国加快处理 IPO 申请受惠的轮候者寥寥可数》（*Few in China's IPO Queue Likely to Benefit from Fast-track Reform*），彭博，2016 年 9 月 12 日。

② 2016 年 9 月，中国证监会让在全国 592 个穷困地区注册的公司插队，但似乎只为了财富再分配，而非舒缓首次公开招股的瓶颈（彭博，2016 年 9 月 12 日）；2017 年 2 月，据报中国证监会会考虑为全国最大科技公司提供快捷方式插队。

③ 《中国让科技大企插队上市》（*China to Let Big Tech Firms Jump IPO Queue*），《海峡时报》，2017 年 2 月 25 日。

④ 《中国加快处理 IPO 申请受惠的轮候者寥寥可数》（*Few in China's IPO Queue Likely to Benefit from Fast-track Reform*），彭博，2016 年 9 月 12 日。

国际回异。部分出于供求失衡，内地投资者可能都习惯了新股在内地上市时股价例升。**南向新股通可让内地投资者有机会接触国际市场的做法，在新股认购及上市后股价变动方面（可升亦可跌）获得国际经验，有助于培育内地投资者趋向成熟。**

（7）资本外流的风险可控

与沪深港通的交易市场模式设计相同，新股通涉及的资金流也是在封闭的系统内完成，使出售认购股份时（假设通过沪深港通）资金会回流至申购股份的投资者的原有市场。如此便可舒缓内地市场资金外流的忧虑。

新股通对香港市场及全球投资者的潜在裨益

（1）吸引国际公司上市

南向新股通等于打开了内地投资者的资金池，可吸引全球有意的发行人在港上市集资。内地有庞大的境内存款基础，且处处有业务机会，对于想进行大规模首次公开招股的国际公司及有意在中国发展业务的公司来说，通过南向新股通在香港上市会极具吸引力。此外，有内地投资者作为潜在认购者，较小型的国际公司也会更有信心可于香港成功上市。

（2）有更多投资者参与使市场交投活跃

为使共同市场的股份招股及交易循环更为完备，运作上集资市场的新股通预期会与交易市场的沪深港通相连，使两边市场的投资者透过新股通认购的股份可通过沪深港通买卖。在新股通的带动下，香港市场预期会有更多国际公司上市，也因为内地投资者的参与而扩大了流动资金池，市场活动更见活跃。全球投资者都会乐见集资市场及交易市场的流动资金增加。

（3）活跃于集资及交易市场活动的市场中介机构同样受益

集资及交易市场活动增加，香港的市场中介机构（包括投资银行、律师事务所、会计及审计师行以及证券经纪）就有更多业务机会。

新股通对内地与香港共同市场的潜在裨益

实行新股通有助于完善内地与香港共同市场的股票市场生态系统，是联系国际投资者与内地公司及内地投资者与国际公司的突破性机会，有助于共同市场进一步国际化。**内地与香港共同市场可以扩容，自然能成为内地与国际投资者的金融超市，为他们提供世界各地各式各样的金融产品。**

开通新股通的考虑

正如沪深港通机制，新股通亦是一个全新概念，在实务问题及市场影响方面均需要审慎考虑，但只要模式设计得当，各种挑战性难题大都可迎刃而解，而裨益将会超过所需成本。各种挑战详述如下。

市场竞争或会增加

如境外投资者透过北向新股通更多地参与内地首次公开招股，可能会被视为在内地新股市场强劲内需之上再增动力，市场或忧虑原已相当炽热的内地新股市场会火上加油。但其实正好相反，只要模式设计得当，**新股通将为内地一级市场带来更公平的定价及更健康的发展**。根据市场现行的新股配发流程，QFII 及 RQFII 在内地首次公开招股市场中往往只认购到少量股份。内地市场的新股配发机制与国际惯例相当不同，或限制了外地投资者于其一级集资市场的参与度。北向新股通的设计可着力提高新股认购及分配以及定价流程等方面的外资参与度，这将有助于内地一级市场逐步贴近国际常规。

第二，内地市场或会忧虑新股通会加剧香港争取内地发行人上市的竞争，令发行人选择香港而不在内地市场上市。但这不是大问题，原因是新股通不会影响中国企业（特别是 H 股公司）在海外上市的现行监管规定。新股通对发行人的额外吸引力会是打开内地投资者的股份认购需求。**事实上，内地有大批申请人轮候上市，新股通反而有助于舒缓内地处理首次公开招股的压力。**

第三，市场或会关注香港市场与内地正在筹划的国际板在争取海外公司上市方面可能存在竞争。就此而言，内地国际板尚未确定发行人上市资格要求及运作详情，**构思中的新股通相信不会对其有任何影响**。相反，市场人士认为，启动南向新股通后，香港争取国际公司来港上市其实是对海外证券交易所构成更多竞争。事实上，内地股市要达至国际化，需要先行先试多样的措施，再适时配合市场发展作出适当调整。**提供新股通的共同市场就有如中国的一种离岸国际板，可与其在岸国际板同时运行。**

至于香港市场，市场一般认为南向新股通所增加的流通量于新股认购方面不会构成竞争，反而有利。

监管及投资者保障

市场监管是开通新股通前需要审慎考虑的重要范畴，当中包括发行人及投资者资格，以及共同市场双方的证券交易所、市场监管机构、中介机构、发行人与投资者的责任及义务。**最终目的是提供一个公平的市场环境，具备充分的投资者保障及风险管控**。

内地与香港股市的一级市场制度（包括新上市资格、上市要求及招股章程的披露要求等）不尽相同。通过南向新股通机制进行以内地投资者为对象的首次公开招股,或要施加额外的发行人资格及披露要求[①]。通过北向新股通机制进行以香港本地及环球投资者为目标的首次公开招股，亦可能要有额外披露要求。此外，对于从事战略产业的内地企业，中央政府或有若干外资拥有权限制，故北向新股通的实施或会涉及若干有关首次公开招股的特定资格要求或外资认购的特定限制。

至于新股通下若发行人出现合规问题而令投资者利益受损，应采用哪个市场的投资者保障机制，双方市场监管机构的角色以及发行人、证券交易所及中介机构的责任等问题，也需要一一厘清。此外，市场中介机构亦关注跨境投资者的信贷风险。然而，只要制定明确稳健的监管框架及操作设计得当，上述问题都应该可以解决。

此外，内地与香港股市须同时进行**大量投资者教育**，令两地投资者都了解对方的一级市场常规和投资行为，保障其本身的投资。

操作事宜

不论是北向还是南向，新股通都会涉及将首次公开招股的认购程序延伸至共同市场的另一方。有别于沪深港通下的二级市场交易无须修订上市股份的主场交易、结算及交收常规，新股通下首次公开招股的本土市场股份认购及分配的常规必须审慎设计，以容纳跨境投资者。

有待解决的问题包括但不限于:（1）跨境散户投资者可否经新股通认购股份，抑或新股通是否只开放给跨境机构投资者？（2)新股通股份如何配发给跨境投资者？（3）跨境投资者会是一个独立的股份认购组别，还是与主场投资者的申购一并处

① 举例：发行人向跨境（例如英美市场）投资者发售新股，须遵守进行跨境发售的市场当地的若干监管规定（包括资料披露要求）。

理？（4）跨境投资者认购股份应遵守不同的市场规则还是沿用首次公开招股所属市场的规则？（5）跨境投资者由首次公开招股所属市场的中介机构提供服务，还是由投资者所属市场的中介机构提供服务？（6）为跨境投资者提供服务的中介机构是否要遵守不同的监管规定（例如："认识您的客户"规则及配售指引）？

基于香港与内地的首次公开招股程序及市场惯例差别相当大，**新股通的操作模式须兼顾发行人及投资者的利益，以及保持市场公平、公开、公正的基本原则，预计在设计上会相当费力。**

首次公开招股后的股份买卖有必要无缝**衔接沪深港通**，故监管及操作框架须为此做好充足准备。在香港，券商一向会为认购首次公开招股股份的投资者提供融资，有市场人士要求沪深港通容许大宗交易以利便该等融资支持服务。原因在于，若无大宗交易设施，投资者如在二级市场大量出售已认购股份来回付券商的融资，会影响股价。实行新股通而未在沪深港通容许大宗交易，对须获券商融资的跨境投资者而言会是一个绊脚石。在衔接新股通与沪深港通时，此等操作细节必须顾及。

总 结

沪深港通启动，内地与香港的股票二级市场交易正式互联互通，但若一级（新股）市场尚未联通，内地与香港共同市场终究不完整。推出新股通可完善这个共同市场的基本功能，就是让共同市场中的投资者可买卖股票、发行人也可集资。新股通亦可优化内地与香港股市以至整个共同市场现时尚未真正国际化的层面。新股通启动后，共同市场可更有效地支持中国的宏观蓝图发展，达到经济更平衡、市场更开放而最终人民币更国际化的目标。

英文缩略词

ETF　交易所买卖基金 (Exchange-traded fund)

QDII　合格境内机构投资者 (Qualified Domestic Institutional Investor)

QFII　合格境外机构投资者 (Qualified Foreign Institutional Investor)

RQFII　人民币合格境外机构投资者 (Renminbi Qualified Foreign Institutional Investor)

04

中华交易服务港股通精选 100 指数

互联互通机制下港股通投资的重要指标

2017 年 11 月

概 要

自沪港通及深港通（合称沪深港通）开通，统计数字显示内地投资者对通过沪深港通的港股通买卖香港上市股票的兴趣日浓。随着投资者对内地与香港证券共同市场的兴趣日增，开发相关指数服务支持这个市场的持续增长及发展亦是理所当然。指数不但可追踪本地 / 区域 / 全球市场、市场个别板块或跨市场表现，更日益用作被动投资工具如交易所买卖基金（ETF）或指数期货及期权等衍生产品的相关资产，投资者可藉此参与个别市场或对冲个别市场中的投资。

中华交易服务港股通精选 100 指数（中华港股通精选 100）是沪深港通相关指数中专门追踪港股通合资格股票（港股通股票）的指数，具有以下特色：

（1）以市值及成交额计，比港股通股票的覆盖率相对较高；

（2）追踪纯香港概念的投资，就非同时在内地上市的香港上市股票而言有很高的代表性，因此纯反映内地以外地区的投资机会，与国内证券市场的相关性仅属温和；

（3）港股通股票中增长型板块股票的覆盖率较高，例如内地民企及新经济行业的股票；

（4）由于其成分股分布的关系，指数自推出以来大部分时间的市盈率均较恒生指数及恒生国企指数为高，但股息率却较低，回报率的波幅亦较香港及内地主要指数低。

基于这个指数能高度代表港股通股票及新经济增长型企业股票，其成分股的潜在投资机会仍有待通过港股通获进一步发掘。朝此方向，中华港股通精选100可能会是开发作港股通投资的ETF等被动型投资工具的一个有用基准指标。

内地投资者在内地与香港证券共同市场的投资机会

沪港股票市场交易互联互通机制（沪港通）及深港股票市场交易互联互通机制（深港通）（下文沪港通及深港通统称“沪深港通”）的开通[①]，可说对内地投资者别具意义。在沪深港通计划推出前，内地投资者要投资海外市场，合格境内机构投资者（QDII）计划是唯一正式渠道，这须受国家外汇管理局（外管局）通过的投资额度规限。内地合资格的机构投资者在获得QDII资格许可及认可额度后可直接投资海外，但内地个人投资者拟投资海外市场，则要通过既有的QDII产品进行。不过，QDII的投资额度总额自2015年3月起至2017年10月一直不曾增加，维持于899.93亿美元不变[②]。

沪深港通下的港股通为内地个人及机构投资者打开了直接投资海外资产的一个全新规范化渠道。有别于QDII计划，沪深港通不设总额度，只有适用于净买盘的每日额度[③]。此渠道全程封闭，每日额度的使用受审慎实时监控，但又在无总额度下提供相当的灵活度。由于每日额度按净买盘计算，而且每日重订一次（交易时段内若触及额度，当日余下时间将只接受合资格证券的跨境卖盘），整个交易日基本上不会有股票成交额限制。沪深港通下的共同市场因此等于扩展了内地投资者可投资资产的覆盖面，能为他们提供潜在的回报不俗的投资机会。

沪深港通下的港股通交易近一年来不断稳步增长，突显内地投资者通过此渠道买卖香港上市股票的兴趣强烈且有增无减。这将令市场对相关服务的需求不断增加，包括指数服务及相关投资工具。（有关沪深港通下的港股通成交资料，见附录一。）

---

① 见本书第2章《沪港通与深港通下的互联互通》。

② 资料来自外管局网站。

③ 根据每日额度，沪股通及深股通股票每日“净买盘”上限为130亿元人民币，沪港通及深港通的港股通股票则各为105亿元人民币。

适用于投资共同市场的指数服务

1. 内地与香港股票共同市场的指数编制

为向内地与香港共同市场提供更佳的相关市场服务，香港交易及结算所有限公司（香港交易所）、上交所和深交所于 2012 年共同成立**中华证券交易服务有限公司**（**中华交易服务**）。中华交易服务最先开展的是覆盖沪深港市场的跨境指数，为开发惠及内地及全球投资者投资共同市场的可交易指数产品奠定了基础。图 4-1 显示中华交易服务现时的指数系列。

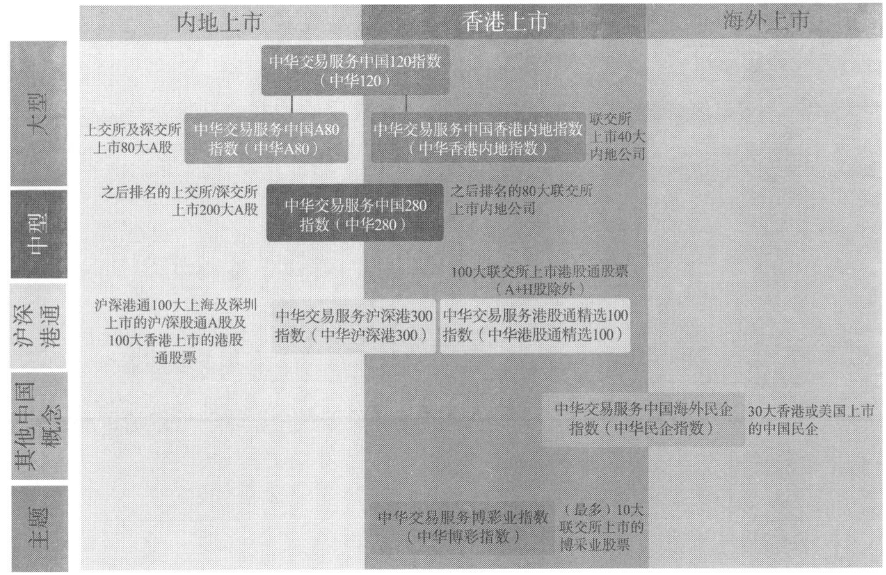

图 4-1　中华交易服务指数系列

资料来源：中华交易服务网站。

服务内地与香港共同市场的中华交易服务指数有两大类：

（1）**中华交易服务中国指数系列**——由内地及 / 或香港上市的内地企业股组成：

- 中华交易服务中国 120 指数（中华 120）——成分股为 120 家大型企业，其中 80 家为内地交易所上市的 A 股公司，40 家为联交所上市的内地公司。
- 中华交易服务中国 A80 指数（中华 A80）——成分股为中华 120 内的 80 家 A 股公司。

- 中华交易服务中国香港内地指数（中华香港内地指数）——成分股为中华120内的40家内地公司。
- 中华交易服务中国280指数（中华280）——成分股为280家中型企业，规模位于中华120的120家大型企业之后，包括200只内地交易所上市的A股及80家联交所上市的内地公司。

（2）**中华交易服务沪深港通指数系列**——由内地及/或香港上市的沪深港通合资格股票组成：

- 中华交易服务沪深港300指数（中华沪深港300）——成分股为上交所及深交所各自首100只最大型的沪深股通A股及香港上市首100只最大型的港股通股票。
- 中华交易服务港股通精选100指数（中华港股通精选100）——成分股为100只最大型的联交所上市港股通股票，不包括有A股在内地上市的H股公司（A+H股）。

其他的中华交易服务指数包括中华交易服务中国海外民企指数及中华交易服务博彩业指数，前者追踪于联交所、纽约证券交易所、纳斯达克或NYSE American[①]上市的30只最大型的中国民营企业，后者追踪香港上市博彩股的整体表现。

换言之，**中华港股通精选100是沪深港通相关指数中，唯一追踪沪深港通计划下合资格进行港股通交易的香港股票的指数。**

2. 中华港股通精选100作为基准指数使用

股票指数（或股市指数）以个别股票市场的上市交易股票的价格变动为基础，用以计量该市场或其市场板块的表现。股票指数一向被投资者广泛用作基准，将本身或财务管理人的投资组合表现与股票指数所计量的整体市场或市场板块的表现做一比较。

股票指数因应市场需求而创设、制定、计算、管理及发布。但凡投资者有兴趣投资某个别市场或市场板块又或作跨市场投资，对股票指数就会有需求，以作为评估其投资表现的基准。创设于19世纪、用以计量纽约股市表现的道琼斯工业平均

① 早年称美国证券交易所（American Stock Exchange），近期称NYSE MKT。

指数（道指），据知是首只股票指数。如今，市场上已有不同类型的股票指数涵盖不同的市场范畴（见表4-1）。

表 4-1　　股票指数的主要类别

股票指数类别	性质	例子
“国家”指数	计量个别国家或地区的主要股市（或主要证券交易所）的表现	**美国：**道指及纳斯达克100指数 **英国：**富时100指数 **日本：**日经225指数 **中国香港：**恒生指数（恒指） **中国上海：**上证综合指数 **中国深圳：**深证综合指数
“板块”指数	计量个别交易所市场特定板块的表现	**恒生综合规模指数：**恒生综合大型股指数、恒生综合中型股指数、恒生综合小型股指数 **深交所：**中小板综合指数、创业板综合指数
“区域”指数	计量按地理或工业化/收入水平界定的特定地区的股市表现	欧盟STOXX50指数①、MSCI新兴市场指数②
“行业”指数	计量特定行业股票的表现，可以是同一市场或不同市场的股票	恒生行业分类指数③、STOXX亚太600行业指数④
“全球”指数	计量全球多个地区的股市表现	MSCI世界指数⑤、标普全球100指数⑥
“主题”及“策略”指数	根据若干投资主题或策略而设立的指数	追踪香港上市中资企业的恒生中国企业指数（恒生国企指数）⑦、恒指波幅指数

① 欧盟STOXX 50指数是欧元区的蓝筹股指数，涵盖11个欧元区国家的50只股票（资料来源：STOXX网站 https://www.stoxx.com/）。

② MSCI新兴市场指数涵盖24个新兴市场国家的大中型企业，成分股843只（资料来源：MSCI网站 https://www.msci.com）。

③ 恒生行业分类指数包括金融、公用事业、地产以及工商业分类指数。

④ STOXX亚太600行业指数系列涵盖19个行业，成分股来自日本、中国香港、澳洲和新加坡等多个亚太市场（资料来源：STOXX网站 https://www.stoxx.com/）。

⑤ MSCI世界指数涵盖23个发达市场国家的大中型企业，成分股1 654只（资料来源：MSCI网站 https://www.msci.com）。

⑥ 标普全球100指数计量全球股票市场中最重要的跨国蓝筹公司的表现，100只成分股均具高流动性（资料来源：标普道琼斯指数网站 https://us.spindices.com）。

⑦ 恒生国企指数原用来追踪香港上市H股公司。2017年8月，编算该指数的恒生指数有限公司公布，指数将于2018年3月至2019年3月分5个阶段加入红筹股（内地以外地方注册成立的国家控股企业）及内地民营企业（内地民企或P股）。

指数按计算方法会有多种版本，其区别可以在于成分股权重的厘定方法及股息的计算方法。最常见的包括只考虑成分股价格的**价格回报指数**，和计及将股息再投资的**总回报指数**。另一区别在于权重方式——可以只按价格，或按全市值加权，或按自由流通量调整的市值加权。道指是**价格加权**指数的佼佼者[①]；恒指则采用自由流通市值加权法，个别证券的权重上限为10%[②]，这是股票市场中最常见的指数计算方法。

中华港股通精选100被视为“主题式”基准指数，所计量的是沪深港通下港股通的投资表现。

除可计量股市表现外，股票指数（或用于股票以外的其他资产，如地产及商品市场的一般指数）更日益用作被动投资工具如交易所买卖基金（ETF）或指数期货及期权等衍生产品的相关资产，投资者可藉此参与个别市场或对冲个别市场中的投资。ETF近年尤其愈来愈普及——根据ETFGI[③]的资料，2016年底有3.548万亿美元投资于6 630只分布全球的ETF或交易所买卖产品（ETP），2016年净流入为3 893.4亿美元，是连续35个月录得净流入[④]。根据贝莱德的资料，2017年首季全球的ETF市场录得净流入1 891亿美元，创下历史最高纪录，当中有1 091亿美元流入股票ETF[⑤]。

ETF是追踪指数、商品、债券或一篮子资产的有价证券，如同普通股一样在证券交易所交易。投资ETF等于投资其相关资产。若ETF的相关资产是股票指数，相关资产组合会与有关指数中成分股的相对权重相同。ETF日益普及，主因是其能提供一简单途径，让投资者可投资几乎任何资产类别、地区或行业，而所涉的成本比积极管理的基金为低[⑥]。

因此，针对个别资产组别的市场或其可投资的市场板块编算合适的指数，不仅是计量市场表现所需，还可通过设立以该指数为基础的ETF去协助促进或便于投资该市场或资产组别、增加流动性。要通过ETF成功达到后者的目的，必须符合两大

---

① 这很大程度是因为历史原因，因道指推出时尚未有计算机作指数的自动计算。

② 资料来自恒生指数网站 http://www.hsi.com.hk。

③ ETFGI是全独立的研究及咨询公司，服务客户包括全球领先的机构及专业投资者、全球ETF及ETP的业界以及其监管机构和顾问（http://etfgi.com）。

④ *ETF Industry Grew Faster Than Hedge Funds in 2016 – ETFGI,* International Adviser, 2017年3月6日。

⑤《贝莱德：首季全球ETF吸1.4万亿新高》,《香港经济日报》，2017年5月4日。

⑥ 参见 *The Evolution of the ETF Industry,* Pensions & Investments, 2017年1月31日。

条件:(1)指数必须可予投资，即指数的组成部分必须能够在自由、公开的市场交易;(2)无须负担高昂的交易成本或产生市场影响而能够按指数成分的各自所占权重购买所有该等成分资产。

投资者对内地与香港股票共同市场的兴趣日增，开发相关指数服务及指数相关的投资产品以支持这个市场的持续增长及发展亦是理所当然。

3. 共同市场的指数挂钩投资工具

首个专为内地与香港股票共同市场而开发的跨境指数挂钩投资产品①于2013年推出，就是香港交易所衍生产品市场于2013年8月12日推出的中华120指数期货，同年有3只相关的指数ETF于香港交易所证券市场上市（见表4-2）。由于相关指数都属跨境指数系列，该等产品被视为“共同市场”概念的指数挂钩产品，有别于共同市场概念以外独立创设而覆盖香港股票或内地A股又或于香港或海外上市的内地公司的指数ETF。

表4-2　　香港的共同市场概念指数挂钩产品（2017年8月底）

期货产品			推出日期
中华交易服务中国120指数期货			2013/08/12
交易所买卖基金（双柜台股票）	**港元柜台**	**人民币柜台**	**上市日期**
华夏中华交易服务中国A80指数ETF*	3180	83180	2013/08/26
南方东英中华A80 ETF	3137	83137	2013/09/23
易方达中华交易服务中国120指数ETF	3120	83120	2013/10/21

*该ETF已于2017年11月10日除牌。
资料来源：香港交易所。

香港远在沪深港通推出之前已有跨境指数挂钩产品供香港及海外投资者投资内地证券市场。首只加入内地上市股票作为相关资产并于联交所上市的ETF，是2001年11月28日上市的iShares安硕MSCI中国指数ETF②，第二只是2004年11

① “跨境”是指内地与香港的跨境，而跨境投资产品是指，让内地投资者投资香港资产及/或香港投资者投资内地资产的产品。

② MSCI中国指数涵盖在中华人民共和国注册成立并在上交所、深交所或联交所上市的公司。成分股包括内地上市的B股，香港上市的H股、P股及外地上市股票（如美国预托证券）。MSCI于2017年6月宣布会于2018年6月开始将中国A股纳入其新兴市场指数及全球指数系列，包括MSCI中国指数。

月 18 日上市的 iShares 安硕富时 A50 中国指数 ETF。2017 年 8 月底，联交所 93 只上市实物股票指数 ETF 中，约三成的相关资产有内地上市股票在内 ①，相关指数包括 MSCI 中国指数、富时中国 A50 指数、上证 50 指数、沪深指数、中华交易服务指数及其他。所有这些联交所上市的 ETF 占 2017 年前 8 个月 ETF 成交总额的 28%②。

至于内地，2017 年 8 月底共有 85 只 ETF 于上交所上市及 53 只 ETF 于深交所上市，当中上交所上市的只有 3 只跨境 ETF，以恒指及恒生国企指数为相关指数；深交所只有 1 只以恒指为相关指数的跨境 ETF（见图 4-2）。该只以恒指为相关指数的 ETF 于 2017 年 1 月至 8 月的成交金额在所有深交所上市 ETF 中排名第五，占期内深交所上市 ETF 成交总额的 1.6%（期内成交金额最高的 3 只 ETF 已占深交所上市 ETF 成交总额的 87%）③。

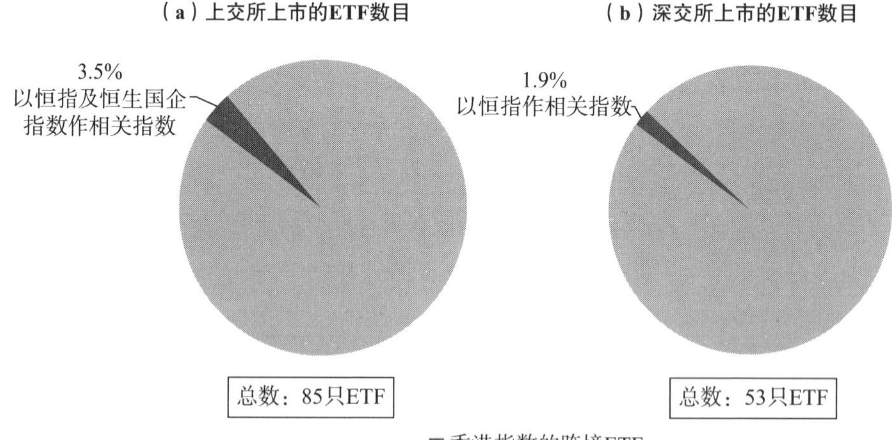

图 4-2　内地跨境指数挂钩产品供应甚少（2017 年 8 月底）

资料来源：上交所及深交所网站上的每月统计数字。

纵使如预料中潜在需求强劲，但能照顾共同市场方面投资需要的跨境指数挂钩产品，在内地明显供应稀缺。

① 数字不包括双柜台的复计。资料来源：香港交易所网站。

② 按载于香港交易所网站的 2017 年 8 月《交易所买卖基金成交统计》的数据做计算。

③ 载于深交所网站的每月统计数字。

中华港股通精选 100 指数——可供南向投资买卖的指数

中华港股通精选 100 于 2014 年 12 月 15 日推出，以 2008 年 12 月 31 日为基日，基点为 2 000 点，成分股为港股通股票中市值排名首 100 只的联交所上市股票（不包括在内地与香港两边上市的 A+H 股）。指数编算是常用的自由流通市值加权法，权重上限为 10%。指数的实时数据每 5 秒发布一次。

此指数的特别之处，在于其为唯一的沪深港通相关指数，所追踪的是可通过港股通买卖的港股。此指数对南向交易的用处，在于其能代表南向合资格股份，以及**其组合成分有别于其他现有内地和香港市场指数，可作另类投资选择**。详细说明见以下分节。

1. 大型南向股票的覆盖率

中华港股通精选 100 按市值排名挑选成分股，入选的都是港股通股票中流通量大的最大型股票，尽管只占港股通股票总数的 24%（2017 年 8 月底），按市值及市场成交额[①]计的占比却分别为 68% 及 53%（见图 4-3）。除 H 股外（注意指数并不包括 A+H 股），指数于其他各类股票都有高度代表性（见下一分节）。

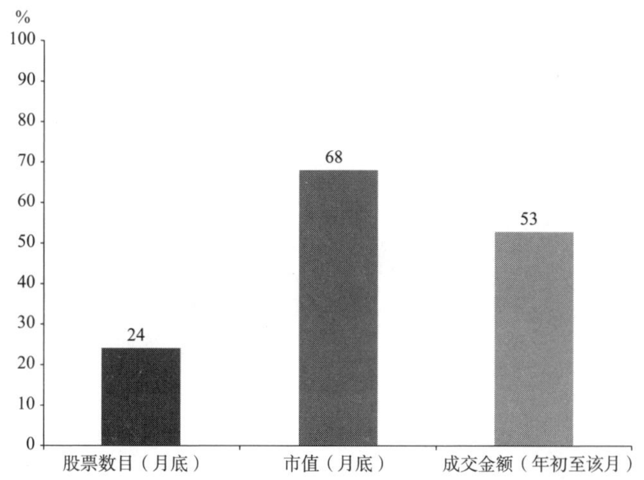

图 4-3 中华港股通精选 100 股票占所有港股通股票百分比（2017 年 8 月）

资料来源：股票列表来自香港交易所、上交所、深交所及中华交易服务网站；市场数据来自香港交易所。

① “市场成交额”指股票市场总成交金额，不单指南向交易的成交。

2. 纯香港概念，有高度代表性

中华港股通精选 100 包含只在香港上市的股票，不包括有 A 股在内地市场上市的 A+H 股。因此，此指数计算纯粹对香港上市股票的投资，这给予内地投资者除投资国内股票以外的一个特有机会，来通过沪深港通进行投资。

相对整体港股通股票而言，中华港股通精选 100 的成分股于非 H 股中的代表性更高：按市值计，港股占比为 33% 对 25%、内地民企为 31% 对 26%、红筹股为 25% 对 20%；按成交金额计（截至 2017 年 8 月），港股占比为 25% 对 16%、内地民企为 38% 对 27%、红筹股为 21% 对 13%（见图 4-4）。特别要说明的是，内地民企是现时中国转型至新经济模式的主要增长板块。

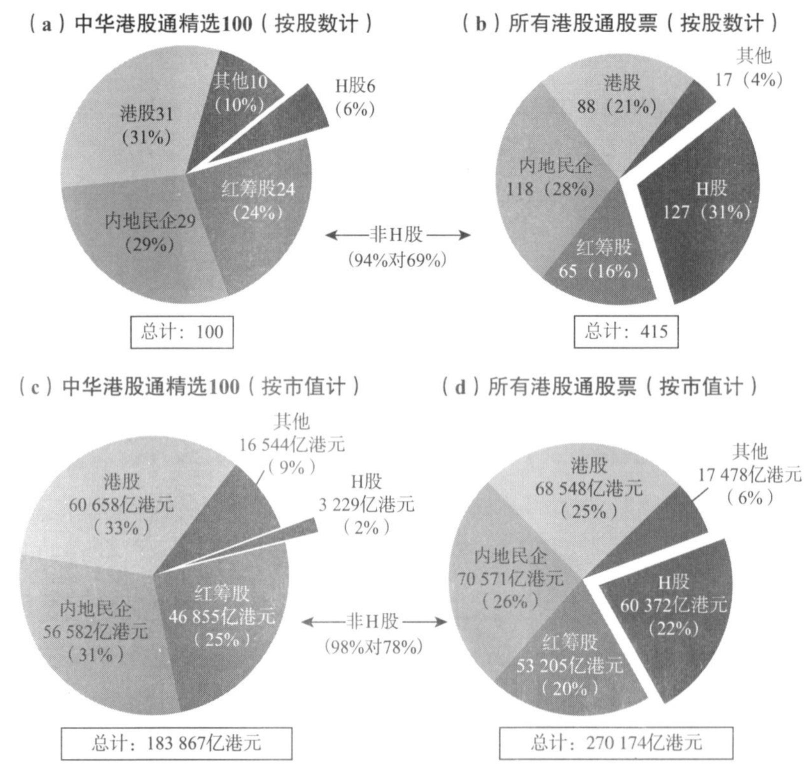

图 4-4 中华港股通精选 100 成分股按股票类别对照所有港股通股票（2017 年 8 月底）

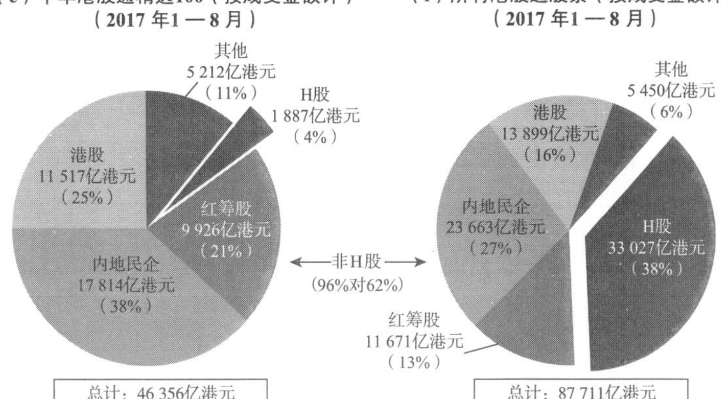

图 4-4　中华港股通精选 100 成分股按股票类别对照所有港股通股票（2017 年 8 月底）（续）

注：以上是香港交易所所做的股票分类，分类会考虑上市公司是否来自内地，对 H 股、红筹股及内地民企以外的其他公司，会看其成立来源地及注册成立地。因四舍五入关系，百分比的总和或不等于 100%。

资料来源：股票名单来自香港交易所、上交所、深交所及中华交易服务网站；市场数据来自香港交易所。

若不计算 H 股，中华港股通精选 100 所有其他类别的成分股所包含的港股通股票的占比都很高：按市值计为 80%～95%，按市场总成交金额计为 75%～96%，虽然占南向成交金额比例略低（62%～91%）（见图 4-5）。

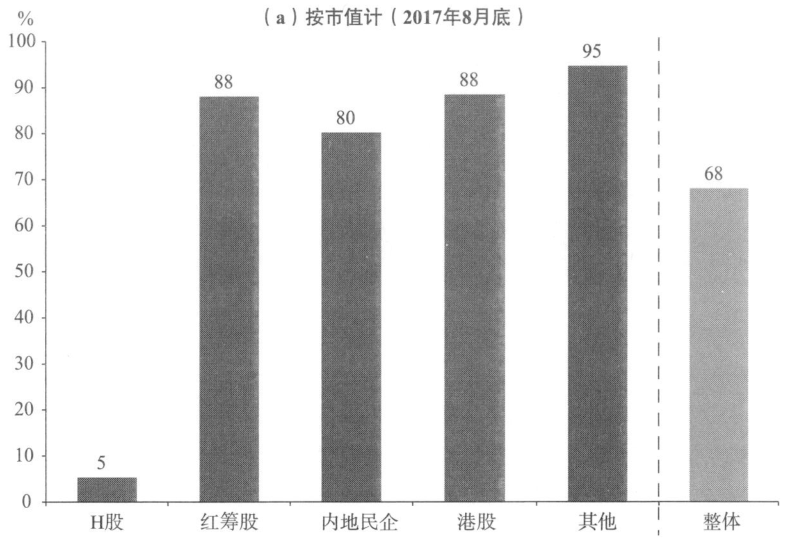

图 4-5　中华港股通精选 100 成分股占所有港股通股票的比率（按股票类别）（2017 年 8 月）

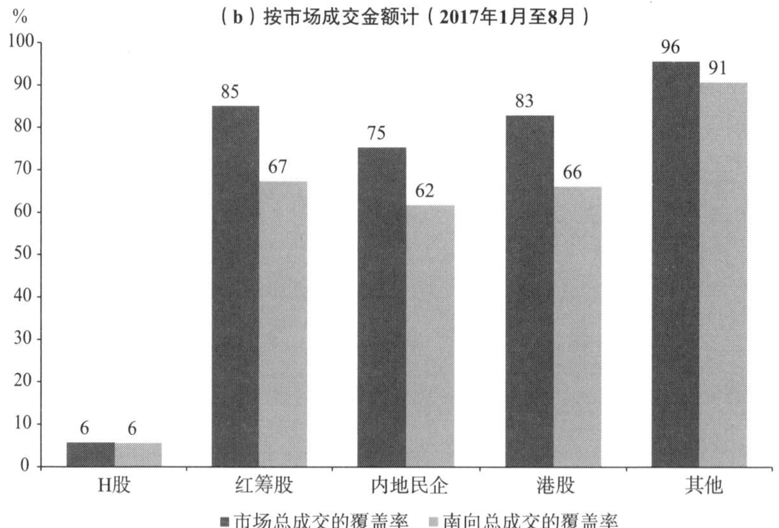

图 4-5　中华港股通精选 100 成分股占所有港股通股票的比率（按股票类别）（2017 年 8 月）（续）

注：以上是香港交易所所做的股票分类，分类会考虑上市公司是否来自中国，对 H 股、红筹股及内地民企以外的其他公司，会看其成立来源地及注册成立地。

资料来源：股票名单来自香港交易所、上交所、深交所及中华交易服务网站，市场数据来自香港交易所。

3. 行业分布互有相似，但有更多投资新经济的机会

按行业板块划分，中华港股通精选 100 的股票组合与所有港股通股票同样分散，但金融类股份较少（按市值计为 22% 对 31%，按市场成交金额计为 20% 对 31%），反而来自被视为新经济中高速增长的板块的信息科技股份，以市值及成交金额计占比都较高（见图 4-6）。

如图 4-7 所示，中华港股通精选 100 包含相对较多新经济板块中的港股通股票①：

- 信息科技——按市值计占 90%，按市场成交金额计占 82%；
- 必需性消费品——按市值计占 75%，按市场成交金额计占 77%；
- 非必需性消费品——按市值计占 68%，按市场成交金额计占 57%；
- 医疗保健——按市值计占 56%，按市场成交金额计占 50%。

① 新经济板块参照中证迈格中国新经济指数所涵盖的板块（资料来源：中证指数有限公司网站）。

（a）中华港股通精选100（按股数计）

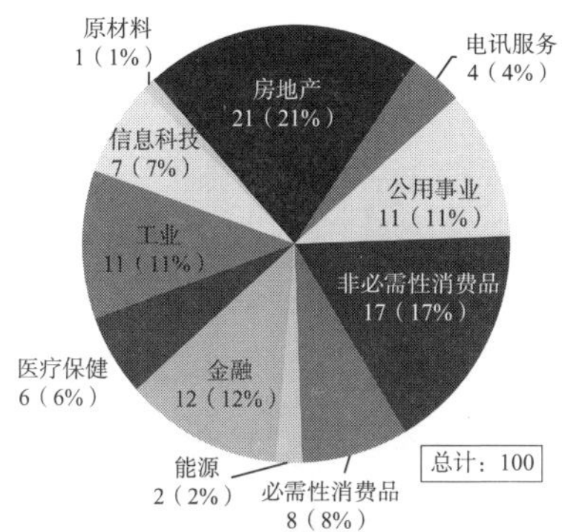

（b）所有港股通股票（按股数计）

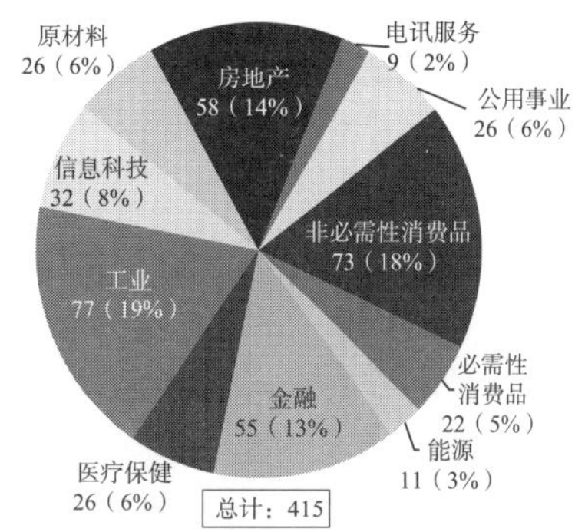

（c）中华港股通精选100（按市值计）

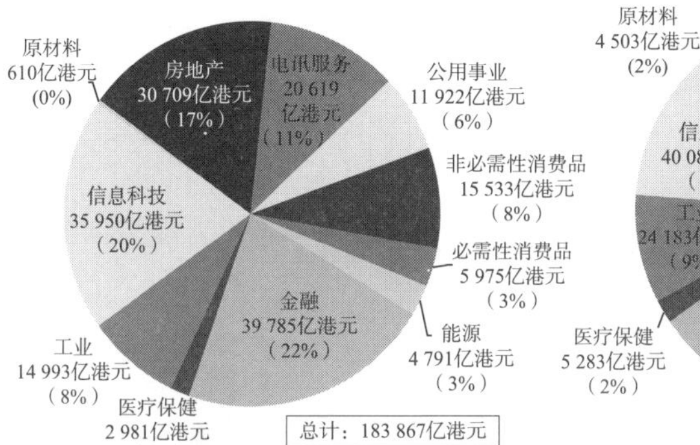

（d）所有港股通股票（按市值计）

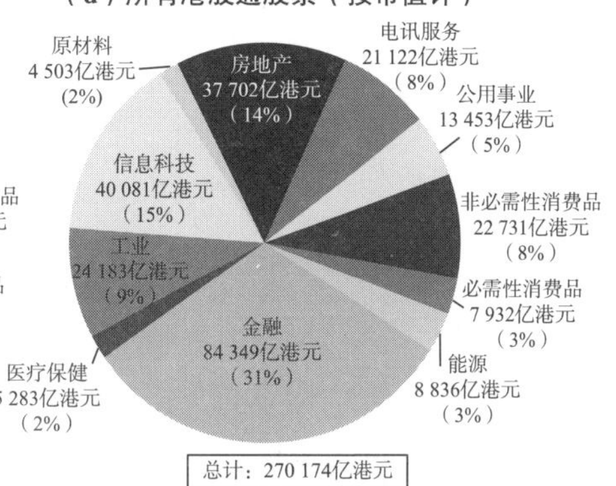

（e）中华港股通精选100（按成交金额计）
（2017 年1月至8月）

（f）所有南向股票港股通股票（按成交金额计）
（2017年1月至8月）

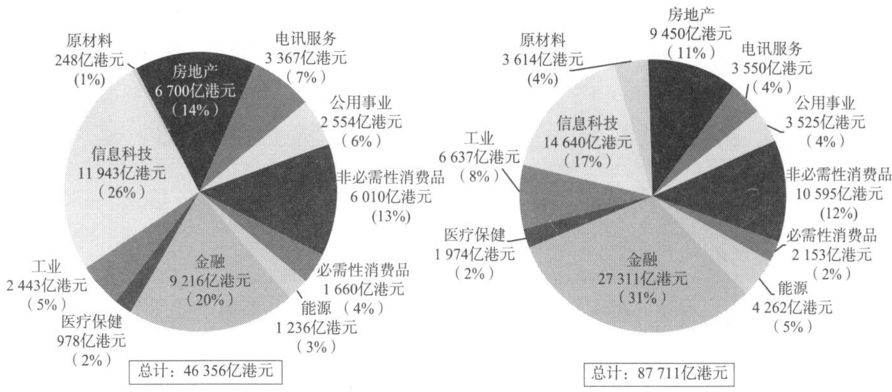

图 4-6　中华港股通精选 100 成分股按行业类别对照所有港股通股票（2017 年 8 月底）

注：因四舍五入关系，百分比的总和或不等于 100%。

资料来源：股票名单来自香港交易所、上交所、深交所及中华交易服务网站；市场数据来自香港交易所。

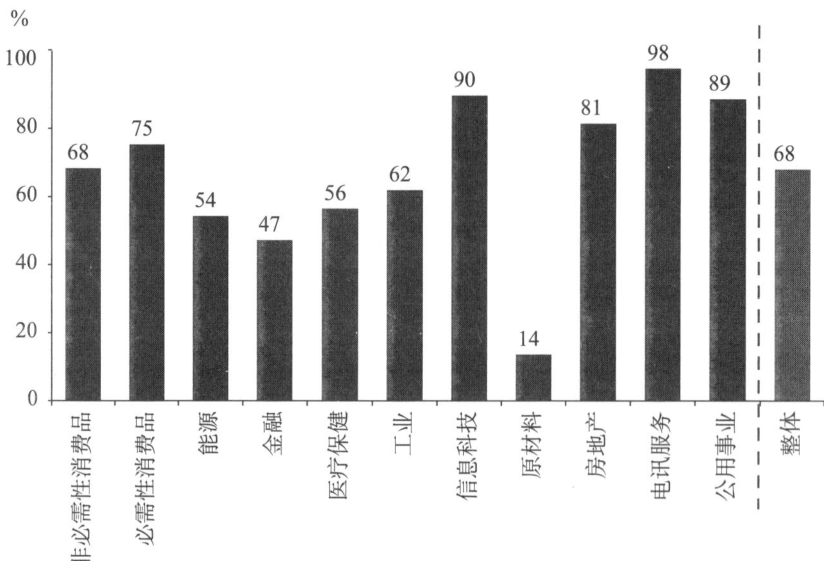

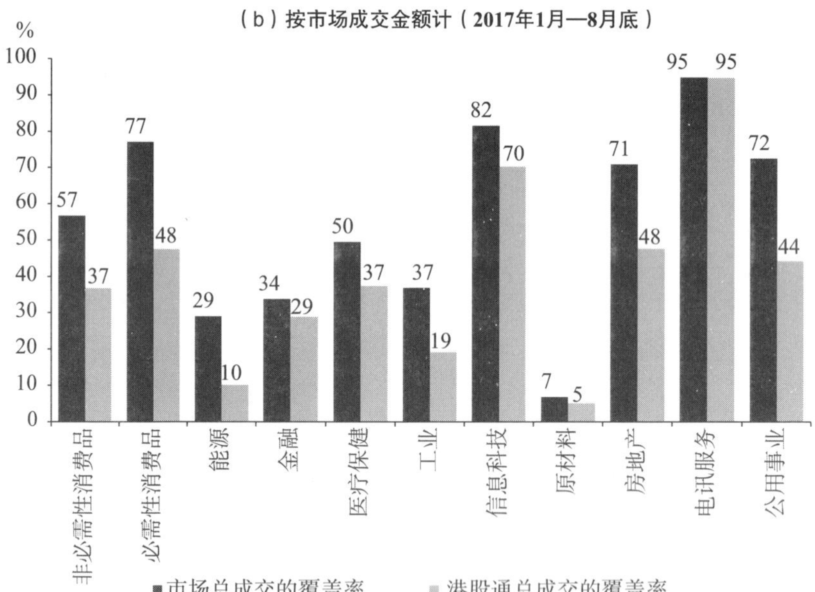

图 4-7　中华港股通精选 100 股票相对所有港股通股票占比
（按行业板块分类）（2017 年 8 月）

资料来源：股票名单来自香港交易所、上交所、深交所及中华交易服务网站，市场数据来自香港交易所。

4. 对照香港及内地主要指数的表现

图 4-8 对比了中华港股通精选 100 与香港、上海及深圳股市主要股票指数的每日走势。中华港股通精选 100 从基日（2008 年 12 月 31 日）至 2017 年 8 月底这 8 年多以来，其累计回报率达 102%，大幅抛离香港两大指数恒指（66%）及恒生国企指数（36%），仅次于上证 380 指数（119%）、深证 A 股指数（125%）及深圳中小板综合指数（144%）（见表 4-3）。

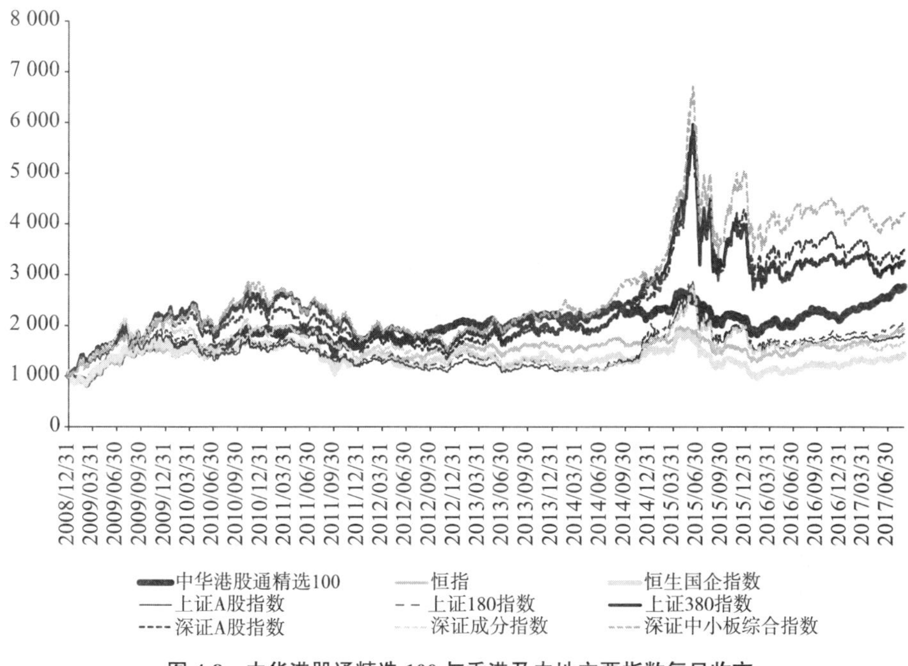

图 4-8　中华港股通精选 100 与香港及内地主要指数每日收市
（重整基日：2008 年 12 月 31 日）（2008 年 12 月 31 日—2017 年 8 月 31 日）

资料来源：中华港股通精选 100 的数据来自中华交易服务，其他指数的数据来自汤森路透。

表 4-3　　中华港股通精选 100 与香港及内地主要指数累计回报率
（2008 年 12 月 31 日—2017 年 8 月 31 日）

指数	累计回报率
中华港股通精选 100	102.23%
恒指	66.48%
恒生国企指数	35.86%

续前表

指数	累计回报率
上证 A 股指数	61.03%
上证 180 指数	72.52%
上证 380 指数	118.58%
深证 A 股指数	125.23%
深证成份指数	51.15%
深证中小板综合指数	144.08%
深交所创业板综合指数	74.67%

注：回报率为自然对数回报率。

资料来源：按指数每日收市计算——中华港股通精选 100 来自中华交易服务，其他指数来自汤森路透。

数据显示中华港股通精选 100 的历史回报率，不论短期还是长期均跑赢香港主要指数。另一方面，内地指数回报率较为波动，尤其是深交所指数的回报率在过去几年显著波动，近年甚至处于较低（或负数）水平，而中华港股通精选 100 则有正数的回报率。事实上，中华港股通精选 100 自推出以来，其每日回报率的年化波幅大部分时间均低于香港及内地的主要指数（见表 4-4 及图 4-9）。

表 4-4　　中华港股通精选 100 与香港及内地主要指数的各期间回报率（截至 2017 年 8 月 31 日）

指数	1 年	3 年	5 年	7 年
中华港股通精选 100	21.41%	15.26%	46.11%	54.55%
恒指	19.67%	12.26%	36.16%	30.89%
恒生国企指数	16.87%	2.98%	19.65%	–0.95%
上证 A 股指数	8.59%	41.64%	49.56%	24.15%
上证 180 指数	15.79%	49.27%	56.52%	31.00%
上证 380 指数	0.01%	41.02%	68.42%	36.73%
深证 A 股指数	–4.44%	47.44%	84.14%	50.93%
深证成份指数	0.54%	32.16%	27.56%	–4.71%
深证中小板综合指数	–2.35%	48.21%	88.19%	54.82%
深交所创业板综合指数	–16.09%	45.57%	121.22%	83.82%

注：回报率为自然对数回报率。

资料来源：按指数每日收市计算——中华港股通精选 100 来自中华交易服务，其他指数来自汤森路透。

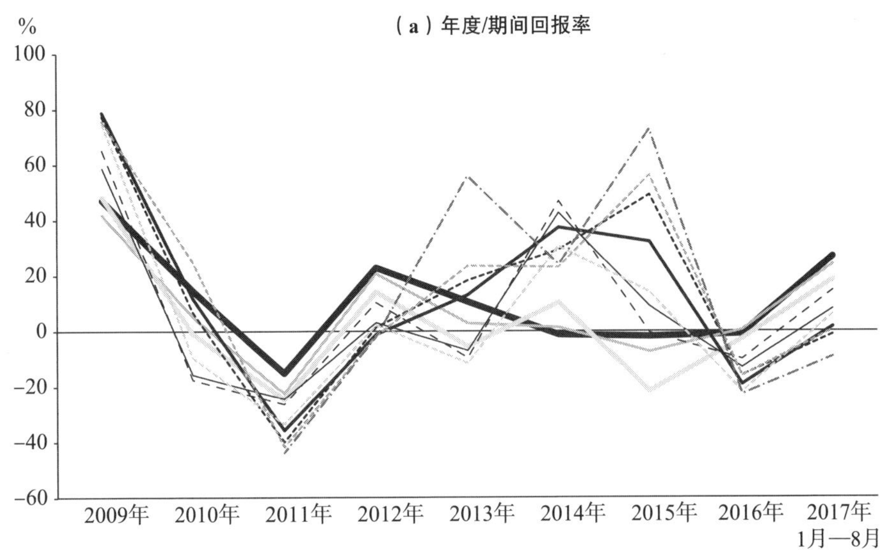

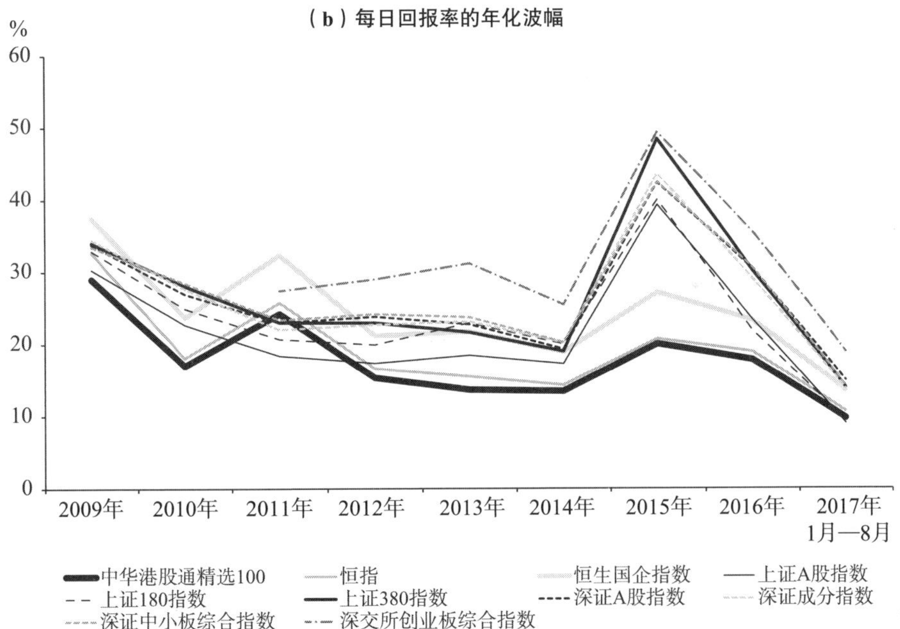

图 4-9　中华港股通精选 100 与香港及内地主要指数的回报率及波幅（2009 年—2017 年 8 月）

注：回报率为自然对数回报率。年化波幅为期内每日回报率的年度化标准偏差。

资料来源：按指数每日收市计算——中华港股通精选 100 来自中华交易服务，其他指数来自汤森路透。

尽管指数回报率各有不同，但中华港股通精选100的每日回报率与香港主要指数恒指及恒生国企指数相关性颇高——2009年1月至2017年8月期间，中华港股通精选100与恒指及恒生国企指数的相关系数分别为0.978及0.899，与内地主要指数的相关性仅处于中低水平——相关系数为0.5或以下（见表4-5）。

表4-5　中华港股通精选100与香港及内地主要指数的每日回报率相关系数（2009年1月—2017年8月）

主要指数	相关系数
恒指	0.978
恒生国企指数	0.899
上证A股指数	0.507
上证180指数	0.509
上证380指数	0.435
深证A股指数	0.437
深证成份指数	0.461
深证中小板综合指数	0.407
深交所创业板综合指数	0.341

注：相关系数为Pearson相关系数；所有系数在统计学上有显著相关的水平为0.1%。

资料来源：按指数每日收市计算——中华港股通精选100来自中华交易服务，其他指数来自汤森路透。

2014年12月至2017年8月期间，在仅追踪香港股票的指数当中，中华港股通精选100的月底市盈率一直高于恒生国企指数，大部分时间亦高于恒指，尽管中华港股通精选100的股息率在同期大部分时间均低于该两只指数[①]（见图4-10）。这或反映出中华港股通精选100成分股主要来自目前经济发展阶段中的增长行业（见上文），这些行业会将盈利再投资产生资本收益而非分派作股息，而恒指及恒生国企指数成分股则多为已处于较成熟发展阶段的传统经济公司。

此外，相对于深圳股市（普遍被视为由增长型股份组成），中华港股通精选100于2017年8月底的股息率（3.08%）高于深证成份指数（1.04%）、中小板指数（0.84%）及深交所创业板综合指数（0.69%）[②]。

① 指数市盈率及股息率为指数中各成分股的市盈率及股息率的加权平均数。

② 深交所指数股息率资料来源：国证指数2017年8月的指数运行月报（http://index.cninfo.com.cn/）。

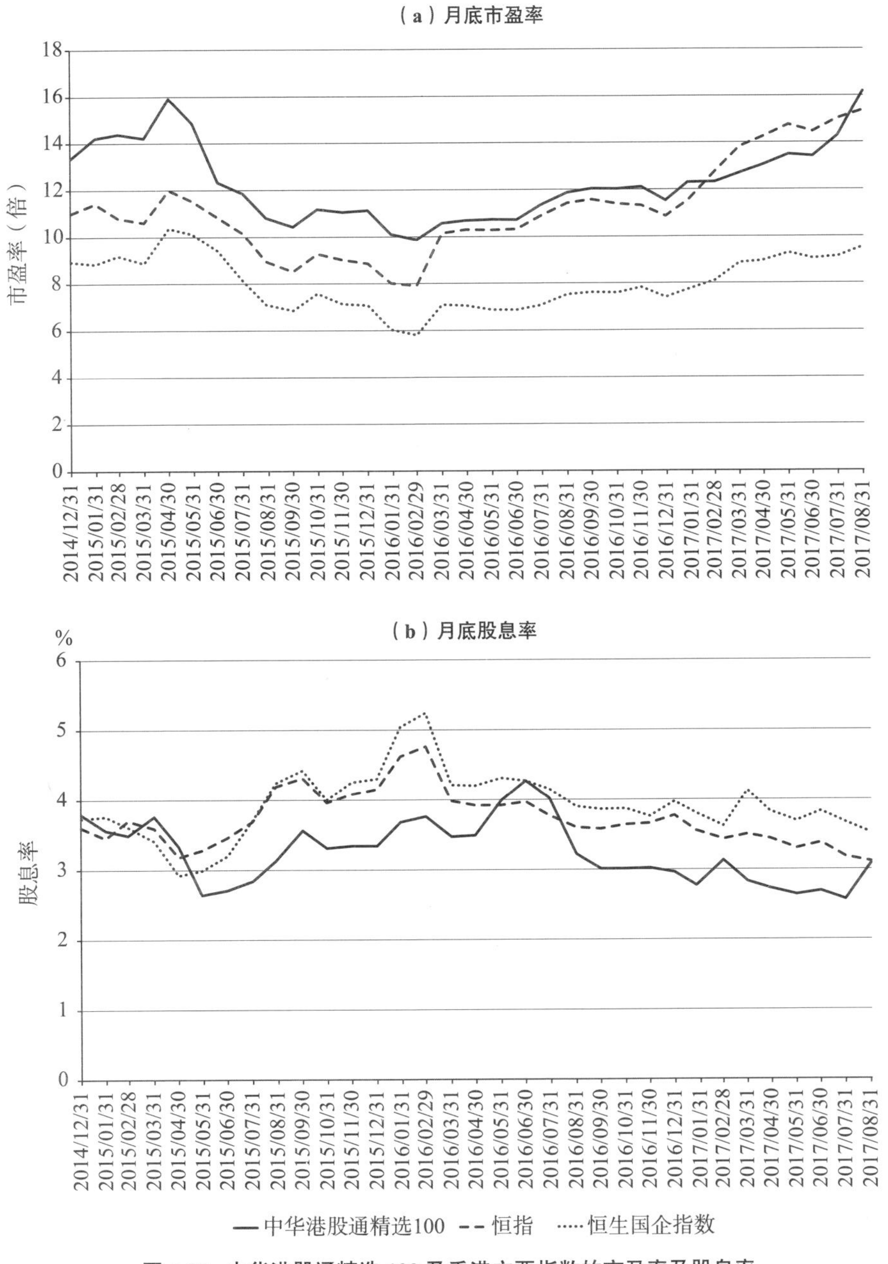

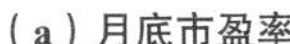

图 4-10　中华港股通精选 100 及香港主要指数的市盈率及股息率
（2014 年 12 月—2017 年 8 月）

注：有关数字为各指数成分股月底股息率的加权平均数。

资料来源：中华港股通精选 100 来自中华交易服务，恒指及恒生国企指数来自恒生指数公司网站。

5. 中华港股通精选 100 带来的港股通投资机遇

总体而言，中华港股通精选 100 具有以下特点，可追踪沪深港通南向交易的投资:（1）以市值及成交额计，于港股通股票的覆盖率相对较高;（2）追踪纯香港概念的投资，就非同时在内地上市的香港上市股票而言有很高的代表性，因此纯反映内地以外地区的投资机会，与国内证券市场的相关性仅属温和;（3）港股通股票中增长型板块股票的覆盖率较高，例如内地民企及新经济行业的股票;（4）由于其成分股分布的关系，指数自推出以来大部分时间的市盈率均较恒指及恒生国企指数为高，但股息率却较低，回报率的波幅亦较香港及内地主要指数低。

有趣的是，尽管有以上实证，2017 年截至 8 月为止，中华港股通精选 100 成分股的港股通成交额占这些股份的总市场成交额的百分比（10%）却少于全部港股通股份的港股通成交额占其总市场成交额的百分比（14%）。不论按股份类别还是行业划分，都发现有相同现象（见图 4-11）。

换言之，**中华港股通精选 100 成分股的潜在投资机遇，仍待通过港股通交易获进一步发掘**。中华港股通精选 100 满足了应有的先决条件，可支持开发作港股通投资的 ETF 等被动型投资工具——该指数成分股可在公开市场自由买卖，而成分股的买卖预期不会对市场有影响，因为该等股份按市值计是合资格经港股通买卖的首百大股份（见上文有关 ETF 成功的必要条件）。因此，中华港股通精选 100 是开发 ETF 等被动型投资工具的有用基准指标。

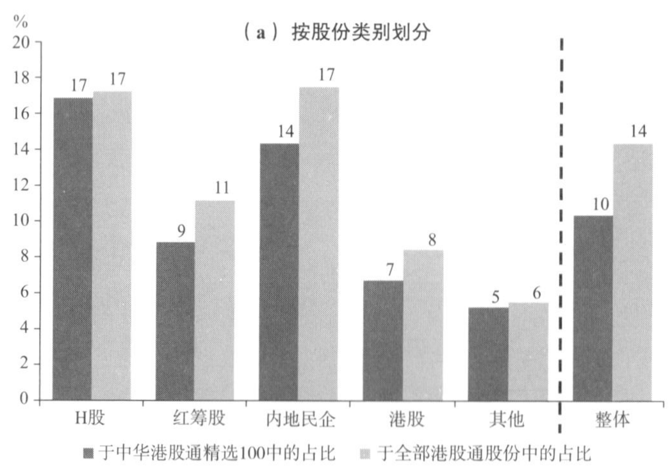

图 4-11　中华港股通精选 100 及全部港股通股份的港股通交易占其总市场成交额的百分比（2017 年 1 月—8 月）

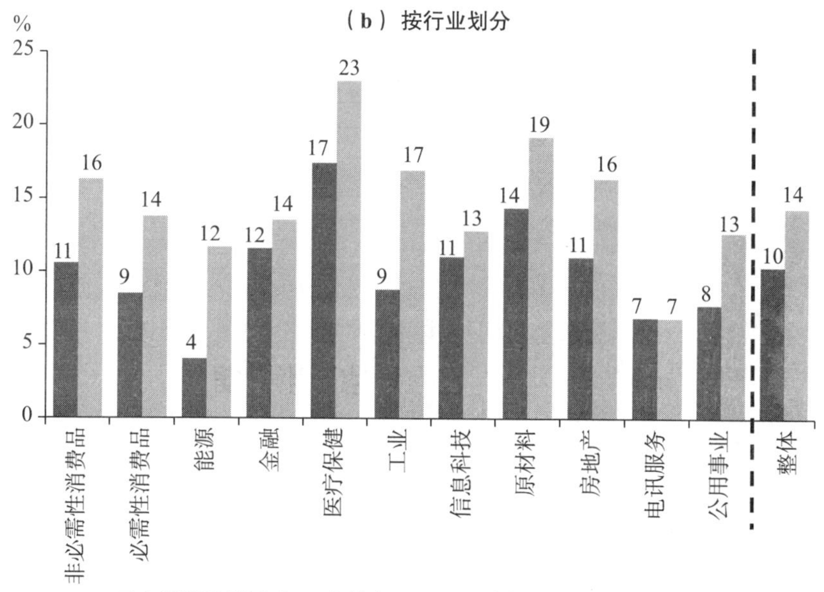

图 4-11　中华港股通精选 100 及全部港股通股份的港股通交易占其总市场成交额的百分比（2017 年 1 月—8 月）（续）

资料来源：证券名单来自香港交易所、上交所、深交所及中华交易服务网站，市场数据来自香港交易所。

总　结

沪深港通启动后，内地与香港建立起共同市场，内地投资者今后投资海外市场不但机会比从前多，限制亦较以往通过 QDII 等渠道为少。统计数字显示，内地投资者对通过沪深港通的港股通买卖香港上市股票的兴趣日浓。

中华港股通精选 100 是沪深港通相关指数中专门追踪港股通股票的指数，纯反映中国内地以外地区的投资机遇。基于这个指数能高度代表港股通股票及新经济增长型企业，其成分股的潜在投资机会仍有待通过港股通获进一步发掘。朝此方向，中华港股通精选 100 可能会是开发作港股通投资的 ETF 等被动型投资工具的一个有用基准指标。

附录一　沪深港通的南向交易活动

自沪港通开通后，北向交易在 2016 年之前按日均成交金额计，大部分时间都是远多于南向交易。但由 2015 年底开始，南向交易渐呈上升趋势，起初增幅缓慢，及至 2016 年 12 月深港通推出后开始急速增长（见图 4-A1）。南向交易在联交所主板市场总成交的占比由 2015 年 9 月占主板日均成交额[①]1.0% 跃升至 2017 年 9 月的峰位 6.1%。相较之下，北向交易日均成交额只占内地 A 股市场总成交约 1%（见图 4-A2）。此外，期内月份的南向交易日均成交额多次超过北向交易。

此外，自 2015 年后期开始的大部分时间，南向交易的平均每日买盘净额均远高于北向交易。由推出至 2017 年 9 月底，南向交易只有两个月录得净卖盘，相比之下北向交易则曾录得 6 个月的净卖盘（见图 4-A3）。截至 2017 年 9 月，内地投资者通过南向交易买入港股的累计买盘净额达 6 040 亿港元，而环球投资者通过北向交易买入内地股票的累计买盘净额则为 3 145 亿元人民币（约 3 720 亿港元）。

① 为与单边计算的联交所主板成交总额做较恰当的比较，计算方式是将双边计算（含买盘及卖盘）的南向交易总额除以 2 得出单边数字来计算比率。计算北向交易占内地 A 股市场成交额的比率采用同一方式。

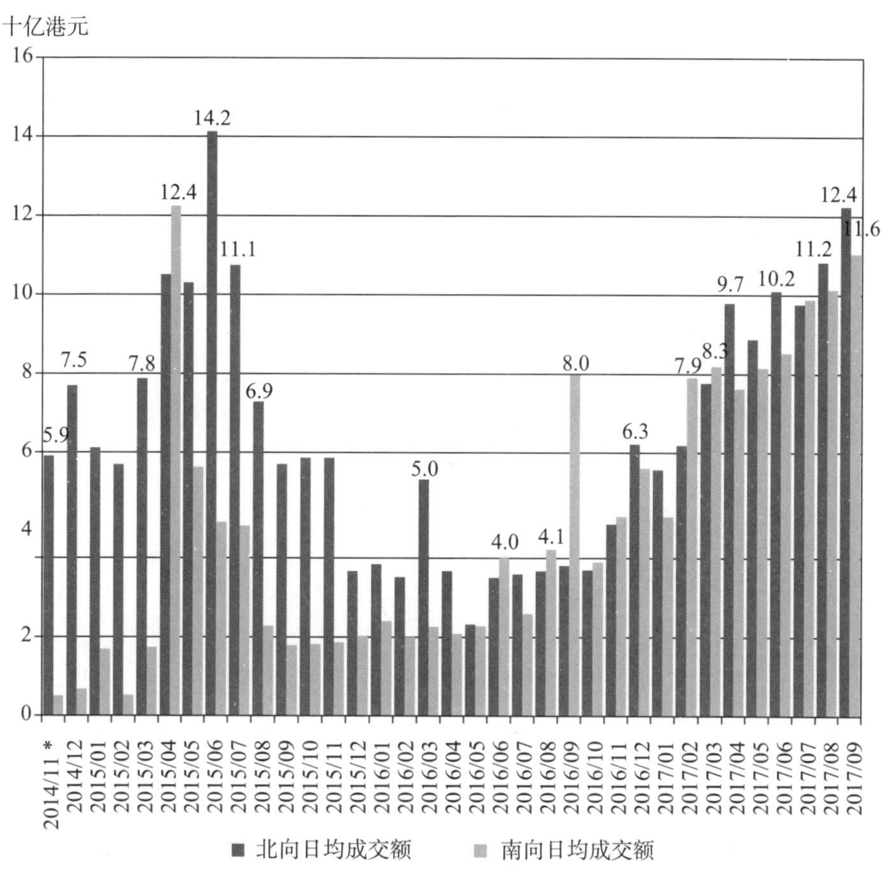

图 4-A1　沪深港通下北向交易及南向交易的日均成交额（买盘及卖盘）
（2014 年 11 月—2017 年 9 月）

* 自 2014 年 11 月 17 日沪港通开通之日起计。

注：沪深港通的交易总额含买盘及卖盘。北向交易的成交额按月末汇率（来自香港金融管理局网站）转换为港元。自 2016 年 12 月 5 日起包括于当日推出的深港通数据。

资料来源：香港交易所。

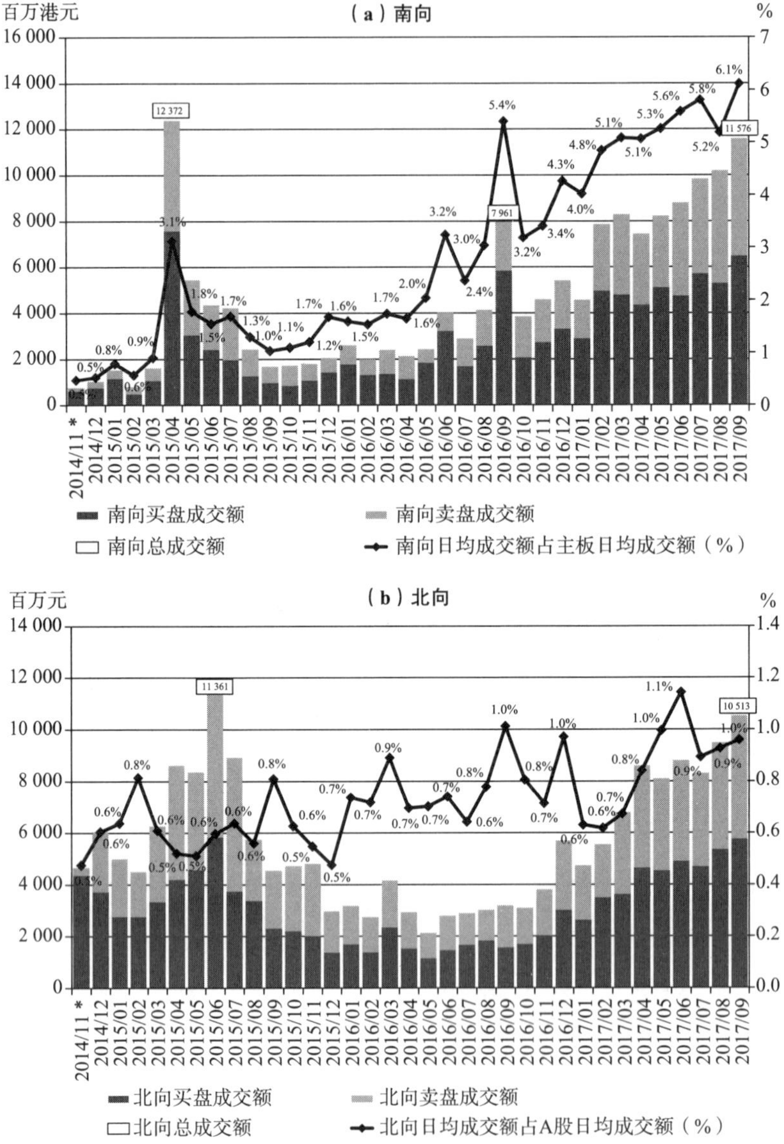

图 4-A2　沪深港通日均成交额及其占市场总成交的比重（2014 年 11 月—2017 年 9 月）

* 自 2014 年 11 月 17 日沪港通开通之日起计。

注：在计算占市场日均成交总额的百分比，是将北向交易 / 南向交易的交易总额（买盘及卖盘）除以 2，获得的单边数字再与单边市场总成交额（买盘及卖盘以单一交易额计算）来计算比率。自 2016 年 12 月 5 日起包括于当日推出的深港通数据。内地 A 股市场的基本参考数据包括深交所自深港通开通当日起的 A 股市场数据。

资料来源：香港交易所。

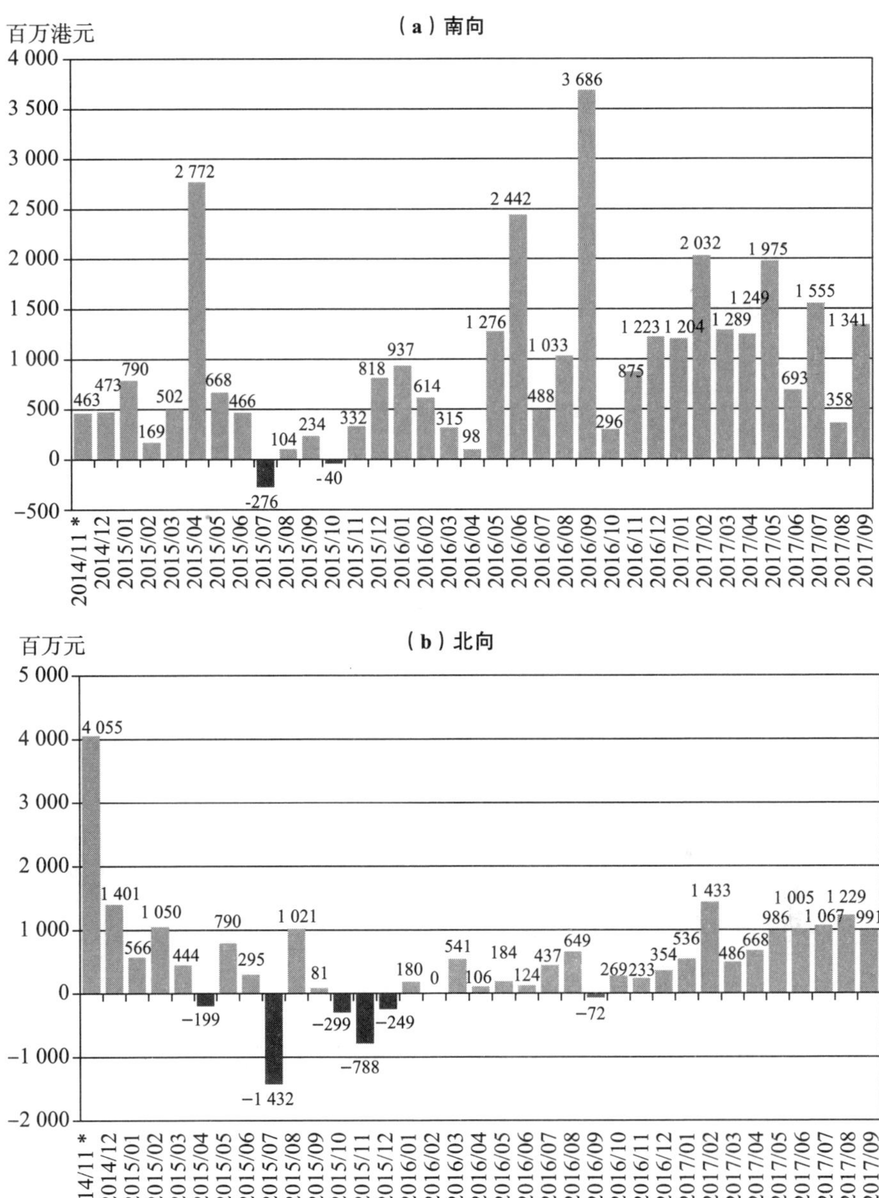

图 4-A3　沪深港通南向交易与北向交易的日均净买盘 / 卖盘成交额
（2014 年 11 月—2017 年 9 月）

* 自 2014 年 11 月 17 日沪港通开通之日起计。

注：自 2016 年 12 月 5 日起包括于当日推出的深港通数据。

资料来源：香港交易所。

附录二　中华港股通精选 100 成分股名单（2017 年 9 月底）

表 4-A1　　中华港股通精选 100 成分股名单（2017 年 9 月底）

股份代号	股份名称	权重（%）
700	腾讯控股有限公司	11.27
5	汇丰控股有限公司	10.21
1299	友邦保险有限公司	7.89
941	中国移动有限公司	5.52
1	长江和记实业有限公司	3.06
388	香港交易及结算所有限公司	2.93
2888	渣打集团有限公司	2.87
16	新鸿基地产发展有限公司	2.09
883	中国海洋石油有限公司	2.04
1113	长江实业集团有限公司	1.91
2388	中银香港（控股）有限公司	1.82
11	恒生银行有限公司	1.65
2	中电控股有限公司	1.61
27	银河娱乐集团有限公司	1.60
2007	碧桂园控股有限公司	1.50
3	香港中华煤气有限公司	1.40
175	吉利汽车控股有限公司	1.34
688	中国海外发展有限公司	1.26
3333	中国恒大集团	1.21
6	电能实业有限公司	1.15
1928	金沙中国有限公司	1.12
2018	瑞声科技控股有限公司	1.10
2382	舜宇光学科技（集团）有限公司	1.08
1658	中国邮政储蓄银行股份有限公司	1.01

续前表

股份代号	股份名称	权重（%）
4	九龙仓集团有限公司	0.96
66	香港铁路有限公司	0.92
762	中国联合网络通信（香港）股份有限公司	0.89
267	中国中信股份有限公司	0.76
17	新世界发展有限公司	0.75
1109	华润置地有限公司	0.75
2328	中国人民财产保险股份有限公司	0.72
12	恒基兆业地产有限公司	0.71
1114	华晨中国汽车控股有限公司	0.71
669	创科实业有限公司	0.69
2319	中国蒙牛乳业有限公司	0.68
728	中国电信股份有限公司	0.63
1093	石药集团有限公司	0.63
1038	长江基建集团有限公司	0.61
1044	恒安国际集团有限公司	0.61
288	万洲国际有限公司	0.55
384	中国燃气控股有限公司	0.53
23	东亚银行有限公司	0.52
2313	申洲国际集团控股有限公司	0.52
20	会德丰有限公司	0.51
83	信和置业有限公司	0.49
1177	中国生物制药有限公司	0.49
2688	新奥能源控股有限公司	0.49
656	复星国际有限公司	0.48
19	太古股份有限公司	0.47
101	恒隆地产有限公司	0.47
151	中国旺旺控股有限公司	0.47
1099	国药控股股份有限公司	0.47
1359	中国信达资产管理股份有限公司	0.44
144	招商局港口控股有限公司	0.43

续前表

股份代号	股份名称	权重（%）
966	中国太平保险控股有限公司	0.43
270	粤海投资有限公司	0.41
291	华润啤酒（控股）有限公司	0.39
960	龙湖地产有限公司	0.39
992	联想集团有限公司	0.38
371	北控水务集团有限公司	0.37
522	ASM 太平洋科技有限公司	0.37
1128	永利澳门有限公司	0.37
1357	美图公司	0.37
1972	太古地产有限公司	0.35
2689	玖龙纸业（控股）有限公司	0.33
425	敏实集团有限公司	0.32
2282	美高梅中国控股有限公司	0.32
586	中国海螺创业控股有限公司	0.31
836	华润电力控股有限公司	0.31
6808	高鑫零售有限公司	0.31
10	恒隆集团有限公司	0.30
257	中国光大国际有限公司	0.30
322	康师傅控股有限公司	0.30
607	丰盛控股有限公司	0.30
1169	海尔电器集团有限公司	0.30
2020	安踏体育用品有限公司	0.30
69	香格里拉（亚洲）有限公司	0.29
135	昆仑能源有限公司	0.28
551	裕元工业（集团）有限公司	0.28
981	中芯国际集成电路制造有限公司	0.28
1193	华润燃气控股有限公司	0.28
659	新创建集团有限公司	0.27
683	嘉里建设有限公司	0.27
1816	中国广核电力股份有限公司	0.27

续前表

股份代号	股份名称	权重（%）
14	希慎兴业有限公司	0.26
494	利丰有限公司	0.26
813	世茂房地产控股有限公司	0.26
3311	中国建筑国际集团有限公司	0.26
392	北京控股有限公司	0.24
867	康哲药业控股有限公司	0.23
8	电信盈科有限公司	0.22
1060	阿里巴巴影业集团有限公司	0.22
3377	远洋集团控股有限公司	0.22
165	中国光大控股有限公司	0.21
3320	华润三九医药股份有限公司	0.20
880	澳门博彩控股有限公司	0.18
293	国泰航空有限公司	0.16
241	阿里健康信息技术有限公司	0.13
3799	达利食品集团有限公司	0.13
1929	周大福珠宝集团有限公司	0.12

05

新经济产业的崛起

融资需求及香港的新角色

2017 年 12 月

概 要

当传统增长动力逐步减弱，投资和出口等旧经济部门出现停滞时，中国以新产业、新业态、新商业模式为特征的新经济板块开始快速发展，逐步成为推动经济结构转型、新旧动能转换的重要推手。然而不容忽视的是，多元化、多层次的投融资机制不健全，对中国新兴产业发展形成一定制约。传统的银行信贷、创投私募基金，未能充分满足新经济产业发展的融资需求，而以首次公开招股形式上市融资也未能妥善解决创始人的股权架构问题。如何进一步完善资本市场融资功能，帮助新兴科创企业融资，将是推动中国科创企业发展、实现新经济板块快速增长的关键。

打造一个真正开放、多元创新的融资市场，可助推提升中国新兴企业的国际竞争力；另一方面，内地经济转型和创新产业的不断崛起将为香港注入新动力，使香港在内地企业实现国际化布局和经济开放中找到新的角色和定位。

新经济产业崛起，为中国经济增长注入新动力

当前中国产业结构正在发生前所未有的转变，经济增长引擎正逐步脱离出口和投资拉动的旧有模式，向经济转型和企业创新方向转变。

1. 传统增长动力逐步减弱，投资和出口等旧经济部门出现停滞

过去近 40 年的发展中，中国以高投资、高出口为导向，以投资密集型、能源密集型和劳力密集型的经济结构为依托，经历了全球经济领域内最大、最久也最广泛的经济贸易增长。1978 年至 2016 年国内生产总值年均增长 9.6%，人均国内生产总值从人民币 385 元提高到 53 980 元，成为世界第二大经济体（见图 5-1）。

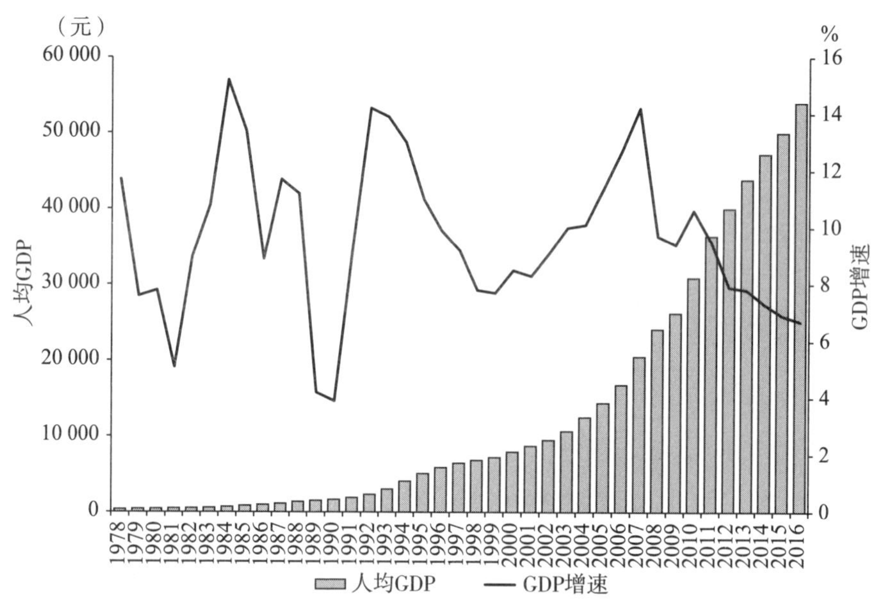

图 5-1 中国人均 GDP 及 GDP 增长趋势（1978 年—2016 年）

资料来源：Wind 资讯。

然而在 2008 年全球金融危机后，世界经济持续低迷，国际经济环境发生重大变化，中国经济亦出现“三期叠加”的阶段性下行特征，经济增长遭遇瓶颈。投资方面，投资边际效益持续下降，对经济增长的带动作用不断降低。2006 年至 2016 年，固定资产投资同比增速从 24.33% 下降至 8.1%，投资对国内生产总值增长的拉动作用从高峰时期的 8.0% 下降到 2016 年的 2.8%。贸易方面，全球贸易量增长连续 5 年低于 3%，中国 2015 年对外贸易总额下滑近 8%，2016 年更低于 2015 年水平[①]。在当前去全球化趋势的情况下，中国的贸易增速已经难以恢复过去高于全球

① 中国国家统计局数据。

贸易平均增速的发展态势，2009 年以后，对外贸易对国内生产总值增长贡献为负数（见图 5-2）。

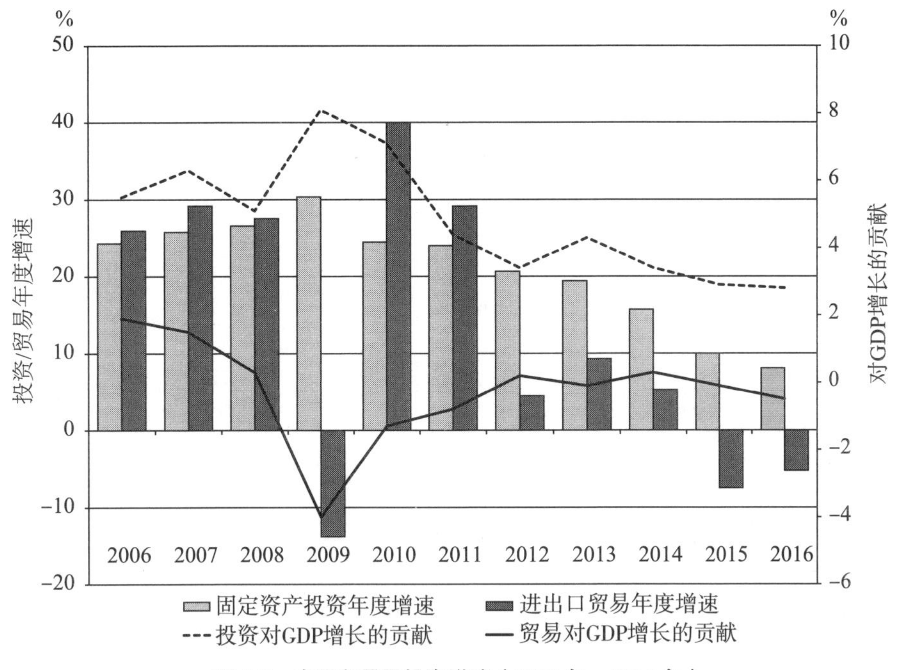

图 5-2　中国贸易及投资增速（1996 年—2016 年）

资料来源：Wind 资讯。

2. 新经济板块崛起，得益于技术和政策层面的双重推进

以新产业、新业态、新商业模式为特征的新经济板块开始快速发展，逐步成为推动中国经济结构转型、新旧动能转换的重要推手。

新经济板块的崛起主要得益于两方面因素：

一方面，科技创新逐步成为商业模式变革的主要推动力。具体体现在 5 大运用领域。

第一，互联网已由最初的一种改善沟通的工具变成支撑整个商业运作的核心基础设施。数字化的商业运用，引领商业模式创新和消费者行为变化。

第二，数据成为一种新的资源，以知识创新、云计算、人工智能以及大数据开发为代表的技术成为新一轮产业革命的核心驱动力。

第三，共享经济以更低成本和更高效率实现剩余资源的供需匹配。从住宿（如Airbnb）到交通运输（如滴滴出行），共享经济涵盖多个领域，发展出以协同消费、协作经济、点对点经济为特征的全新商业模式。

第四，金融科技（Fintech）的运用。金融科技囊括了支付清算、电子货币、网络借贷、区块链、智能投顾、智慧合同等多个领域，通过将金融与科技相结合，创造出新的业务模式，颠覆了金融市场的传统服务方式。麦肯锡研究表明，随着数字化银行的广泛使用，平均40%的传统银行业务收入将发生改变[①]。

第五，实现制造业全产业升级。新能源、新材料、高端装备制造产业成为全球新一轮产业发展方向，为全球结构性经济复苏提供坚实支撑。

另一方面，2008年全球金融危机之后各国出台了一系列政策导向和战略规划，为新经济产业的发展提供了方向指引和制度保障（见表5-1）。

从全球范围来看，国际金融危机以后，发达国家重新重视实体经济发展，纷纷制定以重振制造业为核心的“再工业化”战略，对生物制药、电子设备、智能技术、材料科技、清洁能源等多个新经济行业推出鼓励政策，培育新的经济增长点。

美国政府率先积极发展先进制造技术、智能制造、新能源、生物技术、信息等新兴产业，促进高端制造回流，以创造更多高附加值、高技术含量的本土岗位，从而重新拥有具备强大竞争力的新工业体系。2009年12月，美国公布了《重振美国制造业框架》，2011年6月和2012年2月，相继启动《先进制造业伙伴计划》和《先进制造业国家战略计划》，实施“再工业化”。随着美国“再工业化”战略推进，其制造业占全球比重稳步上升至2014年的16.6%。美国制造业就业人数持续上升，截至2015年底累计新增70万人，制造业回流效果初见端倪[②]。

欧洲各国政府也制定并实施了重振工业或打造未来工业的政策。其中，德国提出的“工业4.0”国家战略计划瞄准新兴产业，谋求新的产业链升级和竞争优势，在全世界引起了极大反响。德国“工业4.0”战略代表着将互联网时代的技术，如云计算、大数据、3D打印、网络安全等整合到工业制造领域，旨在提升制造业的

① 《中国银行业的明天在哪里》，麦肯锡研究，2016。

② 资料来自美国劳动统计局。

智能化水平，建立具有适应性、资源效率的智慧工厂。自“工业 4.0”战略推出以来，德国已有 47% 公司参与其中，12% 的公司已将其付诸实践[①]，成为当地乃至欧洲经济转型的重要推手。

中国于 2010 年出台了《国务院关于加快培育和发展战略性新兴产业的决定》，2015 年又出台了《中国制造 2025》战略规划，围绕实现制造强国的战略目标，明确了 9 项战略任务和重点[②]。以全球视野和战略思维，实现技术革命对全行业的渗透，打造中国制造业的竞争新优势。这一政策举措不仅为中国抢占未来新经济产业和高科技发展制高点提供了重要的战略指引，也对于中国实现经济增长动能转换、推动中国由制造业大国向制造业强国转变具有重要的战略意义。

表 5-1　　美、德、中等国支持高科技制造业发展的主要政策比较

国家	推出时间	主要政策
美国	2009	《重振美国制造业框架》
	2011	《先进制造业伙伴计划》
	2012	《先进制造业国家战略计划》
	2013	《从互联网到机器人——美国机器人路线图》
	2015	《美国创新新战略》
德国	2010	《德国 2020 高科技战略》
欧盟	2006	《创建创新型欧洲》
	2010	《欧洲 2020 战略》
	2014	《欧盟“地平线 2020”计划》
日本	2007	《日本创新战略 2025》
韩国	2009	《新增长动力规划及发展战略》
中国	2010	《国务院关于加快培育和发展战略性新兴产业的决定》
	2015	《中国制造 2025》战略规划

资料来源：各政府网站及新闻。

① 德国 3 大协会（德国机械及制造商协会、信息技术和通信与新媒体协会、电子电气制造商协会）调查结果。

② 重点领域包括新一代信息技术产业、高档数控机床和机器人、航空航天装备、海洋工程装备及高技术船舶、先进轨道交通装备、节能与新能源汽车、电力装备、农机装备、新材料、生物医药及高性能医疗器械以及与之配套的生产性服务业。

3. 中国新经济行业已迎来重要战略发展期

一方面，全球经济分工调整和技术变革为中国新经济行业带来重大历史机遇，另一方面，中国也需要通过创新驱动来引导经济向更高质量、更有效率、更可持续的方向发展。新经济替代旧经济，并实际转化为未来中国经济增长和生产率提升的关键力量，是中国走出“L形”经济趋势，成功实现经济转型的重要标志。

根据中国的“十三五”规划，到2020年战略性新兴产业相关产值规模将超过60万亿元，占GDP比重超过15%。根据麦肯锡研究预测，到2025年仅移动互联网、云计算、先进机器人与新一代基因组等12项重大技术的突破，每年就将产生14万亿至33万亿美元的直接经济价值[①]。可以预见，未来10年将是中国高端装备制造业、新一代信息技术与信息服务产业、新材料、新能源、节能与环保等新兴行业的重要战略发展期。

随着中国的经济结构优化加快，新兴产业[②]已经出现快于经济总体的发展态势（见图5-3及图5-4）。以上市公司为样本，截至2016年底，A股上市公司中共有1 152家战略性新兴产业企业，占上市公司总数的38%。2016年战略性新兴产业上市公司实现营业收入3.25万亿元人民币，同比增长17.7%，连续4年保持增长；利润增速为22.3%，较上年高出8.5个百分点，亦高出上市公司总体平均水平16.2个百分点，相对优势进一步扩大。企业平均销售毛利润率为25.1%，高出A股平均水平7.5个百分点，效益持续领航A股市场。根据财新中国新经济指数估算，2017年4月新经济投入占整个经济投入的比重为31.8%[③]，表明目前中国新旧经济结构已经出现重新调整，以新产业、新业态、新商业模式为代表的新经济产业已初步成为支撑中国企业绩效增长的主要力量。

① 《麦肯锡发布12大颠覆技术 物联网、云、机器人、自动汽车在列》，新华网，2015年9月29日。

② 在本文中，新兴产业与新经济范畴类似。

③ 财新智库网页（http://pmi.caixin.com/2017-05-02/101085054.html）。

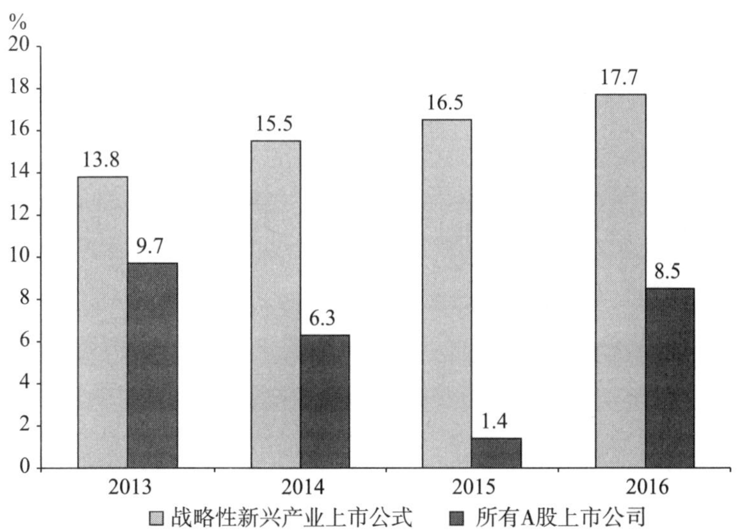

图 5-3　战略性新兴产业上市公司与所有 A 股上市公司的营收年度增速对比（2013 年—2016 年）

资料来源：国家信息中心。

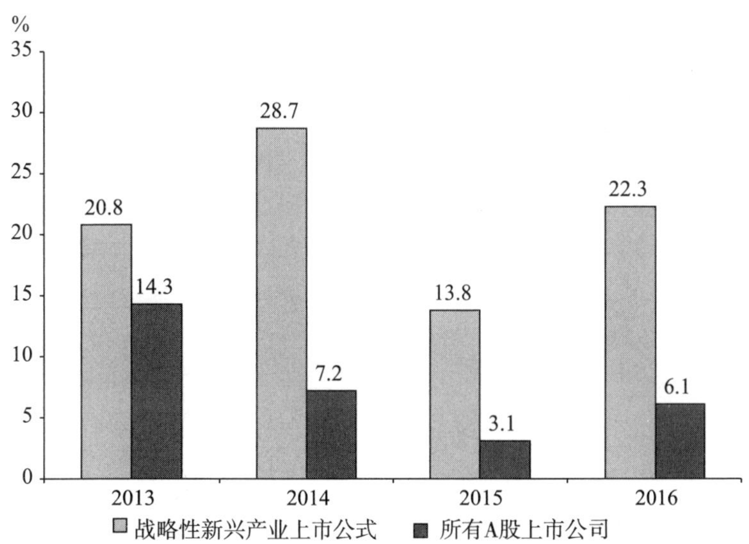

图 5-4　战略性新兴产业上市公司与所有 A 股上市公司的年度利润增速对比（2013 年—2016 年）

资料来源：国家信息中心。

现有渠道未能充分满足新经济产业发展的融资需求

科技产业在成长过程的不同阶段具有不同的风险特征和资金需求。早期的创新型企业一般具有核心技术和知识产权，但往往面临资本投入少、创业周期长、风险和不确定性高的难题，需要多种金融工具和孵化环境支持新兴技术的创新和产业化进程。

不容忽视的是，中国多元化、多层次的投融资机制尚不健全，对中国新经济产业发展形成一定制约。2016 年，中国以民营企业占据主导地位的深圳证券交易所中小企业板和创业板全年筹资额为 7 068 亿元，相比之下，全国社会融资规模同年新增 17.8 万亿元，当中企业债券融资规模为 2.9 万亿元 [①]，非金融企业股票融资规模为 1.7 万亿元，而中小企业板和创业板体量只占中国整个融资体系的一小部分（见图 5-5）。另有研究显示，在大中型非国有企业中，85% 以上依靠自有资金投资；剩余来自外部融资，其中 2/3 以银行信贷方式解决资金需求，1/3 通过资本市场融资（见图 5-6），说明目前科创企业通过银行贷款、债券以及股票等资本市场融资的占比较低，现有渠道较难完全满足新经济产业的融资需求。如何完善资本市场融资功能，将是推动中国科创企业发展、实现新经济板块快速增长的关键。

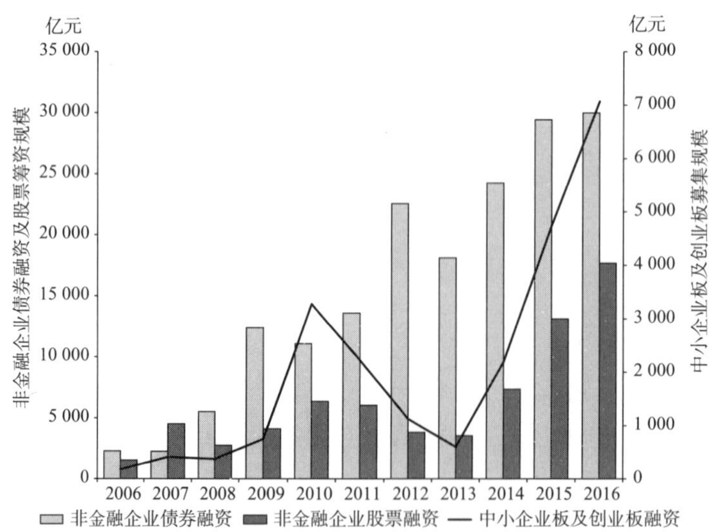

图 5-5 中小企业板和创业板融资、债券融资、股票融资规模（2006 年—2016 年）

资料来源：Wind 资讯。

① Wind 资讯。

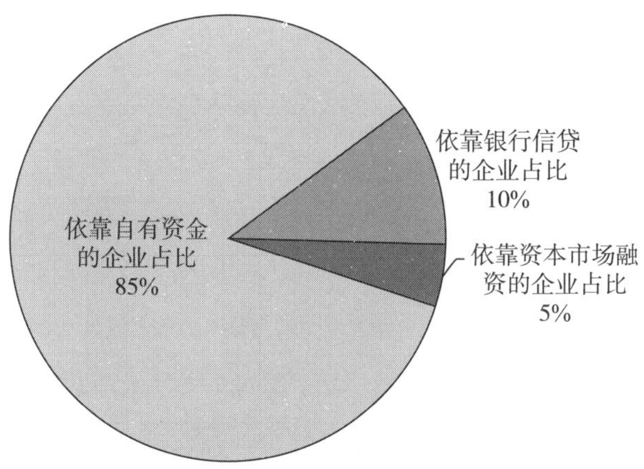

图 5-6　大中型非国有企业依靠不同来源资金的比例（2016 年）

资料来源:《中国民营企业发展研究报告》,《民银智库研究》第 57 期。

1. 银行信贷

新经济企业在发展初期，由于企业特殊性往往较难获得银行体系的信贷支持。其主要原因在于：第一，新兴技术及其科技创新模式往往存在较大的不确定性和特殊性，并不适用于传统的银行估计模式。第二，与传统公司相比，新经济公司（特别是互联网业务）往往具有“轻资产”的特性，这也意味着进入壁垒低于传统企业，因此在这些公司发展的早期阶段（在实现盈利之前），需要投入大量资源争夺市场份额，在竞争激烈的环境下，这些企业在起步阶段往往没有盈利记录或缺乏良好信用历史，又难以找到合适的担保人，盈利模式和现金流量皆不稳定，银行出于控制风险考虑而不愿提供信贷支持；第三，现有法律规定金融机构对高新、科创企业的信贷支持只能要求固定利率，即收益是固定的，无法实现与高风险相对等的高收益，从而降低了金融机构对科创企业的信贷积极性。

因此，当前中国商业银行融资体系支持新经济产业及高科技企业的规模明显不足。截至 2015 年末，新经济及高科技行业[①]获得的银行贷款余额为 5 627 亿元人民币，占整体银行贷款总量比重不到 1%，显著低于战略性新兴产业在国内生产总值中的规模占比（见图 5-7）。

① 包括“信息传输、计算器服务和软件业”及“科学研究、技术服务和地质勘查业”等行业。

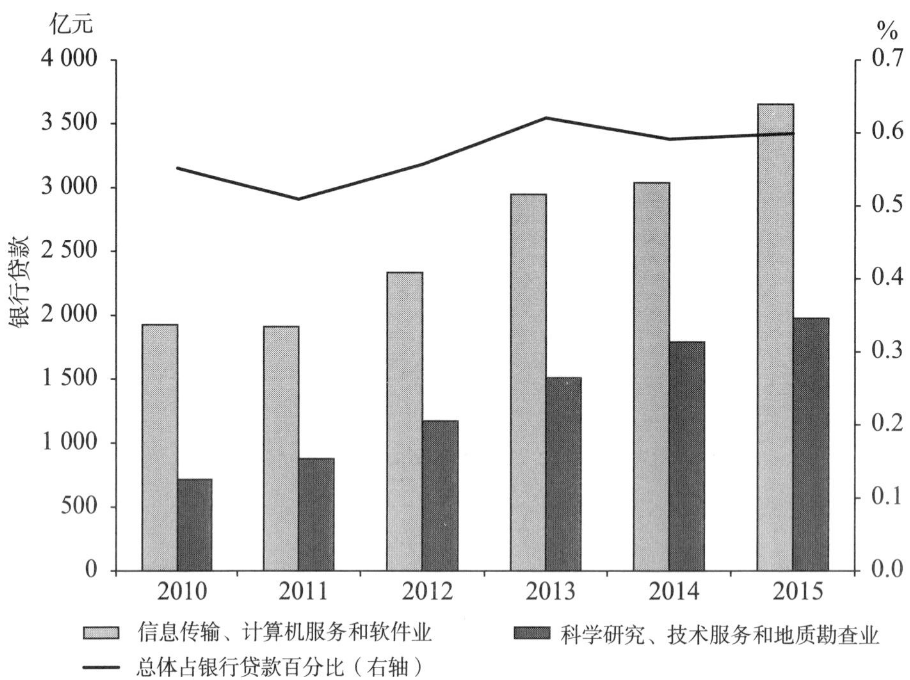

图 5-7　新经济产业及高科技企业从银行体系获得融资规模及占比（2010 年—2015 年）

资料来源：Wind 资讯。

2. 创业投资和私募股权投资基金

目前创业投资（Venture Capital, “VC”）及私募股权投资（Private Equity, “PE”）基金是新经济科创企业获得融资的最主要来源，而私募股权投资基金规模更大，对新经济企业发展更重要。随着全球对新经济投入资本持续增加，全球私募投资规模从 2012 年的 452 亿美元逐年增加到 2015 年的 1 285 亿美元（见图 5-8）。

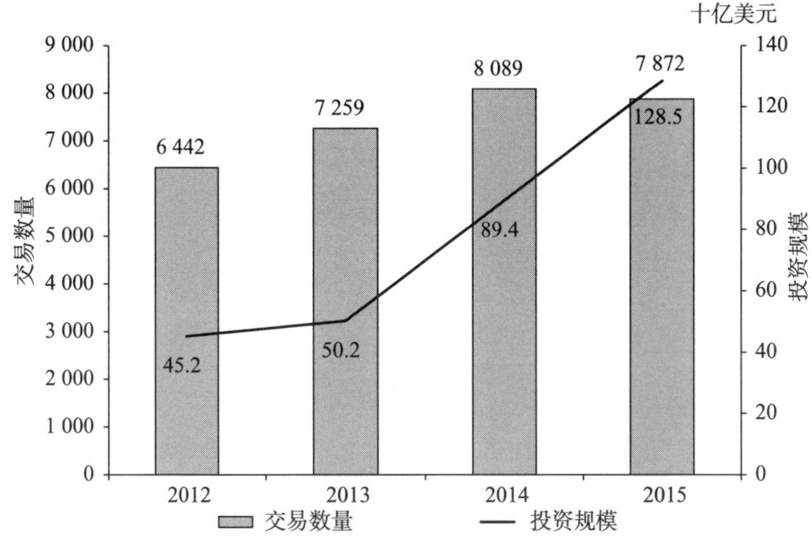

图 5-8　全球私募股权投资规模年度变化（2012 年—2015 年）

资料来源：Venture Plus Q4 2015, KPMG 和 CB Insights。

一般而言，从私募股权投资基金获得融资取代上市，为科创企业的早期成长带来不少好处。

第一，从公司战略发展角度来看，私募阶段能让公司专注于长远战略而不是被短期收益所局限，减少管理层花在与外界股东打交道上的时间和资源，能在不透露商业细节的同时保持竞争优势。

第二，私募股权投资基金除了为科创企业提供融资之外，还会提供一系列的增值服务。基于资本增值的考虑，私募机构通常会协助企业完善管理制度和治理机构，调动资源帮助企业发展，比如在人力资源、市场营销、企业战略等方面为科创企业寻找更好的培育环境和平台。此外，私募还会为企业提供丰富的行业、供货商和客户等外部信息，帮助企业及时了解市场，促进内外部资源整合，提升竞争优势。

第三，随着全球宽松货币流动性环境持续，私募基金已经可以为科创企业提供足够的长期限资金，越来越多的公司通过一级市场的融资就能实现超过 10 亿美元的估值。

这就是大量科创企业不断推迟上市时间的主要原因。2014 年美国科技公司上市时的平均年龄为 11 年，而在 1999 年美国科技公司上市时的平均年龄为 4 年。

随着上市准备时间的延长，许多风险投资人要花上更长的时间才能将投资回报变现[①]。

但是从投资人角度来看，普通投资人通常希望科创企业的运作有更多的透明度和信息披露，私募方式运作难以满足这些要求。而私募投资人通常要求合伙人承诺在7—10年的时间内取得收益。上市或并购是实现投资回报的最主要途径，这也是私募投资人催促公司上市的主要原因。

3. IPO上市

IPO不仅是实现私募资本退出的最主要途径，更可帮助公司从股票市场获取大量资本，提升公司信誉，实现商业布局和战略增长，对公司长期发展起到正向积极作用。

由于新经济公司的科技创新及商业模式具有不同于其他行业的特殊性，新经济公司在考虑上市地点时，除了资本容量、流动性等金融市场基本要素外，会更加关注与科创公司战略发展相配合、相适应的其他因素。比如，同行企业的的上市地点选择是否有利于形成产业集聚效应，是否有足够的分析师对新经济公司的特殊业务模式进行深入专业分析，上市后能否与当地市场的科技能力结合形成新的创新动力等。

另一个不容忽视的问题是，一旦IPO上市，随着股权融资规模的不断扩张，企业创始人的股权会逐渐稀释，企业控制权自然会受到影响，这对以创始人为基本模式的科创企业尤为不利。一方面是融资所带来的机遇和资产增值，另一面则是从创始人控股管理向民主透明的上市治理机制转型可能带来冲突。如何在企业成长与控制权之间权衡，是已经上市或准备上市的科创企业家们必须考虑的重要问题。

目前流行的主要做法是采用不同投票权的双层股权制度以满足企业，特别是科技公司的私募投资者或创始人的要求，通过对资本治理结构的灵活设计，使得创始人在公司进行IPO后，在不持有大多数股份的前提下仍能保持对公司的控制权。以百度在纳斯达克上市为例，百度借鉴了谷歌的不同投票权股权设置，将股票分为A、B两类，在美国股市新发行股票为A类股，而所有原始股为B类股。向外部投资人公开发行的A类股，每股只有1票的投票权；上市前原始股为B类股，每股有10票的投票权。B类股可以按照1：1的比例转换成A类股，而A类股却不能转换为

① *Grow Fast or Die Slow: Why Unicorns are Staying Private*，麦肯锡研究，2016年5月。

B 类股。通过这种不同投票权股权的设置，百度创始股东仅握有小比例但高投票权的股票，可有效控制上市后的企业。百度既获得了需要的资金，又使创办人的控制权得到了保障。

香港将在新兴企业国际化布局中承担新的角色

一直以来，香港以其特殊的地理区位优势和高度专业化、国际化的投资环境，成为中国内地与全球市场的联系纽带与桥梁。在中国经济转型和创新产业不断崛起的大背景下，香港市场如何与中国内地新兴企业共融共生，为之提供最合适的国际化平台？这又将如何推动香港科创生态圈发展，使之成为香港经济转型的新动力？

1. 具备“立足中国本土，实现国际惯例”的“主场”优势，可成为新经济企业的首选资本运作市场

中国企业在上市和融资市场的选择上，除了考虑市场规模与交易量、监督透明度与法制环境、估值水平、融资效率等主要因素外，该资本市场对中国企业所具有的熟悉度和契合度可能是更为重要的考虑因素［称之为“本土效应”（home-country effect）］。多年来，香港一直是众多内地企业国际化的第一站。这与香港市场在全球资本市场中能够为内地企业引入最多的国际投资者，且对内地企业最为熟悉不无关系。

在中国企业几十年不断成长的过程中，香港始终发挥了连接国际资本与内地企业的枢纽作用，承担着为内地企业筹集资金、改制转型等多重功能。从 1993 年内地注册企业（H 股公司）在香港上市开始，香港逐渐成为内地企业上市的融资门户，而于海外注册成立的红筹股公司更早于 20 世纪 80 年代已见于香港市场。目前香港已经成为内地企业 IPO 的最主要海外资本市场，截至 2017 年 11 月底，已有 1 041 家内地企业（包括 H 股、红筹股和民营企业）在港上市，占所有上市公司数量的 50%，占港股市值的 66%①。这些数据表明，香港在内地企业海外上市中具备独特“主场”优势，而这些优势在中国新经济企业的战略发展和各个成长阶段，能够发挥出优于美国等其他市场的价值发现和估值功能，继而为科创企业的资本运作、转型整合、并购扩张等一系列战略发展提供最合适的国际化平台。通过香港资本市场的转化，可为内地培育具有社会转型创新意义的优秀科技公司。

① 资料来自香港交易所。

2. 凭借开放的国际制度环境，可助力新经济企业构建区域总部和进行国际化布局

香港是公认的国际金融中心之一，香港的开放市场、法治环境、与国际接轨的监管制度和市场体系、专业人才和中英双语环境是成就其国际融资平台必不可少的条件。即使内地金融市场近年来已有了长足发展，香港作为国际金融中心的独特优势依然十分突出，对内地企业进行海外投资及寻找合作伙伴具有重要的支持作用。

近年来，中国越来越多的高科技和新经济企业走出国门，扩大对外投资，收购国外先进技术、研发能力和优势项目，在海外建立区域总部。在助推内地企业“走出去”方面，香港除了提供低成本融资渠道外，还可以利用丰富的管理资源和通信便利等优势，帮助高科技企业突破贸易壁垒、监管障碍，为其全球扩展制定有效的发展策略。例如，2015 年光大控股收购 Lampmaster 这家全球领先的高精密工业设备公司，通过光大香港进行运作，不仅以香港为平台设立了全球并购基金以筹集外部资金，还享受香港平台提供的法律和人才优势。再例如，金风科技通过收购德国风机制造商 Vensys 公司的直驱永磁技术，加速产业技术经验的积累，在美国企业核心技术上实现了跨越式升级，成为中国领先的风机制造企业。金风科技在欧洲、澳洲、南非、拉美等地区均有运营。在海外运营中，金风科技聘用香港工作的管理人员，以更贴近海外市场和客户需求。

未来，内地科技创新企业在国际市场开展离岸投融资业务时，均可以利用香港市场灵活的金融工具和融资支持体系，充分享受香港资本市场制度灵活性带来的便利。香港可为他们在不同资本市场之间进行合作安排，孵化成长，为内地企业收购国际同行与先进技术，以及寻找海外科技开发伙伴、进行技术合作和全球化布局搭建平台。

3. 对接中国新经济资产和全球资本，成为全球投资人布局中国新经济资产的主要平台

目前中国的新经济企业出现的一个显著特征在于，在引进或借鉴了发达国家的技术或创新后，经过中国市场培育后又催生了创新和变革，进而形成了世界性的影响力。CB Insights 数据库显示，全球 183 家独角兽公司[①]中，43 家来自中国，其中

① 独角兽企业是指成立 10 年以内、估值超过 10 亿美元、获得过私募投资且尚未上市的企业。

估值在 100 亿 ~ 600 亿美元的有蚂蚁金服、小米、滴滴出行、陆金所、众安保险[①]、大疆科技、美团点评等，分布在互联网金融、电子商务、信息传媒等新经济公司最为活跃的领域。这些公司一旦上市，有可能成为市场上的真正巨鲸，但每家公司的成长又异常复杂和漫长，投资人面临巨大风险和不确定性。

香港的优势在于，它不仅是内地企业走出去的首要平台，也是国际投资者布局中国资产的最为熟悉的平台。中国各种各样的新经济资产规模已具雏形，根据中国科技部火炬中心联合长城企业战略研究所发布的独角兽企业榜单，中国有 131 家独角兽企业[②]估值已达到 4 876 亿美元，企业平均估值 37.2 亿美元，中国已成为仅次于美国的全球第二大独角兽聚集地。而香港市场，较其他市场更熟悉内地企业的经营状况、盈利模式，投资者也更容易与内地科创企业管理团队沟通并形成外部约束。随着新经济公司在此聚集，就可以形成围绕不同新经济行业发展的产业生态圈和投资者群体，以丰富的产品、完善的专业团队和市场功能，在中国新经济资产和全球资本之间搭建一个有效链接，实现全球金融资源与中国资产的对接和整合，将新经济科创企业的成果真正转化成中国经济增长的动力。同时，对中国市场感兴趣的国际新经济公司，也可以将香港作为踏板，将在港上市作为涉足中国市场的第一步，继而扩展国际企业在中国的业务。

4. 科创企业及相关资本聚集于香港，将大大加快香港“科技生态圈”建设步伐，推动香港与中国内地新经济企业共融共生、协同发展

目前香港本地的科技创新步伐正在加快，香港创新及科技局、香港科学院接连成立，2016—2017 年《财政预算案》中提及多项创新科技措施及未来科技基建的筹备，2015 年及 2016 年《施政报告》也提出多项创科政策，涉及政府开支金额超过 182 亿港元，为香港科创企业发展注入强心剂[③]。一旦将内地及全球新经济企业引入，更可在科技创新行业的上、中、下游不断丰富业态布局，形成区域创新核心体系，增强产业集聚内企业的比较竞争优势。同时配合香港政府近年来提出的“智慧城市、健康老龄化和机械人技术”的应用发展计划，引入新经济公司将加速香港“智能城市应用生态圈”的塑造，推动香港作为国际大都市、绿色生态城市的可持续发展。

---

① 众安保险已于 2017 年 9 月 28 日在香港交易所正式挂牌上市。

② 该数据调查所涵盖的独角兽企业样本与 CB Insights 的有一定区别。

③ 资料来自香港创新科技署网页。

通过打造一个真正开放、多元创新的多层次金融市场，将为香港市场注入新的科技创新和城市转型动力，香港也可助推提升内地新经济企业的国际竞争力，在内地企业国际化和经济体系开放中承担新的角色。新经济产业的崛起，为中国经济增长注入了新动力。

第二部分
定息及货币产品

06

汤森路透 / 香港交易所人民币货币指数

2016 年 10 月

概 要

汤森路透 / 香港交易所人民币货币指数（RXY 指数）为人民币兑中国最重要贸易伙伴的一篮子货币汇率提供独立、透明和公允的基准。

RXY 指数采取可靠清晰的计算方法，以 WM/ 路透[①]同日即期汇率为基础计算，并严格遵循国际证监会组织（IOSCO）对金融市场基准的原则。这样的计算方式令 RXY 指数比市场参与者内部自行开发而多不公开的人民币估值模式更富优势，相信能成为市场广泛使用的人民币基准指数。

RXY 指数亦能与内地央行为制定外汇政策而推出的 CFETS 人民币汇率指数相辅相成，既与后者有高度相关性，亦会每小时发布相关指数值，为所有市场参与者提供高透明度和高使用度的指标。环顾整个市场，RXY 指数或许是现时唯一公开及可作买卖的人民币指数系列，适合为期货、期权及交易所买卖基金（ETF）等金融工具提供参考基准。随着人民币国际化不断推进及内地金融市场日渐开放，有意增加人民币投资及使用更多不同对冲工具的市场参与者将可望受益。

① WM/ 路透指 World Markets Company/Reuters。

满足市场对可交易人民币指数的需求

1. 人民币日渐国际化

2015 年 12 月 11 日，中国人民银行（以下简称“人行”）在中国外汇交易中心（CFETS）推出三只新的作政策性用途的人民币汇率指数，作为反映人民币兑一篮子主要国际货币汇率表现的基准指数。这分别是 CFETS 人民币汇率指数、BIS 货币篮子人民币汇率指数及 SDR 货币篮子人民币汇率指数①。

新政策对推动国际投资者转变观察人民币汇率视角具有重要意义，即由单一兑美元汇价转变为兑多种货币汇价。此举旨在降低人民币兑美元汇率屏幕上予人的波动幅度的观感，须知人民币兑美元汇率大幅波动有时仅是反映美国国内的经济事件，而与人民币的国际价值无甚关联。

将观察人民币汇率的视角转为其兑一篮子货币的表现，主要由于今天中国无疑已成为国际贸易大国，国际贸易及金融活动使用人民币已愈趋广泛，单单一个美元兑在岸人民币（USD/CNY）的双边汇率已无法反映中国与全球多个国家的贸易及金融关系。

近年与中国进行贸易的国家数目日增，中国已成为许多国家的主要贸易伙伴。世界贸易组织（WTO）的统计数据②显示，中国已于 2004 年取代日本，于 2007 年及 2009 年亦分别超越美国及德国，成为全球最大出口国。2015 年中国的商品出口额达 2.27 万亿美元，保持世界首位。中国贸易伙伴的数目及类别不断增长，增进了对人民币的需求，同时亦突显出以双边汇率反映人民币表现的局限性。（详细见图 6-1。）

① CFETS 人民币指数参考 CFETS 货币篮子，包括在 CFETS 挂牌的各人民币对外汇交易币种。BIS 货币篮子人民币汇率指数参考国际结算银行（BIS）货币篮子。SDR 货币篮子人民币汇率指数参考国际货币基金组织的特别提款权货币篮子。

② 《2015—2016 世界贸易》（*World Trade in 2015—2016*），WTO，2016 年 4 月。

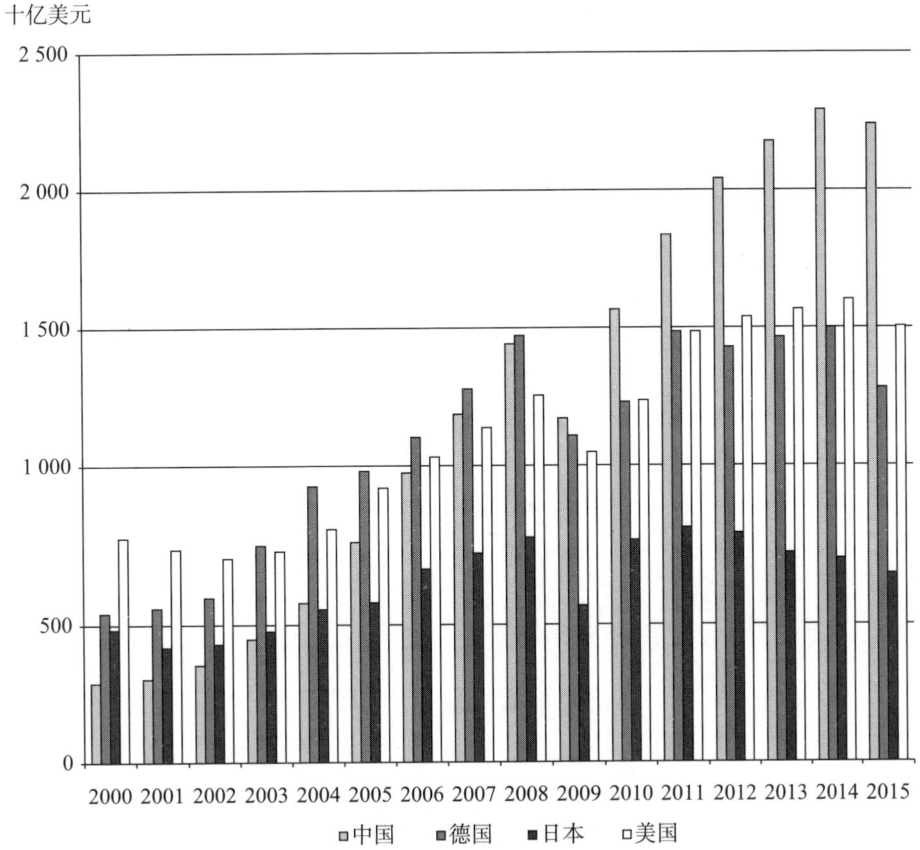

图 6-1 中国对其他主要国家的出口

资料来源：联合国商品贸易数据库。

除了中国在国际贸易的强势地位，人民币作为结算及投资货币的使用量亦不断增长。根据 SWIFT[①] 数据显示，2016 年 7 月人民币作为国际支付货币的市场份额排名第 5，在短短两年间跳升两级（见图 6-2）。

① 《人民币追踪》（*RMB Tracker*），SWIFT，2016 年 8 月。

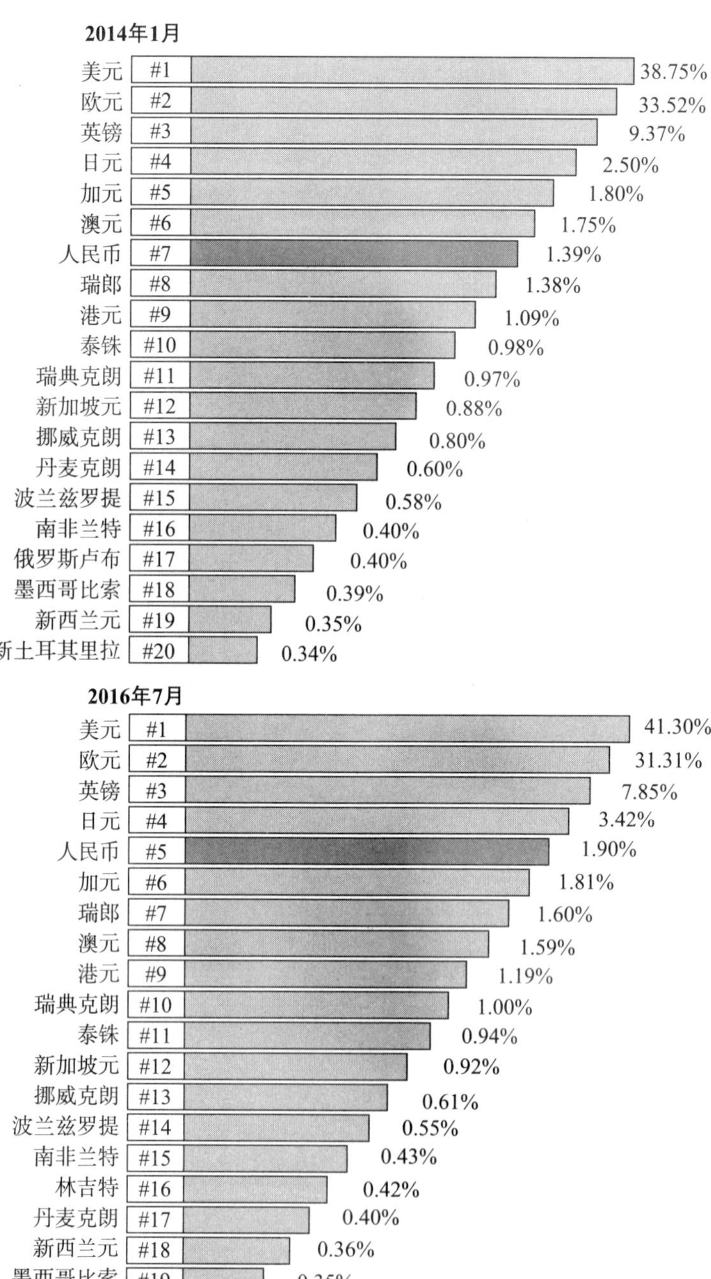

图 6-2　人民币作为国际支付货币的市场份额

注：客户发起支付和机构支付量；通过 SWIFT 交换的报文量（以金额计）。

资料来源：*RMB Tracker*, SWIFT，2016 年 7 月。

中国于2013年提出“一带一路”倡议，随之启动的大规模项目预计将进一步增加对人民币的需求。实施这项发展战略会透过提升现有贸易基础设施并建构新设施，从陆路“丝绸之路经济带”及海路“21世纪海上丝绸之路”，将中国与亚洲、东亚、欧洲及非洲连接起来。中国已承诺投入400亿美元到中国丝路基金[①]、1 000亿美元到亚洲基础设施投资银行（亚投行）[②]及500亿美元到新开发银行[③]，支持“一带一路”倡议中的项目。这势将开拓人民币国际化的版图，提升与“一带一路”相关的贸易及金融交易对人民币的需求。

2. 人民币市场自由化

最近20年，中国经济在汇率机制的支持下实现了巨大飞跃。在中国的全球化发展初期，人民币紧盯美元汇率。2005年，中国将与美元挂钩的汇率制度转为有管理的浮动汇率制度，每日允许人民币在兑美元 ±0.3% 的区间内波动[④]，2014年3月更将此区间放宽至 ±2%[⑤]。真正的里程碑是2015年中国汇率制度的改革，为人民币国际化奠定了基石：人行于2015年8月11日对人民币兑美元的定价机制引入重大改动，“做市商在每日银行间外汇市场开盘前，参考上日银行间外汇市场收盘汇率，综合考虑外汇供求情况以及国际主要货币汇率变化向中国外汇交易中心提供中间价报价”[⑥]。

中国采用新的以市场定价为基础的人民币汇率机制，显示出政府已做好准备，允许人民币汇率可在相当程度上参考主要货币及由市场力量推动。中国政府朝着人民币国际化而采取的措施获国际货币基金组织（IMF）认同，2015年11月IMF宣布将人民币纳入特别提款权（SDR）篮子货币，于2016年10月生效。

外汇机制的市场化改革为使用人民币从事更自由的跨境金融活动打下坚实基础。其后中国又出台进一步的放宽措施，包括放宽合格境外机构投资者（QFII）投资额度及简化其申请手续、开放境外机构投资者直接投资银行间债券市场（CIBM）。此等举措使全球市场参与者及决策者对清晰的人民币基准需求日高，以便可用以分

① *China's Silk Road Dream Falls into Place with US$40b Fund*，《南华早报》，2015年2月17日。
② 《中国批准亚洲基础设施投资银行协议》，《经济时报》，2015年11月4日。
③ 新开发银行网址：http://www.ndb.int/brics-bank-to-begin-funding-of-projects-from-april-kamath.php
④ 《实行有管理的浮动汇率制度是我国的既定政策》，人行，2010年7月15日。
⑤ 《中国人民银行公告2014年5号》，人行，2014年3月17日。
⑥ *China Defends New Currency Regime*，《金融时报》(*Financial Times*)，2015年8月13日。

析人民币波动，更好地掌握趋势及走向，以权衡其全球人民币风险敞口，以及进一步平衡有关人民币的政策措施。

人行实施新的人民币兑美元定价机制后不久，2015 年 12 月再推出 CFETS 人民币汇率指数，将中国 13 个主要贸易伙伴的货币纳入其中。同时发布的还有 BIS 货币篮子人民币汇率指数和 SDR 货币篮子人民币汇率指数。这 3 只指数为全球经济活动所涉及的人民币汇率波动提供新的基准指标。

表 6-1　　利便人民币国际化以至跻身全球储备货币的近期政策

日期	政策
2015 年 8 月 11 日	人行改革人民币兑美元汇率中间价报价机制
2015 年 11 月 30 日	IMF 宣布将把人民币纳入特别提款权（SDR）
2015 年 12 月 11 日	推出中国外汇交易中心（CFETS）人民币汇率指数
2016 年 2 月 4 日	国家外汇管理局放宽合资格境外机构投资者（QFII）额度并简化申请程序
2016 年 2 月 24 日	人行宣布容许境外机构投资者直接投资中国银行间债券市场（CIBM）
2016 年 5 月 27 日	人行及国家外汇管理局宣布银行间债券市场直接准入方案实施细则
2016 年 10 月 1 日	IMF 将人民币纳入 SDR

除出于监控人民币波动之需要外，全球市场参与者无论是为管理人民币投资组合又或通过看升 / 看跌人民币汇率谋取投资收益，都需要对冲人民币汇率风险，故来自这方面的需求也将不断增加。要满足这些需求，市场急需一只具透明度兼可予买卖的人民币指数及相关汇率工具。而这正是汤森路透 / 香港交易所人民币货币指数（RXY 指数或 RXY 指数系列）推出的背景。整个指数系列是由香港交易所与汤森路透联合开发，于 2016 年 6 月 23 日正式推出，相信可切合现有人民币指数无法满足的市场需求（详见下文）。

汇价指数的国际经验

1. 央行指数

外汇市场近代史显示不少国家央行均设有货币指数作为比较本国与其主要贸易伙伴货币汇价的经济指标。1973 年美国联邦储备局推出的贸易加权美元指数即为一例，该指数现涵盖 26 种货币，每年调整一次货币权重。贸易加权美元指数的主要功能是作为政策的宏观经济指标，地位超然，但尽管如此，却并未发展成为金融交易工具。

在欧元区，欧洲央行由1999年开始发布欧元两种有效汇率，一种是兑欧元区主要贸易伙伴19种货币的汇价，另一种覆盖更广，反映与38个国家货币的贸易关系。类似贸易加权美元指数，覆盖较广的欧元有效汇率的货币权重亦是每年调整一次，能有力显示欧元币值。两种欧元有效汇率主要用作评估外部经济状况以及国际价格和成本竞争力的重要指标，二者的表现也是欧洲央行评估欧元区内货币状况和制定欧盟货币政策战略的重要元素。

央行外汇指数近期最显著的发展，应是2015年11月推出的CFETS人民币汇率指数。虽然该指数的组成方法并非完全透明、公开，但能反映人民币相对中国重要贸易伙伴货币的币值。该指数参照中国外汇交易中心直接与人民币买卖的一篮子13种货币计算。指数中每种货币的权重采用考虑转口贸易因素的贸易权重法计算[①]。CFETS人民币汇率指数推出后，在引导外汇市场参与者衡量人民币走势方面无疑发挥了重要作用，成功将注意力从双边人民币兑美元汇价转为参照一篮子货币。

2. 可作交易的指数

有别于央行的政策货币指数，金融市场参与者亦有制定其他货币基准指标，这些指标符合金融市场要求及更适合用作交易用途。当中最成功的例子之一是由ICE美国期货交易所（ICE Futures U.S.）创立，只覆盖加元、瑞士法郎、欧元、英镑、日元和瑞典克朗6种货币的美元指数（USDX）。USDX期货合约其后于1985年11月在ICE美国期货交易所上市。自推出以来，USDX的货币权重只改动过一次，就是1999年以欧元取代数个欧洲货币。尽管近10年国际经济形势转向中国，令现时USDX的一篮子货币并不完全反映美国最新经贸关系，但USDX期货已成为全世界获最广泛认同的交易货币指数期货，2015年合约成交1 200万张[②]。不少资产值数以百万计的交易所买卖基金（ETF）均与USDX挂钩，如Powershares DB Bullish and Bearish 基金、WisdomTree Bloomberg USDX 基金等。

另一例子为纽约期货交易所［NYBOT，后来被洲际交易所（ICE）收购］于2006年1月推出的欧元指数（EURX或EXY）。指数计量欧元相对一篮子5种货币

① 资料来自中国外汇交易中心网站（http://www.chinamoney.com.cn）。

② The ICE, US *Dollar Index Futures*, Historical Monthly Volumes。

（美元、英镑、日元、瑞士法郎及瑞典克朗）的币值，初期反映了欧洲央行计算欧元有效汇率所用的权重。但到 2011 年 5 月，ICE 美国期货交易所终止该指数的期货及期权交易，不久更停止 ICE 欧元指数的计算。

美元和欧元均属主要的国际货币，有能力引发市场发展相应可作交易的指数的需求，但发展中国家的货币则少见有相关指数的研发。RXY 是最新推出的可作交易的货币指数，是人民币国际化进程中首次以人民币为相关货币推出的可作交易的货币指数。该指数系列中的主要指数——TR/ 香港交易所 RXY 全球离岸人民币指数——尤具相关参考价值（详见表 6-2）。

表 6-2　央行指数及其相应可作交易的指数的比较

央行指数	美联储局的贸易加权美元指数	欧洲央行的欧元有效汇率指数	CFETS 人民币汇率指数
推出时间	1973	1999	2015
发布方	美联储局	欧洲央行	中国人民银行
成分币种数目	26	19/38	13
指数调整	每年	每年	每年
计算方法	几何平均	几何平均	几何平均
权重	贸易加权	贸易加权	贸易加权
可交易性	无	无	无
可作交易的指数	**USDX/DXY**	**EURO/EXY**	**RXY 全球离岸人民币指数**
推出时间	1985	2006	2016
发布方	ICE 美国期货交易所	ICE 美国期货交易所	汤森路透 / 香港交易所
成分币种数目	6	5	14
指数调整	固定	固定	每年调整
可作交易的产品	期货、期权、ETF	期货、期权	尚无 *

* 可推出以 RXY 作基准的产品包括期货、期权及 ETF。香港交易所正考虑推出 RXY 期货，待监管部门的批准。

资料来源：美国联邦储备银行、欧洲央行、CFETS、ICE 美国期货交易所、香港交易所。

3. 其他指数

在人民币市场中，部分市场参与者自行开发内部指数以计量人民币汇价表现。银行往往为了宏观经济分析而研发本身的内部基准，从中观察汇市趋势。就此而言，实际有效汇率（REER）指数（指经就国内通胀率调整后的指数）能反映一国货币相对其他货币的强弱，所以是最佳指标。实际有效汇率以外，银行亦会创设一些人民币计价模式，侧重若干具体范围（例如出口或某些行业）又或人民币在某些方面的发展（例如以全球化为主题）。有些银行会使用其内部人民币指数作为构建其外汇衍生产品策略的基准或参考汇率。

资产管理方面，内部开发的人民币指数往往被市场机构的交易部用作人民币走势的指标，此外也常用于分析投资组合中人民币计价资产的表现，或确定人民币风险敞口的对冲策略。不过，基于投资经理之间的竞争，加上大家都追求更高回报，这些内部模式多不公开。

这些由银行、证券行或资产管理公司等不同市场机构制定的内部指数，作为内部估值使用或属良好基准，但却不能作为金融界主要人民币计价工具。部分原因是机构制定这些指数都是为了达到不尽相同的内部目标，其独立性会是问题。其次，内部人民币指数少有符合如国际证监会组织（IOSCO）所立原则的国际标准，部分原因是由于按国际原则调整、维持及认证内部基准所涉及的成本和人力都不少。因此，由于没有独立性，也不符合有关金融基准的国际规则，计算方法又往往不具透明度，内部工具始终无法成为业界的指标工具。

RXY 指数系列

RXY 指数由独立机构香港交易所及汤森路透共同开发，旨在为市场参与者提供业内最高水平的人民币表现指标。

RXY 指数包括 1 只主要指数（**TR/ 香港交易所 RXY 全球离岸人民币指数**）以及 3 只指数变体（**TR/ 香港交易所 RXY 全球在岸人民币指数、TR/ 香港交易所 RXY 参考离岸人民币指数及 TR/ 香港交易所 RXY 参考在岸人民币指数**）。该等指数的不同之处在于基准货币篮子（全球篮子包括 14 种货币，参考篮子包括 13 种货币，详见下文）以及计量的人民币单位［在岸人民币（CNY）及离岸人民币（CNH）］。RXY 指数的基准日期为 2014 年 12 月 31 日，基数为 100，与 CFETS 人民币汇率指数相同，而 RXY 指数的历史数据可追溯至 2010 年 12 月 31 日。图 6-3 为系列 4 只指数概要，图 6-4 为其历来表现。

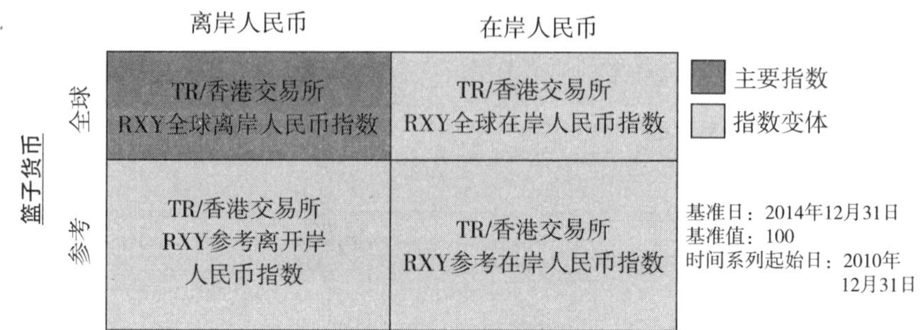

图 6-3　4 只 RXY 指数

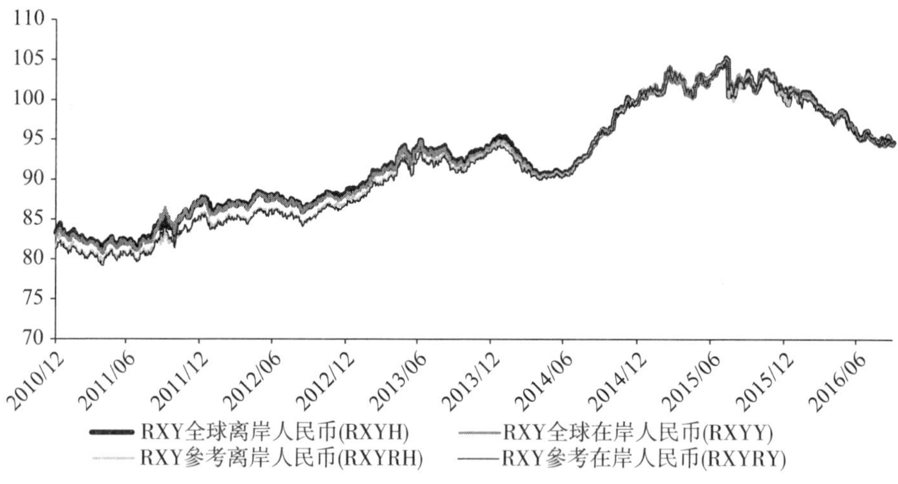

图 6-4　4 只 TR/ 香港交易所 RXY 指数的历来表现
（2010 年 12 月 31 日—2016 年 9 月 30 日）

资料来源：香港交易所。

RXY 指数按 IOSCO 对金融基准的原则[①]进行管理，确保指数管理客观、有规可循，以及计算方法具透明度、所用汇率来自 WM/ 路透。指数依循 IOSCO 原则编制，使其兼具双重优势——不仅合资格用作估量人民币价值的基准，还可作为期货、期权及 ETF 等金融工具的相关参考。此外，自 2008 年全球金融危机后，针对投资产品的市场监管日趋严格，对产品以及其所依循的参考或相关资产的透明度和公正性均有更高要求。这样的监管环境下，符合 IOSCO 原则的 RXY 指数可被市场用以发行投资产品，以切合不同类别机构及散户投资者的需要。

① www.iosco.org/library/pubdocs/pdf/IOSCOPD415.pdf。

汤森路透管理 RXY 指数。在由事务专家委员会与一名专责指数经理构成的框架下，汤森路透负责维持 RXY 指数的公正性及质素，以及进行以下例行工作及职能，包括：

- 阐释指数编制方法，实施年度调整程序；
- 检视来自指数利益相关者的意见；
- 因应利益相关者意见或市场活动而研拟并实施对指数编制方法的修改方案；
- 就指数调整及指数编制方法修改事宜与指数顾问小组（Index Advisory Group，“IAG”）及指数行动委员会（Index Action Committee，“IAC”）沟通；
- 向汤森路透基准监督委员会（Thomson Reuters Benchmarks Oversight Committee,“TRBOC”）报告。

在与 IAC 互动之后，如有需要，IAG 和指数经理负责确定对指数编制方法的任何更改。

IAC 是由汤森路透内部的指数专家和各资产类别的专家组成，为指数经理提供与指数编制方法的解释或变更相关的建议。指数经理可以传达从 IAG（小组成员包括香港交易所代表）和 / 或指数利益相关者处获得的反馈以征求 IAC 的意见。IAC 则向汤森路透基准监督委员会报告。

1. 产品设计

按 RXY 指数的设计，基准货币（在岸人民币或离岸人民币）兑其基础篮子货币升值时，指数会上升，当基准货币兑其基础篮子货币贬值时，指数会下跌。指数每小时计算，并于交易日香港时间下午 4 时计算收市值。

每一 RXY 指数按以下公式计算其在任何时间点（t）的 I_t 值：

$$I_t = I_0 \times \Pi_i \left(\frac{FX_{i,t}}{FX_{i,0}}\right)^{w_i}$$

其中，$FX_{i,t}$ 是篮子中货币 i 在时间 t 时其兑基准货币的即期汇率。I_0 及 $FX_{i,0}$ 分别是上一个重整时间的指数及即期汇率，而 w_i 是货币 i 的权重（使 $\sum w_i=1$）。指数使用几何平均算法及即期汇率转换（以上公式所用的汇率全部源自兑美元的即期汇率）计算。

RXY 指数系列涉及两个篮子：一是 14 种货币的**全球篮子**，一是 13 种货币的**参考篮子**。两个篮子货币均按贸易加权，即个别货币在指数中的权重取决于其国家与中国的实际贸易量。

全球篮子中的 14 种货币为：

- AUD —澳元；
- CAD —加元；
- CHF —瑞士法郎；
- EUR —欧元；
- GBP —英镑；
- HKD —港元；
- JPY —日元；
- KRW —韩元；
- MYR —马来西亚林吉特；
- NZD —新西兰元；
- RUB —俄罗斯卢布；
- SGD —新加坡元；
- THB —泰铢；
- USD —美元。

参考篮子不包括韩元，即与现时 CFETS 人民币汇率指数篮子中的 13 种货币相同，权重亦相若（见图 6-5）。RXY 指数中的货币权重每年重整以反映最新的贸易数据。计算权重的数据来自联合国商品贸易统计数据库（UN Comtrade）① 所提供的中国与其他国家之间的年度贸易量，但当中 UN Comtrade 所报中国内地与香港之间每年双边出口数据，会根据香港政府统计处 ② 的贸易数据作出调整，因为中国内地对香港出口中有相当大部分都不是为香港所用，需要再做计算以得出实际由香港吸纳的中国内地出口量数据。RXY 指数的货币权重参考国际贸易数据，其高透明度使得指数的成分货币的变动极具预测性。

① 联合国商品贸易统计数据库（www.comtrade.un.org）。
② 香港政府统计处（http://www.censtatd.gov.hk/home/）。

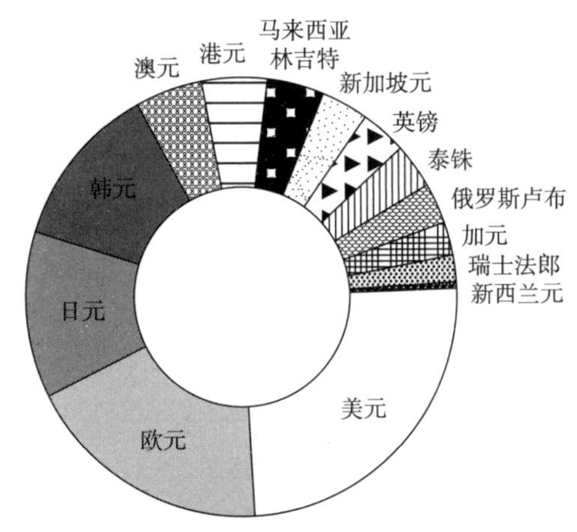

货币	货币权重		
	RXY 全球人民币指数[1]	**RXY 参考人民币指数**[1]	**CFETS 人民币汇率指数**[2]
美元	24.69%	28.09%	26.40%
欧元	18.47%	21.03%	21.39%
日元	12.27%	13.97%	14.68%
韩元	12.14%	0.00%	0.00%
澳元	5.02%	5.72%	6.27%
港元	4.89%	5.56%	6.55%
马来西亚林吉特	4.29%	4.88%	4.67%
新加坡元	3.55%	4.04%	3.82%
英镑	3.46%	3.93%	3.86%
泰铢	3.32%	3.78%	3.33%
俄罗斯卢布	2.99%	3.41%	4.36%
加元	2.45%	2.79%	2.53%
瑞士法郎	1.95%	2.22%	1.51%
新西兰元	0.51%	0.58%	0.65%

图 6-5 RXY 指数及 CFETS 人民币汇率指数的货币权重

注：（1）自 2016 年 10 月 3 日起生效的 RXY 指数中的权重，有效期至 2017 年 9 月 29 日。
（2）CFETS 人民币汇率指数于 2015 年 12 月 11 日推出。指数内的货币权重来自该日 CFETS 在其网站上所发的公告。

资料来源：香港交易所、CFETS。

调整 RXY 指数涉及每年更新各指数篮子中的成分货币权重，调整周期由每年 6 月在 UN Comtrade 及香港政府统计处发布年度贸易统计数据后着手展开。IAG 研究初步权重计算后，在 6 月最后一个营业日公布更新后的权重。新的权重于 10 月第一个交易日生效。

RXY 指数系列设计具有可作交易的指数的特点，包括符合监管规定、数据来源可靠、指数编制公司声誉良好、编制方法具透明度、发布指数时间频密（每小时一次）等。这些都是在公开市场上仅有的官方 CFETS 人民币汇率指数所未能满足的。

2. 使用及裨益

RXY 指数是依据 WM/ 路透所提供的汇率计算；WM/ 路透受英国金融市场行为监管局（FCA）规管。WM/ 路透即期汇率受持续监控，确保符合行业最佳做法的至高标准，故能将操纵或控制价格的机会减至最低。

从政策角度来看，RXY 指数为市场分析师及经济学者提供了一个具透明度兼每小时更新的人民币汇率基准，有助于他们分析人民币汇率波动及前瞻人民币走势。由于与 CFETS 人民币汇率指数有高度相关性，RXY 指数预计会是作为 CFETS 人民币汇率指数稳妥的代替品，因此亦会便于市场分析中国政府的外汇政策。市场参与者每日留意人行公布的在岸人民币兑美元的汇价变化，并与 RXY 指数对照，当不难窥见中国外汇政策的方向（见图 6-6）。

从交易角度来看，RXY 指数可作为显示源自市场推动的人民币汇率走势的尚佳指标，市场参与者可透过看涨 / 看跌人民币汇率以作投资考虑。承受人民币汇率风险的国际投资者亦可利用 RXY 指数更好地管理货币风险，具体见表 6-3。

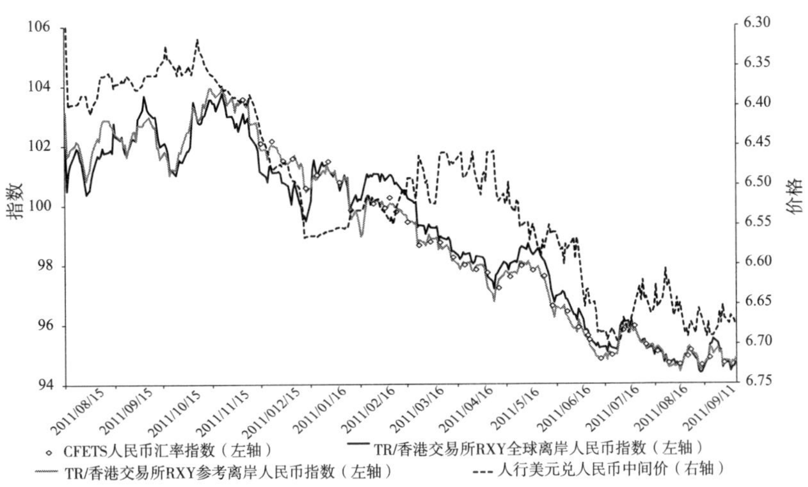

图 6-6 RXY 指数及 CFETS 人民币汇率指数的表现与在岸人民币兑美元的汇价（2015 年 8 月 11 日—2016 年 9 月 30 日）

注：图中 CFETS 人民币汇率指数于 2015 年 11 月 30 日重整基准值为 TR/ 香港交易所 RXY 参考在岸人民币指数的值，以做比较。

资料来源：香港交易所、CFETS、汤森路透。

表 6-3 RXY 指数的风险及回报

指数	回报						风险			与 CFETS 人民币汇率指数的相关性（2015/11/30—2016/9/30）	对 CFETS 人民币汇率指数的 Beta 系数（2015/11/30—2016/9/30）
	2016 年 7 月		2016 年 8 月		2016 年 9 月		30 日波幅（截至）				
	按月	按年	按月	按年	按月	按年	2016/7/29	2016/8/31	2016/9/30		
TR/ 香港交易所 RXY 全球离岸人民币指数（RXYH）	0.09%	-8.30%	-0.74%	-6.43%	-0.46%	-8.48%	3.44%	3.38%	3.95%	0.9963	0.6432
TR/ 香港交易所 RXY 全球在岸人民币指数（RXYY）	-0.05%	-8.34%	-0.68%	-7.28%	-0.46%	-8.02%	3.40%	2.97%	3.43%	0.9817	0.6703
TR/ 香港交易所 RXY 参考离岸人民币指数（RXYRH）	0.48%	-7.99%	-0.72%	-6.06%	-0.38%	-8.30%	3.31%	3.22%	3.90%	0.9933	0.6570
TR/ 香港交易所 RXY 参考在岸人民币指数（RXYRY）	0.34%	-8.02%	-0.65%	-6.90%	-0.38%	-7.72%	3.55%	3.09%	3.57%	0.9860	0.6533

资料来源：香港交易所、汤森路透、CFETS。

此外，RXY 指数亦可为中国政府所善用。从人行与汇市主要业者之间就汇率机制进行的公开对话中看到，中国有关当局可将由市场带动的 RXY 指数作为价格发现工具来使用。

RXY 指数旨在**为期货、期权及 ETF 等金融工具提供参考基准**，其设计旨在确保凡以其作为参考基准的衍生产品均可透过套戥交易获得公平定价。面对人民币国际化快速发展及市场随之对人民币金融产品的殷切需求，相信以 RXY 指数为相关资产的期货及期权合约等人民币对冲工具可大派用场。RXY 指数有望成为外汇产品开发及估值领域中一个举足轻重的工具。

07

香港交易所五年期中国财政部国债期货

全球首只可供离岸投资者交易的人民币债券衍生产品

2017 年 4 月

概 要

经过数年迅速增长，中国债市已成为全球第三大债券市场，存量规模达 56.3 万亿元人民币(约 8.1 万亿美元)①。中国在推进人民币国际化及开放国内金融市场方面亦取得长足进展。目前尽管外资参与中国债市比例仍较低，境外资金已显示出对中国主权债券的强烈兴趣，并在人民币获纳入国际货币基金组织的特别提款权货币篮子后快速增长。如果在不久的将来，在中国内地与香港推行“债券通”，外资投资中国债券比例将继续上升，并将推动风险管理需求增长。

发展有效的风险管理工具和外汇交易服务对境外投资者增持人民币资产至关重要。目前，境内市场现有的利率风险管理产品已为人民币利率风险对冲提供了支撑手段，近期随着境内外汇市场进一步开放，一些合格境外投资者也可直接使用境内的衍生品。香港交易所的国债期货合约利用离岸市场的产品优势为境外投资者提供差异化服务，并在产品设计中加入多项特性，以令该产品交易不太可能对在岸市场产生不利影响。

根据发达国家经验，引进国债期货在提高债券市场定价功能、促进现货市场流动性、丰富债券投资者利率风险管理手段等方面将起到重要作用。大多数实证研究发现，引入国债期货对现货市场也不会有显著影响或导致波动性下降。香港交易所推出国债期货为

① 资料来自 Wind 资讯，截至 2016 年底。

境外投资者提供了对冲人民币资产利率波动的有效工具，也是推动境外资本流入中国境内债券市场的重要步骤。银行、资产管理公司、经纪公司和保险公司是本产品的主要目标客户。

中国境内债市逐步开放

中国债券市场规模急速扩张，过去 5 年债券存量以年均增长率 21% 的速度增长，成为全球第三大债券市场，债券存量规模达 56.3 万亿元人民币（约 8.1 万亿美元），详见图 7-1。

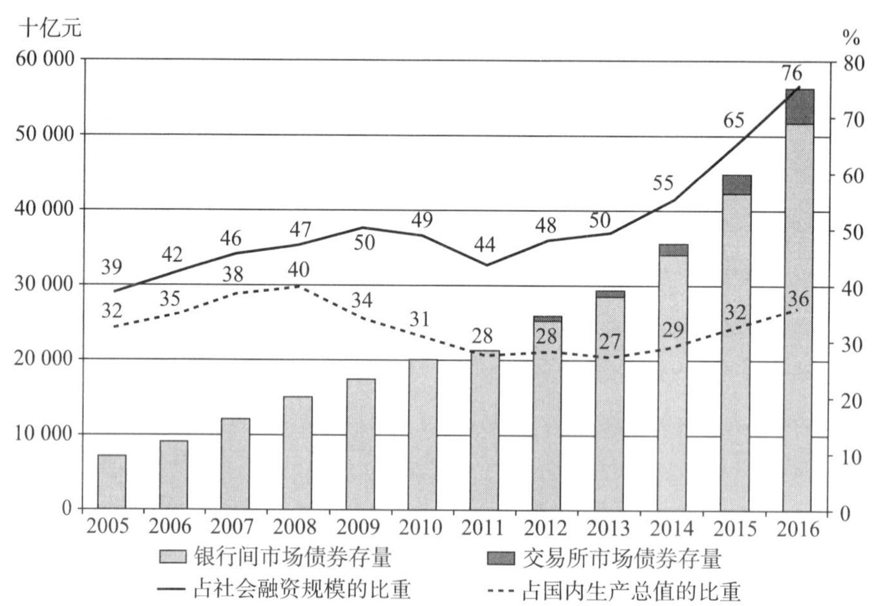

图 7-1　中国债券存量规模占国内生产总值和社会融资总量的比重（2005 年—2016 年）

资料来源：中央国债登记结算（中债登）的债券市场年度统计分析报告（2011—2016），因数据缺失不包括 2005—2011 年交易所市场及上海清算所清算的债券数据。国内生产总值及社会融资总量的数据取自 Wind 信息。

中国致力于促进其债券市场在金融资源分配上担当更重要的角色，同时亦在推进人民币国际化及开放境内金融市场方面取得长足进展。其中一个主要方向是鼓励外资参与境内债市，推广债券市场的多元化及多样性，进一步扩展境内金融市场的规模及深度。其中包括2010年首度容许合格机构使用离岸人民币投资于银行间债券市场，翌年（2011年）再推出人民币合格境外机构投资者（RQFII）计划，两年后（2013年）放宽合格境外机构投资者（QFII）的投资限制，进一步推动境内债市开放。

及至2015年，内地接连推出多项令人瞩目的放宽措施，进一步便利境外投资者进入中国银行间债券市场（CIBM），具体包括：2015年5月底，中国人民银行（人行）允许离岸人民币清算行及参与银行利用在岸债券持仓进行回购融资；2015年7月中，人行进一步放宽合格债券交易范围，容许合格主体参与银行间债券市场的债券现券买卖、债券回购、债券借贷、债券远期、利率互换及人行许可的其他交易；2016年2月，人行发布新规，放宽境外机构投资者进入银行间债券市场的规则；2016年5月进一步颁布详细规则，厘清境外机构投资者在银行间债市的投资流程。

这些政策举措在一定程度上向市场表明，中国正逐步开放资本项目并鼓励更多外资流入。

对中国主权债券的需求持续增长

2016年人民币正式获纳入特别提款权货币篮子，各国央行及全球投资者开始考虑将资金重新配置到人民币计价资产，市场对人民币资产（特别是人民币债券资产）的需求势将稳步上扬。获得特别提款权的地位提升了全球市场对人民币作为全球投资及储备货币的认受性，很大可能促进国际间政府及私人部门对人民币计价资产的需求。根据我们的估算，若境外机构或个人持有的人民币资产增至占境内债市总存量的10%，预料未来数年将有逾9.5万亿元人民币流入相关人民币债券资产。

债券资产（特别是国债）一向是各国央行及全球资产管理基金经理首选的资产配置类别。目前尽管外资参与中国债市比例仍较低，但境外资金已显示出对中国国债的强烈兴趣，近年外资所持主权债券亦大幅增长。2016年，境外参与者所持的人民币国债及政策性银行债券增加了2 330亿元人民币，较2015年350亿元飙升6倍。外资在中国主权债券市场上的占比由2015年底的2.62%增至3.93%（见图7-2）。由于目前主要发达国家的主权债券仍处于低（甚至负）的息率环境，若中国出台更多欢迎外资参与债市的举措，有可能出现明显的资本从其他金融领域转投中国主权债券市场的转换趋势。

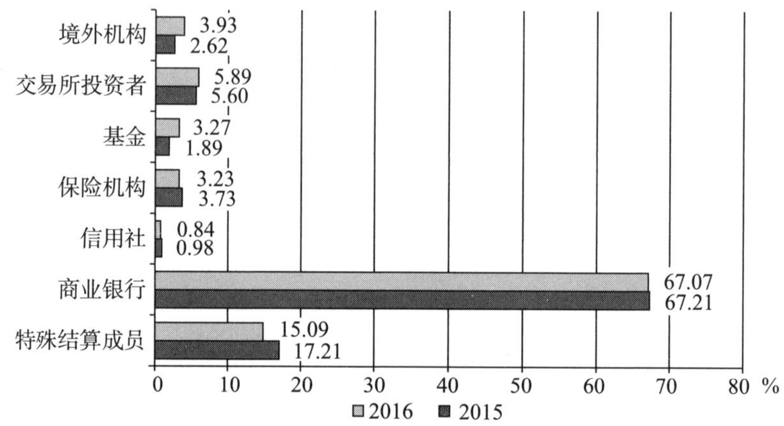

图 7-2 不同投资者在中国主权债市中的占比（2016 年底）

资料来源：Wind 资讯。

离岸市场在风险对冲及可参与性方面的优势

发展有效的风险管理工具和外汇交易服务对境外投资者增持人民币资产至关重要。目前中国境内定息衍生产品市场有一定深度和流通性，可供交易的外汇产品种类繁多（包括现货、远期、掉期及期权，以及国债期货产品等）。然而迄今为止，境内的国债期货产品还未对境外机构完全放开用以风险对冲，并且境内保险公司及银行这些国债现券的主要持有人，亦同样未能参与国债期货交易。境内债市分割可能影响流通性和市场深度。

如市场推出流通性好的债券期货产品，可有助于中国境外投资者提高对冲利率风险的能力，增强他们增持中国债券资产的意愿。2017 年 3 月 15 日，中华人民共和国国务院总理李克强公开表示准备在香港和内地试行“债券通”计划①。如果在不久的将来推出，外资投资中国债券比例将继续上升，并将推动风险管理需求增长。

正是在这样的背景下，香港交易所设计并推出五年期中国财政部国债期货（国债期货）。目前，境内市场现有的利率风险管理产品已为人民币利率风险对冲提供了支撑手段，近期随着境内外汇市场进一步开放，一些合格境外投资者也可直接使用境内的衍生品。香港交易所的国债期货合约利用离岸市场的产品优势为境外投资

① 2017 年 3 月 15 日全国人大会议闭幕后，李克强总理在回答中外记者提出的问题时表示，准备在香港和内地试行“债券通”，也就是说允许境外资金在境外购买内地的债券，这是第一次。

者提供差异化服务，它的推出将为境外投资者提供对冲人民币资产利率波动的有效工具，也是推动境外资本流入中国境内债券市场的重要步骤。

在岸及离岸市场上用以对冲中国债券资产的产品

国债期货合约是场内交易的利率衍生产品市场的重要组成部分之一，其设计原则使得期货价格趋同于指定年期（如2年、5年、10年或30年）之最流通的主权债券。因此，国债期货合约是对冲主权债券息率利率风险的重要工具。举例而言，某公司按高于政府国债的固定息差借贷，或是投资于此公司债券的基金经理，都可使用国债期货衍生产品进行对冲。

目前，中国境内市场的国债期货为于中国金融期货交易所（中金所）上市的5年期和10年期财政部国债期货合约。5年期合约于2013年9月6日推出，10年期合约则于2015年3月20日推出。2017年3月，该债券期货的日均成交达677.3亿元人民币，未平仓合约为845.7亿元人民币（见图7-3）。然而，境内的国债期货产品还未对境外机构完全放开用以风险对冲，并且由于缺乏境内的保险公司和银行等主要参与者，境内的国债期货的流动性有限。

离岸市场方面，在离岸国债期货发行之前，市场也缺乏有效的中长期人民币利率风险的对冲工具。过去对冲人民币利率风险主要是不交收利率掉期与离岸人民币利率掉期。前者的定价较易受到投机因素而非基本资金流动所影响，故一般来说不会视为有效的对冲人民币利率工具，而后者则随着离岸人民币货币市场增长已不断发展，令更多市场交易从不交收利率掉期转移至离岸人民币利率掉期。

不过，离岸人民币利率掉期的定价亦有其局限，由于市场流通量相对低加上欠缺借贷需求，离岸人民币存款利率往往远低于在岸利率，导致离岸人民币利率掉期与境内利率产品存在价差（见图7-4）。香港交易所的财政部国债期货可配合现有人民币不交收利率掉期的收益率曲线，为离岸投资者提供针对中国境内资产长期利率的基准工具。

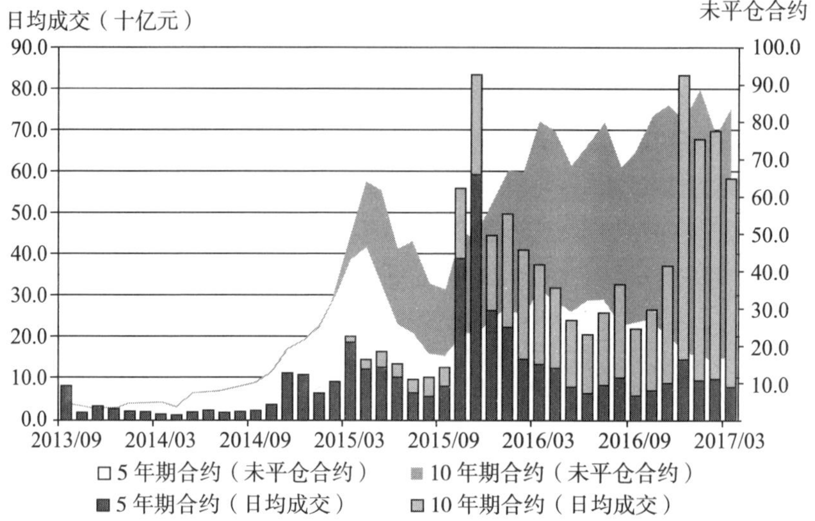

图 7-3　在中金所上市 5 年期和 10 年期财政部国债期货合约的成交情况（2017 年 3 月）

资料来源：彭博。

图 7-4　不交收利率掉期与在岸人民币利率掉期的表现（2016 年底）

资料来源：彭博。

产品设计：厘定方法及应用

香港交易所国债期货产品设计与中金所国债期货合约的相似性在于，其相关资产皆为境内发行中国财政部国债、票面年利率皆为3%，而不同之处在于境内的国债期货采用现货交割设计，容许短仓一方在合约到期时向长仓一方交付合资格债券中最便宜的债券。另外，香港交易所的国债期货产品设计与澳洲证券交易所（澳洲证交所）及韩国证券交易所（韩国交易所）上市的政府债券期货相也有一定相似之处①。

1. 建构债券篮子的原则

香港交易所国债期货相关债券篮子在透明度、可预测性、流通量、易于追踪复制及可靠性的原则下建构。

（1）透明度及可预测性：债券篮子及参考价均按既定规则厘定，包括定价、公式及算术模型在内的厘定方式皆属公开数据。香港交易所仍保留权利，在有需要时因应中国国债发行政策的重大修订而行使酌情权。

（2）成分债券流通量：债券篮子成分债券应为流通量普遍良好，以便对冲。因此，债券篮子成分债券必须为篮子建构当前按中债登②计算相对流通量最佳的3只债券。

（3）易于追踪复制：根据过去表现，债券篮子总成交量应占合资格债券总成交量的至少50%。以债券篮子为基准的期货，应能紧贴5年期财政部国债表现。因此，投资者可易于追踪复制相关债券篮子以作对冲。

（4）价格可靠度：债券篮子参考价由中债登每日提供。中债登是中国财政部批准设立，以发展及运营国库债券托管系统的国有独资非银行官方金融企业。

2. 就每张期货合约厘定的每日参考价

中债登按照香港交易所全资附属公司香港期货交易所提供的流程及算法，确定

① 类似澳洲证交所及韩国交易所上市的政府债券期货，香港交易所的国债期货合约以债券篮子为相关资产并采取现金结算方式。澳洲证交所及韩国交易所会于合约开始交易日前公布相关债券篮子。到最后交易日，合约均按根据债券篮子中的成分债券的平均收益率做现金结算。

② 中债登即中央国债登记结算有限责任公司，为中国境内债券市场的中央托管机构。

债券篮子，以及计算每张期货合约对应的债券篮子的每日参考价。

每张期货合约（按季度）的债券篮子按下述安排厘定：

（1）厘定篮子日期：期货合约开始交易日前5个工作日；

（2）债券必须是流通量最高的3只债券（按中债登的相对流动性系数计算）；

（3）流通量算法：根据厘定篮子日期前22个工作日的交易数据计算。

类似于澳洲证交所及韩国交易所政府债券期货设计，每张期货合约的每日参考价均按以下公式计算：

（1）按成分债券当天中债登收益率，以 r_1、r_2、r_3 标示。

（2）计算债券篮子的算术平均到期收益率：

$$r=\frac{\sum_{i=1}^{3}r_i}{3}$$

（3）计算债券篮子的参考价格：按以下公式计算票面年利率3%的5年期债券：

$$\sum_{i=1}^{5}\frac{3\%\times100}{(1+r)^i}+\frac{100}{(1+r)^5}$$

r 为（2）所计算的平均到期收益率。

3. 假设性示例（仅作解说用途）①

例1　对冲利率变动

假设某基金经理担心中国货币环境可能逐步收紧，希望对冲利率风险。2016年10月31日，基金经理持有面值1亿元人民币的国债160014.IB@101.813，久期5.901。香港交易所国债期货2017年3月合约成交价102.282，年期4.80。为消除货币久期效应，他卖出245张香港交易所国债期货2017年3月合约，对冲持仓。2017年1月26日，收益率上升，债券价值跌至98.439（–3.374），录得亏损340万元人民币。香港交易所国债期货2017年3月合约价格跌至99.480（–2.802），基金经理平仓，获利340万元人民币。持现货债券仓位亏损人民币340万元，由国债期货仓位获利340万元人民币所抵销。

① 这些例子并不构成投资建议，投资者应适时咨询独立投资意见。若涉及高风险的策略，投资者或会损失全盘投资。

例 2　久期管理

假设某组合经理持有市值 3 亿元人民币、久期 7.00 的多元化债券组合，根据基金声明的投资目标，她可灵活调整久期至增减 10%。经理预期利率将下跌，因此拟将久期增至 7.70。香港交易所国债期货合约当前成交价 102.282，年期 4.80。她可买入 86 张香港交易所国债期货合约。

例 3　合成债券

假设某境外机构投资者不可参与中国在岸债市，但基于中国市场的息差，希望有相类似债券投资安排作为替代，故拟构造合成现货债券仓位。他可买入 100 张香港交易所国债期货合约，造出面值 5 000 万元人民币的替代债券仓位。

例 4　信贷差价交易

假设某投资者预期企业债券收益率将偏离国债期货收益率。如投资者预期信贷差价（企业债券收益率减去国债期货收益率）将会收窄，则可买入企业债券，同时卖出国债期货。相反，如投资者预期信贷差价将会扩阔，则可卖出企业债券，同时买入国债期货。

4. 历史回溯分析

以 2013 年 9 月至 2016 年底为测算区间，香港交易所的仿真国债期货参考价，与中金所以现货交割为设计基础的国债期货的年化相关系数为 92.1%（见图 7-5），表明香港交易所可满足国际投资者有效应对日增的利率风险管理需求。银行、资产管理公司、经纪公司及保险公司可为该产品的主要目标用户。

图 7-5　香港交易所仿真国债期货参考价与中金所期货的相关性（2013 年 9 月—2016 年底）

资料来源：彭博、香港交易所。

再者，香港交易所国债期货因与人民币债券收益率指数高度相关，可视作人民币债券收益率指数的替代。香港交易所的仿真国债期货债券篮子的收益率表现紧贴中债登发布的5年期国债收益率（见图7-6）。以2011年至2016年为测算区间，两个系列的到期收益率的年化相关系数为98.3%。因此，香港交易所国债期货为测算中国债券资产价值提供了相对便捷的工具。

图7-6 香港交易所仿真国债期货参考价与中债登国债收益率的相关性（2016年底）

资料来源：Wind资讯、香港交易所。

相互影响及有效性

根据发达国家经验，引进国债期货在提高债券市场定价功能、促进现货市场流动性、丰富债券投资者利率风险管理手段等方面将起到重要作用。大多数市场文献的实证研究发现①，引入国债期货对现货市场波动性不会有显著影响，或导致波动性下降。

香港交易所的国债期货经审慎设计，产品设计中加入多项特性，以令该产品交易不太可能对在岸市场产生不利影响。事实上，此产品对在岸定息产品市场的发展反而可起支持作用。

（1）香港交易所的国债期货合约是以离岸市场人民币进行现金差额结算。合约

① *The Impact of Futures Trading on the Spot Market for Treasury Bonds*, Shantaram Hegde, 1994; *The Impact of Derivatives on Cash Markets: What Have We Learned?*, Stewart Mayhew, 2000。

到期后，以交易结算为目的的交易量在离岸市场进行，仅占全部合同名义金额的一小部分。因此，与实物交割的期货合约相比，该结算过程对流动性的影响要小得多。

（2）香港交易所的国债期货合约的结算价基于债券篮中 3 只成份债券的平均收益率计算，这 3 只成分债券为债券范围内流通量最高的 3 只在岸国债。此最终结算价的设计减低了对任何单个债券的操纵风险（有关最终后结算价的详情，请参阅上文）。

此外，由于香港交易所的国债期货合约价格在最后交易日必须和最终结算价一致，因此，它与在岸目标债券之间出现较大价格偏差将导致成本高昂。参考离岸人民币利率掉期市场为例子，在岸与离岸息差，导致其流通量较薄弱。根据历史资料进行回溯测试和模拟分析，香港交易所国债期货合约模拟国债篮子的平均收益率与境内 5 年期国债收益率（2011 年至 2016 年）的相关系数为 98.3%，每日参考结算价和境内 5 年期国债期货价格（2013 年 9 月至 2016 年 12 月）的相关系数为 92.1%（详见上文），高度相关。因此，想透过持有一定规模的离岸国债期货合约来影响在岸市场的稳定性，在实践中是非常困难的。

（3）香港交易所的国债期货合约在一个规范、集中和透明的交易平台上进行交易，从而提高市场透明度，并向市场参与者提供价格预期和未平仓合约的实用信息。

（4）与其他香港交易所交易的期货产品相同，香港交易所交易及结算规则及证券及期货事务监察委员会（证监会）相关规则下的多项措施，可限制市场持有大额未平仓的国债期货合约，减少市场上不必要的波动风险，例如：

- 要求持有相当未平仓合约水平的结算参与者提交额外集中抵押金，从而有效降低大额未平仓合约的杠杆。
- 要求交易所参与者（不论为其本身或代表任何客户）向香港交易所汇报国债期货合约的大额未平仓合约。香港交易所亦有权要求任何大额未平仓合约持有人提交额外数据，以说明其大额持仓需要。
- 实施持仓限额，为单一实益拥有人的持仓设定上限。持仓限额一概严格执行，违规可能构成违反相关香港交易所规则及《证券及期货条例》，或可包括刑事责任。香港交易所及证监会均可对任何违规行为采取行动，包括要求参与者及时和有序地减持仓位。

中国是全球债券市场增长最快的国家，也是继美国和日本后全球第三大债券市场。随着银行间债券市场进一步开放，人民币的国际认可度提升，中国债市被纳入新兴市场政府债券指数，以及相对发达市场的债券息差等因素推动，中国债券市场的国际参与者亦会持续增加。香港交易所推出中国财政部五年期国债期货合约，为全球首只对离岸投资者开放的在岸利率产品，是帮助境外投资者管理人民币利率风险头寸高效、透明及便捷的工具。

08

进军中国境内债券市场的国际视角

2017年5月

概要

人民币要发展成为国际储备货币，一个发展成熟并有外资高度参与的人民币债券市场必不可少。基于中国经济及人民币债市规模庞大，外资持有人民币债券的增长潜力亦会相当可观。然而，受制于当前中国债市对境外投资者开放计划的限制，目前外资参与中国债市的程度远低于其他国际货币国家，甚至比不上部分新兴市场。此情况显示有必要推动创新措施，提升市场基础设施、交易规则及金融产品，进一步推进人民币国际化。

中国现时设有三项主要计划允许境外投资者进入境内债券市场，分别为：合格境外机构投资者（QFII）计划、人民币合格境外机构投资者（RQFII）计划及合资格机构进入内地银行间债券市场（人行合资格机构计划）。虽然相关规例已经逐步放宽，但有关额度管理、户口管理或资金汇兑的规定仍然是限制境外参与者配置有效投资策略及资金的主要方面。此外，境内市场的一些制度特征也是市场关注所在，妥善处理可促进境外投资者的活跃参与，包括市场分割、缺乏分散的市场结构、尚在发展中的信贷评级机制以及潜在信贷风险等。

发展境内债券市场向来是内地发展资本市场及推进人民币国际化的首要政策之一。为进一步推动境外参与中国境内债市，或可考虑以下改善措施：（1）进一步整合交易平台及外资参与机制；（2）加快跨境产品创新速度，将离岸汇市优势与境内债市结合；（3）按照中国人民银行（人行）和香港金融管理局（香港金管局）所宣布的债券通计划，连接在岸与离岸债市，让国际常规及准则逐步融入境内市场。跨境“债券通”平台可提供健全的金融基础设施及与国际法规和监管标准接轨的市场规则，有助于纾减监管压力，为境外参与者及境内投资者提供更为便捷的交易环境，被视为国家加大开放资本市场及便利外资参与者交易人民币计价资产的重要举措之一，也将进一步巩固香港作为连通内地市场和国际市场门户的优势地位。

外资参与中国境内债市具发展潜力

过去 10 年，中国在利率市场化以至逐步放宽资本管制等方面不断推出措施，债券市场发展取得重大进展，由此中国债市规模急速扩张，过去 5 年以简单年均增长率 21% 的速度增长，成为全球第三大债券市场，债券存量规模达 56.3 万亿元人民币[①]。

然而，相比其他国际货币国家，中国债市占国内生产总值百分比仍然偏低。外资参与中国债市的程度依然微不足道，约占整个市场的 2.52% 及主权债市场的 3.93%[②]，远低于日本、美国甚至一些新兴市场（见图 8-1），显示外资参与中国境内债市仍然有巨大增长空间。

人民币获纳入国际货币基金组织的特别提款权货币篮子，为全球参与者提供了进军中国债市的一个重要窗口。入选成为特别提款权篮子货币，意味着人民币获正式认可为国际金融体系的一部分，是中国融入全球金融体系的重要里程碑。特别提款权的重要性不止于其象征意义，从投资角度而言，纳入特别提款权虽不至于直接刺激大量投资需求，因为特别提款权货币篮子本身仅是一种补充性的国际储备资产，约值 2 880 亿美元，人民币在其中的权重仅为 10.92%[③]，但是，获得特别提款权的地位可以提升人民币作为全球投资及储备货币的认受性，将很大可能促进国际政府及

① 参见本书第 7 章《香港交易所五年期中国财政部国债期货》图 7-1。

② 资料来自中债登，截至 2016 年底。

③ 资料来自国际货币基金组织网站。

私人部门对人民币计价资产的需求，从而导致全球资产配置逐渐由其他金融部门流入中国资产，特别是流入到以人民币计价的债券及相关金融产品。

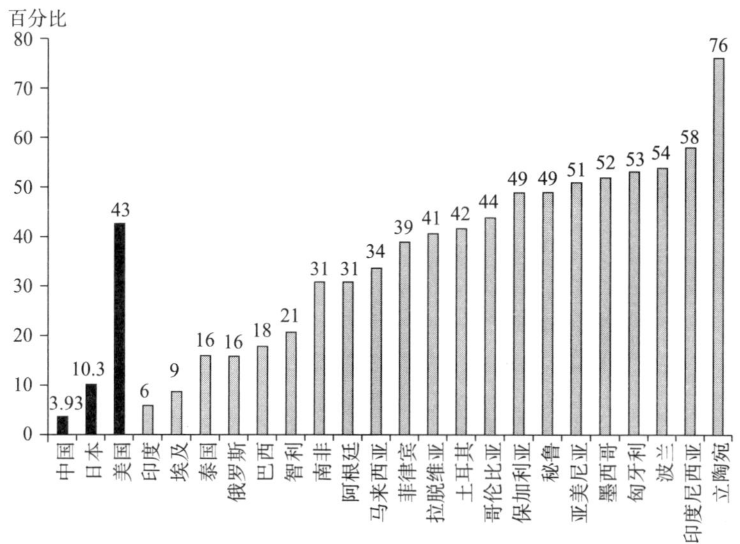

图 8-1 外资在中国、日本、美国及主要新兴经济体的主权债市场中的占比

注：黑色为中国、日本及美国的外资占比，灰色为主要新兴市场经济体的外资占比。

资料来源：新兴市场数据来自国际清算银行及国际货币基金组织报告（2015）；中国数据来自 Wind 资讯，截至 2016 年底；日本数据来自亚洲债券在线，截至 2015 年底；美国数据来自联邦储备局、美国财政部，截至 2016 年底。

政府部门方面，现时外国政府及半官方组织持有人民币资产（包括债券、股票、贷款及存款）总值 6 667 亿元人民币 ①，相当于全球官方外汇储备总值的约 1%②，远低于澳元或日元［分别为 1.94% 及 4.48%（见图 8-2），截至 2016 年第三季末］。如国际政府部门持有人民币的占比可大致达到澳元水平，那意味着将有 1 100 亿美元的全球储备转移至人民币资产；如进一步提升至日元的占比水平，流入人民币资产的资金更高达 4 000 亿美元。

私人部门方面，中国债券资产现时在国际基准指数中占比不大。如中国资产获纳入若干国际指数，例如在国际定息产品市场中广泛用作参考的摩根大通新兴市场债券指数（EMBI Global Index），则根据国际货币基金组织的报告，中国在该指数

① 见中国人民银行《人民币国际化报告（2015）》。

② 根据国际货币基金组织数据，同样地，2015 年人民币占官方外币资产总值 1.1%。

的权重将约为 1/3（见图 8-3）。若还有相关政策助推机构及私人投资者加大参与中国境内债市，相信外资持有的中国债券更可增持至与其他国际货币的相若水平，达债市总存量约 10%。

假设中国债市未来数年的增长率与社会融资总量过去 5 年的复合年增长率相同（即 14%），而且外资所持中国债券占整个市场的 10%，那么到 2020 年时外资所持中国债券可达 95 100 亿元人民币，占国内生产总值的 9.93%（见表 8-1）。外资参与中国境内债市的增长潜力相当可观。

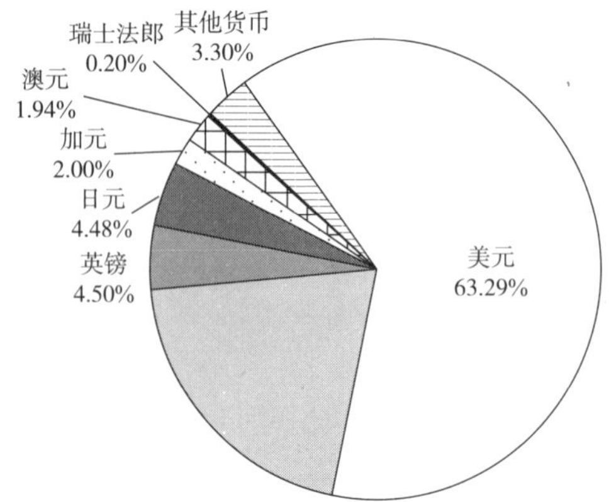

图 8-2　官方外汇储备货币组成（2016 年第三季末）

注：人民币归入“其他货币”。由于四舍五入，总和不一定等于 100%。

资料来源：国际金融统计（IFS）。

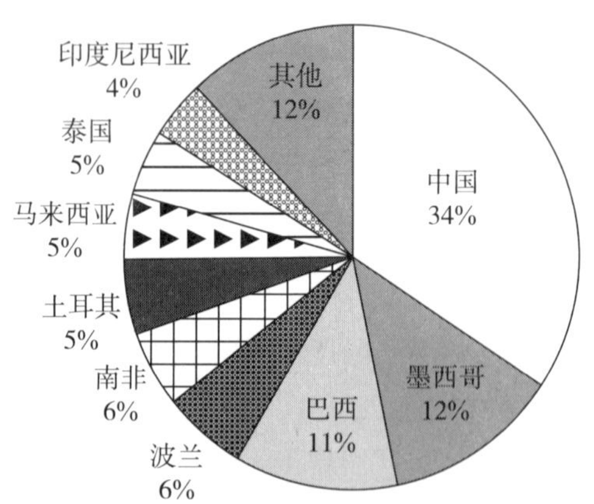

图 8-3　EMBI Global Index（若包括中国债券）

资料来源：国际货币基金组织全球金融稳定报告，2016 年 4 月。

表 8-1 外资参与中国境内债券市场的预测（至 2020 年）

	2016	2020
国内生产总值（十亿元人民币）	74 413	95 730
境内债市总值（十亿元人民币）	56 305	95 100
境内债市外资持有量（十亿元人民币）	853	9 510
占国内生产总值百分比	1.15%	9.93%

注：计算时假设:（1）国内生产总值年增长率 6.5% 及中国债市年增长率 14%；（2）外资持有量占未偿还债务总额 10%。

资料来源：2016 年外资持有量数据来自人行；其他 2016 年数据取自 Wind 资讯；2020 年估算由作者计算。

增加外资参与度对境内债市有所裨益

首先，市场汇集不同投资目标的投资者可激发更广泛的投资策略，有助将资金推向更具生产力的行业。因此，鼓励不同类别的境外投资者进入境内债市可助建立更多元化的投资者结构，激活市场交易，促进形成更具竞争力的市场，并进一步增加境内金融市场的规模和深度。

第二，促进外资持有中国债券，是增加人民币在国际间使用量的一个关键。增加境外持有量是评估货币是否获得广泛使用的重要因素之一。然而，目前中国债券境外持有量远低于国际货币的经济体。以美国国债市场为例，美国国债市场投资者层面广泛，包括金融机构、私人投资者及境外实体等。截至 2016 年底，政府实体（联邦储备局及地方政府）持有美国国债总值的 23%。此外，互惠基金及境外投资者亦是主要参与者，尤其是境外参与者持有量占总存量超过 40%，其余则由银行（少于 5%）、保险公司以及信托和其他类别的投资者所持有（见图 8-4）。由于债券通常是央行及全球基金经理的首选资产类别之一，对境外投资者而言，中国债券资产的交易及使用性，对于推进人民币国际化及支持人民币作为有意义的储备货币至为重要。

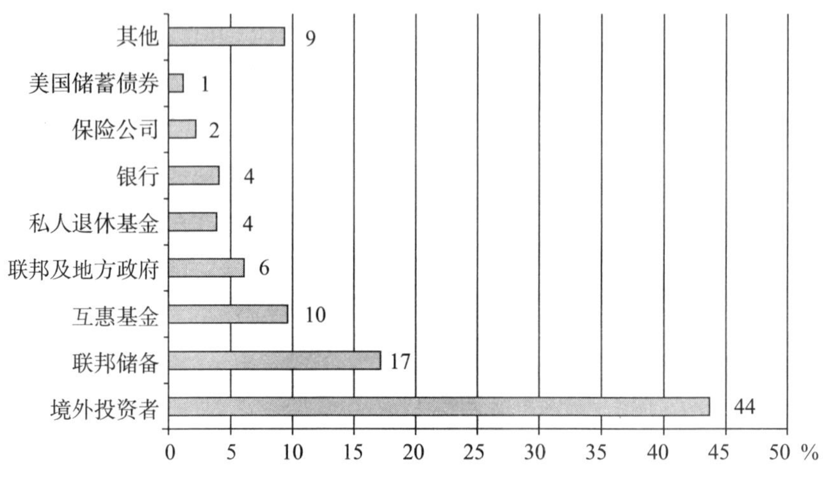

图 8-4　多元化投资者基础所持美国主权债的存量占比（2016 年底）

注：债务包括短期国债、票据、债券，以及特别的国家及地方政府系列证券。

资料来源：联邦储备局、美国财政部。

第三，具有市场深度且可提供多元类别工具、吸引长期投资者的债券市场可吸收境外资金流波动带来的影响，提升全球投资者对持有人民币计价资产的信心。2016 年人民币汇率走弱，但境外持有中国境内债券仍持续上升（见下文）。即使外资涉足其他资产类别出现下跌，境外资金对债券资产始终“不离不弃”。因此，中期而言，外资参与中国债市预期将会持续增长，可抵销资金流出的影响，对人民币汇价起支持作用。

目前外资持有境内债券的结构现状

中国正逐步扩大接受外资参与境内债市的程度。随着离岸人民币中心在全球分布日渐扩阔，中国与多个国家签定双边货币掉期，过去 5 年审批 RQFII 及 QFII 计划的合格投资者及投资额度不断提速。同时人行亦加快审批境外机构进入银行间债市。因此，流入中国在岸债市的境外资金一直稳步上扬。于 2016 年底，外资持有中国境内债券已创下 8 526 亿元人民币新高，较前一年增长 13%①。

图 8-5 显示，2016 年底外资所持中国境内资产（包括债券、股票、贷款及存款）达 30 300 亿元人民币。其中外资持有的债券及股票持续上升，而存款及贷款则大幅

① 资料来自 Wind 资讯。

下滑。值得注意的是，债券资产占整体外资持有资产由 2015 年底的 20% 升至 28%，同期存款占比则由 41% 下跌至 30%，反映境外资金有大幅转移至债券资产的配置趋势。

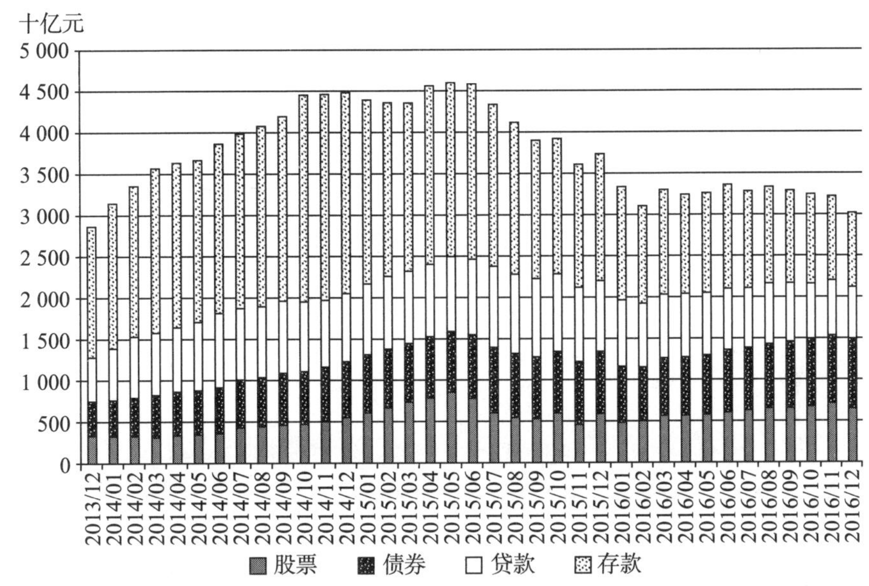

图 8-5　外资持有的各类中国境内资产规模（2013 年 12 月—2016 年 12 月）

资料来源：中国人民银行。

在债券配置中，大部分境外资金流向利率而非信用债。2016 年境外参与者所持政府及政策性银行债券增加了 2 330 亿元人民币，较 2015 年 350 亿元人民币飙升 6 倍[①]。外资在中国主权债券市场的占比由 2015 年底的 2.62% 增至 3.93%（见图 8-6）。

在 2016 年增持主权债券的投资者中，境外投资者占总增量的 13%，仅次于全国性商业银行（38%）及城市商业银行（19%），是 2016 年中国主权债券第三大买家。相反，外资持有的信用债跌至 494 亿元人民币新低，只占 2016 年底外资所持债券资产总值的 6%（见图 8-7 及图 8-8）。

① 资料来自 Wind 资讯。

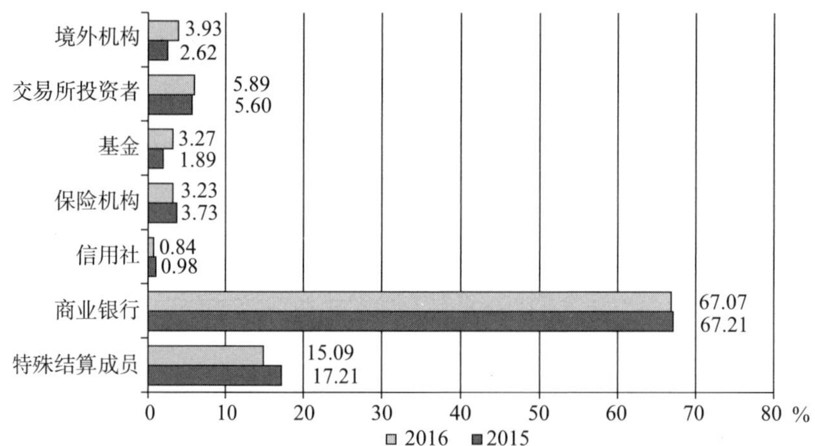

图 8-6　不同投资者在中国主权债市中的占比（2015 及 2016 年底）

资料来源：Wind 资讯。

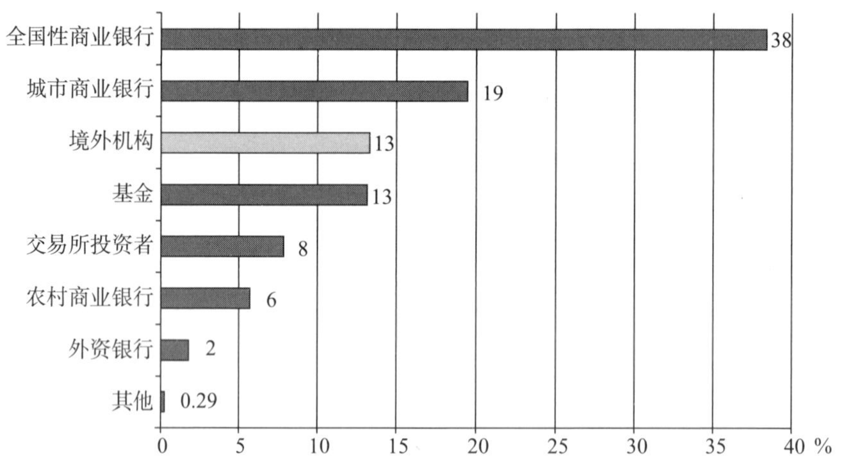

图 8-7　不同投资者在 2016 年主权债券市场增量中的占比（2016 年）

注：不包括以下于 2016 年减持主权债券的投资者类别：特殊成员、农村合作银行、信用社、证券公司及保险机构。“其他”包括村镇银行、其他商业银行、非银行金融机构、非金融机构、个人及其他机构。

资料来源：中债登网站。

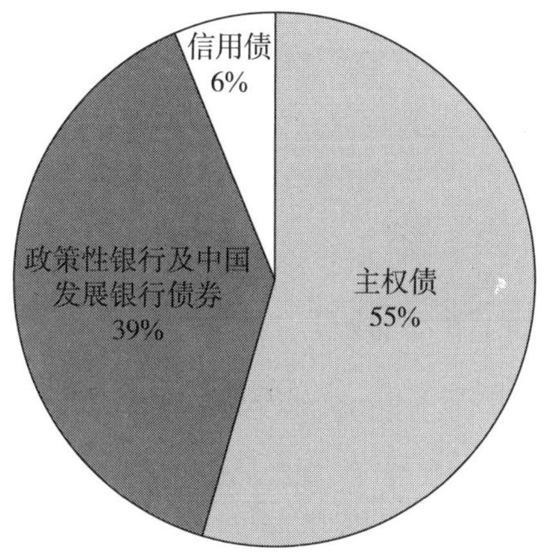

图 8-8　外资持有债券按类别价值的分布占比（2016 年底）

注：境外持有信用债券包括中债登记录的企业债券、中债登及上海清算所记录的中期票据，以及上海清算所记录的短期融资券及超短期融资券。

资料来源：Wind 资讯。

外资所持主权债券比例增加，或反映出在近期中国债市信贷违约上升的情况下，境外投资者对中国资产取态较为审慎。鉴于中国市场基础设施薄弱，特别是欠缺可信的信用评级公司，外资机构倾向持有主权债及高评级债券作为外汇储备。然而，由于主要发达市场目前处于低（甚至负）的息率环境，将资金配置至收益率较高的资产及信用债券的诱因将会增强。在此前提下，只要中国的市场基础设施及债市信用情况大幅改善，信用债券可能会较政府债券增长更快。

总体而言，2016 年底外资持有中国债券占债券总存量的比例增至 2.52%（2015 年底：2.03%）①，在中国债市登记的境外机构共 411 家②。在现行市场开放计划仍存限制的情况下，外资参与中国债市仍处于早期阶段，显示有必要推动创新措施，改良市场基础设施、交易规则及金融产品，进一步拓展中国债市的规模和深度。

有关现行计划的最新政策发展

过去，中国对金融市场开放曾持审慎态度，避免资金进出影响境内金融体系稳定性。因此，中国债市对外资参与一度较为封闭，令境内债券市场上的外资占比一

① 依据中债登网站数据计算。

② 资料来自中债登网站。

直处于偏低水平。及至近年，中国推出多项措施开放债市，配合资本账市场化及人民币国际化的快速发展。

现时中国允许境外投资者进入境内债券市场有三条渠道，分别为 QFII、RQFII 及人行合资格机构计划，阐释如下。

1. 合格境外机构投资者（QFII）计划

QFII 计划于 2002 年推出，最初只容许境外投资者进入交易所市场，包括买卖在交易所交易的债券，其后 QFII 计划进行了多次大幅改革，降低境外机构的准入门槛并扩大投资范围。2013 年 3 月，监管机构放宽了 QFII 投资限制，允许 QFII 进入银行间债券市场。2016 年进一步放松管制，简化了投资额度、资金汇入汇出安排的管理，并缩短本金锁定期（详见表 8-2）。至 2016 年底，共向 276 家 QFII 发出 873 亿美元投资额度[①]。

2. 人民币合格境外机构投资者（RQFII）计划

作为 QFII 计划的延伸，RQFII 计划于 2011 年 12 月推出。在此计划安排下，境外投资者可运用离岸人民币资金投资于在岸资产。在首阶段，中国基金管理及证券公司的香港附属公司可申请 RQFII 牌照及投资额度投资于中国资本市场。其后，RQFII 计划扩展至更多国家及地区，包括发展中及发达国家。截至 2016 年底，总额度由初期的 2 700 亿元人民币增至 15 100 亿元人民币，已向 175 家 RQFII 发出合共 5 280 亿元人民币额度[②]。

与 QFII 计划类似，RQFII 计划的规定已逐步放宽。2013 年进行主要的政策调整，取消了“20% 股市 /80% 债市”的资产配置限制，投资范围亦扩展至股指期货及银行间债市定息产品等。

2016 年，RQFII 及 QFII 两个计划均获大幅放宽。2 月，国家外汇管理局（外管局）发布《合格境外机构投资者境内证券投资外汇管理规定》。9 月，人行及外管局共同发布《关于人民币合格境外机构投资者境内证券投资管理有关问题的通知》。“新规”的修订主要涉及 QFII 及 RQFII 的额度管理及资金汇兑等，这些向来都是影

---

① 资料来自外管局网站。

② 资料来自外管局网站。

响外资参与者执行有效投资策略及资金配置的主要方面。修订内容大致包括：

（1）针对投资额度的新管理办法：根据新规，投资额度根据资产规模一定百分比而非按原定投资额度限制所计算。此外，境外主权财富基金、中央银行及货币当局的投资额度则不受限，可按实际需要申请额度。

（2）放宽本金额汇入及相关锁定期：新规移除了须于投资额度获批之日起计6个月内汇入本金的限制，并将锁定期缩短为累计汇入投资本金达1亿元人民币（RQFII）或2 000万美元（QFII）之日起计3个月。

（3）放宽资金汇出：新规允许RQFII于相关锁定期届满后办理资金汇出手续。QFII方面，汇出本金无须再经外管局事先批准，不过资金导出规模仍设月度限制。

3. 合资格机构进入内地银行间债券市场（人行合资格机构计划）

2010年人行推出该项试点计划，容许合格境外机构使用离岸人民币投资于银行间债券市场。推出时合格机构包括境外央行或货币当局、离岸人民币清算行及参与银行等三类。同时，主权财富基金及国际组织亦可据此安排进入银行间债券市场。

自2015年，此计划再推出多项重要放宽措施，进一步便利境外投资者进入中国银行间债市：2015年5月底，人行允许离岸人民币清算行及参与银行利用在岸债券持仓进行回购融资；2015年7月中，人行进一步放宽合格债券交易范围，容许合格主体参与在岸银行间债券市场的债券现券买卖、债券回购、债券借贷、债券远期、利率互换及人行许可的其他交易，而无须经人行事先批准或受任何额度限制。

2016年2月，人行发布“第3号公告”①，进一步放宽境外机构投资者进入银行间债券市场的规则。首先，合格境外机构参与者类别扩展至所有合格境外机构投资者，包括商业银行、保险公司、证券公司、基金管理公司、其他类别金融机构及人行认可的中长期机构投资者。第二，公告进一步放宽对境外投资者施行的外汇管理。第三，“第3号公告”实施宏观审慎管理，因此不对个别投资者施加额度限制。为配合“第3号公告”的实施，2016年5月中国进一步颁布详细规则，厘清境外机构投资者在银行间债市的投资流程。

① 见中国人民银行公告2016年第3号。

2016年的措施进一步开放境内债市，但仍有改进空间，例如：现时合格投资者的范围仍限于金融机构；关于债券产品及额度等限制仍然存在；境内银行间债券市场的准入程序可进一步简化及厘清，以吸引更多外资参与。

表 8-2　　目前 QFII、RQFII 及人行合资格机构计划的主要架构

	QFII	RQFII	人行合资格机构计划
监管批准	• 中国证监会：QFII/RQFII 牌照 • 外管局：QFII 额度 • 人行：进入银行间债券市场事先备案		向人行事先备案
投资额度	• 如申请的额度于基础额度内，只需向外管局事先备案；如要求的额度超出基础额度，须经审批 • 基础额度根据资产规模一定比例计算		• 对境外机构投资者实施宏观审慎管理 • 无明确投资额度要求，需向人行备案拟投资规模
合资格定息产品	• 交易所市场：政府债券、企业债券、公司债券、可换股债券，等等 • 银行间市场：债券现券		• 外汇储备机构：所有债券现券、债券回购、债券借贷、债券远期、利率互换、远期利率协议等等 • 其他金融机构：所有债券现券及人行许可的其他产品，离岸人民币清算行 / 参与银行亦可买卖回购
外汇管理	在岸与当地托管商进行兑换	须汇入离岸人民币（取自离岸）	在岸 / 离岸
汇入本金锁定期	三个月	三个月，开放式基金则不设限	没有
汇出频次及限制	每日（仅开放式基金）及月度汇出限制	每日（仅开放式基金）	• 累计汇出金额需符合一定比例规定

资料来源：截至2016年底资料。最新规则及政策见人行、中国证监会及外管局网站。

约束外资参与的制度特征

除了准入限制外，境内债市若干制度性特征也值得关注及需要妥善处理，以便吸引更多外资积极参与境内债券市场。

1. 交易平台及产品相对分割

境内债市相对分割主要体现在交易工具、平台及其监管架构上。如表8-3所示，

不同市场（主要为证券交易所及银行间债券市场）提供不同的债务工具，负责监管的机构亦不相同。基于交易的产品及市场，外资参与者须经不同监管机构审批。

表 8-3　　中国境内两大债市

	银行间债券市场	交易所市场
监管机构	人行	中国证监会
交易平台	中国外汇交易中心	上海 / 深圳证券交易所
中央证券登记	中央国债登记结算有限责任公司（中债登）/上海清算所	中国证券登记结算有限责任公司（中国结算）
可选工具	中央政府债、地方政府债、政策性银行债、央行票据、企业债券、中期票据、短期融资券、商业银行债券、金融机构债券、银行间可转让定期存单、资产支持证券、回购、债券借贷、债券远期、利率互换等等	中央政府债券、地方政府债券、企业债券、公司债券、可换股债券、资产支持证券、中小型企业发行的私募债
主要投资者	机构投资者（银行、证券公司、保险公司、基金、财务公司、企业、离岸机构等等）	证券公司、保险公司、基金、金融公司、个人投资者、企业

资料来源：中国人民银行、中国证监会。

境内的机构投资者主要在银行间债市进行交易，导致逾 90% 债券交易量都发生在银行间市场，在沪深交易所进行的交易少于 10%（2016 年数据）[①]。两个交易平台各有其本身规定，并非所有产品都可同时在两个市场上交易。基本上只有数类债券（政府债、企业债及公司债）可在银行间及交易所市场同时交易，其余（例如政策性银行债、商业银行债券、央行票据、中期票据、短期融资券、回购、债券借贷等等）只可在银行间市场交易。可换股债券及私募债则在交易所市场交易。

由于债市分割并涉及不同监管机构，导致流通量分散和市场深度有所限制。此外大部分对冲产品只在银行间债券市场交易，给大部分外资参与者带来风险，特别是基金及证券公司，因为他们大多数主要是透过 QFII 及 RQFII 安排进入交易所市场的。

2. 境内债市投资者基础较为集中

另一个牵制中国债市流通量的主要因素是投资者结构高度集中。2016 年底，商业银行持有债券存量占整体比重为 58.5%。如计及特殊机构（主要为人行及政策性银行），则银行所持债券合计超过市场总存量的 60%。政府债券的持仓更为集中，

① 资料来自 Wind 资讯。

银行持有占总存量约 80%。相比之下，其他非银行金融机构（包括保险公司、基金及交易所参与者，他们买卖较为活跃）持有的债券存量占整体的 32%[①]。

相对一边倒的投资者基础不利于促进债市流通性。2016 年中国债券流通率为 2.79，远远低于美国，与当年日本、韩国进行货币国际化时，以及 20 世纪 90 年代商业银行垄断债市时的水平相比，亦有所不及[②]。中国债市流通比率低，可归咎于投资者组合欠缺多元化以及商业银行主导市场。投资者基础多元化及因此而来的流通性，是中国债市健全发展以至人民币国际化的两大必要元素。

3. 信用评级欠缺差异及透明度

现时，境内评级机构将近 90% 境内债券评为 AA 或以上级别[③]。中国债券（特别是信用债）的信用利差不足以抵偿相关信用风险。与国际准则相比，境内评级机构在信用评级及评核指标方面，与国际评级机构都存有重大差异，令境外投资者难以识别中国公司债券的信用价差。有必要将境内与国际评级标准及惯例接轨，以及容许国际评级机构参与境内市场，境外投资者方可更容易追踪中国信用质素，从而更准确判断相关的信用风险。

可行改善方案

为进一步推动外资参与中国境内债市，或可考虑以下改善方案。

1. 整合交易平台及现有外资参与计划

市场规模及流通量是决定债市交易及定价效率的主要因素。如第 5 节所述，现时大部分中国境内债券的发行及交易仍分为银行及交易所两个市场，只有小部分可在两个市场同时交易。此外，两个市场的成交量亦相对不平衡，银行间市场的成交占比超过 90%，而交易所债券流通量则相对极低。

通过 QFII 及 RQFII 计划的外资参与者（例如证券公司、基金或中小型机构投资者）大多只可进入交易所市场，因为银行间市场的准入规定及交易成本相对较高。

① 资料来自 Wind 资讯。

② *People's Republic of China's Financial Market: Are They Deep and Liquid Enough for RMB Internationalization?*，亚洲发展银行工作论文，2014 年 4 月。

③ 资料来自 Wind 资讯。

交易所市场流通量低且规模小，导致该市场的信用利差较高、对冲能力也较弱。整合交易平台可促使流通量达到足够规模以改善定价能力。

此外，近期 QFII 及 RQFII 计划的政策改革，使彼此在投资额度及资金汇兑方面的政策更为相近，日后两项制度有可能更为划一或整合，以降低交易成本及更有效形成更多元的投资者基础。

2. 加快跨境产品创新，将离岸外汇产品优势与境内债市有效连接

外资增持中国债券，相关风险管理的需求也就上升。为便利分散人民币债券投资风险，境内债市必须推出更多工具。此外，境外投资者投资人民币债券时需要对冲人民币汇率风险，这方面外汇工具亦很重要。虽然近期境内汇市进一步向境外投资者开放，但利用离岸市场对冲优势及充裕的产品供应，也是另一种对冲境内债券资产的有效方式。香港交易所于 2017 年 4 月 10 日推出五年期中国财政部国债期货（国债期货）合约，为全球首只对离岸投资者开放的在岸利率产品，为境外投资者提供了管理人民币利率风险头寸高效、透明及便捷的工具①。

离岸人民币市场的优点在于任何人均可自由进出，包括私人部门主体。离岸外汇市场的流通量亦大幅改善，离岸人民币交易相对在岸交易的比重已显著提高。香港离岸人民币市场为持续发展人民币衍生产品及对冲工具提供了稳健基础，可便利外资参与者对冲持有中国债券资产及外汇波动风险，进行相应的风险管理。

3. 接通在岸与离岸债市，以实现境内市场与国际规范的深度融合

一如沪深港通计划，设立连接在岸与离岸债市的跨境平台，开展内地与香港债券市场互联互通合作（债券通）是进一步便利人民币债券交易及提高定价效率的可行方案，通过香港与内地债券市场基础设施机构联接，境内外投资者可以买卖两个市场流通的债券。

从交易角度而言，债券通可促成债市跨境融合，提升流通量，实现交易所债券市场与银行间债券市场对接。此外，市场整合后可带来更多标准化的工具，为人民币计价资产开发出更多价格基准，改善中国债券资产的定价效率。

虽然国际投资者目前可以直接参与境内人民币市场（包括汇市及债市），离岸

① 参阅本书第 7 章《香港交易所五年期中国财政部国债期货》。

市场仍然是支撑人民币作为全球货币的主要场所。基于香港的离岸金融环境及基础设施发展成熟，跨境债券通计划可为境外投资者纾减监管压力，并提供更便捷的制度条件，例如提供符合国际标准的信用评级以及更佳的投资者保障。

对内地投资者而言，债券通亦可提供一系列的国际债券，配合他们的全球资产配置策略。通过与专业国际投资者共同参与国际交易平台，内地投资者亦可增加面对国际市场惯例及规例的经验。从这个角度，债券通将助推提升内地境内债市的深度及广度，培养更成熟及专业的投资者基础。

09

香港交易所美元兑人民币（香港）期权合约

人民币货币风险管理的工具

2017 年 8 月

概要

香港交易所推出人民币货币期权，主要是有见于市场参与者对买卖和管理离岸人民币汇率的多元化工具需求日益殷切，希望满足市场需要。

香港交易所的人民币货币期权合约与人民币货币期货合约系列相辅相成。这些期权合约可用作针对非线性敏感度的风险管理工具，让投资者可利用人民币汇率进行波幅交易，正可切合以往人民币货币期货未能满足的市场对冲需求[①]。随着人民币汇率朝向自由浮动的方向发展，以及相关的政策发展，人民币汇率正由政策主导走向市场主导，预期会增加美元兑人民币（香港）汇率的波动。2015 年 8 月人民币汇率改革前一个月，美元兑人民币（香港）的一个月引申波幅还是 1% 至 2% 左右[②]，其后一年已攀升至 4% 至 10%。美元兑人民币（香港）即期汇价波幅增加，可以说造就了推出人民币货币期权合约的机遇，令市场参与者可进行波幅交易，也便于作对冲汇率风险。

此外，全球场外人民币期权市场 2016 年的平均每日成交金额已高达约 180 亿美元[③]，每宗交易平均金额为 1.5 亿美元[④]。此外，在场外人民币（香港）衍生产品市场，

---

① 相对表现与相关货币汇率呈线性关系的货币期货而言，货币期权的表现与非线性的风险敏感度有关，譬如相关资产价格变化的变化率（即 gamma）、波动率（即 vega）及时间（即 theta）。

② 资料来自彭博。

③《三年一度外汇及场外结算衍生工具市场活动央行调查》，国际结算银行，2016 年。

④《2016 年新兴市场货币指引》（*Emerging Markets Currency Guide 2016*），汇丰银行。

现时的波动率头寸大都以单纯的普通期权形式存在（无特别结构设计的标准认购/认沽期权），与两三年前以结构性远期持仓为主导的市场结构大不相同。

鉴于场外市场相对欠缺透明度、新监管法规涉及的保证金要求以及交易对手方风险等考虑因素，人民币货币期权交易转往场内进行的需求日益增加。在香港期货交易所（期交所）上市、并透过香港期货结算有限公司（期货结算公司）进行中央结算的美元兑人民币（香港）期权合约，可为这个重要且持续增长的人民币（香港）期权市场提供价格透明度及降低交易对手方风险。

宏观市场环境：市场需求及现行支援

1. 双向波动推动人民币风险管理工具的需求

2015 年 8 月 11 日，中国人民银行（人行）推出以市场供求为基础、有管理的浮动汇率制度，人民币汇价参考上一个交易日银行间外汇市场收盘汇率，以及外汇供求情况及一篮子货币汇率变化进行调节（改革）。如图 9-1 所示，2015 年 8 月改革前一个月，美元兑人民币（香港）的一个月引申波幅还是 1% 至 2%，改革后一年已增至 4% 至 10%。

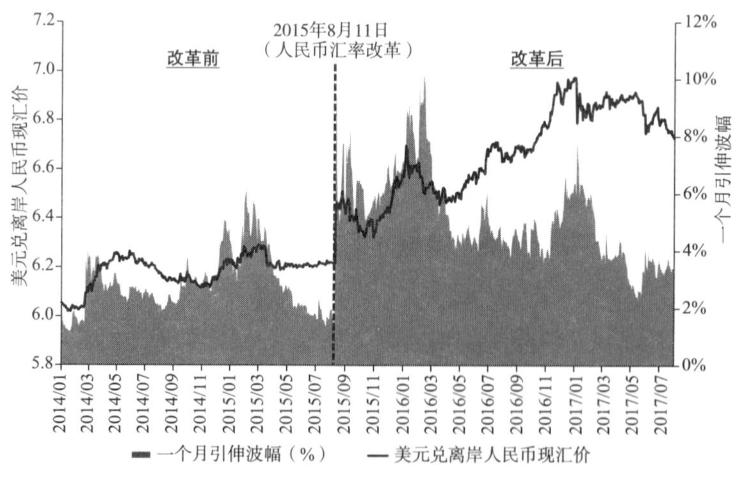

图 9-1　美元兑离岸人民币每日现汇价及波幅（2014 年 1 月—2017 年 7 月）

资料来源：彭博。

人民币国际化已迈进全新阶段。作为连通内地与环球市场最为关键的离岸人民币枢纽，香港担当的角色越来越重要。香港应继续加强自身优势，在“共同市场”的新角色之上，容纳更多创新的人民币计价的产品，以巩固香港作为金融中心的长远发展。这个新角色可分为三方面：（1）优化的离岸人民币市场；（2）人民币风险管理中心；（3）建立成为一个“门户市场”，详述如下。

（1）就离岸人民币市场而言，过往市场增长动力主要依赖市场对人民币升值的预期，及在岸与离岸市场之间的套利交易。现在，市场上的相关金融产品越来越多，市场上有更多风险管理工具可用于更多不同的投资组织者策略，市场规模不断深化和扩大。这一切正好切合人民币资产全球配置和相关的跨境资本流动的需求。在日本、英美等发达国家，信贷、股本及债券市场的规模都是其国内生产总值的 5 倍以上[①]，而这等比值在中国只是约 2.1 倍，显示出中国在金融市场深化和金融产品多元化发展方面仍有很大的发展空间。再加上国际货币基金组织已将人民币纳入特别提款权货币篮子（SDR），预期人民币汇价双向波动将成为新常态。越来越多投资者日益关注这个市场变动，开始管理汇率方面的风险。

进一步发展和丰富多元化金融产品及相关金融服务类别，**有利香港继续发展其离岸人民币市场**，成为跨境投资（尤其是源自内地的海外投资）及相关风险管理的主要地点。现在正是香港进一步拓展其离岸人民币市场深度及效能的良机。如果能够发展更有效和合理的在岸及离岸人民币市场定价基准，两个市场的人民币定价“各自为政”的情况可望有所改善，令在岸与离岸人民币市场价差维持在合理水平。要达到这个目标，在岸与离岸人民币债券市场、外汇市场和衍生产品市场需要进一步互联互通、提高市场流通量，以及增加市场参与者数目和多样化程度。

（2）**香港已具备成为风险管理中心的优势**，有助于加快内地现行经济及金融体系转型调整的进程。譬如：市场普遍预期，人民币国际化迈进下一个新阶段时，人民币汇率的灵活性料将进一步提高，那时候，汇率风险管理的需求必定进一步增加。另一方面，内地公司正纷纷拓展全球网络，也积极参与“一带一路”沿线国家的不同项目。对此香港亦恰可“把握机遇”，切合这些公司对海外投资风险管理及拓展国际业务网络的需求。

---

① 国际货币基金组织数据。

（3）随着中国金融市场逐步开放，香港不再只是内地实体投资的活跃的产品汇集市场，而亦逐渐成为内地实体投资其他市场的**门户市场**。内地与香港市场交易互联互通机制试点计划推出后，这个趋势更为明显。2014 年 11 月推出沪港股票市场交易互联互通机制（沪港通），2016 年 12 月推出深港股票市场交易互联互通机制（深港通），2017 年 7 月推出内地与香港债券市场互联互通合作（债券通），香港、深圳及上海已连结成一个大规模的共同市场。在香港桥梁作用下，这个共同市场一方面支持内地资金进行全球资产配置，另一方面为国际资金投资内地资本市场提供稳健的基础设施和平台。可以预见的是，若互联互通框架延伸至其他产品类别，香港作为连接市场的主要角色将会进一步加强。按现时跨境投资活动日趋频繁的势头，市场的风险管理需求料将增加，增幅甚至可能数以倍计。

2. 香港交易所人民币产品及平台的支援

在上文分析的宏观背景下，海外市场对中国定息及货币产品市场的兴趣日增，自然对风险管理和投资的需求亦上升。对此，香港交易所一直多方面加大投入，冀能成为离岸人民币产品交易及风险管理中心。现时，香港交易所旗下的交易平台提供不同类型的人民币产品，包括债券、交易所买卖基金、房地产投资信托基金、股本证券、人民币定息及货币衍生产品以及大宗商品衍生产品等，整个产品系列均以切合市场需求为目标。

香港交易所于 2012 年推出美元兑人民币（香港）期货合约后，产品的成交量自 2015 年开始稳步上升，现已成为全球买卖最活跃的人民币期货合约之一[①]。及后香港交易所进一步发展更加多元化的产品组合，于 2016 年 5 月 30 日推出人民币兑其他货币的期货合约（日元、欧元及澳元）交易，便利交叉货币对冲。除人民币货币风险管理工具外，香港交易所亦于 2017 年 4 月 10 日推出五年期中国财政部国债期货（国债期货），丰富旗下的人民币利率风险管理工具。这只国债期货可有效对冲利率，尤其是 2017 年 7 月 3 日债券通之后。债券通是连接中国银行间债券市场与全球市场的试点计划，令国际投资者首次可经"北向通交易"直接在内地银行间债券市场的交易平台——中国外汇交易中心买卖债券。

另外，随着人民币已成储备货币，其与国际货币之间的关系受人注目，市场对

① 见本书第 14 章《香港交易所迈向成为离岸人民币产品交易及风险管理中心》。

人民币货币指数基准亦存在庞大的需求潜力。2016 年 6 月，香港交易所推出与汤森路透联合开发的汤森路透 / 香港交易所人民币货币系列指数（RXY 指数或 RXY 系列指数），便利市场参与者留意人民币汇价走势。香港交易所亦计划未来推出该指数的期货及期权产品，为市场提供更多有效的人民币风险管理工具。

此外，香港交易所亦计划完善旗下的人民币产品系列，于 2017 年 7 月 10 日先在大宗商品市场推出其双币（美元及人民币定价及结算）交易、实物交收的黄金期货合约，为黄金生产商、用家及投资者提供风险管理及投资的有效解决方案，管理黄金现货与期货市场之间以及人民币与美元之间的价差所产生的风险。

香港交易所亦优化旗下基础设施平台，为人民币衍生产品在香港市场的进一步发展奠下稳健基础。香港交易所旗下附属公司香港场外结算有限公司（场外结算公司）于 2013 年开业，提供了重要的资本市场基础设施，满足定息及货币产品市场参与者对结算服务的需求，尤其是人民币计价衍生产品等区内交易产品。

3. 香港交易所美元兑人民币（香港）期货：全球流通量最高的美元兑人民币（香港）期货合约之一

现在市场已越来越意识到对冲人民币汇率风险的必要性及其益处。首只在香港交易所平台上买卖的人民币衍生产品是 2012 年 9 月推出的美元兑人民币（香港）期货。不论是个人或机构投资者，都开始认识到人民币汇率波动如何在人民币资产、负债及现金流三方面影响他们的投资组合。人民币双向走势已成为投资者风险管理框架的重要度量标准之一。

2016 年，香港交易所的美元兑人民币（香港）期货录得全年成交合约 538 594 张，年度增幅 105%，年底未平仓合约达 45 635 张，年度增幅 98%（见图 9-2），均创历史纪录[①]。此外，2016 年 12 月的日均成交量攀升至 4 325 张。现金结算的人民币（香港）兑美元期货于 2016 年下半年的合约成交量亦见增长，未平仓合约自推出以来稳步上扬。2016 年 12 月平均每日成交 95 张合约，年底未平仓合约达 1 494 张的高位。

踏入 2017 年，香港交易所美元兑人民币（香港）期货产品更创下多项新纪录：

① 资料来自香港交易所。

- 2017 年 1 月 5 日单日成交 20 338 张合约（名义价值 20 亿美元）；第二及第三大成交则分别是 5 月 31 日及 6 月 1 日，同样超过 8 600 张合约（名义价值超过 8.6 亿美元）；
- 2017 年 1 月 4 日未平仓合约 46 711 张合约（名义价值 47 亿美元）；
- 2017 年 1 月 4 日夜期成交 3 642 张合约（名义价值 3.6 亿美元）；
- 市场参与度增加：曾参与买卖此产品的交易所参与者总数增至 112 名。

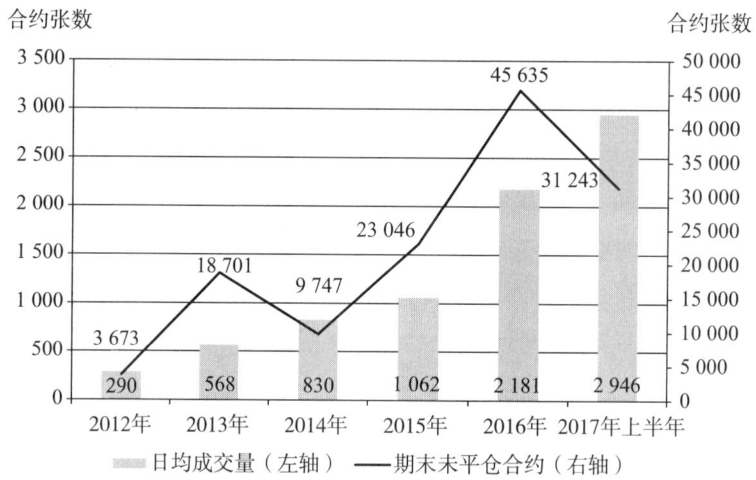

图 9-2　香港交易所美元兑人民币（香港）期货交易表现（2012 年—2017 年上半年）

资料来源：香港交易所。

香港交易所美元兑人民币（香港）期权：场内交易的风险管理工具

现时的场外人民币期权市场已十分庞大，日均成交量达 180 亿美元①，每宗交易平均金额为 1.5 亿美元②（见图 9-3）。有别于两三年前场外人民币（香港）衍生工具市场上以结构性远期仓盘为主导，现时几乎所有新出现的波动风险均以标准化期权（即无特别结构设计的标准认购 / 认沽期权）来管理，足见市场对以标准期权对冲货币风险的需求日增。

①《三年一度外汇及场外衍生工具市场活动央行调查》（*Triennial Central Bank Survey of Foreign Exchange and OTC Derivatives Markets*），国际结算银行，2016 年。

②《新兴市场货币指南 2016》（*Emerging Markets Currency Guide 2016*），汇丰银行。

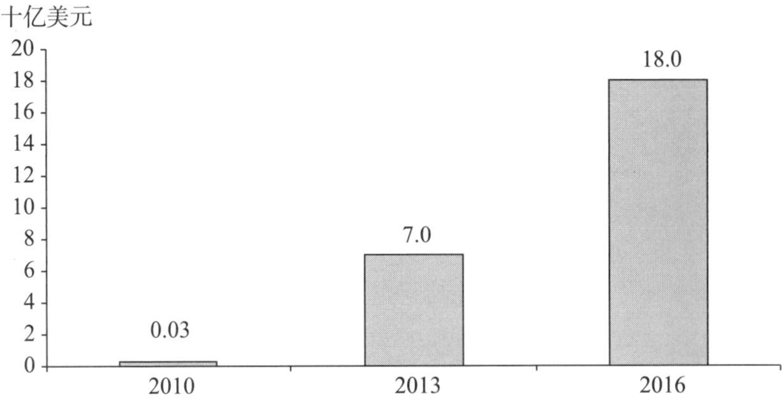

图 9-3　全球场外人民币货币期权日均成交量

资料来源：国际结算银行《三年一度外汇及场外衍生工具市场活动央行调查》（*Triennial Central Bank Survey of Foreign Exchange and OTC Derivatives Markets*）。

与场外的人民币货币期权市场相比，香港交易所的货币期权市场有其若干特色，阐释如下。

1. 持续报价

按惯例，场外的人民币货币期权市场以双边交易和报价请求（RFQ）模式运作。投资者必须逐一联络可以提供价格的市场参与者，与之协商并要求期权报价，再自行比较价格。这交易模式影响了价格发现的效率。

相比之下，香港交易所的美元兑人民币（香港）期权不论在交易执行或价格发现方面都有显著的优势。一般情况而言，香港交易所人民币货币期权的指定流通量提供者可提供大约 150 个期权系列的持续报价，期限较短的平均买卖价差为 12 至 40 点子，期限较长的则为 80 至 160 点子[①]。这样的买卖盘报价串流让投资者可按指定行使价及持有期限进行交易，有利流通量建立。除持续报价外，投资者亦可要求指定的流通量提供者就特定行使价及合约期提供报价。

与场外人民币衍生工具相比，交易所场内交易的其中一个特点就是可汇集流通量，能提供持续不断的流通量及买卖差价较窄等优势。此外，买卖上市产品的监管

① 资料来自香港交易所（2017 年 7 月）；“点”指小数点后第四位数（0.0001），是货币对的最低价格波幅。

及资本效率（见下一小节）亦已愈见明显。简而言之，场内市场能在公平基础上提供一个井然有序兼高度透明的交易环境。

2. 资本效益

欧美地区的新规则（如欧洲的 EMIR①、美国的 CFTC②）正影响着场外市场参与者。由 2017 年 3 月 1 日起，所有涉及到的对手方（主要为金融实体及具系统重要性的非金融实体）须就其所持有的未结算场外组合每日交换变动保证金，这对许多场外市场参与者而言是相对新的规定。另外有关交换初始保证金规定，正准备分阶段强制实施，并于 2020 年 9 月或之前全面实施。

场内的人民币衍生产品能为投资者提高资本效益，主要源自其在多方面均较场外市场有相对优势。表 9-1 为场内交易人民币衍生产品与场外人民币衍生产品的对照比较。

表 9-1　　人民币场内场外衍生产品比较

项目	场外人民币衍生产品	场内人民币衍生产品
价格透明度	相对不透明——需逐一联络对手方询问以获取价格	非常透明——香港交易所网站、资讯供应商及经纪的交易平台均可提供期权价格
中央结算	只有双边结算，并无中央结算	香港交易所充当交易双方的中央结算对手
授信及抵押品	需与银行磋商信贷额及抵押品安排	以保证金为基准，接受现金抵押品
结算风险	人民币不是持续联系结算银行（CLS③）的合资格货币，因此不能利用该系统进行持仓净额计算	香港交易所交易的衍生产品可以进行持仓净额计算

资料来源：香港交易所分析。

3. 独有而灵活的风险管理工具，适用于不同的人民币市场情况

香港交易所的美元兑人民币（香港）期权合约的设计特意反映其美元兑人民币

① 《欧洲市场基础设施监管规则》（EMIR）是根据欧洲议会及欧盟理事会第 11 条欧洲市场基础设施监管规则（欧盟）第 648/2012 号制定的监管技术标准。

② 美国商品期货交易委员会（CFTC）的商品交易法。

③ 持续联系结算及交收系统（CLS）是处理跨境外汇交易的全球结算及交收系统。

（香港）期货合约的特色，使其能提供跨产品对冲及跨产品保证金计算，以及为相同名义金额提供独有的回报架构。

（1）跨产品对冲

美元兑人民币（香港）期权直接与香港交易所现有的美元兑人民币（香港）期货互补。两者并用，投资者能就不同市况部署交易及对冲策略，对手方风险却比场外衍生产品为低。在人民币自由化进程推进及政策持续朝市场主导方向发展之际，人民币汇价持续波动，两种产品正好在这方面为投资者提供对冲工具。（期权及期货的比较见表 9-2。）

（2）跨市场计算保证金

香港交易所的美元兑人民币（香港）期权合约按期货结算公司采用的 SPAN 方法[①]以保证金基准交易，当中相关资产相同的期货及期权计算保证金要求时，其净对冲值是一重要因素。因此，同时持有美元兑人民币（香港）期货及期权持仓的投资者可享跨市场计算保证金之利，须支付的保证金会较独立单边持有为少。

从风险管理的角度来看，期权合约独有的风险及回报模式使期权合约有许多用途。配合不同的期权 / 期货策略，投资者可使用期权合约涉足多种市场参数（例如现货汇率、波动率及时间等）。

期权合约适合多种人民币市场状况，提供了灵活的策略应对不同市况，可用于牛市、熊市、区间震荡或波动的市场。（见 194 页“产品应用”小节有关产品的基本应用。）

表 9-2　　期权期货对比

期权	期货
• 买方有权利（但没有责任）在预先厘定日或之前以预先厘定价（行使价）买入（或出售）相关资产；若买方行使权利，卖方有责任以行使价出售（或买入）资产 • 期权价格与相关资产有非线性关系，亦有独有的风险回报架构 • 买方要实时支付一个价格作为期权金	• 买方有责任在日后指定时间以预先厘定价买入资产，卖方有责任在日后指定时间以预先厘定价出售资产 • 期货价格与相关资产有线性关系 • 并无需实时缴付的费用（保证金及其他交易相关费用除外）

① SPAN 指标准组合风险分析。请参阅下列网页的保证金计算方法文件：www.hkex.com.hk/eng/market/rm/rm_dcrm/rm_dcrm_clearing/dmrm_clearing_settlement.htm。

续前表

例子
• 期权：投资者买入美元兑人民币（香港）汇率的（欧式）认购期权，行使价为 7.0 元，于 3 个月后到期。3 个月后期权到期，投资者有权利（但没有责任）以每美元兑人民币 7.0 元的汇价买入美元。 • 期货：投资者以价格 7.0 买入美元兑人民币（香港）期货长仓，于 3 个月后到期。3 个月后期货到期当日，投资者有责任以每美元兑人民币 7.0 元的汇价买入美元。 • 货币期权中，一货币的认购期权亦是另一货币的认沽期权，所以货币期权较其他资产类别的期权复杂。

资料来源：香港交易所分析。

4. 场内交易其他特色

- **成本效益较高**：买卖场内期权合约一般只支付期权金及保证金，要实时支付的仅占合约名义价值一小部分，提供杠杆效应①及较高的成本效率。以香港交易所的美元兑人民币（香港）期权来说，由于豁免首 6 个月（2017 年 3 月 20 日至 2017 年 9 月 29 日）的交易费，且毋须支付证监会征费，相关交易费更低。
- **交易透明度高**：场内买卖的期权合约均为标准合约，交易有序透明。投资者可透过从信息供货商（市场信息供货商名单见附录三）及经纪的交易平台上取得实时的场内期权价格。
- **市场进入更简便**：交易所一般均向不同类型投资者（包括但不限于散户、公司用户、资产管理公司及对冲基金）开放。以香港交易所为例，投资者可透过现时逾 120 家可买卖人民币产品的交易所参与者买卖此期权产品。相对之下，场外的人民币货币期权市场只向机构用户开放。

基于具备上述各种特点，香港交易所的美元兑人民币（香港）期权的累计成交量及未平仓合约稳步上扬。如图 9-4 所示，截至 2017 年 7 月 31 日，产品推出以来的总成交量为 4 914 张合约（以名义金额计算为 491 亿美元），未平仓合约续创新高。于 2017 年 7 月 31 日，所有合约月份合计的未平仓合约达 1 727 张（以名义金额计算为 1.73 亿美元）。

① 货币期权及杠杆效应风险颇高，不适合经验不多的投资者或风险承担能力不高的人士，详情请参阅香港交易所网站。

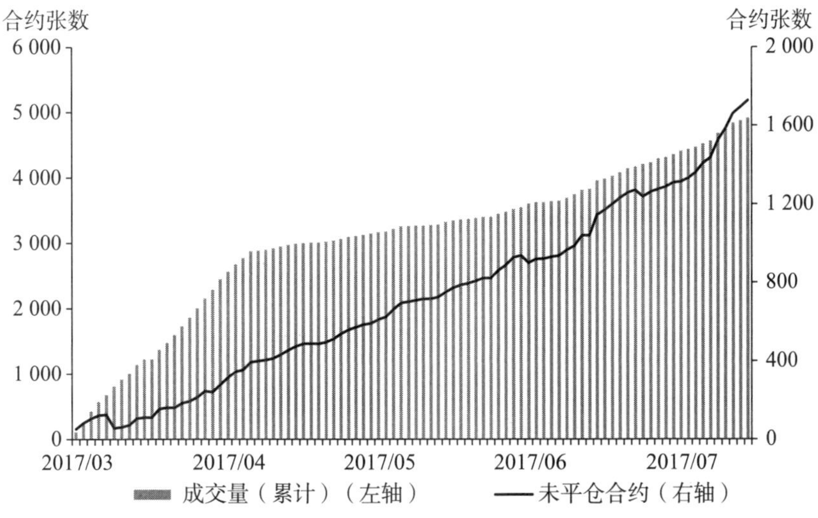

图 9-4　香港交易所美元兑人民币（香港）期权累计成交量和未平仓合约（2017 年 3 月—2017 年 7 月）

资料来源：香港交易所，数据截至 2017 年 7 月 31 日。

香港交易所美元兑人民币（香港）期权：产品设计及应用

香港交易所的美元兑人民币（香港）期权合约是欧式现货期权，只可于到期当日而非之前行使，主要以当前场外市场惯例（大部分货币期权均为欧式）为设计基础。到期日行使期权后，行使一方须按行使价交付与人民币本金全额相等的美元，有关安排切合期权用户对人民币本金汇兑的需求。

1. 定价行为及须关注的风险定价因素

期权金即期权价格是包含相关资产行使价及现货价、两种相关货币的利率、期限和波幅等若干因素的一个函数。经济学者加曼（M. B. Garmar）和科尔哈根（S. W. Kohlhagen）将通常用于股票期权的 Black-Scholes 定价模型延伸至货币期权的定价，称为加曼科尔哈根模型①。

货币期权为可牵涉多层面的工具，二级市场的货币期权价格对不同市场参数均

① M.B. Garman 与 S.W. Kohlhagen 合著《外汇期权价值》(*Foreign Currency Option Values*),《国际货币与金融》(*Journal of International Money and Finance*), 1983 年第 2 期。

有变量响应。基于期权条款的多样性（合约期、行使价等），市场参与者要在市场上找完全相同的期权进行对冲并不可行。因此，买卖期权的人士要密切监测各种市场参数，做好风险管理。现时测量期权价值对不同市场参数的变动有特定方法，统称“Greeks”。Greeks 的分析对期权估值和风险管理极为重要。

Greeks 将期权价格或期权组合所包含的风险分解成多个组成部分，让买卖期权的人可决定保留及对冲哪些风险。Greeks 包含的不同风险计量指标包括：

- Delta 值：相关资产现货价格变动下的期权价格变动；
- Gamma 值：相关资产现货价格变动下的 delta 值变动；
- Theta 值：期权时间值的损耗，即时间推移下期权价格的变动；
- Vega 值：相关资产波幅变动下的期权价格变动；
- Phi 值：基准货币无风险利率变动①；
- Rho 值：定价货币无风险利率变动②。

2. 产品应用

人民币货币期权及期货的主要用户包括企业、资产管理公司和基金公司、自营交易公司、经纪行和专业投资者等，他们使用人民币货币产品的目的不尽相同。

以下为人民币货币期权产品应用的多个假设性例子（有关分析不包括交易成本，另外，过往表现不代表将来的表现）。

基本应用

（1）人民币贬值时的风险管理策略

背景假设

投资者担心人民币贬值。他需要在 3 个月后沽出人民币资产换回美元。

可应用期权

例子是购买 3 个月认购期权（即买美元沽人民币），行使价 6.8500。

情境假设

期权到期时，如美元兑人民币（香港）汇价升至 6.7000，期权到期而不行使，

① 在个别货币对中，用作报价参考的货币称“定价货币”（下），被报价的货币称“基准货币”（上）。例如欧元兑美元，欧元为基准货币，美元为定价货币。

② 同上。

投资者可沽出人民币资产，按 6.7000 这个较佳汇价将人民币兑换为美元。如美元兑人民币（香港）汇价降至 7.0000，投资者行使期权，将沽出人民币资产所得款项按原行使价（即 6.8500）兑换为美元。

潜在风险与回报

潜在回报：若人民币贬值，投资者仍可按较佳汇价将人民币兑换为美元。

潜在风险：投资者须付期权金。

（2）人民币升值时的风险管理策略

背景假设

投资者担心人民币升值。他需要在三个月后沽出美元资产换回人民币。

市场策略

例子是购买三个月认沽期权（即沽美元买人民币），行使价 6.8500。

情境分析

期权到期时，如美元兑人民币（香港）汇价降至 7.0000，期权到期而不行使，投资者可沽出美元资产，按 7.0000 这个较佳汇价将美元兑换为人民币。如美元兑人民币（香港）汇价升至 6.7000，投资者行使期权，将沽出美元资产所得款项按原行使价（即 6.8500）兑换为人民币。

潜在风险与回报

潜在回报：若人民币升值，投资者仍可按较佳汇价将美元兑换为人民币。

潜在风险：投资者须付期权金。

进阶应用

（1）提高收益率——沽出备兑认购期权

背景假设

出口商 3 个月内有应收美元账款，希望届时以高于期货价格的汇价将美元转换成离岸人民币。出口商无须在收到账款时立即沽出美元，因此可待汇价较佳时才沽售，亦希望利用这笔预期收到的现金提高收益率。

市场策略

出口商沽出 2017 年 3 月到期、行使价 7.1000 的美元兑人民币（香港）认购期权，收取人民币（香港）775 点的期权金。美元兑人民币（香港）即期汇率：6.9300；2017 年 3 月期货价：7.0450；波幅：7.40 买入。

情境分析

期权到期时，如美元兑人民币（香港）汇价低于 7.1000，期权于价外到期而不行使。出口商保留人民币（香港）期权金作为持仓的额外回报。如美元兑人民币（香港）汇价高于 7.1000，期权被行使，出口商按 7.1000 的汇价将美元兑换为人民币（香港），仍较若然 3 个月前进行对冲的期货价为佳。由于出口商收了人民币（香港）期权金，其兑出美元的汇价实际为 7.1775。

潜在风险与回报

潜在回报：出口商透过沽出期权利用闲置资金获得额外回报。即使买方行使期权，出口商兑出美元的实际汇价也较佳。

潜在风险：如美元兑人民币（香港）大幅升值，出口商就需承担按当前汇价兑出美元的机会成本。

（2）减低成本—买入认购价差期权组合

背景假设

投资组合经理所管理的投资包括人民币资产。他计划购入美元兑人民币（香港）认购期权对冲人民币（香港）贬值，对冲时间为一年。然而，基于时间值、向上倾斜的波幅曲线及期货曲线，远期的美元兑人民币（香港）认购期权非常昂贵。例如，2017 年 12 月到期、行使价 7.2500 的美元兑人民币（香港）认购期权的价格为 2 515 点子。[美元兑人民币（香港）即期汇率：6.9300；2017 年 12 月期货价格：7.2650；波幅：8.85 卖出。]

市场策略

投资组合经理可沽出 2017 年 12 月到期、行使价 7.5000 的美元兑人民币（香港）认购期权，收取 1 585 点期权金，对美元兑人民币（香港）看跌，但不超出 7.5000。（行使价 7.5000、波幅 9.06 买入）。来自行使价 7.5000 认购期权的期权金可减少有关对冲策略［购入 7.2500 较低行使价的美元兑人民币（香港）认购期权］的净成本。投资组合现支付净期权金 930 点子。

情境分析

期权到期时，如美元兑人民币（香港）汇价低于 7.2500，两只期权均于价外到期而不需行使。投资组合经理要承担期权金净额作为对冲成本，但成本仍较不采取此策略为低。如美元兑人民币（香港）汇价高于 7.2500 但低于 7.5000，经理行使购入的期权并让沽出的期权到期。这是最佳情况，因经理保留对冲的同时又减低了对冲成本。如美元兑人民币（香港）汇价高于 7.5000，两只期权均被行使。经理虽失去对冲，但却获得人民币（香港）2 500 点子的现金流净额，有助于补偿其于现货市场的对冲。

潜在风险与回报

潜在回报：此策略在持有特定人民币汇价走势看法下可减少对冲成本。

潜在风险：此策略在某些情况下可能仅能对冲部分风险。

（3）风险逆转组合

情境分析

交易员预期美元兑人民币（香港）即期汇价未来 3 个月上升。他购入 2017 年 3 月到期、行使价 7.1500 的美元兑人民币（香港）认购期权，并支付 715 点子的期权金（波幅 8.35 卖出）。不过，他不想承担期权金全数，也不想过于进取地持仓，于是选择沽出 2017 年 3 月到期、行使价 6.9500 的美元兑人民币（香港）认沽期权，收取 525 点子的期权金（波幅 6.70 买入）。他的成本净额为 190 点子。

结果

美元兑人民币（香港）即期汇价及远期／期货曲线皆移向上。假设即期汇价及期货价格皆平行上涨 600 点子，认购期权的价格为 955 点子，认沽期权为 355 点子。此策略的净值为 600 点子。交易员因看对走势获利 200%。另一选择是交易员可待到期日方行使认购期权并让认沽期权到期。

潜在回报

透过风险逆转组合获取潜在回报有多种方法：

- 如美元兑人民币（香港）即期汇价及远期汇价／期货价格向上，认购期权将较认沽期权的价值为高，交易员可选择平仓获利。
- 如市场对美元兑人民币（香港）认购期权的需求较对认沽期权的大，就引伸波幅而言，认购期权将较认沽期权的价值为高（称为波幅偏差）。

潜在风险

如美元兑人民币（香港）的汇价走势不利，交易员不但失去用以购入认购期权的期权金，其认沽期权淡仓亦亏损。在这情况下，初期的成本虽然较低，但亏损却扩大。

（4）波动性交易——马鞍式组合（同一行使价的两只期权）

情境分析

交易员预期美元兑人民币（香港）即期汇价短期内将继续波动，波幅曲线或会向上。他买入 2017 年 12 月到期、行使价 7.2500 的美元兑人民币（香港）认购期权，以及 2017 年 12 月到期、行使价 7.2500 的美元兑人民币（香港）认沽期权。认购期权的定价为 2 490 点子（波幅 8.85 卖出），认沽期权为 2 350 点子。期权金合计 4 840 点子。

结果

马鞍式组合的 vega 仓位为 550 点子（每个期权 275 点子）。假设 2017 年 12 月到期、行使价 7.2500 的引申波幅增至 10.00，认购期权的价值为 2 810 点子，认沽期权为 2 670 点子。此策略现时的定价为 5 480 点子，价值变幅 640 点子（vega 约 1.15）。

潜在回报

远期马鞍式组合提供最大风险因素为波幅风险，是交易双方买卖及落实其波幅曲线走势预测的最直接方法（马鞍式组合在交易成立时的 delta 值通常为中性）。短期马鞍式组合可用以交易相关资产之波幅（gamma 交易）。

潜在风险

买卖马鞍式组合须承受波幅风险。如相关资产波动但波幅变动不大，期权交易者须管理 delta 但未能从波幅中获利。

其他可能应用

波幅较高时可应用勒束式组合（不同行使价的一个认购及一个认沽期权），亦称“两侧交易”。如预期若干价格范围会有波动但波幅不会太大，可进行蝶式买卖（马鞍式组合长仓加勒束式组合短仓），即以沽出勒束式组合来资助马鞍式组合。

3. 期权行使时实物交收

认购期权

假设：

行使价（k）= 6.90 ；正式结算价（s）= 6.95

如结算价 > 行使价，期权被行使；如结算价 ≤ 行使价，期权到期时的价值是零。

实物交收流程（见图 9-5）：

如认购期权被行使，实物交收时，买方向结算所缴付最后结算价值，即合约金额（100 000 美元）×k（6.90）= 人民币（香港）690 000 元，并自结算所收取相等于合约金额（100 000 美元）的相关货币币值。

另一方面，卖方向结算所交付相等于合约金额（100 000 美元）的相关货币币值，并向结算所收取最后结算价值，即合约金额（100 000 美元）×k（6.90）= 人民币（香港）690 000 元。

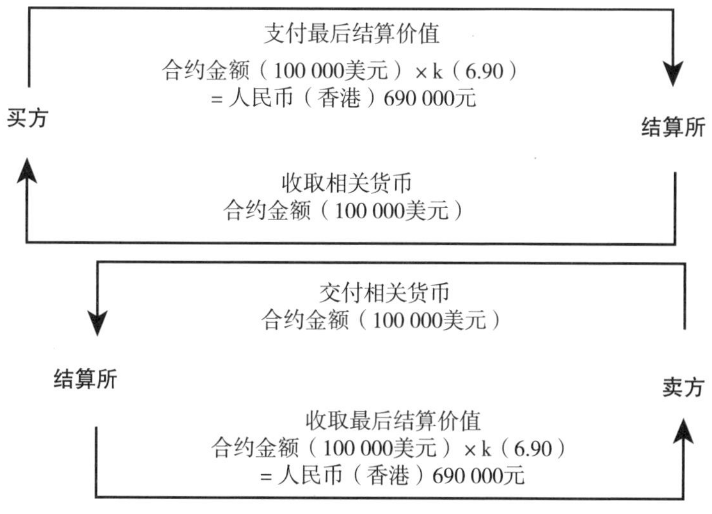

图 9-5 认购期权行使时的实物交收

资料来源：香港交易所。

认沽期权

假设：

行使价（k）= 6.90；正式结算价（s）= 6.85

如结算价 < 行使价，期权被行使；如结算价 ≥ 行使价，期权到期时的价值是零。

实物交收流程（见图 9-6）：

如认沽期权被行使，实物交收时，买方向结算所收取最后结算价值，即合约金额（100 000 美元）×k（6.90）= 人民币（香港）690 000 元，并向结算所交付相等于合约金额（100 000 美元）的相关货币币值。

另一方面，卖方自结算所收取相等于合约金额（100 000 美元）的相关货币币值，并向结算所缴付最后结算价值，即合约金额（100 000 美元）×k（6.90）= 人民币（香港）690 000 元。

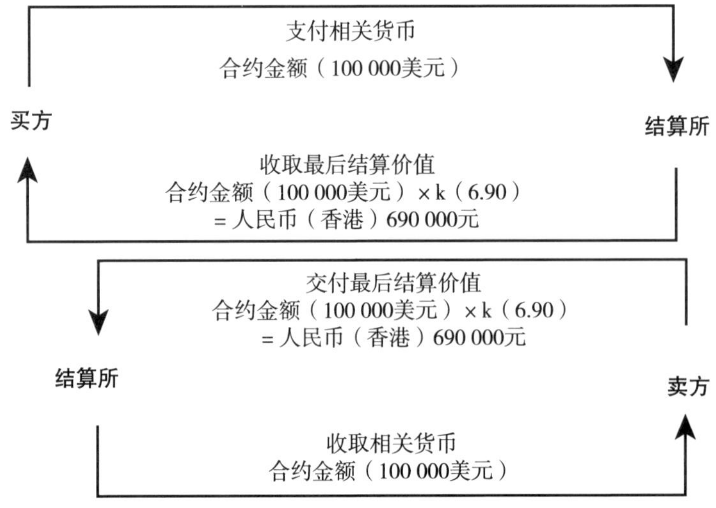

图 9-6　认沽期权行使时的实物交收

资料来源：香港交易所。

附录一　香港交易所美元兑人民币（香港）期权合约细则

表 9-A1　　　　香港交易所美元兑人民币（香港）期权合约细则

<table>
<tr><th>项目</th><th colspan="3">香港交易所美元兑人民币（香港）期权合约特点</th><th>备注</th></tr>
<tr><td>合约目标</td><td colspan="3">美元兑人民币（香港）货币对</td><td></td></tr>
<tr><td>合约金额</td><td colspan="3">100 000 美元</td><td>与期货相同</td></tr>
<tr><td>期权金报价单位</td><td colspan="3">以每美元兑人民币以小数点后第四位报价（0.0001）</td><td>沿用现行场外市场报价方法</td></tr>
<tr><td>行使价</td><td colspan="3">行使价间距定于 0.05</td><td>汇集流通量于指定行使价</td></tr>
<tr><td>正式结算价</td><td colspan="3">由香港财资市场公会在到期日上午 11 时 30 分左右公布的美元兑人民币（香港）即期汇率</td><td>人民币（香港）现货市场的基准</td></tr>
<tr><td rowspan="4">行使时的结算</td><td colspan="3">行使时实物交收</td><td rowspan="4">切合期权用户的本金兑换需求</td></tr>
<tr><td></td><td>持有人</td><td>沽出人</td></tr>
<tr><td>认购期权</td><td>以人民币支付最后结算价值</td><td>交付美元</td></tr>
<tr><td>认沽期权</td><td>交付美元</td><td>以人民币支付最后结算价值</td></tr>
<tr><td>行使方式</td><td colspan="3">欧式</td><td>场外结算市场最普遍形式</td></tr>
<tr><td>合约月份</td><td colspan="3">现月、下 3 个月及之后的 4 个季月</td><td>与期货相同（最远第 5 个季月除外）</td></tr>
<tr><td>最后结算日</td><td colspan="3">合约月份的第 3 个星期三</td><td>与期货相同</td></tr>
<tr><td>到期日</td><td colspan="3">最后结算日之前两个香港营业日</td><td>与期货相同</td></tr>
<tr><td>持仓限额</td><td colspan="3">美元兑人民币（香港）期货合约、人民币（香港）兑美元期货合约和美元兑人民币（香港）期权合约合计，以所有合约月份持仓合共对冲值 8 000（长仓或短仓）为限，并且在任何情况下：
• 直至到期日（包括该日）的 5 个香港营业日内，现月美元兑人民币（香港）期货合约及现月美元兑人民币（香港）期权合约持仓对冲值不可超过 2 000（长仓或短仓）；
• 所有合约月份的人民币（香港）兑美元期货合约净额之仓位不可超过 16 000 张（长仓或短仓）</td><td>人民币货币期货及期权的持仓对冲值合并计算</td></tr>
<tr><td>大额未平仓合约</td><td colspan="3">于任何一个系列为 500 张未平仓合约</td><td></td></tr>
</table>

附录二　香港交易所美元兑人民币（香港）期权合约的交易及结算安排

买卖盘手数上限

买卖盘手数上限为 1 000 张合约。交易所参与者应根据其业务需求和风险管理要求向交易所申请设定其买卖盘张数上限。

大手交易

交易所衍生产品交易系统支持大手交易设施。大手交易的成交量门槛为 50 张合约（名义价值为 500 万美元）。0.4 或以上的价格，其价格幅度限制为 10%；0.4 以下的价格，其价格幅度限制为 0.040 0。

庄家

部分流动性提供者将对常见行使价合约提供连续报价；部分流动性提供者将对报价请求提供报价。

结算安排

在结算方面，结算所参与者须加以安排，确保其能够处理人民币及美元交收。他们需在期货结算公司指定的交收银行设立人民币及美元账户，并与之设有相关授权。此外，结算所参与者须确保银行账户运作正常及可进行现金交付。同时，非结算所参与者应委任合资格的全面结算参与者代其结算美元兑人民币（香港）期权合约。

详见香港交易所网站。

附录三　检索香港交易所美元兑人民币（香港）期权的市场讯息

（1）资讯供应商存取编号数据

表 9-A2　　资讯供应商存取编号数据

供货商	存取编号
阿斯达克（AAStocks）	340900
Activ Financial	CUS/1701/9999P.HF
亚富信息科技（AFE Solution）	873181-7
彭博（Bloomberg）	CSX Curncy OMON <GO>
CQG	C/P.CUS
财经智珠网（DBPower）	CUS
东方财富（Eastmoney）	CUS
易盛（Esunny）	CUS
经济通（ETNet）	CUS
Fidessa	CUS_Osmy.HF
FIS Global	CUS+<STRIKE PRICE>+<MONTH CODE>+<LAST DIGIT OF THE YEAR>
浙江核新同花顺网络信息股份有限公司（Hexin Flush Financial Information Network Ltd）	CUS
汇港信息（Infocast）	CUS（Menu > Derivatives > Options > Select “” CUS “”）
Interactive Data	O:CUS\\MYYDD\\
Market Prizm	CUS <Strikes> my
报价王（QPI）	P11370-P11375
SIX Financial	CUSmy
上海大智慧（Shanghai DZH）	CUS
上海澎博财经（Shanghai Pobo）	CUSyymm-C/P-SSSSS
电信息（Telequote）	CUSOmy
Tele-Trend	Open->Options->CUS
路透社（Thomson Reuters）	0#HCUS*.HF
万得（Wind）	Quant -> CUSO.HK

（2）香港交易所网站的实时价格

https://www.hkex.com.hk/chi/ddp/Contract_RT_Details_c.asp?PId=388

（3）提供香港交易所美元兑人民币（香港）期权交易服务的交易所参与者名单

http://www.hkex.com.hk/chi/prod/drprod/rmb/EP-FXO_c.htm

（4）可进行人民币衍生产品交易的交易所参与者名单

http://www.hkex.com.hk/chi/prod/drprod/rmb/brokerlist_c.htm

10

助推中国金融市场开放

债券通的制度创新及影响

2017 年 11 月

概要

“债券通”是指境内外投资者通过香港与内地债券市场基础设施机构连接，买卖两个市场交易流通债券的机制安排。债券通是深化内地和香港市场互联互通的重要里程碑，是与现有债券市场开放管道并行的、更富有效率的开放管道，在许多环节实现了明显的创新和探索，可吸引更多境外投资者参与中国银行间债券市场，是更为适应国际投资者交易习惯的机制安排。

债券通的创新性具体体现在交易前的市场准入环节、交易中的价格发现与信息沟通，以及交易后的托管结算环节，实现了以更低的制度成本、更高的市场效率，将国际惯例与中国债市的有效对接。7 月 3 日，债券通“北向通”信道正式开通，当天交易金额超过人民币 70 亿元，开通后 3 个月内，境外机构持有的境内人民币债券余额较开通前的 8 425 亿元人民币大幅增加至 10 610 亿元人民币[①]。这或受益于债券通的管道开放，在一定程度上反映出债券通对外资参与中国债券市场的追推作用。

债券通以可控的方式进一步提升中国债市的开放程度，从而为国际投资者参与中国债市、促进中国债市的改革和开放、人民币国际化带来新的动力。通过债券通，香港可成为境外投资者进入内地债市的便利窗口，这将进一步巩固香港作为离岸人民币中心的地位，形成围绕债券通的在岸和离岸人民币产品生态圈，进一步强化香港作为国际金融中心的角色和资金进出内地的中介功能。

① 资料来自中登债、上海清算所网站。

作为中国金融市场对外开放的新突破，债券通对吸引国际资本投资中国债市具有重要意义

“债券通”是指境内外投资者通过香港与内地债券市场基础设施机构连接，买卖两个市场交易流通债券的机制安排。2017 年 5 月 16 日，中国人民银行（人行）和香港金融管理局（香港金管局）发布有关批准开展“债券通”的联合公告。7 月 3 日，债券通的“北向通”通道正式开通[①]，推动中国金融市场进一步开放。

近年来，两地互联互通试点计划不断推进，沪港通和深港通[②]（统称为“沪深港通”）相继落实，两地股票市场已基本达到互联互通。而债券市场是资本市场的另一重要组成部分，债券通建基于内地债券市场的庞大发展空间和国际资本对人民币的需求增长，可视为中国金融市场对外开放的又一突破性创新。

1. 中国内地债市发展空间巨大

随着中国金融转型的持续推进，债券市场的开放正在成为中国金融市场开放和人民币国际化的重要推动力。截至 2017 年 3 月末，中国债券市场以人民币 66 万亿元的存量规模成为全球第三大债券市场，仅次于美国和日本，公司信用类债券余额位居全球第二、亚洲第一[③]。

但是总体上看，中国债券市场上的外资参与率还处于相当低的水平。如果可采取适当的中国债市开放举措，吸引更多的外资投资中国债市，不仅在短期内可促进国际收支的流入端改革，提高调节国际收支波动的能力，而且中长期也会促进中国债市流动性的提升。

① 根据现阶段安排，债券通初期先开通“北向通”，即香港及其他国家与地区的境外投资者（以下简称境外投资者）经由香港与内地基础设施机构之间在交易、托管、结算等方面互联互通的机制安排，投资于内地银行间债券市场。

② 沪港通及深港通是内地与香港股票市场互联互通机制试点计划，让两地市场的投资者可直接进入对方股票市场进行投资。2014 年 11 月沪港通正式开通，之后 2016 年 12 月深港通正式开通。

③ 资料来自中国人民银行网站。

2. 近年来中国推动外资参与债市开放步伐不断加快

2010 年中国首次对境外合格机构开放银行间债券市场，翌年（2011 年）再推出人民币合格境外机构投资者（RQFII）计划，两年后（2013 年）允许合格境外机构投资者（QFII）进入银行间债券市场。2015 年实施多项措施，对便利境外投资者进入银行间债券市场起到实质性推动作用，具体包括：2015 年 6 月，人行允许已进入银行间债券市场的境外人民币业务清算行和参加行利用在岸债券持仓进行回购融资；2015 年 7 月，人行对于境外央行类机构（境外中央银行或货币当局、主权财富基金、国际金融组织）参与银行间债券市场推出了更为便利的政策，并明确其业务范围可扩展至债券现券、债券回购、债券借贷、债券远期以及利率互换、远期利率协议等交易；2016 年 2 月，人行发布新规，放宽境外机构投资者进入银行间债券市场的规则，以及 2016 年 5 月进一步颁布详细规则，拓宽了可投资银行间债券市场的境外机构投资者类型和交易工具范围，取消了投资额度限制，简化了投资管理程序。截至 2017 年 7 月债券通开通前，已有 473 家境外投资者进入银行间债券市场，总投资余额超过 8 000 亿元人民币 ①。

3. 债券通对吸引国际资本具正面积极意义

这些中国债市领域的开放探索，为当前推出债券通奠定了市场基础。但是截至 2016 年底，外资持有中国债市的比率依然低于 2%，明显低于发达经济体债市开放的平均水平（见图 10-1）。前述中国债市的开放管道，主要适用于对中国债市较为了解、能够承担较高的运作成本来参与中国债市的外国央行和大型机构，而对于为数众多的中小型海外投资者来说，需要探索新的开放管道吸引他们的参与，需要解决他们在参与中国债市时所面临的一些挑战。债券通正是在这样的背景下推出的。

① 资料来自中国人民银行网站。

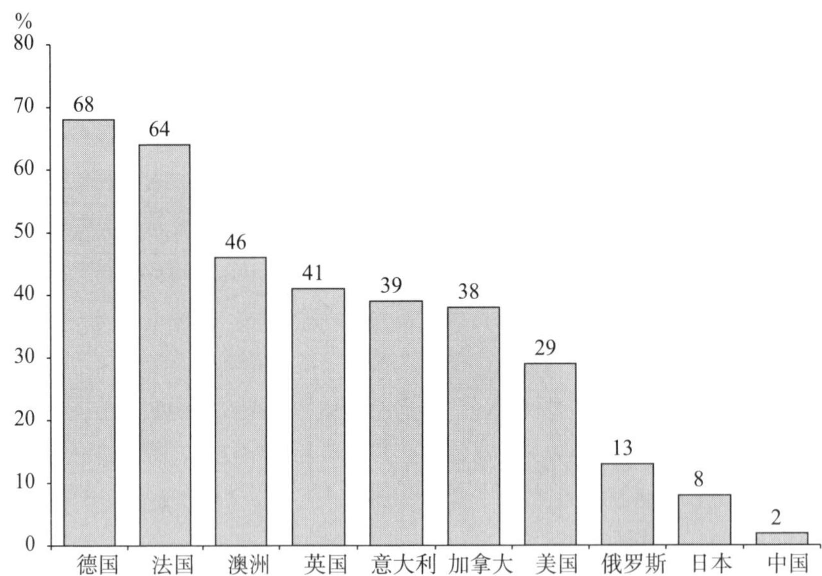

图 10-1　海外投资者持有量在各发达国家债市存量中的占比（按金额计）（2016 年底）

资料来源：彭博、国际清算银行、中国人民银行。

如图 10-2 所示，2016 年 10 月人民币被正式纳入国际货币基金特别提款权的货币篮子，占比为 10.92%，这会为人民币计价的债券资产带来新的参与主体和资本流量，也相应提升了全球市场对人民币作为全球投资及储备货币的认受性，无论是官方层面还是私人投资层面，都可以增加国际机构对人民币计价资产的需求。但是，人民币无论是在官方外汇储备中的占比，还是在外汇市场交易中的占比，迄今为止都远远低于 10.92% 的水平。这也意味着，下一步人民币国际化的主要推动力，会来自于发展国际投资者可以投资的、多样化的人民币计价的离岸与在岸的金融资产，而中国债券市场的开放将是最为关键性的环节之一。债券市场更高程度的开放，还能促进监管机构与国际市场的联系更为紧密，使在岸的金融基础设施的参与主体更为国际化，中国境内的金融机构也可通过债券通与境外机构投资者产生更为密切的业务联系，为中国金融机构更深入地参与海外市场奠定基础。

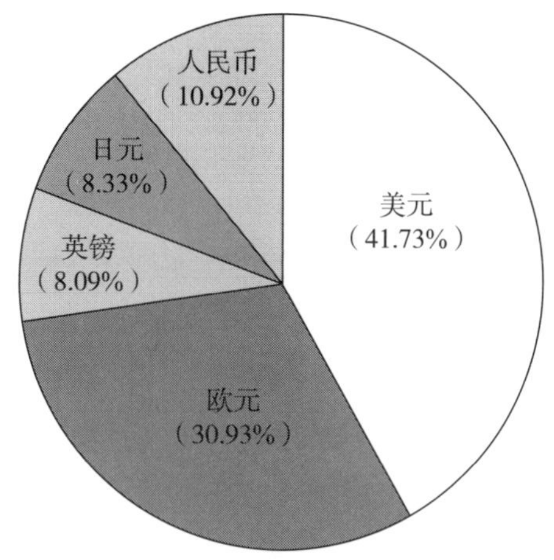

图 10-2　人民币在国际货币基金组织特别提款权的货币篮子中的占比（2016 年底）

资料来源：国际货币基金组织。

债券通以更低的制度成本、更高的市场效率，将国际惯例与中国债市有效对接

在债券通推出前，中国主要有 3 条途径供境外投资者进入境内债券市场，分别为 QFII 计划、RQFII 计划以及境外机构直接进入内地银行间债券市场（CIBM）计划（见上文）。与这些现有管道相比，债券通在交易前、中、后 3 个环节实现了多方面的创新和突破，在技术操作环节响应了国际投资者参与中国债市的期待和要求。

1. 交易前：市场准入与并行通道

目前债券通的境外参与者与已有管道的投资者范围一致，参照 2016 年人行发布的 3 号公告，以注重资产配置需求为主的央行类机构和中长期投资者为主要参与者，体现出中国稳步持续推进人民币在资本和金融账户开放的战略，同时在市场准入、备案程序、资格审核等方面，为长期资本流入中国债券市场提供了新的选择，开辟了便捷的管道。如果说现有的各种管道能满足外国央行和大型机构投资中国债市的需求的话，债券通的机制设计，则针对希望投资中国债市，又可能不愿意承担过高参与成本的机构投资者，或者说，在债券通的投资管道下，境外投资者不必对中国债市的交易结算制度以及各项法律法规制度有很深入的了解，只需沿用目前熟悉的交易与结算方式，这就降低了外资参与中国债市的门槛与成本，使得债券通对于海外的机构投资者来说更为“用户友好”。具体表现在：

第一，在债券通开通之前，境外投资者参与内地银行间债券市场主要通过代理结算的方式，即“丙类户”方式进入银行间市场，外资机构须委托境内的银行间债券市场结算代理人来完成备案、开户等手续，需要经过一定的入市备案程序。这些程序在一定程度上成为机构投资者参与中国债市的障碍。而在债券通的开放机制下，境外机构可利用境外的基础设施，“一点接入”境内债券市场，境外投资者并不需要开立境内的结算、托管账户，也不需要在市场准入、交易资格等环节与境内主管部门直接接触，而是完全可以利用其在香港已经开立的现有账户直接接入内地债券市场，保证了从交易流程一开始就沿用其已经熟悉的国际法则和交易惯例，利用境外的金融基础设施来完成市场准入和备案流程，而不必重新熟悉与其长期交易结算习惯不同的中国内地市场运行惯例。

在具体操作中，境外由香港交易及结算所有限公司（香港交易所）和中国外汇交易中心合资成立的债券通公司，可以为债券通承担专业的入市辅导、材料审核等辅助性入市备案，人行受理入市备案的流程所需的时间将会大大缩短。通过境外债券通实体进入中国在岸的债券市场，运作程序更为符合国际投资者，特别是希望参与中国债市但是又不熟悉中国债市规则的机构投资者的交易习惯，推动其入市速度和效率明显提升。

第二，通过 QFII、RQFII 以及 CIBM 管道投资内地债券市场，在市场准入时，根据现有的监管要求，对境外投资者有资金先期汇入、锁定期等要求，并且需要预先说明预算投资金额，并在后续交易中满足①，这在一些场合可能会与一部分境外机构灵活运用资金的投资策略不一致，也是现实交易中影响境外机构参与境内债市意愿的因素之一。而债券通的市场准入中并没有这些约束要求，使得境外机构在市场准入时面临更少的入市阻碍，且境外机构可直接自行操作中国在岸的债券交易，在配置人民币资产时获得更大空间，无疑会明显提升境外机构、特别是中小机构投资者参与中国债市投资的积极性。

第三，债券通的入市管道与现有的 QFII 计划、RQFII 计划及 CIBM 计划并行不悖，境外投资者可以在这多重管道之间进行灵活选择。可以预计，债券通开通后，

① 具体可参见本书第 8 章《进军中国境内债券市场的国际视角》表 8-2。

境外投资者可以更好地根据自身策略选择不同的投资管道，进行多元化的中国在岸金融市场的资产有效配置和产品开发。沪深港通开通之后，境外投资者的投资管道选择就出现了类似的微调，这说明现有的开放管道是相互补充并服务于不同的投资需求和不同类型的投资者，并不能说是简单的相互替代关系。债券通开通后，使中国内地债券市场的对外开放得以继续深化，对人民币国际化和中国资本项目开放起到重要的推动作用。

2. 交易中：价格发现与信息便捷

从交易方式来看，当前中国境内债券市场主要提供了询价、点击成交和请求报价（RFQ）交易三种方式。由于中国债市的询价模式以线下交易为主，对境外机构而言，债券交易可以说是相对不太容易深入了解的市场领域。而在债券通机制下，境外投资者可通过境外平台与境内做市商以 RFQ 方式进行银行间现券买卖，由境外投资者发起请求报价，做市商据以报出可成交价格，境外投资者选择做市商报价确认成交，这个价格形成过程对于那些对中国债市还不是十分了解的境外机构投资者而言，交易信息更为简单易行，而且相对来说更透明对称，更有利于价格发现。

另外，在代理行模式下，境外投资者不能直接与中国境内的对手方进行交易，只能委托中国境内的代理行代为交易。而在债券通机制下，境外投资者可以运用其熟悉的海外电子交易平台、操作接口和交易方式，自主选择做市商报价，自主决定买卖时点进行交易。因此，这些境外投资者在通过债券通参与中国债市投资时，在具体操作时并没有什么明显的转换成本，这对于那些对交易成本十分敏感的境外中小机构投资者来说十分重要。目前，Tradeweb 是债券通下第一家可供投资者使用的境外电子交易平台，彭博等其他电子平台亦在积极推进中，在系统准备就绪后可接入债券通的交易平台。境外机构在不改变交易习惯的情况下，可以直接与境内机构进行询价、交易，使得整个交易过程更加透明高效。

从整个市场运行的不同环节看，债券通管道在之前的“丙类户”的代理交易模式继续行之有效的同时，为境外投资者又提供了另一种直接交易的模式选择，对于境外投资者，特别是对中国市场不太了解的机构投资者来说，在一定程度上降低了代理成本和沟通成本，交易效率明显提高，有利于改善市场流动性。

3. 交易后：托管结算

目前中国内地债券市场采用的是“一级托管制度”，这是经过长期实践探索得出的符合中国债券市场特点的重要市场制度。不过，目前境外市场长期形成的交易惯例是名义持有人制度和多级托管体系，这种制度差异为境外机构参与中国债券市场带来了一定困难。国际市场经过多年的融合发展形成的多级托管体系和名义持有人结构，使得境外机构投资者已存有较强的路径依赖。如果操作模式出现显著变化，境外机构投资者所在的市场监管部门、机构内部的法律合规与后台运作都将面临很大的调整困难，从而有可能制约一部分中小型海外机构参与内地债券市场的进程。

债券通以国际债券市场通行的名义持有人模式，并且叠加上中国的托管制度下所要求的穿透性模式，实现了“一级托管制度”与“多级托管体系”的有效连接。香港金管局的债务工具中央结算系统（HKMA-CMU）作为香港市场的中央债券存管机构，与作为内地中央债券存管机构的中债登和上清所进行连接，为境外投资者办理债券登记、托管和结算。这样，境外机构就可以在不改变长期沿袭的业务习惯，同时有效遵从中国内地市场制度的前提下，实现操作层面与国际惯例接轨，有效降低了不同市场体系对接的交易成本，也有利于在债券通开通后进一步发展与之相关的金融产品和商业模式（债券通的北向通系统设置见图 10-3）。

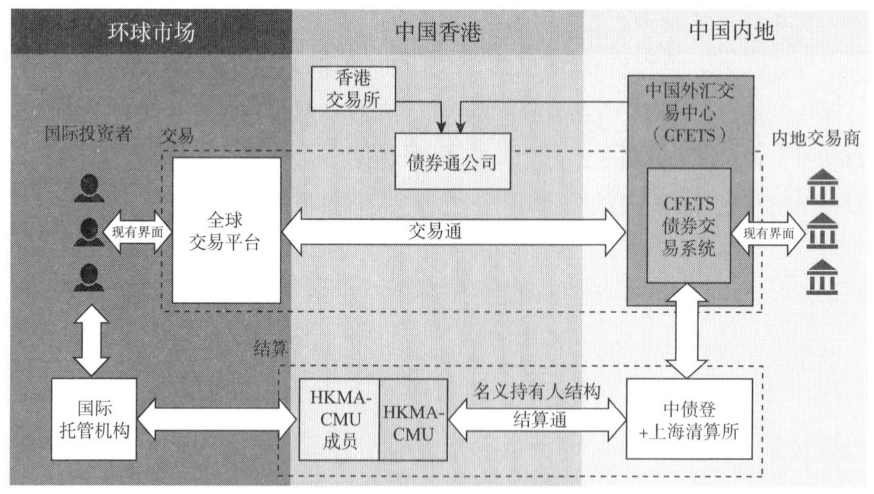

图 10-3　债券通的北向通系统设置

资料来源：香港交易所。

从法律框架兼容性角度来看，债券通的北向通明确了相关交易结算活动将遵守交易结算发生地的监管规定及业务规则，在名义持有人制度下，境外投资者应通过名义持有人，即 HKMA-CMU 行使对债券发行人的权利。如果发生债券违约，HKMA-CMU 作为境外投资者的名义持有人，登记为债券的持有人，可以行使相关债权人权利、提起诉讼。同时，境外投资者作为债券实际权益拥有人，在提供相关证据后，也可以以自己的名义在内地法院提起法律诉讼。

债券通助推中国金融市场开放和香港离岸人民币中心发展

1. 以可控的方式进一步提升中国债市的开放程度

如同已经成功运行的沪深港通框架一样，债券通的总体框架设计，实现了相对封闭的系统设计，使得由债券通推动的市场开放进程是总体可控的，可以说是以创新的方式提高了中国债市的开放程度。沪深港通突破性地实现了内地与香港股票市场之间资本的双向流动。相比合格机构投资者计划（QFII、RQFII），沪深港通拥有投资者主体更加宽松、额度管理更加灵活、交易成本更低、转换成本低等优势，取消了总额度，死循环式资金流动降低了资金大幅进出中国金融市场所引致的风险。而债券通于 2017 年 7 月启动，先启动“北向通”，没有总额度限制，且是死循环式管理推动现货债券市场的互联互通，有助于支持国际资金流入中国债券市场，顺应了中国资本市场国际化的发展趋势。

2. 进一步强化和巩固香港离岸人民币中心地位

香港已经是全球离岸人民币业务枢纽[①]，对于人民币的使用已不仅仅局限在最初跨境贸易结算，境外人民币的投资功能、融资功能、风险对冲功能及外汇储备管理功能都得到了较大发展，离岸人民币外汇交易量持续增长[②]。沪港通和深港通先后启动，以及其交易总额度的取消等为内地资本市场开放提供了新的管道。对于香港市场来说，债券通更大的价值在于弥补了香港作为国际金融中心在债市发展上的短

① 《香港：全球离岸人民币业务枢纽》(*HONG KONG: The Global Offshore Renminbi Business Hub*)，香港金管局网站，2016。

② 《三年一度外汇及场外衍生工具市场活动央行调查》(*Triennial Central Bank Survey of Foreign Exchange and OTC Derivatives Markets*)，国际清算银行，2016。

板。未来将适时研究扩展的南向通，预料更多内地资金将会进入香港市场，对香港债市以及香港整个金融体系的带动作用将更为明显。

3. 围绕债券通构建在岸和离岸人民币产品生态圈

基于债券市场的交易特点，可以预计，债券通公司将发挥一种市场培育者和组织者的公共职能。债券通的开通，以及债券通公司的平稳运行，对于中国在岸和离岸债券市场的影响会是深远的，其突出作用预计表现在：同时带动离岸和在岸的金融市场形成一个与债券配置相关的生态圈。债券市场作为主要由机构投资者参与的市场，其交易与金融衍生品的交易和风险管理需求密切相关。债券通的启动，可促进更多国际债券投资者进入香港市场，投资香港债券市场上涉及中国资产目标离岸债券产品，这不仅可以激活香港债券市场交易，更大程度上会对债券通相关的人民币金融衍生品市场、风险管理等专业服务起到带动作用，这将使整个市场得益更多。

目前，中国境内的衍生产品市场已经具备一定深度和流动性，可供交易的衍生品种类繁多（包括远期、掉期及期权、国债期货等），为对冲人民币相关风险提供了支撑手段，近期随着境内外汇市场进一步开放，一些合格境外投资者也可直接使用境内的衍生品。与此同时，香港的场外市场已推出了包括人民币外汇现货、远期、掉期及期权等一系列产品，香港交易所亦有提供包括人民币期货、期权、国债期货①在内的场内交易产品，可便利境外参与者对冲持有的中国债券资产及外汇波动风险。可以预计，随着债券通的启动，香港围绕债券通的风险管理、人民币计价的金融创新等专业服务也会随之获得巨大的发展动力。

4. 平稳运行助推外资参与境内债券一级市场发行

2017 年 7 月 3 日，债券通的“北向通”正式开通，首日交易活跃，共有 19 家报价机构、70 家境外机构达成 142 笔、70.48 亿元人民币交易。截至 9 月末，共 184 家境外机构接入债券通，境外机构对境内债市持有量亦明显增加。境外机构持有的境内人民币债券余额较开通前 6 月底的 8 425 亿元人民币增加至 9 月底的 10 610 亿元人民币②，这或受益于债券通的管道开放与机制创新。

---

① 香港交易所的人民币国债期货试点计划于 2017 年 12 月合约到期以后暂停。香港交易所现正全面准备与债券通相配套的风险管理工具，将适时推出新的人民币利率产品。

② 资料来自中债登网站。

债券通开通后，也首次实现了境外投资者直接参与境内的债券发行认购。债券通开通首日，非金融类企业发行了5只债务融资工具，总额为70亿元人民币。开通首月有4只金融债、14只短期融资券通过债券通面向境内外投资者完成发行，两类债券的发行金额分别为606.8亿元人民币及155亿元人民币①。7月26日，匈牙利政府发行了首只3年期、人民币10亿元的熊猫债②，也可通过债券通销售。截至2017年8月底，在银行间市场利用债券通的发债主体范围已包括央企、地方国企及境外主权政府机构，行业分布涵盖电力、电信业务、交通运输、金属、农林牧渔等，显示出债券通正逐步成为境外机构参与境内债券一级市场发行的重要通道，促进了境内一级市场的投资者多元化。

总　结

整体而言，债券通第一次允许境外资金直接通过香港的离岸平台买卖内地债券，借鉴沪深港通的成功经验，沿用海外投资者长期形成的交易和结算习惯，增加了海外投资者投资中国债市的管道，提高了中国债券市场的开放程度。具体而言，债券通的创新性体现在交易前的市场准入，交易中的价格发现与信息沟通，以及交易后的托管结算环节，以更低的制度成本、更高的市场效率，将国际惯例与中国债市有效对接。

作为区内主要的国际金融中心，香港为债券通提供了一个符合国际惯例的交易、结算平台，实现了内地与全球资本市场的连接。这将吸引更多主体参与到香港金融市场活动，为香港引入更多资金，进一步丰富香港的人民币金融产品，有助于香港进一步发展成为人民币资产配置中心，强化和巩固香港作为离岸人民币中心的地位。

从长远看，债券通将使跨境投资资本的流动效率大幅提高，同时提升内地市场的国际化水平。可以预计，债券通的实施将促进内地人民币债券产品和服务进一步完善，有利于内地培育多元化的投资者基础和构建更加开放的债券市场。

① 资料来自Wind资讯。

② 熊猫债是指境外机构在境内债市发行的人民币计价债券。

英文缩略词

CFETS　中国外汇交易中心 (China Foreign Exchange Trade System)

CIBM　中国银行间债券市场 (China Interbank Bond Market)

HKMA-CMU　香港金融管理局债务工具中央结算系统 (Central Moneymarkets Unit of the Hong Kong Monetary Authority)

QFII　合格境外机构投资者 (Qualified Foreign Institutional Investor)

RFQ　请求报价 (Request for Quote)

RQFII　人民币合格境外机构投资者 (RMB Qualified Foreign Institutional Investor)

第三部分

大宗商品

11

香港迈向亚洲黄金定价中心

2017年7月

概要

香港交易及结算所有限公司（香港交易所）于2017年7月10日透过其附属公司香港期货交易所（期交所）推出实物交收双币（以美元及人民币定价及结算）黄金期货合约（黄金合约）。

香港交易所于2012年收购伦敦金属交易所（LME）后，一如其集团《战略规划2016—2018》的愿景所勾画，香港交易所冀可将集团转化成为一家提供全方位产品及服务、纵向全面整合的全球交易所；其四管齐下的多资产战略中，大宗商品乃是核心支柱之一。香港交易所推出黄金合约，清楚证明其锐意在亚洲提供具吸引力的大宗商品产品。

香港金市虽有超过100年历史，但在建立基准、流动性和产品服务的整全性方面，仍然落后于纽约和伦敦等其他国际黄金交易中心。然而，位处中国这个全球第二大经济体和全球最大黄金消费国之门户，香港作为国际金融中心已具备成为亚洲黄金定价中心的成熟条件。

挟着利伯维尔场和转口贸易中心的优势，香港拥有活跃的现货金交易市场，是世界主要金市之一。另外，香港是全球最大离岸人民币中心，在促进人民币国际化方面有独特作用。香港推出实物交收黄金期货将是实现这一目标的垫脚石。

中国对买卖黄金有基本的市场需求，世界其他地区亦有黄金交易需求，加上相关风险管理需求，种种因素均有利于香港发展成为亚洲黄金定价中心。香港要培植新的黄金定价基准，必须建设一个运作完善的市场。连接现货与期货交易，提供高效渠道，在香港为这些交易提供服务，并加入其他黄金相关金融产品和服务（如黄金租赁和相关衍生产品），完善整个黄金市场生态系统。待这个生态系统内透过上述渠道汇聚的黄金流动性不断增加，新的亚洲基准便会自然而然在香港形成。

黄金的性质与用途

黄金是密度高及明亮的橙黄色贵金属，柔软、有韧性、可伸展。由于其相对稀少和不易锈蚀，黄金无论是用作首饰及其他装饰，或作为投资，又或历史上作为金钱的一种形式，其价值均非常高昂，时至今日仍是央行储备的主要组成部分（见表11-1）。

表 11-1　　20 大官方持金量（2017 年 3 月）

排名	经济体 / 多边组织	公吨	占中央银行储备百分比
1	美国	8 133.5	75%
2	德国	3 377.9	69%
3	国际货币基金组织	2 814.0	—
4	意大利	2 451.8	68%
5	法国	2 435.9	64%
6	中国内地	1 842.6	2%
7	俄罗斯	1 680.1	17%
8	瑞士	1 040.0	6%
9	日本	765.2	2%
10	荷兰	612.5	64%
11	印度	557.8	6%
12	欧洲中央银行	504.8	27%
13	土耳其	427.8	16%
14	中国台湾地区	423.6	4%
15	葡萄牙	382.5	55%
16	沙特阿拉伯	322.9	2%
17	英国	310.3	9%

续前表

排名	经济体 / 多边组织	公吨	占中央银行储备百分比
18	黎巴嫩	286.8	21%
19	西班牙	281.6	17%
20	奥地利	280.0	46%

资料来源：国际货币基金组织国际金融统计数据库、世界黄金协会。

人类认识黄金的历史可追溯到超过 5 000 多年前的古埃及时代。从那时候开始，黄金就与人类发展有着不可分割的紧密关系。

化学上，黄金的符号是 Au（来自拉丁文 aurum），原子序数是 79，是天然元素中最高的元素之一。黄金最常以自由元素形式呈现，例如岩石和冲积矿床中的矿块或粒状物；海里也有大量黄金。19 世纪 80 年代以来，南非一直是世界黄金供应的主要来源地，迄今产量可能已达累计产量的 50% 左右[①]。不过，南非最近已被其他生产国尤其是中国超越。

世界上第一枚金币在公元前 600 年左右在小亚细亚丽迪亚（Lydia）铸造，自此人类历史大部分时候均以黄金为货币体系基础，世界各地到 1971 年才舍弃金本位，瑞士继续沿用黄金支持其 40% 的货币价值，直到 1999 年。今天，许多央行储备仍然包含黄金。黄金也仍然是重要投资工具——形式为金块、纸黄金、衍生产品和交易所买卖基金；在动荡时期，黄金更被视为避险投资。金价倾向在战争时期上升，最近一次大升是 2008 年全球金融危机。然而，今天投资领域已扩大，黄金的相对重要性随之下降。

黄金能耐大部分酸性及大部分碱性物质，传电能力良好，使得其在计算机化设施和电机设备中持续用作耐腐蚀导体，是其主要工业用途。一个典型的流动电话可能就含 50 毫克黄金，今天市价计算约 2.00 美元。黄金也可用于红外线屏蔽、彩色玻璃生产和金箔。摄入黄金对人体无害，故有时更用以装饰食品；医学上金盐仍用作抗炎药。

如上文所述，在整个人类历史中，黄金一直作为金钱使用。全球的黄金贸易和交易始于 200 年前。图 11-1 显示现代历史上黄金贸易及交易发展的若干关键事件，大部分发生于 1971 年布雷顿森林体系崩溃、金本位被放弃之后。

① 资料来自世界黄金协会。

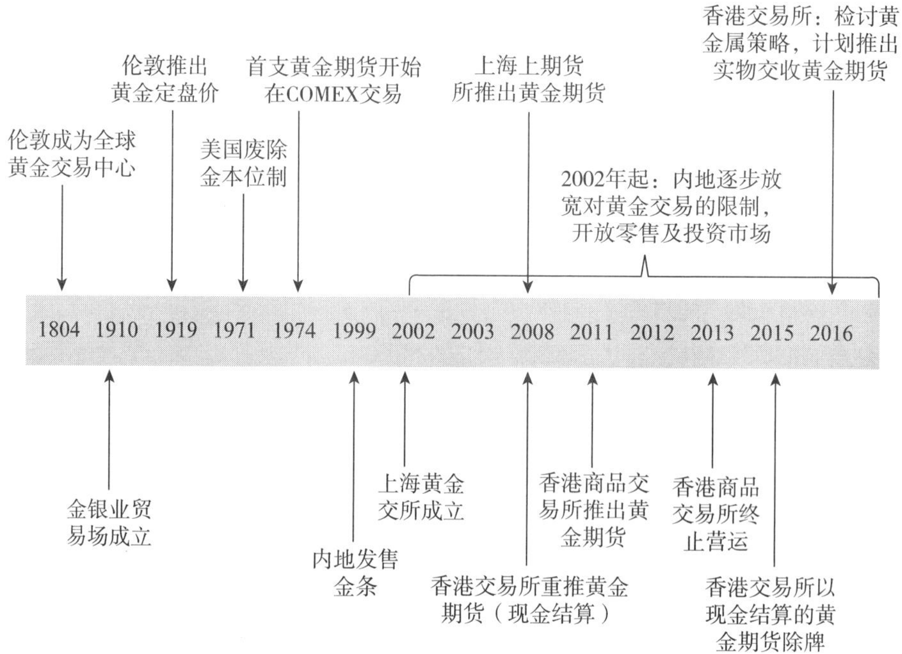

图 11-1 近代黄金市场发展史

资料来源：香港交易所，对公开资料的分析。

黄金基本面

1. 黄金的供求

2016 年全球约 53% 的黄金消费用于首饰，37% 用于投资，10% 作工业用途（见图 11-2）。由于黄金不会腐朽或轻易与其他物质产生反应，人类几千年来开采出来的黄金今天大部分仍然存在，尽管很多可能已散失、埋于墓中，或是（如黄金作工业用）嵌藏于垃圾堆填区中的某些垃圾。不过，来自私人首饰和金条块的黄金废料、来自回收工业产品的黄金废料，都与新开采的黄金一样，同是每年黄金供应的重要来源。

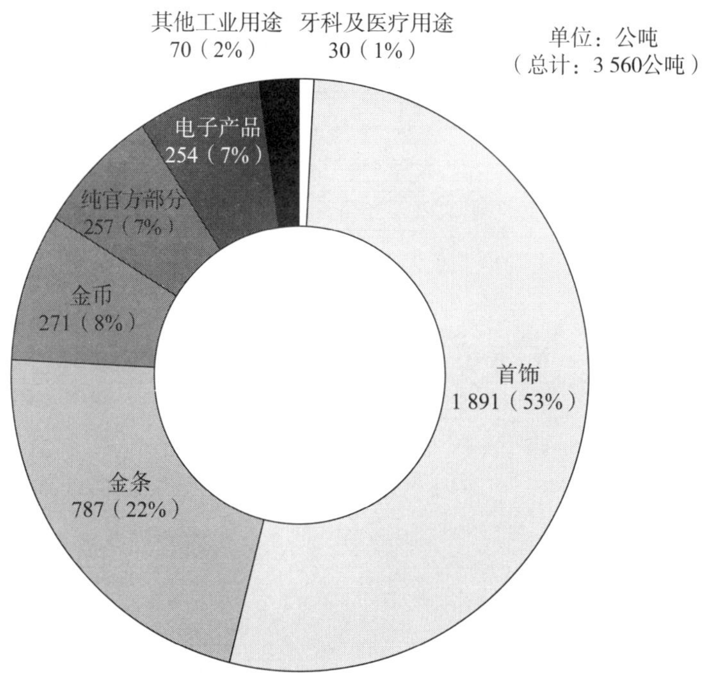

图 11-2　全球对黄金的实物需求（2016 年）

资料来源：黄金矿业服务公司。

一如其他大宗商品，黄金的价格也是由供（来自金矿场及黄金废料的实体供应）与求（首饰及其他用途对黄金的需求）的平衡带动。然而，由于黄金的地上可用存货不少，实物供应有剩还是不足对定价的影响不若其他大宗商品重要（尽管可能影响价值链上的交货时间、溢价和利润）。由于黄金仍是投资工具，货币情况和公众对经济的信心是金价的重要决定因素。回顾历史，黄金一直是环境不明朗及市场动荡时期的避险天堂。如图 11-3 所示，1980 年恶性通货膨胀和能源危机期间，金价上涨至每盎司 870 美元，2008 年全球金融危机之后，金价更曾于 2011 年高见每盎司 1 895 美元。

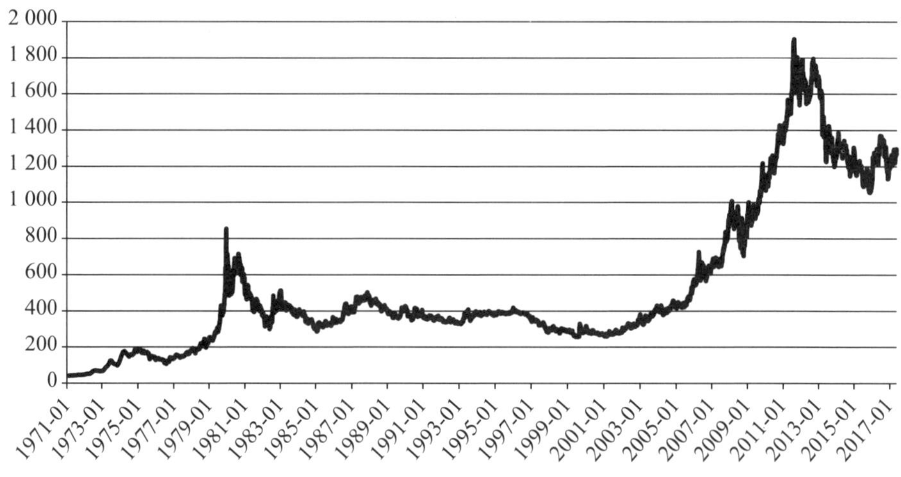

图 11-3　过往每日黄金现货价（1971 年 1 月—2017 年 6 月）

资料来源：彭博。

如表 11-2 所示，金矿产量过去 10 年不断上升，现时年产超过 3 000 吨。2016 年，废金供应按年增加 8% 至 1 268 吨，符合金价近期升势。如表 11-2 所示，这逆转了 2014 年废金供应跌至 1 158 吨最低点的下降轨。

表 11-2　　　　全球黄金供求（公吨）

	2007 年	2008 年	2009 年	2010 年	2011 年	2012 年	2013 年	2014 年	2015 年	2016 年
供应										
矿产	2 538	2 467	2 651	2 775	2 868	2 883	3 077	3 172	3 209	3 222
废金	1 029	1 388	1 765	1 743	1 704	1 700	1 303	1 158	1 172	1 268
净对冲供应	–432	–357	–234	–106	18	–40	–39	108	21	21
总供应	**3 135**	**3 498**	**4 182**	**4 412**	**4 590**	**4 543**	**4 341**	**4 438**	**4 402**	**4 511**
需求										
首饰	2 474	2 355	1 866	2 083	2 091	2 061	2 610	2 469	2 395	1 891
工业制造	492	479	427	480	471	429	421	403	366	354
电子产品	345	334	295	346	343	307	300	290	258	254
牙科及医疗用途	58	56	53	48	43	39	36	34	32	30
其他工业用途	89	89	79	86	85	83	85	79	76	70
纯官方部分	–484	-235	–34	77	457	544	409	466	436	257

续前表

	2007年	2008年	2009年	2010年	2011年	2012年	2013年	2014年	2015年	2016年
需求										
零售投资	449	937	866	1 263	1 616	1 407	1 873	1 164	1 162	1 058
金条	238	667	562	946	1 247	1 056	1 444	886	876	787
金币	211	270	304	317	369	351	429	278	286	271
实物需求总量	**2 931**	**3 536**	**3 125**	**3 903**	**4 635**	**4 441**	**5 313**	**4 502**	**4 359**	**3 560**
实物盈余 / 赤字	**204**	**−38**	**1 057**	**509**	**−45**	**102**	**−972**	**−64**	**43**	**951**
ETF 囤积存货	253	321	623	382	185	279	−880	−155	−125	524
交易所囤积存货	−10	34	39	54	−6	−10	−98	1	−48	86
净结余	**−39**	**−393**	**395**	**73**	**−224**	**−167**	**6**	**90**	**216**	**341**

资料来源：黄金矿业服务公司。

如表 11-2 显示，黄金实体需求总量持续下降至 2016 年三年低位 3 560 吨，跌幅 18%，所有需求领域均显示需求下降。首饰始终是需求的最大来源，继而是散户投资。不过，首饰需求下跌 21%，主要是印度和中国消费下跌[①]。工业制造继续下降 3% 至 354 吨，是 10 年来最低水平，因所有主要行业需求均疲弱，特别是电子业（持续减少使用黄金，代之以其他物质）以及牙科和装饰用途，但与此同时，随着投资者配置更多资金作交易所买卖基金及期货交易，黄金的非实物投资总额增至 610 吨（主因是年内交易所买卖基金的购买量很大，有别于对上一年该等基金录得赎回净额）。

根据黄金矿业服务公司数据，2016 年的地上黄金存货总额（矿产累计历史总额）按年增加 1%，达 187 200 吨，相当于 2017 年 6 月 21 日 7.6 万亿美元左右。如图 11-4 所示，首饰的存货量最大，占 48% 左右，继而是私人投资和官方的持有量，约占 38%。

① 资料来自世界黄金协会。

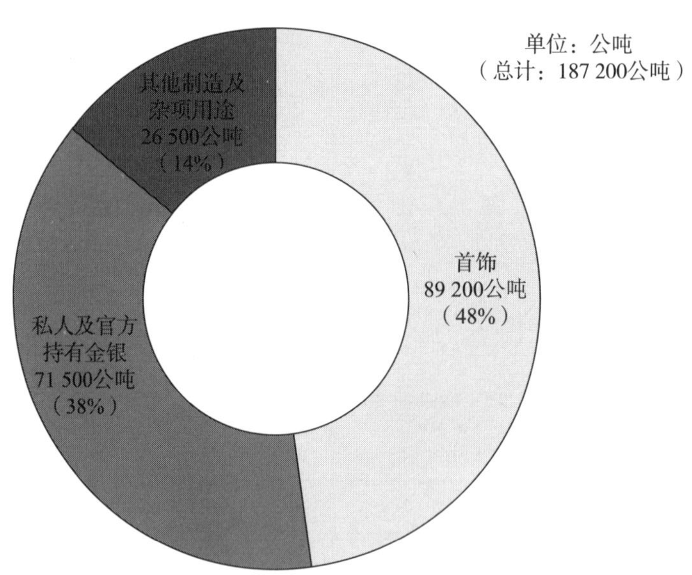

图 11-4　全球地上黄金库存总额（2016 年）

资料来源：黄金矿业服务公司。

2. 黄金价值链中的主要参与者

如图 11-5 所示，黄金价值链是一个由不同参与者组成的生态系统。采矿公司提取矿石进行加工，取得黄金原料后提供予加工商作进一步提炼和分销给消费者，消费者再将黄金制成可分销给终端用户（零售消费者、投资者、工业用户和央行）的产品。价值链由许多服务供货商支持，例如检测机构负责证明金条的质量和重量、托管商以金库保管黄金、信息供货商发布黄金价格、交易所提供市场供会员买卖黄金目标合约。

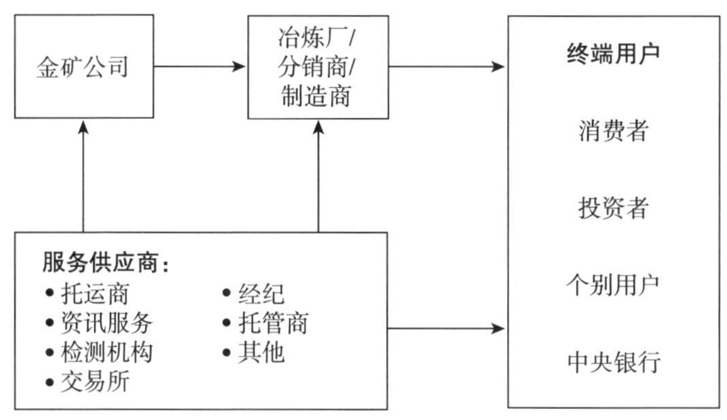

图 11-5　黄金价值链

资料来源：香港交易所。

全球黄金市场

全球黄金市场分布广泛，但尤以伦敦为中心的场外交易主导，不过芝加哥商业交易所（CME，简称芝商所）集团的 COMEX（纽约商品交易所）及上海期货交易所（上期所）等数家期货交易所亦录得显著成交。左右黄金价格的信息来自不同渠道，包括矿场、首饰需求、央行交易以及宏观经济发展。西方国家的黄金市场生态圈已非常成熟，由现货交易以至远期交易、黄金租赁、融资及其他衍生产品等琳琅满目。目前，全球黄金价格以伦敦现货定价及纽约期货交易价格为基准。下文阐述这两个西方市场及中国内地和中国香港这两个东方市场。

1. 西方市场

以伦敦为基础的场外市场

伦敦黄金市场发展历史可追溯至 200 多年前，从 1804 年伦敦超越阿姆斯特丹成为全球的黄金交易中心之时说起。场外金银批发市场—伦敦金银市场协会（LBMA）于 1919 年开始投入运作，每日市场价格由五大金银批发商及银行厘定。伦敦价格亦影响着纽约及香港的黄金价格。现时，伦敦仍是世界最大黄金现货交易市场，全球金银交易仍参考伦敦金价作为基准价格。

2016 年，LBMA 结算会员转移及结算了约 157 828[①] 吨黄金，价值 6.3 万亿美元。随着 LBMA 的活动（大部分为商业银行之间）而产生的，可以是黄金实物转移或纯粹合约转移。LBMA 结算会员于 2016 年转移的这 157 828 吨黄金占伦敦市场约 1/8 的成交。随着中国、泰国及新加坡等交易中心的崛起，2016 年伦敦成交占全球总成交由 90% 下跌至 65%。2016 年全球总成交估计达 1 867 000 吨，价值 75 万亿美元，相当于矿产量的 580 倍。由于流通量庞大，黄金（一如大部分货币）以持仓成本全覆盖（Full Carry）的方式交易。

苏黎世黄金市场

相对伦敦而言，苏黎世黄金市场并无任何正式规模，主要是由 3 大瑞士银行为场外市场提供流通量及结算服务。瑞士是全球最大的黄金中转枢纽，汇集了全球若干最著名的黄金冶炼厂，如 PAMP 及 Metalor。此外，基于其特有的法制为黄金拥有者提供了额外保障，瑞士也是世界最大的私人黄金储存中心。

芝商所集团的 COMEX 期货市场

COMEX（现隶属芝商所集团）前称 Commodity Exchange Inc.，于 1974 年成立，那是美国放弃金本位制、黄金对美元改为灵活定价后，再加上美国大部分法人机构对于套期保值或投资增值的需要增加等因素所推动而成。

受美元大幅波动及其他因素所推动，美元黄金期货市场于 1978 年至 1980 年间急速扩展。时至今日，COMEX 按成交量计仍是全球最大黄金期货交易中心，对现货金价有庞大影响。COMEX 黄金期货为每月合约，于交割月份采用每日交割机制。所有交割点均位于纽约市及附近的特拉华州。2016 年，COMEX 黄金期货总名义成交量为 179 000 吨 [②]。

2. 东方市场

中国内地黄金市场

1950 年，中国将黄金行业纳入国家管制。自 1978 年经济改革首阶段起，黄金市场开始审慎开放，主要体现形式为用于深圳经济特区生产首饰。1983 年颁布的

① LBMA 结算会员的转移及结算数字来自 LBMA 网站，本段其余数字由香港交易所根据多个渠道估算，包括黄金新闻报道及咨询黄金行业的主要业界人士。

② 资料来自美国期货业协会。

《金银管理条例》，确认了中国人民银行（人行）在规管、监督及管制金银采购及分布的中央角色。人行亦负责管理中国的黄金储备。2001 年人行取消其黄金统购统配及定价管制后，私营市场对首饰的需求及近年对黄金投资的需求急剧增长。

人行放宽直接管制后，由人行作为主要组建人兼主要权益持有人的上海黄金交易所（上金所）肩负起定价责任。上金所于 2002 年 10 月 20 日开始交易。所有冶炼黄金均于上金所出售，使该所成了业界及金融机构购买黄金的唯一市场。所有进口金银均经由上金所出售。2003 年进一步放宽措施，废除了经营金银产品业务的牌照制度；2004 年，中国更容许私人拥有及买卖金银。

中国黄金市场仍受国家间接管制。虽然私人黄金买卖已大幅度放宽限制，但中国与国际市场之间的互动仍然受限，也是资本账管制的一项主要措施。上金所 2014 年在上海自由贸易区（自贸区）推出黄金国际板，开放给国际交易参与者参加，是进一步审慎开放的措施，不过至今交易量仍然甚少。

表 11-3 显示中国黄金政策及市场发展的主要里程碑。

表 11-3　　中国黄金政策的里程碑及主要市场发展

年份	描述
1950 年	• 金业受国家管控 • 严禁私人持有金银
1983 年	• 人行发布《金银管理案例》
1995 年	• 黄金首饰的消费税由 10% 减半至 5%
1996 年	• 新首饰定价架构——将材料费与手工费分开
1998 年	• 中国人民银行深圳分行开始从瑞银、汇丰及景顺进口黄金
2001 年	• 中国黄金协会成立 • 国家物价局废除零售价限制
2002 年	• 上海黄金交易所开始正式买卖，交易免收增值税
2004 年	• 解除私人持有金银的禁令
2007 年	• 中国成为全球最大的黄金生产国
2008 年	• 上海黄金交易所接受外国银行成为会员：汇丰、Scotia Mocatta、ANA、瑞银、渣打 • 上海期货交易所推出黄金期货
2010 年	• 中国工商银行推出金积存计划 • 另有 4 家银行获发黄金进口牌照

续前表

年份	描述
2011 年	• 上海期货交易所首次允许外国银行买卖黄金：澳新银行、汇丰
2012 年	• 银行间市场参与者获许进行场外黄金交易，透过上海黄金交易所进行结算
2013 年	• 中国成为全球最大黄金消耗国 • 首只中国黄金 ETF 在 7 月推出 • 外国银行获发黄金进口牌照：澳新银行、汇丰
2014 年	• 在上海自贸区推出金交所国际板
2016 年	• 推出上海黄金交易所的上海金定价

资料来源：世界黄金协会。

1978 年，中国黄金年产量少于 10 吨，至 2016 年已增至 453 吨。为提高产量，所采取的措施包括建立中国黄金集团公司的前身公司，以及成立人民解放军特别黄金矿业组负责勘探黄金及开发金矿。1981—1985 年及 1986—1990 年的两个五年计划先后推出了多项便利政策，将中国黄金年产量提升至 1990 年初的 100 吨，此后增长率持续强劲。2007 年中国成为世界最大的黄金生产国，2016 年占全球总产量 14%。

虽然近年源自国内生产及循环再用的黄金供应一直上涨，但国内需求也直线上升并超出供应量，以致中国从录得黄金盈余走向巨大黄金赤字。即使中国并未刊发黄金进口数字，但中国黄金进口量自 2010 年起一直显著增长，大部分经香港进口[①]。

中国的黄金交易主要集中于上金所及上期所。上金所是中国唯一可合法进行实物黄金交易的场所，接通黄金产量与消耗需求。上期所于 2008 年建立，是中国内地唯一的黄金期货市场。

上金所主要买卖现货，较近期才加入现货延期合约。散户投资者可到本身是上金所会员的银行开立户口买卖黄金。这计划最初由工商银行试点经营，但 1 千克合约额对散户投资者来说实在过大。2007 年 7 月，散户投资者获准开始经银行买卖 Au9999 及 Au100g 合约。根据上金所资料，2010 年，约 180 万散户投资者占该所交易的 19%[②]。同年，上金所成交 5 715 吨，至 2016 年成交已超过 23 000 吨[③]。

① 资料来自 Metals Focus。

② 资料来自上海黄金交易所。

③ 资料来自上海黄金交易所。

散户投资者现可买卖上金所的所有黄金期货合约。合约以实物交割结算，但大部分均为投机性质，于结算前早已平仓。

2014 年 9 月，上金所在上海自贸区开设人民币计价的期货合约国际板。由推出至 2014 年底期间名义黄金期货合约成交为 78 吨，交投淡静，至 2015 年首两个月稍升至约 50 吨。2016 年 4 月，上金所推出有史以来首个人民币黄金定价。

根据美国期货业协会（Futures Industry Association，简称 FIA），上期所的黄金期货交易量自 2013 年起按合约张数计排名全球第二，仅次于 COMEX，图 11-6 显示近年两家交易所的成交量对照。

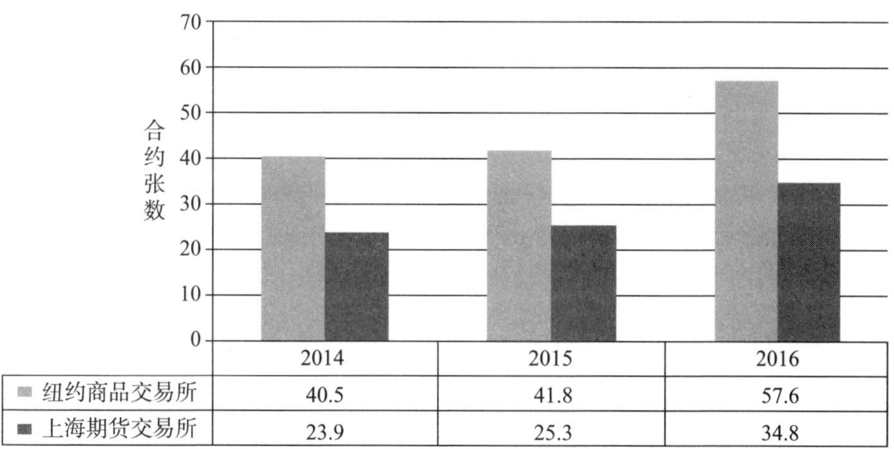

	2014	2015	2016
纽约商品交易所	40.5	41.8	57.6
上海期货交易所	23.9	25.3	34.8

图 11-6　纽约商品交易所及上海期货交易所的黄金期货交易量

资料来源：美国期货业协会及上期所。

香港黄金市场

香港毗邻深圳这个国家黄金加工中心，是中国内地进口黄金的主要来源，2016 年录得 867 吨 ①，占中国内地黄金总进口量约 86%。

在过去一个多世纪，香港一直是重要的黄金交易中心。随着内地市场开放，香港在作为内地与全球之间一个实物黄金交易中心方面也担当着要角。

香港的黄金市场自 1910 年金银业贸易场成立起渐见雏形。1974 年香港政府撤

① 资料来自 Metal Focus。

销了黄金进出口管制后，香港黄金市场蓬勃发展，至今已成为亚洲的重要黄金投资和交易枢纽，连接欧美其他时区。有见香港在全球黄金交易的重要，伦敦 5 大黄金批发商及瑞士 3 大银行均在香港设立交易柜台及分行。基于有很多海外主要金银业人士参与，香港市场的黄金定价自此参考伦敦基准价。

建立香港基准价的可行性

1. 香港推出实物交收黄金期货的条件是否成熟?

香港金市虽有超过 100 年历史，但在建立基准、流动性和产品服务的整全性方面，仍然落后于纽约和伦敦等其他国际黄金交易中心。然而，位处中国这个全球第二大经济体和全球最大黄金消费国之门户，香港作为国际金融中心已具备成为亚洲黄金定价中心的成熟条件。香港拥有成熟稳健的金融市场，只要香港交易所与各金融及监管机构合作，共同透过满足市场需求、顺应国际金市趋势、逐步增加香港金市在欧美交易时段以外的定价权，理应可以达成上述这个独特使命。从全球主要大宗商品市场定价的发展历程可见，新的定价中心的形成必须符合以下两大基本条件。

(1) 市场对交易及风险管理的基本需求很大

市场需要进行大量实体交易，是形成价格基准的重要先天因素之一。根据 Metals Focus 统计的 2016 年数据，中国进口黄金占全球供应约 1/4，当中约 70% 均经香港进入。

大规模的交易量代表着市场的参与者对于该市场价格的认可程度，是一个定价中心必不可少的元素。无论是亚洲时段的黄金和其衍生品交易量，还是受中国需求推动的黄金产品交易量，都应当可以支撑一个新的定价圈子的形成。纽约和伦敦的金市过去亦是这样发展起来的。

(2) 优良的市场——有效使用现货及衍生产品市场

香港要培植新的黄金定价基准，必须建设一个运作良好的市场。连接现货与期货交易，并提供高效渠道，在香港为这些交易提供服务，不用说也还要提供其他黄金相关的金融产品和服务（如黄金租赁和相关衍生产品等），就如伦敦和纽约现时所提供的一样。

2. 香港的黄金机会

过去百年，香港的现货黄金市场一直非常活跃，从冶炼、加工、检验，到批发、零售，再到交易和对冲，一应俱全，一直推动着香港的黄金进口及转口贸易。然而，香港金市向来被动及透明度不高，而由于伦敦黄金作为基准有全球主导地位，香港的黄金实物交易传统上一直以伦敦黄金为定价基础。

尽管上金所及上期所已主导中国内地黄金市场（在岸市场），但基于在岸与离岸市场法律法规的差异，加上资金及黄金进出口管制，香港的黄金买卖未能参照内地黄金基准价。因此，香港交易所有独特的时间和地理优势开发合适的产品迎合市场需要。

所以，现在正是香港采取行动、无论如何也要争取定价权的时候。由香港交易所推出双币（美元及人民币定价及实物结算）实物交收黄金期货产品可以是其中一个有效的方法。香港交易所推出黄金期货市场后，香港将同时齐备黄金现货及期货交易。主要的金银交易商看到市场上的买卖契机，自会经不同渠道进行交易，届时整个黄金生态系统就可进一步伸延，将中国内地与西方发达市场的黄金现货及衍生工具交易连接起来。待流动性增加及全球认受性逐渐建立，结果将会是香港得以确立新的亚洲黄金基准价。

此外，香港交易所集团的伦敦全资子公司伦敦金属交易所（“LME”）于 2017 年 7 月 10 日亦在伦敦推出了黄金（及白银）期货合约，等于为香港交易所集团的客户提供 24 小时不间断的两地黄金期货交易，配合客户的商业需要。这样将现货黄金的交易活动“金融化”及“期货化”并纳入 LME 资金池，可有助于推进伦敦金的买卖。

随着黄金期货（以美元及人民币定价）市场不断增长，支持黄金交易生态系统的其他相关领域之间的互动也愈趋完善。这些领域包括利率、外汇价格及黄金租赁市场。黄金市场生态系统逐渐成熟，加上黄金期货市场活跃，将为离岸人民币利率市场以至人民币国际化的最终实现提供重要支持。最后，新的亚洲黄金基准价将水到渠成。

香港交易所黄金期货：产品设计及主要技术特点

1. 新市场形势

香港交易所2012年收购LME后，一如其集团《战略规划2016—2018》的愿景所勾画，香港交易所冀可将集团转化成为一家提供全方位产品及服务、纵向全面整合的全球交易所；其四管齐下的多资产战略中，大宗商品乃是核心支柱之一。香港交易所推出黄金合约，清楚证明其锐意在亚洲提供具吸引力的大宗商品产品。

正如上文所述，挟着利伯维尔场和转口贸易中心的优势，香港拥有活跃的现货金交易市场，是世界主要金市之一。

另外，香港是全球最大的离岸人民币中心，在促进人民币国际化方面有独特作用。由于实物黄金可对个别法定货币起“支持”作用（以人民币而言，透过人民币利率与黄金租赁利率机制，类似现行美元与黄金的关系），香港推出实物交收黄金期货将是实现这一目标的垫脚石。

2. 需留意的产品设计要点

为符合客户所需，合约设计考虑了下列主要因素：

- **合约目标及单位**：亚洲客户（尤其在大中华地区）常买卖金含量不小于99.99%的千克黄金；实物交易机制确保市价贴近真正的实物现货金价，建立新的香港基准价，为终端用户提供有力的风险管理工具。
- **交易及结算货币**：以美元及离岸人民币作为交易及结算货币，会同时吸引美元及离岸人民币投资者。双币的黄金合约由于涉及同一目标，其将会产生一个美元兑离岸人民币的引申汇率。此引申汇率与汇市其他汇率之间的差异提供套戥机会，故此可提高美元兑离岸人民币的整体流动性，同时提升及拉平有关市场的远期曲线。
- **合约月份**：即月及后续11个历月将涵盖国内外期货市场流动性最强的交易月份，并为实物市场提供更多对冲工具。

3. 香港交易所黄金期货的产品应用及用户

向投资者推出黄金合约的增值效益包括（但不限于）：

- 便利内地及国际投资者透过香港交易所在一个亚洲时区内的稳健交易枢纽参与黄金市场；
- 为投资者及终端用户提供对冲及风险管理选择；
- 为增长中的离岸人民币存款提供更多投资出路；
- 吸引想将黄金加入投资组合的投资者。

黄金合约的潜在用户及客户是：

- 实物业者，例如黄金冶炼厂、制造商及珠宝商等需要对冲金价风险的人士；
- 金融业者，例如银行及基金利用期货市场与其黄金相关投资产品联系挂钩，以及套戥者透过在岸离岸市场之间（指纽约、伦敦、上海及香港市场之间）的价格差异进行买卖，并就汇价及利率差异部署其他交易战略；
- 其他有意涉足黄金交易的投资者及交易商。

附录一　香港交易所黄金期货合约细则

表 11-A1　　香港交易所黄金期货合约细则[①]

合约	美元黄金期货	人民币（香港）黄金期货
合约目标	金含量不小于 99.99%，带有认可的精炼厂标签及其序列号的 1 千克黄金	
合约单位	1 千克	
交易货币	美元	人民币（即人民币（香港））
合约月份	现货月及后续 11 个月	
最低波幅 / 最小变动价位	每克 0.01 美元	每克人民币 0.05 元
交易时间（香港时间）	上午 8 时 30 分至下午 4 时 30 分（日间交易时段）及 下午 5 时 15 分至翌日凌晨 1 时（收市后期货交易时段）	
最后交易日	合约月份的第 3 个星期一，如该日为香港公众假期， 则延至下一营业日	
最后结算日	最后交易日后的第 2 个香港营业日	
结算方式	实物交收	
交易所费用[②]	交易费：每边每张合约 1.00 美元 结算费：每边每张合约 2.00 美元	交易费：每边每张合约人民币 6.00 元 结算费：每边每张合约人民币 12.00 元

① 专有名词的定义见下列有关黄金产品的交易及结算规则修订本的链接。
http://www.hkex.com.hk/eng/rulesreg/traderules/traderuleupdate-hkfe/Documents/49-17-HKFE-Star_e.pdf。
http://www.hkex.com.hk/eng/rulesreg/clearrules/clrruleupdate_hkcc/Documents/50-17-HKCC-Star_e.pdf。

② 费用金额不时可予更改。

附录二 交易及结算安排及规定[①]

1. 交易及结算安排

交易及结算安排如下图所示。

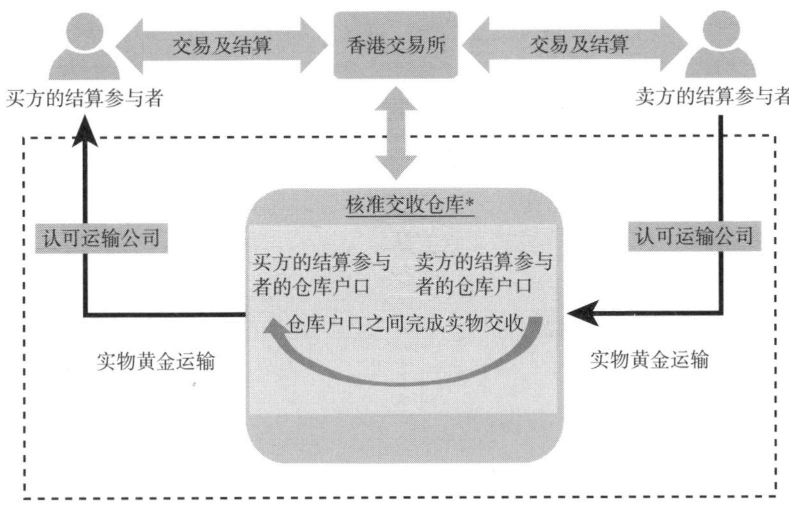

图 11-A1 交易及结算安排

* 香港交易所网站将不时更新核准交收仓库及认可运输公司的名单。

资料来源：香港交易所。

2. 交易及结算规定

香港期货结算有限公司（期货结算公司）参与者要进行实物交收，需在交收银行开立美元及/或人民币（香港）交收户口，及在每个核准交收仓库开立户口，或与另一可进行交割的结算参与者签署交收协议。

---

① 专有名词的定义见下列有关黄金产品的交易及结算规则修订本的链接。
http://www.hkex.com.hk/eng/rulesreg/traderules/traderuleupdate-hkfe/Documents/49-17-HKFE-Star_e.pdf。
http://www.hkex.com.hk/eng/rulesreg/clearrules/clrruleupdate_hkcc/Documents/50-17-HKCC-Star_e.pdf。

附录三　诚信产业链[①]

为建立及维持稳健机制，确保在香港交易所市场交收的金条质素，香港交易所一如全球其他金银市场，设置了有关的诚信产业链保障交易所及其参与者，详情如下。

香港交易所规定所有交付金属都须得到认可冶炼厂认证，并须附以期货结算公司参与者或其认可运输公司签发的文件，证明该等送至核准交收仓库的交付金属，乃从另一核准交收仓库、认可检测机构、认可冶炼厂或认可交收仓库，经由认可运输公司运送至该处。

布林克香港有限公司（布林克）是首家获委任支持实物交收黄金期货合约的核准交收仓库。所有拟进行实物交收的期货结算公司参与者须于布尔克开设仓储户口。

认可运输公司、认可检测机构、认可冶炼厂及认可交收仓库的最新名单将登载于香港交易所网站。

① 专有名词的定义见下列有关黄金产品的交易及结算规则修订本的链接。
http://www.hkex.com.hk/eng/rulesreg/traderules/traderuleupdate-hkfe/Documents/49-17-HKFE-Star_e.pdf。
http://www.hkex.com.hk/eng/rulesreg/clearrules/clrruleupdate_hkcc/Documents/50-17-HKCC-Star_e.pdf。

12

香港发展铁矿石衍生产品市场的机遇

2017 年 11 月

概要

香港交易及结算所有限公司（香港交易所）于 2017 年 11 月 13 日在香港期货交易所有限公司（期交所，为香港交易所附属公司）平台上推出其首只黑色金属产品——美元计价、现金结算的 TSI CFR 中国铁矿石 62% 铁粉期货合约，希望借由期交所的综合电子交易及结算平台，提高境外铁矿石衍生产品市场的价格透明度，优化价格发现效率。

铁矿石是炼钢的主要原材料，按交易金额计亦是排在原油之后的全球第二大大宗商品[①]。中国是全世界最大的铁矿石进口国及消费国。由于中国的铁矿石需求极其依赖进口，且经济增速较快，中国主要经济政策及国家发展战略（例如供给侧改革及“一带一路”倡议）等“中国因素”对铁矿石的潜在需求及定价都有着显著影响。

全球铁矿石衍生产品市场（包括内地市场）近年来发展迅速，成交屡破纪录，但仍有进一步增长的空间。内地市场交投活跃，但外资暂时无法参与。境外市场方面，透过传统的口头商议撮合成交的场外掉期市场仍为最主要的交易方式，而交易所的场内市场虽提供高效的电子交易方式，却欠流通量及市场深度。香港交易所看准当中契机推出铁矿石期货电子盘，填补现有市场空缺、优化铁矿石的价格发现方式：

① *The Lore of Ore*,《经济学人》（The Economist, http://www.economist.com），2012 年 10 月 13 日。

- 香港交易所铁矿石期货合约是经电子交易平台集中撮合的交易所买卖产品。相对于场外市场，电子盘的流动性可使交易更便利、更透明，价格发现过程更优化。
- 铁矿石衍生产品市场发展历史较短，增长潜力仍待全面发掘。香港交易所在其电子交易衍生产品市场推出铁矿石期货，可在便利和透明的基础设施上扩阔投资者群体及优化市场准入条件，有助于市场进一步扩容。
- 现货铁矿石的定价模式过去十年已经起了很大变化，目前指数挂钩定价模式日后会否沿用还是再次演变仍有待关注。香港交易所铁矿石期货将有助于建立流通透明的期货市场，或有助于市场定价模式另辟新径。

尽管“中国因素”对铁矿石市场举足轻重，但内地与海外铁矿石衍生产品市场之间的联系仍有待加强。香港作为位处中国门户的全球金融中心，具有重要的战略地位，因此在香港建立透明度高且流动性好的离岸铁矿石期货市场不单可满足现货商和贸易商对铁矿石价格风险管理的需要，更为机构投资者乃至个人投资者提供具有吸引力的中国相关投资标的。

中国在全球铁矿石市场的影响力

1. 全球最大的铁矿石终端市场

铁矿石是炼钢的主要原材料，按贸易额计亦是排在原油之后的全球第二大大宗商品①。

钢铁在房地产、运输、汽车制造、能源供应网络、机械制造、造船及家用电器等众多下游产业用量极大。

过去20年中国经济迅速发展，钢铁需求不断增加，中国的粗钢产量大幅增长至2016年的8.08亿吨，为之前的8倍，占全球粗钢总产量半数之多②。铁矿石是炼钢的主要原料，中国的用量在过去二十年增长至2016年的13亿吨③，为之前的20

① *The Lore of Ore*，《经济学人》（The Economist, http://www.economist.com），2012年10月13日。
② 资料来自Wind资讯，2016年数据。
③ 资料来自中国钢铁工业协会、彭博，2016年数据。

倍以上。

中国是全世界最大的铁矿石进口国（见图 12-1），2016 年进口量达 10.24 亿吨，占全球海运贸易的 70%①。基于中国国产铁矿石储备品位低②、杂质多，要满足国内对中高品位铁矿石的庞大需求，唯有大量从澳洲、巴西、南非及印度等地进口（进口依存度一度高达 84%③）。

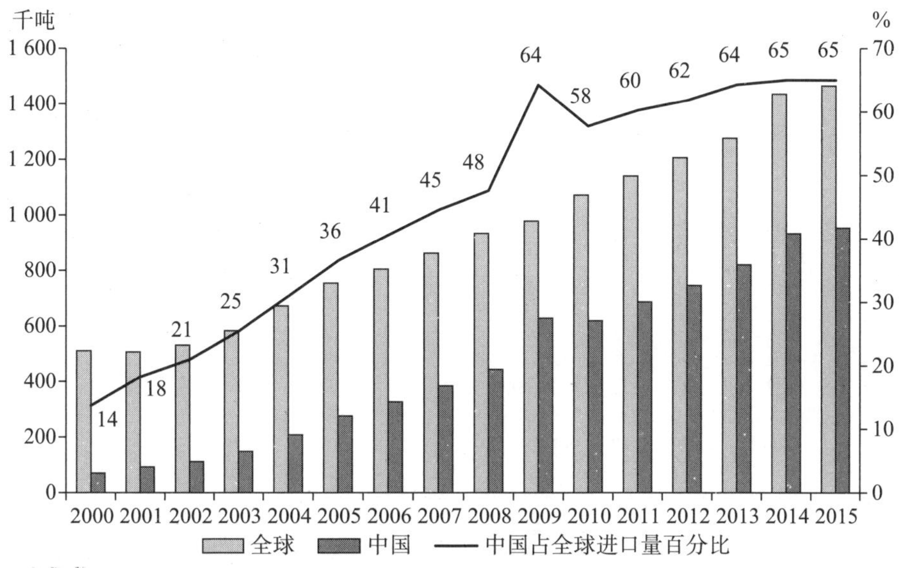

图 12-1　全球铁矿石进口量（2000 年至 2015 年）

资料来源：Wind 资讯。

由于中国对铁矿石有庞大的实际消费需求，故其于铁矿石现货及衍生产品中的交投一直活跃。许多中国国有及民营钢厂和钢铁贸易公司出于业务发展的需要在境外设办事处，当中许多在中国香港、新加坡或其他离岸税务港口设有贸易及融资业务，有些甚至于澳洲、西非、南美及北美等有丰富铁矿石储量的地区进行矿产投资。

① 资料来自中华人民共和国海关总署，2016 年数据。

② 中国铁矿石的铁粉含量约为 30%。

③ 中国极其依赖进口铁矿石——每消耗 100 吨铁钢石，有 84 吨来自进口。（资料来自中国钢铁工业协会，2015 年数据。）

2. 钢铁行业深受中国相关战略政策的影响

中国2017年经济增速调整至6.5%左右的水平（2016年增速为6.7%），目前正密锣紧鼓进行结构性改革，以期解决产能过剩及提高生产效率，当中对中国钢铁业影响尤大的，是以下两项战略及政策：

（1）“一带一路”倡议

“一带一路”倡议包括“丝绸之路经济带”及“21世纪海上丝绸之路”，当中包括输出过剩资金及产能，促进贸易以及建立基础设施网络，沿传统贸易路线加强中国与亚洲、欧洲及非洲的联系。此政策可带来超过60项总值1 000亿美元的双边合作协议，覆盖达约65个国家[①]。根据中国《2017年政府工作报告》（见表12-1），该倡议亦会为钢铁行业带来历史性契机，可支持中国出口贸易，缓解产能过剩的问题。

表12-1　　中国《2017年政府工作报告》— 钢铁业相关成果及目标

2016年成果	2017年目标
• 去产能、去库存、去杠杆、降成本及补短板 • 成功削减钢铁业过剩产能6 500万吨、煤炭（制造钢铁的原材料）产量2.9亿吨，超越年度目标 • 供给侧结构性改革初见成效 • “一带一路”倡议见重大进展，顺利推出多个主要的国际工业合作项目、创造协同效益及加强与其他参与国家的联系	• 继续推进供给侧结构性改革、减少过剩供给及扩大有效供给，以更高效满足产业需求 • 继续削减过剩产能及库存、去杠杆、降成本及补短板：进一步削减钢铁产量5 000万吨及减少煤炭产量1.5亿吨 • 严格执行环境、能耗、质量及安全法规；推动企业兼并重组；减少低效及过剩产能 • 扩大内需并提高有效性，使供给侧改革和需求侧改革相辅相成、相得益彰，充分释放国内的发展潜力

（2）供给侧改革

“十三五”规划提出钢铁业将着眼于整合钢厂、去除过剩产能及提高产能利用率。中国《国务院关于钢铁行业化解过剩产能实现脱困发展的意见》严禁备案新增产能，及促进环保质量标准严格遵守相关规则及法规[②]。钢铁行业2016年成功削减6 500万吨产能，目标于2020年前将产能减少1亿至1.5亿公吨[③]。

① 资料来自中国国家发展和改革委员会（发改委），2016年数据。

② 资料来自中国工业和信息化部。

③ 资料来自中国国务院《2017年政府工作报告》。

"一带一路"倡议及供给侧改革旨在为钢铁行业解决产能过剩、刺激内需及提高行业利润率，但亦对钢铁及生产钢铁所需的原材料（铁矿石、焦煤及焦炭）价格有深远影响，故业界及其他市场参与者越来越需要就相关商品的价格波动进行风险管理。

铁矿石现货市场的变迁及其衍生产品市场的发展

1. 铁矿石现货市场的历史发展

铁矿石现货交易于20世纪60年代起采用年度长协机制，每年由全球主要矿山（铁矿供给侧代表）与主要钢厂代表（需求侧代表）一年一度厘定全年的铁矿供应价，定出来的价格即成为业界指针，在其他贸易谈判中被参考采用。这个传统的年度长协模式欠灵活，忽略了年内现货市况的变化，一旦市价偏离基准价格，违约就会屡有发生。

2010年中国拒绝接受巴西淡水河谷、澳洲必和必拓与日本钢厂厘定的年度基准价格成为事件的转折点，沿用数十年的年度长协机制宣告结束，转为采用季度以至最终月度以指数挂钩的定价模式。铁矿石并非唯一改变定价模式的商品。事实上，其他大宗商品都曾出现过类似的转变，如动力煤（21世纪初）、铝（20世纪80年代初）及原油（20世纪70年代末），均废除了年度长协议价机制，改为较短期较灵活的定价模式。

现货铁矿石以指数为基准的定价，是基于Platts（普式）、TSI（钢铁指数公司）、Metals Bulletin（金属导报）等西方指数供货商或一些中国指数供货商所发布的一个或多个市场认可现货价格指数月均价的定价方式。这个方法较灵活，可确保价格符合现货市况及反映当前市场供求。此后，一直受相对不灵活的年度长协议价机制所限制的铁矿石现货市场，开始逐步发展壮大。

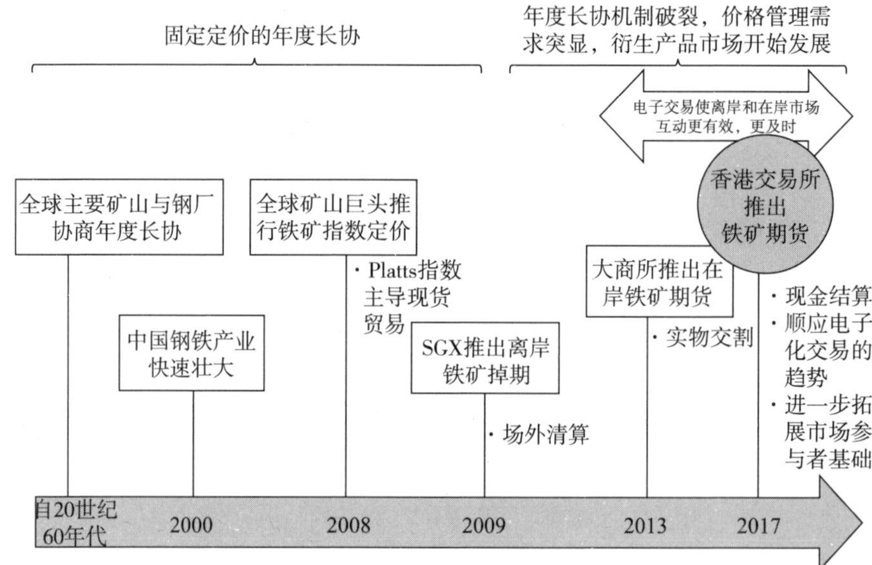

图 12-2　铁矿石现货及衍生产品市场的历史发展

注：大商所——大连商品交易所；SGX ——新加坡交易所。

资料来源：汤森路透、中国钢铁工业协会。

2. 离岸铁矿石衍生产品市场的发展

随着指数计价的兴起及铁矿石现货市场的发展，现货价格日趋波动，产业链上所有参与者：生产商、消费者、海运公司、贸易商及融资机构（银行），都更加关注价格风险管理，铁矿石衍生产品市场由此诞生。全球首只铁矿石掉期合约由新加坡交易所（新交所）于 2009 年推出。

过去 9 年，全球铁矿石衍生产品市场高速增长，年增长率高达 89%（不包括中国内地）[①]。2016 年，中国境外集中清算的铁矿石衍生产品全年成交量及年末未平仓合约分别约 14.2 亿吨及 7 200 万吨 [②]。迄今，新加坡交易所、芝加哥商品交易

① 资料来自新加坡交易所及芝加哥商品交易所网站。

② 资料来自期货业协会，2016 年数据。

所（芝商所）、洲际交易所、LCH Clearnet① 及 Nasdaq Clearing② 等多个海外交易所和清算所都有在中国内地以外的离岸市场提供铁矿石衍生产品交易及 / 或结算服务。在众多离岸衍生产品目标之中，TSI CFR 中国铁矿石 62% 铁粉价格指数（TSI 62 指数）是最常见的参考基准指数，代表美元计价的中国北方港口现货铁矿石的到岸价格③（见图 12-3）。

图 12-3　铁矿石现货历史价格—TSI CFR 中国铁矿石 62% 铁粉价格指数（美元 / 吨）（2008 年 10 月—2017 年 6 月）

资料来源：TSI 钢铁指数公司。

经过 10 年发展，中国境外的全球铁矿石衍生产品市场成功吸引了钢厂、贸易商、矿山及银行的参与。然而，据市场参与者了解，市场仍然由场外经纪口头商议的场外撮合模式所主导，真正在场内电子化撮合交易的流通量及市场深度都相对薄弱（场内成交量仅为场外成交量的约 10%④）。场外市场较适合商议大宗交易或自定义条款交易，但对天然不乏大量买家卖家的普通衍生产品，场外交易的模式便有欠效率和成本效益。若没有交投活跃的电子交易平台，就限制了多元化的投资群体进入市场，这在某种程度上也限制了中国内地以外铁矿石衍生产品市场的进一步发展。

① LCH Clearnet 是领先的多资产类别结算所 LCH Group 旗下成员公司，服务对象包括多个主要交易所和交易平台以及场外市场。

② Nasdaq Clearing 是欧洲市场基础设施监管规则（EMIR）认可的主要结算所，为多个市场及资产类别提供中央交易对手结算服务。

③ TSI CFR 中国铁矿石 62% 铁粉价格指数参照中国北方港口（不包括青岛港）的交割价格。

④ 是次研究中结算经纪的非正式估计。

3. 内地铁矿石衍生产品市场迅速发展

大连商品交易所（大商所）2013 年 10 月推出中国内地首只铁矿石衍生产品——人民币计价实物交割的铁矿石期货合约（连铁）。基于中国对该品种风险管理及投资的需求庞大，大商所迅速发展为全球最大的铁矿石衍生产品市场，2016 年全年成交量及年末未平仓合约分别高达 340 亿吨（是同期整个离岸市场总成交量的 24 倍以上）及 5 500 万吨①，超过全球各地的交易平台的交易规模。

连铁吸纳了众多的个人投资者、金融机构及现货用户入市参与，交投活跃。但暂时只是封闭的国内市场，尚未开放给海外投资者直接入市，因此其价格的国际化进程仍有待展开。此外还有若干主要挑战仍有待解决，例如建立连续月份的流动性，及提高产业用户的参与度。

不过，在岸衍生产品市场的成立及快速发展始终有助于增进离岸市场的流通量，也对优化整个铁矿石市场的价格发现机制作出了重要贡献。连铁推出后，新加坡交易所等海外市场铁矿石衍生产品的成交量也出现了倍增，并且出现了于大商所交易时段内的交投是最为活跃之现象②。根据市场观察所得，跨市场价格联动亦变得更及时，证明内地在岸期货市场健康发展对整个市场的价格发现效率和离岸市场发展具有重要意义。

香港发展铁矿石衍生产品市场的机遇

1. 离岸市场期待更加透明的定价机制

境外铁矿石衍生产品市场于 2009 年建立，内地则于 2013 年末才开设有关品种。然而，现时内地在岸市场与离岸市场的规模约为 24 : 1③。在岸市场出现复式增长的原因可能包括境内投资资金充裕及投机性风格强等多种因素。但在岸市场采用电子交易模式，使价格更为透明，进而成功吸引各类参与者入场，无疑也是推动市场高速增长的重要因素。相比之下，据市场人士了解，离岸市场的交易（以铁矿石掉期为主）仍主要是透过经纪下盘的场外撮合交易模式为主，以电子盘集中撮合方

---

① 资料来自期货业协会。

② 资料来自新加坡交易所网站。

③ 参考期货业协会统计数据中有关申报交易所的 2016 年成交量（吨）数据。

式交易的比例仍很低。那么，若然能将离岸交易搬上屏幕、用电子化交易模式提升市场的流通量及透明度，是否对市场发展更加有利？答案绝对是肯定的。

表 12-2 场内场外衍生产品交易的比较

特点	场内衍生产品	场外衍生产品
价格透明度	透明度高：买卖差价透明	透明度低：买卖差价不透明
交易效率	效率高：集中在电子平台集中配对成交；能适时、公平地配对大量买卖盘	效率低：双边透过经纪口头协议撮合成交
对手方风险	中央结算，交易一刻立即作出对手方变更，对手方风险降至最低	若中央结算，对手方风险可降至最低，但口头确认交易与实际作出对手方变更并不同步，两者之间常有时间差
信贷及抵押品	接纳按金及现金抵押品	须与银行商讨信用额度及抵押品安排
文件	只须开户文件	须有国际掉期业务及衍生投资工具协议等双边文件

其实场外掉期市场亦有其优点，包括：（1）大额交易可在场外双边进行（避免对市场价格的冲击）；（2）可灵活商议、定制交易的结构。然而，场外市场的价格发现及成交一直是通过场外经纪操作执行，论速度、准确度及效率，都远远比不上现代化的电子交易平台的中央自动配对及结算。此外，由于不是所有的市场参与者都有机会获得市场价格，价格有欠透明度，交易成本会较高，并有市场信息不对称的弊处。正如表 12-2 所示，场内市场的电子盘交易有明显好处。基于这些相对优势，近年场内衍生产品的数量及未平仓合约均呈升势。

有鉴于电子交易的诸多优势，市场对其接受度和认可度也逐步提高，香港交易所推出场内铁矿石期货合约，为市场提供集价格发现、交易及结算等功能于一身的综合平台，可望更加有利于提高铁矿石市场的透明度，使价格发现过程无障碍，并大幅度降低交易成本。

2. 铁矿石衍生产品市场仍具有极大增长潜力

过去数年，铁矿石衍生产品市场从无到有迅速增长至 2016 年全球（包括中国内地）共 360 亿公吨的规模[①]。然而，相比黄金及铜等较成熟商品的衍生产品交易量对现货交易量的比例约为 80 : 1 ~ 100 : 1[②]，2016 年全球铁矿石的衍生产品交

① 按期货业协会统计数据中有关申报交易所的名义成交量数据。

② 特定商品的比例乃全球（包括中国内地）衍生品交易量的吨数除以该商品的全球（包括中国内地）现货交易量的吨数计算得出。（资料源自期货业协会、世界黄金协会、彭博。）

易量对铁矿现货交易量的比例约为 25∶1；若只计算海外的美元计价的铁矿石衍生产品规模，该比例更只有 1.25∶1[①]。

究其原因，这应该与铁矿石衍生产品市场的发展时间尚短有关。相比之下，基础金属、能源及贵金属等商品的衍生产品交易已有数十年甚至超过百年的历史，可见铁矿石衍生产品仍处于发展的初级阶段，增长潜力尚有极大发挥空间（见图 12-4）。

出于对冲需要，通常最早也是最积极参与大宗商品衍生产品市场的都是从事现货贸易的群体。随着市场进一步发展，就会有愈来愈多不同类型的参与者（包括各类金融机构、投资基金及个人投资者）加入，进行对冲或投资交易。

随着投资者来源逐步趋于多样化，市场也会逐步趋于成熟，推动市场的容量及流通量齐升。这正是铁矿石衍生产品市场正在经历的变化。电子盘交易方便透明，大大提高价格发现的效率，有利于市场的进一步发展。

回想 2009 年铁矿石衍生产品市场刚刚出现时，其增长势头无人能料。展望将来，可以肯定的是，铁矿石衍生产品的市场结构及动态、市场参与者的类型以至产品种类都会逐步演变及改进。

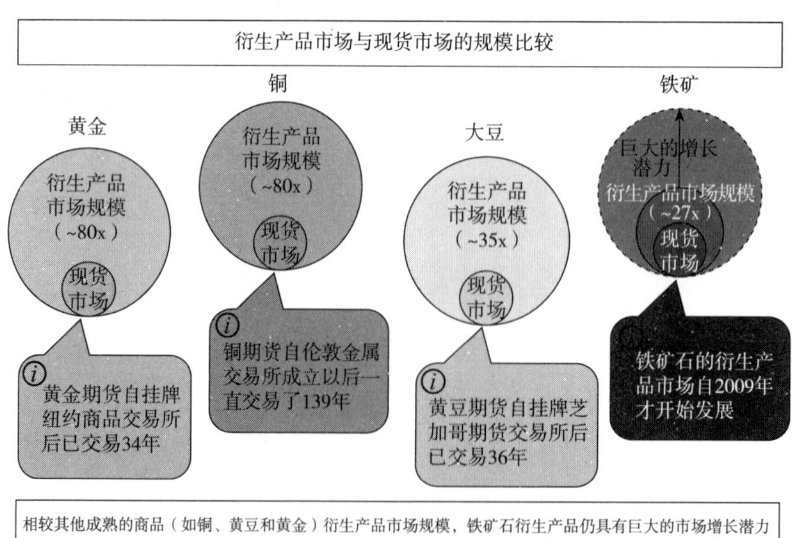

图 12-4　铁矿石衍生产品仍潜能巨大

市场规模的资料来源：FIA，数据截至 2016 年。

① 内地铁矿石衍生品市场只提供期货合约，离岸衍生品市场则提供掉期、期货及期权合约。

3. 铁矿石定价的未来发展走向?

自 2010 年年度长协机制被指数定价模式取代后，铁矿石现货市场出现了巨变。指数定价模式再加上指数相关衍生工具兴起，从根本上改变了现货定价及市场管理价格风险的方法。然而，当市场不断演化，日后是否会出现更符合市场需要的新型定价模式?

参考部分历史悠久的大宗商品衍生产品市场（如大豆、铜及原油）的发展，“点价”机制是实物现货贸易中广泛采用的一种定价方式，点价是买卖双方以某月份的期货价格为计价基础，以期货价格加上或减去双方协议同意的升贴水从而确定双方买卖现货商品的价格。因此当商议现货贸易价格时，所协议的条款并非一个固定售价，而是一个协议的基差（实物现货价与期货价之间的价差）加一个期货市场价格（见图 12-5）。买方有权根据特定商品期货市场买卖的期货合约在协议点价期内进行点价。点价模式被视为有效厘定价格且反映市场状况的定价机制。由于买方有一定程度的灵活性决定何时进行点价（因此一定程度上决定买卖价格），这模式可将违约风险降至最低。其次，参考期货市场价格来厘定实物价格，会消除定价时实物及期货市场之间的基差风险，因而有助于无缝对冲。

价格发现是期货市场的核心功能之一。因为是使用期货价格作为实物现货贸易的基准，这种基于期货价格的定价模式可说是期货市场价格发现功能的终极体现。

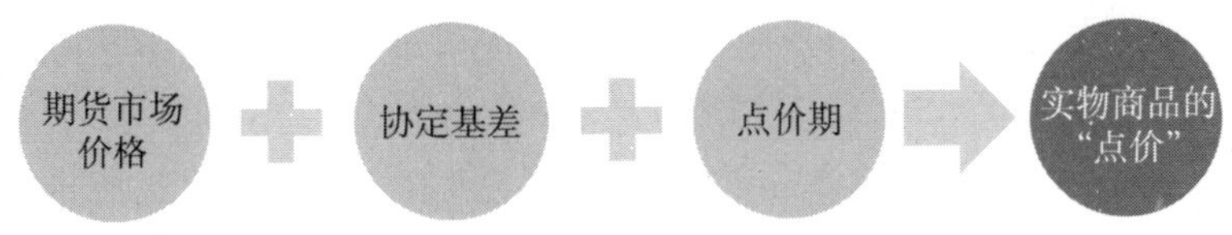

图 12-5　以期货价格为基础的商品定价模式

就铁矿石而言，值得一提的是 2016 年 11 月出现了试行点价模式的个案。当时北京铁矿石交易中心股份有限公司（北铁中心）有一宗 10 000 公吨的现货铁矿石交易，价格就是按大商所铁矿石期货价格加一个基差来厘定。

一般情况下，点价机制要能有效运作，必须事先满足若干主要条件：

- 关键是拥有功能齐全、**流动性高及透明度高**的期货市场。期货价格在任何时候均可让所有市场参与者及时知悉与获取，使定价于日内任何特定时段内均可进行。

- 买卖双方必须**信任及认可**期货市场价格是能有效反映及代表相关现货市场的。

市场的发展和进步需要时间。市场会决定什么定价方式最符合行业需求、需否在现有基础上变化出新的定价模式又或索性另行自创出一套更适应自身发展的模式，这些都值得我们密切关注。

4. 香港市场和香港交易所的战略定位

中国是全世界第二大经济体及最大的铁矿石进口国和主要消费国，香港作为位处中国门户的全球金融中心，一直是中国内地与全球其他地区之间的“超级联系人”，有很好的条件建立铁矿石衍生产品市场，为中资企业、区域大宗商品贸易公司以至它们的全球商业伙伴在风险管理需求方面提供更佳的服务。

香港交易所于2012年收购伦敦金属交易所（LME）后，亦一直准备为更好地服务实体经济而积极发展大宗商品业务。香港交易所于2017年11月13日推出铁矿石期货合约，正是其中一项具建设性的举措。

（1）香港的战略定位：通往内地市场的主要门户及内地市场与世界之间的“超级联系人”

以中国的门户作为战略定位，香港是内地市场与世界之间的“超级联系人”。香港在金融市场方面联通两方已完成多项突破和创新，当中包括推出沪深港通[①]及多项促使香港成为世界最大离岸人民币中心的计划。

香港是亚洲重要航运中心和国际贸易中心，约半数（2016年为4 540亿美元）贸易额为转口贸易[②]。内地的国际贸易约两成经香港进行。航运繁忙再加上港口及物流高效，都是香港繁荣昌盛的原因。香港亦是世界级国际金融中心，提供全面的金融产品和服务，也是商业中心，有大量国际及内地企业在此间设立办事处。奉行利伯维尔场经济和法治的香港是内地对外投资最大单一目的地市场，提供广泛的金融服务及一站式投资方案。香港同时拥有全世界最大的离岸人民币资金池。另一方面，香港也是国际投资者投资内地市场的不二之选的目的地市场和门户市场。香港交易所证券市场是2015年及2016年全球首次公开招股融资额最高的市场。香港交易所

① 沪深港通是内地与香港市场互联互通机制试点计划。中国内地与香港市场的投资者首次可直接进入对方的股票市场。

② 资料来自香港贸易发展局研究网站；同段其后引用的香港经济数据亦来自此网站。

上市公司中，逾半数为内地企业①，截至2016年12月31日，自然资源相关行业的上市公司超过150家②。

香港又能提供必需的金融基建，为企业提供切合业务需要的出入口业务、融资、贸易融资、资产管理和金融风险管理等多方面的服务。这当中又以金融风险管理（特别是资产价格风险管理）对从事大宗商品交易的企业尤为重要，因此大宗商品的价格风险管理被视为香港金融市场一个重要的发展领域。这些增值服务一方面是大宗商品业群体在香港蓬勃发展所必需，另一方面亦有利于中国争取大宗商品的国际定价权。

（2）“一带一路”倡议等提供历史契机，让香港可协助中资企业在海外扩大其市场及业务

如上文所述，中国的“一带一路”倡议为中国钢铁业带来了扶持出口及输出过剩产能的历史性契机。中资铁矿石企业向外扩张市场和服务将会刺激铁矿石业参与者的风险管理和投资需求。因此，香港获得了历史性的机遇，可利用其在金融、贸易及物流方面的优势，借助其在方方面面的庞大专业人才队伍，为满足上述需求贡献自身的力量。香港的专业优势及作为中国门户的独特地位，将使其在融资、管理风险、项目主导及输出专业服务等方面继续发挥重要作用。因此，香港有极佳的条件发展离岸铁矿石衍生产品市场，协助中资企业在离岸市场管理资产价格风险。

（3）香港交易所作为香港金融市场的营运机构，透过建立稳定及流动性高的大宗商品衍生产品市场，为满足内地、本地及国际企业的资产价格风险管理需求而提供卓越服务，以期提升香港的国际金融中心地位

基于香港金融市场在联通中国内地与世界方面的独特地位，加上中国战略发展计划所提供的历史性机遇，香港交易所作为香港金融市场的基础设施营运机构，在服务中国内地与全球大宗商品衍生产品市场的需要方面，有以下相对优势可使其扮演更重要的角色：

- 所营运的证券及衍生产品交易、结算和交收系统是全球最稳健者之一；
- 提供多方面的产品和服务，涵盖股本证券、股本证券衍生产品、定息及货币产品和大宗商品衍生产品；

① 于2016年12月31日，香港交易所主板及创业板合共1 973家上市公司中，1 002家是内地企业（资料来源：香港交易所）。

② 资料来自香港交易所。

- 营运监管制度完善，市场规则及规例符合国际最高标准，重视投资者保障。

香港交易所近年推出了一系列革新及战略部署支持内地金融市场逐步对外开放。在股本证券方面，2014 年 10 月与上海证券交易所联合推出沪港通，2016 年 12 月与深圳证券交易所推出深港通，基本上形成了一个跨境共同市场[①]；在定息及货币产品方面，2012 年 9 月推出全球首个场内交易人民币可交收货币期货产品——美元 / 离岸人民币［美元兑人民币（香港）］货币期货，2017 年 7 月推出债券通北向交易[②]；在大宗商品方面，2012 年收购了全球最大基础金属市场 LME，2017 年 7 月推出其首只实物交割双币计价的黄金期货。香港交易所还进军铁类金属产品系列，铁矿石期货是首只推出的产品；此新产品旨在服务区内现货交易业及金融机构对铁矿石价格风险管理的需要。（有关产品的主要特征，见附录一；有关产品的合约细则，见附录二。）

---

① 见本书第 2 章《沪港通与深港通下的互联互通》。

② 债券通是透过在内地与香港的机构金融基础设施之间建立连接，容许海外投资者买卖内地中国银行间债券市场的债券（北向交易）及内地投资者买卖香港市场债券（南向交易）的一个互联互通计划。开通初期仅限于北向交易。

附录一　香港交易所铁矿石期货合约的主要特色

1. 场内交易的期货合约

铁矿石期货合约的价格透明度高，价格发现过程高效。

2. 季度合约

此产品是全球首度提供场内交易季度合约的产品，为市场参与者提供一个较场外掉期合约更为透明及方便的平台，使市场参与者可执行买卖盘并对冲其季度交易持仓，也便于厘定远期价格曲线中的价格。

3. 日间交易时段及收市后交易时段

交易时段为上午9时至翌日凌晨1时(日间交易时段:上午9时至下午4时30分;收市后交易时段：下午5时15分至翌日凌晨1时)。交易时段安排覆盖中国内地及主要海外市场的营业时间，方便全球各地的市场参与者。

4. 大宗交易

铁矿石期货合约设有大宗交易机制，方便申报场外成交进入到交易所结算，降低对手方风险。

5. 所追踪指数是认受性最高的衍生工具基准

铁矿石期货合约按TSI CFR中国铁矿石62%铁粉指数结算，该指数为铁矿石现货交易中最获广泛参考的指数，大部分以美元计价的铁矿石衍生工具合约也是以之作为结算价。

附录二 香港交易所铁矿石期货合约细则

表 12-A1　　TSI CFR 中国铁矿石 62% 铁粉期货合约

内容	月度合约	季度合约
交易代码	FEM	FEQ
合约单位	100 吨	
最低波幅	每吨 0.01 美元	
相关指数	TSI CFR 中国铁矿石 62% 铁粉指数（TSI 62 指数）①	
结算方式	以现金结算	
合约月份	现货月及后续 23 个历月	现货季及后续 7 个历季（即 1 月至 3 月、4 月至 6 月、7 月至 9 月及 10 月至 12 月）
交易时间（香港时间）	T 时段：上午 9 时至下午 4 时 30 分； T+ 时段：下午 5 时 15 分至翌日凌晨 1 时 （到期合约于最后交易日下午 6 时 30 分停止交易）②	
最后交易日	每个历月非新加坡公众假期的最后一个香港营业日	每个历季中最后一个月度合约的最后交易日
最后结算价	该合约月份公布的所有指数的算术平均值	该合约季度相应的 3 个月度合约的最后结算价的算术平均值
最后结算日	通常为最后交易日后第 2 个香港营业日 ③	

① 根据 Platts 于 2017 年 7 月 6 日发布的公告，TSI 62 指数将于 2018 年 1 月 2 日起与 Platts 的 IODEX 指数合并。有关详情，请参阅 Platts 的订户备注及指数计算方法及细则。

② 如最后交易日为新年或农历新年前最后一个香港营业日，以及为新年或农历新年前 TSI 62% 指数最后一次公布的日子，该日交易时段将不会超过下午 12 时 30 分。

③ 除非：（1）最后交易日为新年或农历新年前最后一个香港营业日；（2）现货月合约及现货季合约的交易时间于下午 12 时 30 分结束；（3）其他合约月份的日间交易时段于下午 4 时 30 分结束，则最后结算日为最后交易日后首个香港营业日。有关进一步详情，请参阅香港交易所网站相关的规例及合约细则。

续前表

内容	月度合约	季度合约
交易所费用①	交易费：每边每张合约 1.00 美元； 最终结算费：每边每张合约 1.00 美元	
征费②	每边每张合约 0.07 美元	
大宗交易的最低合约交易量	最少 50 张合约	
假期	与香港交易所假期表相同	

① 费用可不时更改。2017 年 11 月 13 日至 2018 年 5 月 11 日期间豁免（不包括 2018 年 5 月 11 日收市后期货交易时段）。

② 截至本书完成时，收费率定为每张合约 0.54 港元，其等值美元由交易所不时厘定。2017 年 11 月 13 日至 2018 年 5 月 11 日期间豁免（不包括 2018 年 5 月 11 日收市后期货交易时段）。

第四部分

人民币离岸产品中心

13

离岸人民币流动性供应机制的现状、影响及改善方向

2017年1月

概要

离岸市场人民币流动性大致分为长期及短期两个层面。长期流动性主要通过实体经济（跨境贸易结算管道）从在岸市场获得资金；短期流动性主要包括监管机构的货币互换及市场融资。

离岸人民币流动性供应机制的现状和结构特点为长期流动性主要依赖跨境贸易结算管道，易受人民币汇率波动影响；短期流动性供应机制在效率、规模及运作时间上，与市场发展存有一定差距；另外，离岸人民币资金投资结构有待改善。

离岸人民币短端利率的大幅波动对离岸债券市场的稳定扩张带来压力，同时加大了境外机构持有人民币资产的风险对冲成本，亦可能诱发投机性的短期跨境资本流动。随着人民币已正式加入国际货币基金组织特别提款权（SDR），全球投资者对人民币资产配置需求不断上升，充足的离岸人民币流动性对提升市场深度，满足跨境贸易、离岸投融资、外汇交易等经济活动至关重要。不断扩宽双向跨境资本管道，对现有市场机制加以改善调整，将为人民币作为国际可兑换货币以及在国际投资领域中广泛使用铺平道路。

两层次的离岸人民币流动性供应机制

基于离岸市场的特殊发展历史，离岸人民币供应机制可分为长期及短期两个层面。

长期流动性方面，离岸人民币市场主要通过实体经济（跨境贸易结算管道）从在岸市场获得人民币资金。自 2009 年 7 月推出跨境贸易结算以来，内地对外人民币结算收付比一直呈现实付大于实收状态，尽管该比率逐步下降，从 2011 年第一季度人民币收付比 1∶5，下降至 2015 年底的 1∶0.96，但人民币总体处于净流出状态，因此，跨境贸易结算成为了境内市场向离岸市场输出人民币资金的主要管道。2014 年末香港人民币资金池规模达到 1.15 万亿元（离岸人民币存款及存款证），台湾人民币存款余额为 3 022 亿元，加上新加坡人民币存款 2 000 亿余元，全球离岸人民币存款规模达 1.6 万亿元的历史高点，基本上通过跨境贸易结算管道从境内市场获得。

在结算过程中，境内外进出口商根据汇率波动，相应利用人民币及美元进行不同地点的结算，从而推动离岸市场人民币池不断扩大，机制具体表现为：当人民币汇率处于升值预期时，香港离岸市场美元兑人民币汇率（CNH）较境内市场美元兑人民币汇率（CNY）升值更为明显。CNH 升水意味着离岸市场人民币价格更贵，企业使用人民币进行进口贸易结算能够获取额外收益，因此有动力通过对进口支付人民币取代美元，导致境内人民币流动性外溢至境外[①]（见图 13-1）。

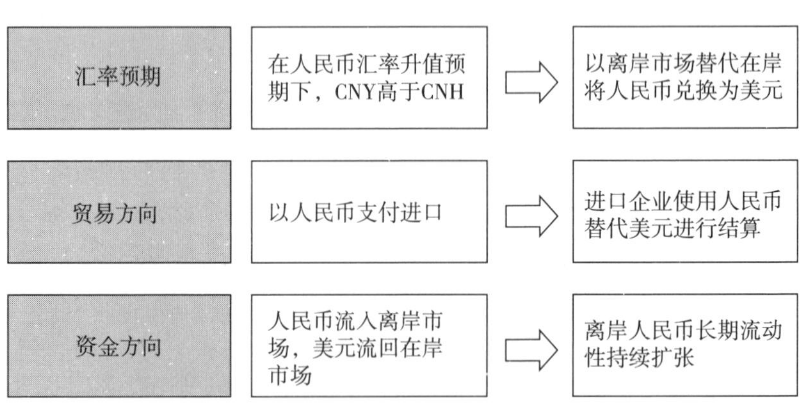

图 13-1　跨境套利机制下的离岸人民币资金池扩张——在贸易项下根据两地汇差选择更有利的结汇地点

① 《从当前的人民币汇率波动看人民币国际化》，《国际经济评论》，2012 年第 1 期。

短期流动性方面，离岸市场的人民币资金供应管道分为官方及市场融资两个层面。如表 13-1 所示，官方提供的短期流动性，包括香港金融管理局（金管局）向市场提供的一日及一周期限流动资金安排（两者均为翌日交收），以及隔夜流动资金安排（即日交收）；2014 年为响应沪港通的开通，香港金管局又推出每日上限 100 亿元的拆借资金，以满足沪港通开放后离岸市场对人民币的实时需求。另外，还同时推出香港离岸人民币市场的一级流动性提供行（CNH Primary Liquidity Providers，简称 PLPs）服务，由金管局为 7 间 PLPs 提供各 20 亿元人民币回购服务（repo facility），以支持扩展离岸人民币市场的庄家活动及其他业务①。

表 13-1　　官方提供的短期流动性供给机制（截至 2016 年 10 月）

资金期限	定价方式	规模及来源
1 星期期限的资金（翌日交收）	参考当前市场利率	货币互换项下资金
1 日期限的资金（翌日交收）	参考当前市场利率	货币互换项下资金
隔夜资金（即日交收）	最近 3 次财资市场公会隔夜人民币香港银行同业拆息定价（包括回购协议交易当日的定价）的平均数加 50 基点，最少 0.50%	推出时预计规模不超过 100 亿元人民币
日间资金（即日交收）	最近 3 次财资市场公会隔夜人民币香港银行同业拆息定价（包括回购协议交易当日的定价）的平均数，最少 0%，按当日使用有关流动资金的实际时间每分钟计算利息	规模不超过 100 亿元人民币
一级流动性提供行（PLPs）	市场运作原则	共 180 亿元人民币

资料来源：香港金管局。

另外，离岸市场短期流动性缺口还可通过外汇掉期市场加以解决。货币掉期是指在外汇市场上买进即期外汇的同时又卖出同种货币的远期外汇，或者卖出即期外汇的同时又买进同种货币的远期外汇。目前，离岸人民币外汇掉期期限一般为当天、隔夜到一年。

此外，离岸市场上的参与者还可以通过离岸银行间拆借、清算行回购（REPO）等方式获得短期流动性资金，这些与官方渠道形成较完整的供给机制，向离岸市场提供短期流动性资金。

① 2016 年 10 月 27 日，香港金管局宣布将一级流动性提供行由 7 间增加至 9 间，该计划总额度也由原来的 140 亿元人民币增加至 180 亿元人民币。

运作现状和结构特点

1. 长期流动性供应主要依赖跨境贸易结算渠道，自 811 汇改以来出现收缩

如前所述，跨境人民币结算是离岸市场获得长期流动性的主要渠道，也导致离岸资金的流向和规模易于受到人民币汇率波动的影响。自 2015 年 811 汇改以来[①]，CNH 表现出较 CNY 更大的贬值趋势，市场套利机制反向运作，人民币资金由一贯地流向离岸市场转为回流在岸市场。具体表现为：

当 CNH 较 CNY 贬值超过一定基点时，意味着人民币在境内市场价值更高，因此贸易商有动力在离岸市场以更便宜的价格买入人民币，同时在在岸市场上以更贵的价格卖出人民币，并通过跨境贸易结算途径将离岸人民币资金输送回在岸市场，即可赚取汇差。与此同时，境外投资者对持有人民币汇率信心有所减弱，部分人民币存款转回美元、港币资产。两者共同作用之下，香港人民币存款已从高峰时期的 10 035 亿元跌至 6 529 亿元人民币[②]，较 2015 年底下跌约 23%。

2. 现有的短期流动性供应机制在使用效率、规模及运作时间上，与市场发展存有一定距离

第一，离岸市场以即日交收的日间资金规模有限，相比之下目前香港离岸市场日均交易金额已增加至平均每天 7 700 亿元人民币，部分时间超过了港币清算量（见图 13-2 及图 13-3）。根据国际清算银行（BIS）2016 年统计数据，离岸人民币即期、远期和外汇互换的场外日均交易量达 2 020 亿美元，因此，目前来看，市场对即日交收的短期流动性需求殷切。

① 2015 年 8 月 11 日，内地央行启动人民币对美元汇率中间价报价机制改革，此次改革被普遍视为人民币汇率市场化改革的重要一步。

② 资料来自金管局，截至 2016 年 8 月底。

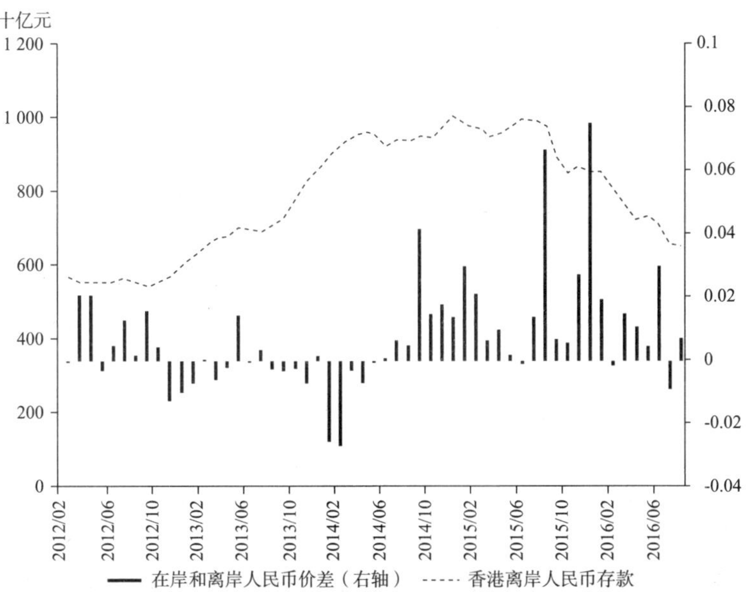

图 13-2　811 汇改后香港人民币资金池出现收缩

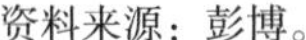
资料来源：彭博。

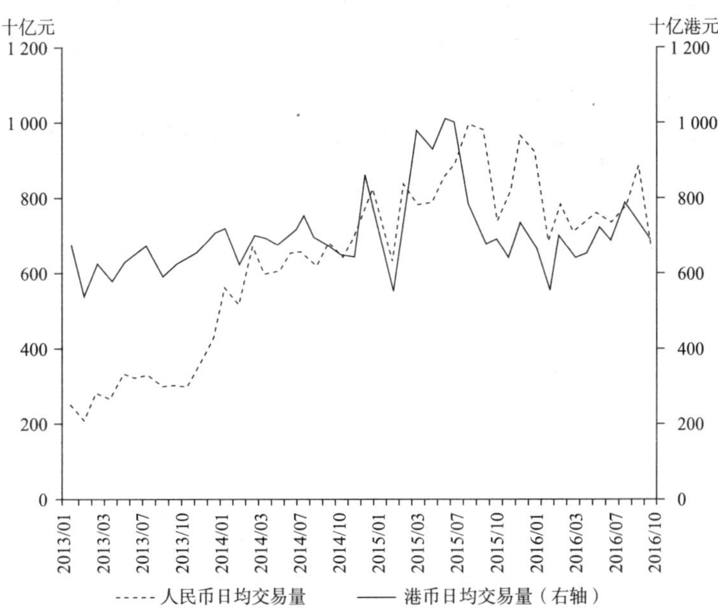

图 13-3　2015 年下半年以来人民币日均结算金额部分时间超过港币

资料来源：香港银行同业结算有限公司。

第二，官方渠道向市场提供的资金，有相当部分来自与内地人民银行货币互换协议，使用时需要参考内地银行间市场和清算系统的运作时间。内地长假期间，内地资金结算暂停，令离岸市场面临人民币流动性来源压力。

第三，离岸人民币掉期市场作为离岸获得人民币短期流动性的主要渠道，在进入美元加息周期后波动增加。

第四，两地货币市场之间缺乏有效的短期资金跨境渠道。如前文所述，现有人民币跨境资金的流动主要集中在经常项目和资本项下的中长期资金层面，包括人民币跨境贸易结算、人民币直接投资（FDI）渠道、三类机构投资于境内银行间债券市场、人民币合格境外机构投资者（RQFII）等。由于境外非居民参与内地货币市场方面仍属于不可兑换项目[①]，除了货币互换渠道以外，短期资金，特别是隔夜至一周流动性较强的短期资金，境内外市场之间尚未建立起有效的跨境渠道。

3. 目前离岸人民币主要配置于境内长期性资产，投资结构有所失衡

目前离岸人民币主要配置于：RQFII 渠道下 2 700 亿元人民币额度；点心债余额约 5 000 亿元人民币；人民币贷款 2 816 亿元人民币[②]（见图 13-4）。尽管人民币贷款带来的乘数效应可以进一步放大人民币资金池，但上述人民币资金配置已基本尽数使用离岸资金。离岸人民币配置的这些资产交投并不活跃，也不方便进行回购质押，一旦市场短时间内出现较大人民币资金流转需求，若部分金融机构一时难以调整资产期限组合，有可能引起短期流动性紧张。

① 详见中国人民银行调查统计司课题组报告《我国加快资本账户开放的条件基本成熟》，2012 年。

② 金管局，截至 2016 年 3 月底。

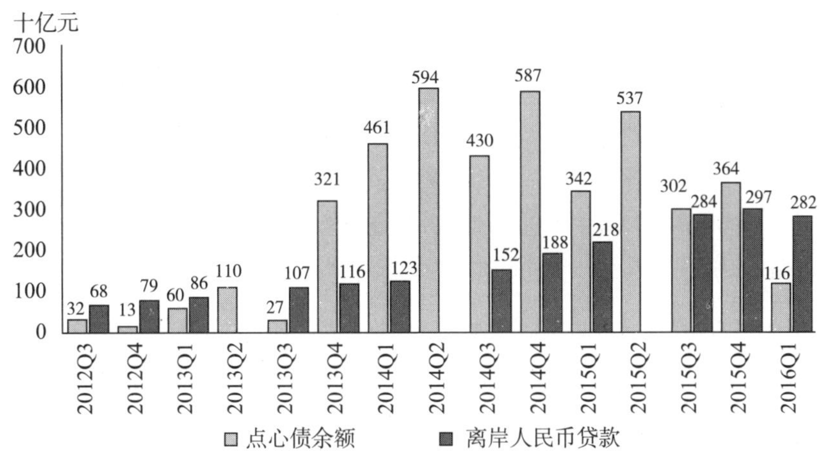

图 13-4　点心债及跨境贷款是离岸人民币主要配置方向

资料来源：彭博。

在目前离岸人民币市场整体规模收缩的情况下，资产配置失衡带来的扩散效应可能有所放大，尤其是临近季末假期（中秋、国庆等时点），内地银行间市场因节日休市，季节性因素导致资金回流在岸，这也是 2016 年 9 月底至 10 月初国庆前，离岸人民币市场拆息出现大幅波动的主要背景。

离岸人民币短端利率波动对市场带来的影响

1. 给离岸债券市场稳定扩张带来压力

香港一直是全球最大的离岸人民币债券市场，也是海外机构投资人民币债券的主要场所，但是自 2015 年 811 汇改后，离岸市场资金池收缩，融资成本逐步抬升，银行人民币一年期存款利率平均上升至 4% 以上，3 年期点心债融资成本显著上涨近 200 基点。相比之下，内地货币政策则稳中有松，流动性充裕，在岸、离岸债券利差逐渐拉大，导致大部分点心债发行主体回到在岸，离岸债券市场发行规模大幅收缩。以点心债市场上一向活跃的房地产企业为例，2015 年陆续有近 6 成境外房地产企业回流至在岸市场发债融资，导致离岸房地产板块债券发行量由 2014 年的 248 亿美元下降至 96 亿美元①。

① 《近期离岸人民币债券市场的发展态势、原因及趋势》，《中国货币市场》，2016 年第 1 期。

2. 加大了境外机构持有人民币资产的风险对冲难度

人民币正式加入 SDR 以后，对人民币资产的需求持续上升，各国央行和全球投资者将考虑增配人民币资产。SDR 规模仅占国际储备的 2.4%，人民币入篮本身仅具备小幅增量资金效应，但加入 SDR 将提升人民币作为国际储备和投资货币的国际认可度。我们预计如果国际机构或个人持有人民币金融资产的占比达到日元占全球外汇储备资产占比水平，将有超过 2 万亿人民币配置相关金融资产。

持续增加的投资需求对风险管理需求日益迫切，如果离岸人民币短期波动性相对较大，会导致离岸机构在开发人民币浮息贷款、人民币资产定价、风险管理产品方面缺乏合适的利率基准，加大国际投资者对冲利率风险的难度，因此需要市场开发更多利率避险工具，引导市场主体调整外汇交易策略，进而促进境外资金对离岸市场的参与。

3. 两地利差拉大可能诱发投机性的短期跨境资本流动

伴随内地多次降息降准、内地人民币资产收益持续下跌，使得境内资本需要寻找相对有价值的资金投向。目前利差套利型资本流动并不明显，如果离岸与在岸人民币利差持续时间较长，有可能引起资本的非正规渠道流出，对在岸市场的货币流动性带来压力（见图 13-5）。

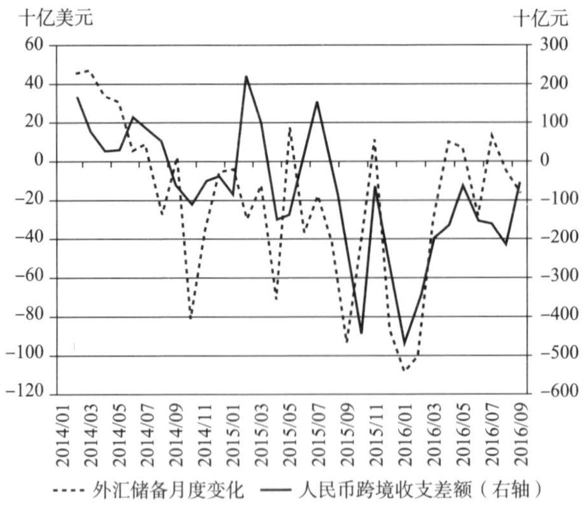

图 13-5　人民币持续对外净支付，可能加剧资本外流压力

资料来源：Wind 资讯。

可能的改善方向

随着离岸市场日均交易金额快速增长，RQFII、沪港通、深港通等投资活动不断活跃，无论是应对金融产品交易还是长期性融资需求，离岸市场都需要获得充足的人民币流动性作为支持。充足的人民币离岸市场流动性对提升市场的深度，满足跨境贸易、投资、外汇交易等经济活动需求至关重要。

值得注意的是，尽管目前国际投资者可更为直接地参与在岸市场交易，市场交易重心有转向境内的迹象，但以美元等国际货币的发展经验来看，货币国际化需要同步发展离岸市场，将对促进货币的境外循环和广泛国际使用具有重要作用。

为进一步改善离岸人民币流动性，可以考虑以下的改善方向。

1. 稳步推动人民币国际化，逐步放开双向跨境资本流动渠道

如前述，人民币汇率是影响离岸人民币整体资金池和长期流动性扩张的主要因素。为支持人民币汇率改革，前期在岸以稳定汇率为主。然而，在市场逐渐适应新的人民币汇率机制，政策效果逐步显现后，适度促进内地人民币资金向离岸市场流动，进一步放开跨境双向渠道，增加境外人民币资金池规模，将有利于离岸市场的发展。

从境外循环渠道来看，目前全球经济不振，中国进出口乏力，利用经常项目和贸易结算推动人民币全球使用已经遭遇瓶颈。如果更多利用资本项目直接投资等管道向外输送人民币，特别是通过人民币对外直接投资 ODI，内地企业走出去，“一带一路”倡议等，可望提升人民币的国际接受度，解决离岸人民币市场规模停滞不前的问题[①]。

2. 充分利用现有政策，打通两地债券回购市场

2015 年内地央行推出了债券回购交易的新政[②]，该政策允许境外机构在境内银行间市场进行回购交易，且资金可以用于境外。此举在一定程度上联通了境内外资金市场，缓解了离岸市场流动性不足的问题。

---

① 《香港离岸市场在调整中前行》，《中国外汇》，2016 年第 15 期。

② 详见《中国人民银行关于境外人民币业务清算行、境外参加银行开展银行间债券市场债券回购交易的通知》，2015 年。

如若进一步提升交易便利性及效率，可考虑建设联通境内外债券市场的“债券通”跨境平台。上文提到的债券回购新政，允许境外机构进行债券回购获得流动性，是以境内持有债券为限，境外人民币债并不能进入境内回购市场进行质押融资；通过 RQFII 或者三类机构购买的内地人民币债券，也不能在境外进行回购；目前境外人民币债平均余额约 5 000 亿元人民币 ①，规模接近外资持有的境内债券规模。建设跨境债券通平台，可使境外机构利用持有的离岸债券，到境内进行回购交易并获得融资。这不仅可提升境外的人民币流动性，也可改善离岸人民币资产的交易便利性，保持离岸人民币市场稳定性。

3. 为发展利率互换、掉期等衍生品提供市场基准，进一步强化离岸人民币市场的定价效率及风险管理能力

为推进利率市场化改革，内地央行更加强调利率市场化形成机制，逐步减低利率曲线各期限之间差距过大的情况，继而加强两地市场关联性，强化离岸人民币拆息（CNH Hibor fixing）的定价效率（见图 13-6）。CNH Hibor fixing 稳定性和效率的提高，也会有利于离岸市场开发出更多的债券回购、利率互换产品，从而进一步深化离岸人民币市场的风险对冲功能，为人民币境外交易创造更有深度的市场环境。

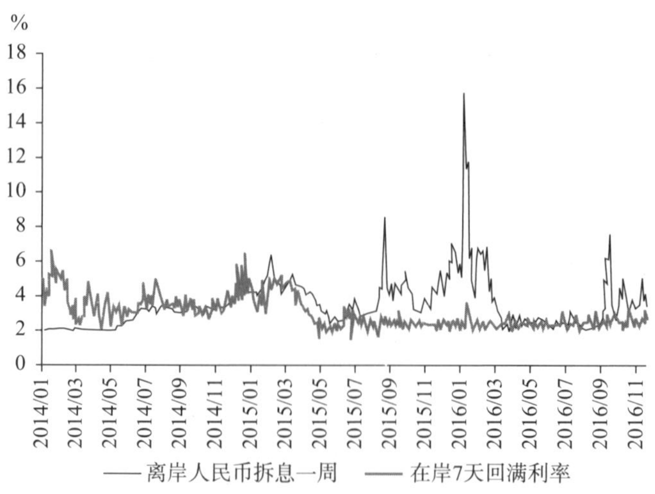

图 13-6　2015 年下半年开始离岸人民币拆息 CNH Hibor 与在岸银行间拆借利率（Shibor）走势分化

资料来源：彭博。

① 资料来自彭博。

4. 拓宽离岸市场的产品规模和类别，进一步扩大离岸人民币资金池

随着沪港通、深港通总额度取消，QFII、RQFII 投资规模继续扩大，将不断拓宽离岸人民币投资渠道，推动更多人民币资金在海外市场流转。除此之外，随着人民币国际化程度和资本项目开放逐步加深，互联互通模式将进一步拓宽到更大范围市场，包括债券、商品等，吸纳更多海外客户群通过香港平台进入内地市场，为离岸人民币资金提供更多类别的投资工具，吸引更多资金在离岸沉淀。

14

香港交易所迈向成为离岸人民币产品交易及风险管理中心

2017年4月

概要

香港于2003年获内地政府批准，成为全球首个开展离岸人民币业务的市场。在随后内地政策的继续开放及中央政策支持的推动下，香港场内和场外市场的人民币金融产品蓬勃发展。到今天，香港交易所的人民币产品包括债券、交易所买卖基金（ETF）、房地产投资信托基金（REIT）、股票、人民币定息及货币衍生产品以及大宗商品衍生产品。香港交易所证券市场方面，以人民币ETF的成交最为活跃；而衍生产品市场方面，则以人民币货币期货最受热捧，其2016年的成交更刷新纪录。

环顾全球交易所，不论在证券或衍生产品市场，香港交易所的人民币产品在上市及交易方面均独占鳌头。市场上提供人民币证券产品的其他交易所寥寥可数，产品种类不多、成交量低。另一方面，人民币货币期货及期权则是全球多家交易所颇为常见的产品，然而成交量集中在亚洲区的交易所，其中以香港交易所的交投最为活跃。事实上，成交数据证明，香港交易所的人民币期货合约于人民币汇率极度波动之时尽展其作为人民币货币风险管理工具的功能。

香港交易所在离岸人民币的产品交易及风险管理享有相对优势，原因众多，包括香港位处“一带一路”倡议的中心、庞大的人民币资金池支持活跃的香港人民币业务、香港交易所旗下市场汇聚国际投资者及高效率的市场基础设施等。

人民币产品和风险管理工具供应充裕的离岸市场，是支持人民币国际化并维持稳定汇率水平的基础。为此，香港交易所旗下证券及衍生产品市场的人民币产品配套将会持续丰富，以迎合在人民币稳步推进国际化之下日益增长的投资者需求。除了近期推出的美元兑人民币（香港）期权及内地国债期货外，日后亦可能推出其他人民币风险管理工具。可见香港交易所具备优越条件，足以成为全球投资者的离岸人民币产品交易及风险管理中心。

背景

2003年11月，中国央行中国人民银行（人行）与香港金融管理局（金管局）签署备忘录，准许香港银行开办个人人民币业务，香港于2004年正式开展人民币业务。初期服务范围只限于汇款、兑换及人民币信用卡。到2007年1月中国国务院批准香港扩充人民币业务，允许内地金融机构在港发行人民币金融债券，香港始出现人民币投资产品，首先是人民币债券（俗称“点心债”）的发行。有关实施此国策的办法[①]于2007年6月颁布，同月稍后一家内地国营政策性银行即在港发售首只人民币债券[②]。

及后政策放宽，香港人民币债券市场提速发展。2010年2月，根据政策厘清文件[③]，香港人民币债券的合资格发债体范围、发行安排及投资者主体可按照香港的法规和市场因素来决定。同月，人行批准金融机构就债务融资在港开设人民币户口，这使香港得以推出人民币债券基金。2011年10月再有新规则容许以合法渠道（例如境外发行人民币债券及股票）取得的境外人民币在内地作直接投资[④]。

随着香港金融业界的合格人民币业务范围日渐扩充，加上内地政府中央政策的

① 人行与国家发展和改革委员会（发改委）于2007年6月8日联合颁布的《境内金融机构赴香港特别行政区发行人民币债券管理暂行办法》。

② 由国家开发银行发售的两年期人民币50亿元人民币债券，票面息率3%，至少20%售予散户投资者。

③ 金管局《香港人民币业务的监管原则及操作安排的诠释》，2010年2月11日。

④ 人行颁布的《外商直接投资人民币结算业务管理办法》；商务部颁布的《关于跨境人民币直接投资有关问题的通知》。

支持[①]，香港场内外的人民币金融产品蓬勃发展，不再只限于人民币债券。交易所的**证券**市场方面，人民币债券是数量最多的上市产品，人民币交易所买卖基金（ETF）则是交投最活跃的产品（见下文）。交易所的**衍生产品**市场方面，人民币期货合约于汇率极度波动之时尽展其作为人民币汇率风险管理工具的功能（见下文）。

本章阐述香港交易所相对环球其他交易所在人民币产品发展方面的情况，指出香港交易所在全球市场的场内人民币产品中有着领先地位，推动其迈向成为离岸人民币的产品交易及风险管理中心。

香港交易所的人民币产品发展

1. 证券产品

中国境外首只人民币债券发行的3年后，2010年10月22日首只人民币债券——由**国际金融机构**（亚洲开发银行）发行的10年期债券——在香港交易所证券市场上市。首只由**内地机构（中国农业银行）**境外发行上市的人民币债券则于2012年1月上市。首两只人民币**内地政府债券**于2012年7月上市，与2009年9月首只境外人民币内地政府债券在香港发行相距约3年。

上市人民币证券的种类不久即进一步扩展至人民币债券以外的券种：首只人民币房地产投资信托基金（REIT）于2011年4月上市、首只人民币ETF（以黄金为标的物）于2012年2月上市、首只人民币股票于2012年10月上市，以及首只人民币权证于2012年12月上市。至2016年底，上市人民币证券总数已增至179只。

图14-1显示香港交易所人民币证券的历史日均成交及数目增长。

① 2011年8月，时任国务院副总理李克强于访港期间公布一系列有关香港发展的中央政策。具体而言，将提供政策支持香港发展成为离岸人民币业务中心，包括鼓励香港发展创新的离岸人民币金融产品、增加赴港发行人民币债券的合格机构主体数目，并扩大发行规模。2012年6月，内地政府正式宣布一套政策措施，加强内地与香港之间的合作，包括支持香港发展为离岸人民币业务中心的政策。

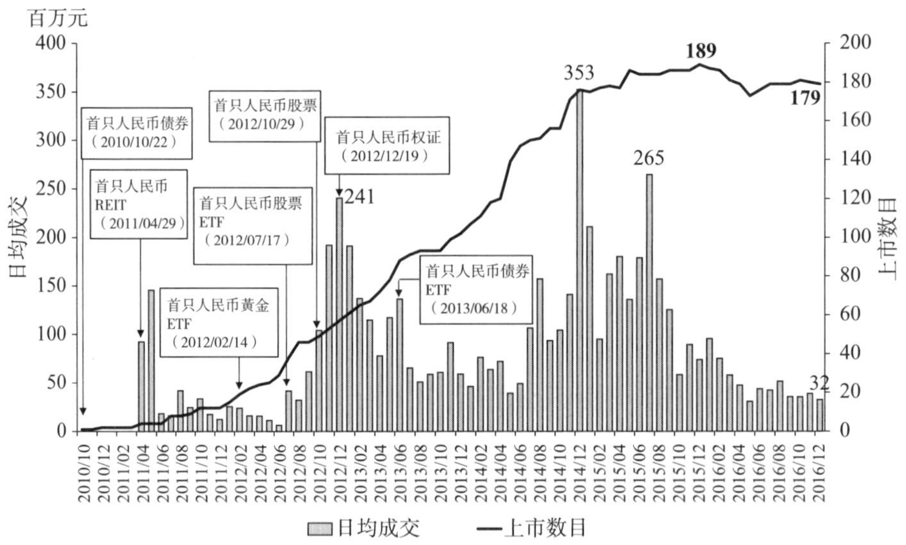

图 14-1　香港交易所上市人民币证券成交及数目（2010 年 10 月—2016 年 12 月）

资料来源：香港交易所。

2016 年底，人民币证券数目于所有主板上市证券的占比增至 2%。2016 年底的人民币证券主要为人民币债券（75%）及 ETF（23%）。人民币 ETF 中，股票指数 ETF 占比最多（占所有人民币证券的 20%）。人民币证券数目虽然在主板所有证券类别的占比偏低，但于 ETF 中则占显著比重（约 31%），亦占债务证券相当比重（约 15%）。（详细见图 14-2 至图 14-4。）

人民币证券成交自 2011 年起连续 4 年增长，于 2016 年才告回落。由于上市数目少，以人民币买卖的证券于主板市场总交易额的占比仍然微不足道。其中，人民币 ETF 自 2012 年推出以来每年均占最高比重：2016 年占 77%，主要为股票指数 ETF 的交易。唯一一只 REIT 排行第二（2016 年占 20%）。人民币债券的上市数目虽然最多，但其成交占比却尚低（3%）。（详细见图 14-5 及图 14-6。）

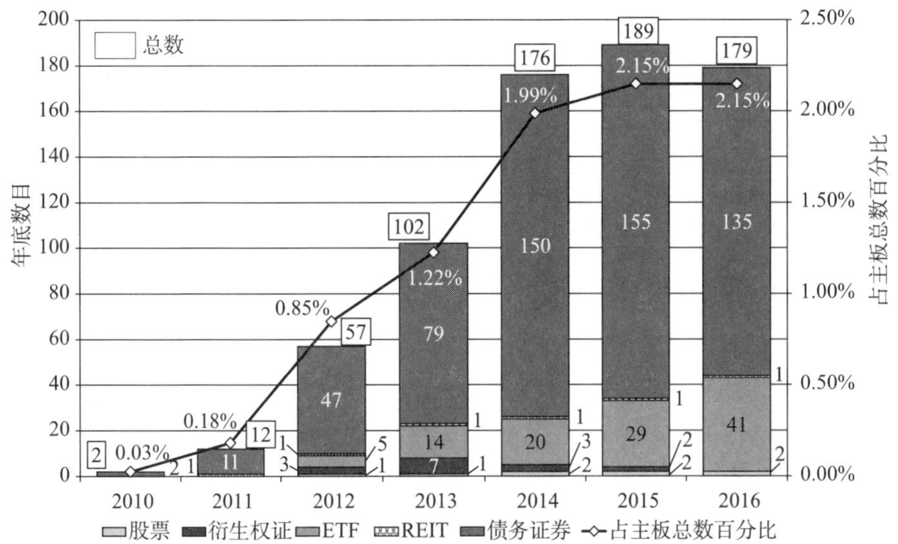

图 14-2　香港交易所上市人民币证券的年底数目（按类别）（2010 年—2016 年）

资料来源：香港交易所。

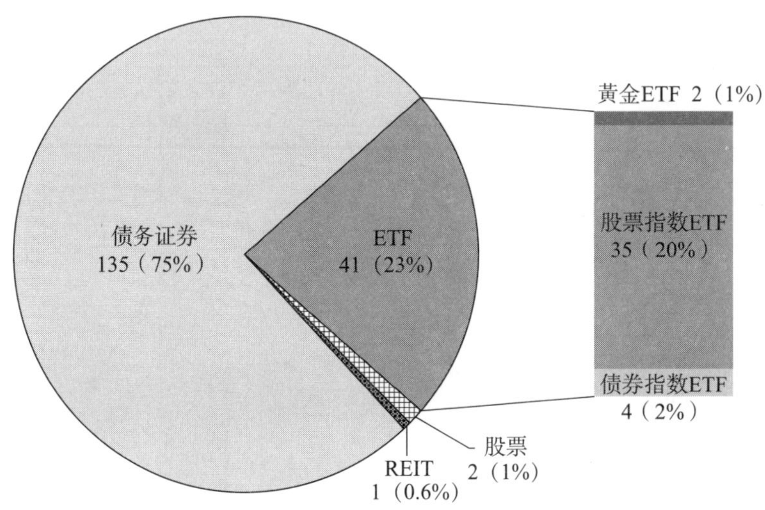

图 14-3　香港交易所上市人民币证券数目（按类别）（2016 年底）

注：由于四舍五入，图中总和相加不一定等于 100%。

资料来源：香港交易所。

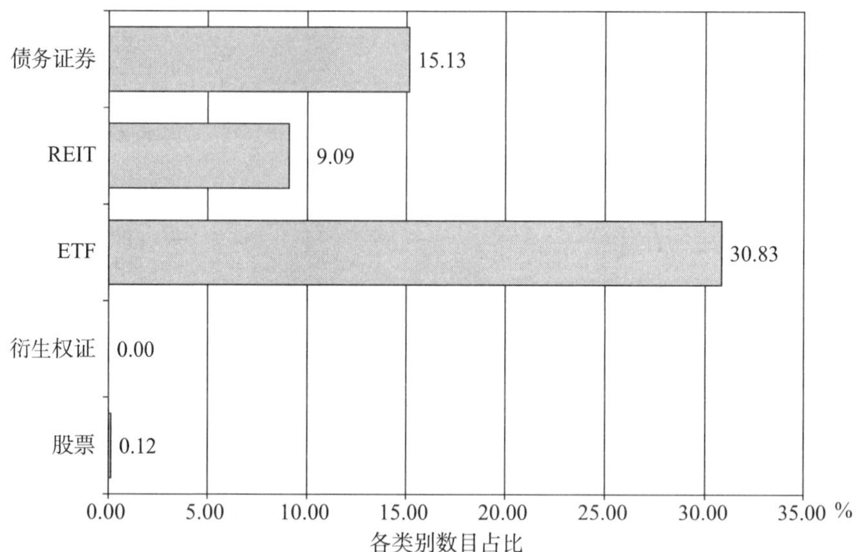

图 14-4　香港交易所上市人民币证券数目占比（按类别）（2016 年底）

资料来源：香港交易所。

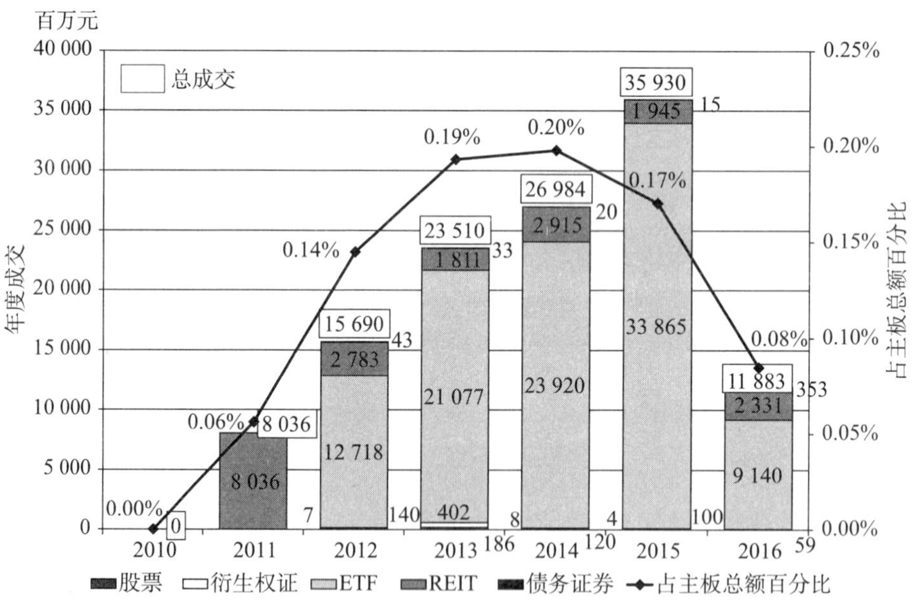

图 14-5　香港交易所上市人民币证券每年人民币成交（按类别）（2010 年—2016 年）

注：人民币成交指人民币证券的人民币交易柜台的成交金额。

资料来源：香港交易所。

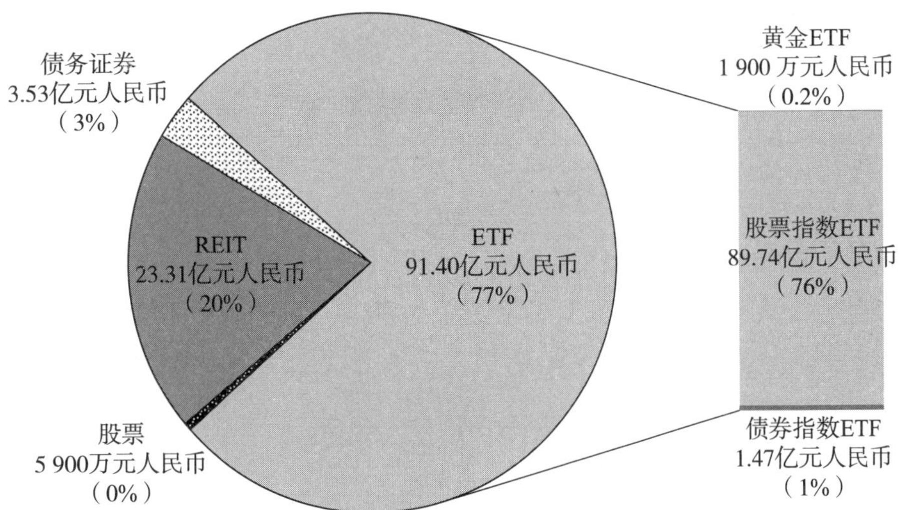

图 14-6　香港交易所上市人民币证券的人民币成交占比（按类别）（2016）

注：人民币成交指人民币证券的人民币交易柜台的成交金额。

资料来源：香港交易所。

为人民币证券提供同时以其他货币交易的双柜台交易于 2012 年 10 月推出，其他交易货币主要为港元，其次为美元。

2016 年底，香港交易所人民币证券共有 41 只港元双柜台及 9 只美元双柜台——两只人民币股票中有一只设有港元柜台；除一只黄金 ETF 外，所有人民币 ETF 均设港元柜台，其中 9 只另设美元柜台。

与人民币柜台相比，人民币证券的港元柜台成交更为活跃。事实上，大部分设有不同柜台的人民币证券，其成交均集中于港元柜台（2016 年逾 97%）。

2015 年及 2016 年人民币证券所有柜台合计成交占主板总成交增至约 3%。特别是人民币 ETF 的所有柜台合计成交（几乎全来自股票指数 ETF），在主板所有 ETF 总成交的占比自其 2012 年推出以来一直上升，于 2016 年达到近 48% 的历史高位（相对于按数目计的占比 31%）。（详细见图 14-7。）

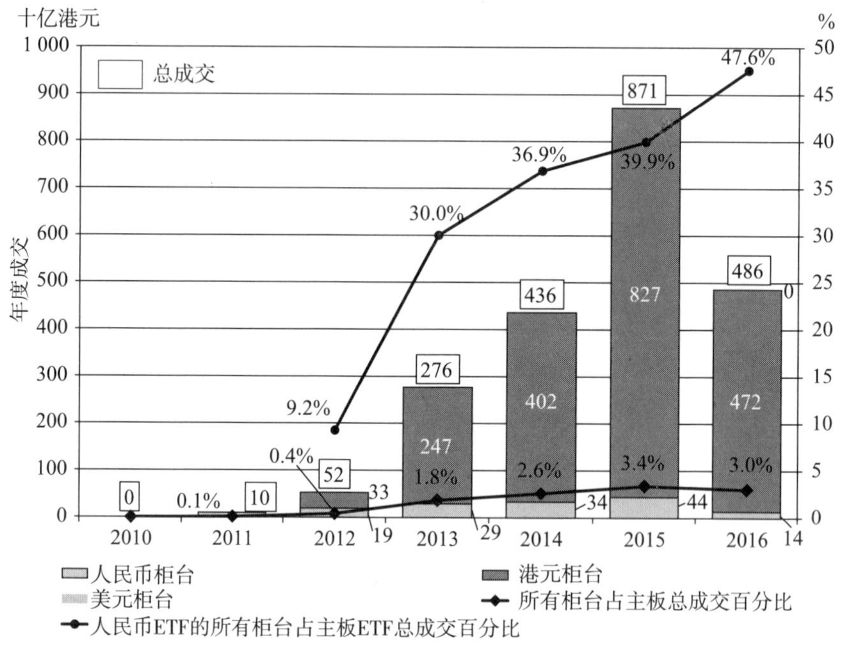

图 14-7　香港交易所上市人民币证券所有柜台成交（按柜台）（2016）

注：首只双柜台人民币证券于 2012 年 10 月 12 日上市。

资料来源：香港交易所。

总括而言，香港交易所的人民币证券正稳步发展。推出港元双柜台交易为投资者提供交易便利，吸引了相当的交易量。人民币 ETF（主要为股票指数 ETF）对投资者特别有吸引力，纵使大部分成交集中于港元柜台。

2. 衍生产品

香港交易所首只人民币衍生产品为 2012 年 9 月推出的美元兑离岸人民币期货［即美元兑人民币（香港）期货］，旨在于人民币渐趋国际化下为市场提供货币风险管理工具及投资工具。

该产品初期成交不太活跃，及后人行于 2015 年 8 月 11 日推出政策措施，改革银行间外汇市场上人民币兑美元汇率中间价的报价机制，促进货币汇率更趋市场化，刺激该产品活跃交投。2016 年人民币汇率波幅加剧，促使该产品交投进一步上扬。有见全球以人民币计价的经济活动日增，预期市场对人民币货币衍生产品的需求日渐增长，香港交易所于 2016 年 5 月 30 日推出 3 只全新离岸人民币分别兑欧元、日元及澳元的人民币计价货币期货：欧元兑人民币（香港）期货、日圆兑人民币（香港）期货及澳元兑人民币（香港）期货，以及推出美元计价的人民币（香港）兑美元期货。

香港交易所另于 2014 年 12 月推出人民币计价的大宗商品期货合约，作为支持人民币国际化用途及为实体经济作人民币定价的另一产品计划。首批推出的产品为铝、铜及锌的伦敦金属期货小型合约。铝、铜、锌这三种金属是中国占全球耗用量重要比重的金属[①]，也是香港交易所附属公司伦敦金属交易所（LME）交投最活跃的期货合约[②]。及至一年后，香港交易所再度推出另外 3 只金属期货小型合约（铅、镍及锡）。上述 6 只人民币计价金属合约为对应 LME 现货结算合约的现金结算小型合约，是中国境外首批针对相关资产人民币风险的金属合约产品，对人民币作为亚洲时区内相关金属的定价标准起支持作用。

图 14-8 显示香港交易所人民币衍生产品自推出以来的历史日均成交及未平仓合约。

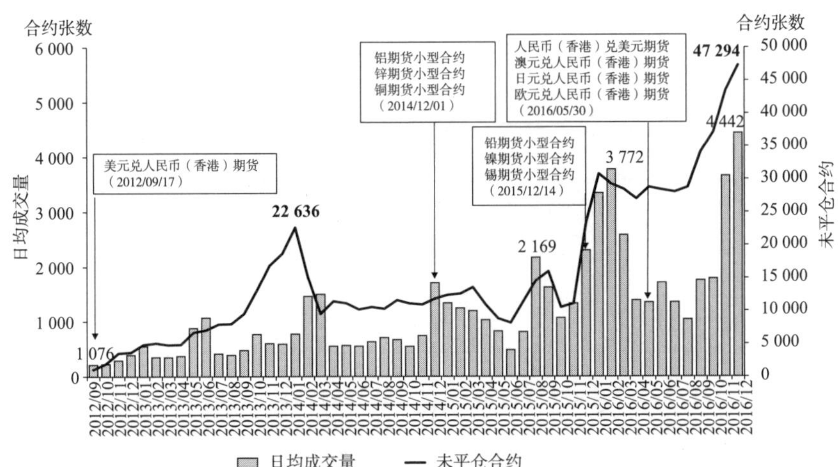

图 14-8　香港交易所人民币衍生产品成交及未平仓合约（2012 年 9 月—2016 年 12 月）

资料来源：香港交易所。

① 中国占全球金属耗用量：2015 年铝为 36%（69 374 千吨中占 24 960 千吨，资料来源：World Aluminium，http://www.world-aluminium.org）；2015 年铜为 46%（2 180 万吨占 9 942 千吨，资料来源：The Statistics Portal，https://www.statista.com）；2014 年锌为 45%（1 375 万吨中占约 625 万吨，资料来源：Metal Bulletin、The Statistics Portal）。

② 2016 年，LME 铝、铜及锌的期货合约成交量占 LME 期货总成交量的 35.5%、24.7% 及 18.0%（资料来自 LME）。

香港交易所的人民币衍生产品中，以两只离岸人民币与美元货币对的汇率期货合约的成交最为活跃。其中**美元兑人民币（香港）期货**于2016年表现卓越：全年成交合约538 594张，年度增幅105%；年底未平仓合约达45 635张，按年增幅98%，双双创下历史纪录。

此外，2016年12月的日均成交量攀升至4 325张。新推出的**人民币（香港）兑美元期货**于2016年下半年的合约成交量亦见增长，未平仓合约自推出以来稳步上扬。2016年12月平均每日成交95张合约，年底未平仓合约达1 494张的高位。

详细见图14-9。

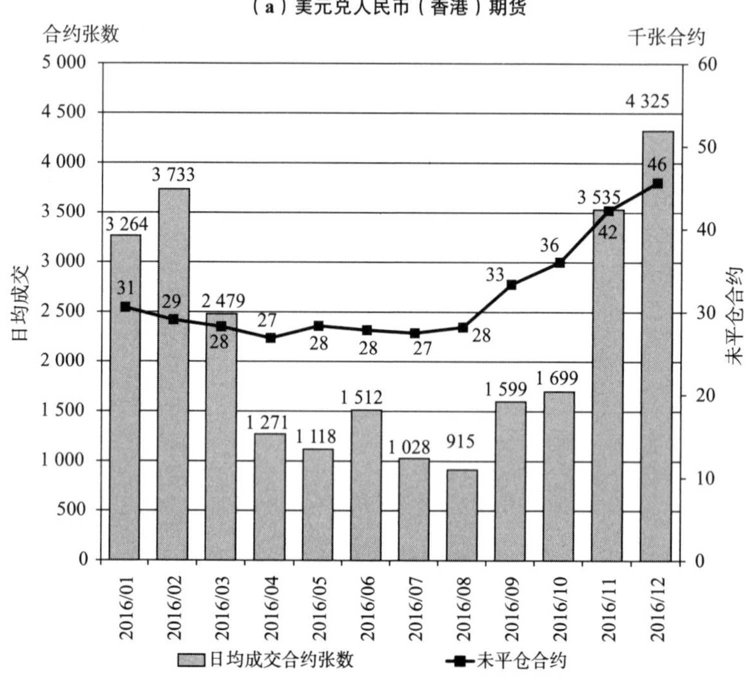

图14-9　香港交易所美元兑人民币（香港）及人民币（香港）兑美元合约成交及未平仓合约（2016年）

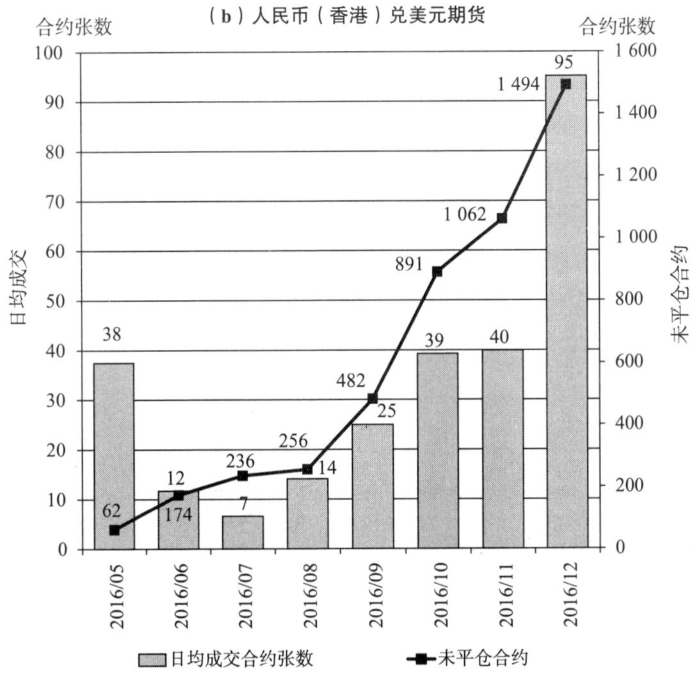

图 14-9 香港交易所美元兑人民币（香港）及人民币（香港）兑美元合约成交及未平仓合约（2016 年）（续）

资料来源：香港交易所。

香港交易所这两只期货合约的成交及未平仓合约同见增长，反映产品发挥着作为人民币货币对冲工具的功能。离岸人民币兑美元汇率极度波动之时均见两只合约成交高企（见图 14-10 及图 14-11）。当离岸人民币汇率于 2017 年 1 月 5 日大幅波动之际，隔夜同业拆息（Hibor）飙升至 33.335%，美元兑人民币（香港）期货全日成交及未平仓合约分别达 20 338 张及 46 711 张新高。在一日前（2017 年 1 月 4 日）的收市后期货交易时段，该产品合约已录得 3 642 张的成交新高。2016 年该两只产品的单日成交合约张数及未平仓合约张数与离岸人民币的隔夜同业拆息之间的相关度呈现中度但统计学上为显著的相关性（相关系数约 0.4 至 0.5），亦印证了该等人民币货币产品的风险管理功能。换言之，离岸人民币的流通性问题愈大，该等期货产品的成交愈趋活跃，未平仓合约数字亦愈趋上升。

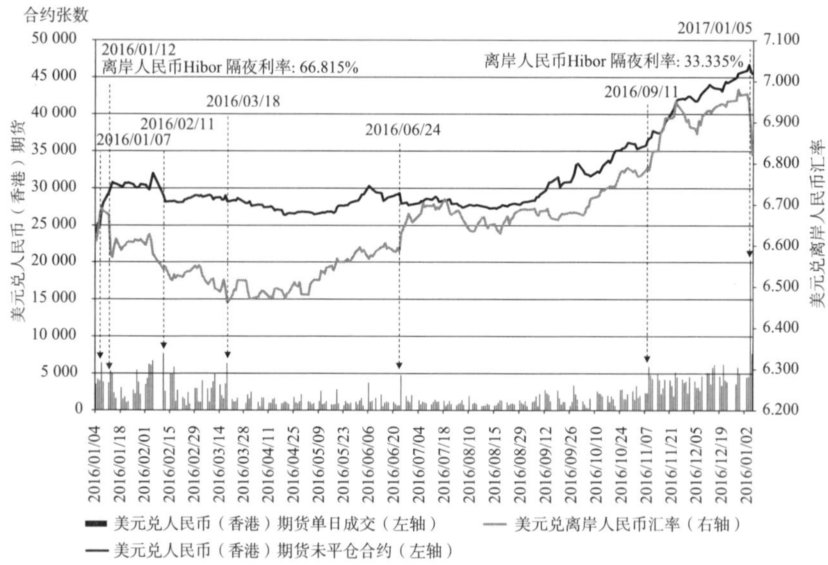

图 14-10　香港交易所美元兑人民币（香港）期货单日成交及未平仓合约与美元兑离岸人民币汇率（2016 年 1 月 4 日—2017 年 1 月 6 日）

资料来源：期货数据源自香港交易所；美元兑人民币（香港）汇率源自汤森路透。

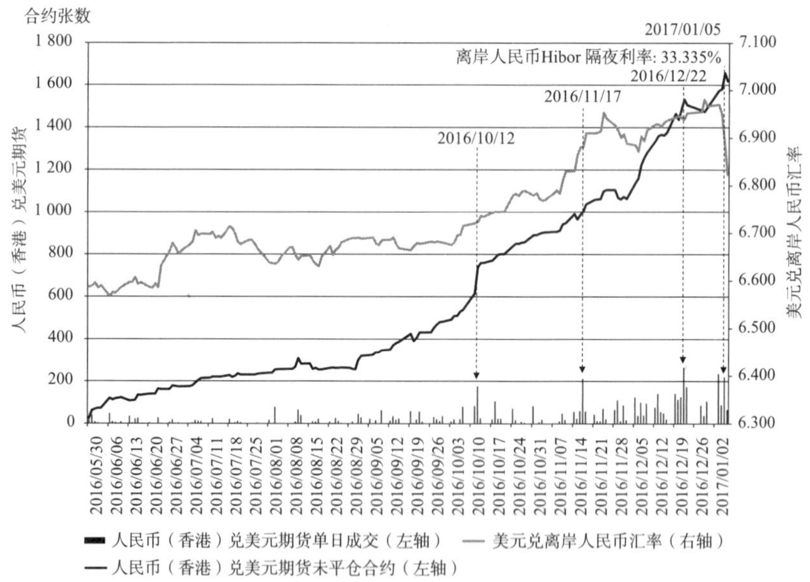

图 14-11　香港交易所人民币（香港）兑美元期货单日成交及未平仓合约与美元兑离岸人民币汇率（2016 年 5 月 30 日—2017 年 1 月 6 日）

资料来源：期货数据源自香港交易所；美元兑人民币（香港）汇率源自汤森路透。

2017年3月20日，香港交易所推出其首只人民币货币期权合约——**美元兑人民币（香港）期权**，进一步丰富旗下人民币货币风险管理工具。产品的首日成交量为109张合约，至2017年3月底日均成交量为122张合约。产品种类的增多，可供投资者因应本身的人民币风险敞口采纳不同投资策略。

随着人民币推进国际化及人民币市场逐步开放，全球投资者对人民币风险的对冲需求与日俱增。为更迎合投资者的需要，香港交易所继续推进新产品计划，2016年6月推出与汤森路透联手开发的**汤森路透/香港交易所人民币货币指数系列**（RXY指数或RXY指数系列）[①]。RXY指数系列是中国内地境外首个可供买卖的人民币指数系列。以RXY为相关资产的指数期货可于时机成熟时推出。

此外，以中国财政部发行的国债为相关资产的期货合约（**国债期货**）刚于2017年4月10日推出。这些人民币衍生产品都是有效对冲利率的工具，特别是在2017年3月15日全国人民代表大会闭幕后，国务院李克强总理在新闻发布会上表示准备在内地与香港的债券市场试行**"债券通"计划**，预料这类产品未来将日益重要。

总而言之，全球投资者在人民币国际化的进程中对人民币货币产品需求殷切，香港交易所的人民币货币衍生产品切合投资者需要，备受欢迎。香港交易所的人民币衍生产品系列将会持续丰富，会有更多定息及货币产品，以迎合投资者日益增长的需求。

环球交易所提供的人民币产品

研究显示，全球主要交易所中，有以人民币计价交易的证券或衍生产品在旗下市场上市的交易所不多[②]。以下两分节阐释相关结果。

1. 证券产品

按主要交易所的官方网站显示，有人民币交易证券上市的交易所包括德意志交易所、日本交易所集团（日本交易所）、伦敦证券交易所（伦敦证交所）、新加坡交易所（新交所）和台湾证券交易所（台证所）[③]。

---

① 见本书第6章《汤森路透/香港交易所人民币货币指数》。

② 有关数据是在全球交易所官方网站上尽力而为搜索所得，不保证全面及准确。

③ 有关香港交易所及海外交易所已知的人民币交易证券名单，见附录一。

德意志交易所与上海证券交易所（上交所）及中国金融期货交易所（中金所）组成的合资公司**中欧国际交易所（中欧所）**于 2015 年 11 月 18 日开业，定位为欧洲的离岸人民币资产交易及定价中心，初期产品发展集中于人民币交易及结算的现货证券产品，条件成熟将扩展至衍生产品。2016 年底，中欧所上市的人民币交易证券包括两只 ETF 及 3 只债务证券，另外亦有约 14 只以中国资产为相关资产但以欧元交易的 ETF。中欧所于 2017 年 2 月 20 日推出其首只 ETF 衍生产品——以内地指数 CSI300 为相关资产的 ETF 期货，但以欧元交易。相应的 ETF 期权会于稍后推出，但亦以欧元交易。

日本交易所旗下的专业投资者债券市场 2016 年底有两只人民币交易债券，第一只于 2015 年 7 月上市；该交易所同时亦有数只中国相关的 ETF，但全以日元交易。

伦敦证交所 2016 年底有两只 ETF 及超过 100 只债券以人民币交易。首只人民币 ETF 于 2015 年 3 月上市，第二只于 2016 年 9 月上市；另外亦有其他中国相关的 ETF，全部以英镑或美元交易。

新交所 2016 年底有一只同时提供新加坡元及人民币交易的双柜台股票——中资公司扬子江船业（控股）有限公司，以及 96 只人民币交易债券。该交易所并无以人民币交易的 ETF，但有 6 只中国相关的 ETF，当中 5 只以美元交易，1 只以新加坡元交易。

台证所 2016 年 8 月 8 日推出双币 ETF 交易机制，是台证所首次开放柜台供证券产品以外币交易。2016 年底，台证所双币 ETF 交易机制有 2 只以人民币交易的柜台。

研究发现部分其他交易所亦有与中国相关的 ETF，但都以本国货币交易，当中包括澳洲证券交易所（澳交所）、韩国交易所（韩交所）、纽约证券交易所（纽交所）和纳斯达克交易所。

至于人民币债券，研究发现有逾 400 只离岸产品在其他交易所交易，其中包括法兰克福证券交易所、MarketAxess、卢森堡证券交易所、台北证券柜台买卖中心等[①]。

---

① 资料来自 2017 年 1 月 6 日汤森路透。由于同一人民币债券可能在多个交易所交易，故有关数字包括重复点算。须注意名单未能与交易所的官方来源核证。

2. 衍生产品

研究发现，于香港交易所以外的其他交易所买卖的人民币衍生产品仅限于人民币货币期货及期权。这些交易所包括美洲的芝加哥商业交易所集团（芝商所集团）及巴西证券期货交易所（巴西期交所）；亚洲的新交所、ICE 新加坡期货交易所（ICE 新加坡期交所）、台湾期货交易所（台湾期交所）和莫斯科交易所；非洲的约翰内斯堡证券交易所（约翰内斯堡证交所）以及中东的杜拜黄金及商品交易所（杜拜商交所）[①]。香港交易所以外未有发现有交易所买卖以人民币交易的商品合约。

在所列的交易所中，**芝商所集团**提供的人民币货币产品数目最多——2016 年底有 8 只期货及两只期权合约以在岸或离岸人民币为相关资产，都是在芝商所旗下两间交易所交易：

- 芝加哥商业交易所（CME）：4 只期货及 2 只期权。各有两只在岸人民币期货合约（一只标准合约，一只小型合约）于 2016 年 5 月除牌。
- CME 欧洲交易所（CMED）：4 只期货合约。

于 2016 年底，**新交所**有 5 只在岸或离岸人民币对美元、新加坡元及欧元的货币期货合约；**ICE 新加坡期交所**有 2 只在岸或离岸人民币对美元的货币小型期货合约；而台湾期交所则有 2 只期货及两只期权合约以离岸人民币对美元为基础—标准合约及小型合约各有 1 只期货及 1 只期权。

其他交易所——**巴西期交所、杜拜交易所、约翰内斯堡证交所**及**莫斯科交易所**于 2016 年底时各有 1 只人民币货币期货合约。

香港交易所与全球交易所的人民币产品比较

1. 证券产品

与全球其他交易所比较，香港交易所提供的人民币交易证券数目最多[②]。在中国**境外市场，最受欢迎的场内人民币交易产品种类是 ETF**。虽然也有不少的上市人民

① 有关香港交易所及海外交易所已知的人民币衍生产品名单，见附录二。

② 根据现有所知数据及资料。

币计价债券，但其场内交易即使有亦微不足道[①]。表 14-1 比较香港交易所与全球其他所知有提供人民币交易证券之交易所的人民币交易证券产品数目，表 14-2 则比较各交易所的人民币 ETF 的成交。2016 年在香港交易所交易的人民币 ETF 的平均每日成交金额（日均成交）为 3 700 万元人民币，即使按每只证券计亦高于其他交易所。

表 14-1　香港交易所及个别交易所以人民币交易的上市证券（2016 年 12 月）

交易所	股票	ETF	REIT	债务证券	合计
香港交易所	2	41	1	135	179
中欧所	0	2	0	3	5
日本交易所	0	0	0	2	2
伦敦证交所	0	2	0	101	103
新交所	1	0	0	96	97
台证所	0	2	0	0	2

注：数据乃尽力而为编制。
资料来源：香港交易所及相关交易所的网站。

表 14-2　2016 年人民币交易所买卖基金总成交及日均成交

交易所	总成交（百万元人民币）	日均成交（百万元人民币）
香港交易所	9 140	37.0
中欧所 *	74	0.3
伦敦证交所	0.5	0.0
台证所	141	1.4

* 人民币产品于德意志交易所平台上交易。

2. 衍生产品

人民币货币期货已成为全球最普及的人民币交易衍生产品，香港交易所以外至少有 8 家其他交易所有提供这类产品。投资者对美元 / 离岸人民币合约的兴趣最大，从该类产品的成交相对较高可见一斑。人民币对另一国际货币欧元及其他本国货币如新加坡元于过去两年的合约交易则无足轻重，甚或全无交易（据研究中各交易所

① 债券交易通常在场外而非交易所内进行。发行商安排债券于交易所上市，或是为配合一些按其授权规定必须投资于认可证券交易所上市证券的投资者及基金经理，使他们也可买卖其债券。

的官方数据）。表 14-3 列出香港交易所及据知有提供人民币衍生产品交易的全球其他交易所的人民币衍生产品数目。

表 14-3　香港交易所及个别交易所的人民币衍生产品（2016 年 12 月）

交易所	货币		商品		合计		总数
	期货	期权	期货	期权	期货	期权	
香港交易所	5	0	6	0	11	0	**11**
巴西期交所	1	0	0	0	1	0	**1**
芝商所集团 (1)	8	2	0	0	8	2	**10**
杜拜商交所	1	0	0	0	1	0	**1**
ICE 新加坡期交所	2	0	0	0	2	0	**2**
约翰内斯堡证交所	1	0	0	0	1	0	**1**
莫斯科交易所	1	0	0	0	1	0	**1**
新交所	5	1	0	0	5	1	**6**
台湾期交所	2	2	0	0	2	2	**4**
合计	**26**	**5**	**6**	**0**	**32**	**5**	**37**

（1）由芝加哥商业交易所（CME）提供 4 只期货及 2 只期权产品，以及 CME 欧洲交易所（CMED）提供 4 只期货产品。

注：数据乃尽力而为编制。

资料来源：香港交易所资料及相关交易所的网站。

2016 年香港交易所为全球交易所中人民币货币衍生产品平均每日名义成交金额（2.19 亿美元）及年底未平仓合约数目（47 294 张）最高的交易所（见图 14-12）。

新交所与台湾期交所的人民币货币衍生产品成交量颇大，这或与新加坡及中国台湾与中国大陆的经济活动程度有关①。

表面上，台湾期交所 2016 年的人民币衍生产品合约成交张数较香港交易所为高，但成交集中于小型合约，而且其于 2015 年达致的相对较高的名义成交金额并未能持续至 2016 年。

至于新交所，合约成交及名义成交金额于 2016 年均相对较高，而 2016 年底未平仓合约则不足香港交易所的 40%。

① 根据中国人民银行《人民币国际化报告（2015 年）》（2015 年 6 月），新加坡及中国台湾是继中国香港以后人民币贸易结算金额最高的地区。

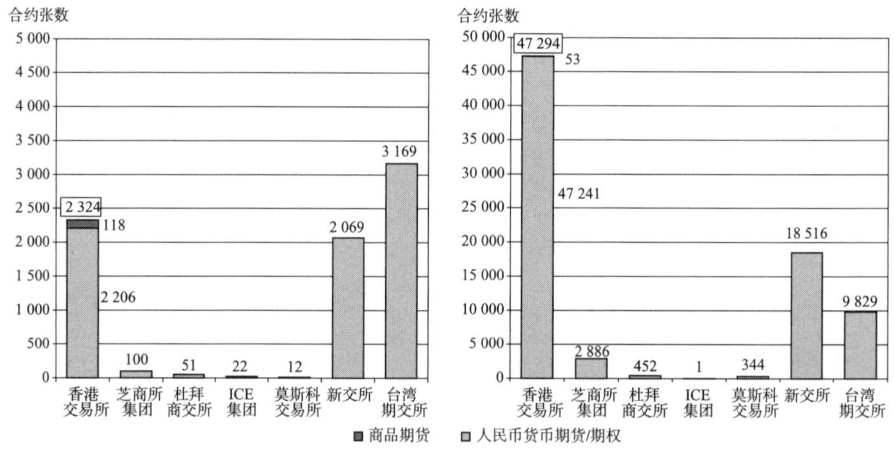

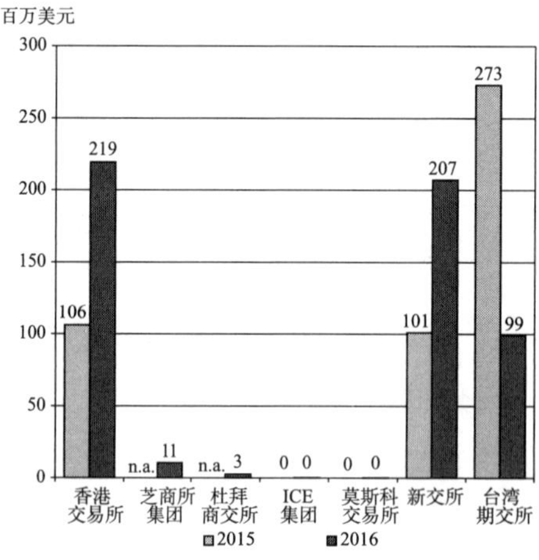

图 14-12　香港交易所及个别交易所人民币衍生产品成交及未平仓合约（2016 年）

n.a.: 没有资料。

资料来源：香港交易所数据来自香港交易所；其他数据来自相关交易所的网站。

人民币货币期货中，有 4 家其他交易所提供相类似的产品，合约金额与香港交易所标准期货合约美元兑人民币（香港）期货相同。香港交易所在此等标准合约的交易上亦处于领先地位（见图 14-13）。

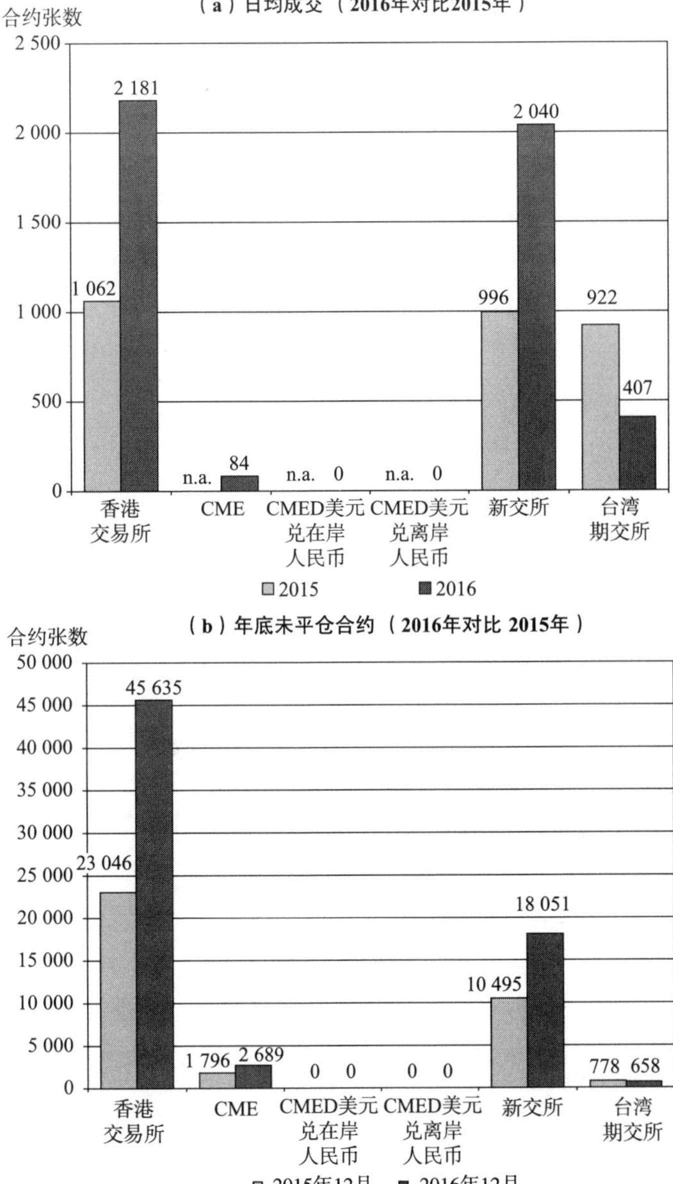

图 14-13 香港交易所及个别交易所标准美元兑人民币合约的成交及未平仓合约（2016 年对比 2015 年）

n.a.: 没有资料。

注：标准合约金额为 100 000 美元。除另有注明外，货币对为美元兑离岸人民币。

资料来源：香港交易所及相关交易所的网站。

有关不同交易所每只人民币货币产品2016年的日均成交，见附录三。

香港交易所作为离岸人民币的产品交易及风险管理中心

香港交易所在上市及买卖人民币产品方面领先中国内地以外的全球交易所，其中人民币ETF更是迄今内地最受欢迎的境外人民币证券产品。虽然离岸人民币ETF的交易量只是一般，离岸人民币货币衍生产品的交投却呈现动力——全球名义交易金额约为1 340亿美元（约9 350亿元人民币），与2015年约830亿美元（约5 390亿元人民币）相比，增幅超过60%[①]。

随着2016年8月人民币汇率机制改革及中国汇率体制愈益趋向市场化，市场愈来愈能接受人民币汇率有更大的波动性。根据全球银行间金融电信协会（SWIFT）统计，人民币在国际支付中以金额计为第5或第6活跃货币——2017年1月占比1.68%（第6位），2015年12月为2.31%（第5位）。离岸汇市方面，有人说人民币有潜力晋身5大交易最活跃的货币[②]，人民币外汇风险管理工具如掉期及期权亦已愈来愈普及。此外，人民币货币的客户群亦日趋多元化，除最先那批与中国经商的企业外，现在的人民币客户还包括所有类别的银行、机构投资者（如合格境外机构投资者）、对冲基金等投资者以及散户投资者。人民币货币期货及期权的供应，使得这些投资者进行人民币外汇交易时，有更多对冲工具可选择。

现在世界各地交易所争相推出各种人民币风险管理工具，冀在一定程度上支持市场上与中国日益增多的人民币经济活动。香港交易所在人民币产品尤其是人民币衍生产品方面成为领先交易所，原因有多项：

（1）地理因素

根据国际结算银行三年期调查，香港在内地境外人民币外汇工具场外交易总额中的占比最大（39%）[③]，其次是新加坡（22%）和美国（12%）。中国于2013年

① 资料来自香港交易所及各有关交易所的网站，见上文分析。

② 引述芝商所集团外汇产品一名执行董事所说，见2015年4月24日Global Capital Euroweek周刊《中国离岸人民币最终局势第三回：从影子银行到网络空间》（*China's Offshore RMB Endgame, Part III: From Shadow Banking to Cyberspace*）一文。

③ 按美元每日平均名义成交额计。资料来源：国际结算银行网站的三年期调查报告有关成交量的统计数据。

提出**“一带一路”倡议**，预期中国现时及短期内与世界其他地区的经济发展将以亚洲为重。

为支持“一带一路”的基建项目及经济活动，人民币必将进一步国际化及普及，因此预料人民币期货作为风险管理工具在亚洲区的交易需求将会最大。香港是位处“一带一路”中央的国际金融中心，这里的场内及场外人民币产品及服务势将继续蓬勃发展。

（2）香港人民币资金池及人民币业务

自 2004 年首办离岸人民币业务至今，香港已成为人民币贸易结算、融资和资产管理的全球枢纽。如上文所述，香港于 2015 年的人民币贸易结算额为全球最高。香港的点心债市亦是中国内地境外最大市场[①]。

现时香港离岸人民币服务包括人民币个人银行及企业银行、人民币资本市场、人民币货币及外汇市场以及人民币保险等。这些服务背后有赖于庞大的人民币资金池支持，两者联动有助于不同种类人民币产品发展。人民币产品和服务切合顾客或投资者的需要而更多元化及活跃，反过来亦将提振或促进人民币资金池持续扩大。

虽然最近一波人民币贬值潮导致全球离岸人民币资金池萎缩，中国香港的离岸人民币存款仍稳列世界首位：5 225 亿元人民币（2017 年 1 月底），相对于中国台湾的 3 107 亿元人民币（2017 年 1 月底）及新加坡的 1 260 亿元人民币（2016 年 12 月底）[②]。庞大的人民币资金池既支持所有人民币业务，亦是人民币证券及衍生产品市场交投活跃的支柱。

（3）国际投资者群

香港是知名国际金融中心，香港交易所的市场参与者来自世界各地。根据香港交易所的调查研究，国际投资者的交易金额占证券市场成交额的 39%（与本地投资者的比重相同）以及衍生产品市场成交的 28%（本地投资者为 21%）[③]。国际投资者的积极参与有助于人民币产品定价国际化。

---

① 引述自 2016 年 1 月香港金融管理局《香港：全球离岸人民币业务枢纽》。

② 资料来自香港金管局、中国银行（香港）离岸人民币快报 2017 第三期、新加坡金融管理局网站。

③ 资料来自香港交易所《现货市场交易研究调查 2014/15》及《衍生产品市场交易研究调查 2014/15》。

（4）基建效率

香港市场基础设施效率高而稳健，是支持香港各类人民币业务和服务有高活跃度与持续蓬勃发展的基础。有关基建包括香港金管局以 SWIFT 为基础的**人民币实时支付结算系统（人民币 RTGS）**，该系统可协助世界各地市场参与者处理人民币交易，不论是与中国内地进行的，还是离岸市场之间的，都可通过人民币 RTGS 系统处理。香港的人民币 RTGS 受香港法律规管①，且直接连接内地的“中国现代化支付系统（CNAPS）”，能处理所有内地的人民币交易，亦与港元、美元及欧元 RTGS 系统有联系。人民币 RTGS 不但以实时支付结算方式处理银行同业人民币支付项目，亦处理人民币批量结算及交收支付项目，功能类似港元 RTGS 系统。按 SWIFT 的统计，香港银行处理的人民币收付交易量占全球离岸人民币交付总量（包括与中国内地的交付及纯离岸的交付）的 70% 左右②。

除了人民币 RTGS 系统外，香港金管局还提供**人民币流动资金安排**，为银行提供短期资金（即日、隔夜、一日、一星期），加强离岸人民币市场短期资金流动性，减少短期资金因季节性因素或资本市场活动而受到影响。此外，2016 年 10 月 27 日起，香港金管局委任了 9 家银行为离岸人民币市场的一级流动性提供行。

除了获得香港整个金融体系的强力支持外，**交易所的基础设施**亦为离岸人民币市场提供高效支持。香港交易所的衍生产品结算所，即香港期货结算有限公司（期货结算公司），为交易所买卖的衍生产品提供中央结算。期货结算公司符合支付及结算系统委员会与国际证监会组织③的规定，在国际认可监管机制及香港法律保护下运作。期货结算公司是巴塞尔协议 III 下的“合格中央结算对手”，国际参与者须支付的资本费用较低。2016 年 9 月底，期货结算公司放宽现金抵押品政策，容许结算参与者以可接受现金及 / 或非现金抵押品履行不超过 10 亿元人民币的人民币按金要求④。政策放宽有助于减轻投资者买卖人民币计价衍生产品的资金成本。此外，香港交易所的**场外结算公司**于 2013 年投入服务，香港从此在场外衍生产品领域亦拥有对等的基建设施。场外结算公司服务现涵盖若干利率掉期、不交割利率掉期、跨货币利率掉期及不交割货币远期合约。

---

① 款项交收的终局性受香港《结算及交收系统条例》保障。

② 引述自香港金管局 2016 年 1 月《香港：全球离岸人民币业务枢纽》。

③ 支付及结算系统委员会以及国际证券事务监察委员会组织（国际证监会组织）技术委员会。

④ 若超出此数，期货结算公司的交易对手须以人民币现金履行人民币按金要求。

上述各平台为香港人民币衍生产品进一步发展奠定了坚实基础。

如 2017 年 3 月 5 日政府提交的工作报告所述，人民币将成为国际货币体系中的重要货币，人民币汇率将处于基本稳定水平。人民币产品和风险管理工具供应充裕的离岸市场，是支持人民币国际化而同时维持稳定汇率水平的基础。为此，香港交易所旗下证券及衍生产品市场的人民币产品配套将会持续丰富，以迎合人民币稳步推进国际化之下日益增长的投资者需求。除了近期推出的美元兑人民币（香港）期权及内地国债期货外，日后亦可能推出其他人民币风险管理工具。可见香港交易所具备优越条件，足以成为全球投资者的离岸人民币产品交易及风险管理中心。

附录一 在香港交易所及海外交易所以人民币交易的股票 ETF 及 REIT 名单（2016 年底）

表 14-A1 在香港交易所及海外交易所以人民币交易的股票、ETF 及 REIT 名单（2016 年底）

香港交易所		
类别	证券代号	产品
股票	80737	合和公路基建有限公司
股票	84602	中国工商银行人民币 6.00% 非累积、非参与、永续境外优先股
ETF	82808	易方达花旗中国国债 5 ~ 10 年期指数 ETF
ETF	82811	海通沪深 300 指数 ETF
ETF	82822	南方富时中国 A50 ETF
ETF	82828	恒生 H 股指数上市基金
ETF	82832	博时富时中国 A50 指数 ETF
ETF	82833	恒生指数上市基金
ETF	82834	iShares 安硕纳斯达克 100 指数 ETF
ETF	82836	iShares 安硕核心标普 BSE SENSEX 印度指数 ETF
ETF	82843	东方汇理富时中国 A50 指数 ETF
ETF	82847	iShares 安硕富时 100 指数 ETF
ETF	83008	添富共享沪深 300 指数 ETF
ETF	83010	iShares 安硕核心 MSCI 亚洲（日本除外）指数 ETF
ETF	83012	东方汇理恒生香港 35 指数 ETF
ETF	83074	iShares 安硕核心 MSCI 台湾指数 ETF
ETF	83081	价值黄金 ETF
ETF	83095	价值中国 A 股 ETF
ETF	83100	易方达中证 100 A 股指数 ETF
ETF	83107	添富共享中证主要消费指数 ETF
ETF	83115	iShares 安硕核心恒生指数 ETF
ETF	83118	嘉实 MSCI 中国 A 股指数 ETF
ETF	83120	易方达中华交易服务中国 120 指数 ETF

续前表

香港交易所		
类别	证券代号	产品
ETF	83127	未来资产沪深 300 ETF
ETF	83128	恒生 A 股行业龙头指数 ETF
ETF	83129	南方东英沪深 300 精明 ETF
ETF	83132	添富共享中证医药卫生指数 ETF
ETF	83136	嘉实 MSCI 中国 A 50 指数 ETF
ETF	83137	南方东英中华 A80 ETF
ETF	83139	iShares 安硕人民币债券指数 ETF
ETF	83146	iShares 安硕德国 DAX 指数 ETF
ETF	83147	南方东英中国创业板指数 ETF
ETF	83149	南方东英 MSCI 中国 A 国际 ETF
ETF	83150	嘉实中证小盘 500 指数 ETF
ETF	83155	iShares 安硕欧元区 STOXX 50 指数 ETF
ETF	83156	广发国际 MSCI 中国 A 股国际指数 ETF
ETF	83162	iShares 安硕 MSCI 中国 A 股国际指数 ETF
ETF	83168	恒生人民币黄金 ETF
ETF	83170	iShares 安硕核心韩国综合股价 200 指数 ETF
ETF	83180	华夏中华交易服务中国 A80 指数 ETF
ETF	83188	华夏沪深 300 指数 ETF
ETF	83199	南方东英中国五年期国债 ETF
REIT	87001	汇贤产业信托

海外交易所	类别	产品
中欧国际交易所（中欧所）（产品于德意志交易所平台上买卖）	ETF	BOCI Commerzbank SSE 50 A Share Index UCITS ETF
	ETF	Commerzbank CCBI RQFII Money Market UCITS ETF
伦敦证券交易所（伦敦证交所）	ETF	Commerzbank CCBI RQFII Money Market UCITS ETF
	ETF	ICBC Credit Suisse UCITS ETF SICAV

续前表

海外交易所	类别	产品
新加坡交易所（新交所）	股票	扬子江船业（控股）有限公司
台湾证券交易所（台证所）	ETF	富邦上证 180 证券投资信托基金
	ETF	群益深证中小板证券投资信托基金

资料来源：香港交易所产品源自香港交易所；其他交易所的人民币产品源自相关交易所网站。

附录二　在香港交易所及海外交易所买卖的人民币货币期货 / 期权名单（2016 年底）

表 14-A2　在香港交易所及海外交易所买卖的人民币货币期货 / 期权名单（2016 年底）

交易所	产品	合约金额	交易货币	结算方式
香港交易所	人民币货币期货——美元兑人民币（香港）期货	10 万美元	离岸人民币	可交收
	人民币货币期货——欧元兑人民币（香港）期货	5 万欧元	离岸人民币	现金结算
	人民币货币期货——日圆兑人民币（香港）期货	600 万日元	离岸人民币	现金结算
	人民币货币期货——澳元兑人民币（香港）期货	8 万澳元	离岸人民币	现金结算
	人民币货币期货—人民币（香港）兑美元期货	30 万元人民币	美元	现金结算
	伦敦铝期货小型合约	5 吨	离岸人民币	现金结算
	伦敦锌期货小型合约	5 吨	离岸人民币	现金结算
	伦敦铜期货小型合约	5 吨	离岸人民币	现金结算
	伦敦铅期货小型合约	5 吨	离岸人民币	现金结算
	伦敦镍期货小型合约	1 吨	离岸人民币	现金结算
	伦敦锡期货小型合约	1 吨	离岸人民币	现金结算
巴西期交所	人民币期货	35 万元人民币	巴西雷亚尔	现金结算
芝加哥商业交易所（CME）	标准规模美元 / 离岸人民币（CNH）期货	10 万美元	离岸人民币	可交收
	E- 微型美元 / 离岸人民币（CNH）期货	1 万美元	离岸人民币	可交收
	人民币 / 美元期货	100 万元人民币	美元	现金结算
	人民币 / 欧元期货	100 万元人民币	欧元	现金结算
	人民币 / 美元期货期权	100 万元人民币	美元	可交收
	人民币 / 欧元期货期权	100 万元人民币	欧元	可交收
CME 欧洲交易所（CMED）	欧元 / 离岸人民币（EUR/CNH）实物交收期货	10 万欧元	离岸人民币	可交收

续前表

交易所	产品	合约金额	交易货币	结算方式
CME 欧洲交易所（CMED）	美元 / 人民币（USD/CNY）现金结算期货	10 万美元	在岸人民币	现金结算
	美元 / 离岸人民币（USD/CNH）实物交收期货	10 万美元	离岸人民币	可交收
	欧元 / 人民币（EUR/CNY）现金结算期货	10 万欧元	在岸人民币	现金结算
杜拜商交所	美元人民币期货	5 万美元	离岸人民币	现金结算
ICE 新加坡期交所	小型离岸人民币期货	1 万美元	离岸人民币	可交收
	小型在岸人民币期货	10 万元人民币	美元	现金结算
约翰内斯堡证交所	人民币 / 兰特货币期货	1 万元人民币	南非兰特	现金结算
莫斯科交易所	人民币 / 卢布汇率期货	1 万元人民币	俄罗斯卢布	现金结算
新交所	人民币 / 新加坡元外汇期货	50 万元人民币	新加坡元	现金结算
	人民币 / 美元外汇期货	50 万元人民币	美元	现金结算
	欧元 / 离岸人民币外汇期货	10 万欧元	离岸人民币	现金结算
	新加坡元 / 离岸人民币外汇期货	10 万新加坡元	离岸人民币	现金结算
	美元 / 离岸人民币外汇期货	10 万美元	离岸人民币	现金结算
	美元 / 离岸人民币外汇期货的期权	10 万美元	离岸人民币	现金结算
台湾期交所	美元兑人民币期货	10 万美元	离岸人民币	现金结算
	小型美元兑人民币期货	2 万美元	离岸人民币	现金结算
	美元兑人民币期权	10 万美元	离岸人民币	现金结算
	小型美元兑人民币期权	2 万美元	离岸人民币	现金结算

资料来源：香港交易所产品源自香港交易所；其他交易所的人民币产品源自相关交易所网站。

附录三 在香港交易所及主要海外交易所买卖的人民币货币产品的日均成交量及年底未平仓合约（2016 年对比 2015 年）

（a）日均成交量

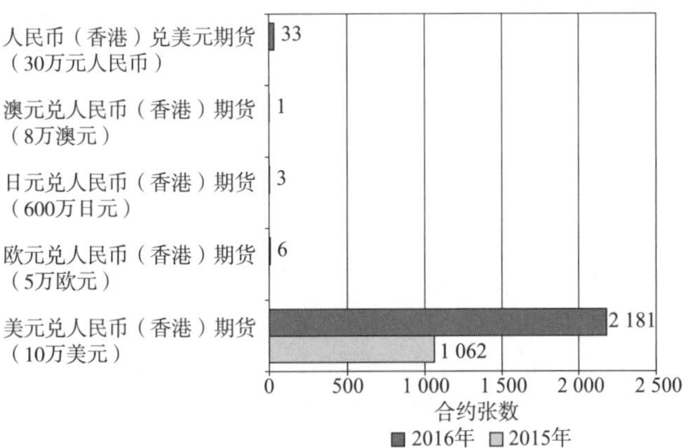

（b）年底未平仓合约

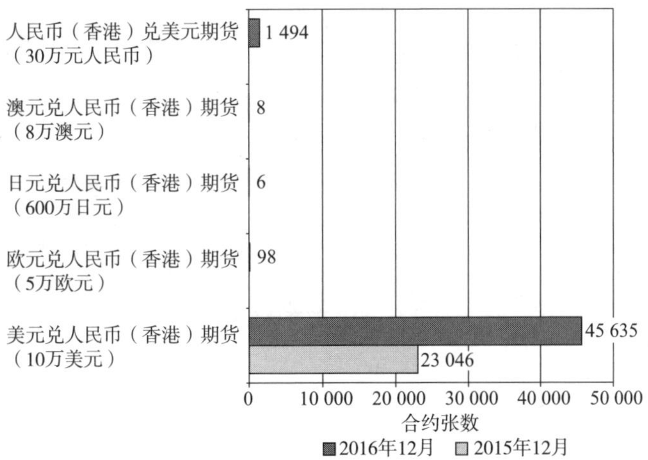

图 14-A1 香港交易所

注：欧元兑人民币（香港）、日元兑人民币（香港）、澳元兑人民币（香港）及人民币（香港）兑美元期货合约于 2016 年 5 月 30 日推出。

资料来源：香港交易所。

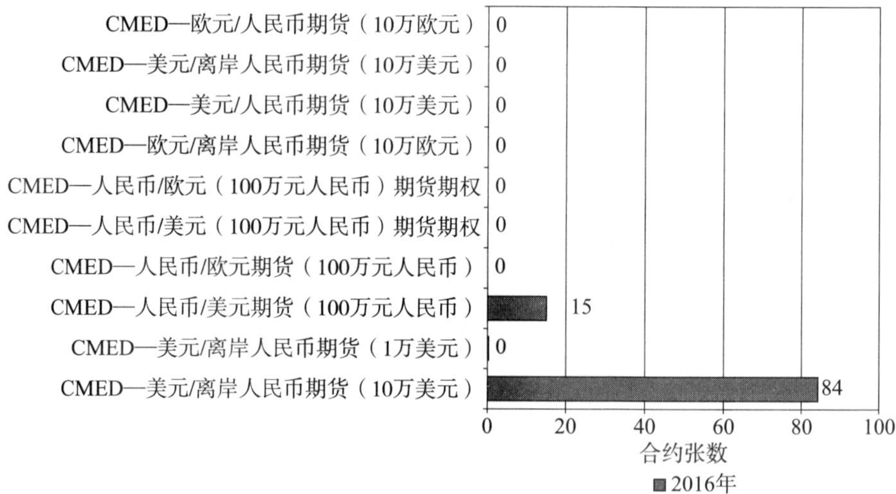

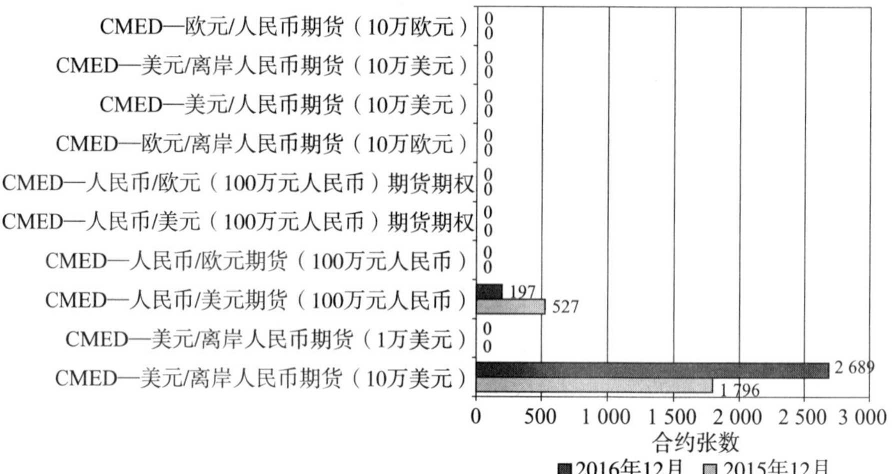

图 14-A2　芝商所集团

注：2015 年无数据。

资料来源：相关交易所网站。

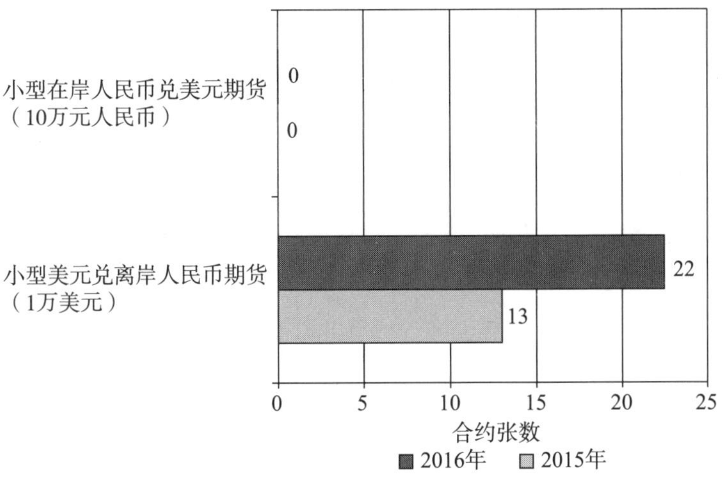

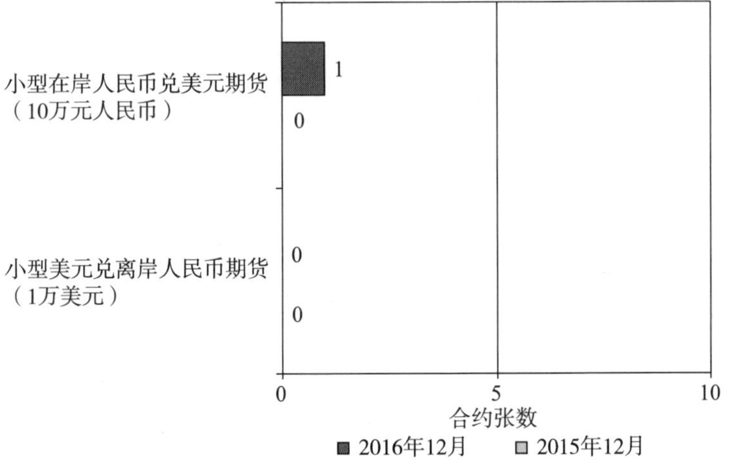

图 14-A3　ICE 新加坡期货交易所

资料来源：相关交易所网站。

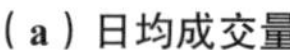
（a）日均成交量

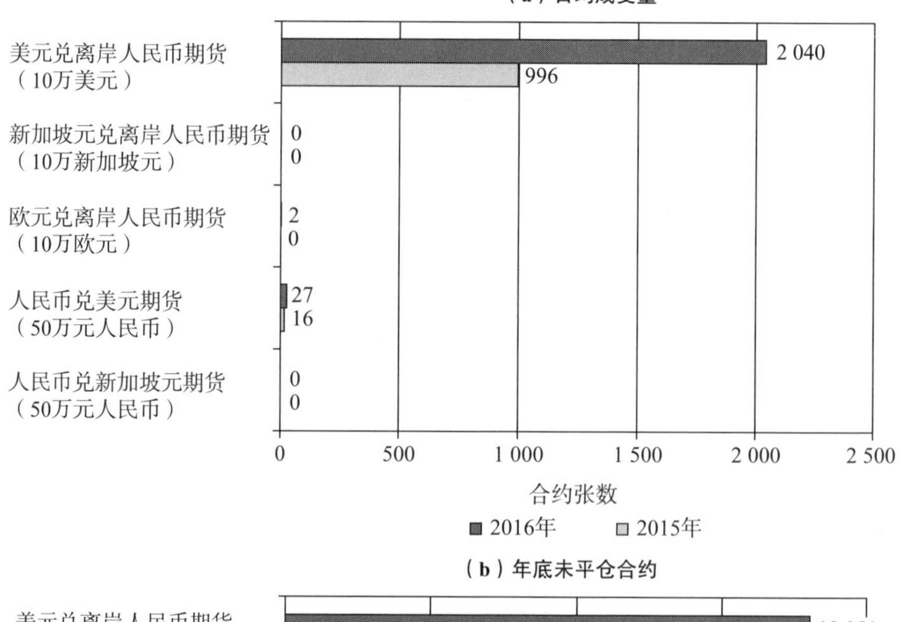

（b）年底未平仓合约

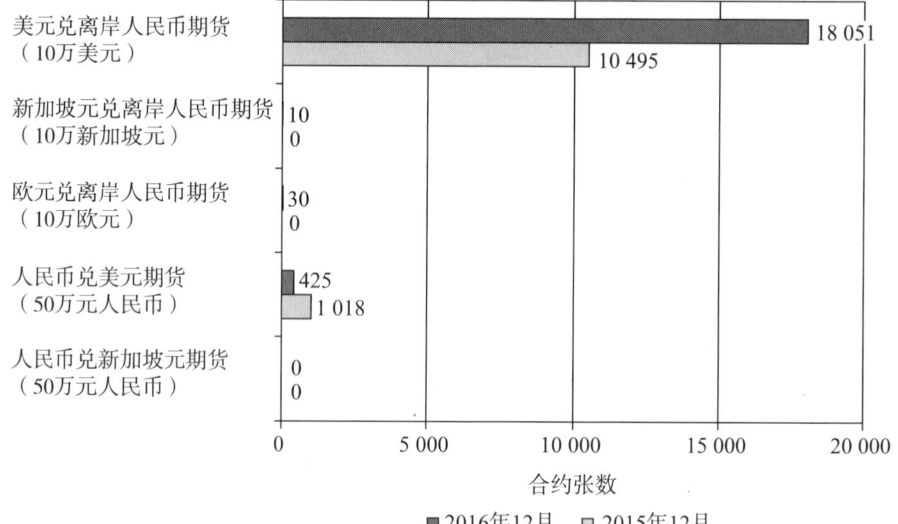

图 14-A4　新加坡交易所

注：上图未有包括于 2016 年 12 月推出的美元兑离岸人民币外汇期货的期权合约。

资料来源：相关交易所网站。

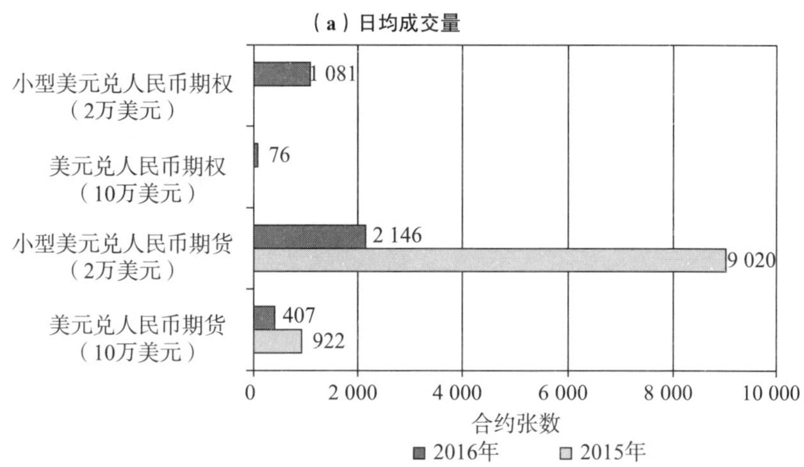

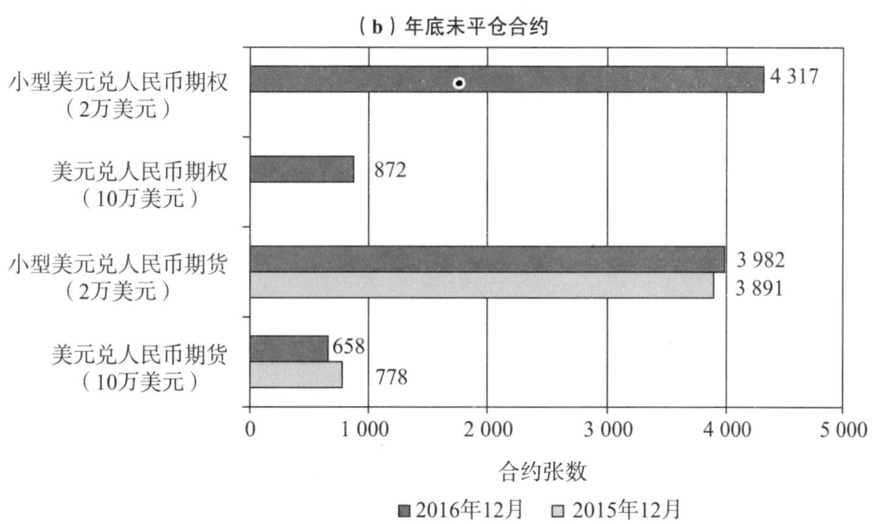

图 14-A5　台湾期货交易所

注：美元兑人民币期权及小型美元兑人民币期权于 2016 年 6 月 27 日推出。

资料来源：相关交易所网站。

15

配合中国内地跨境衍生产品交易与日俱增的场外结算方案

2017年11月

概要

在中国内地市场经济改革的过程中，内地金融机构以风险管理为目的而进行愈来愈多的场外衍生产品交易。在国内，利率市场化改革令利率波动增加，促使更多投资者以利率掉期（即利率互换交易）作对冲用途，令银行间市场的利率掉期交易金额大升。此外，人民币汇率的市场化改革令外汇风险增加，市场纷纷透过买卖外汇衍生产品作为对冲，带动境内银行间市场的外汇衍生品交易急剧增长。

与此同时，在中国市场开放及经济发展进程中，内地金融机构亦愈来愈多与海外参与方进行国际业务。由于国际贸易、“一带一路”倡议基建项目以及内地企业发展国际业务无不需要资金，内地金融机构的资产负债表中，以外币计价的占比不断增长，当中又会以美元这个在国际贸易金融中最常用的环球货币占最大部分。利率风险及汇价风险同样会影响到外币资产的利息收益。因此，内地金融机构除愈来愈多利用境内场外市场上的风险管理工具外，亦需要与境外机构进行场外利率及外汇衍生产品交易，为其日益增加的外币资产作对冲，使得相关需求亦有增无减。

2008年全球金融危机过后，世界各地都在收紧对场外衍生产品风险管理的监管，金融机构或是被强制要求为标准场外衍生产品进行中央结算，或是必须就其作双边结算的场外衍生产品遵守更高的资本和保证金要求。如属后者，有关金融机构或会自愿选择中央结算以求减低交易成本。欧美的国际参与者一般选用其国内监管机构认可的主要结算所，如欧洲的 LCH 或欧洲期货交易所清算公司（Eurex Clearing），美国的 CME 结算公司（CME Clearing）。内地银行与境外机构进行场外衍生产品交易，必须透过认可的中央结算对手（CCP）进行中央结算。由于中华人民共和国作为净额结算的身份并不明确，内地银行往往无法成为外国 CCP 的直接结算会员，因此通常是经由身为境外 CCP 结算会员的结算经纪作为内地银行的代理人进行结算。

在亚洲时区，香港交易及结算所有限公司（香港交易所）的附属公司“香港场外结算有限公司”（香港交易所场外结算公司）是香港一家获认可的场外衍生产品结算所，也是可让欧美机构在处理 CCP 风险敞口中获优惠资本待遇的 CCP。它亦是唯一可接受有香港分行的内地银行成为直接结算会员的境外 CCP，欧美的结算所并无此例。由于许多内地银行在香港已有分行或附属公司，让它们成为香港交易所场外结算公司直接会员，将较委托结算经纪在境外 CCP 为它们进行衍生产品交易结算更具成本效益。按照香港交易所场外结算公司的方案，内地银行可透过其香港附属公司或分行直接进行结算。因此，相比其他结算所，香港交易所场外结算公司为内地银行的场外衍生产品交易进行中央结算，将更为方便，也更具成本效益。再者，除为美元及其他主要货币的场外交易提供服务外，香港交易所场外结算公司亦较海外同业有更大能力支持内地以至全球金融机构在场外的离岸人民币交易，相信此等交易的增长潜力会相当高。

内地金融机构场外衍生产品交易与日俱增

场外衍生产品在中国的历史只稍过十年。事实上，除了在中国人民银行（人行）及国家外汇管理局（外管局）监督下的**中国外汇交易中心（CFETS）**所营运的场外衍生产品市场外，中国内地可以说并无其他场外衍生产品市场可言。CFETS 首只衍生产品为 2005 年 6 月推出的债券远期合约，时至今日，产品系列已扩阔至外汇、利率及信贷衍生品。

1. CFETS 及其产品

CFETS 亦称全国银行间同业拆借中心，是人行于 1994 年 4 月 18 日成立的直属事业单位，主要职能是提供银行间外汇交易、人民币借贷、债券（包括短期融资券）交易及衍生产品交易服务，以及相关的结算、信息、风险管理和监察服务。

货币市场方面，CFETS 营运外汇市场和人民币市场。在外汇市场，CFETS 负责计算及发布人民币兑主要货币（包括美元、欧元、日元、英镑和港元）的中间价。人民币市场包括同业拆借市场、存款证、贷款转让、债券市场（包括资产支持证券）及人民币衍生产品市场。

银行间市场首只正式推出的衍生产品是 2005 年 6 月的**债券远期合约**，其时与 1996 年银行间债券市场成立并同年推出国债回购合约相隔已有 9 年之久。由于利率市场化改革加快，内地金融机构的利率风险增加，但欲以既有工具（如债券回购及远期合约）对冲风险却愈不容易。为提供更多利率风险管理工具，2006 年 2 月银行间市场开展**人民币利率掉期（或利率互换）（IRS）**交易试点，容许若干合格机构在某些规限下进行人民币 IRS 交易，最后试点计划终成就人民币 IRS 产品于 2008 年 2 月全面推出。其他新增的对冲及风险管理工具还有 2007 年 11 月推出的**人民币远期利率协议（FRA）**、2014 年 11 月的**标准利率衍生产品**①、以及 2010 年的**信用风险缓释凭证**（CRMW）和 2016 年 9 月的**信贷违约掉期（CDS）**等信用风险缓释（CRM）工具。

银行间外汇市场方面，2005 年 8 月推出**货币远期合约**（人民币对外币）。2006 年 4 月货币掉期（人民币对外币）试点展开②，相关规定发布后货币掉期合约于 2007 年 8 月正式推出。**货币期权**其后于 2011 年 4 月推出，接着是 2015 年 2 月推出**标准化货币掉期**及 2016 年 5 月推出**标准化货币远期合约**。这些产品为银行提供对冲工具，使银行可更灵活管理其外币持仓。

CFETS 参与者包括银行及非银行金融机构，如证券公司、保险公司、信托投资公司、基金及基金管理公司、资产管理公司和社会保障基金等。银行间债券市场是首个（于 2010 年）向境外参与者开放的银行间市场。初期的合格参与者包括央行类机构、人民币结算银行和参与银行、合格境外机构投资者（QFII）和人民币合格境外机构投资者（RQFII）。认可境外参与者其后扩展至包括所有合法注册金融机构及其投资产品、养老金和慈善基金。结合其后的政策放宽，若干境外机构投资者

① 标准利率衍生产品包括有标准化到期日及标准化利率期的 IRS 及 FRA 产品。

② 银行与客户之间的人民币对外币掉期合约早于 2005 年 8 月已推出。

（包括央行类机构、国际金融机构和主权基金）现可利用银行间市场广泛的产品，包括现货债券和外汇市场、债券衍生产品和利率衍生产品。

CFETS 场外衍生产品交易的清算及交收由 3 家机构提供，除 CFETS 本身外，还有中央国债登记结算有限责任公司（中债登）和上海清算所。CFETS 提供交易确认及直通式处理，透过人行的支付及交收系统支持其外汇及人民币市场交易的清算及交收，同时亦提供 IRS 及外汇掉期的交易冲销 / 压缩服务。中债登为 CFETS 的债券及债券衍生产品交易提供清算及交收服务，上海清算所则为不同类型衍生产品的交易提供中央结算服务。2014 年 2 月人行特别指定上海清算所为 CFETS 人民币 IRS 合约交易强制进行中央结算的 CCP①。

2. 境内场外衍生产品交易

如图 15-1 所示，IRS 自 2010 年以来一直主导债券 / 利率衍生产品交易。债券远期合约交易 2009 年后开始式微，后来更几乎被 IRS 交易取代。IRS 交易额于 2016 年达到 9.92 万亿元人民币（约 1.4 万亿美元），2006 年至 2016 年间复合年增长率为 76%。

然而，相比主要国际市场，交易水平仍然偏低——2016 年 4 月中国场外单一货币利率衍生产品的平均每日成交金额约为 40 亿美元，仅为美国的每日平均成交金额 12 410 亿美元及英国 11 800 亿美元的 0.3%②。

就货币种类而言，2016 年 4 月人民币场外货币利率衍生产品的平均每日成交金额为 100 亿美元，大约为美元相关产品的 0.7%、欧元的 1.6% 及英镑的 4%③。

① 中国人民银行 2014 年 2 月 21 日发布的《中国人民银行关于建立场外金融衍生产品集中清算机制及开展人民币利率互换集中清算业务有关事宜的通知》。

② 资料来自国际结算银行（BIS）有关场外衍生产品的 3 年期调查统计（2016 年 4 月），载于 BIS 网站；每日平均数按“净 – 毛”（net-gross）基准计算。

③ 2016 年 4 月美元、欧元和英镑的场外单一货币利率衍生产品按“净 – 净”（net-net）基准计算的平均每日成交金额分别为 13 570 亿美元、6 410 亿美元及 2 370 亿美元。资料来源：BIS 有关场外衍生产品的 3 年期调查统计（2016 年 4 月），载于 BIS 网站。

外汇衍生产品方面,人民币外汇掉期(包括交叉货币掉期)[①]按名义本金交易额计,是最主要的产品类别,其于2016年的交易总额达到10万亿美元,2006年至2016年间复合年增长率为121%(见图15-2)。相比主要国际市场,2016年4月人民币场外外汇衍生产品(远期、掉期及期权)的平均每日成交金额为1 340亿美元,约为美元相关产品的4%、欧元的12%、日元的19%和英镑的30%[②]。

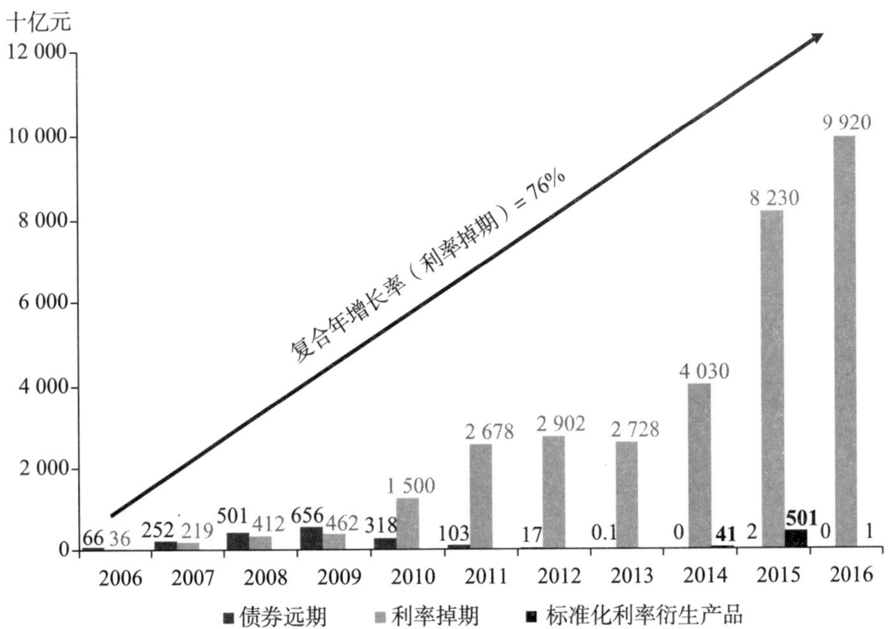

图15-1 债券及利率衍生产品的每年成交金额(2006年—2016年)

资料来源:人行2006年—2016年年报。

① 人民币外汇掉期涉及两种货币(人民币对外币)在特定日期按合约协议汇价进行的实际本外币交换,及相同货币在未来一指定日期按另一汇价进行的相反本外币交换。人民币外汇交叉货币掉期涉及两种货币(人民币及外币)在协议期间的利息交换,亦可涉及两种货币的本金在未来指定时间按预定汇率进行交换。

② 2016年4月美元、欧元、日元及英镑场外外汇衍生产品的平均每日成交金额分别为30 530亿美元、10 720亿美元、7 010亿美元及4 380亿美元。资料来自BIS的场外衍生产品三年期调查统计(2016年4月),载于BIS网站;每日平均数按“净–净”(net-net)基准计算。

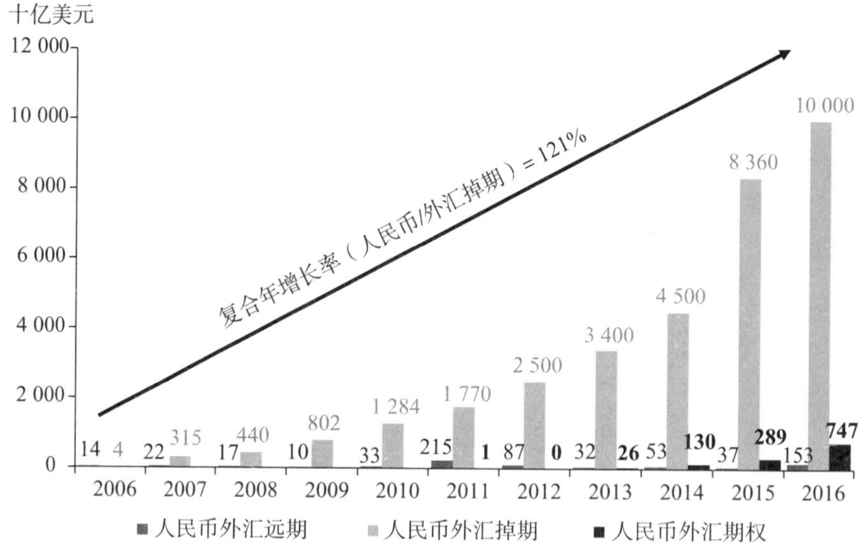

图 15-2　人民币外汇衍生产品的每年成交金额（2006 年—2016 年）

注：限于银行间交易，不包括银行与客户之间的交易。

资料来源：人行 2006 至 2016 年年报。

随着外汇衍生产品特别是人民币外汇掉期工具的交易急速增长，外汇衍生产品的交易额已超过现汇市场交易额，2016 年外汇衍生产品交易总额约为现汇市场交易的 1.3 倍（见表 15-1）。

表 15-1　人民币外汇市场交易额（2016 年）

（万亿美元）	银行 – 客户	银行间市场	合计
人民币外汇市场	**3.4**	**16.8**	**20.3**
现汇	2.9	5.9	8.8
外汇衍生产品	0.5	10.9	11.5
人民币外汇远期	0.2	0.2	0.4
人民币外汇掉期及交叉货币掉期	0.1	10.0	10.1
人民币外汇期权	0.2	0.7	1.0

注：由于四舍五入的关系，数字相加未必等于总数。

资料来源：人行 2016 年年报。

除了在 CFETS 受规管的场外市场上交易的特定衍生产品外，银行之间亦有按其业务需要进行其他场外衍生产品的交易。正如全球其他市场的情况一样，这些场外衍生产品是买卖双方为满足其特定需要而创设的，条款度身定制，交易及交收双边进行。例如，**内地银行的公司客户与外资伙伴有业务往来，内地银行就可能对美元等外币的货币或利率对冲工具有所需求**。不过，这些交易现时没有正式统计数字。

3. 内地场外衍生产品交易增长潜力巨大

IRS 交易急速增长，原因可追溯至过去 10 年内地持续进行利率市场化改革。随着市场经济改革开展，早于 21 世纪初若干利率自由化措施已出台。

拆息的浮动区间于 2004 年 1 月放宽，2004 年 10 月进一步扩阔，同时金融机构获准将人民币存款利率降至基准利率以下。国务院于 2013 年 6 月确定利率市场化改革为支持经济结构重整的主要金融政策。同年 9 月 24 日，市场利率定价自律机制成立，这是内地金融机构的自律监管及协调机制，负责按国家的相关利率规定对金融市场利率进行自律管理。

2014 年 3 月，中国（上海）自由贸易试验区成为内地全面实行外币存款利率市场化的先驱。2015 年 5 月 1 日，存款保险条例生效，为内地全面落实利率自由化奠定基础。采用市场利率的大额可转让存款证于 2016 年 6 月推出①，象征利率进一步迈向全面开放。

利率市场化是指拆借利率将因应市场及经济情况而变动。**利率波动日增，金融机构对场外市场利率对冲工具（如 IRS）的需求将不断增加**。在银行间市场交易的人民币 IRS 主要以 7 天回购固定利率和上海同业拆借利率（Shibor）为浮动端的参考利率。图 15-3 为一周期 Shibor 的每日变动，显示 2016 年 1 月至 2017 年 7 月间利率的上升趋势。

① 大额可转让存款证是银行向非金融机构投资者发出的人民币记账式存款凭证。

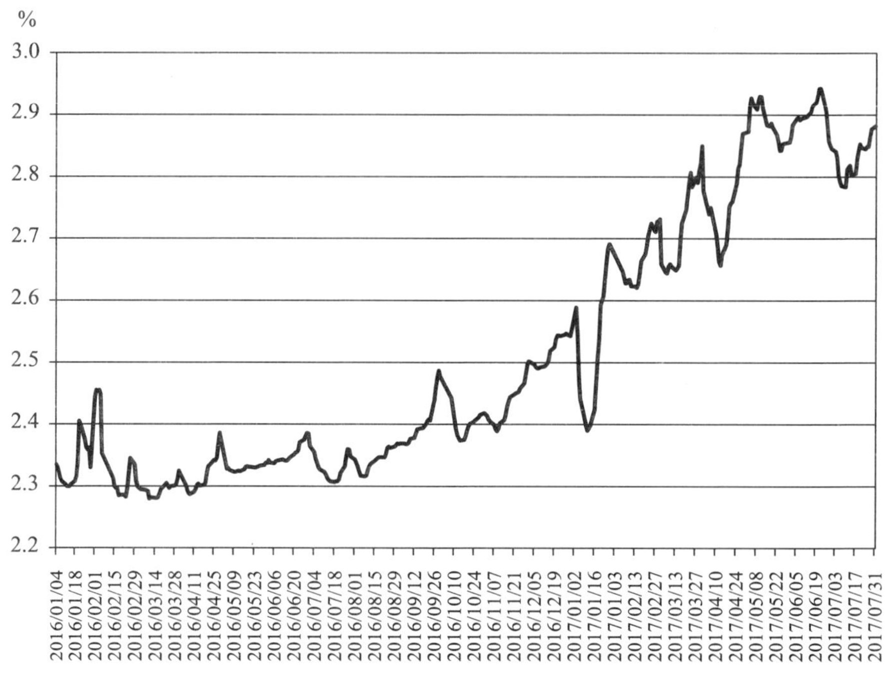

图 15-3　一周期 SHIBOR 的每日变动（2006 年 1 月 4 日—2017 年 7 月 31 日）

资料来源：SHIBOR 网站（http://www.shibor.org）。

除了需要进行人民币利率风险管理的境内人民币拆借业务外，内地金融机构以外币进行的海外金融事务亦愈来愈多。首先，利率自由化的同时，内地经济亦日益对外开放，与世界上其他地区进行的商业及金融活动愈来愈多。结果是，**内地金融机构的海外国际业务愈来愈多**，外币资产及负债不断增加。据外管局统计数字显示，短短一年内，内地银行（不包括央行即人行）对外债券资产由 2015 年底的 484 亿美元差不多倍增至 2016 年底的 952 亿美元，占海外金融资产总额的比率由 7% 升至 11%（见图 15-4）。人行数据显示内地金融机构的境外贷款由 2015 年 1 月的 23 280 亿元人民币（约 3 710 亿美元）增至 2017 年 4 月的 35 000 亿元人民币（约 5 070 亿美元）（见图 15-5）。

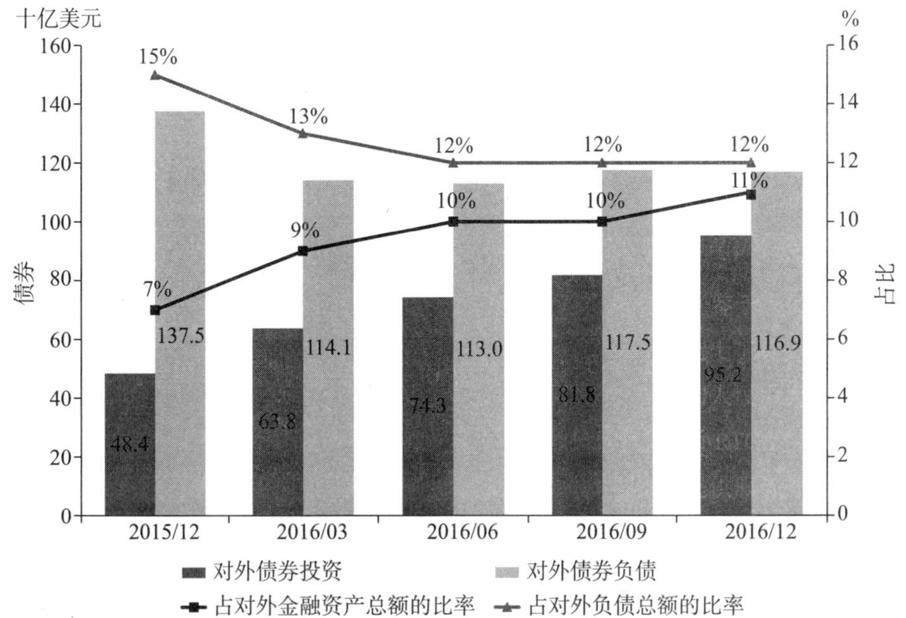

图 15-4　内地银行（不包括央行）对外债券资产及负债（2015 年 12 月—2016 年 12 月）

资料来源：来自 Wind 资讯的外管局数据。

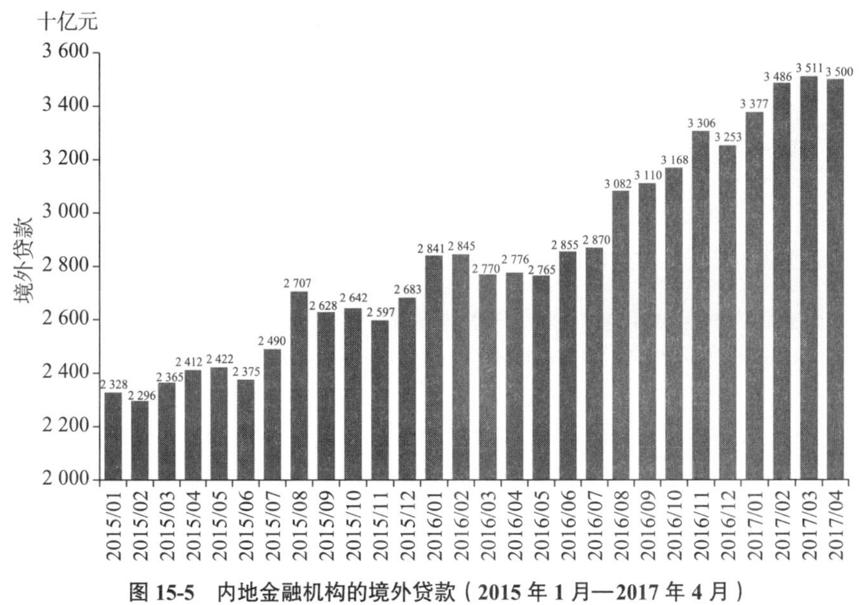

图 15-5　内地金融机构的境外贷款（2015 年 1 月—2017 年 4 月）

资料来源：人行网站。

第二，在**“一带一路”倡议下**，“一带一路”沿线国家将开展大量基建项目，预计中国在资助这些项目方面将发挥重要作用。普华永道估计，2016 年“一带一路”沿线国家新公布的项目总额上涨至 4 000 亿美元左右，同比增幅 2.1%，最终价值涨幅可能高达 10%[①]。亚洲开发银行一份报告[②]表示，至 2030 年，发展亚洲地区将需要投资合共 26 万亿美元或每年 1.7 万亿美元建设基础设施，方可维持其增长势头、消减贫穷及应对气候变化（若不计气候变化舒减及适应的支出，则为 1.5 万亿美元）。基建投资的落差（投资需求与现行投资水平之间的差额）在 2016 年至 2020 年的 5 年期内估计占预计国内生产总值的 2.4%。亚洲开发银行预计这一落差通过财政改革可填补 40%，透过私营部门可填补 60%。

内地金融机构（包括政策性银行和商业银行）以及中国推动的专业投资基金[③]和多边金融机构[④]将在资助“一带一路”项目方面担当重要角色。2016 年，中国与“一带一路”沿线国家的贸易额约为 9 535.9 亿美元，工程合约总额约为 1 260.3 亿美元[⑤]。“一带一路”项目的融资渠道包括优惠贷款、银团贷款、出口信用保险、行业基金、债券投资、委托资产管理、持有股权等。

第三，内地政府一直鼓励境内企业特别是国企“走出去”作为企业改革的部分手段。因此，**企业发展国际业务**包括进行并购是主要发展方向之一。**内地银行会透过发行债券为这些企业提供外币资金。**

如上所述，由于国际贸易、“一带一路”基建项目及企业发展国际业务均需要资金，内地金融机构的资产负债表中，外币的占比将不断增加，当中又会以美元这个在国际贸易金融中最常用的环球货币占最大部分。**外币资产的利息收益会受到利率风险及汇价风险的影响。**2015 年 8 月人民币汇率机制的改革，让银行间外汇市场人民币兑美元汇率的中间价形成机制更趋市场主导后，汇价风险已变得更为显著[⑥]。

因此，内地金融机构对使用风险管理工具对冲外币资产利率及汇率风险的需求将不断增加。标准化场内工具如债券期货未必适合这些机构的独特需求，这些机构

---

① *China and Belt & Road Infrastructure, 2016 Review and Outlook*，普华永道，2017 年 2 月。

② *Meeting Asia's Infrastructure Needs*，亚洲开发银行，2017 年 2 月。

③ 包括丝路基金、中国 – 东盟投资合作基金和中非发展基金。

④ 包括亚洲基础设施投资银行和金砖国家开发银行。

⑤《一带一路资金支持再盘点》，招商证券，2017 年 5 月 14 日。

⑥ 见本书第 9 章《香港交易所美元兑人民币（香港）期权合约》中的图 9-1，显示该次改革后离岸人民币（CNH）兑美元汇率的波幅扩大。

通常采用 IRS 及外汇掉期等具有度身定制条款的场外产品来配对其外币资产的付款期[①]。内地金融机构这些以外币计价的场外交易大部分以美元进行——2016 年 4 月中国场外单一货币利率衍生产品成交中，21% 以美元交易，79% 以人民币成易，澳元及欧元的交易占比微不足道[②]。

场外衍生工具的风险管理规定

1. 强制清算及按金要求

2008 年全球金融危机揭示了银行及其他市场参与者于金融及经济动荡时期的韧力严重不足。场外衍生工具市场之缺乏透明度、衍生工具之愈益复杂、其与金融市场内各个范畴之相互交错，尤其被视为一大系统风险因素。场外衍生工具交易缺乏监管，加上本身属于双边交易，导致市场缺乏透明度。为应对有关风险，20 国集团在 2009 年提出改革计划，务求降低场外衍生工具的系统性风险。改革计划最初包括下列各项[③]：

- 所有标准化场外衍生工具应在交易所或电子交易平台（视情况适合）买卖；
- 所有标准化场外衍生工具应透过 CCP 结算；
- 场外衍生工具合约应向交易资料储存库汇报；
- 非中央结算的衍生工具合约应符合较高的资本要求。

2011 年，20 国集团同意在改革计划中加入对非中央结算衍生工具的保证金要求。预期 20 国集团的保证金要求将会于全球划一执行，否则，保证金要求较低的区域的金融机构会有较大竞争优势，造成不公，有损保证金要求的成效（指招致监管套利现象）[④]。

保证金要求的其中一项重要原则是，所有涉及非中央结算衍生工具交易的金融

---

① 境内现有的场内工具为在中国金融期货交易所（CFFEX）交易的人民币债券期货——5 年期及 10 年期国债期货。CFFEX 是中国内地唯一可买卖金融衍生产品的交易所。境内的内地银行取得内地当局批准后，亦可在海外交易所买卖外币债券衍生产品。

② BIS 有关场外衍生产品的三年期调查统计（2016 年 4 月），载于 BIS 网站；每日平均数按“净 – 毛”（net-gross）基准计算。

③ *Margin Requirements for Non-centrally Cleared Derivatives*，由巴塞尔银行监管委员会及国际证监会组织以及 BIS 于 2015 年 3 月发布。

④ 同上。

机构及具有系统重要性的非金融实体，必须因应交易对手的风险而交换适当的初始及变动保证金。交换初始保证金不可以净额计算。这样的双边交易保证金，将会较透过 CCP 为该等交易进行结算所收取的初始保证金高。所规定的标准化初始保证金将取决于资产类别，介乎交易名义金额的 1% 至 15% 之间。根据美国、中国香港及欧盟监管机构的规定，变动保证金的规定于 2017 年 3 月普遍适用。届时，上述地区的若干受监管衍生工具实体（包括美国的掉期交易商及香港的授权机构）必须收取及提供受涵盖交易对手的变动保证金。

2.《巴塞尔协议Ⅲ》的资本要求

《巴塞尔协议Ⅲ》实施后，全球金融机构现要符合更严格的资本规定[①]。《巴塞尔协议Ⅲ》的框架旨在增强对资本及流动资金的监管，并提高个别银行以至整个银行业的稳定及复原韧力。银行的资本对风险加权资产比率必须维持在最低要求或以上。风险加权资产的计算方法是将资产价值乘以权重因子（风险权重），给“较安全”的资产打折，减少所需资本。场外衍生工具一般被视为风险资产，其风险权重会因应交易对手的类型而有所不同。透过合资格中央结算对手（QCCP）[②]结算的场外交易，其风险权重可低至 2% 至 4%；否则若按双边基准计算，风险权重可高达 20% 或以上[③]。

3. 全球性规定在美国、欧盟及中国香港的实施

在美国，商品期货交易委员会按交易实体的分类分阶段对场外衍生工具交易实施强制性中央结算，最初阶段是从 2012 年 12 月起，对若干类别的 IRS 及 CDS 实施，至 2013 年 9 月 9 日完成[④]。“最终用户”结算的例外情况仅适用于并非金融实体的对手方。2013 年 7 月 2 日，联邦储备系统管治委员会（Board of Governors of the

① 根据巴塞尔银行监管委员会于 2010 年 12 月刊发的报告 *Basel III: A Global Regulatory Framework for More Resilient Banks and Banking Systems*，全球市场会于 2013 年至 2019 年间逐步采纳《巴塞尔协议Ⅲ》。

② 按《巴塞尔协议Ⅲ》的界定，QCCP 为获相关监管机构发牌可作为 CCP 经营的实体，受其所在司法权区的审慎监督，而该司法权区的相关监管机构就金融市场基础建设实施的当地规则与国际证监会组织辖下支付及市场基建委员会为金融市场基建制定的原则一致。

③ 参见美国联邦储备系统管治委员会就实施《巴塞尔协议Ⅲ》而通过的“最终规则”（Final Rule）。

④ *OTC Derivatives Central Clearing in the US*，Risk Advisors Inc.，2013 年 2 月。

Federal Reserve System）通过一项最终规则，构建一个适用于所有美国银行机构的新的全面监管资本框架，以实施《巴塞尔协议Ⅲ》当中的资本规定。

在欧盟，欧洲委员会于 2015 年 8 月为《欧洲市场基础设施监管规则》（EMIR）引入新规则，强制若干场外利率衍生工具交易须透过 CCP 进行结算，其后于 2016 年 3 月再强制若干场外信贷衍生工具交易亦须透过 CCP 进行结算。EMIR 的风险缓释规定适用于所有非中央结算的场外衍生工具交易，当中要求交换抵押品及双边保证金。EMIR 第 4 条所规定的结算责任已于 2016 年 6 月 21 日生效，根据公司类别及衍生工具交易量分阶段实施。结算责任适用于任何金融对手方之间，涉及交易量（按名义毛金额计）超过结算限额的非金融对手方之间或两者之间。场外交易中所有类别的公司须遵守该等结算责任的最后期限为 2018 年 12 月 21 日[①]。

在中国香港，香港金融管理局（香港金管局）及香港证券及期货事务监察委员会（香港证监会）连同香港政府及其他持份者一直致力于制定适用于香港场外衍生工具市场的监管架构，顺应全球大势。香港先后进行多次市场咨询，并已就咨询结果采取相关措施，部分已在实施中。在建立场外衍生工具监管机制的过程中，金管局设立**场外衍生工具交易资料储存库，并于 2013 年 7 月启动其汇报功能**。香港交易及结算所有限公司（香港交易所）则成立了**香港场外结算有限公司（香港交易所场外结算公司）**，于 2013 年 11 月开展业务。首阶段对场外衍生工具交易强制中央结算已于 2016 年 9 月开展[②]，当中涉及主要交易商之间订立的标准化 IRS 工具。

根据巴塞尔银行监管委员会于 2017 年 4 月发布的巴塞尔监管框架采纳进度报告，美国针对非中央结算衍生工具的保证金要求已于 2016 年 9 月 1 日起逐步生效，并将于 2020 年 9 月 1 日全面生效。欧盟方面的初始保证金规定由 2017 年 2 月 4 日起按交易对手类型逐步生效，而变动保证金要求则于 2017 年 3 月 1 日起实施。香港的保证金规定于 2017 年 3 月 1 日起生效（设 6 个月过渡期）。

4. 对内地金融机构的影响

因应上述加强监管规定的措施，内地参与场外衍生工具市场的金融机构（尤其在与境外对手方进行交易时）都要遵守海外各项强制结算及汇报规定，并须考虑为场外交易作非中央结算对成本的影响。表 15-2 概述该等影响。

---

① 资料来自英国金融行为监管局网站（https://www.fca.org.uk）。

② 在生效后，适用于 2017 年 7 月 1 日或之后订立的附合范围内的交易。

表 15-2 适用于场外衍生工具交易的全球性规定的影响

监管规定	全球基准	影响
资本对风险加权资产比率	《巴塞尔协议Ⅲ》	• 场外衍生工具双边交易的风险权重远高于经 CCP 进行结算的交易，意味着对内地交易对手方而言，非中央结算的场外合约的定价会较高①
强制性中央结算	20 国集团	• 若金融机构的交易对手所在的司法权区规定须为场外衍生工具交易作强制性中央结算，金融机构亦须遵从有关规定，否则无法与该等交易对手进行交易 • 使用海外交易对手的当地监管机构认可的结算所进行结算时需要建立联系（如通过结算经纪），耗费可能不菲，因为除 CCP 收取的结算费之外，结算经纪亦会收取佣金
对非中央结算的衍生工具收取保证金	20 国集团	• 与遵守 20 国集团规定的司法权区的海外交易对手进行双边场外衍生工具交易时，初始保证金及变动保证金须按非净额结算基准计算，意味着资金及营运成本会高于选择中央结算 • 就双边结算而言，由于目前尚未确定中国为净额结算司法权区②，内地银行与海外交易对手在执行 ISDA 的抵押品协议③时将会有难度，在执行场外衍生工具交易时未必获海外机构接纳为交易对手，又或即使获接纳，也会被收取较高的保证金④

总括而言，按全球现时有关场外衍生工具的最新监管规定，**内地金融机构与境外交易对手买卖场外衍生工具时，将会因为未有就其交易使用中央结算服务而须支付高昂费用**。再者，中央结算的多边净额结算程序可大大降低保证金要求，这将远低于分别与多方交易对手进行双边结算所需的保证金总额。**因此，内地金融机构在其与境外交易对手的场外衍生工具交易日益增加之际，选择中央结算当更理想可取，当中最重要的考虑，只在如何选择成本较低的中央结算所。**

① 交易对手向内地银行报价时会将资本费用计算在内，内地银行因而要承受较高价格，尤其是当交易并无订立任何应对信贷风险的 ISDA（国际掉期与衍生工具协会）抵押品协议时。

② 若属“净额结算司法权区”，遇上交易对手破产时，可根据 ISDA 主协议就场外衍生工具交易强制执行终止交易的抵销和净额交割（close-out netting）。（参见 Derivatives Week 杂志 2014 年 2 月 10 日第 5 期第 23 卷 *China — The New Netting Jurisdiction*，以及金杜律师事务所（King&Wood Mallesons）2017 年 4 月 3 日发布的 *ISDA Publishes Updated Memoranda on China Close-out Netting*）。

③ 指 ISDA 主协议的“信用支持附件”（Credit Support Annex），附件中界定了掉期对手方之间提供或转让抵押品以降低“价内”衍生仓盘信贷风险的条款或规则。

④ 为厘清有关向内地金融机构强制执行主衍生工具协议的平仓净额结算条款，中国银监会发布日期为 2017 年 7 月 4 日的答复文件，以回应全国人民代表大会财政经济委员会的相关问题。答复文件中说明，中国《企业破产法》原则上与 ISDA（国际掉期与衍生工具协会）相关规定（主协议）的平仓净额计算条文并不冲突，但中国司法机关有权决定终止交易“平仓”净额结算条文的有效性。

可供内地银行选用的场外结算服务

内地银行在执行与境外对手方进行的场外衍生工具交易时或须跟从境外对手方的做法，透过一国际结算所为交易作中央结算。已发展市场中较有规模的结算所有欧洲的 LCH 及德意志交易所集团（Deutsche Börse AG）旗下的欧洲期货交易所清算公司（Eurex Clearing），和美国的芝商所清算分部（CME Clearing）。与西方市场这些结算所相比，作为香港交易所在香港的场外结算分部，香港交易所场外结算公司或是个更好的选择。

1. LCH①

LCH 营运多个在 LCH.Clearnet Ltd 旗下的场外衍生产品结算分部，当中包括 SwapClear 及 ForexClear，分别结算 IRS 及外汇衍生产品，均为内地银行交易活跃的产品。

SwapClear 服务范围涵盖不同掉期类别（一般 IRS/ 零息 / 基准 / 通账 /FRA）、指数掉期（隔夜指数掉期）及固定期限掉期（可变名义掉期）。2017 年始至 7 月 28 日为止；经 SwapClear 结算的场外交易名义金额达 526.44 万亿美元，当中 54% 为美元合约，122.69 万亿美元属客户结算，当中 62% 为美元合约。同期，IRS 占名义总结算量的 29%（154.28 万亿美元，当中 58.69 万亿美元即 38% 为美元合约）；IRS 占名义客户结算量的 30%（37.04 万亿美元，当中 46% 为美元合约）。根据 SwapClear 所称，所有场外 IRS 的交易逾半经其结算，而全球采用结算服务的场外 IRS 逾 95% 经其结算。

ForexClear 的服务对象为不交收远期外汇合约（NDF）市场，于 2017 年 7 月底涵盖美元兑 12 种货币，包括人民币。ForexClear 于 2013 年 11 月推出客户结算，使客户可经期货佣金商（FCM）②进行结算。2017 年始至 7 月 22 日为止，ForexClear 的结算总量达 5.45 万亿美元，当中 13%（7 120 亿美元）为美元兑人民币的合约。

场外交易要交予 SwapClear 或 ForexClear 结算，必须经 LCH 规则手册定义的认可买卖源头系统（Approved Trade Source System）（例如彭博、MarkitWire）提交

① 相关数据及资料来自 LCH 网站（http://www.lch.com）。

② 期货佣金商接受客户下单，为其买卖期货合约、期货期权、零售场外外汇合约或掉期，并接纳客户的款项或其他资产以进行交易。

LCH。SwapClear 的会员分为 SwapClear 结算会员（SwapClear Clearing Members）及期货佣金商结算会员（FCM Clearing Members）两类。SwapClear 结算会员是直接结算会员，可结算自营业务及非美国居民客户业务；期货佣金商结算会员也是直接结算会员，可结算自营业务、美国居民客户业务及非美国居民客户业务。ForexClear 的参与者包括外汇结算会员（FX Clearing Members）、期货佣金商结算会员、交易商或客户。交易商透过与外汇结算会员签订结算协议而在 ForexClear 登记其交易。客户可经由外汇结算会员或期货佣金商结算会员进行结算。

要申请成为 LCH.Clearnet 会员需达到一系列要求，包括最低净资本要求及营运要求（例如恰当的系统配置），若要能在 SwapClear 或 ForexClear 结算场外交易则还须符合额外准则。若申请者是银行，更必须获所属国家的银行监管者的适当许可，同时符合英国银行监管当局所订立的任何通知或许可 / 认可 / 授权要求。

LCH 在欧美及中国香港等监管体系上均符合《巴塞尔协议 III》对 QCCP 的准则。换言之，银行为其使用 LCH 中央结算服务的场外衍生产品交易活动所需的资本费用较低。

由于中国未必获接纳为净额结算司法权区，内地银行若想成为 LCH 结算会员恐怕暂不可行（见表 15-2 及相关注释）。内地银行为其跨境场外交易使用 LCH 结算服务，通常要选用 SwapClear 或 ForexClear（视情况而定）的结算会员作其结算代理，还要与该结算会员签订客户结算协议及担保契据[①]等符合规管有关结算所的相关法规的法律文件。SwapClear 对客户结算收取下单费及维持费（以每百万元名义金额为计算单位）。交易压缩服务会收取混合费及多边交易压缩费，交易压缩服务让市场参与者透过净额结算其交易来减低所持组合中的整体名义金额及项目。ForexClear 也以每百万元名义金额为单位向客户收取结算费用，使用交易压缩服务亦须支付客户压缩费。

2. 芝商所集团场外结算（CME Group OTC Clearing）[②]

在 IRS 市场方面，芝商所集团场外结算（CME OTC Clear）的产品类型与 LCH 的 SwapClear 类近（有定息 / 浮息掉期、隔夜指数掉期、基准掉期、FRA 等），涉及货币共 21 种。在外汇衍生产品市场方面，服务包括人民币在内 12 种货币的 NDF

① 若相关司法权区并无豁免客户结算规则，结算所会要求提供担保契据作为保护机制，以便万一结算会员失责，结算所也有权处理客户资产，保障客户权益。

② 相关数据及资料来自芝商所集团网站（http://www.cmegroup.com/clearing.html）。

以及现金结算远期合约。2017 年上半年，IRS 及外汇衍生产品的结算总量分别为 16.38 万亿美元及 2 100 万美元。

为客户结算场外衍生工具的场外结算会员必须在美国商品期货交易委员会（CFTC）注册成为期货佣金商。在非美国司法权区注册成立的场外结算会员必须受结算所接纳的法律及清盘制度所规限。

芝商所集团的结算分部 CME Clearing 及 CME Clearing Europe 分别在美国和欧洲有结算所符合作为 QCCP 的准则，服务涵盖场外衍生工具。此外，CME Clearing 的营运公司获欧洲证券及市场管理局（ESMA）认可为 QCCP。因此，欧洲客户可视 CME Clearing 为 QCCP。

一如在 LCH 进行结算，内地银行若透过 CME OTC Clear 进行结算，须在 CME OTC Clear 选用一家结算公司，并填交期货户口协议（连同用于采用结算服务的场外衍生工具的附录）。结算费及维持费以每百万元名义金额为收费单位。多边交易压缩服务也须收费。

3. 欧洲期货交易所结算公司（Eurex Clearing）[①]

Eurex Clearing 的场外结算服务（EurexOTC Clear）涵盖 IRS、基准掉期、隔夜指数掉期、零息通胀及 FRA。2016 年 12 月，Eurex Clearing 宣布 EurexOTC Clear 打算推出欧元兑美元及英镑兑美元的场外外汇掉期、场外现汇及场外外汇远期合约结算服务。2017 年上半年，EurexOTC Clear 结算的 IRS 总名义金额为 7 396.25 亿欧元（约 8 450 亿美元）。

Eurex Clearing 的场外结算会员分三种：全面结算会员（General Clearing Member）可结算自有业务及所有客户的业务；直接结算会员（Direct Clearing Member）可结算自有业务；基本结算会员（Basic Clearing Member）则结合了直接结算会员与客户结算传统服务关系的元素。基本结算会员与 CCP 是主事人的关系，但进行客户结算则须经结算代理。全面结算会员可担任结算代理。场外交易结算的客户须向 Eurex Clearing 披露并记录为注册客户，并须就此而与 Eurex Clearing 及他们的结算会员订立三方协议。

Eurex Clearing 获美国 CFTC 按商品交易法有条件注册为衍生产品结算机构，待

① 相关数据及资料来自 Eurex Clearing 网站（http://www.eurexclearing.com/clearing-en/）。

Eurex Clearing 符合 CFTC 的“直通式交易处理运作”规定后即可获正式注册。在此情况下，Eurex Clearing 可为美国结算会员的 IRS 自营仓盘提供结算服务，但尚未可为期货佣金商客户的仓盘进行结算[①]。

Eurex Clearing 适用的收费包括下单费、维持费、其他行政费用以及买卖净额结算或多边交易压缩等额外服务费。

4. 香港交易所场外结算公司[②]

香港交易所场外结算公司于 2013 年为呼应 20 国集团于 2009 年提出的改革计划而成立，以 CCP 的角色为场外衍生工具提供结算服务。公司获香港证监会认可为“认可结算所”，后于 2013 年 11 月 25 日开业，并于 2016 年 8 月获香港证监会指定为替香港场外衍生工具监管制度所订明的场外衍生工具交易进行强制性结算的 CCP，其后于 2017 年 3 月推出客户结算服务。

香港交易所场外结算公司为 IRS、基准掉期、交叉货币掉期、不交收 IRS 及 NDF（所涵盖产品列表见附录一），同时提供自营结算及客户结算服务。自推出起至 2017 年，名义结算量的复合年增长率达 343%，若从 2014 年首个全年运作年度起计更高达 484%（见图 15-6）。

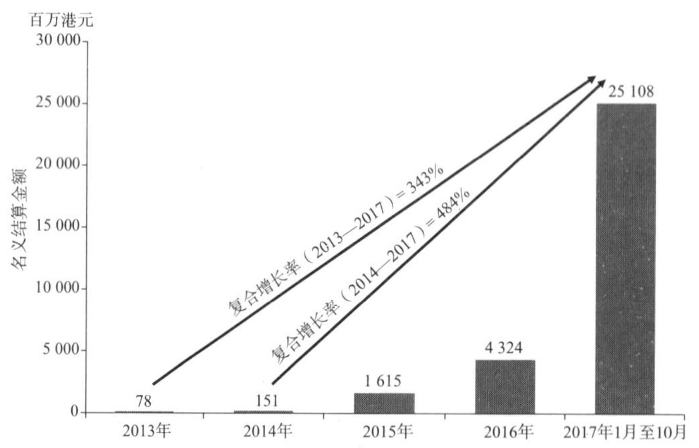

图 15-6 香港交易所场外结算公司的名义结算金额（2013 年至 2017 年 10 月）

注：复合年增长率按 2017 年 1 月至 10 月数据按比例推算 2017 年全年十二个月备考数字计算。

资料来源：香港交易所。

① CFTC 新闻稿第 7316-16 号（2016 年 2 月 1 日）。

② 相关数据及资料来自香港交易所。

香港交易所场外结算公司接纳获香港金管局签发牌照的“认可机构”或获香港证监会签发牌照的公司（持牌法团）为结算会员。场外交易结算及交收系统接纳来自两个认可交易登记系统（MarkitWire 及 DSMatch）的场外衍生工具交易。

香港交易所场外结算公司于 2015 年 4 月获欧洲的 ESMA 认可为“第三方国家 CCP”，可进行场外衍生工具结算；2015 年 9 月获澳洲证券与投资委员会（Australia Securities and Investments Commission）认可为澳洲强制性结算制度规定的 CCP 设施；2015 年 12 月获得美国 CFTC 豁免，允许其不用注册为美国“衍生产品结算机构”（Derivatives Clearing Organisation），可为美国人士的自营交易提供结算服务。香港交易所场外结算公司具备此等国际认可的场外 CCP 地位，足以为内地银行与外国对手方进行的美元、欧元及人民币场外交易合约提供中央结算服务。只要获得监管机构批准，往后的产品涵盖范围更可扩至可交收外汇远期货币合约及掉期以及外汇期权。交易压缩服务亦预定于 2017 年末推出，迎合客户所需。

除就结算会员使用的服务收取的费用外，就客户结算服务的收费包括 IRS 的登记费、维持费以及 NDF 的登记费。

5. 内地银行的选择

香港交易所场外结算公司是香港唯一可提供场外衍生产品结算服务的认可结算所，亦是欧美客户的 QCCP。其营运地点为亚洲金融中心——香港，位处亚洲时区。主要中资银行都在这里设有分行并营运多年。此外，香港是全球场外外汇及利率工具的主要交易市场[①]，更是极其重要的离岸人民币中心[②]。

在香港，香港金管局以环球银行金融电信协会（SWIFT）为基准的**人民币实时支付结算系统（人民币 RTGS）**便利全球市场参与者处理与中国内地及离岸市场的人民币交易。人民币 RTGS 系统由中国银行（香港）有限公司担任清算行。清算行

① 在场外外汇工具及场外单一货币利率衍生工具方面，香港的交投量分别位列全球第四及第三。资料来源：BIS 有关场外衍生产品的三年期调查统计（2016 年 4 月），载于 BIS 网站；每日平均数按“净 – 毛”（net-gross）基准计算。

② 截至 2017 年 7 月底，香港的人民币总存款为 5 347.3 亿元人民币（资料来源：香港金管局网站），新加坡截至 2017 年 6 月底为 1 380 亿元人民币（初步数据，资料来源：新加坡金融管理局网站），英国截至 2017 年 3 月底为 90 亿英镑（约 770 亿元人民币）（资料来源：英国中央银行网站），台湾截至 2017 年 4 月底为 3 078 亿元人民币（资料来源：中国银行（香港）离岸人民币快报 2017 第 6 期）。

于人行设有交收账户，并为中国国家现代化支付系统（CNAPS）的成员。香港的人民币 RTGS 系统与 CNAPS 直接联系，从技术层面而言可视为中国内地 CNAPS 的延伸，但受香港法例监管。香港的人民币、港元、美元及欧元 RTGS 系统相连，让银行可进行同步交收，提高交收效率，并消除因交易时差及不同时区所引起的交收风险。SWIFT 的统计数字显示，相对于中国内地及环球离岸市场，香港银行经手的人民币结算金额占离岸人民币付款总额约七成①。

鉴于人民币国际化不断向前推进，因应人民币风险管理的需要，相信离岸人民币衍生工具交易将会有高增长潜力②。在此方面，内地机构的参与预期会增加，所带来的人民币流动性正配合全球机构提高人民币资产的需求。透过可在香港使用的人民币 RTGS 付款系统，香港交易所场外结算公司除为美元及其他主要货币的场外交易提供服务外，亦能够支持内地与全球金融机构的离岸人民币场外交易③。相较之下，海外结算所使用 CLS 等海外平台提供的外汇结算服务，则未能提供人民币结算服务④。

作为亚洲区内服务内地市场参与者的场外结算所，香港交易所场外结算公司在战略位置上占有优势，股东包括 5 家内地金融机构，分别为中国农业银行有限公司、中国银行（香港）有限公司、交通银行股份有限公司香港分行、建银国际证券有限公司及中国工商银行（亚洲）有限公司。

内地注册成立的银行的香港分行如属前述的认可机构或持牌法团，可在符合会员资格要求后成为香港交易所场外结算公司的会员。由于内地银行在港有广泛的业务，成为香港交易所场外结算公司的会员，会较直接申请成为欧美结算所会员来得更具成本效益。内地银行若与外国对手方进行场外衍生工具交易，因其并非欧洲 LCH 或美国芝商所集团的主要结算所的会员，便须经结算经纪进行客户结算。使用此方式须支付较高昂的交易费及佣金予结算经纪，弥补其净额结算及资金的成本，花费较高，亦要承受结算经纪违约的风险。此外，内地银行亦可能担心经结算代理进行客户结算会有运作效率问题及一定障碍，包括每当有需要时再委聘结算代理会

① 引述自香港金管局 2016 年 1 月的报告 *Hong Kong—The Global Offshore Renminbi Business Hub*。

② 亦可参见本书第 14 章《香港交易所迈向成为离岸人民币产品交易及风险管理中心》。

③ 于 2017 年 9 月 25 日，作为付款系统营运者的香港银行同业结算有限公司总共有 141 名本地人民币结算会员及 68 名海外人民币结算会员（资料来源：香港金管局网站）。

④ 现时 CLS 透过在各货币央行开设账户，为 18 种主权货币提供外汇结算服务，币种与央行不包括人民币及人行（资料来源：CLS 网站）。

需时较长，须依靠结算代理的系统基建以及须倚赖代理能获 CCP 批准接纳替其有关交易进行中央结算等。

再者，香港交易所场外结算公司已在香港监管框架下制定特别方案，可接纳内地注册成立的持牌银行为其结算会员。在中国是否属净额结算司法权区尚未能确定之时，这样的处理方案及方案下的结算服务，在欧美结算所尚未能提供。方案的详情见下节。

香港交易所场外结算公司为内地银行提供的解决方案

1. 中国结算会员

在内地注册成立并设有香港分行的银行，只要是受香港金管局规管的认可机构，便可成为香港交易所场外结算公司的直接结算会员（中国结算会员）。

香港交易所场外结算公司已就其在香港及内地法律下执行结算规则（包括有关平仓及抵销的条文）的效力取得法律意见，可按中国结算会员所结算的整个投资组合的净额风险收取按金。此外，香港交易所场外结算公司对于中国结算会员结算合约所支付的款项，以及监管机构在香港法律（即规管结算规则及场外结算公司所持有中国结算会员所支付的抵押品的香港法律）下根据结算规则的违责条文对中国结算会员所采取的行动均享有终局性的保障。①

现时有 4 家中国注册成立的银行（中国农业银行股份有限公司、交通银行股份有限公司、中国民生银行股份有限公司及上海浦东发展银行股份有限公司）已透过各自的香港分行成为香港交易所场外结算公司的直接结算会员。直接结算会员亦包括另外 3 家在内地注册成立银行的香港附属公司（香港交易所场外结算公司的结算会员见附录二）。

2. 与国际对手方作跨境结算的模式

成为直接结算会员后，内地银行无须委任结算经纪，便可直接在香港交易所场外结算公司进行结算，避免了结算经纪违责的风险，也省却佣金成本和减轻交易费用。直接结算可由内地银行的香港附属公司（如其香港附属公司已成为香港交易所

① 资料来自香港交易所。

场外结算公司的结算会员）或香港分行（如其本身已透过其香港分行成为香港交易所场外结算公司的结算会员）进行，具体运作分别见图 15-7 及图 15-8。

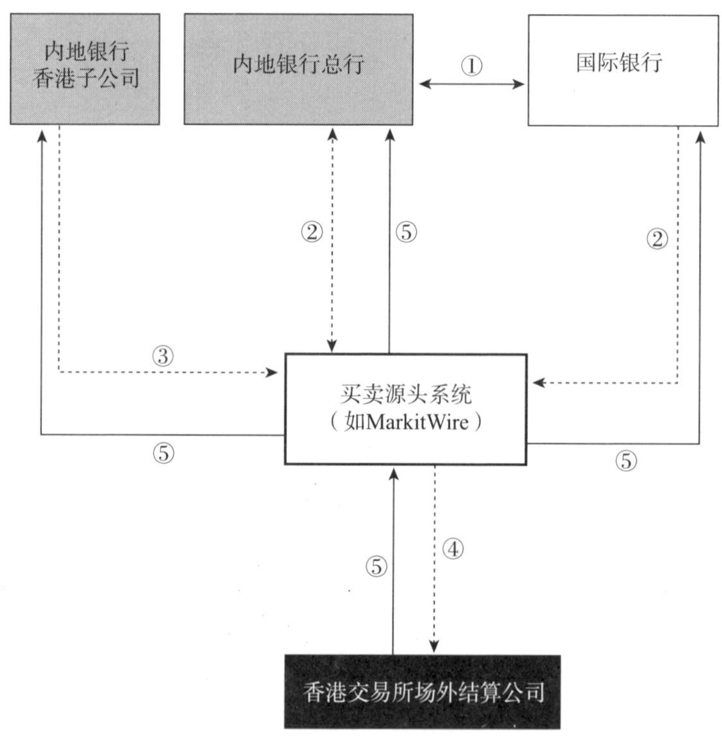

① 内地银行总行与国际银行进行双边交易。

② 内地银行总行（作为客户）和国际银行通过买卖源头系统提交清算要求。

③ 内地银行香港子公司（作为代理行）在接受要求之前检查总行信用额度。

④ 当交易被双边接受，买卖源头系统将交易记录发送到香港交易所场外结算公司进行产品、保证金和信用检查。

⑤ 当交易成功注册后，香港交易所场外结算公司将通过买卖源头系统向内地银行香港子公司、内地银行总行和国际银行通报交易清算状况，先前的双边交易将更替为如下交易：

- 香港交易所场外结算公司对国际银行
- 香港交易所场外结算公司对内地银行香港子公司
- 内地银行香港子公司对内地银行总行

图 15-7 透过内地银行香港子公司清算的清算模式

（b）保证金结算和抵押品管理过程

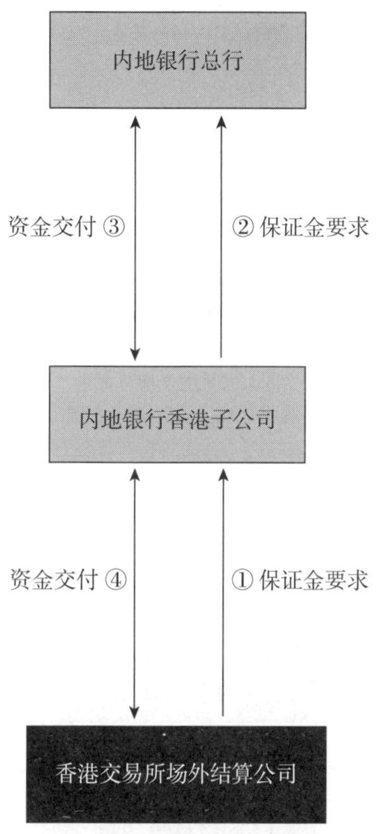

① 香港交易所场外结算公司向内地银行香港子公司发出初始保证金和价格变动保证金要求。
② 内地银行香港子公司通知内地银行总行有关香港交易所场外结算公司要求的相关初始和价格变动保证金。
③ 内地银行总行将所要求的初始保证金和价格变动保证金交付香港子公司。
④ 内地银行香港子公司将内地银行总行的初始保证金和价格变动保证金交付给香港交易所场外结算公司。

图 15-7 透过内地银行香港子公司清算的清算模式（续）

资料来源：香港交易所场外结算公司。

（a）交易登记过程

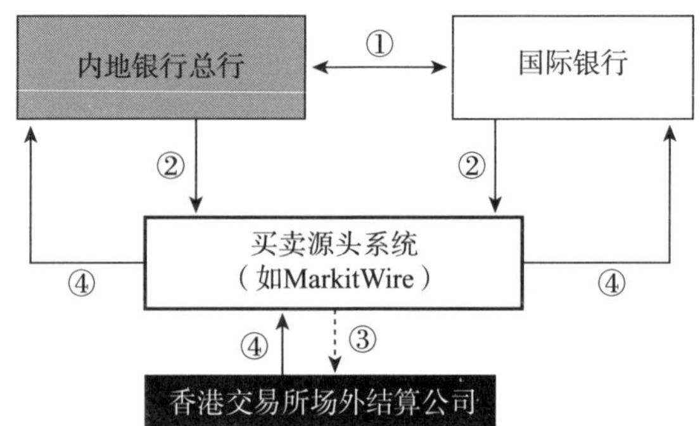

① 内地银行总行与国际银行进行双边交易。
② 内地银行总行和国际银行通过买卖源头系统提交清算要求。
③ 当交易被双边接受，买卖源头系统将交易记录发送到香港交易所场外结算公司进行产品、保证金和信用检查。
④ 当交易成功注册后，香港交易所场外结算公司将通过买卖源头系统向内地银行香港分行、内地银行总行和国际银行通报交易结算状况，先前的双边交易将更替为如下交易：
- 香港交易所场外结算公司对国际银行
- 香港交易所场外结算公司对内地银行总行（透过内地银行会籍）

（b）保证金结算和抵押品管理过程

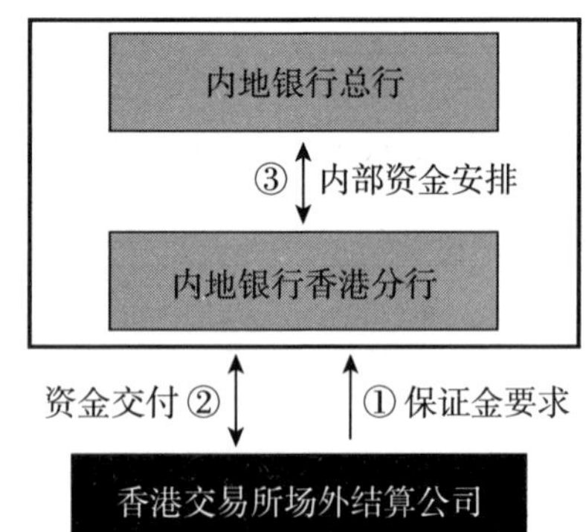

① 香港交易所场外结算公司向内地银行香港分行发出初始保证金和价格变动保证金要求，而总行和香港分行的所有交易将会计算在内。
② 内地银行香港分行将初始保证金和价格变动保证金交付给香港交易所场外结算公司。
③ 内地银行总行与香港分行之间进行内部资金安排及拆帐。

图 15-8 透过香港分行清算的清算模式

资料来源：香港交易所场外结算公司。

以上结算模式相比透过结算经纪代理进行结算的模式（见图 15-9），提供了更便利的解决方案，成本更低。

（a）交易登记过程

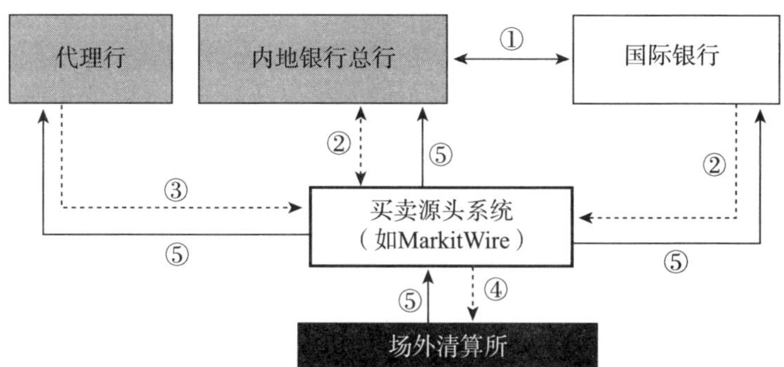

① 内地银行总行与国际银行进行双边交易。
② 内地银行总行（作为客户）和国际银行通过买卖源头系统提交清算要求。
③ 代理行接受要求之前检查总行信用额度。
④ 当交易被双边接受，买卖源头系统将交易记录发送到场外清算所，进行产品、保证金和信用检查。
⑤ 当交易成功注册后，场外清算所将通过买卖源头系统向代理行、内地银行总行和国际银行通报交易清算状况，先前的双边交易将更替为如下交易：
 - 场外清算所对国际银行
 - 场外清算所对代理行
 - 代理行对内地银行总行

（b）保证金结算和抵押品管理过程

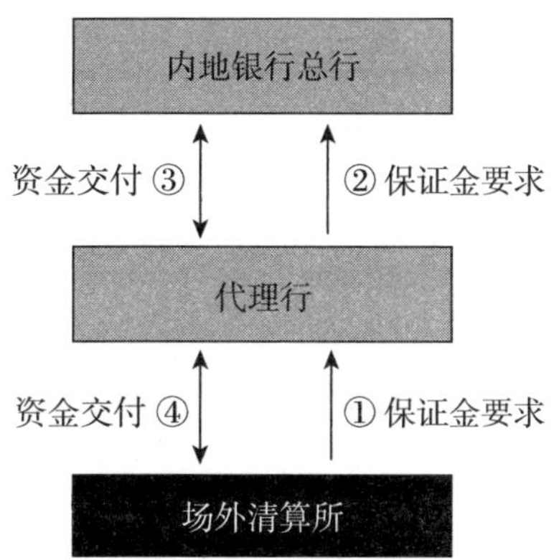

① 场外清算所向代理行发出初始保证金和价格变动保证金要求。
② 代理行向内地银行总行发出场外清算所要求的相关初始和价格变动保证金的对账单。
③ 内地银行总行将所要求的初始保证金和价格变动保证金交付代理行。
④ 代理行将内地银行总行的初始保证金和价格变动保证金交付给场外清算所。

图 15-9 通过清算代理行清算的清算模式

资料来源：香港交易所场外结算公司。

3. 相对其他 CCP 的优势

内地银行选择不在欧美的结算所经结算经纪进行间接结算，而是通过香港交易所场外结算公司进行直接结算，将可享有同一时区之便、风险较低和成本也较低等等相对优势（见表 15-3）。

表 15-3　　香港交易所场外结算公司与其他主要场外结算所的对照

项目	香港交易所场外结算公司	CME OTC Clear	LCH（SwapClear/ForexClear）	EurexOTC Clear
服务时间	香港时间 08:30—19:00 07:30—23:00 （接入网站）	每日 23 小时 45 分钟	SwapClear 07:30—24:00（GMT） 14:30—07:00（香港时间） ForexClear 星期一至五 24 小时 星期日 20:00（GMT）至星期六 01:00（GMT）	8:00—22:00 CET
会员分布	欧洲、美国、中国内地、中国香港及其他亚洲银行	主要为国际银行		
产品范围	多种 IRS 及 NDF	多种 IRS、NDF 及现金结算远期合约	多种 IRS 及 NDF	多种 IRS
货币范围	欧元、美元、人民币及其他亚洲货币	主要国际货币		
内地银行的会员资格	• 香港附属公司可成为直接会员 • 内地注册成立的银行可透过香港分行成为直接会员	银行（而非分行）若符合相关司法管权区的额外监管规定，便可申请成为直接会员		
提供给内地银行的结算模式	透过成为结算会员的香港附属公司进行直接结算，或本身透过其香港分行成为会员者可透过其香港分行进行结算	透过结算经纪（另一国际银行）进行间接结算		
风险	透过同集团内的实体机构进行直接结算，风险较低	会面对结算经纪违责风险		
成本	交易成本较低，零佣金	委任结算经纪的交易成本及佣金较高，以弥补净额结算及资金的成本		

注：GMT——格林威治标准时间；CET——欧洲中部时间。

资料来源：香港交易所场外结算公司及相关结算所网站。

香港既是汇聚内地和国际用户的金融枢纽，又是离岸人民币中心，以此为营运据点的香港交易所场外结算公司遂可为内地银行和其国际结算对手提供平台，替双方以国际货币和人民币进行的场外衍生产品交易进行结算（见图 15-10）。

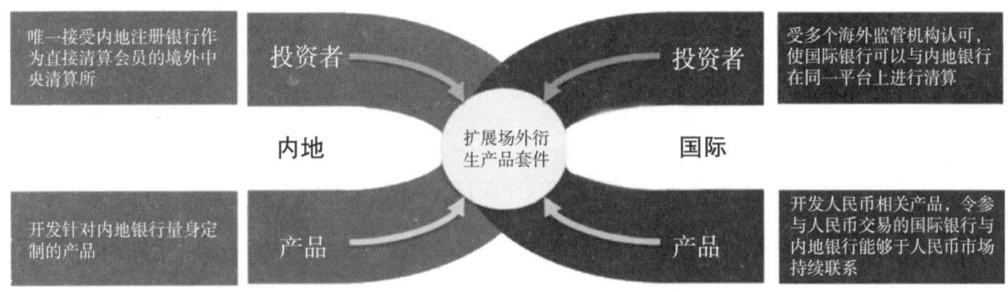

图 15-10　场外结算公司的独特定位—支持内地银行直接参与和重点发展人民币衍生产品

总　结

内地金融机构所持美元及其他外币的境外资产越来越多，相关外币的利率风险和外汇风险日增。为对冲风险，内地金融机构与境外对手方进行涉及以外币计值的风险管理工具（如 IRS 及外汇衍生产品）的跨境场外交易的需求亦水涨船高。

2008 年全球金融危机过后，世界各地都在收紧对场外衍生产品风险管理的监管，金融机构或是被强制要求为标准场外衍生产品进行中央结算，或是必须就其作双边结算的场外衍生产品遵守更高的资本和保证金要求。如属后者，有关金融机构或会自愿选择中央结算以求降低交易成本。

有别于欧美结算所，香港交易所场外结算公司接受中国注册成立的内地银行透过其香港分行成为直接结算会员，令内地银行可经香港分行进行直接结算。这无疑为内地银行提供了更便利、成本效益更高的场外衍生产品中央结算方案。

再者，在人民币日趋国际化的进程中，为管理人民币风险而进行的离岸人民币衍生产品交易具有高增长潜力。与海外同业相比，香港交易所场外结算公司更有能力在结算美元及其他主要货币的场外交易之余，同时为内地以至全球金融机构以离岸人民币进行的场外交易提供结算服务。

附录一 香港交易所场外结算公司提供的产品

表 15-A1　　香港交易所场外结算公司提供的产品

产品	货币	最长剩余年期
单一货币利率掉期	人民币（离岸）	10 年
	美元	
	欧元	
	港元	
单一货币基准掉期	美元	10 年
	欧元	
	港元	
不交收利率掉期	人民币	5 年
	印度卢比	10 年
	马来西亚令吉	
	韩元	
	泰铢	
	台币	
交叉货币掉期	美元兑人民币（离岸）	10 年
不交收远期外汇合约	美元 / 人民币	2 年
	美元 / 印度卢比	
	美元 / 韩元	
	美元 / 新台币	

附录二　香港交易所场外结算公司结算会员（2017 年 9 月）

表 15-A2　　香港交易所场外结算公司结算会员（2017 年 9 月）

中国香港
1. 东亚银行有限公司
2. 恒生银行有限公司
3. 香港上海汇丰银行有限公司
中国内地
4. 中国农业银行股份有限公司
5. 中国银行（香港）有限公司
6. 交通银行股份有限公司
7. 建银国际证券有限公司
8. 中国民生银行股份有限公司
9. 中国工商银行（亚洲）有限公司
10. 上海浦东发展银行股份有限公司
欧洲
11. 法国巴黎银行
12. 德意志银行
13. 渣打银行
美国
14. 花旗银行
15. 摩根大通银行
亚太区
16. 星展银行有限公司
17. 澳新银行集团有限公司

英文缩略词

BIS	国际结算银行 (Bank for International Settlements)
CCP	中央结算对手 (Central counterparty)
CDS	信贷违约掉期 (Credit default swap)
CFETS	中国外汇交易中心 (China Foreign Exchange Trade System)
CNAPS	中国国家现代化支付系统 (China National Advanced Payment System)
CRM	信用风险缓释 (Credit risk mitigation)
CRMW	信用风险缓释凭证 (Credit risk mitigation warrant)
EMIR	欧洲市场基础设施监管规则 (European Market Infrastructure Regulation)
ESMA	欧洲证券及市场管理局 (European Securities and Markets Authority)
FRA	远期利率协议 (Forward rate agreement)
IRS	利率互换或利率掉期 (Interest rate swap)
ISDA	国际掉期与衍生工具协会 (International Swaps and Derivatives Association)
NDF	不交收远期外汇合约 (Non-deliverable currency forwards)
QCCP	合资格中央结算对手 (Qualified central counterparty)
QFII	合格境外机构投资者 (Qualified Foreign Institutional Investor)
RQFII	人民币合格境外机构投资者 (Renminbi Qualified Foreign Institutional Investor)
RTGS	即时支付结算 (Real time gross settlement)
SHIBOR	上海同业拆借利率 (Shanghai Interbank Offered Rate)

买卖证券的风险

证券买卖涉及风险。证券价格有时可能会非常波动。证券价格可升可跌，甚至变成毫无价值。买卖证券未必一定能够赚取利润，反而可能会招致损失。

买卖期货及期权的风险

期货及期权涉及高风险，买卖期货及期权所招致的损失有可能超过开仓时缴付的按金，令投资者或须在短时间内缴付额外按金。若未能缴付，投资者的持仓或须平仓，任何亏损概要自行承担。因此，投资者务须清楚明白买卖期货及期权的风险，并衡量是否适合自己。投资者进行交易前，宜根据本身财务状况及投资目标，向经纪或财务顾问查询是否适合买卖期货及期权合约。

免责声明

本书所载数据及分析只属信息性质，概不构成要约、招揽、邀请或推荐买卖任何证券、期货合约或其他产品，亦不构成提供任何形式的建议或服务。书中表达的意见不一定代表香港交易及结算所有限公司（“香港交易所”）的立场。书中内容概不构成亦不得被视为投资或专业建议。尽管本书所载资料均取自认为是可靠的来源或按当中内容编备而成，香港交易所及其附属公司、董事及雇员概不就有关资料(就任何特定目的而言)的准确性、适时性或完整性作任何保证。香港交易所及其附属公司、董事及雇员对使用或依赖本书所载的任何数据而引致任何损失或损害概不负责。

后记

发挥交易所在人民币离岸市场发展中的独特作用

巴曙松 教授
香港交易及结算所有限公司　首席中国经济学家
中国银行业协会　首席经济学家

在迅速变化的全球金融体系中，交易所作为具有独特功能的金融基础设施，既是重要的交易平台，也是市场的一线组织者和创新的推动者。同时，国际主要的交易所也越来越突破传统的交易所业务模式，逐步成为覆盖更多产品领域、横跨多个市场的多元化创新型的交易所。香港交易所作为全球金融体系中活跃的国际型交易所，近年来就明显体现出这种趋势，特别是近年来香港交易所基于新的战略定位，推出了一系列多领域的产品创新，使得香港交易所的产品线更为丰富和多元。

从具体操作层面看，香港交易所每一种新产品的推出，从产品设计、内部和外部的系统调整、测试和沟通、产品推出后的市场交流等不同环节，都需要不同的机构和专业人士付出大量的努力。在这些新产品的推出过程中，香港交易所首席中国经济学家办公室以不同的方式、在不同的环节参与了一些工作，为了让境内外市场更好地了解香港的人民币离岸产品创新，我们专门组织多个业务部门，共同对香港交易所近年来在互联互通、人民币产品方面的新进展进行了一个全面梳理，由此形成了《打造人民币离岸产品中心——香港交易所的创新产品巡礼》一书。

根据我们的理解，要让市场各方较为系统全面地了解一种新的产品，既要从宏观和行业层面了解这一产品推出的大背景、国际市场相关行业和产品发展的趋势，以及香港交易所推出这些产品的设计目标，同时也要从微观和技术层面了解这种产品的风险收益特性，以及在实际投资决策中的可能应用。这就需要专业研究部门与不同业务部门、法律和监管合规部门等的共同合作。本书中的各篇文章，可以说是香港交易所不同业务部门及一些子公司共同合作的产物，首席中国经济学家办公室作为研究的组织者，与包括证券产品发展团队、定息及货币产品发展团队、大宗商品团队、香港场外结算公司以及与中华证券交易服务有限公司等在内的多个部门和团队保持了良好的合作，我们共同成为这些报告的起草者，在报告的修订和发布过程中，又综合了许多部门的意见。

在与市场各方的交流中我们了解到，随着香港交易所的产品线日趋丰富，市场越来越不满足于对单一产品的分散式的了解，而是更希望有更全面的多产品、一揽子的系统介绍。我们也希望,通过本书对于多个产品的系统跟踪研究,即使金融机构、香港交易所的相关业务团队在介绍某一种产品时，也可以通过参阅本书，由点及面地了解香港交易所近年来的主要产品创新。

在目前的工作中，香港交易所首席中国经济学家办公室的职能定位主要包括几个方面的内容，即：内部的研究智库（think tank）、外部的专业意见引领者，和一系列香港交易所的战略项目和产品创新的专业支持者。这几个职能定位都程度不同地与产品创新密切相连，也使我们能够更深切地了解到不同产品创新的来龙去脉。

在此，我要特别感谢香港交易所集团行政总裁李小加先生对本书一直以来的鼓励和支持，以及香港交易所监管合规团队、法务团队、企业传讯团队对本书的大力协助，正是他们的通力合作和建议，本书才得以成功出版。

香港交易所成长与发展的历程，从特定意义上也可以说集中体现了香港金融业发展的历程，也从特定的角度反映了国际和中国内地的经济金融风云变幻。在不同的发展阶段，香港交易所往往有当时非常活跃的金融产品，或者说，这些代表性的产品创新，也同时成为香港交易所和香港金融市场发展特定阶段的标志。从这个意义上来说，本书尝试梳理的香港交易所的产品创新，也正体现了当前香港金融市场上正在进行的金融创新进程，同时也在一定程度上反映出全球金融体系的变化新趋势。

由于内地发展一日千里、国际金融市场环境不断变化，书中倘有缺点错漏，亦在所难免，敬请广大读者批评指正，以便我们在修订时改进。

Part I
Equity

01

CES China 120 Futures

A useful offshore hedging tool for
cross-border investment

February 2017

Summary

Cross-border stock investment in the Mainland and Hong Kong markets achieved a new page upon the launch of the Shanghai-Hong Kong Stock Connect (Shanghai Connect) in November 2014. A breakthrough was made when the aggregate quota for the pilot programme was abolished immediately on the announcement of the Shenzhen-Hong Kong Stock Connect (Shenzhen Connect) on 16 August 2016 and further with the subsequent launch of Shenzhen Connect on 5 December 2016. The Shanghai Connect and Shenzhen Connect are collectively referred to as the "Stock Connect" scheme. By then, a Mutual Market platform across Shanghai, Shenzhen and Hong Kong is basically formed. This undoubtedly will facilitate and promote cross-border stock investment, along with which there will be increasing demand for risk management of cross-border stock portfolios.

However, relevant risk management tools such as index futures and options that make reference to Mainland A shares or cross-border stocks in the Mutual Market are scarce in global markets. Among China-related indices with derivatives (futures/options) traded on overseas exchanges outside Mainland China, the CES China 120 Index (CES 120) is the only index based on both Mainland A shares and Chinese stocks listed in Hong

Kong. Other traded indices are either based on Mainland A shares alone (the FTSE China A50 Index) or overseas-listed (mostly Hong Kong) Chinese stocks (including FTSE China 50 Index and MSCI China Free Index). In comparison, the CES 120 has a distribution of constituents across the three exchanges (Hong Kong, Shanghai and Shenzhen) in the Mutual Market and a good coverage by exchange, stock type and industry sector of eligible stocks under Stock Connect. In addition, the index is highly correlated with the A-share indices. It had outperformed other traded indices in terms of return and volatility in 2016 and had a dividend yield comparable to the Mainland blue-chip index, SSE 50 Index.

Given the characteristics of the CES 120 Index, CES 120 Futures traded on the HKEX derivatives market can be an effective risk management tool for investors to hedge their stock investment or to gain investment exposure in Mainland A shares and the Mutual Market. Furthermore, compared to FTSE China A50 Futures traded on the Singapore Exchange (SGX), CES 120 Futures has a lower exchange fee per contract notional value, a smaller tick size relative to index level and a higher position limit. In consideration of all these, CES 120 Futures can be considered to be a convenient and cost efficient offshore market tool for A shares and Mutual Market investment. Referencing the success story of EURO STOXX 50 Index and its derivatives and structured products in serving the mutual European market, CES 120 Index and its derivatives and structured products can serve the same need for the Mainland-Hong Kong Mutual Market.

The need for cross-border investment risk management

1. Increasing cross-border stock investment facilitated by Stock Connect

A brand new official channel for overseas investors to invest in the Mainland stock market and for Mainland investors to invest in the Hong Kong stock market was opened in November 2014 when the **Shanghai-Hong Kong Stock Connect**

("Shanghai Connect") was launched as the first initiative under the Mutual Market Access pilot programme (the "**Pilot Programme**") between Mainland China and Hong Kong. Prior to this, foreign participation channels in the Mainland stock market had been limited mainly to the Qualified Foreign Institutional Investor (QFII) scheme and the Renminbi Qualified Foreign Institutional Investor (RQFII) scheme and foreign retail investors could only participate through investment funds offered by QFIIs and RQFIIs[①]. In the opposite direction, the Qualified Domestic Institutional Investor (QDII) scheme and the Renminbi Qualified Domestic Institutional Investor (RQDII) scheme had been the only national official channels of Mainland participation in overseas stock markets[②].

The extended initiative of the Pilot Programme — the **Shenzhen-Hong Kong Stock Connect ("Shenzhen Connect")**, with an expanded scope of eligible securities was launched on 5 December 2016. The Shanghai Connect and Shenzhen Connect are collectively referred to as the "Stock Connect" scheme. The key breakthrough in the Stock Connect scheme is the abolition of the aggregate quota immediately upon the joint announcement made on 16 August 2016 by the China Securities Regulatory Commission (CSRC) and the Hong Kong Securities and Futures Commission (SFC) on the establishment of Shenzhen Connect. Effectively with the launch of Shenzhen Connect, the "**Mutual Market**" model across Shanghai, Shenzhen and Hong Kong is basically formed, under which the suites of financial products offered in the three markets, where permitted by regulation, could be traded by both Mainland and global investors across the border. This is effected through Mainland investors' "Southbound trading" of eligible products listed in Hong Kong by placing orders via the trading platforms of the Shanghai Stock Exchange (SSE) and the Shenzhen Stock Exchange (SZSE); and through global investors' "Northbound trading" of eligible products listed on the SSE and SZSE by placing orders via the trading platform of the Stock Exchange of Hong Kong (SEHK). **Without an aggregate quota, this Mutual**

① The B-share market (traded in foreign currency and separated from the A-share market) on the Shanghai and Shenzhen Stock Exchanges, which was launched in 1992 as the Mainland's first attempt of stock market opening to foreign investors, has become inactive in the new wave of market opening.

② There are special pilot schemes launched by local governments, e.g. the Qualified Domestic Limited Partnership (QDLP) programme in Shanghai and the Qualified Domestic Investment Enterprise (QDIE) in Shenzhen Qianhai. However, these are limited to mainly privately offered funds or investment vehicles not widely accessible by general investors as these target mainly the institutional investors and high-net-worth individuals, compared to QDII products which target general investors.

Market will enable investors to conduct asset allocation across the Mainland and Hong Kong markets with a long-term investment perspective.

Under Shanghai Connect and Shenzhen Connect, Northbound eligible stocks comprise constituents of the SSE 180 Index and SSE 380 Index; constituent stocks of the SZSE Component Index and of the SZSE Small/Mid Cap Innovation Index which have a market capitalisation of RMB 6 billion or above; and all SSE or SZSE-listed A shares with H shares listed on SEHK①. In the opposite direction, Southbound eligible securities comprise the constituents of Hang Seng Composite LargeCap Index (HSLI) and Hang Seng Composite MidCap Index (HSMI); constituents of Hang Seng Composite SmallCap Index (HSSI) with a market capitalisation of HK$5 billion or above; and all H shares with A shares listed in the Mainland market, whether on SSE or SZSE②. HSLI and HSMI already cover up to 95% of the total market capitalisation of the Hang Seng Composite Index (HSCI), which in turn covers the top 95% of the total market capitalisation of the Hong Kong market③. As of the launch date of Shenzhen Connect (5 December 2016), Southbound eligible securities constituted 87% of the total market capitalisation of listed stocks on the SEHK Main Board while Shanghai Connect Northbound eligible securities constituted 81% of the total market capitalisation of listed A shares on the SSE and Shenzhen Connect Northbound eligible securities constituted 71% of the total market capitalisation of listed A shares on the SZSE markets (Main Board, SME Board and ChiNext)④.

Albeit the scope of eligible securities is currently confined to a specified set under Shanghai Connect and Shenzhen Connect, the Pilot Programme potentially opens up a **Mainland-Hong Kong mutual stock market** of a combined equity market value of US$10,986 billion (as of end-November 2016) and an average daily equity turnover of about US$85 billion (2016 up to November), **ranking 2nd by market value (following**

① Except those which are not traded in RMB and those under risk alert treatment by the SSE or SZSE (including shares of "ST companies" and "*ST companies" and shares subject to the delisting process).

② Except those which are not traded in HKD and H shares which have the corresponding A shares put under risk alert.

③ Source: Hang Seng Indexes Co. Ltd. website. The Hong Kong market universe of the HSCI refers to all stocks and real estate investment trusts ("REITs") that have their primary listings on the SEHK, excluding securities that are secondary listings, foreign companies, preference shares, debt securities, mutual funds and other derivatives.

④ Source: Based on data obtained from Thomson Reuters and the respective exchanges' websites and eligible stock lists obtained from the exchanges' websites.

New York Stock Exchange) and 2nd by equity market turnover among world exchanges[①].

2. Risk management for cross-border stock investment

With the Mutual Market platform established, increasing cross-border trading activities are expected and along with that risk management for cross-border stock portfolios will become increasingly important. Risk management instruments commonly used to hedge portfolio investment risks include futures and options on listed stocks and/or related market indices. However, these hedging tools for Mainland investors in trading Hong Kong stocks are not readily available — there are currently no Hong Kong index/stock futures and options offered on any Mainland exchanges. Similarly in Hong Kong, there is also a lack of A-share hedging tools like A-share index futures and options. While derivatives may be included in the Mutual Market model in the future, investors may consider using proxy instruments in their home markets in the meantime.

For global investors trading Mainland A shares from Hong Kong, proxy index futures may be used for hedging purposes. Under Stock Connect where asset allocation can be made across both Hong Kong and Mainland (Shanghai and Shenzhen) markets, an index with constituent stocks listed on the three markets may serve as a good proxy. The CES China 120 Index developed by China Exchanges Services Company Ltd. (CESC), a joint venture of HKEX, SSE and SZSE, is such a cross-border index with futures contracts traded on HKEX. In fact, the CES China 120 Index Futures (CES 120 Futures) is the only futures contract among global exchanges which is based on an underlying index that tracks both Mainland A shares and Chinese stocks listed in Hong Kong. The other China-related index futures available on global exchanges are either based on Mainland A shares alone or overseas-listed (mostly Hong Kong) Chinese stocks.

The two sections below give an overview of these indices and their derivative products, and examine the CES China 120 Index and its futures in comparison with other Mainland-related stock indices.

① World Federation of Exchanges (WFE) statistics, from WFE website, 22 December 2016. Average daily turnover was calculated from the combined shares turnover value for 2016 up to November from WFE statistics using the total number of trading days (225 days) for the Hong Kong market. Ranking was based on the year-to-month combined trading value.

China stock indices and their derivatives

FTSE Russell and MSCI are the two main index providers in the global market. Each of the two institutions compile some 20 China indices, some on domestic A shares alone, some on non-domestic overseas-listed Chinese stocks and some on both domestic and non-domestic listed Chinese stocks. However, only a few indices have futures (and options) products offered by exchanges outside Mainland China.

In the Mainland, the China Securities Index Co., Ltd. (CSI), jointly established by the SSE and the SZSE, is the major index provider, producing single-market (SSE or SZSE) indices and cross-market (SSE and SZSE) indices. Of these, only three indices have futures products traded on the China Financial Futures Exchange (CFFEX). The major China stock indices with exchange-traded derivatives identified (referred to as "traded indices" hereinafter) are summarised in Table 1-1 below.

Table 1-1 Major China stock indices with exchange-traded derivatives

Index	Short name	Constituents	Derivative products	Listed exchange^
On Mainland-listed stocks				
FTSE China A50 Index	FTSE A50	50 largest A-share companies listed on SSE and SZSE	FTSE China A50 Index Futures	SGX
CSI 300 Index	CSI 300	300 largest and most liquid A shares listed on SSE and SZSE	CSI 300 Index Futures	CFFEX
CSI 500 Index	CSI 500	500 small to medium sized A shares listed on SSE and SZSE	CSI 500 Index Futures	CFFEX
SSE 50 Index	SSE 50	50 largest and most liquid A shares listed on SSE	SSE 50 Index Futures	CFFEX
On Hong Kong-listed Chinese stocks				
Hang Seng China Enterprises Index	HSCEI	H shares listed on SEHK	H-Shares Index Futures and Options	HKEX

(*Continued*)

Index	Short name	Constituents	Derivative products	Listed exchange^
FTSE China 50 Index	FTSE China 50	50 of the largest, most liquid Chinese stocks (H shares, red chips, P chips*) listed and traded on SEHK	E-Mini FTSE China 50 Index Futures	CME
			FTSE China 50 Index Futures	JPX
On Hong Kong and overseas-listed Chinese stocks				
MSCI China Free Index	MSCI China Free	Large and mid-cap Chinese companies listed outside Mainland China, including H shares, red chips, P chips* listed on SEHK and foreign listed shares	MSCI China Index Futures and Options	SGX
			MSCI China Free Index Futures	Eurex
On Mainland and Hong Kong-listed Chinese stocks				
CES China 120 Index	CES 120	80 most liquid and largest A shares listed on SSE and SZSE and 40 most liquid and largest Mainland companies (H shares, red chips and P chips*) listed on SEHK	CES China 120 Index Futures	HKEX

* H shares are issued by companies incorporated in Mainland China and are listed on HKEX; red chips are shares issued by companies listed in Hong Kong that are incorporated outside Mainland China and that are controlled by Mainland government entities through direct or indirect shareholding and/or representation on the company's board; P chips are shares issued by companies listed in Hong Kong that are incorporated outside Mainland China and that have operations in Mainland China run by private sector individuals in Mainland China.

^ Abbreviations of exchanges: CME — CME Group; JPX — Japan Exchange; SGX — Singapore Exchange.

Source: Websites of FTSE Russell, MSCI, CESC, CSI and the respective exchanges.

Five major indices based on Chinese stocks are found to have futures products traded on major global exchanges outside Mainland China (referred to as "overseas traded indices"). Among them, one is based solely on Mainland-listed A shares — FTSE China A50 Index (FTSE A50), with futures (FTSE A50 Futures) traded on Singapore Exchange (SGX); three are based on Hong Kong-listed Chinese stocks — FTSE China 50 Index and Hang Seng China Enterprises Index (HSCEI), or including other foreign listed stocks — MSCI China Free Index; and **only one — the CES China 120 Index (CES 120) — is based on both Mainland-listed A shares and Chinese stocks listed in Hong Kong**.

Figure 1-1 below gives a diagrammatic presentation of the China stock indices with exchange-traded derivatives by constituent type.

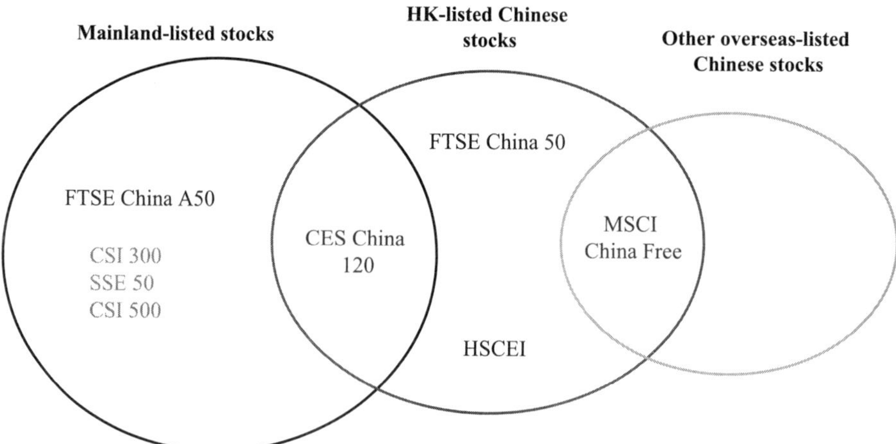

Figure 1-1 China stock indices with exchange-traded derivatives by constituent type

Note: Indices in black color have futures products traded in Hong Kong or overseas exchanges; indices in grey color have futures products traded on CFFEX in the Mainland.

CES China 120 Index and index futures

This section firstly examines the composition of listed stocks across the border by the traded indices (indices with derivatives traded on the Mainland or overseas derivatives exchanges) in terms of market capitalisation (MC) and industry sectors. A comparison is made of the composition across the indices and against the eligible stocks under Stock Connect and, where applicable, with the key market indices in Shanghai — SSE A-Shares Index (SSE A), Shenzhen — SZSE A-Shares Index (SZSE A) and Hong Kong — Hang Seng Index (HSI). Correlations between the indices are also examined and a brief comparison of their performance is made.

This is followed by an overview of the CES China 120 Futures as a risk management tool for cross-border investment.

1. CES China 120 Index — An A-shares and Mutual Market index proxy

In terms of weighting of constituents from the three markets — SEHK, SSE and SZSE — on the Mutual Market platform, CES 120 had almost equal weightings on SEHK and SSE stocks, with relatively less weighting on SZSE stocks as of 30 November 2016 (44%, 43% and 13% respectively).

This is relatively more representative of the Mutual Market than the currently tradable indices on Chinese stocks — compared to A-shares indices, CES 120 had an equal weighting on SZSE stocks as FTSE A50 and a similar sharing of SSE and SZSE A shares (77:23) as the Shanghai and Shenzhen cross-market big-cap CSI 300. Other overseas-traded indices on Chinese stocks cover only Chinese stocks listed on SEHK (e.g. FTSE China 50 and HSCEI); or including those listed in the US (e.g. MSCI China Free). The **weighting composition of CES 120 by listing exchange is also the closest to the corresponding composition of the eligible stocks under Stock Connect** (see Figure 1-2).

In addition, the **SEHK-listed constituents of the CES 120 comprise H shares, red chips and non-H share Mainland private enterprises (P chips)**[①], with weightings by stock type comparable to that for Stock Connect eligible stocks (see Figure 1-3).

① See note * in Table 1-1 for definitions of each of these stock types.

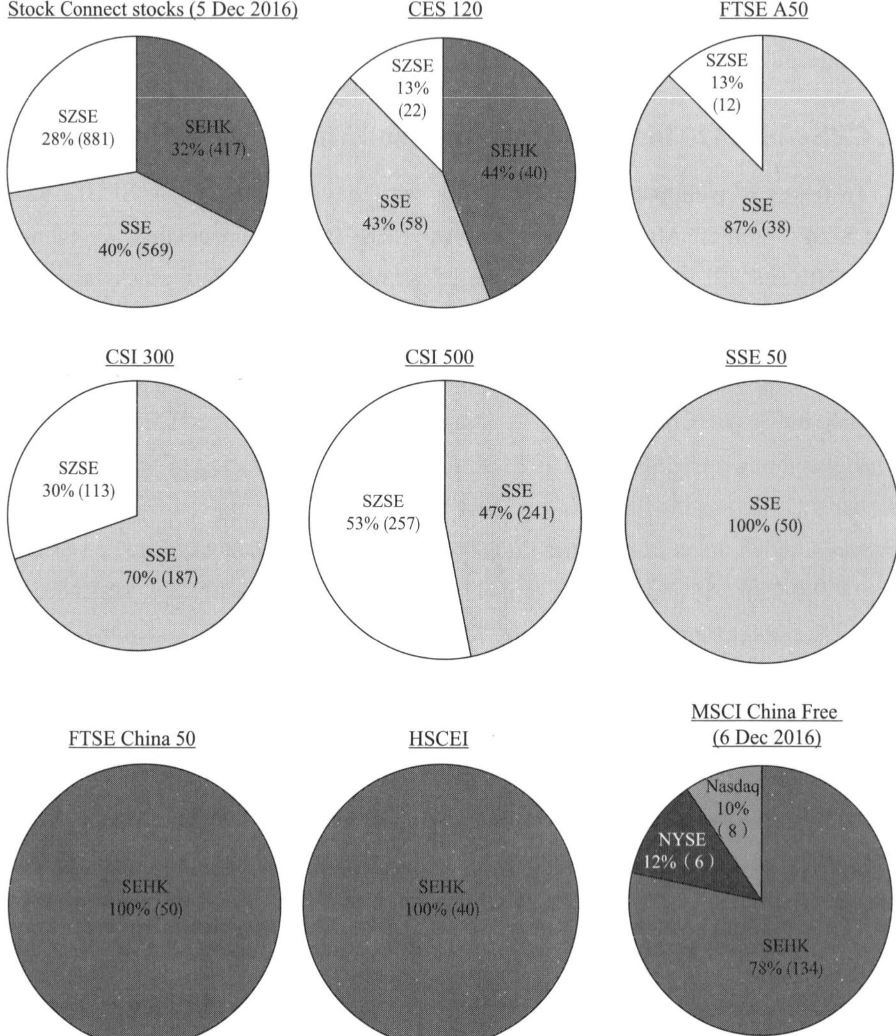

Figure 1-2 Weighting by listing exchange of CES 120 constituents and other traded indices on Chinese stocks, compared to Stock Connect eligible stocks (as of 30 Nov 2016, unless otherwise stated)

Note: Excluding constituents where the market capitalisation or weighting is not available. Number of stocks in brackets.

Source: HKEX, SSE and SZSE websites for Stock Connect eligible stock lists, with market capitalisation data from HKEX and Thomson Reuters; CESC website for CES 120 weightings; Bloomberg for MSCI China Free weightings; Thomson Reuters for others.

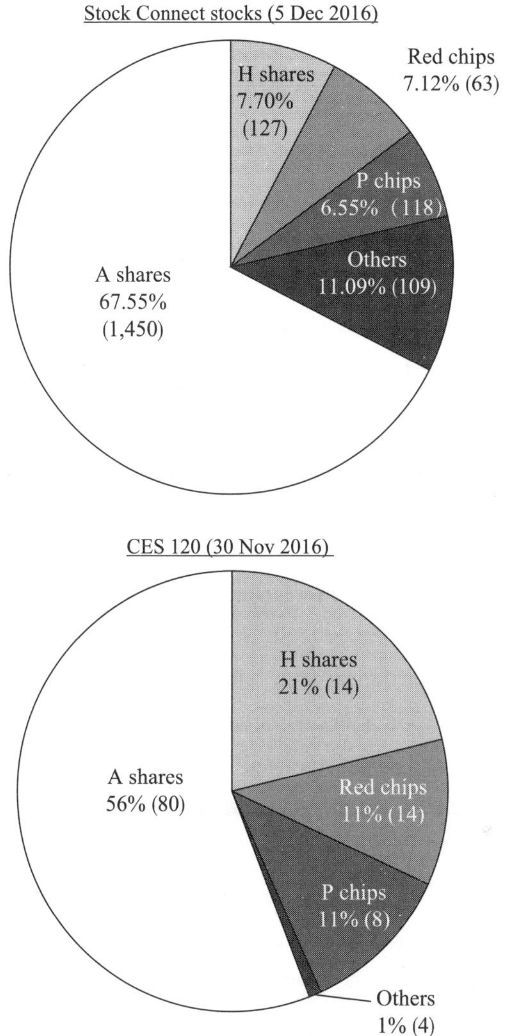

Figure 1-3 Weighting by stock type of CES 120 constituents compared to Stock Connect eligible stocks

Note: Number of stocks in brackets.

Source: HKEX, SSE and SZSE websites for Stock Connect eligible stock lists, with market capitalisation data from HKEX and Thomson Reuters; CESC website for CES 120 weightings; Bloomberg for MSCI China Free weightings; Thomson Reuters for others.

Looking more closely at each of these indices in respect of their **coverage of eligible stocks under Stock Connect**, the CES 120 has the largest coverage in terms of market capitalisation as of the launch date of Shenzhen Connect (5 December

2016). By market capitalisation, the CES 120 covers 41.3% of Stock Connect eligible stocks, compared to 22% for FTSE A50, the highest among other overseas-traded indices and around 40.6% for CSI 300, the highest among Mainland-traded indices.

In terms of number of stocks, CES 120 represents around 6.4% of Stock Connect eligible stocks which, albeit not high per se, is the highest among overseas-traded indices, except MSCI China Free which have coverage of SEHK-listed stocks only. For coverage of Stock Connect stocks by listing exchange, other overseas-traded indices cover either Mainland A shares only, or SEHK-listed stocks only and not both. On the contrary, **CES 120 has stocks spread over the three exchanges of SEHK, SSE and SZSE** (see Figure 1-4).

In terms of **index composition by industry sector in comparison with Stock Connect stocks**, CES 120 has a heavier weighting on Financials (around 47% as of 30 November 2016 vs around 25% for Stock Connect stocks) but a similarly balanced distribution of weighting on the other sectors like Stock Connect stocks. The sector distribution of the CES 120 also resembles CSI 300, the Shanghai-Shenzhen cross-market blue-chip index. On the contrary, some other overseas-traded indices have a much higher concentration on a single sector (68% and 71% on Financials for FTSE A50 and HSCEI respectively, 72% on Real Estate for FTSE China 50). In particular, **CES 120 is more balanced on stocks from Information Technology (IT) sector (around 12%) and Telecommunication Services sector (around 6%)** compared to FTSE A50 — which has no stocks from Telecommunication Services and low weighting on IT (around 1%), and compared to HSCEI — which has no stocks from IT and low weighting on Telecommunication stocks (around 2%). (See Figure 1-5.)

While SSE A shares and SZSE A shares have rather different industry compositions, **CES 120 has an industry composition closer to the Mainland cross-market index CSI 300** owing to the inclusion of both SSE and SZSE stocks. For the same reason, **it has a broader industry coverage than HSI of the Hong Kong market** (see Figure 1-5).

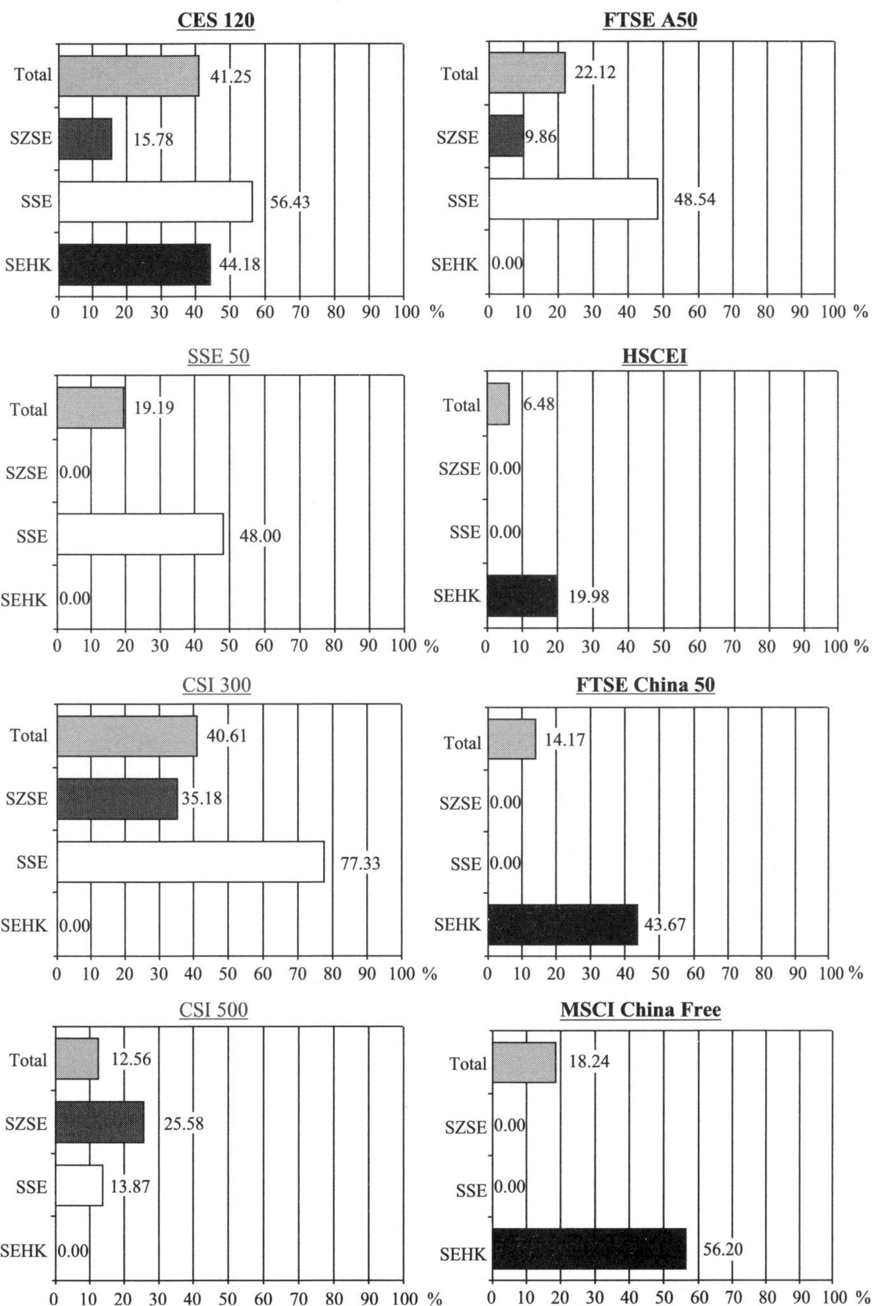

Figure 1-4 Coverage of Stock Connect eligible stocks by CES China 120 Index and other traded indices on Chinese stocks (as of 5 Dec 2016)

(b) In terms of number of stocks

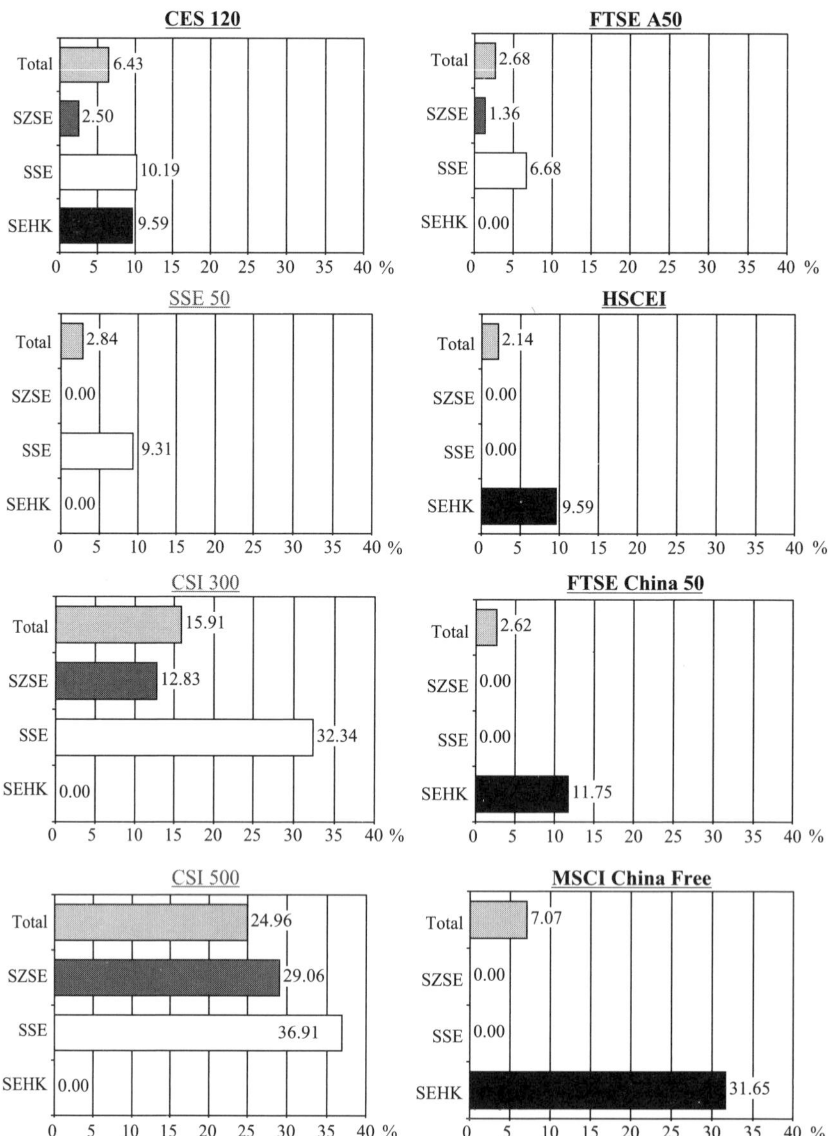

Figure 1-4 Coverage of Stock Connect eligible stocks by CES China 120 Index and other traded indices on Chinese stocks (as of 5 Dec 2016) (continued)

Note: Titles are in black for overseas-traded indices and in grey for Mainland-traded indices.

Source: HKEX, SSE and SZSE websites for Stock Connect eligible stock lists; index constituent stock lists are from CESC website, Thomson Reuters and Bloomberg; market capitalisation data are from HKEX and Thomson Reuters.

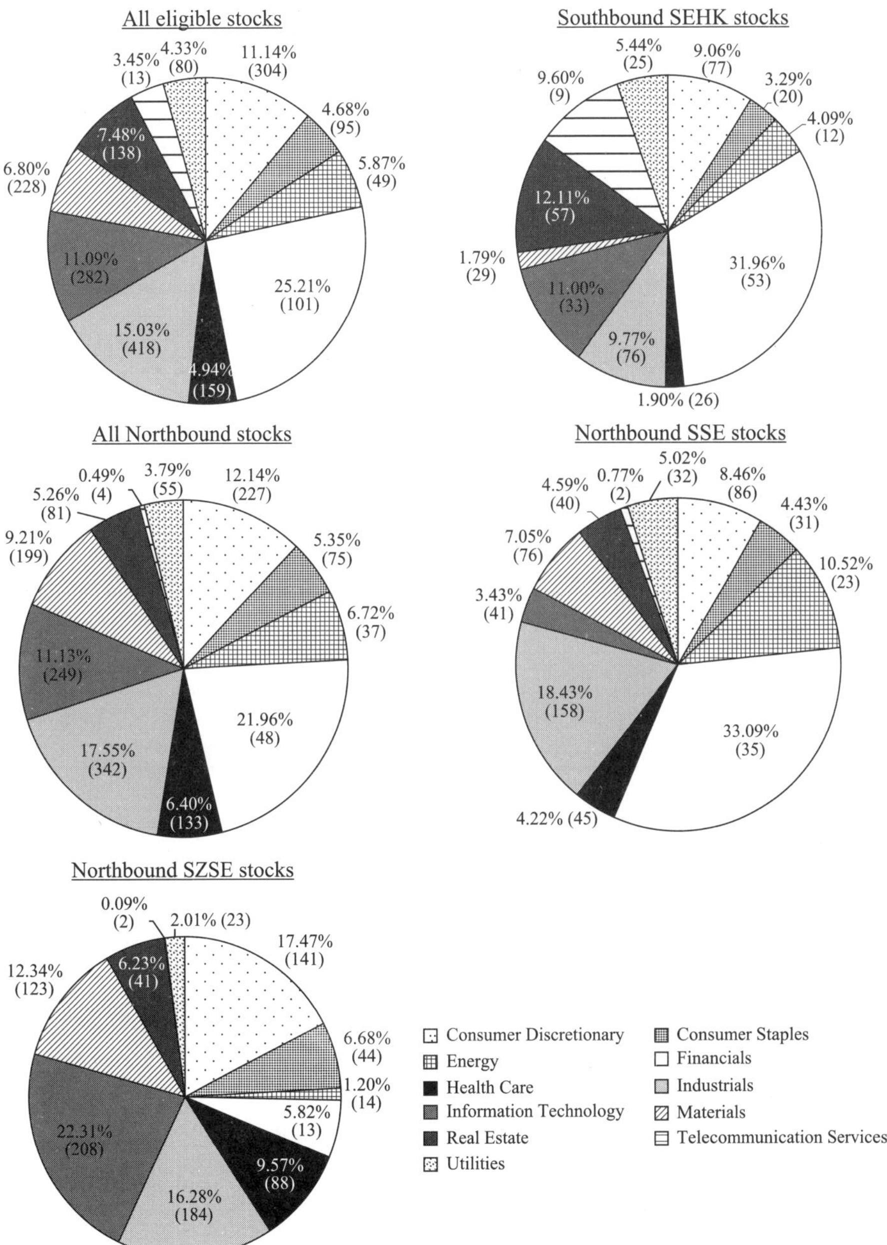

Figure 1-5 Weighting by industry sector of CES 120 constituents and other traded indices on Chinese stocks, compared to Stock Connect eligible stocks and Mainland and Hong Kong key market indices

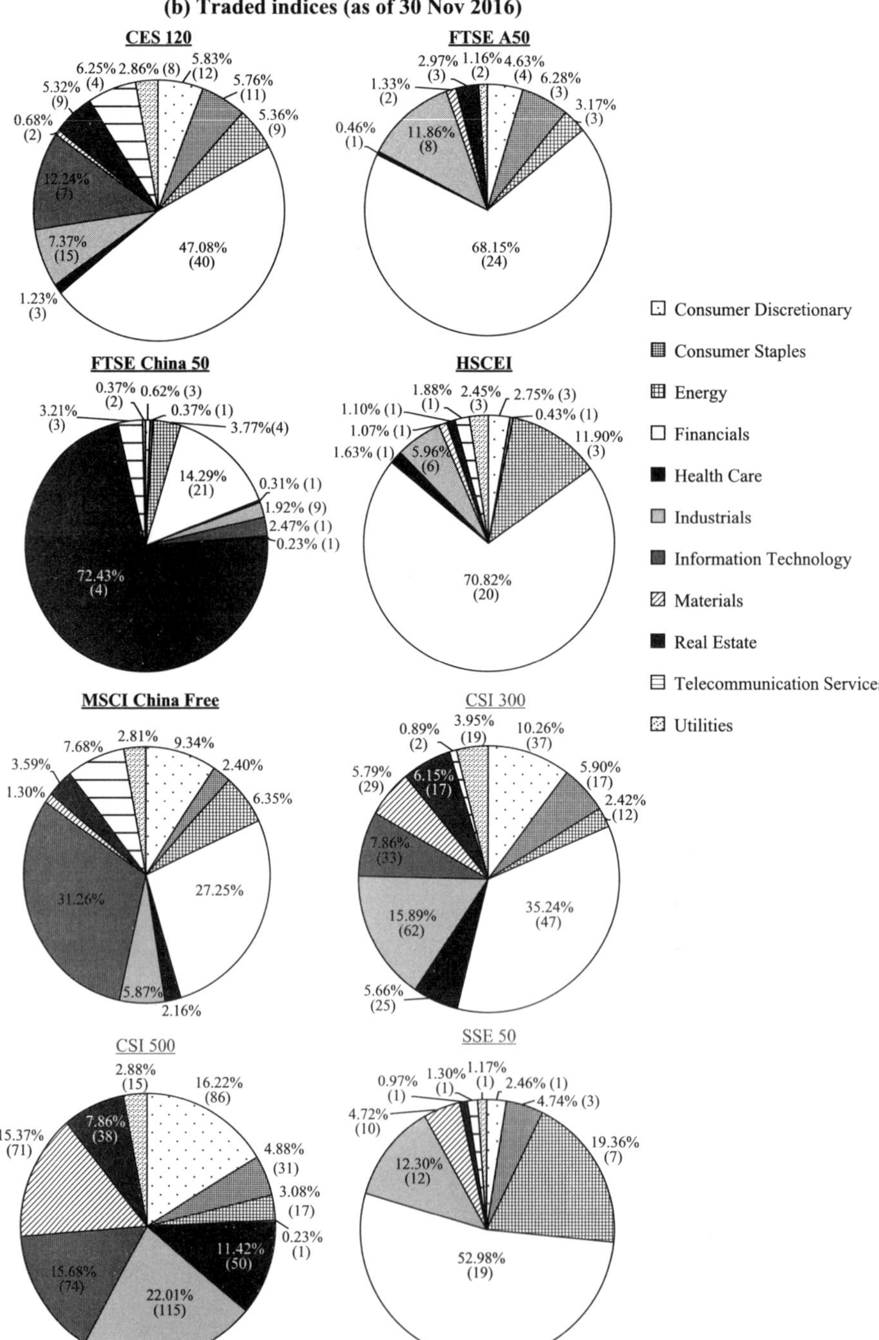

Figure 1-5 Weighting by industry sector of CES 120 constituents and other traded indices on Chinese stocks, compared to Stock Connect eligible stocks and Mainland and Hong Kong key market indices (continued)

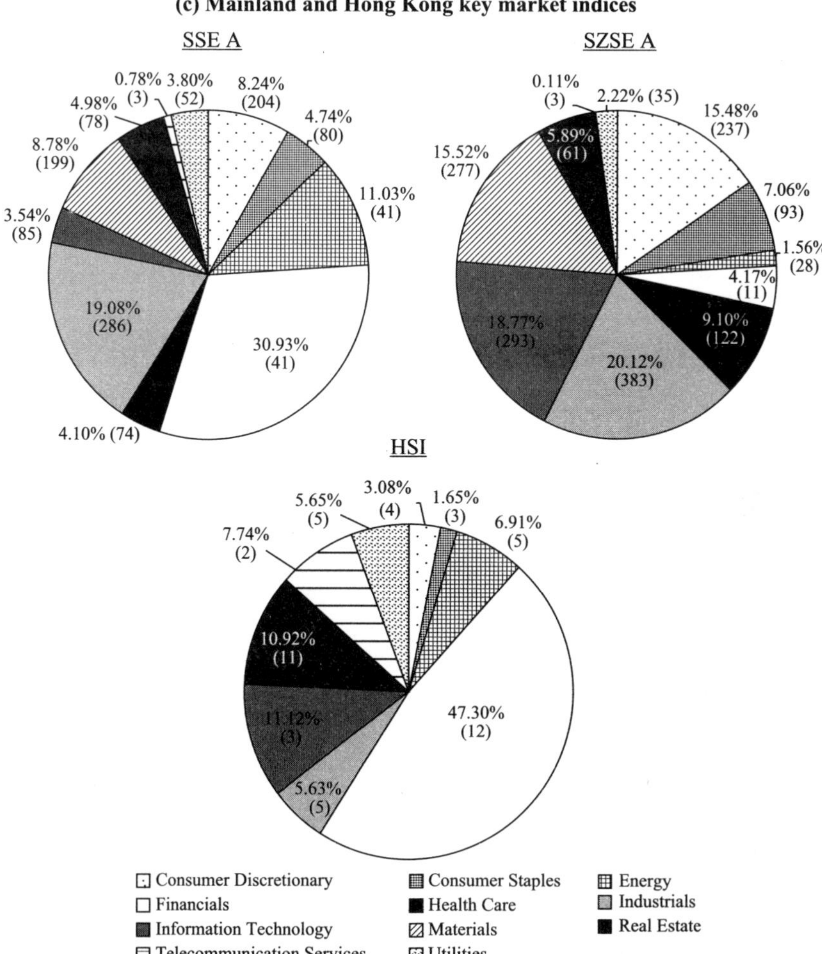

Figure 1-5 Weighting by industry sector of CES 120 constituents and other traded indices on Chinese stocks, compared to Stock Connect eligible stocks and Mainland and Hong Kong key market indices (continued)

Notes: Excluding constituents where the market capitalisation or weighting is not available. Number of stocks in brackets. For (b), titles are in black for overseas-traded indices and in grey for Mainland-traded indices. Percentages may not add up to 100% due to rounding.

Source: HKEX, SSE and SZSE websites for Stock Connect eligible stock lists; CESC website for CES 120 constituent list; MSCI website for MSCI China Free industry composition; HKEX and Thomson Reuters for others.

Having a good representation of Mainland A shares in the index, the CES 120 would be a good tracker of the A shares market. As shown in Figure 1-6, the daily movement of CES 120 followed closely the trend of SSE 50 and CSI 300. Further examination found that **CES 120 is highly correlated with the A-share indices**. For the period from January 2011 to November 2016, the daily returns of CES 120 had a correlation coefficient of about 0.9 with those of FTSE A50 (coefficient: 0.904), SSE 50 (coefficient: 0.905) and CSI 300 (coefficient: 0.887), and a comparably high correlation coefficient (0.869) with that of SSE A, albeit a much lower correlation with that of SZSE A (coefficient: 0.671). Daily returns of the other overseas-traded indices on Chinese stocks (FTSE China 50, HSCEI and MSCI China Free), for which all or most of the constituents are Hong Kong listed stocks, were more highly correlated with each other and with HSI of the Hong Kong market (correlation coefficients of 0.944 or above during the period) than with the A-share indices (coefficients: about 0.6 or less). The patterns are similar across each year during the period.

(See Figure 1-7 for correlation of CES 120 with the indices and Appendix 1 for that of each index pair.)

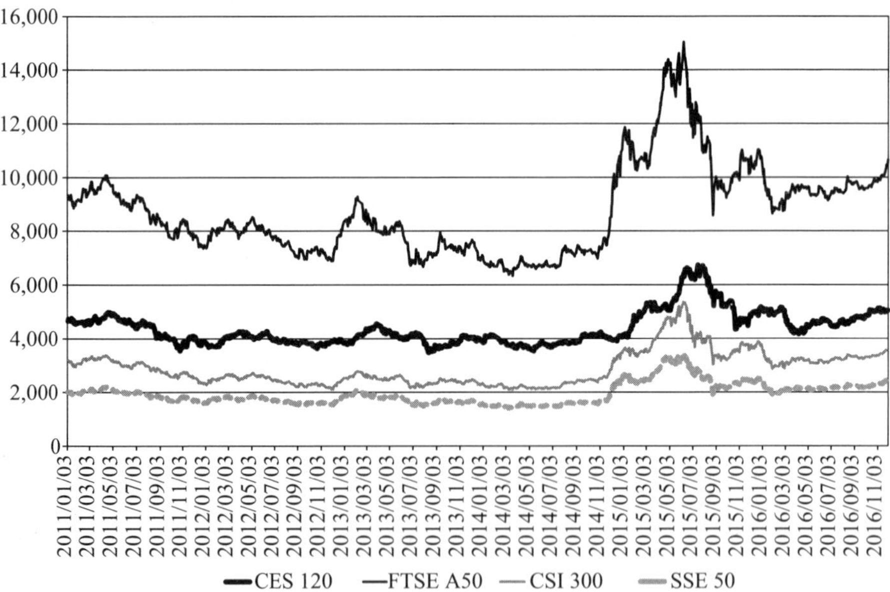

Figure 1-6 Daily closings of CES 120 Index and selected A-share indices (Jan 2011 — Nov 2016)

Source: Thomson Reuters.

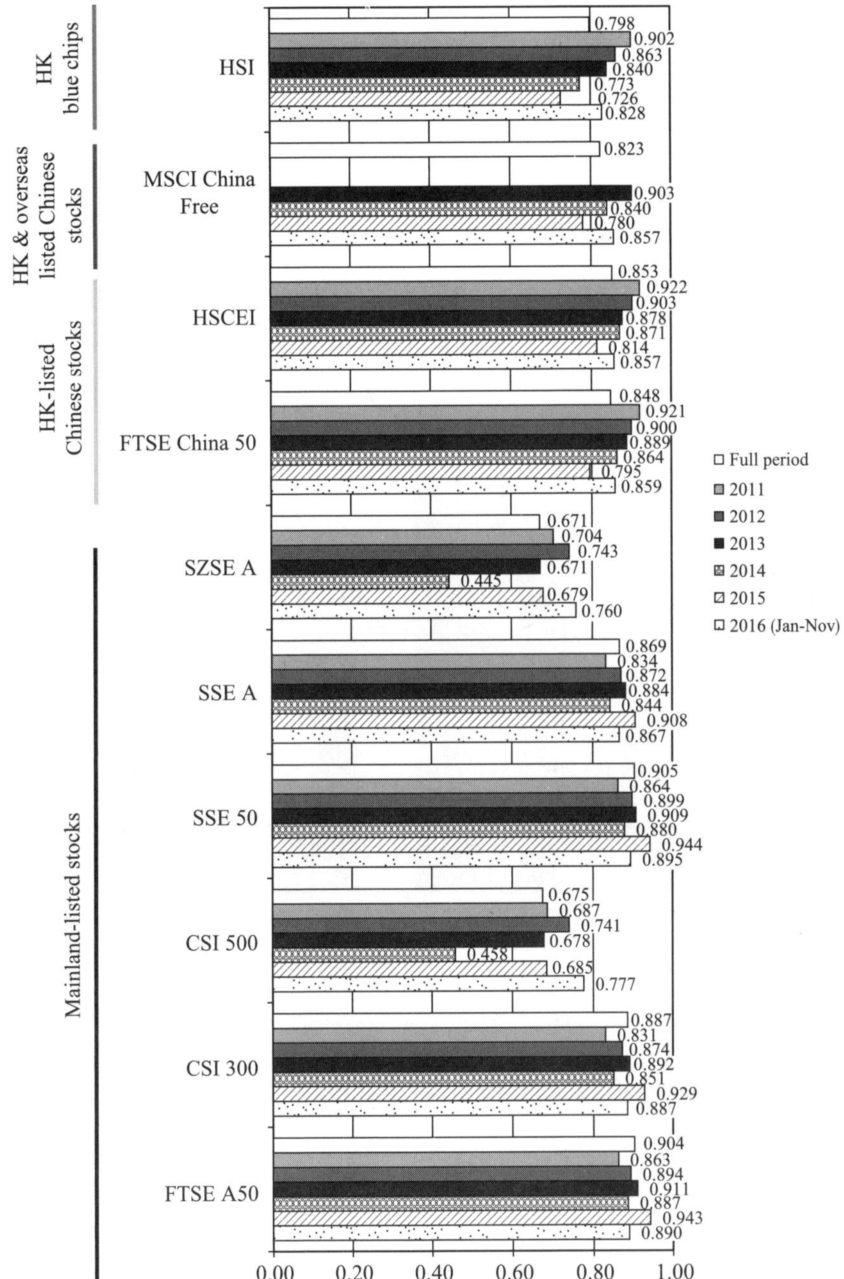

Figure 1-7 Correlation coefficients of daily returns of CES 120 Index with selected indices (Jan 2011 — Nov 2016)

Source: Analysis based on daily index closings from Thomson Reuters.

While being a good tracker of the A shares market, CES 120 had a dividend yield comparable to SSE 50 and higher than those of CSI 300, CSI 500 and FTSE A50 in 2015 and 2016 (see Figure 1-8). In addition, it performed in the mid-stream in terms of return and volatility in comparison with the traded indices in 2015 — a low negative return (–2.66%) and a volatility in between those of the other indices; and outperformed all these indices in 2016 — a positive, albeit low, return (0.17%) compared to negative returns of all other indices and the lowest volatility among all the indices (see Figure 1-9).

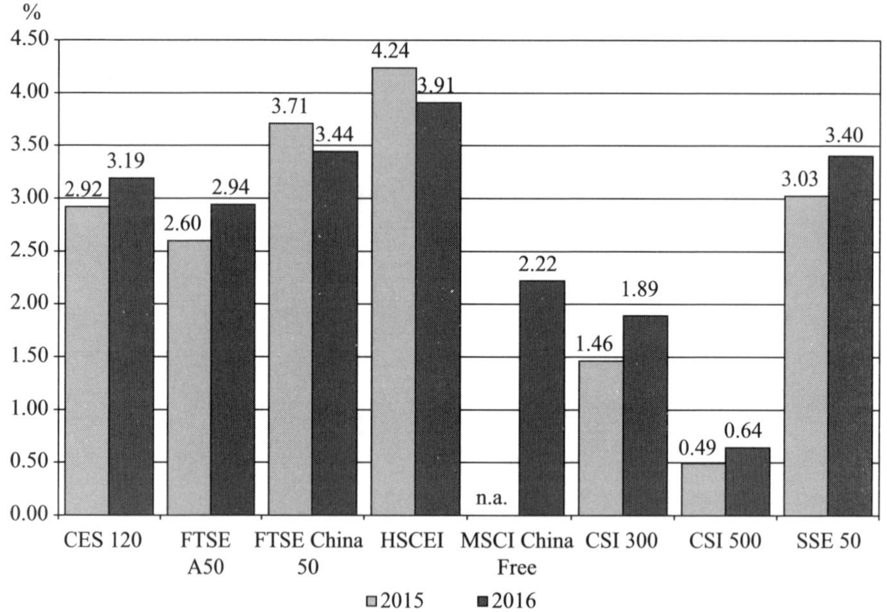

Figure 1-8 Dividend yields of CES 120 and other traded indices (2015 & 2016)

Note: Dividend yield of CES 120 for 2016 is as at 30 Sep 2016 (instead of as at year-end) from CESC website. Dividend yield of MSCI China Free Index for 2015 is not available.

Source: Thomson Reuters, CESC website, MSCI website.

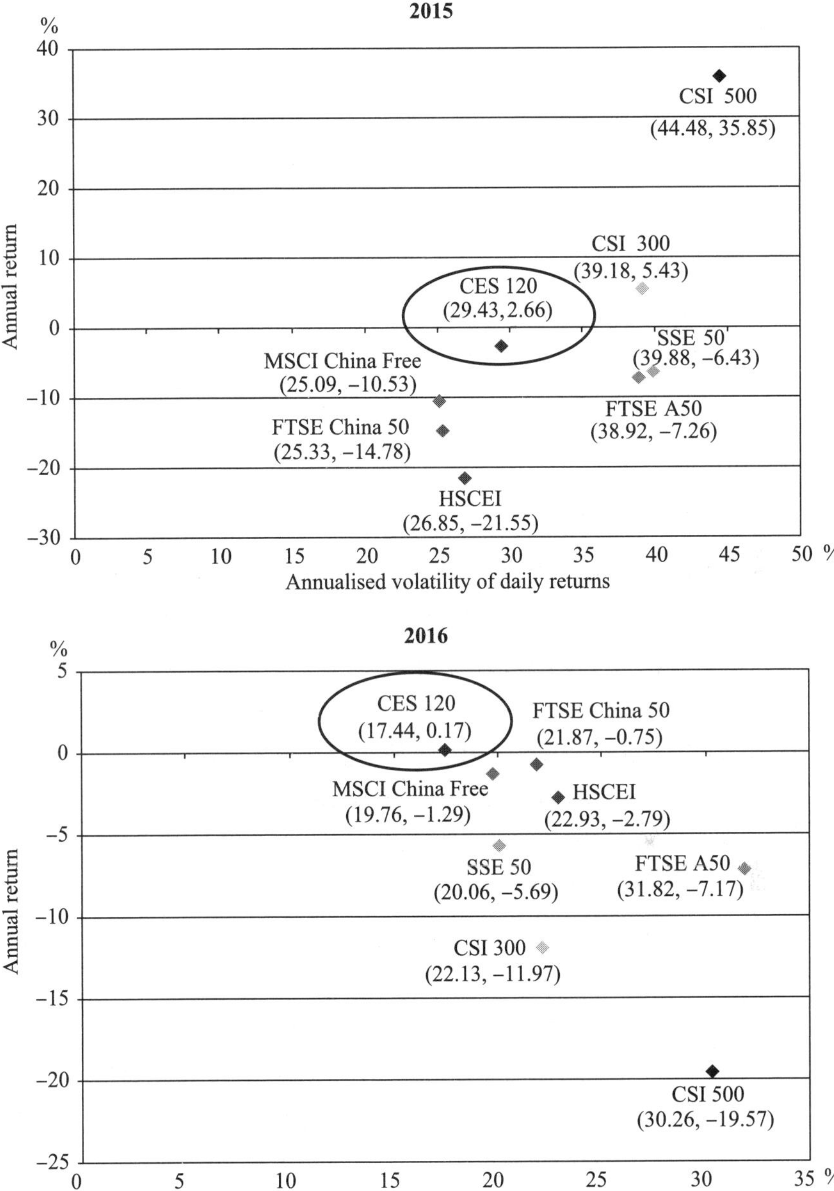

Figure 1-9 Annual return and annualised volatility of daily returns of CES 120 Index and other traded indices (2015 & 2016)

Note: Returns are calculated as natural logarithm returns.

Source: Calculation based on daily index closings from Thomson Reuters.

In summary, the analysis findings above reveal that CES 120 is an index which:

- Has a weighting composition by listing exchange closest to the corresponding composition of the eligible stocks under Stock Connect than other overseas traded indices;
- Comprises A shares and SEHK-listed stocks by stock type (H shares, red chips, P chips) comparable to that of Stock Connect eligible stocks;
- Has an inclusion, and a broad coverage, of constituents over the three exchanges of SEHK, SSE and SZSE among all Mainland and overseas traded indices;
- Has an industry composition closer to the Mainland cross-market big-cap index CSI 300 and a broader industry coverage than HSI of the Hong Kong market;
- Is highly correlated with the A-share indices; and
- Had outperformed other traded indices in terms of return and volatility in 2016 and a dividend yield comparable to the Mainland blue-chip index, SSE 50.

As a blue-chip Mutual Market index, the CES 120 may serve as the underlying of investment products offering exposure or risk management to stock investment in the Mainland-Hong Kong Mutual Market. Like the EURO STOXX 50 Index, Europe's leading cross-market blue-chip index for the Eurozone (see below), the CES 120 can become the leading cross-market blue chip index for the Mainland-Hong Kong Mutual Market.

The EURO STOXX 50 Index was introduced on 26 February 1998 by the index provider STOXX owned by Deutsche Börse (DB) to meet the birth of the Eurozone with the official launch of the euro on 1 January 1999. The goal of the index is "to provide a blue-chip representation of Supersector leaders in the Eurozone". It is made up of the 50 largest companies among the 19 supersectors in terms of free-float market capitalisation in 11 Eurozone countries — Austria, Belgium, Finland, France, Germany, Ireland, Italy, Luxembourg, the Netherlands, Portugal and Spain, which are the initial eleven member states of the European Union admitted into the Eurozone in 1999. The index captures about 60% of the free-float market capitalisation of the EURO STOXX Total Market Index (TMI), which in turn covers about 95% of the free-float market capitalisation of the represented countries①.

EURO STOXX 50 Index is licensed to financial institutions to serve as underlying for a range of investment products such as Exchange Traded Funds (ETFs), futures and options, and structured products worldwide. Eurex, an electronic marketplace operated by DB, introduced EURO STOXX 50 Index futures in June 1998. The futures contract is said to be the most liquid derivatives instrument in Europe, registering a yearly total turnover of 374 million contracts or an average daily volume of 1.46 million contracts on Eurex in 2016②.

Referencing the EURO STOXX 50 Index and its derivatives and structured products in serving the mutual European market, CES 120 Index and its derivatives and structured products can serve the same need for the Mainland-Hong Kong Mutual Market.

2. CES China 120 Index Futures — A useful tool for investment in A-shares and Mutual Market

The CES China 120 Index Futures (CES 120 Futures) contract was launched on 12 August 2013 on the Hong Kong Futures Exchange (HKFE), the HKEX's derivatives market. **It is the only futures contract in global markets based on an underlying index that tracks both A shares listed in the Mainland and Chinese stocks listed in Hong Kong.** Other China-related index futures traded outside Mainland China are based either on A shares only or overseas-listed Chinese stocks (mostly stocks in Hong Kong) (see Table 1-1 above). Among the other index futures, only SGX's FTSE A50 Futures contract offers exposure to Mainland A shares. Table 1-2 gives a brief comparison of CES 120 Futures with SGX's FTSE A50 Futures.

Table 1-2　Comparison of HKEX's CES 120 Futures and SGX's FTSE A50 Futures

Index	CES 120 Futures	FTSE A50 Futures
Underlying	Mainland A shares and Chinese stocks listed on SEHK (including H shares, red chips and P chips)	Mainland A shares

① Source: Eurex website and Wikipedia.

② Source: *EURO STOXX 50 Index Quanto Futures*, March 2016, Eurex website; *Eurex Monthly Short Statistics*, Dec 2016, Eurex website.

(*Continued*)

Index	CES 120 Futures	FTSE A50 Futures
Contract size	HK$50 per index point (~ HK$263,844 or US$34,014 as of 30 Nov 2016)	US$1 per index point (~ US$10,500 as of 30 Nov 2016)
Contract months	Spot, the next calendar month and the next two calendar quarter months	2 nearest serial months and Mar, Jun, Sep and Dec months on 1-year cycle
Block trade	Minimum 100 contracts	Minimum 50 lots
Position limit	300,000 contracts	15,000 contracts
Minimum tick (price fluctuation)	0.5 index point (HK$25 or ~ US$3)	2.5 index point (US$2.50)
Minimum tick to index	0.0095%	0.0237%
Margins	(Effective from 1 Dec 2016) Initial: HK$16,450 (~ US$2,121) Maintenance: HK$13,170 (~ US$1,698)	(As of 4 Nov 2016) Initial: US$495 Maintenance: US$450
Margin to notional value (%)	Initial: 6.23% Maintenance: 4.99% Total: 11.22%	Initial: 4.7% Maintenance: 4.3% Total: 9%
Exchange fee	HK$10 (discounted to HK$5 until 31 Dec 2017) (~ US$1.3, discounted to US$0.6)	US$0.80 (Clearing fee)
Exchange fee to notional value (%)	0.0038% (0.0019% at discounted fee)	0.0076%

Note: Calculations are based on index closings on 30 November 2016 — 5276.87 for CES 120 and 10537.38 for FTSE A50. Exchange rate used is US$1 = HK$7.757 as at end of November 2016 from Hong Kong Monetary Authority (HKMA) website.

Source: HKEX and SGX websites.

As analysed in the above section, the CES 120 Index has a composition that represents Mainland A shares and Hong Kong-listed Chinese stocks on the cross-border Mutual Market platform and has a performance highly correlated with the A shares market. With these characteristics, the CES 120 Futures can be **an effective**

risk management tool for investors to hedge their positions in the Mainland A shares market, including exchange traded funds (ETFs) based on the A-share indices of FTSE A50 and CSI 300, and in the Mutual Market through Stock Connect. It would also serve as a trading tool to offer investors simultaneous exposure to the Mainland and Hong Kong stock markets.

As an A-share hedging or exposure tool, CES 120 Futures would incur **a lower exchange fee** in trading than FTSE A50 Futures per contract notional value (see Table 1-2 above), albeit at somewhat higher margin costs. Given the higher position limit and the smaller tick size relative to the underlying index level in comparison with FTSE A50 Futures, CES 120 Futures can offer alternative cost-effective trading opportunities to gain investment exposure.

Moreover, CES 120 Futures would be a convenient and cost efficient offshore market tool for risk management of portfolio investment in the Mutual Market across Mainland China and Hong Kong. Investors with simultaneous exposure to Mainland A shares and Chinese stocks in Hong Kong may consider using CES 120 Futures to hedge their Mutual Market positions based on the relevance of the CES 120 to their portfolio holdings.

Appendix 1 Correlation of daily returns of CES China 120 Index and selected indices (Jan 2016 — Nov 2010)

Statistics are computed for indices with data from the first available date in the given period (See Table 1-A1).

Daily return = LN (current-day closing index / previous-day closing index).

Table 1-A1 First date of daily returns of CES China 120 Index and selected indices in the correlation analysis

Index	First date of daily return
CES 120	2011/01/03
FTSE A50	2011/01/04
CSI 300	2011/01/04
CSI 500	2011/01/04
SSE 50	2011/01/04
SSE A	2011/01/04
SZSE A	2011/01/04
FTSE China 50	2011/01/03
HSCEI	2011/01/03
MSCI China Free	2013/01/11
HSI	2011/01/03

(*Continued*)

Table 1-A2 Correlation of daily returns of CES China 120 Index and selected indices (Jan 2016 — Nov 2010): Pearson correlation coefficients

		Mainland-listed stocks						HK-listed Chinese Stocks		HK & overseas-listed Chinese stocks	HK key index
Period	Index	FTSE A50	CSI 300	CSI 500	SSE 50	SSE A	SZSE A	FTSE China 50	HSCEI	MSCI China Free	HSI
Full period	CES 120	0.904 (1,438)	0.887 (1,436)	0.675 (1,436)	0.905 (1,436)	0.869 (1,436)	0.671 (1,436)	0.848 (1,427)	0.853 (1,423)	0.823 (952)	0.798 (1,423)
	FTSE A50		0.939 (1,436)	0.663 (1,436)	0.993 (1,436)	0.910 (1,436)	0.658 (1,436)	0.590 (1,401)	0.613 (1,397)	0.588 (946)	0.519 (1,397)
	CSI 300			0.863 (1,436)	0.948 (1,436)	0.984 (1,436)	0.856 (1,436)	0.586 (1,398)	0.605 (1,394)	0.608 (943)	0.522 (1,394)
	CSI 500				0.682 (1,436)	0.885 (1,436)	0.988 (1,436)	0.470 (1,398)	0.480 (1,394)	0.507 (943)	0.428 (1,394)
	SSE 50					0.921 (1,436)	0.676 (1,436)	0.593 (1,398)	0.615 (1,394)	0.590 (943)	0.523 (1,394)
	SSE A						0.872 (1,436)	0.580 (1,398)	0.598 (1,394)	0.602 (943)	0.518 (1,394)
	SZSE A							0.468 (1,398)	0.476 (1,394)	0.501 (943)	0.427 (1,394)
	FTSE China 50								0.986 (1,456)	0.982 (958)	0.963 (1,456)
	HSCEI									0.962 (955)	0.944 (1,456)
	MSCI China Free										0.957 (955)
2011	CES 120	0.863 (244)	0.831 (244)	0.687 (244)	0.864 (244)	0.834 (244)	0.704 (244)	0.921 (247)	0.922 (246)	. (0)	0.902 (246)
	FTSE A50		0.963 (244)	0.800 (244)	0.995 (244)	0.955 (244)	0.825 (244)	0.622 (237)	0.629 (236)	. (0)	0.598 (236)
	CSI 300			0.916 (244)	0.965 (244)	0.990 (244)	0.934 (244)	0.579 (237)	0.587 (236)	. (0)	0.559 (236)
	CSI 500				0.803 (244)	0.922 (244)	0.990 (244)	0.460 (237)	0.470 (236)	. (0)	0.445 (236)
	SSE 50					0.957 (244)	0.825 (244)	0.624 (237)	0.631 (236)	. (0)	0.602 (236)
	SSE A						0.931 (244)	0.592 (237)	0.598 (236)	. (0)	0.573 (236)

Note: Number of cases is in brackets. All coefficients are statistically significant at 0.1% level.

(*Continued*)

		Mainland-listed stocks						HK-listed Chinese Stocks		HK & overseas-listed Chinese stocks	HK key index
Period	Index	FTSE A50	CSI 300	CSI 500	SSE 50	SSE A	SZSE A	FTSE China 50	HSCEI	MSCI China Free	HSI
2011	SZSE A							0.471 (237)	0.481 (236)	. (0)	0.454 (236)
	FTSE China 50								0.993 (246)	. (0)	0.974 (246)
	HSCEI									. (0)	0.970 (246)
	MSCI China Free										. (0)
2012	CES 120	0.894 (243)	0.874 (243)	0.741 (243)	0.899 (243)	0.872 (243)	0.743 (243)	0.900 (247)	0.903 (247)	. (0)	0.863 (247)
	FTSE A50		0.968 (243)	0.827 (243)	0.991 (243)	0.962 (243)	0.833 (243)	0.642 (237)	0.660 (237)	. (0)	0.588 (237)
	CSI 300			0.925 (243)	0.975 (243)	0.990 (243)	0.930 (243)	0.606 (237)	0.624 (237)	. (0)	0.550 (237)
	CSI 500				0.841 (243)	0.928 (243)	0.991 (243)	0.486 (237)	0.502 (237)	. (0)	0.432 (237)
	SSE 50					0.973 (243)	0.842 (243)	0.649 (237)	0.668 (237)	. (0)	0.594 (237)
	SSE A						0.924 (243)	0.614 (237)	0.631 (237)	. (0)	0.557 (237)
	SZSE A							0.487 (237)	0.500 (237)	. (0)	0.436 (237)
	FTSE China 50								0.987 (247)	. (0)	0.962 (247)
	HSCEI									. (0)	0.951 (247)
	MSCI China Free										. (0)
2013	CES 120	0.911 (238)	0.892 (238)	0.678 (238)	0.909 (238)	0.884 (238)	0.671 (238)	0.889 (233)	0.878 (232)	0.903 (234)	0.840 (232)
	FTSE A50		0.958 (238)	0.691 (238)	0.995 (238)	0.941 (238)	0.680 (238)	0.683 (231)	0.682 (230)	0.683 (232)	0.611 (230)

Note: Number of cases is in brackets. All coefficients are statistically significant at 0.1% level.

(*Continued*)

		Mainland-listed stocks						HK-listed Chinese Stocks		HK & overseas-listed Chinese stocks	HK key index
Period	Index	FTSE A50	CSI 300	CSI 500	SSE 50	SSE A	SZSE A	FTSE China 50	HSCEI	MSCI China Free	HSI
2013	CSI 300			0.853 (238)	0.963 (238)	0.986 (238)	0.842 (238)	0.668 (231)	0.668 (230)	0.680 (232)	0.609 (230)
	CSI 500				0.705 (238)	0.862 (238)	0.986 (238)	0.513 (231)	0.516 (230)	0.546 (232)	0.485 (230)
	SSE 50					0.946 (238)	0.692 (238)	0.681 (231)	0.680 (230)	0.681 (232)	0.611 (230)
	SSE A						0.840 (238)	0.665 (231)	0.667 (230)	0.677 (232)	0.610 (230)
	SZSE A							0.512 (231)	0.513 (230)	0.543 (232)	0.485 (230)
	FTSE China 50								0.988 (244)	0.986 (237)	0.960 (244)
	HSCEI									0.977 (236)	0.946 (244)
	MSCI China Free										0.964 (236)
2014	CES 120	0.887 (245)	0.851 (245)	0.458 (245)	0.880 (245)	0.844 (245)	0.445 (245)	0.864 (238)	0.871 (238)	0.840 (245)	0.773 (238)
	FTSE A50		0.938 (245)	0.454 (245)	0.993 (245)	0.911 (245)	0.454 (245)	0.580 (238)	0.628 (238)	0.539 (245)	0.462 (238)
	CSI 300			0.707 (245)	0.947 (245)	0.973 (245)	0.700 (245)	0.563 (238)	0.599 (238)	0.533 (245)	0.446 (238)
	CSI 500				0.479 (245)	0.725 (245)	0.981 (245)	0.337 (238)	0.323 (238)	0.346 (245)	0.278 (238)
	SSE 50					0.918 (245)	0.476 (245)	0.573 (238)	0.619 (238)	0.530 (245)	0.448 (238)
	SSE A						0.707 (245)	0.585 (238)	0.619 (238)	0.557 (245)	0.474 (238)
	SZSE A							0.316 (238)	0.304 (238)	0.330 (245)	0.260 (238)
	FTSE China 50								0.969 (247)	0.980 (247)	0.928 (247)
	HSCEI									0.942 (247)	0.871 (247)

Note: Number of cases is in brackets. All coefficients are statistically significant at 0.1% level.

(*Continued*)

		Mainland-listed stocks						HK-listed Chinese Stocks		HK & overseas-listed Chinese stocks	HK key index
Period	Index	FTSE A50	CSI 300	CSI 500	SSE 50	SSE A	SZSE A	FTSE China 50	HSCEI	MSCI China Free	HSI
2014	MSCI China Free										0.954 (247)
2015	CES 120	0.943 (244)	0.929 (244)	0.685 (244)	0.944 (244)	0.908 (244)	0.679 (244)	0.795 (237)	0.814 (237)	0.780 (244)	0.726 (237)
	FTSE A50		0.928 (244)	0.614 (244)	0.994 (244)	0.902 (244)	0.606 (244)	0.609 (237)	0.646 (237)	0.587 (244)	0.517 (237)
	CSI 300			0.848 (244)	0.936 (244)	0.986 (244)	0.838 (244)	0.635 (237)	0.667 (237)	0.627 (244)	0.553 (237)
	CSI 500				0.632 (244)	0.880 (244)	0.988 (244)	0.532 (237)	0.554 (237)	0.544 (244)	0.479 (237)
	SSE 50					0.909 (244)	0.624 (244)	0.612 (237)	0.650 (237)	0.591 (244)	0.522 (237)
	SSE A						0.865 (244)	0.632 (237)	0.663 (237)	0.625 (244)	0.549 (237)
	SZSE A							0.534 (237)	0.553 (237)	0.545 (244)	0.484 (237)
	FTSE China 50								0.982 (247)	0.990 (247)	0.960 (247)
	HSCEI									0.967 (247)	0.922 (247)
	MSCI China Free										0.959 (247)
2016 Jan - Nov	CES 120	0.890 (224)	0.887 (222)	0.777 (222)	0.895 (222)	0.867 (222)	0.760 (222)	0.859 (225)	0.857 (223)	0.857 (229)	0.828 (223)
	FTSE A50		0.946 (222)	0.792 (222)	0.988 (222)	0.920 (222)	0.773 (222)	0.574 (221)	0.592 (219)	0.587 (225)	0.525 (219)
	CSI 300			0.933 (222)	0.957 (222)	0.991 (222)	0.920 (222)	0.573 (218)	0.585 (216)	0.589 (222)	0.516 (216)
	CSI 500				0.804 (222)	0.959 (222)	0.994 (222)	0.515 (218)	0.517 (216)	0.530 (222)	0.456 (216)
	SSE 50					0.932 (222)	0.785 (222)	0.573 (218)	0.591 (216)	0.585 (222)	0.525 (216)

Note: Number of cases is in brackets. All coefficients are statistically significant at 0.1% level.

(*Continued*)

		Mainland-listed stocks						**HK-listed Chinese Stocks**		**HK & overseas-listed Chinese stocks**	**HK key index**
Period	Index	FTSE A50	CSI 300	CSI 500	SSE 50	SSE A	SZSE A	FTSE China 50	HSCEI	MSCI China Free	HSI
2016 Jan - Nov	SSE A						0.945 (222)	0.564 (218)	0.573 (216)	0.577 (222)	0.505 (216)
	SZSE A							0.500 (218)	0.502 (216)	0.514 (222)	0.443 (216)
	FTSE China 50								0.991 (225)	0.973 (227)	0.979 (225)
	HSCEI									0.960 (225)	0.965 (225)
	MSCI China Free										0.956 (225)

Note: Number of cases is in brackets. All coefficients are statistically significant at 0.1% level.

Appendix 2 List of constituents of CES China 120 Index (as of 30 Nov 2016)

Table 1-A3 List of constituents of CES China 120 Index (as of 30 Nov 2016)

No.	Constituent code	Constituent name	Listing exchange	Stock type	Weight (%)
1	135	Kunlun Energy Company Limited	SEHK	Red Chip	0.16
2	144	China Merchants Port Holdings Company Limited	SEHK	Red Chip	0.22
3	151	Want Want China Holdings Limited	SEHK	Others	0.34
4	267	CITIC Limited	SEHK	Red Chip	0.62
5	270	Guangdong Investment Limited	SEHK	Red Chip	0.30
6	322	Tingyi (Cayman Islands) Holding Corp.	SEHK	Others	0.18
7	384	China Gas Holdings Limited	SEHK	P chip	0.18
8	386	China Petroleum & Chemical Corp.	SEHK	H Shares	1.23
9	392	Beijing Enterprises Holdings Limited	SEHK	Red Chip	0.16
10	656	Fosun International Limited	SEHK	P chip	0.26
11	688	China Overseas Land & Investment Limited	SEHK	Red Chip	0.87
12	700	Tencent Holdings Limited	SEHK	P chip	9.72
13	728	China Telecom Corporation Limited	SEHK	H Shares	0.46
14	762	China Unicom (Hong Kong) Limited	SEHK	Red Chip	0.60
15	836	China Resources Power Holdings Co. Limited	SEHK	Red Chip	0.22
16	857	PetroChina Company Limited	SEHK	H Shares	0.99
17	883	CNOOC Limited	SEHK	Red Chip	1.55
18	939	China Construction Bank Corporation	SEHK	H Shares	4.94
19	941	China Mobile Limited	SEHK	Red Chip	4.62
20	960	Longfor Properties Co. Limited	SEHK	P chip	0.15
21	966	China Taiping Insurance Holdings Co. Limited	SEHK	Red Chip	0.28
22	992	Lenovo Group Limited	SEHK	Red Chip	0.33
23	998	China CITIC Bank Corporation Limited	SEHK	H Shares	0.40
24	1044	Hengan International Group Co. Limited	SEHK	P chip	0.47

(*Continued*)

No.	Constituent code	Constituent name	Listing exchange	Stock type	Weight (%)
25	1109	China Resources Land Limited	SEHK	Red Chip	0.46
26	1288	Agricultural Bank Of China Limited	SEHK	H Shares	0.71
27	1398	Industrial and Commercial Bank of China Limited	SEHK	H Shares	3.66
28	1880	Belle International Holdings Limited	SEHK	Others	0.20
29	2007	Country Garden Holdings Company Limited	SEHK	P chip	0.35
30	2318	Ping An Insurance (Group) Co. of China Limited.	SEHK	H Shares	1.99
31	2319	China Mengniu Dairy Company Limited	SEHK	Red Chip	0.39
32	2328	PICC Property & Casualty Co., Limited	SEHK	H Shares	0.53
33	2601	China Pacific Insurance (Group) Co., Limited	SEHK	H Shares	0.74
34	2628	China Life Insurance Company Limited	SEHK	H Shares	1.49
35	3328	Bank of Communications Co., Limited	SEHK	H Shares	0.56
36	3333	China Evergrande Group	SEHK	P chip	0.19
37	3799	Dali Foods Group Company Limited	SEHK	P chip	0.08
38	3968	China Merchants Bank Co., Limited	SEHK	H Shares	0.78
39	3988	Bank of China	SEHK	H Shares	2.62
40	6808	Sun Art Retail Group Limited	SEHK	Others	0.17
41	600000	Shanghai Pudong Development Bank Co., Ltd.	SSE	A shares	1.49
42	600011	Huaneng Power International Inc.	SSE	A shares	0.32
43	600015	Hua Xia Bank Co Ltd	SSE	A shares	0.62
44	600016	China Minsheng Banking Co., Ltd.	SSE	A shares	2.25
45	600018	Shanghai International Port (Group) Co., Ltd.	SSE	A shares	0.17
46	600019	Baoshan Iron &Steel Co., Ltd.	SSE	A shares	0.32
47	600023	Zhejiang Zheneng Electric Power Co., Ltd.	SSE	A shares	0.23
48	600028	China Petroleum & Chemical Corporation	SSE	A shares	0.54
49	600030	CITIC Securities Co., Ltd.	SSE	A shares	1.40
50	600036	China Merchants Bank Co., Ltd.	SSE	A shares	1.92
51	600048	Poly Real Estate Group Co., Ltd.	SSE	A shares	0.70

(*Continued*)

No.	Constituent code	Constituent name	Listing exchange	Stock type	Weight (%)
52	600050	China United Network Communications Co., Ltd.	SSE	A shares	0.57
53	600104	SAIC Motor Co., Ltd.	SSE	A shares	0.84
54	600276	Jiangsu Hengrui Medicine Co., Ltd.	SSE	A shares	0.66
55	600485	Beijing Xinwei Telecom Technology Group Co., Ltd.	SSE	A shares	0.20
56	600519	Kweichow Moutai Co., Ltd.	SSE	A shares	1.60
57	600585	Anhui Conch Cement Co., Ltd.	SSE	A shares	0.36
58	600606	Greenland Holdings Corporation Limited	SSE	A shares	0.04
59	600637	Shanghai Oriental Pearl Media Co., Ltd.	SSE	A shares	0.33
60	600690	Qingdao Haier Co., Ltd.	SSE	A shares	0.33
61	600795	GD Power Development Co., Ltd.	SSE	A shares	0.39
62	600837	Haitong Securities Company Limited	SSE	A shares	1.36
63	600871	Sinopec Oilfield Service Corporation	SSE	A shares	0.07
64	600887	Inner Mongolia Yili Industrial Group Co., Ltd.	SSE	A shares	1.20
65	600893	Avic Aviation Engine Corporation Plc.	SSE	A shares	0.27
66	600900	China Yangtze Power Co., Ltd.	SSE	A shares	0.88
67	600958	Orient Securities Company Limited	SSE	A shares	0.45
68	600999	China Merchants Securities Co., Ltd.	SSE	A shares	0.55
69	601006	Daqin Railway Co., Ltd.	SSE	A shares	0.44
70	601088	China Shenhua Energy Co., Ltd.	SSE	A shares	0.34
71	601166	Industrial Bank	SSE	A shares	2.25
72	601169	Bank of Beijing Co., Ltd.	SSE	A shares	1.23
73	601186	China Railway Construction Co., Ltd.	SSE	A shares	0.43
74	601211	Guotai Junan Securities Co., Ltd.	SSE	A shares	0.30
75	601288	Agricultural Bank of China Co., Ltd.	SSE	A shares	1.23
76	601318	Ping An Insurance (Group) Company of China Ltd	SSE	A shares	3.94
77	601328	Bank of Communications Co., Ltd.	SSE	A shares	1.61
78	601336	New China Life Insurance Co., Ltd.	SSE	A shares	0.39
79	601390	China Railway Group Limited	SSE	A shares	0.55
80	601398	Industrial and Commercial Bank of Co., Ltd.	SSE	A shares	1.10
81	601601	China Pacific Insurance (Group) Co., Ltd.	SSE	A shares	0.95

(*Continued*)

No.	Constituent code	Constituent name	Listing exchange	Stock type	Weight (%)
82	601628	China Life Insurance Company Limited	SSE	A shares	0.43
83	601633	Great Wall Motor Co., Ltd.	SSE	A shares	0.13
84	601668	China State Construction Engineering Co., Ltd.	SSE	A shares	1.65
85	601669	Power Construction Corporation of China,Ltd.	SSE	A shares	0.33
86	601688	Huatai Securities Co., Ltd.	SSE	A shares	0.65
87	601727	Shanghai Electric Group Co., Ltd.	SSE	A shares	0.26
88	601766	CRRC Corporation Limited	SSE	A shares	1.10
89	601788	Everbright Securities Co., Ltd.	SSE	A shares	0.21
90	601800	China Communications Construction Company Limited	SSE	A shares	0.25
91	601818	China Everbright Bank Co., Ltd.	SSE	A shares	0.65
92	601857	PetroChina Co., Ltd.	SSE	A shares	0.37
93	601898	China Coal Energy Co., Ltd.	SSE	A shares	0.11
94	601901	Founder Securities Co., Ltd.	SSE	A shares	0.35
95	601985	China National Nuclear Power Co.,Ltd.	SSE	A shares	0.34
96	601988	Bank of China Ltd.	SSE	A shares	0.74
97	601989	China Shipbuilding Industry Co., Ltd.	SSE	A shares	0.66
98	601998	China Citic Bank Corporation Limited	SSE	A shares	0.21
99	1	Ping An Bank Co., Ltd.	SZSE	A shares	0.66
100	2	China Vanke Co., Ltd.	SZSE	A shares	2.10
101	69	Shenzhen Overseas Chinese Town Co., Ltd.	SZSE	A shares	0.24
102	166	Shenwan Hongyuan Group Co., Ltd.	SZSE	A shares	0.42
103	333	Midea Group Co., Ltd.	SZSE	A shares	0.97
104	538	Yunnan Baiyao Group Co., Ltd.	SZSE	A shares	0.36
105	625	Chongqing Changan Automobile Co., Ltd.	SZSE	A shares	0.37
106	651	Gree Electric Appliances,Inc. of Zhuhai	SZSE	A shares	1.37
107	725	BOE Technology Group Co., Ltd.	SZSE	A shares	0.69
108	776	GF Securities Co., Ltd.	SZSE	A shares	0.58
109	858	Wuliangye Yibin Co., Ltd.	SZSE	A shares	0.68
110	895	Henan Shuanghui Investment & Development Co., Ltd.	SZSE	A shares	0.22
111	1979	China Merchants Shekou Industrial Zone Holdings Co., Ltd.	SZSE	A shares	0.46

(*Continued*)

No.	Constituent code	Constituent name	Listing exchange	Stock type	Weight (%)
112	2024	Suning Commerce Group Co., Ltd.	SZSE	A shares	0.44
113	2252	Shanghai RAAS Blood Products Co., Ltd.	SZSE	A shares	0.21
114	2304	Jiangsu Yanghe Brewery Joint-Stock Co., Ltd.	SZSE	A shares	0.43
115	2415	Hangzhou Hikvision Digital Technology Co., Ltd.	SZSE	A shares	0.46
116	2594	BYD Co., Ltd.	SZSE	A shares	0.30
117	2736	Guosen Securities Co., Ltd.	SZSE	A shares	0.44
118	2739	Wanda Cinema Line Co., Ltd.	SZSE	A shares	0.31
119	300059	East Money Information Co., Ltd.	SZSE	A shares	0.46
120	300104	Leshi Internet Information & Technology Corp. Beijing	SZSE	A shares	0.38

Note: H shares are issued by companies incorporated in Mainland China and are listed on HKEX; red chips are shares issued by Mainland enterprises incorporated outside Mainland China and controlled by Mainland government entities through direct or indirect shareholding and/or representation on the company's board and are listed on HKEX; P chips are shares issued by privately controlled Mainland enterprises incorporated outside Mainland China and are listed on HKEX.

Source: CESC website.

02

Shanghai and Shenzhen Stock Connect

A "mutual market" for Mainland and global investors

March 2017

Summary

The Shanghai-Hong Kong Stock Connect ("Shanghai Connect"), the first initiative under the Mutual Market Access pilot programme (the "Pilot Programme") between Mainland China and Hong Kong launched on 17 November 2014, offers a brand new official channel for overseas investors to invest in the Mainland stock market and for Mainland investors to invest in the Hong Kong stock market. The channel enables closed-loop Renminbi funds flow across the border in an orderly manner, thereby reducing the potential financial risk impact on the Mainland domestic market. The extended initiative — Shenzhen-Hong Kong Stock Connect ("Shenzhen Connect"), with an expanded scope of eligible securities — was already launched on 5 December 2016. The "Mutual Market" model across Shanghai, Shenzhen and Hong Kong has been basically formed. The Mutual Market model between Mainland China and Hong Kong is a symbolic breakthrough in the capital account opening process of Mainland China, under which global investment opportunities will be increasingly opened up to Mainland investors and more Mainland investment opportunities will be opened up to global investors.

Experience of the Shanghai Connect shows that Mainland investors have an increasing appetite for investment in Hong Kong stocks through Southbound trading. Their investment is not limited to large-cap blue chips but also in smaller-sized stocks in various industries. In Northbound trading, global investors also have an increasing interest in smaller-sized Mainland stocks of diversified industries. The Shenzhen Connect covers more small-sized stocks to meet the needs of both Mainland and global investors. Regulators on both sides had reached consensus on extending the Mutual Market Access scheme to cover exchange-traded funds (ETFs), for which specific schedule will be separately announced. Subject to regulatory approval, the scheme can possibly be extended to bonds and other securities, commodities and derivative products in the future. Through Southbound trading under the "Mutual Market" model, Mainland investors are open to global asset allocation opportunities for potentially better returns and an increasingly diversified scope of investment and risk management instruments than in the domestic market. Trading experience in an international market would also help nurture the maturity of Mainland investors, especially the retail investors.

With increasing cross-border investment activities, there will likely be increasing demand for the inclusion in the Mutual Market model of related cross-border portfolio hedging tools such as RMB equity derivatives, RMB interest rate and currency derivatives.

The Stock Connect pilot programme — unprecedented connectivity with the Mainland stock market towards a "Mutual Market"

The Mutual Market Access pilot programme (the "Pilot Programme"), launched in November 2014 with initially the Shanghai-Hong Kong Stock Connect (Shanghai Connect), is an unprecedented mechanism that connects stock trading, albeit within a confined scope, between the Mainland stock market and an overseas market. Following successful and smooth operation of the Shanghai Connect, the Shenzhen-Hong Kong Stock Connect (Shenzhen Connect) was subsequently launched in December 2016. Hereinafter, Shanghai Connect and Shenzhen Connect are collectively referred to as the "Stock Connect" scheme.

The Stock Connect scheme is in fact a milestone step in the capital account opening of Mainland China. With daily quota imposed and a closed loop of cross-border funds flow, it allows cross-border capital investment activities to take place and develop in an orderly way with close monitoring, thereby reducing the potential financial risk impact onto the Mainland domestic stock market. The programme is scalable in size, scope and market segments to match with the pace of the opening of the Mainland market as it further develops. The vision is to establish a "Mutual Market" of Mainland China and Hong Kong for Mainland and global investors.

Sub-sections below give a brief on the two Stock Connect schemes. The following parts present the hitherto performance since the launch of Stock Connect and discuss the opportunities that the "Mutual Market" model offers.

1. Shanghai Connect

The pilot programme for the establishment of mutual stock market access between Mainland China and Hong Kong — Shanghai Connect — was jointly announced by the China Securities Regulatory Commission (CSRC) and the Hong Kong Securities and Futures Commission (SFC) in April 2014. Mutual order-routing connectivity and related technical infrastructure (Trading Links) were built by the Stock Exchange of Hong Kong Limited (SEHK), a wholly-owned subsidiary of HKEX, and the Shanghai Stock Exchange (SSE). Correspondingly the clearing and settlement infrastructure (Clearing Links) was established by the Hong Kong Securities Clearing Company Ltd (HKSCC), also a wholly-owned subsidiary of HKEX, and the securities clearing house in Mainland China — China Securities Depository and Clearing Corporation Ltd (ChinaClear). After several months' market preparation and system testing, the Shanghai Connect was formally launched on 17 November 2014. The theme of the programme is to enable Hong Kong and overseas investors to trade SSE-listed securities in the Mainland market (SH Northbound Trading) and Mainland investors to trade SEHK-listed securities in the Hong Kong market (SH Southbound Trading), within the eligible scope of the programme.

In the initial phase, **eligible securities in SH Northbound Trading** comprise SSE-listed A shares (the SSE-listed "Northbound stocks") which are:

- Constituent stocks of the SSE 180 Index and SSE 380 Index; or otherwise

- A shares which have corresponding H shares listed on SEHK;

except those which are not traded in Renminbi (RMB) and those under risk alert①.

Eligible securities in SH Southbound Trading comprise SEHK-listed shares on the Main Board (the SEHK-listed "Southbound stocks") which are:

- Constituent stocks of the Hang Seng Composite LargeCap Index (HSLI); or
- Constituent stocks of the Hang Seng Composite MidCap Index (HSMI); or otherwise
- H shares which have corresponding A shares listed on the SSE;

except those which are not traded in Hong Kong dollar (HKD) and H shares which have the corresponding SSE-listed A shares put under risk alert;

Among the Northbound stocks, the SSE 180 Index constituents are the most representative 180 A shares on the SSE while the SSE 380 Index constituents are the 380 stocks with modest scale, representing the segment of emerging blue chips outside the SSE 180 Index on the SSE②. The Northbound stocks in SSE 180 Index are therefore considered "large-cap" stocks in parallel with the Southbound HSLI stocks and the Northbound stocks in SSE 380 Index are considered "mid-cap" stocks in parallel with the Southbound HSMI stocks.

Within the eligible scope of securities, there were 715 SSE-listed Northbound stocks as at the end of February 2017 (including 139 stocks eligible for sell only③) and 317 SEHK-listed Southbound stocks④.

In respect of **investor eligibility**, all Hong Kong and overseas investors are allowed to participate in Northbound trading while only Mainland institutional investors and those individual investors who hold an aggregate balance of not less than RMB 500,000 in their securities and cash accounts are allowed to participate in Southbound trading.

---

① Shares which are placed under "risk alert" by SSE, including shares of "ST companies" and "*ST companies" and shares subject to the delisting process under the SSE rules.

② Source: SSE website.

③ Originally eligible SSE-listed stocks which subsequently cease to be eligible according to the set criteria.

④ Source: HKEX and SSE websites, viewed on 28 February 2017.

In Northbound trading, investors in Hong Kong will trade through Hong Kong brokers and trades are executed on the SSE platform. In Southbound trading, Mainland investors will trade through Mainland brokers and trades are executed on the SEHK platform. Northbound trading and Southbound trading follow the market practices of their respective trade execution platforms. In particular, day trading is not allowed for Mainland A shares market while being permissible in the Hong Kong market. Notably, Northbound SSE stocks are traded and settled in RMB only and Southbound SEHK stocks are traded in HKD and settled by the Mainland investors with ChinaClear or its clearing participants in RMB.

Trading under the Shanghai Connect is subject to investment quota, initially with an Aggregate Quota on the maximum cross-border investment value and a Daily Quota. The Aggregate Quota was set at RMB 300 billion for Northbound trading and RMB 250 billion for Southbound trading. This Aggregate Quota was subsequently abolished on the announcement date (16 August 2016) of the Shenzhen Connect. The Daily Quota, which is currently still applicable, limits the maximum net buy value to RMB 13 billion for Northbound stocks and RMB 10.5 billion (~HKD 11.7 billion as at end-2016) for Southbound stocks.

Since the launch of Shanghai Connect in November 2014, investor interest in Northbound and Southbound trading fluctuated over time. Since launch, Northbound trading was more active than Southbound trading for most of the time. However, the trend since late 2015 shows that Southbound trading value has picked up and surpassed Northbound trading. Northbound trading in December 2016 increased significantly upon the launch of Shenzhen Connect. Data showed that nearly 30% of Northbound trading in the month accrued to Shenzhen Connect. (See the next part for details).

2. Shenzhen Connect

On 16 August 2016, the CSRC and the SFC jointly announced the establishment of the Shenzhen Connect — the mutual stock market access between Shenzhen and Hong Kong. This is an extended version of the Mutual Market Access pilot programme between Mainland China and Hong Kong on the foundation of the Shanghai Connect which has been running successfully since launch. The Shenzhen Connect will be established by the Shenzhen Stock Exchange (SZSE), SEHK, ChinaClear and HKSCC in a similar way as for the Shanghai Connect. This was subsequently launched on 5 December 2016. With this in place, the Pilot Programme now comprises the following Trading Links:

Figure 2-1 Mutual stock market access pilot programme

Northbound eligible securities under the Shenzhen Connect comprise the following:

- All constituent stocks of the SZSE Component Index (SZCI) and of the SZSE Small/Mid Cap Innovation Index (SZII) which have a market capitalisation of RMB 6 billion or above; and
- All SZSE-listed A shares of companies which have corresponding H shares listed on SEHK;

except those which are not traded in RMB and those under risk alert①.

On top of Southbound eligible securities of the Shanghai Connect, the scope of **Southbound eligible securities** under the Shenzhen Connect is expanded to include the following:

- All constituent stocks of the Hang Seng Composite SmallCap Index (HSSI) which has a market capitalisation of HK$5 billion or above; and

① Shares which are placed under "risk alert" by SZSE including shares of "ST companies and "*ST companies" and shares subject to the delisting process under the SZSE rules.

- All SEHK-listed H shares of companies which have corresponding A shares listed on the SZSE;

except those which are not traded in HKD and H shares which have the corresponding A shares put under risk alert.

While Mainland eligible investors for Southbound trading under Shenzhen Connect are the same as that under Shanghai Connect, eligible investors for Northbound trading of shares listed on the ChiNext board of SZSE are confined, at the initial stage, to institutional professional investors as defined in the relevant Hong Kong rules and regulations①.

The same daily quota as for the Shanghai Connect is applied to the Shenzhen Connect and aggregate quota is no longer applicable.

Table 2-1 summarises the common and different key features for the Shanghai and Shenzhen Connect schemes.

Table 2-1 Key features of Shanghai Connect and Shenzhen Connect

Feature	Shanghai Connect	Shenzhen Connect
Northbound eligible securities	• Constituents of the SSE 180 Index and SSE 380 Index • SSE-listed A shares which have corresponding H shares listed on SEHK	• Constituent stocks of the SZSE Component Index and of the SZSE Small/Mid Cap Innovation Index which have a market capitalisation of RMB 6 billion or above • SZSE-listed A shares of companies which have corresponding H shares listed on SEHK
Northbound eligible securities	• Excluding risk alert stocks and stocks not traded in RMB	
	• 576 eligible stocks for buy and sell (as of 28 Feb 2017)	• 904 eligible stocks for buy and sell (as of 28 Feb 2017)
Southbound eligible securities	• Constituents of the Hang Seng Composite LargeCap Index (HSLI) • Constituents of the Hang Seng Composite MidCap Index (HSMI)	
	• H shares which have corresponding A shares listed on the SSE	• Constituents of the Hang Seng Composite SmallCap Index (HSSI) which has a market capitalisation of HK$5 billion or above • H shares which have corresponding A shares listed on the SSE or the SZSE

① See the definition of "Institutional Professional Investor" in the Securities and Futures (Professional Investor) Rules under the Securities and Futures Ordinance.

(*Continued*)

Feature	Shanghai Connect	Shenzhen Connect
	• Excluding H shares where the respective A shares are risk alert stocks and stocks not traded in HKD	
	• 317 stocks (as of 28 Feb 2017)	• 417 stocks (100 on top of Shanghai Connect Southbound stocks) (as of 28 Feb 2017)
Northbound eligible investors	• All Hong Kong and overseas investors (individuals and institutions)	• ChiNext eligible stocks are initially open only to institutional professional investors • All Hong Kong and overseas investors (individuals and institutions) for other eligible stocks
Southbound eligible investors	• Mainland institutional investors, and individual investors with an aggregate balance of ≥RMB 500,000 in their securities and cash accounts	
Daily quota	• Northbound: RMB 13 billion • Southbound: RMB 10.5 billion	
Aggregate quota	• Nil	
Northbound trading, clearing and settlement	• Following SSE and ChinaClear Shanghai market practice	• Following SZSE and ChinaClear Shenzhen market practice
Southbound trading, clearing and settlement	• Following SEHK and HKSCC market practice	

Hitherto performance of Stock Connect (Up to end-2016)

1. Overall Northbound and Southbound trading

Both Northbound and Southbound trading value have fluctuated over time, along with changes in market sentiment.

Yet, the average daily trading value (ADT) of Northbound trading has maintained a relatively steady level between 1% and 1.6% of the ADT of the Mainland total A-share market.

On the other hand, after a rise and fall of Southbound trading in the first 9 months after launch, a strong upward trend was observed for Southbound trading relative to the SEHK Main Board total market trading since the fourth quarter of 2015, rising from 2.1% of the Main Board ADT in September 2015 to 10.8% in September 2016.

The upward trend of Southbound trading continued despite a decrease somewhat at times. For the first time after April 2015, Southbound ADT exceeded Northbound ADT in June 2016 and time and again in subsequent months.

(See Figure 2-2 and Fgure 2-3.)

Notably, during the 17 Northbound trading days from the launch of Shenzhen Connect on 5 December 2016 to the end of 2016, Northbound trading under Shenzhen Connect constituted 27% of Stock Connect's total Northbound trading value and 40% of Stock Connect's total buy trade value. This shows that global investors have considerable interest in Shenzhen stocks.

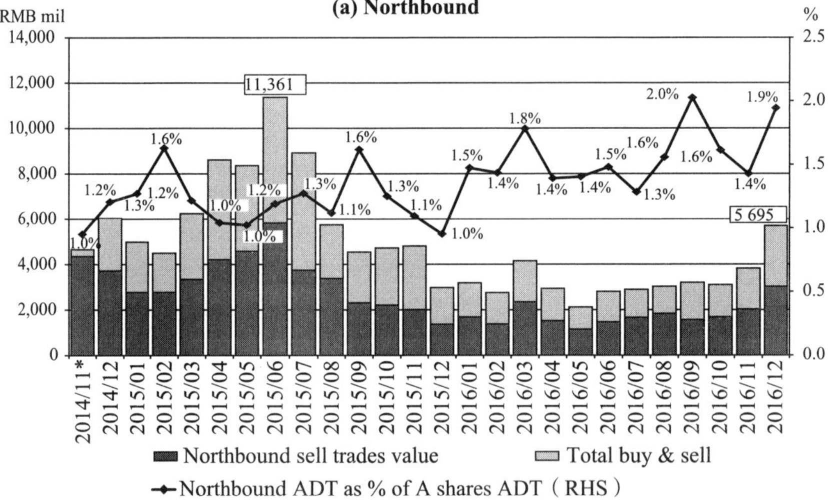

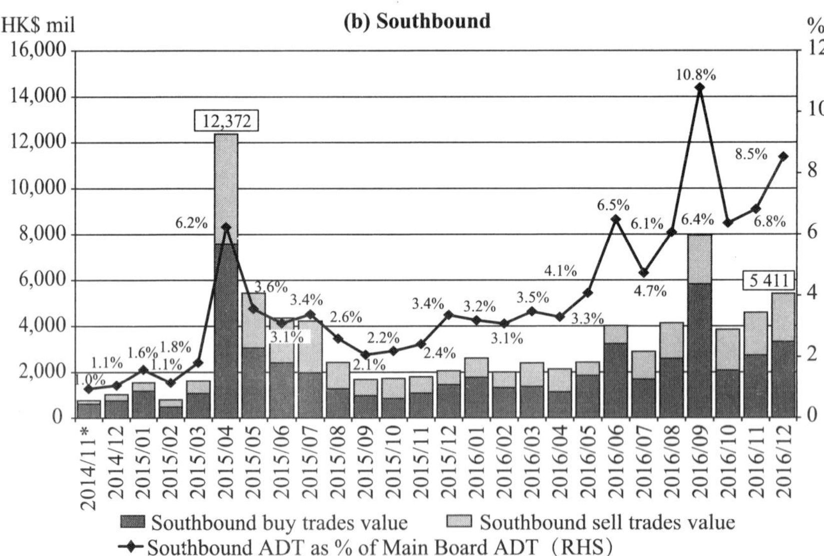

Figure 2-2　Stock Connect average daily trading value (Nov 2014 — Dec 2016)

* Starting from 17 Nov 2014 when Shanghai Connect was launched.

Note: Shenzhen Connect data is included since the launch date of Shenzhen Connect (5 Dec 2016); the base reference data of Mainland A-share market includes SZSE A-share market since that date.

In calculating the ratio to the total market ADT, Northbound/Southbound trading values were two-sided (buy and sell values counted separately) while the total market trading values were one-sided transaction values (buy and sell counted in a single transaction value).

Source: HKEX.

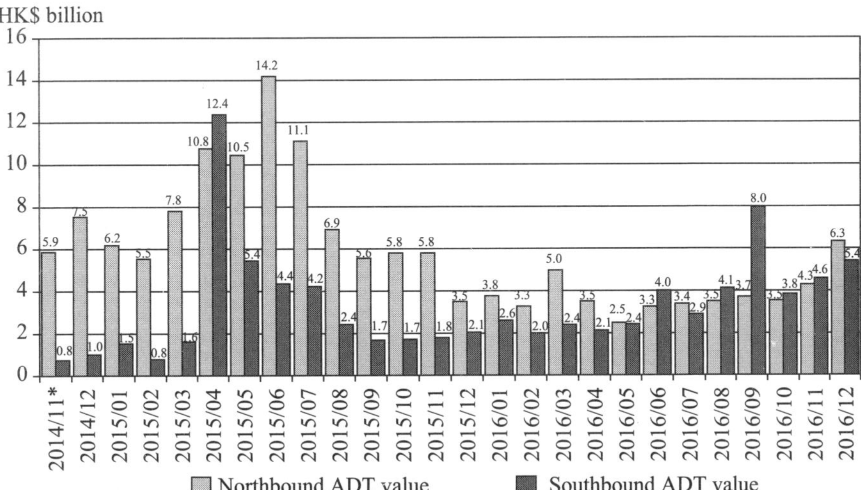

Figure 2-3 Average daily Stock Connect Southbound total trading (buy and sell) value in comparison with Northbound (Nov 2014 — Dec 2016)

* Starting from 17 Nov 2014 when Shanghai Connect was launched.

Note: Northbound trading values are converted to HKD using month-end exchange rates from Hong Kong Monetary Authority website. Shenzhen Connect data is included since the launch date of Shenzhen Connect (5 Dec 2016).

Source: HKEX.

Moreover, Southbound trading had much higher average daily net buy values than Northbound trading since late 2015. Net sell value was recorded for Southbound trading in only two months since launch up to the end of 2016, vis-à-vis 6 months for Northbound trading (see Figure 2-4). Of the 485 Southbound trading days during the period, 86% had a net buy value (vs 56% for Northbound out of its 494 trading days). However, the net-buy daily quota consumption has been low for both Northbound and Southbound trading — under Shanghai Connect, only 18% of the Northbound trading days and 16% of the Southbound trading days had a daily quota usage exceeding 10%; and 6% respectively of the Northbound trading days and Southbound trading days had the usage exceeding 20%[①]. Under Shenzhen Connect, 4 out of 17 Northbound trading days (24%) had a daily usage exceeding 10% and only one day (6%) had the usage

① For Northbound trading, a daily quota usage exceeding 10% means that the net-buy value exceeds 10% of the given Northbound daily quota of RMB 13 billion, i.e. net-buy value amounts to over RMB 1.3 billion. The same applies to Southbound trading, but with reference to the Southbound net-buy daily quota of RMB 10.5 billion and currency converted to HKD based on the daily RMB/HKD exchange rate as obtained from Thomson Reuters.

exceeding 20%; Southbound trading's daily quota usage had never exceeded 10%. (See Figure 2-5 and Table 2-2.)

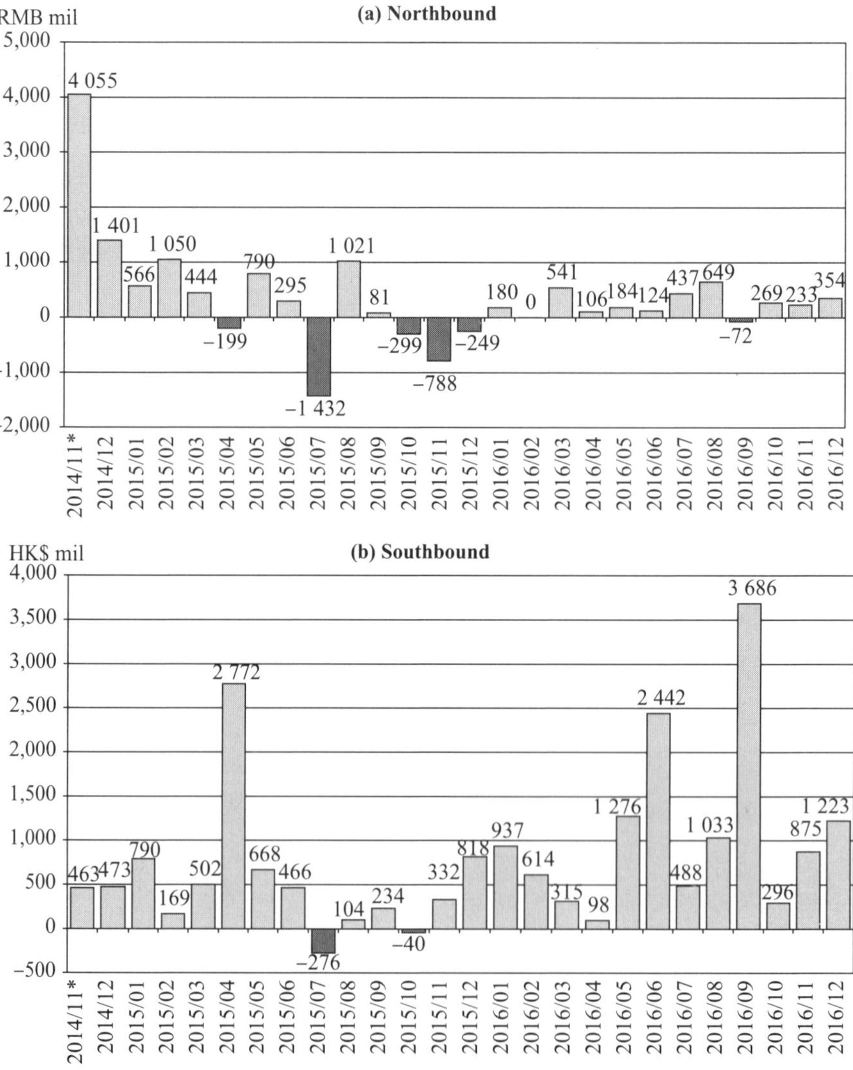

Figure 2-4 Average daily net buy/sell value in Stock Connect Northbound and Southbound trading (Nov 2014 — Dec 2016)

* Starting from 17 Nov 2014 when Shanghai Connect was launched.

Note: Shenzhen Connect data is included since the launch date of Shenzhen Connect (5 Dec 2016).

Source: HKEX.

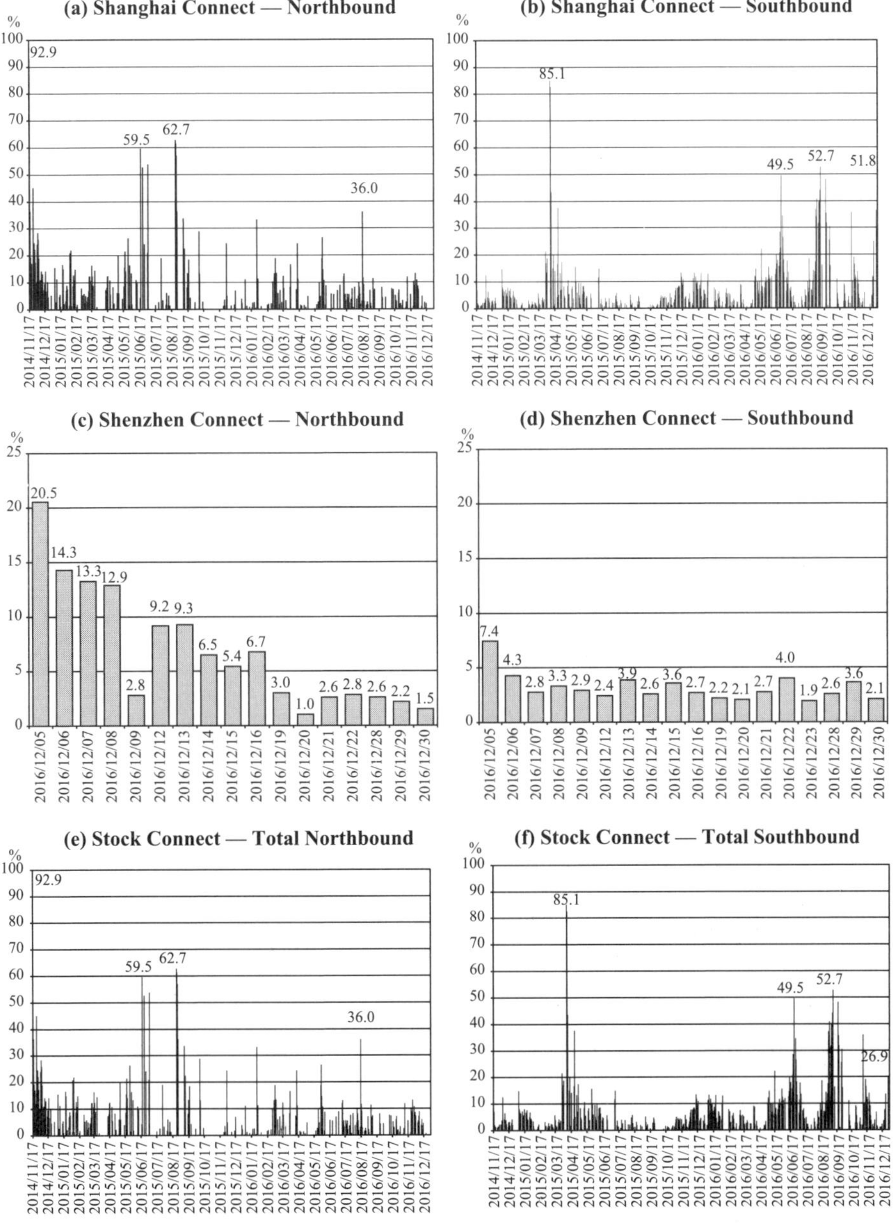

Figure 2-5 Net-buy daily quota consumption in Stock Connect (17 Nov 2014 — 31 Dec 2016)

Note: Since 5 December 2016, Stock Connect total Northbound and total Southbound daily quota is the sum of those of Shanghai Connect and Shenzhen Connect.

Source: HKEX; daily trading value converted to RMB at daily exchange rates obtained from Thomson Reuters for calculating Southbound quota consumption.

Table 2-2 The usage of daily quota in Stock Connect (17 Nov 2014 — 31 Dec 2016)

	Shanghai Connect		Shenzhen Connect	
	Northbound	Southbound	Northbound	Southbound
Total no. of trading days	494	485	17	18
% of trading days with net buy	55%	85%	100%	100%
Daily quota usage range	**Northbound (no. of days / % of total)**	**Southbound (no. of days / % of total)**	**Northbound (no. of days / % of total)**	**Southbound (no. of days / % of total)**
>0% - 10%	186 / 37.7%	317 / 65.4%	13 / 76.5%	18 / 100%
>10% - 20%	58 / 11.7%	66 / 13.6%	3 / 17.6%	0 / 0%
>20% - 30%	17 / 3.4%	10 / 2.1%	1 / 5.9%	0 / 0%
>30% - 40%	5 / 1.0%	11 / 2.3%	0 / 0%	0 / 0%
>40% - 50%	1 / 0.2%	6 / 1.2%	0 / 0%	0 / 0%
>50% - 60%	4 / 0.8%	2 / 0.4%	0 / 0%	0 / 0%
>60% - 70%	2 / 0.4%	0 / 0%	0 / 0%	0 / 0%
>70% - 80%	0 / 0%	0 / 0%	0 / 0%	0 / 0%
>80% - 90%	0 / 0%	2 / 0.4%	0 / 0%	0 / 0%
>90% - 100%	1 / 0.2%	0 / 0%	0 / 0%	0 / 0%

Total Stock Connect	**Northbound**	**Southbound**
Total no. of trading days	494	485
% of trading days with net buy	56%	86%
Daily quota usage range	**Northbound**	**Southbound**
>0% - 10%	191 / 38.7%	324 / 66.8%
>10% - 20%	58 / 11.7%	67 / 13.8%
>20% - 30%	17 / 3.4%	9 / 1.9%
>30% - 40%	5 / 1.0%	10 / 2.1%

(*Continued*)

Daily quota usage range	Northbound	Southbound
>40% - 50%	1 / 0.2%	6 / 1.2%
>50% - 60%	4 / 0.8%	1 / 0.2%
>60% - 70%	2 / 0.4%	0 / 0%
>70% - 80%	0 / 0%	0 / 0%
>80% - 90%	0 / 0%	2 / 0.4%
>90% - 100%	1 / 0.2%	0 / 0%

2. Global investors' interest in Northbound stocks

At the initial stage after the launch of Shanghai Connect, global investors' trading and holding of Northbound stocks were predominantly in the large-cap SSE 180 Index constituents (94% of trading value in 2014 and 96% of holding value at the end of 2014). Northbound trading in the mid-cap SSE 380 Index constituents gradually increased from 6% during 2014 to 23% during 2016. Northbound holding of these mid-cap stocks jumped to 22% at the end of 2015 and decreased to 17% at the end of 2016, still much higher than the 4% at the end of 2014. Nevertheless, global investors' main interest was in the Mainland large-cap blue chips under Shanghai Connect (See Figure 2-6a and Figure 2-6b).

For Shenzhen Connect launched on 5 December 2016, trading and holding of Northbound stocks by global investors also concentrated on the blue-chips in SZCI — 90% of trading value in 2016 and 93% of year-end holding value. (See Figure 2-6c and Figure 2-6d.)

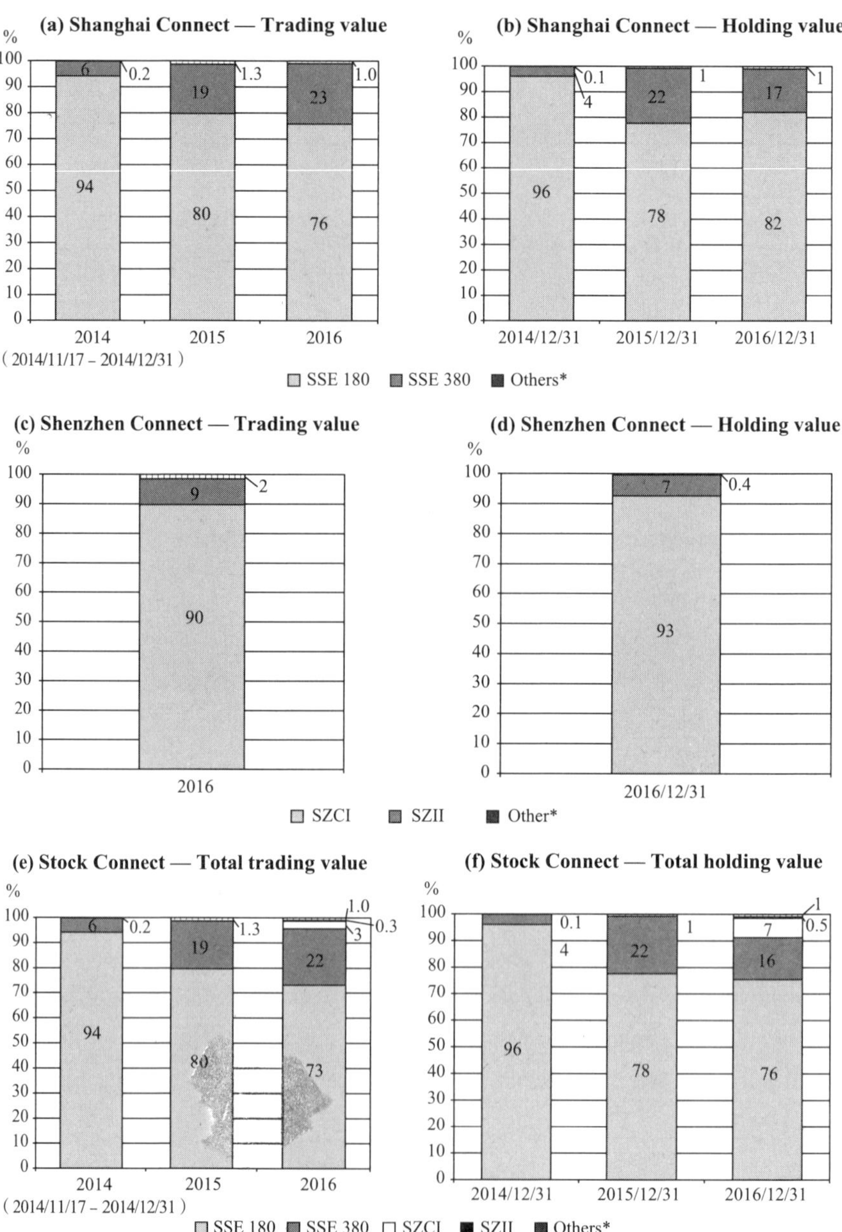

Figure 2-6 Stock Connect — Distribution of Northbound trading value and investor holding value by stock type (Nov 2014 — Dec 2016)

* Others include non-eligible-index A shares with SEHK-listed H shares and stocks removed from Stock Connect eligible stock list during the period (sell-only stocks).

Note: Shenzhen Connect data starts from the launch date of Shenzhen Connect (5 Dec 2016). Percentages may not add up to 100% due to rounding.

Source: HKEX.

Under Shanghai Connect, global investors maintained a steady interest in Mainland consumer stocks (Consumer Discretionary and Consumer Staples) — these stocks' trading contribution rose somewhat to 20% share of Northbound trading value in 2016 since launch and had an increasing percentage share of Northbound holding value. The share of consumer stocks was even higher under Shenzhen Connect — 47% of Northbound trading value in 2016 and 58% of year-end holding value. Shanghai and Shenzhen Connect combined, global investors' holding of Mainland consumer stocks was as high as 38% as at the end of 2016.

Mainland Industrial stocks under Shanghai Connect also attracted considerable interest — over 17% of Northbound trading value and period-end holding value in 2016. The degree of dominance of Financial stocks under Shanghai Connect (all were large-cap SSE 180 constituents) gradually reduced — from 51% of Northbound trading value and 43% of period-end Northbound holding value in 2014 to 31% and 20% respectively in 2016. Information technology (IT) stocks under Shenzhen Connect were considerably attractive to global investors, sharing 16% by trading value in 2016 and 15% by period-end holding value. The launch of Shenzhen Connect further drove up the share of IT stocks in Northbound trading. (See Figure 2-7.)

While the majority share of Northbound trading in the large-cap SSE 180 stocks was contributed by Financial stocks, considerable share of Northbound trading in the mid-cap SSE 380 stocks was contributed by Industrial stocks. Consumer stocks contributed a significant share of Northbound trading in the large-cap SSE 180 stocks while the share of consumer stocks and IT stocks in Northbound trading in the mid-cap SSE 380 stocks showed an increasing trend. Apparently, although the mid-cap SSE 380 stocks had no Financial stocks, IT stocks, Material stocks and Health Care stocks in the indices could attract relatively more diversified investment by industry than in the large-cap SSE 180 stocks. (See Figure 2-8 and Figure 2-9.)

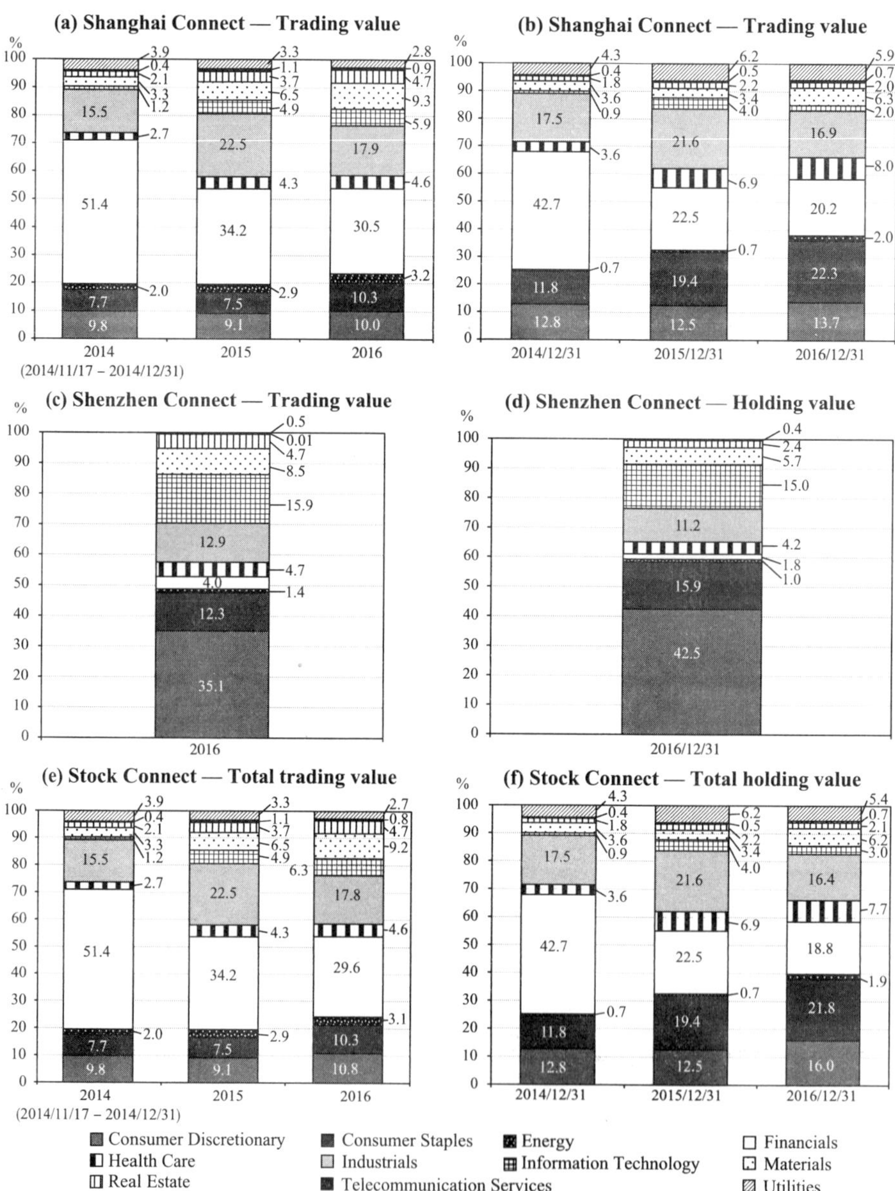

Figure 2-7 Stock Connect — Distribution of Northbound trading value and investor holding value by industry sector (Nov 2014 — Dec 2016)

Note: Shenzhen Connect data starts from the launch date of Shenzhen Connect (5 Dec 2016). Percentages may not add up to 100% due to rounding.

Source: HKEX; stock classification is according to Global Industry Classification Standard (GICS) obtained from Bloomberg or Thomson Reuters.

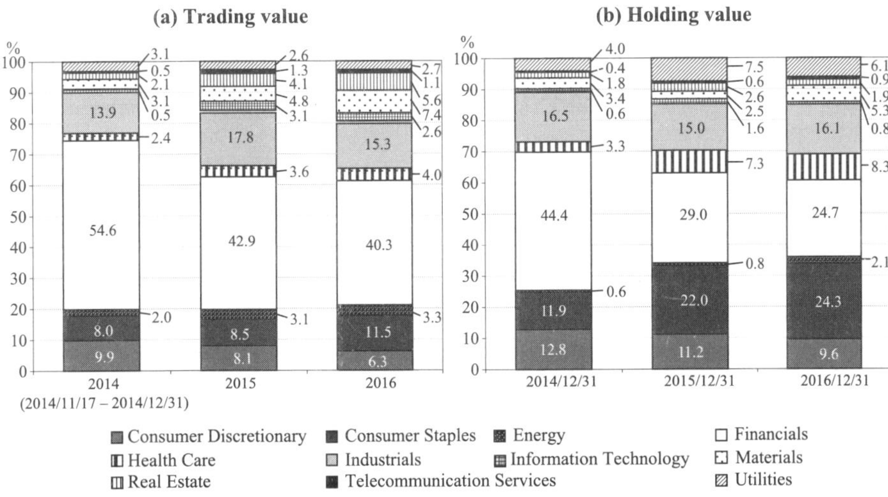

Figure 2-8 Shanghai Connect — Distribution of Northbound trading value and investor holding value by industry sector for SSE 180 Index constituents (Nov 2014 — Dec 2016)

Note: Percentages may not add up to 100% due to rounding.

Source: HKEX; stock classification is according to Global Industry Classification Standard (GICS) obtained from Bloomberg or Thomson Reuters.

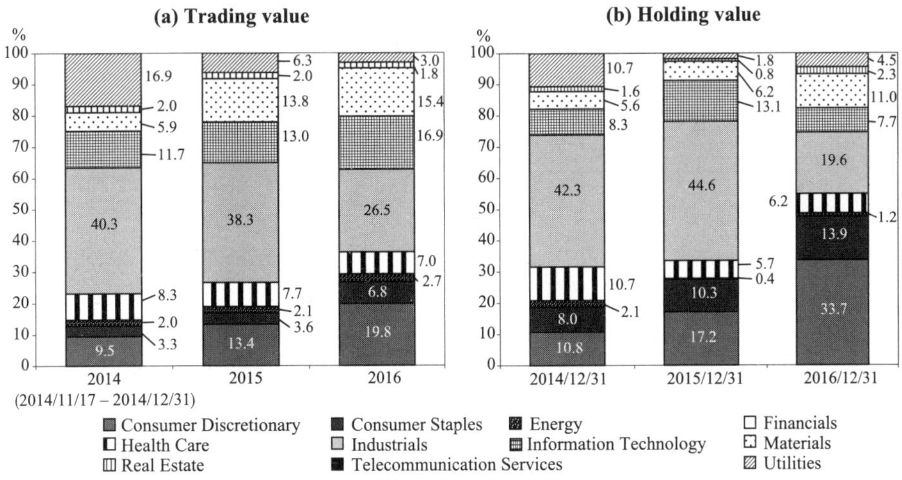

Figure 2-9 Shanghai Connect — Distribution of Northbound trading value and investor holding value by industry sector for SSE 380 Index constituents (Nov 2014 — Dec 2016)

Note: Percentages may not add up to 100% due to rounding.

Source: HKEX; stock classification is according to Global Industry Classification Standard (GICS) obtained from Bloomberg or Thomson Reuters.

For Shenzhen Connect, in the Northbound trading of the blue-chip SZCI, the shares of consumer stocks in trading value and holding value were considerably high and the share of IT stocks were also quite high. In the Northbound trading of the SZII stocks, Industrial, IT and Material stocks had rather high percentage share in trading value, while Consumer Discretionary stocks took the lead in holding value. (See Figure 2-10 and Figure 2-11.)

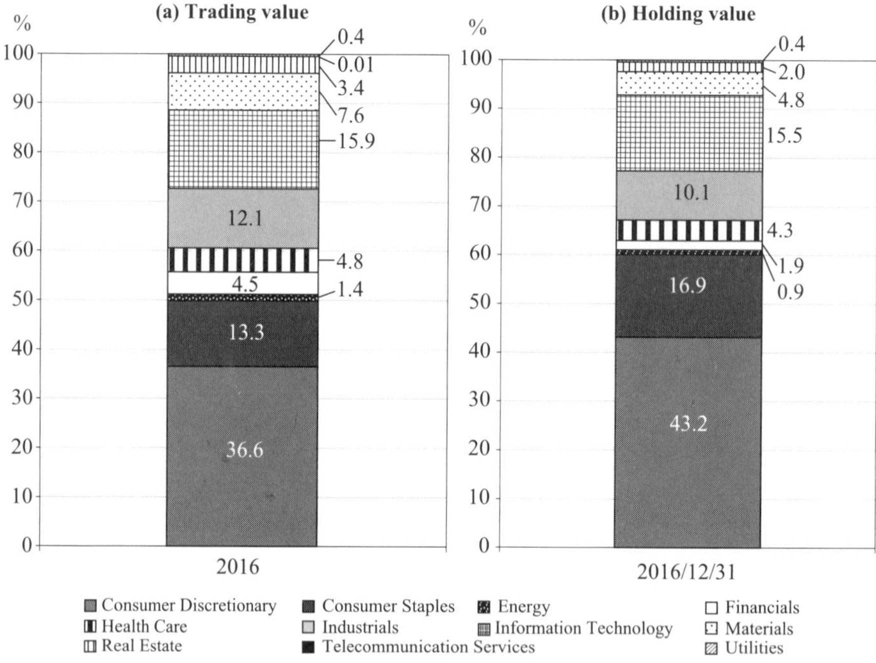

Figure 2-10 Shenzhen Connect — Distribution of Northbound trading value and investor holding value by industry sector for SZCI constituents (Dec 2016)

Note: Shenzhen Connect data starts from the launch date of Shenzhen Connect (5 Dec 2016). Percentages may not add up to 100% due to rounding.

Source: HKEX; stock classification is according to Global Industry Classification Standard (GICS) obtained from Bloomberg or Thomson Reuters.

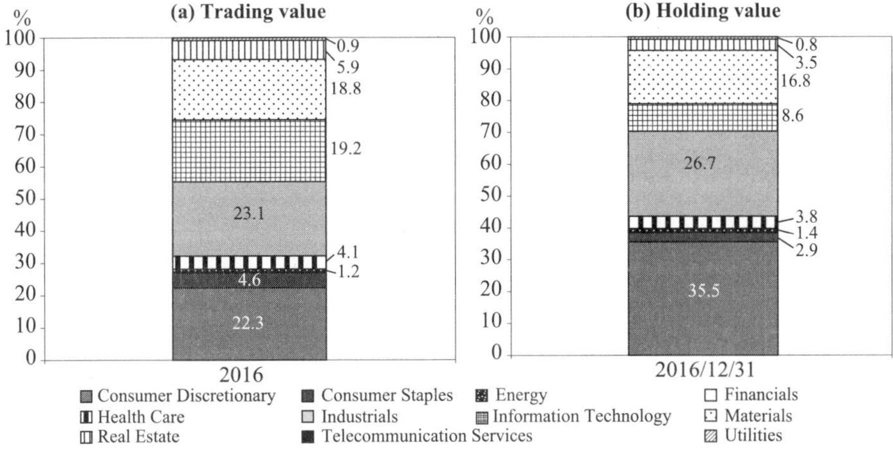

Figure 2-11 Shenzhen Connect — Distribution of Northbound trading value and investor holding value by industry sector for SZII constituents (Dec 2016)

Note: Shenzhen Connect data starts from the launch date of Shenzhen Connect (5 Dec 2016). Percentages may not add up to 100% due to rounding.

Source: HKEX; stock classification is according to Global Industry Classification Standard (GICS) obtained from Bloomberg or Thomson Reuters.

3. Mainland investors' interest in Southbound stocks

Figure 2-12 shows the Southbound trading and investor holding in SEHK-listed stocks by eligible stock type. In contrast to Northbound investment, the majority of Southbound trading value and period-end holding value was in the mid-cap HSMI constituents at the launch of the scheme in 2014. This had shifted to some extent to HSLI constituents in 2016. Nevertheless, HSMI stocks still maintained a considerable share in 2016 (~40%).

Apart from the large-sized HSLI stocks and the mid-cap HSMI stocks, Southbound eligible stocks also include the small-cap HSSI stocks under Shenzhen Connect. HSSI stocks constituted considerably high percentage share in Southbound trading under Shenzhen Connect during the 18 trading days in 2016, the same as the 42% for HSMI stocks and even had a higher percentage share in holding value than HSMI stocks (46% vs 42%). However, owing to the low market value of HSSI stocks by definition, the percentage share of HSSI stocks in total holding value of Southbound stocks under Stock Connect was very small (4%).

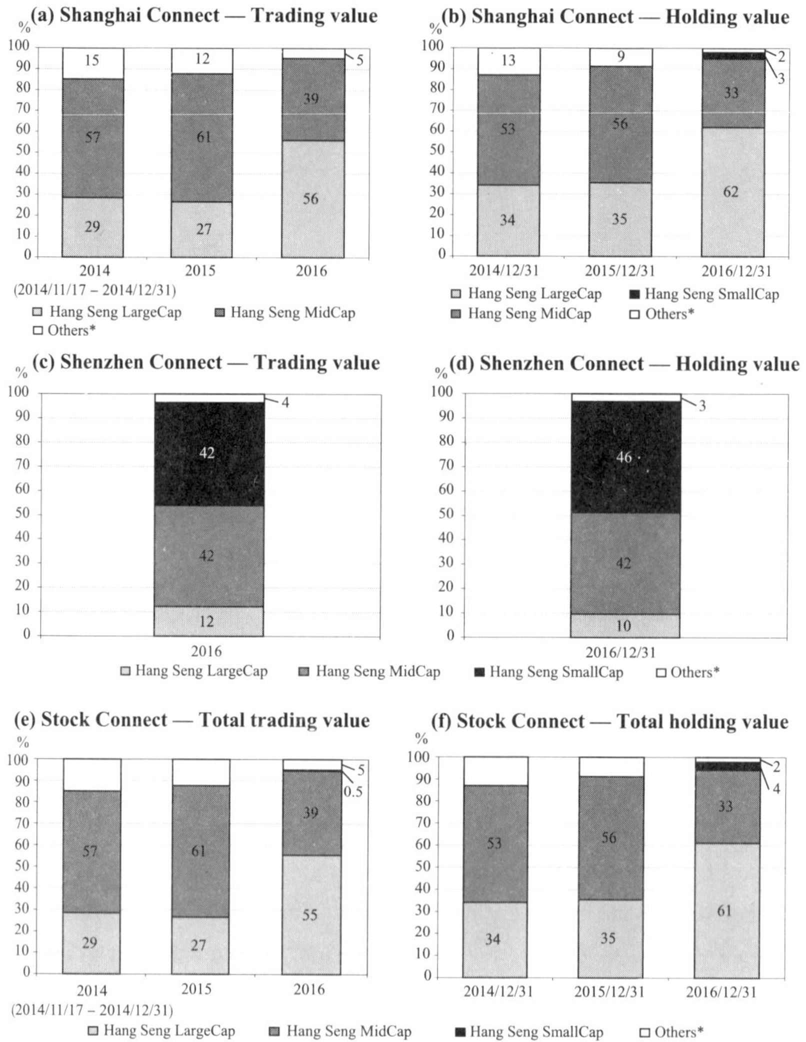

Figure 2-12　Stock Connect — Distribution of Southbound trading value and investor holding value by stock type (Nov 2014 — Dec 2016)

* Others include non-eligible-index H shares with SSE-listed or SZSE-listed (since 5 Dec 2016) A shares and stocks removed from Stock Connect eligible stock list ("sell-only" stocks).

Note: Shenzhen Connect data starts from the launch date of Shenzhen Connect (5 Dec 2016). The stock types in calculating holding value are the period-end status, which may have changed during the period. Due to this reason, stocks held under Shanghai Connect may include HSSI stocks while the trading of these stocks in such status is counted into "others". Percentages may not add up to 100% due to rounding.

Source: HKEX for trading value; Webb-site Who's Who Database for holding values. Stock classification according to Hang Seng Indexes Co., Ltd.

In terms of industry sector, there had been increasing investor interest in Financial stocks, which had the largest share in trading and holding values in 2016. Other more popular sector stocks were Consumer Goods, and Properties and Construction. However, Southbound trading and holding under Shenzhen Connect were not concentrated on Financial stocks but distributed across Consumer Goods, Properties and Construction, IT and Industrials sectors. (See Figure 2-13.)

However, the dominance of Financial stocks in Southbound investment was mainly in respect of HSLI stocks. For Southbound investment in the mid-cap HSMI stocks, Mainland investor trading and holding were very much diversified across different industrial sectors.

In 2016 up to August, Southbound trading and period-end holding had considerable share in Consumer Goods stocks (~25-27%, and close to 30% when including Consumer Services stocks) and Properties and Construction Stocks (~16-18%) among HSMI constituents. Financial stocks ranked third in Southbound trading and holding of HSMI constituents, in contrast to their dominance in that of HSLI constituents. Similar different distributions by industry sector in trading and holding values for HSLI and HSMI stocks were observed under Shenzhen Connect. As for among HSLI stocks under Shenzhen Connect, IT stocks apparently attracted considerably high percentage share in trading and holding values. (See Figure 2-14 to Figure 2-16.)

In other words, as far as Shanghai Connect offers, Mainland investors have considerable investment interest in Southbound trading of mid-cap stocks of a variety of industry sectors. While large-cap stocks would have high concentration in Financial stocks, **smaller-sized stocks in fact could offer a diversified scope of stocks by industry sector of interest to the Mainland investors**.

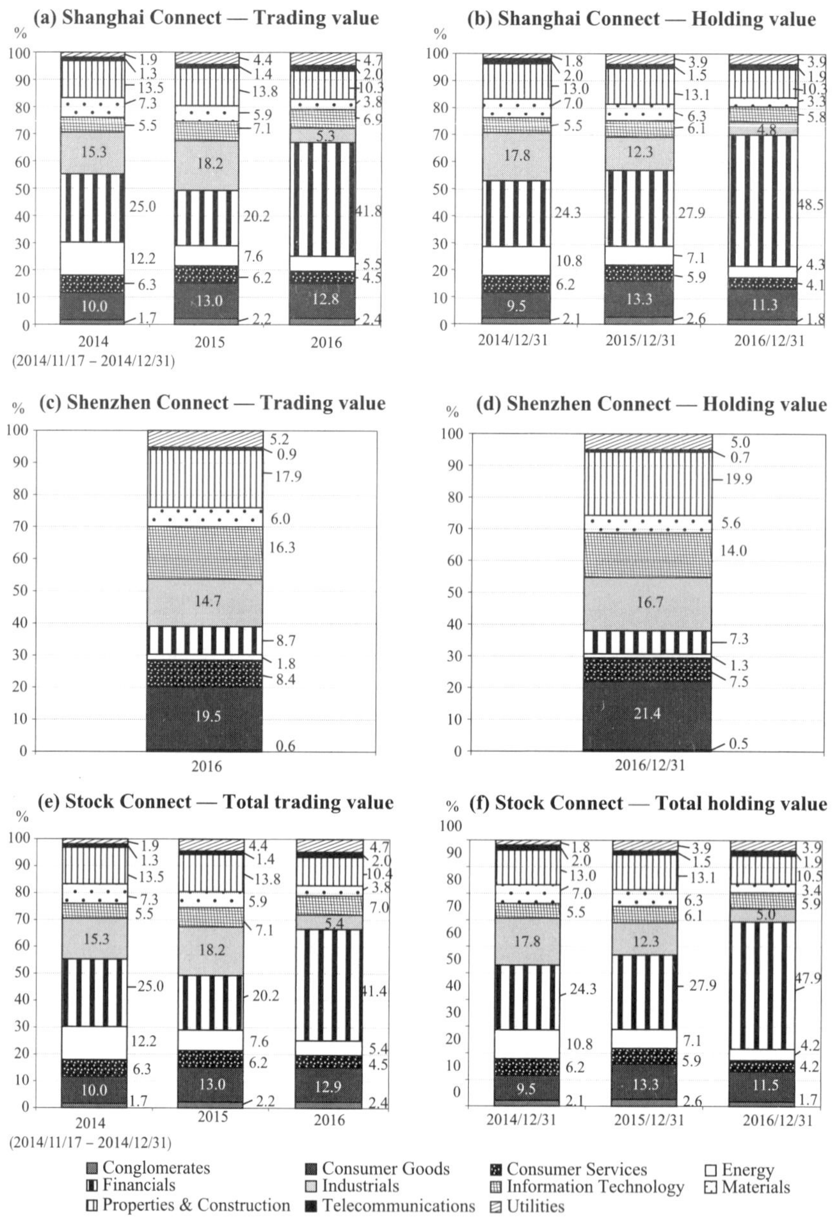

Figure 2-13 Stock Connect — Distribution of Southbound trading value and investor holding value by industry sector (Nov 2014 — Dec 2016)

Note: Shenzhen Connect data starts from the launch date of Shenzhen Connect (5 Dec 2016). Percentages may not add up to 100% due to rounding.

Source: HKEX for trading value; Webb-site Who's Who Database for holding values. Stock classification according to Hang Seng Indexes Co,. Ltd.

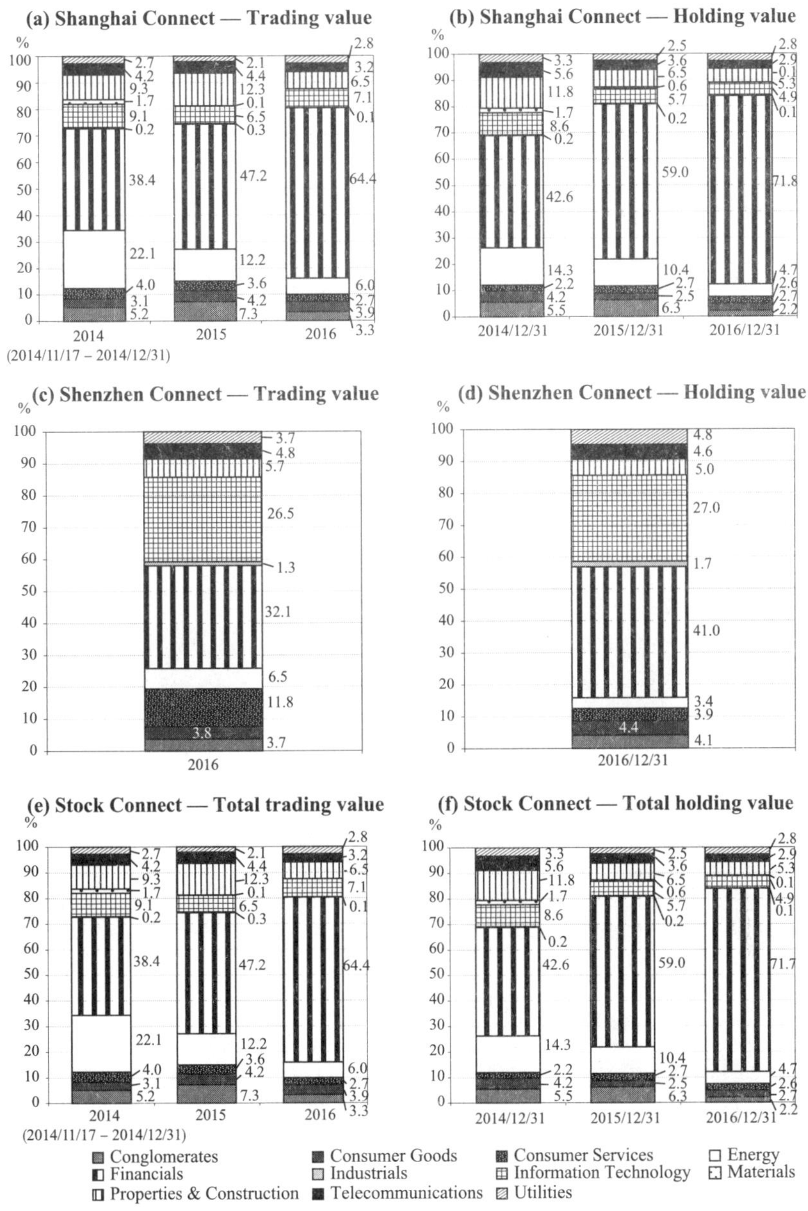

Figure 2-14 Stock Connect — Distribution of Southbound trading value and investor holding value by industry sector for HSLI constituents (Nov 2014 — Dec 2016)

Note: Shenzhen Connect data starts from the launch date of Shenzhen Connect (5 Dec 2016). The stock types in calculating holding value are the period-end status, which may have changed during the period. Percentages may not add up to 100% due to rounding.

Source: HKEX for trading value; Webb-site Who's Who Database for holding values. Stock classification according to Hang Seng Indexes Co., Ltd.

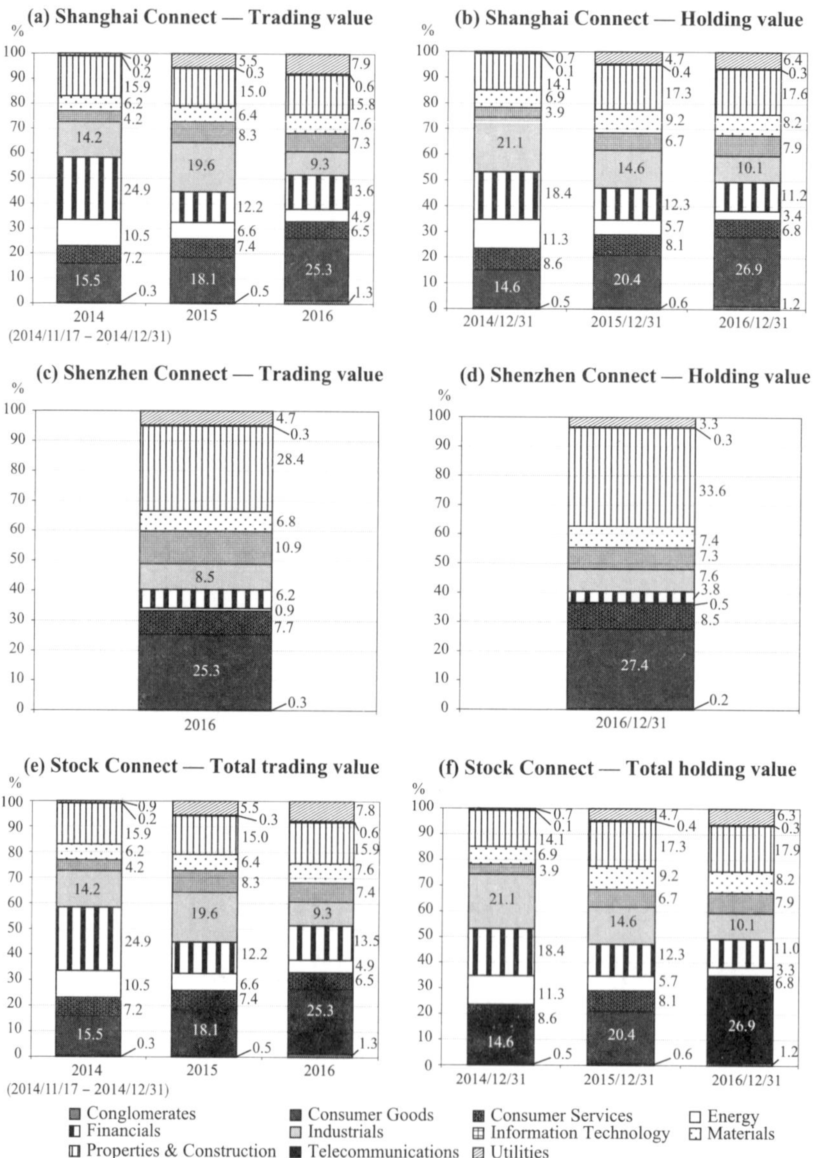

Figure 2-15 Stock Connect — Distribution of Southbound trading value and investor holding value by industry sector for HSMI constituents (Nov 2014 — Dec 2016)

Note: Shenzhen Connect data starts from the launch date of Shenzhen Connect (5 Dec 2016). The stock types in calculating holding value are the period-end status, which may have changed during the period. Percentages may not add up to 100% due to rounding.

Source: HKEX for trading value; Webb-site Who's Who Database for holding values. Stock classification according to Hang Seng Indexes Co., Ltd.

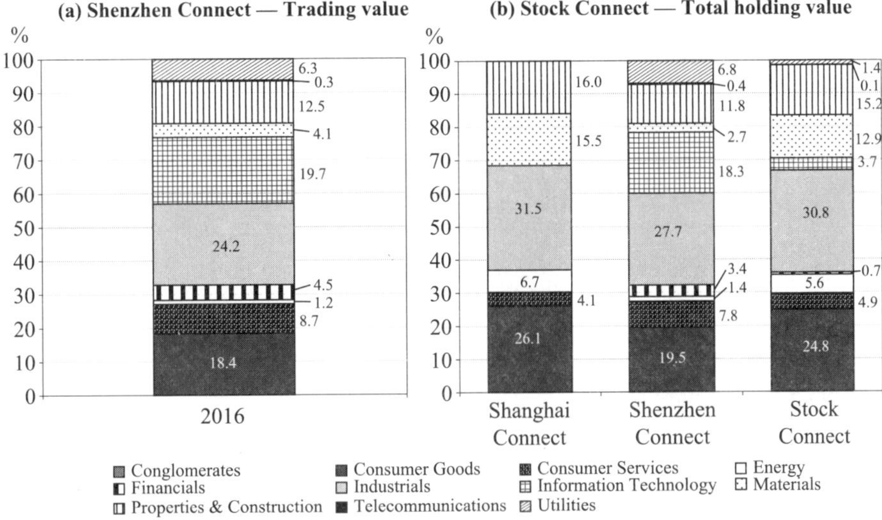

Figure 2-16 Stock Connect — Distribution of Southbound trading value and investor holding value by industry sector for HSSI constituents (Dec 2016)

Note: Shenzhen Connect data starts from the launch date of Shenzhen Connect (5 Dec 2016). The stock types in calculating holding value are the period-end status, which may have changed during the period. Percentages may not add up to 100% due to rounding.

Source: HKEX for trading value; Webb-site Who's Who Database for holding values. Stock classification according to Hang Seng Indexes Co., Ltd.

The "Mutual Market" model — Opportunities to Mainland and global investors

After the launch of Shenzhen Connect, the basic model of "**Mutual Market**" across Shanghai, Shenzhen and Hong Kong has been established, albeit within the limited scope of eligible securities. As the mutual stock market access scheme is scalable, this potentially opens up a Mainland-Hong Kong mutual stock market of a combined equity market value of US$10,514 billion (as of end-2016) and an average daily equity turnover of about US$84.3 billion (2016), ranking 2nd by market value (following New York Stock Exchange) and 2nd by equity market turnover among world exchanges[①]. Moreover, the "Mutual Market" model may go beyond equities in multiple dimensions. As mentioned in the joint announcement of the CSRC and SFC on 16 August 2016 regarding the in-principle approval for the establishment of Shenzhen Connect, the two authorities have reached a consensus **to include exchange-traded funds (ETFs) as eligible securities** under the scheme. A launch date will be announced in due course after Shenzhen Connect has been in operation for a period of time and upon the satisfaction of relevant conditions. In addition, the CSRC and the SFC will jointly study and introduce other financial products to facilitate and meet the need of Mainland and global investors to manage price risks in each other's stock markets.

Under the "Mutual Market" model, overseas products of various kinds could be offered to the Mainland investors and vice versa for offering different Mainland products to global investors. Southbound trading opens up **a regularised channel for Mainland investors, both individuals and institutions, to invest in overseas assets**. The channel is a closed system with prudential monitoring of the usage of the daily quota, and yet with considerable flexibility in the absence of an aggregate quota. Without the limitation of an aggregate quota, investors may allocate their portfolio investment in cross-border assets more freely than before. This offers **global asset allocation opportunities to Mainland investors**. Since the system is closed in the sense that the RMB (after converted into HKD) used to purchase overseas assets under the model will be reverted back to Mainland China (after being converted back to RMB) upon the sale of the overseas assets, there is essentially no capital outflow problem in the long run. **The model effectively extends the universe of investable assets for Mainland investors.** Under such an environment, the connectivity channel compensates the relative shortage of investable assets in the Mainland, allowing Mainland investment monies to **possibly obtain better potential returns** from investing in overseas than in the domestic market. Acknowledging the advantage of this, the China Insurance Regulatory Commission (CIRC) issued a policy document[②]

---

① World Federation of Exchanges (WFE) statistics, from WFE website (20 January 2017 for market value data and 1 March 2017 for trading value data). Average daily turnover was calculated from the combined shares turnover value for 2016from WFE statistics using the total number of trading days (244 days) for the Mainland market. Ranking was based on 2016 up to December combined trading value.

② 《关于保险资金参与沪港通试点的监管口径》, 8 September 2016.

in early September 2016 to allow insurance funds to participate in Southbound trading under the Shanghai Connect. Eligible Mainland investors for Southbound trading under Shenzhen Connect are the same as Shanghai Connect. The expanded investment scope in the Mutual Market with Shenzhen Connect in place would offer more diversified investment choices to the Mainland investors in Southbound trading.

In addition, Southbound trading is an effective investment in a foreign currency, i.e. HKD which is pegged to the US dollar, for Mainland investors. At the time of expected depreciation of the RMB, Southbound investment could offer **alternative investment options from a currency value perspective**.

As the eligible instruments under the "Mutual Market" model are expandable, it is believed that the Mutual Market will offer **an increasingly diversified scope of investment tools to Mainland investors**, albeit in the short term the available instruments may only be cash market securities including equities and possibly ETFs. After the launch of Shenzhen Connect, Southbound eligible securities include the HSSI constituents with a market capitalisation of HK$5 billion or above, in addition to HSLI and HSMI constituents. All H shares with A shares listed in the Mainland market are included, not just those with SSE-listed A shares. HSLI and HSMI already cover up to 95% of the total market capitalisation of the Hang Seng Composite Index (HSCI), which in turn covers the top 95% of the total market capitalisation of the Hong Kong market[①]. As a result, some further 100 stocks have been added to the eligible list. More importantly, the expanded scope include stocks in a large variety of industries, including new economy sectors of information technology and consumer goods and services.

Moreover, **the trading experience offered by an international stock market** like Hong Kong where the dominant participants are international professional institutional investors will be of value to Mainland domestic investors, especially the retail investors. Professional investment strategies in a mature market are usually based on stock fundamentals, and economic and industrial factors. These would help

① The Hong Kong market universe of the HSCI refers to all stocks and real estate investment trusts ("REITs") that have their primary listings on the SEHK, excluding securities that are secondary listings, foreign companies, preference shares, debt securities, mutual funds and other derivatives. (Source: Hang Seng Indexes Co., Ltd website) balancing the short-term speculative trading behavior of certain Mainland investors. **Southbound trading experience is therefore expected to help nurture the maturity of the Mainland investor base.**

Apart from secondary market trading, **connectivity in the primary market**, i.e. the initial public offering (IPO) market, can be offered under the model subject to regulatory approval, allowing investors on either market to subscribe for IPOs in the other market. Products to be covered in the future (subject to regulatory approval) may also extend to **bonds, commodities and risk management tools including equity derivatives, RMB interest rate and currency derivatives**. In fact, in view of the successful implementation of the Stock Connect scheme, a more imminent issue is to meet the needs of investors for hedging their cross-border stock portfolios. In the Mainland, investors are allowed to trade Hong Kong stocks but there are no **Hong Kong index/stock futures and options for hedging**. Similarly in Hong Kong, there is also the lack of **A-share hedging tools like A-share index futures and options**. Related derivatives on either market may be included in the Mutual Market model in the future.

The "Mutual Market" model in fact is a symbolic breakthrough in Mainland China's capital account opening process. In the long run, a highly diversified suite of investment and risk management tools could be offered under the "Mutual Market" model before the potential full opening of the Mainland capital market. Mainland investors could thereby benefit from enhanced asset allocation and investment portfolio management, and global investors could benefit from an open channel to more Mainland investment opportunities with related risk management tools available.

03

Primary Equity Connect

A breakthrough opportunity for Mainland-Hong Kong mutual market connectivity and RMB internationalisation

August 2017

Summary

With the launch of the Shanghai-Hong Kong Stock Connect (Shanghai Connect) in November 2014 and the Shenzhen-Hong Kong Stock Connect (Shenzhen Connect) in December 2016 (collectively referred to as the "Stock Connect scheme"), the Mainland-Hong Kong Mutual Market platform was basically formed. However, the platform is currently confined to secondary equity market trading only and investors on either side of the border are barred from the primary equity market on the other side. This has deprived investors of investment opportunities from initial public offerings (IPO) across the border and has essentially hindered the pooling of liquidity in the Mutual Market to support its function in fund raising by issuers.

The Primary Equity Connect (PEC) initiative[①] put forward in HKEX's Strategic Plan 2016-2018 would provide a breakthrough opportunity to help complete the Mutual Market connectivity in the equity market segment. The concept of PEC is to provide a mechanism to allow Mainland investors to subscribe for IPOs in the Hong Kong market (Southbound) and global investors in Hong Kong to subscribe for IPOs in the Mainland market (Northbound). Upon listing of the IPO shares issued, trading by investors from the

① Subject to regulatory approvals.

other market would be enabled through the existing Stock Connect mechanism. Under this connectivity model, shares subscription under PEC and shares trading under Stock Connect are effectively contained within a closed-loop system.

In respect of the Mainland market and the Hong Kong market separately, PEC is believed to be mutually beneficial to each market given the development bottleneck in the internationalisation of both markets. The current degree of internationalisation of the Mainland stock market is relatively low in multiple dimensions, including investor base, issuer base and institutional structure. The participation of Qualified Foreign Institutional Investors (QFIIs) and Renminbi QFIIs (RQFIIs) in the Mainland stock market remains relatively low (with an aggregate shareholding value less than 0.3% of the total "negotiable market capitalisation", i.e. market value of listed and marketable securities, on the Shanghai and Shenzhen stock exchanges). No foreign companies are yet allowed to list on the Mainland exchanges; and the Mainland market practices are not necessarily in line with international practices. The Hong Kong stock market, on the other hand, is highly internationalised in terms of investor participation but not in terms of listed issuers. Given these weaknesses, PEC would help enhance the international dimensions of both the Mainland market and the Hong Kong market and beyond which the Mutual Market as a whole.

Internationalisation of the Mainland-Hong Kong Mutual Market is not a goal in itself but part of the bigger strategy for China to achieve a better balanced economy, more effective market opening and ultimately a higher degree of RMB internationalisation. The PEC initiative under the Mutual Market model would offer an opportunity to improve the current situation.

For the Mainland, PEC would (1) offer new opportunities for Mainland investors' global asset allocation and therefore an improved national balance sheet; (2) facilitate two-way market opening at lower cost; (3) help achieve one more step forward in RMB capital account convertibility; (4) support the development of the market's international investor base; (5) provide more listing opportunities for Mainland enterprises; and (6) help nurture the Mainland investor base; while containing potential risks with suitable control measures. For Hong Kong, PEC would help attract the listing of international companies, further activate the market by increasing investor participation and also benefit market intermediaries through more business opportunities.

The implementation of PEC would involve additional issues, including regulatory and operational issues, beyond the Stock Connect scheme. Nevertheless, it is believed that these challenges could be largely overcome with a suitable model design that could meet the best interests of the Mainland-Hong Kong Mutual Market. This would ultimately benefit China's national accounts and the big strategy of RMB internationalisation.

A mutual market without primary market connectivity

1. Secondary market connectivity — Stock Connect

The Mainland-Hong Kong Mutual Market Access pilot programme (the "Pilot Programme") was launched on 17 November 2014, initially with the commencement of the Shanghai-Hong Kong Stock Connect (Shanghai Connect), allowing cross-border stock investments in the Mainland and Hong Kong markets. The Shenzhen-Hong Kong Stock Connect (Shenzhen Connect) was subsequently launched on 5 December 2016. The (initially applied) aggregate quota for the Pilot Programme was abolished immediately upon the official announcement of the Shenzhen Connect on 16 August 2016. (Hereinafter, the Shanghai Connect and Shenzhen Connect are collectively referred to as the "Stock Connect scheme".) By then, a **Mutual Market platform** across Shanghai, Shenzhen and Hong Kong was basically formed. This potentially opens up a Mainland-Hong Kong mutual stock market, for which the "Mutual Market" model may go beyond equities as eligible trading instruments, including exchange-traded funds (ETFs)[①].

The Stock Connect scheme enables Hong Kong and overseas investors to trade

① See Chapter 2, *Shanghai and Shenzhen Stock Connect — A "mutual market" for Mainland and global investors*, in this book.

securities listed on the Shanghai Stock Exchange (SSE) or Shenzhen Stock Exchange (SZSE) in the Mainland market [Shanghai (SH) or Shenzhen (SZ) Northbound Trading respectively under Shanghai Connect and Shenzhen Connect] and Mainland investors to trade securities listed on the Stock Exchange of Hong Kong (SEHK) in the Hong Kong market (SH or SZ Southbound Trading respectively under Shanghai Connect and Shenzhen Connect), within the eligible scope of the programme.

Eligible securities in SH Northbound Trading comprise SSE-listed constituent stocks of the SSE 180 Index and SSE 380 Index and otherwise the A shares which have corresponding H shares listed on SEHK, except those which are not traded in Renminbi (RMB) and those under risk alert[①]. **Eligible securities in SZ Northbound Trading** comprise all SZSE-listed constituent stocks of the SZSE Component Index (SZCI) and of the SZSE Small/Mid Cap Innovation Index (SZII) which have a market capitalisation of RMB 6 billion or above, and otherwise all SZSE-listed A shares of companies which have corresponding H shares listed on SEHK, except those which are not traded in RMB and those under risk alert by SZSE. **Eligible securities in SH Southbound Trading** comprise SEHK Main Board-listed constituent stocks of the Hang Seng Composite LargeCap Index (HSLI) and the Hang Seng Composite MidCap Index (HSMI), or otherwise H shares which have corresponding A shares listed on the SSE, except those which are not traded in Hong Kong dollars (HKD) and H shares which have the corresponding A shares put under risk alert. On top of these, **eligible securities in SZ Southbound Trading** also include all the constituent stocks of the Hang Seng Composite SmallCap Index (HSSI) which have a market capitalisation of HK$5 billion or above, and all SEHK-listed H shares of companies which have corresponding A shares listed on the SZSE, except those which are not traded in HKD and H shares which have the corresponding A shares put under risk alert.

As of 28 June 2017, there were 574 eligible (for both buy and sell) Northbound stocks and 310 eligible Southbound stocks under Shanghai Connect; and 901 eligible (for both buy and sell) Northbound stocks and 418 eligible Southbound stocks under

---

① Shares which are placed under "risk alert" by SSE, including shares of "ST companies" and "*ST companies" and shares subject to the delisting process under the SSE rules.

Shenzhen Connect. In other words, around 44% and 45% in number of listed A shares respectively on the SSE and SZSE, and around 24% that on SEHK Main Board are Stock Connect eligible securities[①].

By the end of 2016, the average daily Northbound trading value constituted about 2% of the Mainland A-share market total turnover and the average daily Southbound trading value constituted about 8% of the SEHK Main Board total turnover[②].

2. Primary market opportunities

The Stock Connect scheme is an unprecedented mechanism that connects the Mainland stock market with an overseas market. However, currently this is confined to secondary equity market trading only and investors on either side of the border are barred from the primary equity market on the other side. This has deprived investors of the investment opportunities offered by initial public offerings (IPO) of newly listed companies in the market across the border. According to the statistics of the World Federation of Exchanges (WFE), Hong Kong, Shanghai and Shenzhen were among the top ten markets by IPO funds raised in 2015 and 2016 (see Figure 3-1). Hong Kong itself ranked first by IPO funds raised in 5 out of the 8 years during 2009 to 2016 (see Figure 3-2).

---

① Source: HKEX, SSE and SZSE websites.

② See Chapter 2, *Shanghai and Shenzhen Stock Connect — A "mutual market" for Mainland and global investors* in this book,

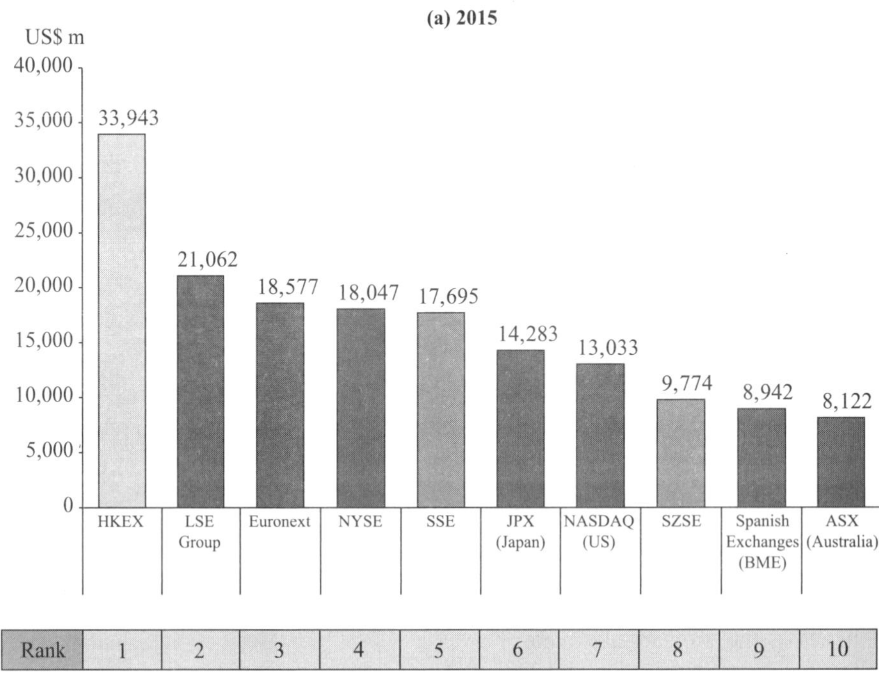

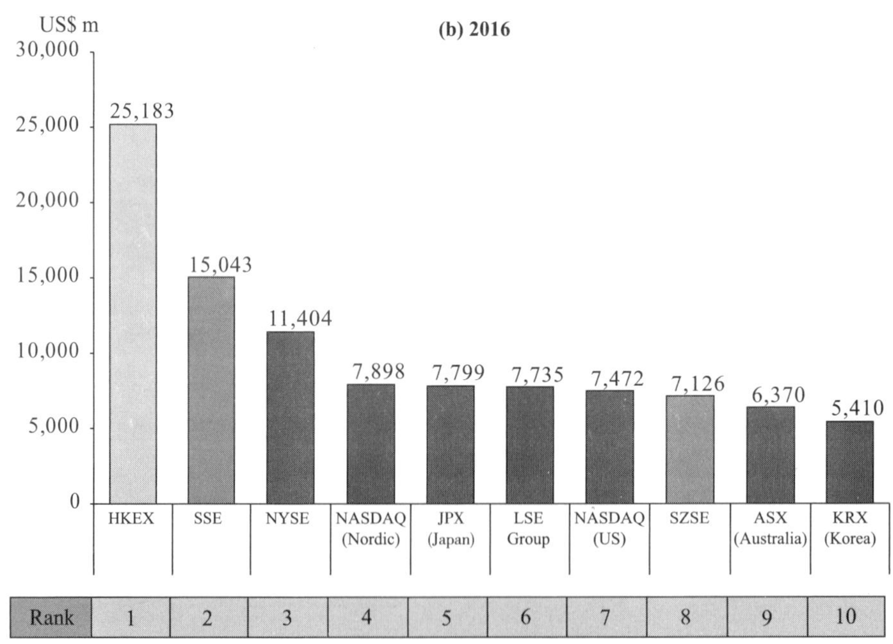

Figure 3-1　Top 10 exchanges by IPO funds raised (2015 & 2016)

Source: WFE website.

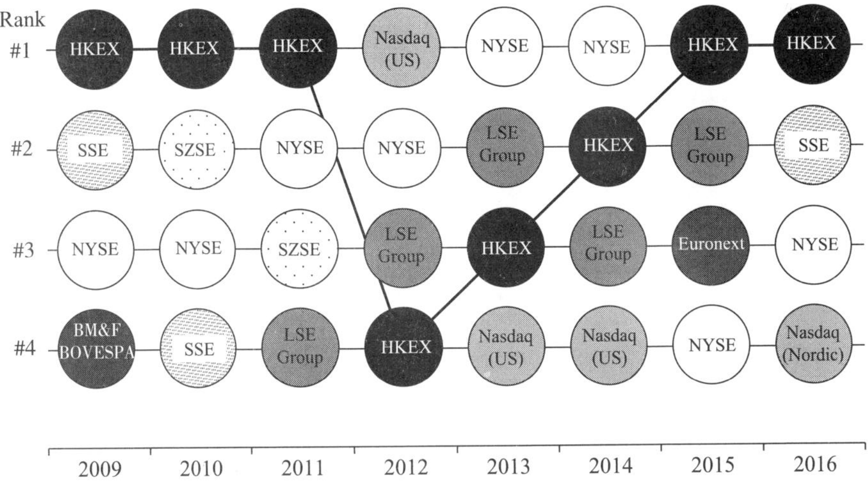

Figure 3-2 Top 4 world exchanges by IPO funds raised (2009 — 2016)

Source: WFE website.

In respect of the equity market, the Mainland-Hong Kong mutual market established through secondary market connectivity under Stock Connect is incomplete without primary market connectivity. In fact, the absence of primary market connectivity may harm investor interests under secondary market connectivity and bring about market unfairness. The recent case of the spin-off of BOCOM International Holdings Company Limited (BOCOM International) by Bank of Communications Co., Ltd. (BOCOM Bank) was an example. BOCOM Bank has its H shares listed in Hong Kong and its A shares listed on the SSE. BOCOM Bank announced its proposed spin-off and listing of BOCOM International on the SEHK in August 2016. BOCOM Bank would provide its existing shareholders with an assured entitlement to the new shares in BOCOM International. However, due to the impediments arising from legal and policy perspectives, BOCOM Bank could only provide the assured entitlement to its existing H-share shareholders but not to its existing A-share shareholders①. As advocated by market participants②, the introduction of primary market connectivity would help resolve this kind of market unfairness.

① An explanation was given in BOCOM Bank's announcement dated 12 September 2016. The reasons include the lack of mechanism under Shanghai Connect for A-share shareholders to subscribe newly issued shares in the Hong Kong market.

② As reported in Hong Kong's Oriental Daily News and Hong Kong Economic Times on 18 January 2017.

In its Strategic Plan 2016-2018, HKEX put forward the Primary Equity Connect (PEC) together with Shenzhen Connect, as initiatives to further expand the mutual market connectivity. After implementation of Shenzhen Connect in December 2016, **the PEC initiative is expected to further open up opportunities for Mainland investors' global asset allocation. It will also support the further internationalisation of the Mainland stock market and help complete the connectivity mechanism, thereby enabling the pooling of liquidity in the Mutual Market to fulfil its function in fund raising by issuers and stock trading by investors. In a broader sense, the Mutual Market with PEC and possibly other connectivity initiatives could assist China's bigger roadmap in economic development and RMB internationalisation. These are elaborated in sections below.**

Bottlenecks in Mainland and Hong Kong stock market development

Further market opening and internationalisation have been key policy directions of the Mainland capital market development. The 13th Five-Year Plan on Economic and Social Development (2016-2020) outlines the initiative of constructing a new pattern of all-round opening, which includes expanding two-way financial industry opening and capital market opening. In particular, it has been the central policy to develop Shanghai into an international financial centre (IFC). For this, initiatives were raised in a plan issued in 2015 by the People's Bank of China (PBOC) jointly with other government departments① to speed up the development of the Shanghai IFC. In March 2017, the State Council further issued a plan② with financial reform and market opening initiatives in the China (Shanghai) Pilot Free Trade Zone (Shanghai FTZ). These include further deepening innovative opening and orderly progress in pilot schemes on capital account opening and internationalisation of financial practices in the zone.

① *Plan on Further Advancing New Financial Market Opening Pilot Schemes in the China (Shanghai) Pilot Free Trade Zone and Speeding Up the Development of the Shanghai International Financial Centre* (《进一步推进中国（上海）自由贸易试验区金融开放创新试点 加快上海国际金融中心建设方案》), 30 October 2015.

② *Plan for Comprehensive Deepening Reform and Opening of China (Shanghai) Pilot Free Trade Zone* [《全面深化中国（上海）自由贸易试验区改革开放方案》], 31 March 2017.

Across the border, Hong Kong has been a well-known IFC① with active international investor participation in its capital market which has market practices following international standards. With its strengths, the Hong Kong capital market has been supporting the opening and internationalisation of the Mainland capital market through various means including cross-border listing of Chinese enterprises and secondary market trading through Stock Connect. **While internationalisation of the Mainland market is expected to be a long-term process, the Hong Kong market itself also has its weaknesses in the international dimension.** Both sides would need to have some breakthrough in an innovative way, which would be mutually beneficial to each other. The bottlenecks of each market are examined in sub-sections below and the innovative breakthrough is discussed after that.

1. "Internationalisation" of the Mainland stock market

On the investor side, eligible foreign investors investing in the Mainland stock market before the launch of Stock Connect were confined only to **Qualified Foreign Institutional Investors (QFIIs) and Renminbi Qualified Foreign Institutional Investors (RQFIIs)**. As of 26 April 2017, an aggregate investment quota of US$90,765 million (~RMB 626,638 million) for 281 QFIIs and of RMB 542,004 million for 183 RQFIIs were authorised by the State Administration of Foreign Exchange (SAFE)②. Among them, Hong Kong registered institutions got the largest number and quota value — 23% of QFII quota and 49% of RQFII quota (see Figure 3-3).

However, the total authorised QFII and RQFII quota were less than 3% of the total negotiable market capitalisation of the Shanghai and Shenzhen stock markets③. Moreover, not all the QFII and RQFII investment quota would be invested in the stock market.

① Hong Kong is the top 4th global financial centre according to the ranking by Global Financial Centres Index, March 2017, released by Z/Yen in partnership with the China Development Institute (CDI) in Shenzhen. Shanghai, Beijing and Shenzhen ranked 13th, 16th and 22nd respectively.

② Source: SAFE website.

③ Based on the total authorised quota as of 26 April 2016 compared to the total negotiable market capitalisation of equity securities of RMB 41,405 billion on the Mainland exchanges — SSE (RMB 25,410,107 million) and SZSE (RMB 15,995,368 million) — as at the end of March 2017 (source: SSE and SZSE monthly statistics on their respective websites). "Negotiable market capitalisation" is the market value of listed and marketable securities.

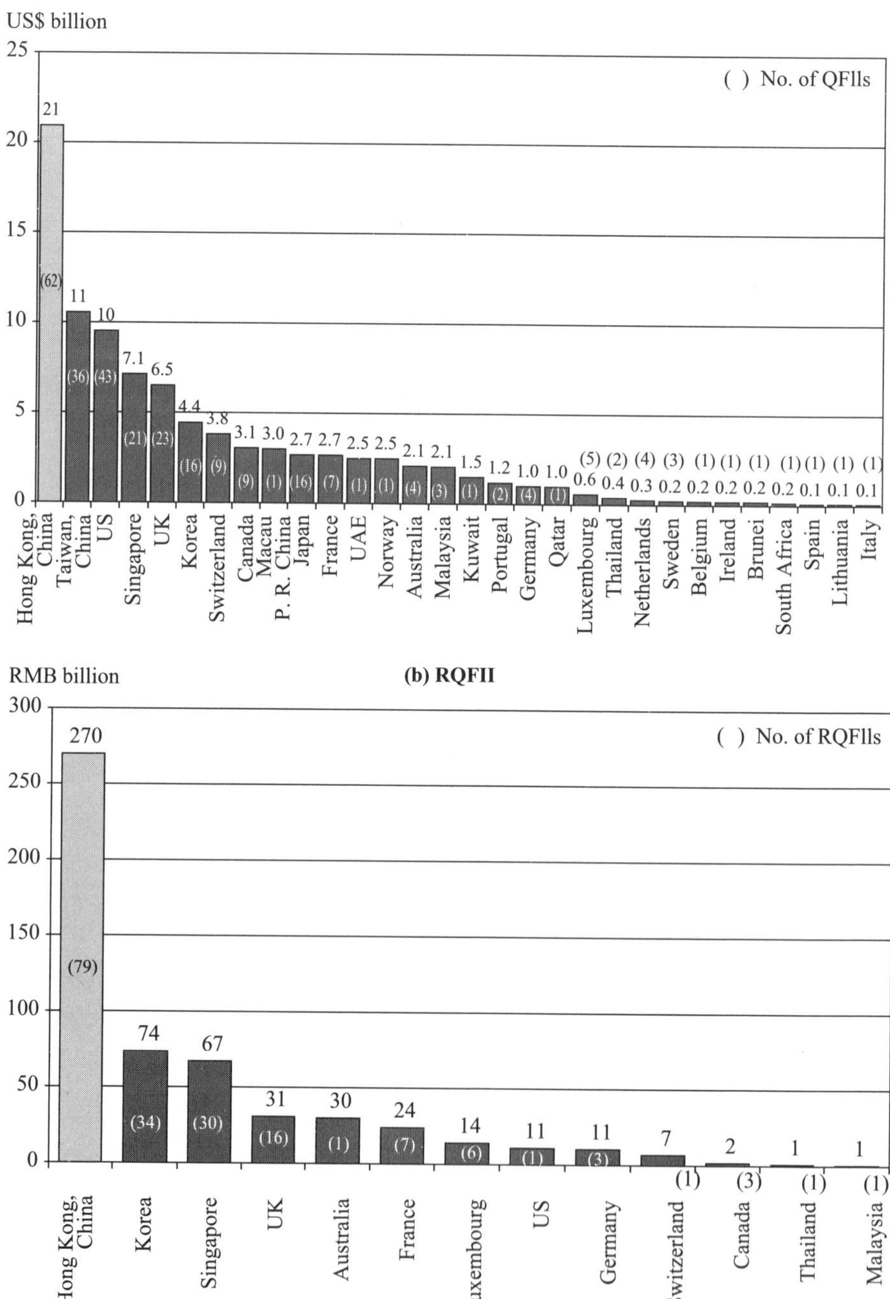

Figure 3-3 QFII and RQFII authorised quota by registered location (26 Apr 2017)

Source: SAFE website.

As at the end of 2016, there were a total of 326 thousand "legal person" investor accounts with the China Securities Depository & Clearing Co., Ltd (CSDC), the central clearing house for the stock markets in Shanghai and Shenzhen. Out of these, there were only 1,088 QFII accounts (543 in Shanghai and 545 in Shenzhen) and 1,078 RQFII accounts (534 in Shanghai and 544 in Shenzhen), i.e. **less than 1% by number of accounts in total**①.

In terms of market value of shareholdings, the total investment of QFIIs in the Mainland stock market was RMB 114,440 million as at the end of March 2017, **less than 0.3% of the total negotiable market capitalisation on the SSE and SZSE**②. Stock Connect has opened another channel for foreign investors to access the Mainland market, yet the participation is still in a small scale — Northbound trading constituted 2% or less of turnover value in Mainland A shares (see above).

On the issuer side, no foreign companies are yet allowed to list in the Mainland domestic stock market. The initiative of an International Board on the SSE was raised in 2009 by the Shanghai Government③ and its exploration was supported by the Central Government in its 12th Five-Year Plan for National Economic and Social Development released in 2011. However, little progress has been observed so far.

On the cash product side other than equities, the only foreign products are some ETFs with foreign assets as the underlying. As at the end of 2016, there were 6 cross-border ETFs (8%) out of a total of 75 ETFs on the SSE and only two out of 48 ETFs on the SZSE were on foreign underlyings (Hang Seng Index and Nasdaq 100 respectively)④.

On the market structure side, the Mainland stock market is highly dominated by retail investors. The market practices, rules and regulations are formulated to meet the special needs of the Mainland market in its course of development, which are not necessarily in line with international practices.

① Source: CSDC Monthly Statistics, December 2016, CSDC website. Note that different QFII and RQFII fund products would have different investor accounts.

② Source of QFII investment: Southwest Securities research report on QFII 2017Q1 shareholding status, 1 May 2017.

③ The Shanghai Government's *Opinions on the Implementation of the State Council's Policy on Establishing "Dual Centres"* (《贯彻国务院关于推进"两个中心"建设实施意见》), 11 May 2009.

④ Source: SSE and SZSE websites.

In conclusion, **the degree of internationalisation of the Mainland stock market is relatively low in multiple dimensions, including investor base, issuer base and institutional structure.** Increasing foreign participation would be conducive towards Shanghai's goal to be an international financial centre.

2. "Internationalisation" of the Hong Kong stock market

In terms of investor participation, the Hong Kong stock market is highly internationalised. Foreign investor trading in the HKEX cash market constituted a bigger proportion than local investor trading (40% and 36% respectively in 2016) (see Figure 3-4). Origins of foreign investors spread across the world — there were 18 reported origins of overseas investorsin Asia and 53 reported origins of overseas investors outside Asia, Europe and the US①.

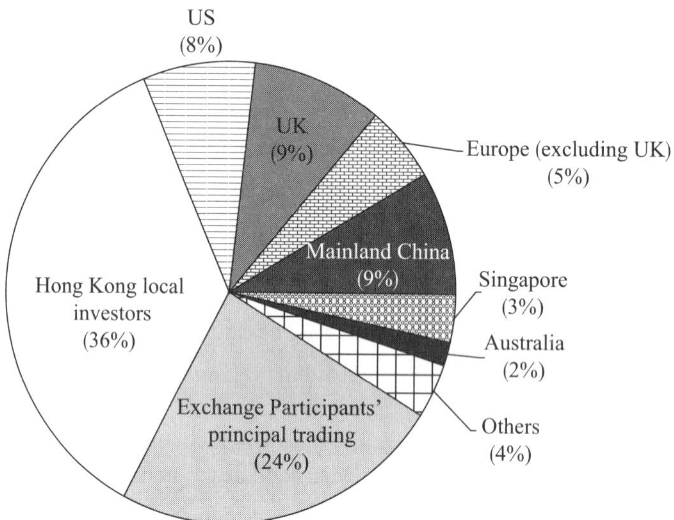

Figure 3-4 Distribution of HKEX cash market trading value by investor origin (2016)

Note: Numbers may not add up to 100% due to rounding.

"Others" comprise investors from Japan, Taiwan of China, Rest of Asia and Rest of the World.

Source: HKEX Cash Market Transaction Survey 2016.

From 2010 to 2017Q1, almost all IPOs in Hong Kong had made international offers to global investors and over 80% of the IPO funds raised came from

① Source: HKEX Cash Market Transaction Survey 2016.

international offers[①] during the period (see Figure 3-5). In other words, **global investors are active in both the primary market subscription for IPOs and the secondary market trading in Hong Kong**.

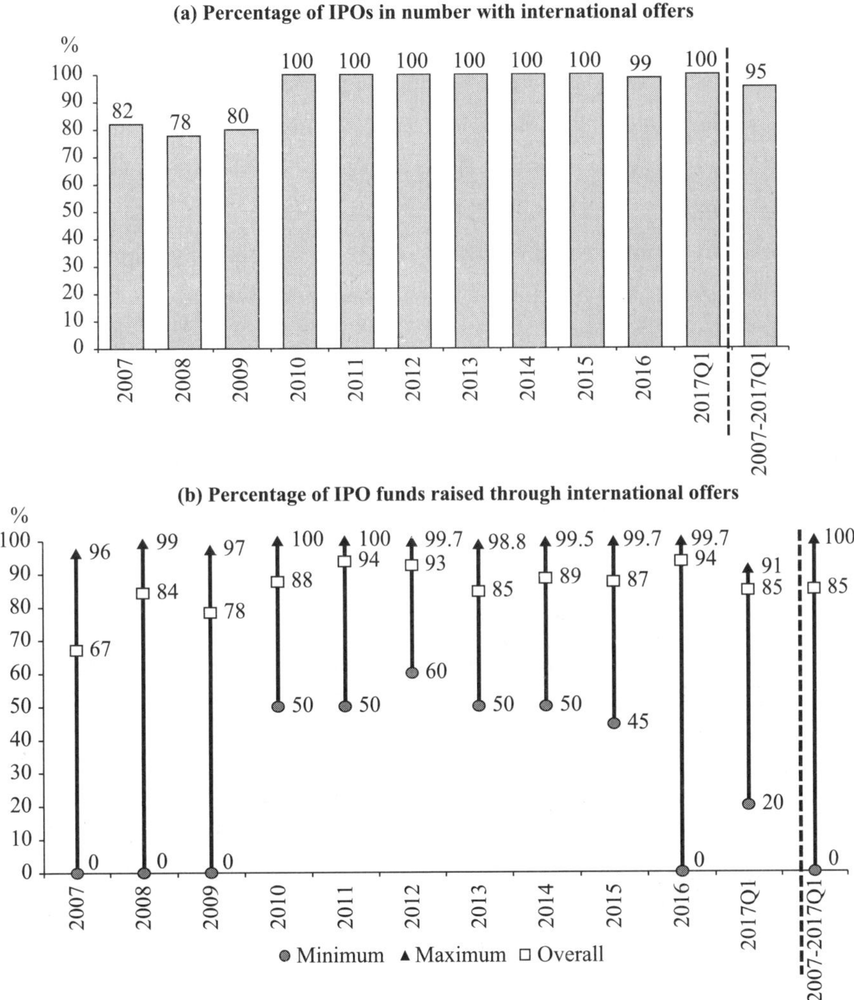

Figure 3-5 The share of international offers in Hong Kong IPOs (2007-2017Q1)

Source: HKEX.

① Global investors participating in international offers would include Hong Kong investors, investors from Mainland China and other overseas investors; and many institutional investors in Hong Kong have an overseas origin.

In terms of listed issuers, however, the overall HKEX market (Main Board and Growth Enterprise Market (GEM)) comprises, to the majority, Mainland enterprises — H shares, red chips and Mainland private enterprises (MPEs) — by market capitalisation (64% as at the end of June 2017) and turnover value (74% for January to June 2017, see Figure 3-6).

Among the newly listed companies during the past decade (2008 – 2017Q1), only 8% were of origins other than Hong Kong and Mainland China, contributing 20% of total IPO funds raised. The largest share went to MPEs in terms of number (47%) and H-share companies in terms of IPO funds raised (48%) (see Figure 3-7). In other words, **the Hong Kong primary market serves predominantly Hong Kong and Mainland companies and has not delivered its full potential to serve international companies**.

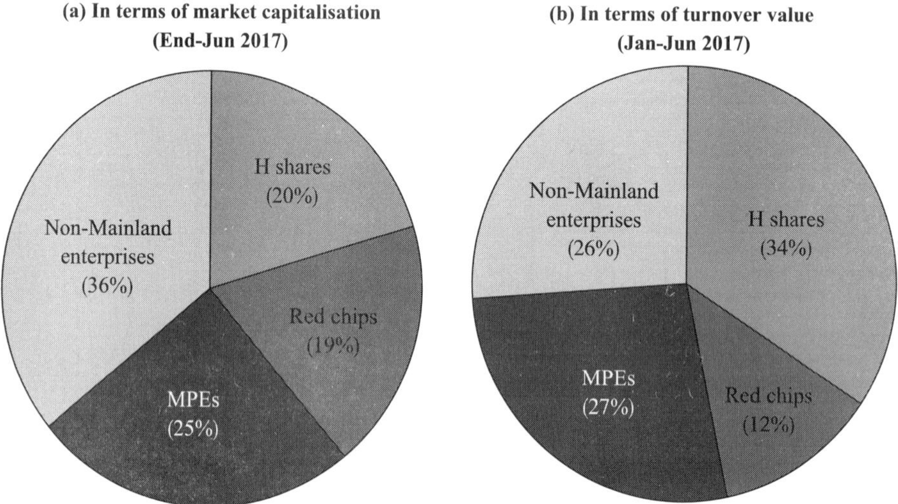

Figure 3-6 Composition of listed companies on SEHK Main Board by classification

Source: HKEX.

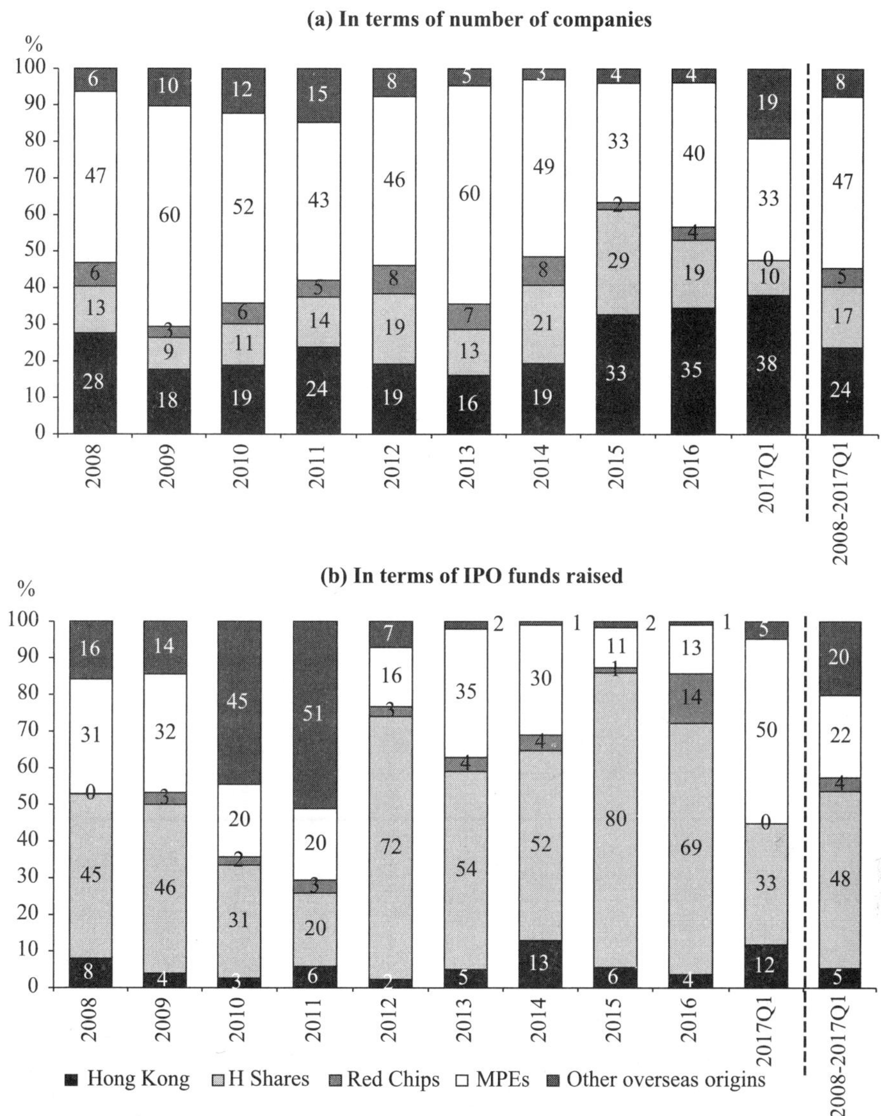

Figure 3-7 Composition of newly listed companies on SEHK Main Board by classification (2008 — 2017Q1)

Source: HKEX.

In conclusion, **the Hong Kong stock market is highly internationalised in terms of investor participation but with a relatively low degree of internationalisation in terms of listed issuers.**

3. "Internationalisation" of the Mainland-Hong Kong Mutual Market

The concept of the Mainland-Hong Kong Mutual Market is to open up to international and Mainland investors the access to a sizable market with combined Mainland and international elements through a specially design connectivity model. In respect of the equity market segment, the current connectivity of Stock Connect that is limited to secondary market trading only would undermine the potential benefits of the Mutual Market to participants, both issuers and investors. The major function of a stock market is fund raising by issuers. Towards this end, share offers at times of new listing are fundamental as these provide on the one hand the necessary funding for private enterprises to grow and on the other hand the diverse investment opportunities for investors. In the case of the SEHK Main Board, IPO funds raised constituted as high as 54% of total equity funds raised in 2011 and a significant share of 40% in the recent year of 2016; and share offers were the key post-listing fund raising method in the past decade (see Figure 3-8).

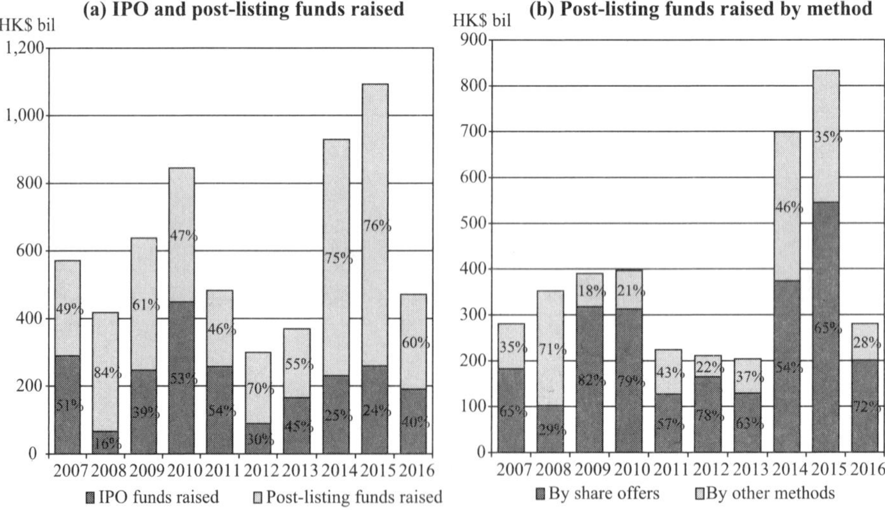

Figure 3-8 Equity funds raised on SEHK Main Board and percentage share of funds raised by IPO and post-listing issues and share offers (2007 — 2016)

Note: IPO fund raising methods comprise offer for subscription, offer for sale and offer for placing. For post-listing equity funds raised, share offer methods comprise placing, rights issue and open offer; other methods comprise consideration issue, warrant exercise and share option scheme.

Source: HKEX.

The internationalisation of the Mainland-Hong Kong mutual stock market would mean the market's possession of an international investor base and an international issuer base. The Hong Kong stock market, possesses an international investor base, but is weak in terms of an international issuer base. The Mainland stock market has yet to see considerable progress in both ends. With secondary market connectivity, a step forward has been made towards internationalisation of the Mutual Market. However, as discussed above, the mutual market connectivity is not complete in the absence of primary market connectivity and this would undermine the efforts towards internationalisation.

China's bigger roadmap: National account, market opening and RMB internationalisation

Internationalisation of the Mainland-Hong Kong Mutual Market is not a goal in itself but part of the bigger strategy for China to achieve a better balanced economy, more effective market opening and ultimately a higher degree of RMB internationalisation.

1. Possible improvement in the national balance sheet

China's national balance sheet[①] shows that on the assets side the nation had a growing amount of outward direct investment (ODI) and other foreign assets (excluding international reserves) during 2007 to 2013 — ODI grew from RMB 718 billion to RMB 6,147 billion; and the latter grew from RMB 3,866 billion to RMB 6,161 billion. As a percentage of total financial assets, ODI had an increasing share which rose to 1.7% in 2013 while other foreign assets had a similar share but on a decreasing trend. Comparatively, international reserves constituted a more significant percentage share of financial assets (7.5%) in the national balance sheet in 2013. The amount of international reserves maintained at a relatively high level of US$3,010.5 billion in 2016, despite a drop from the recent high of US$3,843.0 billion in 2014[②]. On the liabilities side of the balance sheet, foreign direct investment (FDI) and other foreign liabilities also had an increasing amount during 2007 to 2013, while

① Source: Wind (primary source: China Academy of Social Sciences).

② Source: National Bureau of Statistics of the PRC.

both maintained a steady percentage share of total liabilities of about 4% and 1.5% respectively in recent years (see Figure 3-9).

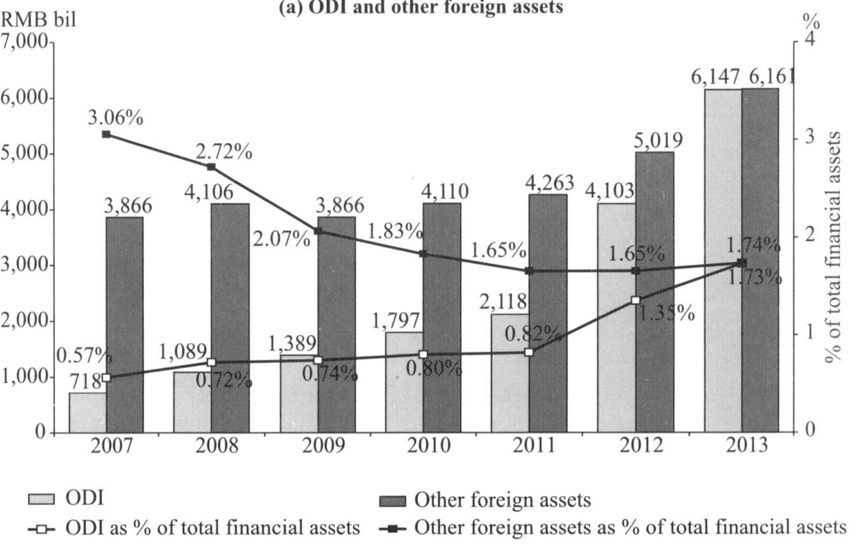

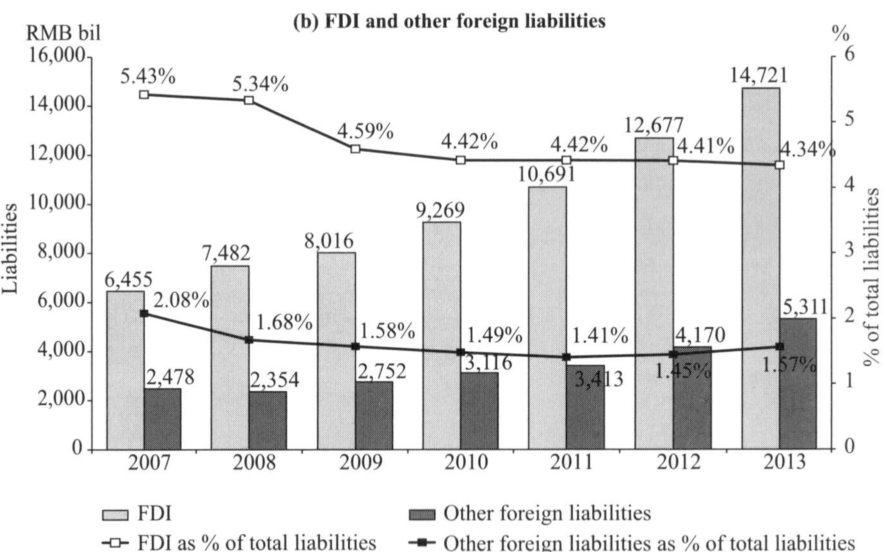

Figure 3-9 China's outward/foreign direct investment and other foreign assets/liabilities (2007 — 2013)

Source: Wind.

Note: All foreign liabilities are financial liabilities.

Despite growing foreign investment, current account statistics showed that China achieved negative investment income from 2010 to 2014 (see Figure 3-10). This is in contrast to the achievement of the US national accounts. Figure 3-11 shows clearly that the US achieved an increasing negative net international investment position and an increasing trend in positive investment income during the past decade from 2007 to 2016. The majority proportion of the US investment income came from portfolio investment (see Figure 3-12).

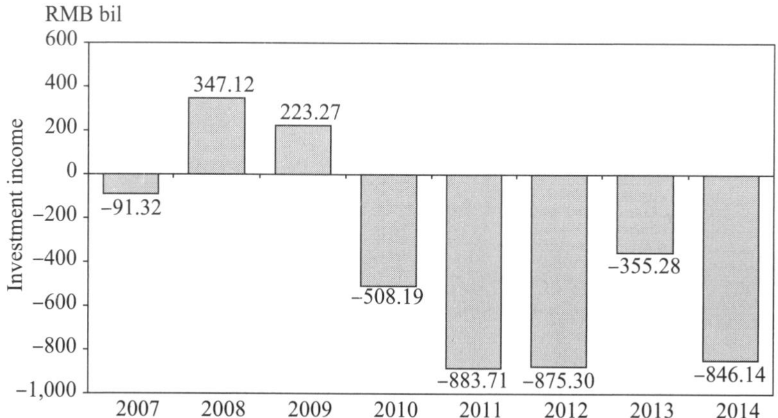

Figure 3-10 China's investment income under current account (2007 — 2014)

Source: Wind.

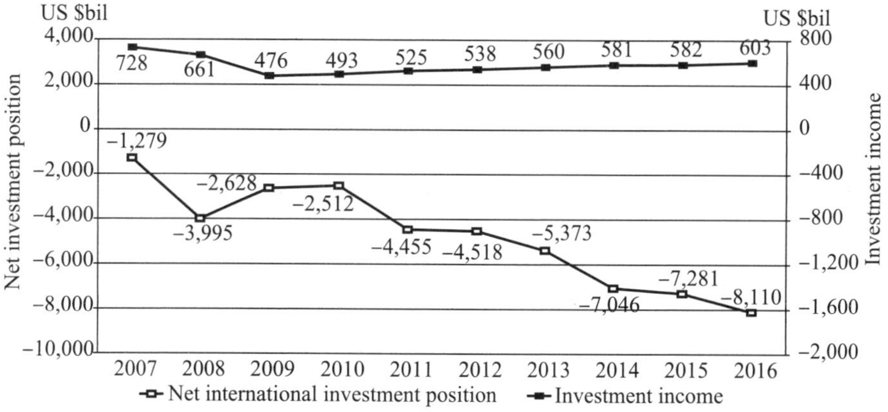

Figure 3-11 US net international investment position and investment income (2007 — 2016)

Source: US Bureau of Economic Analysis (BEA).

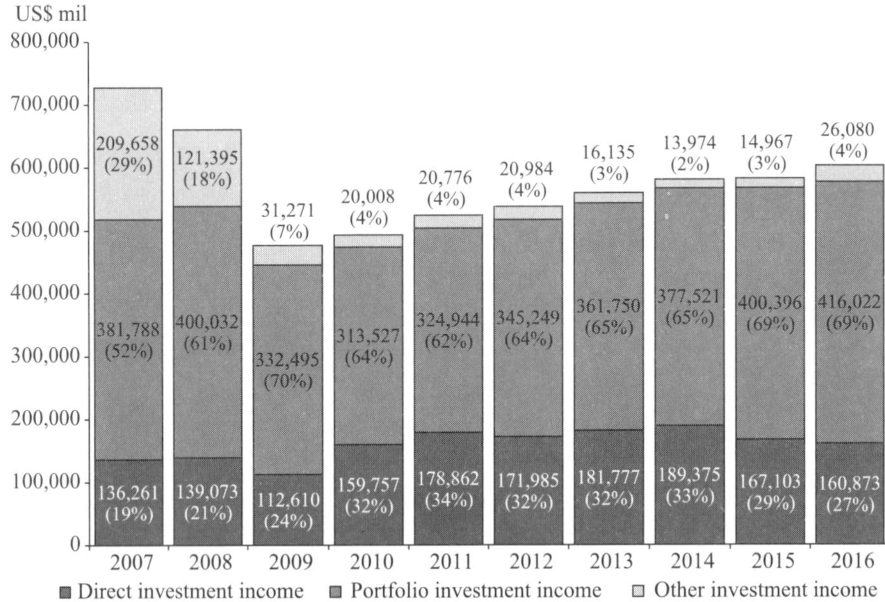

Figure 3-12 Composition of US investment income (2007 — 2016)

Source: US Bureau of Economic Analysis (BEA).

In fact, the US has maintained a positive net income balance for over two decades since the 1990s, while its net international investment position has been deteriorating. This aroused academic interest in solving this longstanding puzzle that the US is a net borrower from the rest of the world and yet manages to receive net income on its external position. Two major factors were identified: (1) the US has a positive net external equity balance and a negative net external debt balance, and the income yield on equity has been higher than the income yield on debt; and (2) the US earns a persistently higher income yield on its FDI assets than foreigners earn on their direct investments in the US[①]. Nobel Laureate, Paul Krugman, commented that "American assets, often taking the form of foreign subsidiaries of US corporations, earn a higher rate of return than US liabilities... when there is a lot of foreign money parked in (US) Treasuries... As a result, income from US-owned assets abroad consistently exceeds

① Alexandra Heath, *What Explains the US Net Income Balance*? Bank for International Settlements (BIS), Working Paper No. 223, January 2007.

payments on foreign-owned assets in the US"[①]. A study found that the differential income earned from US-owned foreign assets relative to income paid to foreign-owned US assets could be attributed to, among other less significant factors, the differential tax treatment (US tax rate is generally higher than that of countries where the US owns foreign assets), and the higher risk in the foreign invested countries (generating higher risk-adjusted returns than foreign-owned US assets)[②]. The same study also found that for portfolio equity and debt, the average yields on claims and liabilities were nearly identical (for the period 1990 to 2010).

The US case is insightful to China,which looks like a mirror image of the US — negative net investment income on positive net foreign assets. China has large international reserves which are mostly invested in US treasuries[③], of which the yield is low. On the other hand, China pays relatively high costs in attracting FDI with its preferential policies, while its ODI has been facing a certain degree of opposition and regulatory obstacles in the target countries. Moreover, China's ODI in developed countries like the US and Europe would have lower risk-adjusted returns than FDI in a developing country like China. **The US case demonstrates a way to improve China's national balance sheet, which is to increase its net international investment income by liberalising outward portfolio investment. Towards this end, developing the Mainland-Hong Kong mutual market platform with a high degree of internationalisation would be a promising approach** (see below).

2. Further financial market opening

As discussed above, further financial market opening is a major policy line in the 13th Five-Year Plan and much policy support has been put in for developing Shanghai into an IFC. Back in 2009, the idea of establishing an international board on the SSE was raised with government policy support, allowing foreign companies to list on

---

① Source: *US Net Investment Income*, 31 December 2011, The Opinion Pages — The Conscience of a Liberal, Paul Krugman,The New York Times (https://krugman.blogs.nytimes.com).

② Stephanie E. Curcuru and Charles P. Thomas, *The Return on US Direct Investment at Home and Abroad*, Board of Governors of the Federal Reserve System, International Finance Discussion Paper No. 1057, October 2012.

③ The composition of China's foreign exchange reserves is not officially disclosed. Some sources give the estimates of about 70% in US dollar assets based on China's economic data. (Source: Wikipedia;《揭秘：中国 3 万亿美元外汇储备是如何配置的》, http://finance.sina.com.cn/).

the domestic exchange. This policy initiative and the policies supporting ODI are manifestations of China's economic development policy advancement — moving from *firstly* letting Chinese enterprises go out for fund raising (and foreign capital going in) (since the 1990s) to *secondly* letting domestic capital go out through ODI and portfolio investment channels like Qualified Domestic Institutional Investor (QDII) scheme (since 2006) and Stock Connect (since 2014), and *furthermore* to **the future possible fund raising by foreign enterprises in the domestic market.**

The vision of market opening is expected to be two-way (i.e. both inward and outward) comprehensive financial market opening — allowing foreign capital to invest in Mainland China's domestic financial products and allowing domestic capital to invest in foreign financial products. Given the current differences between the Mainland financial market system and practices and those of the international developed markets as well as the Mainland authorities' concern of domestic financial stability, the path from the current limited opening to a comprehensive degree of market opening is not short and easy. The Mainland-Hong Kong Mutual Market platform, being a closed-loop system with a gradual approach in scope expansion, would facilitate this lengthy market opening process (see below).

3. Towards full capital account convertibility

An orderly realisation of RMB capital account convertibility is a state objective written in the 13th Five-Year Plan and financial market opening is the key towards this objective. An analysis revealed that out of the 40 sub-items of the capital account as classified by the International Monetary Fund (IMF), there are only a few sub-items which remain unconvertible in China①. These outstanding sub-items relate mainly to the issuance of equity securities, money market instruments, derivatives and other instruments by non-residents. To help RMB become a convertible and freely usable currency, as stated in the PBOC's 2015 Annual Report, more financial market opening initiatives would include:

- Further liberalisation and facilitation of (1) investment in overseas financial markets by domestic residents and (2) investment in the Mainland financial

① The other items are either convertible or basically convertible or partially convertible. Source: 《人民币资本项目开放的现状评估及趋势展望》, 4 April 2016，第一财经 (http://www.yicai.com/).

market by foreign investors.

- **Allowing qualified foreign companies to issue shares in the domestic market.**

Towards this end, **the Mainland-Hong Kong mutual market platform with connectivity in the primary market would help move one more step towards RMB capital account convertibility** (see section below).

Primary equity connect — A breakthrough opportunity

Given the development bottleneck for internationalisation of the Mainland and Hong Kong stock markets, the mutual market connectivity model covering both the primary IPO market (Primary Equity Connect) and the secondary stock trading market (Stock Connect) would offer a possible solution. Figure 3-13 below shows a conceptual model.

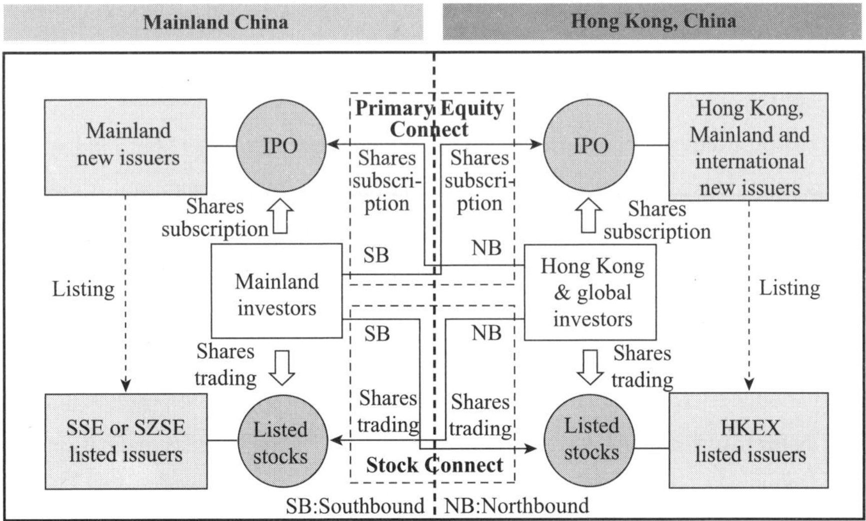

Figure 3-13 Conceptual model of Mainland-Hong Kong mutual market connectivity in both the primary and secondary markets

Note: Primary Equity Connect and Stock Connect form a closed system of money flow.

The concept of **Primary Equity Connect (PEC)** is to allow Mainland investors to subscribe for IPOs in the Hong Kong market (Southbound) and global investors in

Hong Kong to subscribe for IPOs in the Mainland market (Northbound). Upon listing of the IPO shares issued, trading by investors from the other market would be enabled through the existing Stock Connect scheme. Under this connectivity model, **shares subscription under PEC and shares trading under Stock Connect are effectively contained within a closed-loop system**.

Compared to the QFII and RQFII schemes, foreign investors accessing the Mainland stock market through Stock Connect need not apply for special licences or investment quotas from the Mainland authorities, or open accounts with Mainland brokers or custodians. They adopt their familiar trading practices in trading Mainland stocks through Stock Connect as they do for trading in the Hong Kong stock market. Similarly, Mainland investors adopt their familiar Mainland trading practices in accessing the Hong Kong market through Stock Connect. Moreover, Stock Connect enables Mainland retail investors to directly invest in the Hong Kong market without the need to go through products of QDIIs. A seamless link of PEC for primary market shares subscription with Stock Connect for secondary market trading would be particularly beneficial to investors, owing to such trading efficiency and convenience provided by Stock Connect.

PEC would help enhance the international dimension of the Mainland market by improving international investor participation and the international dimension of the Hong Kong market by broadening the international issuer base. In addition, PEC would open up more investment opportunities to Mainland investors which the Mainland domestic market may not be able to offer in the short term. More importantly, as discussed in the previous section, the Mainland-Hong Kong Mutual Market model could support China's bigger roadmap to achieve a better national balance sheet, further two-way market opening and RMB internationalisation. The expansion of the scope of Mutual Market connectivity to the primary equity market would be a breakthrough. Potential benefits of PEC are discussed below.

Potential benefits of PEC to the Mainland market and investors

(1) New opportunities for global asset allocation and therefore an improved national balance sheet

During the ten years from 2006 to 2015, domestic savings had increased by a compound annual growth rate (CAGR) of 14% to about RMB 33,708 billion (~US$5,115 billion)[①]. In the same period, overseas direct investment (ODI) had achieved a CAGR of 32%, while overseas securities investment had a negative CAGR of -0.2% despite the launch of the QDII scheme in 2006[②]. Since 2011, the ratio of overseas securities investment to total domestic savings had maintained at a relatively low level of about 5% while ODI had shot up to about 21% at the end of 2015 (see Figure 3-14).

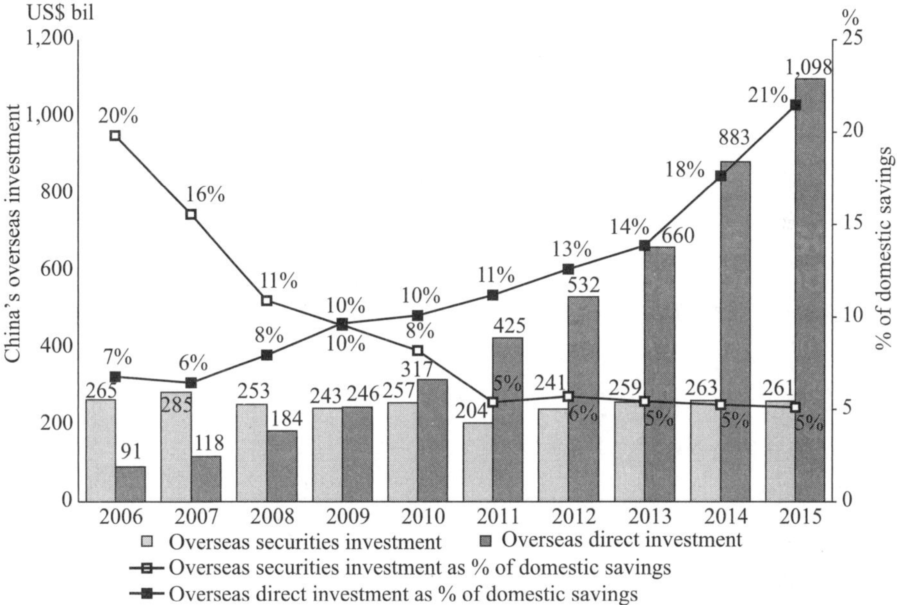

Figure 3-14 Mainland China's overseas direct investment and securities investment (2006—2015)

Source: Wind.

In addition, the RMB has suffered a depreciation trend since August 2015[③] (see Figure 3-15) and there has been fear that this may continue for a period of time. Mainland investors, including investment arms of government authorities and enterprises, are eager to seek non-RMB assets for portfolio diversification and hedging against further drop in the value of the RMB.

① Source: Wind.

② CAGR figures were calculated based on annual data obtained from Wind.

③ This was triggered by the reform of the RMB to USD exchange rate formation mechanism by the PBOC on 11 August 2015 to make it more market-driven.

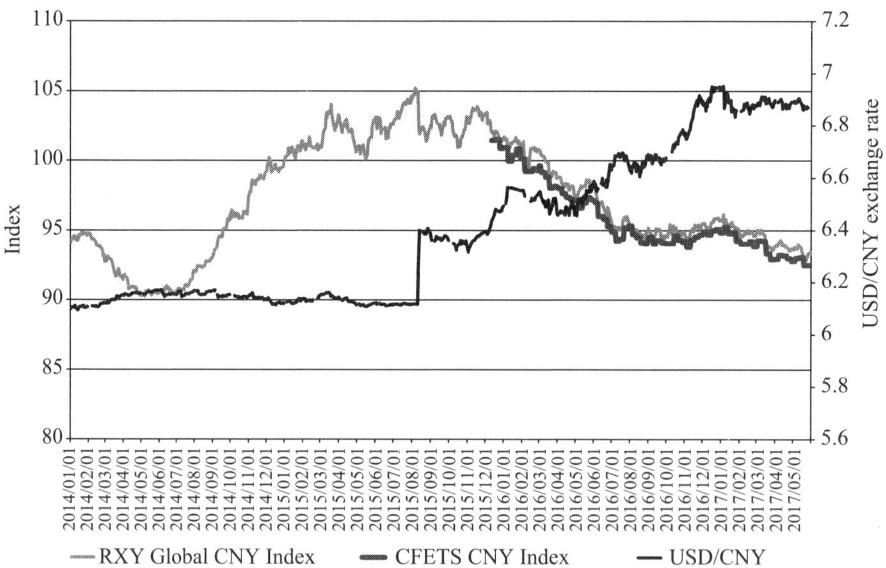

Figure 3-15 Daily closings of RMB indices and USD/CNY exchange rate (2014 — May 2017)

Note: RXY Global CNY Index is an index launched by HKEX in partnership with Thomson Reuters that measures the performance of the onshore RMB (CNY) against a basket of major international currencies. CFETS CNY Index is the official index on CNY against a basket of major international currencies published by the China Foreign Exchange Trade System (CFETS).

Source: Thomson Reuters.

Relative to the high level of domestic savings, domestic supply of investment products in the Mainland has been inadequate to meet investment demand of Mainland residents for asset value preservation and appreciation. This leads to the situation of asset shortages in Mainland China since 1990 as documented by an academic study, and the consequential phenomenon of asset bubbles, exemplified by price surge in the property market, stock market and even consumer goods[①]. The study explains that asset shortage is measured by the excess in percentage of domestic savings (i.e. the asset demand) relative to the asset supply which is constituted by domestic bonds, shares, loans, change in short-term deposits and net purchase of foreign assets. As a point of reference, the total funds raised by equity issues on the SSE and the SZSE in

① YANG Shenggang and LIANG Can, *Asset Shortages in China* (《中国资产短缺问题研究》), 2015 (http://www.sinoss.net).

2015 was about RMB 1,540 billion[①], which was less than 5% of the domestic savings as at the end of 2015 — similar to the 5% level for total overseas securities investment in 2015 (see Figure 3-14).

Global asset allocation has therefore become an imminent need of Mainland investors. Moreover, there is a need for more income from overseas investments to improve China's national balance sheet. While the Belt and Road (B&R) initiative would promote income from ODI by investing in the developing countries[②], increasing overseas portfolio investment could offer potentially significant income.

Currently, apart from Southbound trading under Stock Connect, the QDII scheme is the only legitimate channel for overseas securities investment. However, this is subject to quota limit and approval. As a matter of fact, there has been no increase in QDII investment quota since March 2015, which remained at US$89,993 million by June 2017 (see Figure 3-16). This was less than 2% of the domestic savings as of end-2015.

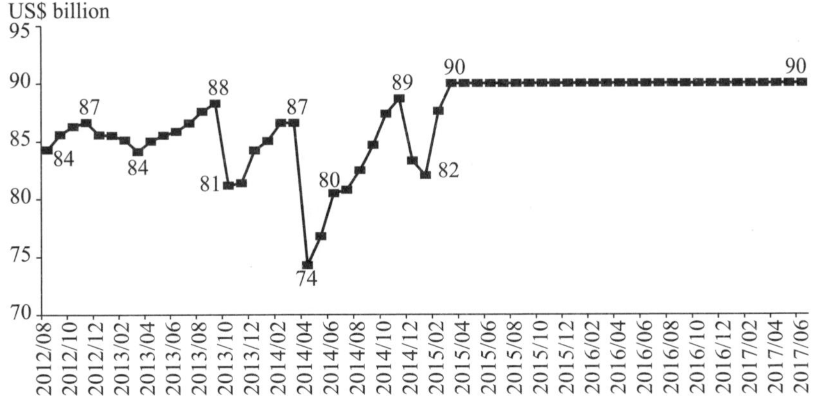

Figure 3-16 Month-end approved investment quota of QDII (Aug 2012 — Jun 2017)

Source: SAFE website.

① In 2015, total funds raised by share issuance on the SSE was RMB 871,082 million and that on the SZSE (including Main Board, SME Board and ChiNext) was RMB 668,902 million (source: SSE and SZSE monthly statistics on their respective websites). Domestic savings were RMB 33,708 billion as at the end of 2015 (source: Wind).

② B&R consists of the Silk Road Economic Belt (SREB) and 21st Century Maritime Silk Road (MSR) initiatives. The SREB runs through Central Asia, West Asia, the Middle East to Europe, with extension to South Asia and Southeast Asia. The MSR runs through Southeast Asia, Oceania and North Africa. The report, *Industrial Cooperation Between Countries Along The Belt and Road* (《"一带一路"沿线国家产业合作报告》), released by The China International Trade Institute in August 2015 identified 65 countries along B&R that will be participating in the initiative.

Besides QDII, there is known to be a "green channel" offered by SAFE under which special authorisation is obtained from SAFE for certain domestic investors (mainly Mainland cornerstone investors) to subscribe for IPO shares offered by Mainland enterprises to be listed in Hong Kong. This practice started from the IPO of the Postal Savings Bank of China Co., Ltd. and has been applied to IPOs of several Mainland enterprises since then. However, this is a special practice under special authorisation applied to special enterprises and is subject to special requirements imposed by SAFE①.

Southbound PEC would open up one more official global asset allocation channel for Mainland investors, possibly in a wider scale than existing channels, by enabling them to subscribe new shares of international companies to be listed in Hong Kong. This would enhance the overseas portfolio investment of Mainland capital to a larger degree than the current only way of secondary market connectivity.

(2) Facilitating two-way market opening

In an attempt to open up the Mainland domestic market for fund raising by international companies, the success factors would lie in the attractiveness of the Mainland market to potential issuers on the considerations of funding needs and the cost of capital. Some big international companies seeking business expansion in China may be interested due to the branding effect offered by a domestic listing status. Nevertheless, there may not be many of these companies to provide a continuous supply of issuers. As the regulatory framework of the Mainland stock market is very different from that of international developed markets, potentially high compliance costs may deter the majority of potential foreign issuers to list in China, even if an international board is available in the domestic market.

In comparison, with PEC under the Mainland-Hong Kong Mutual Market model, foreign issuers would abide by the more familiar, internationalised rules and standards of the Hong Kong stock market for share offerings to the Mainland investors. As illustrated in Figure 3-17, the connectivity platform of the Mutual Market② enables

① As informed by market participants, under "green channel" permission, SAFE requires remittance back to the Mainland of the funds raised by the issuer from the IPO and part, if not all, of the proceeds received by the investors upon sale of the subscribed shares. This is considered to be a harsh "double-remittance" requirement.

② Certain initiatives in developing the platform are subject to regulatory approvals.

Mainland domestic capital and financial products to go out and international capital and financial products to go into Mainland China, without the need for investors and issuers on either side of the Mutual Market to adapt to practices on the other side.

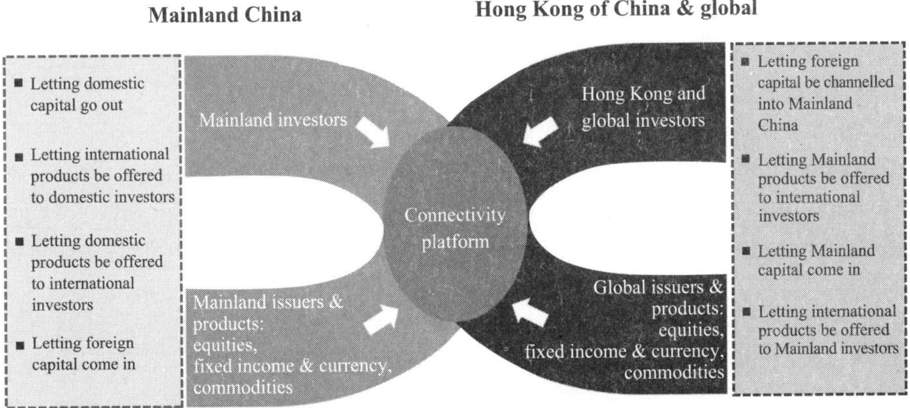

Figure 3-17 The connectivity platform of the Mainland-Hong Kong mutual market

(3) One more step in RMB capital account convertibility

Southbound PEC under the Mutual Market would effectively implement RMB convertibility in one more item under the capital account, i.e. the offering of shares or equity-type securities by non-residents to the Mainland domestic investors. In the future, other suitable connectivity initiatives (e.g. the offering of financial derivatives) could be introduced under the Mutual Market model for achieving RMB convertibility under the remaining capital account items.

Although in the long run China could achieve comprehensive RMB convertibility under the capital account by some other means, PEC and other connectivity initiatives under the Mutual Market model could help speed up the process in a controlled manner (see point (7) below).

(4) Development of international investor base

As noted above, foreign holding in the Mainland stock market was less than 0.3% of the total negotiable market capitalisation on the SSE and SZSE, compared to 40% of foreign investor trading in the Hong Kong stock market. **Northbound PEC would provide more opportunities to the Mainland for developing the international investor base in the domestic market**, which is vital to achieving its stock market internationalisation.

IPOs with share offerings through Northbound PEC would be open to all international investors. Compared to domestic IPOs that are open only to qualified foreign investors (QFIIs and RQFIIs), IPOs under Northbound PEC are expected to involve more international marketing efforts from the issuers and the securities industry (both Mainland and international). International investors would be provided with intensive issuer information for their better understanding of the investment value, possibly in a more comprehensive way than domestic offers that focus on domestic investors. Moreover, relatively large holdings by foreign investors in Mainland shares could be achieved in the primary market through PEC without the share price impact as it would have for buying large block of shares in the secondary market.

(5) More listing opportunities to Mainland enterprises

The relatively fast economic development in Mainland China has resulted in increasing domestic savings on the one hand and increasing funding needs of existing and new enterprises for growth and expansion on the other hand. This appears to be a perfect match. However, the current pace of IPOs in the Mainland stock market may not be able to satisfy the long queue of enterprise applications on a timely basis. As reported by Bloomberg[①], as of September 2016, there were over 830 IPO applicants waiting for the approval of the CSRC for listing on the SSE or the SZSE. The CSRC had put in efforts to shorten the queue[②], which was reduced to about 700 by February 2017. However, the typical waiting time was still 18 months or longer[③]. Local media reports indicated that there were more than 700 companies still waiting for approval at the provincial level before they could join the IPO queue[④]. Official exchange statistics show that the SSE and the SZSE recorded a total number of new listings of 103 and 124 respectively in 2016 and 103 and 108 respectively in 2017 up to May. Based

① *Few in China's IPO Queue Likely to Benefit from Fast-Track Reform*, Bloomberg, 12 September 2016.

② In September 2016, the CSRC allowed companies registered in any one of 592 impoverished regions nationwide to jump the queue but the objective appeared to be wealth redistribution rather than easing the IPO bottleneck (Bloomberg, 12 September 2016); and in February 2017 the CSRC was reported to be considering offering a shortcut for some of the country's largest technology companies to jump the queue.

③ *China to Let Big Tech Firms Jump IPO Queue*, The Straits Times, 25 February 2017.

④ *Few in China's IPO Queue Likely to Benefit From Fast-Track Reform*, Bloomberg, 12 September 2016.

on the increased speed of IPO processing in 2017 (about 500 per year), the existing queue, including the provincial waiting queue, could be processed in 3 years' time. However, this number does not take into account the continuous new entrants to the queue as the Chinese economy develops, not to say there could be policy suspension of IPOs at times of bearish markets (as in past experiences).

An IPO listing in Hong Kong would be an alternative to the Mainland enterprises waiting in the Mainland IPO queue. Currently, a Hong Kong listing would enable the enterprises to build an investor base mainly of Hong Kong and global investors, with Mainland investors to a much lesser extent. With Southbound PEC in place, Mainland enterprises listed in Hong Kong would also be able to offer shares to Mainland investors. In this way, an IPO listing in Hong Kong would become a practical alternative to Mainland enterprises targeting a Mainland investor base, while opening up the opportunity to reach out to global investors. **PEC thus would help relieve the IPO constraints in the Mainland at the current stage of domestic market development**.

(6) Nurturing the Mainland investor base

The international regulatory framework and market practices in Hong Kong make the Hong Kong market a valuable training ground for Mainland investors. The QDII scheme launched in 2006 has benefited the Mainland institutional investors and indirectly the Mainland retail investors through QDII products. Stock Connect launched in November 2014 further opens up the training ground directly to Mainland retail investors in respect of secondary market trading. In respect of IPO subscription in the primary market, the Mainland market practice is much different from international practice. Partly due to supply-demand imbalance, Mainland investors may have been used to price surge of IPOs at listing in the Mainland. **Southbound PEC would offer opportunities to Mainland investors in gaining international experience of IPO shares subscription and price movements (both upside and downside are possible) upon listing, thereby help nurture the Mainland investor base towards maturity**.

(7) Risks of capital outflow within control

Same as the model design of Stock Connect in the secondary market, money flows involved in PEC would be done in a closed-loop system such that on sale of the subscribed shares (presumably through Stock Connect), the money would flow back to the buying investors in the origin market. This would alleviate the concern of capital outflow from the Mainland market.

Potential benefits of PEC to the Hong Kong market and global investors

(1) Attracting the listing of international companies

Southbound PEC would open up the funding pool from Mainland investors and this would attract potential global issuers to list in Hong Kong. Given the sheer size of Mainland domestic savings and business opportunities in China, a listing in Hong Kong under Southbound PEC is believed to be attractive to international companies in consideration of sizable IPOs and companies with business development strategies in China. Moreover, with Mainland investors as potential subscribers, international companies would have greater confidence in a successful IPO in Hong Kong.

(2) Activating the market by increasing investor participation

To complete the shares offering and trading cycle in the Mutual Market, PEC in the primary market is expected to be operationally linked with Stock Connect in the secondary market so that shares subscribed under PEC by investors on either market could be traded through Stock Connect. The Hong Kong market fuelled by PEC would be further activated by expectedly increased international listings and the enlarged liquidity pool with Mainland investor participation. Increased market liquidity in both the primary market and the secondary market would be welcomed by global investors.

(3) Benefiting market intermediaries with vibrant primary and secondary market activities

The increased primary and secondary market activities would provide more business opportunities to market intermediaries in Hong Kong including investment banks, law firms, accounting and auditing firms, and securities brokers.

Potential benefits of PEC to the Mainland-Hong Kong Mutual Market

The implementation of PEC would help fulfil the Mainland-Hong Kong Mutual

Market ecosystem in the equity market segment. This would be a breakthrough opportunity for linking up international investors with Mainland companies and Mainland investors with international companies, thereby helping achieve the vision of the Mutual Market in the international dimension. **Being scalable, the Mainland-Hong Kong Mutual Market could ultimately become a financial supermarket for Mainland and international investors, offering them different kinds of financial products from all over the world**.

Issues for consideration in implementing PEC

Like Stock Connect, PEC is a brand new concept which would require careful consideration of practical issues and market implications for its implementation. Nevertheless, with a suitable model design, the challenges could be largely overcome and the benefits would outweigh the costs. These challenges are discussed below.

Potential increase in market competition

The increased foreign participation in Mainland IPOs under Northbound PEC may be regarded as a booster on top of the strong domestic demand for Mainland IPOs. There may therefore be the concern of further boosting the considerably active IPO subscription market in the Mainland. Quite the contrary, it is believed that, with proper model design, **PEC could contribute to a fairer pricing in, and a more healthy development of, the Mainland primary market**. Under the current market practice in the shares allocation process, QFIIs and RQFIIs could only get a minute portion of the Mainland IPO shares subscribed. The shares allocation mechanism in the Mainland market is quite different from international market practice and constrains foreign participation in the primary market. Northbound PEC could be designed to allow greater foreign participation, in both new shares subscription and allotment, as well as in the pricing process. This would help bring the Mainland primary market to gradually align with international practice.

Secondly, there may be the concern from the Mainland markets about increased competition from Hong Kong for the listing of Mainland issuers under PEC, as the Mainland issuers may have higher intention to opt to list in Hong Kong instead of in the domestic markets. This, however, would not be a major issue since the existing regulatory requirements for overseas listing of Chinese enterprises, particularly for H-share companies, would not be affected under PEC. The additional attraction under PEC would be the availability of Mainland investor demand. **PEC would in fact help alleviate the overwhelming pressure on IPO processing in the Mainland**.

Thirdly, there may be concern about the potential competition from Hong Kong with the planned International Board in the Mainland for the listing of international companies. In this respect, **PEC in its conceptual model is believed not to have any impact on the International Board** for which the issuer eligibility requirements and operational details are yet to be ascertained. On the contrary, market views consider that it would probably be the overseas exchanges that might face the competition from Hong Kong under Southbound PEC for the listing of international companies. The internationalisation of the Mainland stock market in fact would need multiple initiatives for trial implementation, to be modulated as appropriate as the market develops in time. **The Mutual Market with PEC would effectively act as a kind of China's offshore international board, that could run in parallel with its onshore international board.**

For the Hong Kong market, the increased liquidity pool under Southbound PEC is generally considered beneficial rather than competitive for IPO subscriptions in Hong Kong.

Regulation and investor protection

Market regulation for PEC would be a major area that requires careful consideration. This would include eligibility criteria for issuers and investors, and the obligations and liabilities of exchanges, market regulators, intermediaries, issuers and investors on both sides of the Mutual Market. **The ultimate objective would be to provide a level-playing field with adequate investor protection and risk control.**

Mainland and Hong Kong stock markets have different primary market regimes, including IPO eligibility criteria, listing requirements and disclosure requirements in IPO prospectus. For IPOs under Southbound PEC targeting Mainland investors, additional issuer eligibility and disclosure requirements may need to be imposed[①].

---

① As reference, cross-border offerings of shares to investors in markets like the US and the UK would need to follow certain regulatory requirements, including information disclosure requirements, of the market where the cross-border offering is made.

Conversely, additional disclosure requirements may also be needed for IPOs under Northbound PEC to be offered to local and global investors in Hong Kong. Moreover, there may be certain state-level restrictions on foreign ownership of Mainland enterprises in strategic industries. As a result, certain specific IPO eligibility criteria or restrictions on foreign subscription for Northbound PEC may apply.

In case of any incident relating to regulatory matters of issuers under PEC that might impact investors' interests, the application of which market's investor protection regime, the roles of the market regulators on either side, the liabilities of the issuers, exchanges and intermediaries would need to be clarified. In addition, cross-border investors' credit risk would be a concern to market intermediaries. Nevertheless, these could be tackled by a clear and sound regulatory framework and suitable operational design.

Moreover, **extensive investor education** would need to be done in order to equip investors on each side of the Mutual Market with knowledge of the primary market practices and investment behaviour on the other side for self-protection.

Operational issues

Whether it is Northbound or Southbound, PEC would involve an extension of IPO shares subscription to investors on the other side of the Mutual Market. In contrast to secondary market trading under Stock Connect where there are no changes in the listed stocks' home market trading, clearing and settlement practices, the shares subscription and allotment practices under PEC in the IPO home market would need to be carefully designed to accommodate cross-border investors.

Questions to be answered would include but are not limited to:

- Would cross-border retail investors be allowed to subscribe for PEC shares or would PEC be opened only to cross-border institutional investors?
- How would PEC shares be allotted to cross-border investors?
- Would there be a separate subscription pool for cross-border subscription or a combined pool with domestic market subscription?
- Would cross-border subscription be subject to different market rules or follow the IPO home market rules?

- Would cross-border investors be served by intermediaries in the IPO home market or in the investor's market?
- Would intermediaries which serve cross-border investors be subject to different regulatory requirements, e.g. Know-Your-Client (KYC) rules and placement guidelines?

Since IPO procedures and market practices are very different between Hong Kong and the Mainland, **considerable efforts are expected to formulate the PEC operating model design in order to meet the interests of both issuers and investors, as well as to maintain the basic principles of market fairness, openness and integrity**.

Besides, the post-IPO shares trading support for PEC by **a seamless link with Stock Connect** is necessary. A proper regulatory and operational framework will have to be prepared for this arrangement. Given the usual market practice of funding offered by brokers to investors for IPO shares subscription in Hong Kong, there is advocacy from the market for enabling block trades in Stock Connect to facilitate such funding service support. The reason is that, without block trade facility, there would be market impact on the stock price for investors to sell a large volume of their subscribed shares in the secondary market in order to repay the brokers for the funding. Implementing PEC without a corresponding block trade facility in Stock Connect would be a deterrent to IPO subscriptions by cross-border investors who need funding support from brokers. These kinds of operational detail would need to be catered for in linking PEC with Stock Connect.

Conclusion

The Mainland-Hong Kong Mutual Market established upon the launch of the Stock Connect scheme in respect of the secondary market trading dimension is incomplete in the absence of primary market connectivity. The introduction of PEC would fulfil the fundamental functions of the Mutual Market in fund raising by issuers in addition to stock trading by investors. It could also improve the current deficiencies in the international dimension of the Mainland and Hong Kong stock markets and therefore of the Mutual Market. With PEC, the Mutual Market could offer more effective support to China's bigger roadmap to achieve a better balanced economy, further market opening and ultimately a higher degree of RMB internationalisation.

Abbreviations

CSRC China Securities Regulatory Commission
ETF Exchange-traded fund
FDI Foreign direct investment
IFC International Financial Centre
IPO Initial public offer
ODI Overseas direct investment
PBOC People's Bank of China
PEC Primary Equity Connect
QDII Qualified Domestic Institutional Investor
QFII Qualified Foreign Institutional Investor
RQFII Renminbi Qualified Foreign institutional Investor
SAFE State Administration of Foreign Exchange
SEHK Stock Exchange of Hong Kong
SSE Shanghai Stock Exchange
SZSE Shenzhen Stock Exchange
WFE World Federation of Exchanges

04

CES Stock Connect Hong Kong Select 100 Index

A key measure of Hong Kong market investment under Stock Connect

Novemeber 2017

Summary

The Mainland-Hong Kong Mutual Market was basically established after the launch of the Shanghai-Hong Kong Stock Connect in November 2014 and the Shenzhen-Hong Kong Stock Connect in December 2016 (collectively referred to as the Stock Connect scheme). This has opened up more opportunities for Mainland investors, with fewer restrictions than previous channels like Qualified Domestic Institutional Investors (QDII), for investing in overseas markets. Statistics show that there is a strong and growing interest from the Mainland investors in trading stocks listed in Hong Kong through Southbound Trading under the scheme.

As the Mutual Market attracts increasing investor interest, related index services to support the continuous growth and development of the market have become inevitable. Indices not only serve as benchmark measures to track the performance of domestic/regional/global markets, segments of a market or cross-markets, they are also increasingly used as the underlying benchmarks for passive investment instruments such as exchange-traded funds (ETFs) or derivatives such as index futures and options to gain exposure to, or to hedge against investment in, a market.

CES Stock Connect Hong Kong Select 100 Index (CES SCHK100) is a unique Stock

Connect-related index that tracks the Hong Kong stocks available for Southbound Trading (the Southbound Stocks), with the following special characteristics:

(1) Having a considerably high coverage of Southbound stocks in terms of market capitalisation and turnover value;

(2) Tracking investment of a pure Hong Kong concept, with a high representativeness of stocks listed in Hong Kong and not in the Mainland market at the same time, therefore representing pure investment opportunities outside Mainland China, with only moderate correlation with movements in the Mainland domestic stock market;

(3) Having a relatively high coverage of stocks of the growth sectors among Southbound stocks, e.g. Mainland private enterprises and stocks in the New Economy industries;

(4) Owing to its stock composition, having historically higher price-earnings ratio but lower dividend yield than Hang Seng Index and Hang Seng China Enterprises Index, and also lower return volatility than the key Hong Kong and Mainland indices, for most of the time since its launch.

Given the index's high representativeness of Southbound eligible stocks and growth-sector stocks in the New Economy, the potential of investment opportunities in its constituent stocks is yet to be exploited further through Southbound Trading. Towards this end, CES SCHK100 is potentially a useful benchmark for developing passive investment instruments like ETFs for Southbound Trading.

Investment opportunities to Mainland investors in the Mainland-Hong Kong Mutual Market

The launch of the Shanghai-Hong Kong Stock Connect (Shanghai Connect) and the Shenzhen-Hong Kong Stock Connect (Shenzhen Connect) (hereinafter, collectively referred to as the "Stock Connect" scheme) is especially meaningful to the Mainland investors.[①] Prior to the launch of the Stock Connect scheme, the Qualified Domestic Institutional Investor (QDII) scheme was the only official channel for Mainland investors to invest in overseas markets, subject to investment quota approved by the State Administration of Foreign Exchange (SAFE). While Mainland qualified institutional investors could directly invest overseas after obtaining QDII licences and the authorised quota, Mainland retail investors who would like to invest in overseas markets could do so through available QDII products. However, there has been no increase in the aggregate QDII investment quota since March 2015 up to October 2017, which remained unchanged at US$89,993 million during the period[②].

Southbound Trading under Stock Connect opens up a new regularised channel for Mainland investors, both individuals and institutions, to directly invest in overseas assets. In contrary to the QDII scheme, no aggregate quota is applied to trading under Stock Connect, which is subject only to a Daily Quota which is applied on a net-buy basis[③]. The channel is a closed-loop system with prudential real-time monitoring of the usage of the Daily Quota, and yet with considerable flexibility in the absence of an aggregate quota. As the Daily Quota applies on a net-buy basis and is reset every day (once it is reached during the day, only cross-border sell orders of eligible securities are accepted), there is virtually no limitation of stock turnover during the day. The Mutual Market under Stock Connect therefore effectively extends the universe of investable assets for Mainland investors which could possibly offer investment opportunities of good potential returns to them.

Southbound Trading under Stock Connect has been on a strong rising trend in the recent year, demonstrating **a strong and growing interest from the Mainland investors in trading stocks listed in Hong Kong through this channel**. This would give rise to increasing demand for associated services, including index services and related investment vehicles. (See Appendix 1 for details of Southbound Trading activities under Stock Connect.)

---

① See Chapter 2, *Shanghai and Shenzhen Stock Connect — A "mutual market" for Mainland and global investors*, in this book.

② Source: SAFE website.

③ The Daily Quota limits the maximum net buy value to RMB 13 billion for Northbound stocks and RMB 10.5 billion for Southbound stocks for each of Shanghai Connect and Shenzhen Connect.

Index services for Mutual Market investment

1. Indexing for the Mainland-Hong Kong Mutual Market

To better serve the Mainland-Hong Kong Mutual Market with related market services, Hong Kong Exchanges and Clearing Ltd. (HKEX), SSE and SZSE jointly established **China Exchanges Services Company Ltd. (CESC)** in 2012. CESC's business started with developing cross-border indices covering the Hong Kong, Shanghai and Shenzhen markets. These indices provide the foundations for tradable index products for the benefits of Mainland and global investors for investing in the Mutual Market. Figure 4-1 presents the current CESC family of indices.

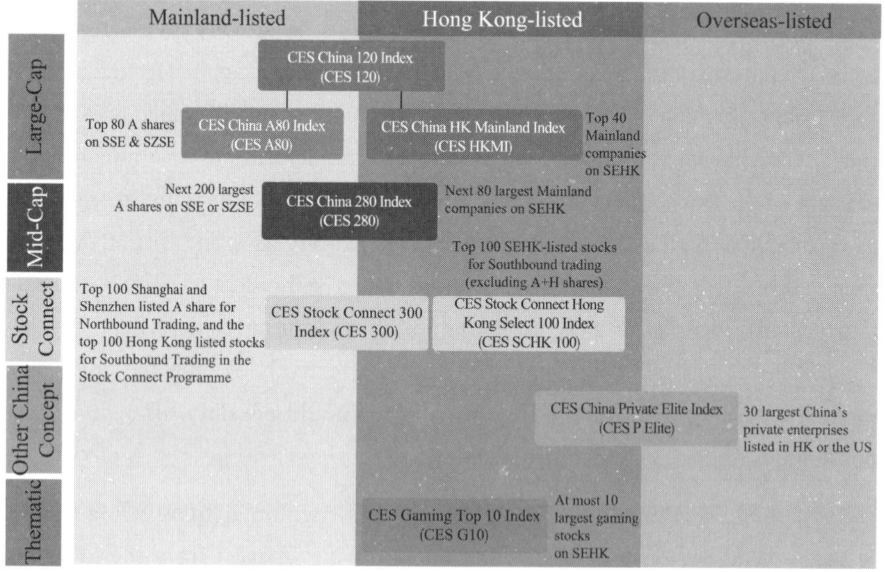

Figure 4-1 The CESC family of indices

Source: CESC website.

The CESC indices serving the Mainland-Hong Kong Mutual Market have two main categories:

(1) CES China indices — Indices comprising Mainland company stocks listed in Mainland China and/or those listed in Hong Kong

- **CES China 120 Index (CES 120)** — Comprising 120 large-cap companies, with 80 A-share companies on the Mainland exchanges and 40 Mainland companies on SEHK
- **CES China A80 Index (CES A80)** — Comprising the 80 A-share companies constituting the CES 120
- **CES China HK Mainland Index (CES HKMI)** — Comprising the 40 Mainland companies constituting the CES 120
- **CES China 280 Index (CES 280)** — Comprising 280 mid-cap companies with size following the 120 large-cap companies in CES 120, with 200 A shares on the Mainland exchanges and 80 Mainland companies on SEHK

(2) CES Stock Connect indices — Indices comprising eligible stocks under Stock Connect that are listed in Mainland China and/or those listed in Hong Kong

- **CES Stock Connect 300 Index (CES 300)** — Comprising the top 100 A shares on each of SSE and SZSE for Northbound Trading and top 100 Hong Kong listed stocks for Southbound Trading
- **CES Stock Connect Hong Kong Select 100 Index (CES SCHK100)** — Comprising the largest 100 stocks on SEHK for Southbound Trading, excluding H shares which have A shares listed in the Mainland (A+H shares)

Other CESC indices include the CES China Private Elite Index and the CES Gaming Top 10 Index. The former tracks the 30 largest China's private-owned enterprises listed on the SEHK, the New York Stock Exchange, the NASDAQ or the NYSE American[①] while the latter tracks the overall performance of the gaming stocks listed in Hong Kong.

In other words, **CES SCHK100 is a unique Stock Connect-related index that tracks the Hong Kong stocks available for Southbound Trading under the Stock Connect scheme**.

---

① Formerly known as the American Stock Exchange (AMEX) in the early days and more recently as NYSE MKT.

2. The use of CES SCHK100 as a benchmark index

A stock index (or stock market index) is used to measure the performance of a stock market or a segment of it, based on the price movements of the stocks listed and traded on the market. Stock indices are widely used by investors as benchmarks to compare the performance of their own investment portfolios or those of financial managers against the performance of the overall market or the market segment that the stock index measures.

A stock index is created, formulated, produced, maintained and disseminated in response to market needs. Wherever there is investor interest in investing in a market or market segment or across different markets, there will be a need for stock indices to benchmark the performance of their investments. The Dow Jones Industrial Average (DJIA) is known to be the first stock index, which was created in the 19th century to measure the performance of the New York stock market. Nowadays, there are different types of stock indices covering different market scopes (see illustration in Table 4-1).

Table 4-1 Major types of stock indices

Type of stock index	Nature	Examples
"National" indices	Measure the performance of the key stock markets (or major stock exchanges) of a given nation or locality	**US:** DJIA and NASDAQ 100; **UK:** FTSE 100; **Japan:** Nikkei 225; **Hong Kong, China:** Hang Seng Index (HSI); **Shanghai, China:** SSE Composite; **Shenzhen, China:** SZSE Composite
"Segment" indices	Measure the performance of a specific segment of an exchange market	**Hang Seng Composite Size Indices:** HSLI, HSMI, HSSI①; SZSE:SME Composite Index, ChiNext Composite Index
"Regional" indices	Measure the performance of stock markets in a specific region defined geographically or by the level of industrialisation or income	EURO STOXX 50②, MSCI Emerging Markets Index③

① HSLI is the Hang Seng Composite Large-Cap Index; HSMI is the Hong Kong Composite Mid-Cap Index; HSSI is the Hang Seng Composite Small-Cap Index.

② EURO STOXX 50 Index is a blue-chip index for the Eurozone, covering 50 stocks from 11 Eurozone countries (source: STOXX website, https://www.stoxx.com/).

③ The MSCI Emerging Markets Index captures large-cap and mid-cap representation across 24 emerging market countries, with 843 constituents (source: MSCI website, https://www.msci.com).

(Continued)

Type of stock index	Nature	Examples
"Sectoral" indices	Measure the performance of a specific industry sector of stocks, which may be within the same market or across different markets	Hang Seng Industry Sub-indexes ①, STOXX Asia/Pacific 600 industry indices ②
"World" / "Global" indices	Measure the performance of the stock markets from multiple regions across the world	MSCI World Index ③, S&P Global 100 ④
"Thematic" and "Strategy" indices	Indices created on certain investment themes or strategies	Hang Seng China Enterprises Index for listed Chinese companies in Hong Kong (HSCEI) ⑤, HSI Volatility Index

Indices can have multiple versions which differ in the calculation methodology. They can differ based on how the index constituents are weighted and on how dividends are accounted for. The common versions include the **price return indices** which only consider the price of the constituents, and the **total return indices** which account for dividend reinvestment. Another dimension of difference lies in the weighting method — price only, full capitalisation or free float-adjusted. DJIA is the best example of a **price-weighted** index⑥ while HSI is **free float-adjusted market capitalisation weighted** index with a 10% cap on individual securities⑦, which is the most common index methodology in the stock market.

① The Hang Seng Industry Sub-indexes consist of Finance, Utilities, Properties, and Commerce and Industry sub-indices.

② The STOXX Asia/Pacific 600 industry index series consists of indices covering respectively 19 industry sectors across multiple Asia/Pacific markets including Japan, Hong Kong, P. R. China, Australia and Singapore (source: STOXX website, https://www.stoxx.com/).

③ The MSCI World Index captures large- and mid-cap representation across 23 developed market countries, with 1,654 constituents (source: MSCI website, https://www.msci.com).

④ The S&P Global 100 Index measures the performance of multi-national, blue-chip companies of major importance in the global equity markets, with 100 highly liquid constituents (source: S&P Dow Jones Indices website, https://us.spindices.com).

⑤ The HSCEI was initially designed to track H-share companies listed in Hong Kong. The index compiler, Hang Seng Indexes Company Ltd, announced in August 2017 the addition of Red Chips (which are state-controlled enterprises incorporated outside Mainland China) and Mainland private enterprises (MPEs or "P-chips") to the index in five phases from March 2018 to March 2019.

⑥ This owes very much to legacy reasons as the DJIA was introduced at a time when automation of index calculation by computer means was not available.

⑦ Source: Hang Seng Indexes website, http://www.hsi.com.hk.

The CES SCHK100 is considered a "thematic" benchmark index for measuring the performance of Southbound investment under Stock Connect.

Apart from being a performance measure, stock indices (or indices in general that apply to asset markets other than stocks, such as property and commodities) are **increasingly used as the underlying assets of passive investment instruments such as exchange-traded funds (ETFs) or derivatives such as index futures and options** to gain exposure to, or to hedge against investment in, a market. ETFs, in particular, have become increasingly popular in the recent years — according to ETFGI①, US$3.548 trillion was invested in the 6,630 ETFs or exchange-traded products (ETPs) listed globally at the end of 2016, with a net inflow of US$389.34 billion in the year, recording 35 consecutive months of net inflows②. According to BlackRock, a net inflow of US$189.1 billion into the global ETF market was recorded in the first quarter of 2017, the highest record so far; of this, US$109.1 billion flowed into stock ETFs③.

An ETF is a marketable security that tracks an index, a commodity, bonds, or a basket of assets. ETFs trade like common stocks on a stock exchange. Investment in an ETF replicates an investment in its underlying asset(s). For a stock index ETF, the underlying asset composition will be the same as the relative weightings of the constituents in the index. The increasing popularity of ETFs lies in the simple way it offers to investors to gain investment exposure to virtually any asset class, geography or sector, at relatively low costs vis-à-vis active fund management④.

Therefore, the availability of a suitable index for a market or an investable segment of an asset group is not only important for market performance measurement, but also helps promoting or facilitating investment, thereby driving up liquidity, in the underlying market or asset group by enabling the creation of ETFs based on the index. For achieving the latter successfully through ETFs, two conditions must be met:

① ETFGI LLP is a wholly independent research and consultancy firm providing services to leading global institutional and professional investors, the global ETF and ETP industry, its regulators and advisers (http://etfgi.com).

② Source: *ETF Industry Grew Faster Than Hedge Funds in 2016 – ETFGI*, International Adviser, 6 March 2017.

③ Source:《贝莱德：首季全球 ETF 吸 1.4 万亿新高》, Hong Kong Economic Times, 4 May 2017.

④ For reference, see *The Evolution of the ETF Industry*, Pensions & Investments, 31 January 2017.

(1) the index must be investable, i.e. the components of the index must be tradable in a free and open market; (2) it must be possible to buy all the components of the index in accordance with their respective weightings in the index without incurring very high transaction costs or having market impact.

For the Mainland-Hong Kong Mutual Market that attracts increasing investor interest, related index services and index-related investment products have become inevitable as a support to the continuous growth and development of the market.

3. Mutual Market index-linked investment vehicles

The first cross-border index-linked investment product① developed specially for the Mainland-Hong Kong Mutual Market was introduced in 2013 — the CES 120 index futures launched on 12 August 2013 on HKEX's derivatives market. In the same year, three related index ETFs were also listed on HKEX's securities market (see Table 4-2). These are considered "Mutual Market concept" index-linked products as their underlying indices are members of the cross-border index family, which are different from ETFs based on indices of Hong Kong stocks or Mainland A shares or Mainland companies listed in Hong Kong or overseas that are built independently of the Mutual Market concept.

Table 4-2 Mutual Market concept index-linked products in Hong Kong (as of end-Aug 2017)

Futures product			Launch date
CES China 120 Index Futures			12/08/2013
ETFs (dual-counter stocks)	**HKD counter**	**RMB counter**	**Listing date**
ChinaAMC CES China A80 Index ETF	3180	83180	26/08/2013
CSOP CES China A80 ETF	3137	83137	23/09/2013
E Fund CES China 120 Index ETF	3120	83120	21/10/2013

Note: The ETF was delisted on 10 November 2017.
Source: HKEX.

① "Cross-border" refers specifically to Mainland-Hong Kong cross border. Cross-border investment products mean products that enable Mainland investors to invest in Hong Kong assets and/or vice versa.

In Hong Kong, cross-border index-linked products have been available for Hong Kong and overseas investors to invest in the Mainland stock market long before the launch of Stock Connect. The first ETF listed on SEHK with Mainland-listed shares included as the underlyings was the iShares MSCI China Index ETF① listed on 28 November 2001. This was followed by the iShares FTSE A50 China Index ETF on 18 November 2004. As of end-August 2017, out of a total of 93 physical stock index ETFs listed on the SEHK, there were about 30% ETFs which have Mainland-listed shares included as underlyings②. The underlying indices include MSCI China Index, FTSE China A50 Index, SSE 50 Index, CSI indices, CES indices and others. All these ETFs on SEHK constituted 28% of total turnover in ETFs in 2017 up to August③.

In the Mainland, there were a total of 85 and 53 ETFs listed respectively on the SSE and the SZSE as at the end of August 2017. Of these, there was only 3 cross-border ETFs on the SSE, which are on the HSI and HSCEI, and only one cross-border ETF on the SZSE, which is on the HSI (see Figure 4-2). Turnover value in the single ETF on HSI ranked 5th among all ETFs listed on the SZSE for the period January to August 2017, constituting 1.6% of the total turnover of ETFs on the SZSE during the period (while the top 3 ETFs by turnover value already contributed 87% of total ETF turnover on the SZSE during the period)④.

It is apparent that **there is only a limited supply of cross-border index-linked products in the Mainland to serve investment in the Mutual Market while the potential demand is expected to be strong**.

① The MSCI China Index comprises companies incorporated in the People's Republic of China (PRC) and listed either on the SSE, the SZSE or the SEHK. Constituents include Mainland-listed B shares, Hong Kong-listed H shares, P-chips and foreign listings (e.g. American Depositary Receipts). MSCI announced in June 2017 the inclusion of China A shares in the MSCI Emerging Markets Index and MSCI ACWI Index series beginning in June 2018. This would include MSCI China Index.

② The figures excluded dual counting of dual-counters. Source: HKEX website.

③ Source: Calculation based on statistics in Trading Summary for ETFs, August 2017, on HKEX website.

④ Source: Monthly Statistics on the SZSE website.

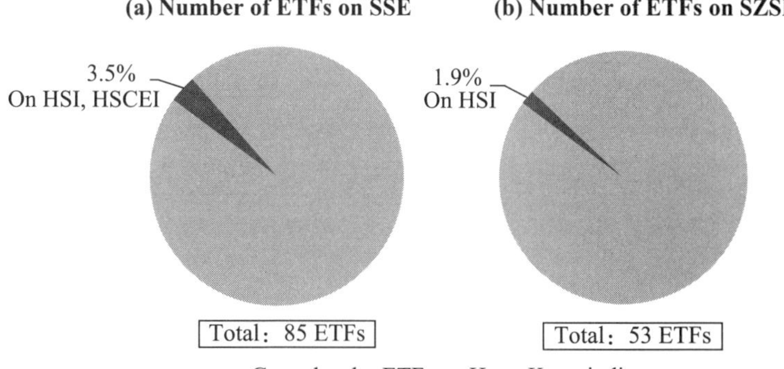

Figure 4-2 Limited supply of cross-border index-linked products in the Mainland (End-Aug 2017)

Source: Monthly statistics on the SSE and SZSE websites.

The CES SCHK100 Index — A tradable index for Southbound investment

CES SCHK100 was launched on 15 December 2014. It has a base value of 2000 points on the base date of 31 December 2008. The index constituents consist of the top 100 SEHK-listed stocks by market value that are available for Southbound Trading under the Stock Connect scheme, excluding the dual-listed A+H shares. It adopts the common index compilation method of free float-adjusted market capitalisation weighted with a 10% cap. Real-time data of the index is disseminated at 5-second intervals.

The special feature of the index is that it is a unique Stock Connect-related index that tracks the Hong Kong stocks available for Southbound Trading under the Stock Connect scheme. The usefulness of the index in Southbound Trading lies in **its representativeness of Southbound eligible stocks and its different composition vis-à-vis other existing Hong Kong and Mainland market indices for alternative investment opportunities**. This is illustrated in sub-sections below.

1. Coverage of top Southbound stocks

Constituents of CES SCHK100 are selected based on their ranking by market capitalisation. These are the largest stocks with considerable liquidity among the

Southbound stocks. Although they constituted only 24% in terms of number of stocks as at the end of August 2017, they covered 68% by market capitalisation and 53% by market turnover value① of all Southbound stocks (see Figure 4-3). Except for H shares (bearing in mind that CES SCHK100 excludes A+H stocks), the index has a high degree of representativeness for each other stock type (see next sub-section).

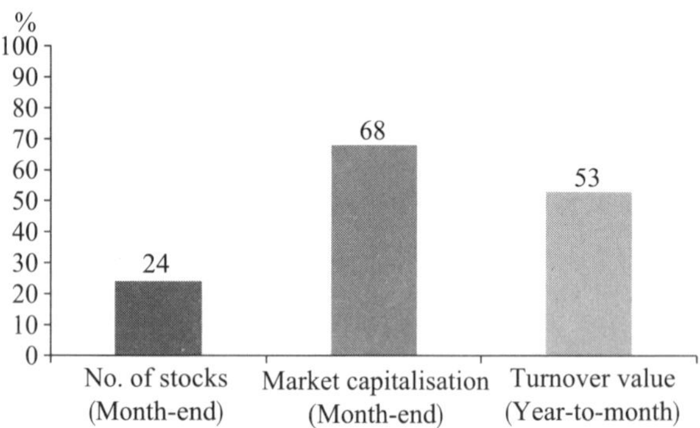

Figure 4-3 Percentage share of CES SCHK100 stocks in all Southbound stocks (Aug 2017)

Source: Websites of HKEX, SSE, SZSE and CESC for stock lists; HKEX for market data.

2. Pure Hong Kong concept, with high representativeness

CES SCHK100 consists of stocks listed only in Hong Kong, excluding A+H stocks which already have A shares listed in the Mainland market. The index therefore measures pure exposure to Hong Kong listed stocks, which is a specialised opportunity to the Mainland investors for investing through Stock Connect on top of their domestic stock investments.

Compared to the collection of all Southbound stocks, CES SCHK100 represents more for non-H shares in terms of market capitalisation — 33% vs 25% for Hong Kong stocks, 31% vs 26% for Mainland private enterprises (MPEs) and 25% vs 20% for Red Chips; and in terms of turnover value (for 2017 up to August) — 25% vs 16% for Hong Kong stocks; 38% vs 27% for MPEs and 21% vs 13% for Red Chips (see Figure 4-4). In particular, MPEs represent the key growth sector in China's current economic transformation stage into the New Economy.

① The "market turnover value" refers to the stocks' total turnover in the market, not just Southbound Trading.

(a) **CES SCHK100 in number of stocks** (b) **All Southbound stocks in number of stocks**

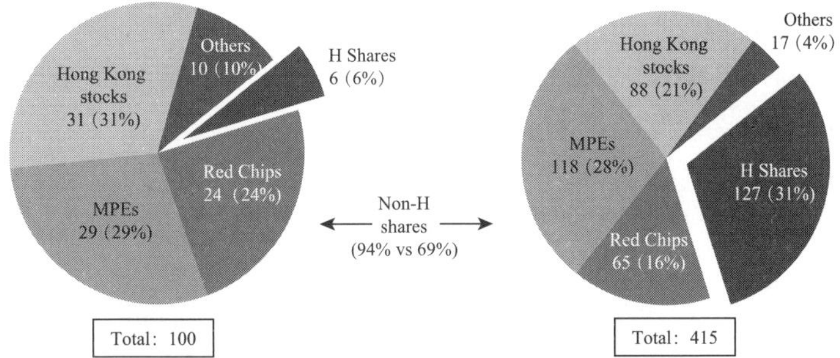

(c) **CES SCHK100 in market capitalisation** (d) **All Southbound stocks in market capitalisation**

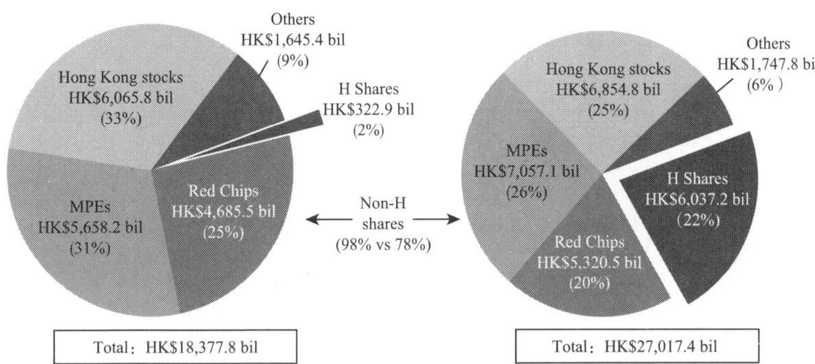

(e) **CES SCHK100 in turnover value (Jan-Aug 2017)** (f) **All Southbound stocks in turnover value (Jan-Aug 2017)**

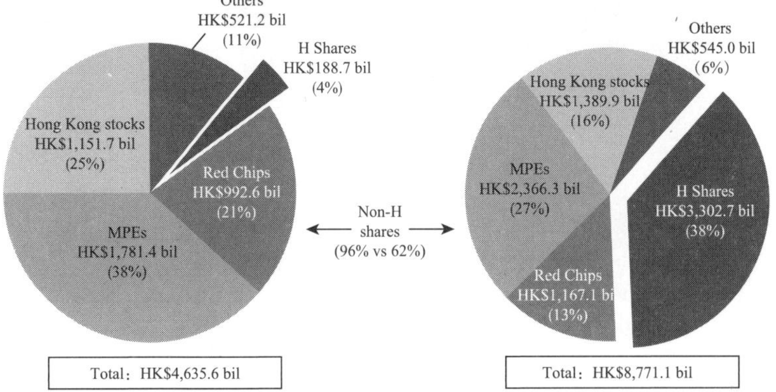

Figure 4-4 Composition of CES SCHK100 vs all Southbound stocks by stock type (End-Aug 2017)

Note: Stock classification by type is done by HKEX based on the listed company's China/non-China origin and in consideration of the origin of establishment and place of incorporation for companies other than H shares, Red Chips and MPEs. Percentages may not add up to 100% due to rounding.

Source: Websites of HKEX, SSE, SZSE and CESC for stock lists; HKEX for market data.

Excluding H shares, CES SCHK100's coverage of Southbound stocks by each other stock type is very high in terms of market capitalisation (80%-95%) and market turnover value (75%-96%), albeit to a somewhat lesser degree in terms of Southbound turnover value (62%-91%) (see Figure 4-5).

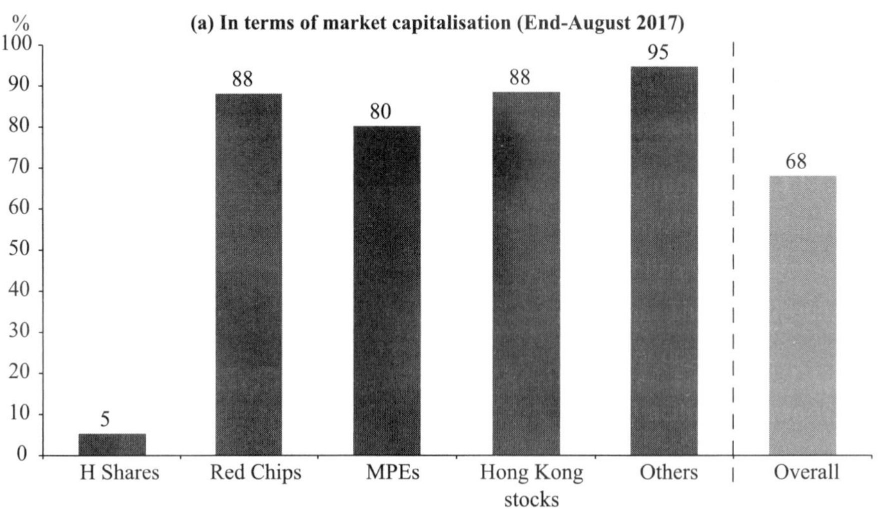

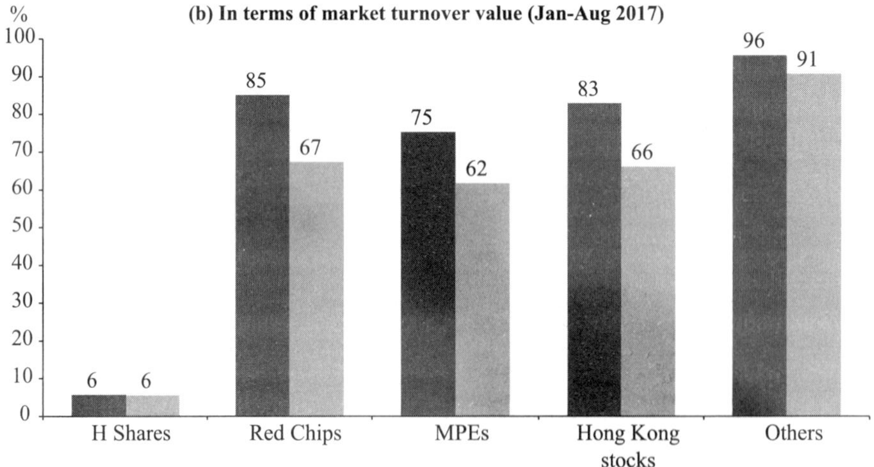

Figure 4-5 CESC SCHK100 stocks' coverage of all Southbound stocks by stock type (Aug 2017)

Note: Stock classification by type is done by HKEX based on the listed company's China/non-China origin and in consideration of the origin of establishment and place of incorporation for companies other than H shares, Red Chips and MPEs.

Source: Websites of HKEX, SSE, SZSE and CESC for stock lists; HKEX for market data.

3. Resemblance by industry sector, with more exposure to the New Economy

CES SCHK100 stocks have a composition by industry sector as diverse as all Southbound stocks, but with a lesser degree of contribution from Financials (22% vs 31% in terms of market capitalisation and 20% vs 31% in terms of market turnover value). Instead, it has heavier weightings by market capitalisation and turnover value on stocks in the Information Technology (IT) sector, the perceived high-growth sector in the New Economy (see Figure 4-6).

As shown in Figure 4-7, CES SCHK100 has a relatively high coverage of Southbound stocks in the New Economy sectors①:

- IT — 90% by market capitalisation, 82% by market turnover value;
- Consumer Staples — 75% by market capitalisation, 77% by market turnover value;
- Consumer Discretionary — 68% by market capitalisation, 57% by market turnover value;
- Health Care — 56% by market capitalisation, 50% by market turnover value.

(a) CES SCHK100 in number of stocks

(b) All Southbound stocks in number of stocks

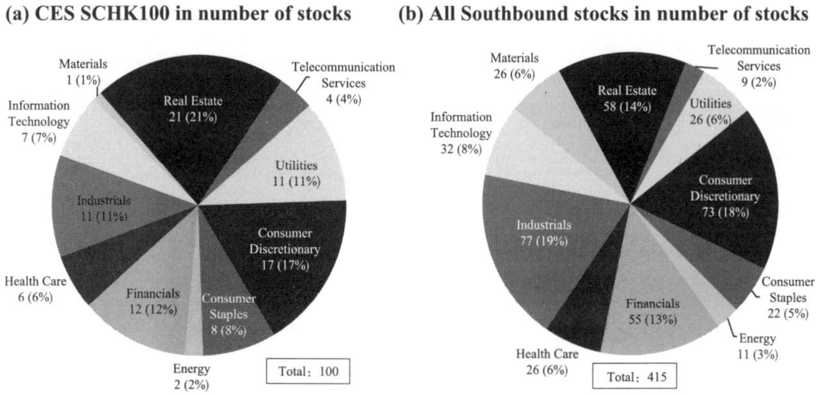

Figure 4-6 Composition of CES SCHK100 vs all Southbound stocks by industry sector (End-Aug 2017)

① The New Economy sectors refer to the sectors included in the CSI MarketGrader China New Economy Index〔Source: China Securities Index Co., Ltd (CSI) website〕.

(c) CES SCHK100 in market capitalisation **(d) All Southbound stocks in market capitalisation**

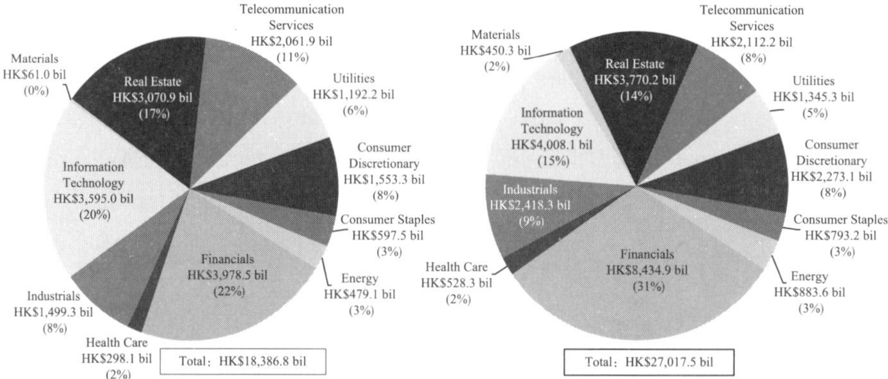

(e) CES SCHK100 in turnover value (Jan-Aug 2017) **(f) All Southbound stocks in turnover value (Jan-Aug 2017)**

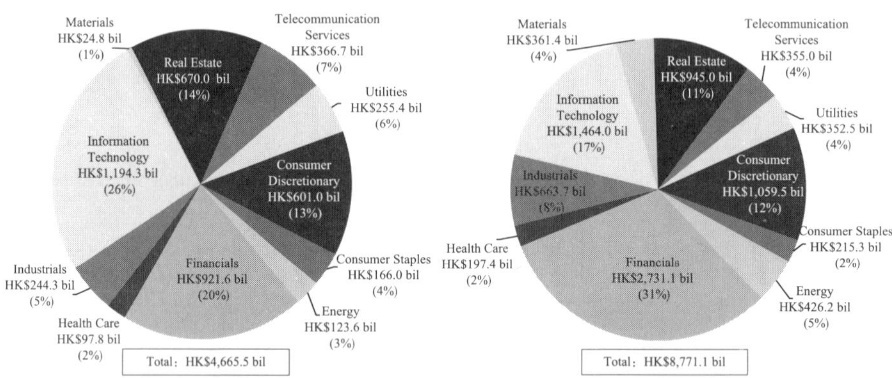

Figure 4-6 Composition of CES SCHK100 vs all Southbound stocks by industry sector (End-Aug 2017) (continued)

Note: Percentages may not add up to 100% due to rounding.

Source: Websites of HKEX, SSE, SZSE and CESC for stock lists; HKEX for market data.

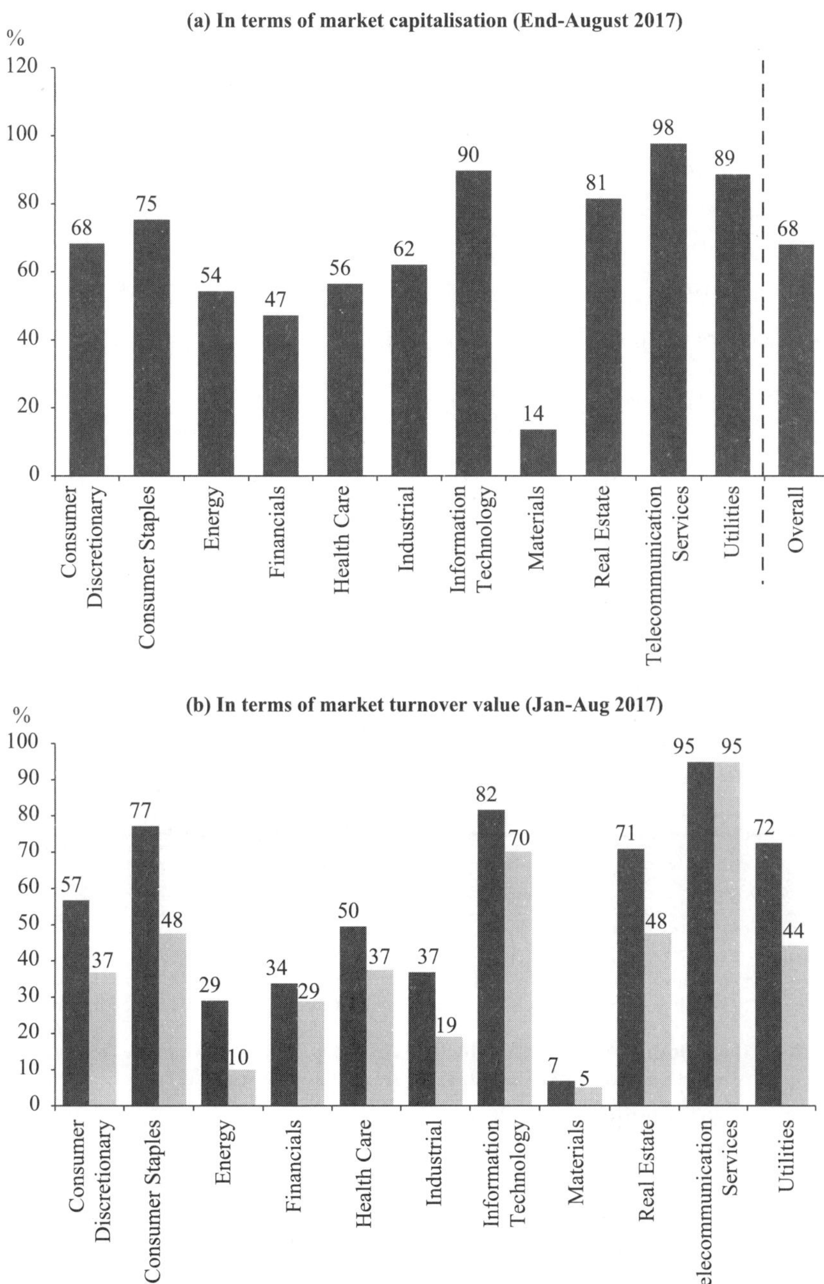

Figure 4-7 CES SCHK100 stocks' coverage of all Southbound stocks by industry sector (August 2017)

Source: Websites of HKEX, SSE, SZSE and CESC for stock lists; HKEX for market data.

4. Performance versus key Hong Kong and Mainland indices

Figure 4-8 shows the daily movements of CES SCHK100 in comparison with the key stock indices in Hong Kong, Shanghai and Shenzhen stock markets. For the past 8+ years since the base date (31 December 2008) of CES SCHK100 up to end-August 2017, the index achieved a cumulative return of 102%. This was unmatched by the key indices of HSI (66%) and HSCEI (36%) in Hong Kong and surpassed only by the SSE 380 (119%), the SZSE A Share Index (125%) and the SZSE SME Composite Index (144%) (see Table 4-3).

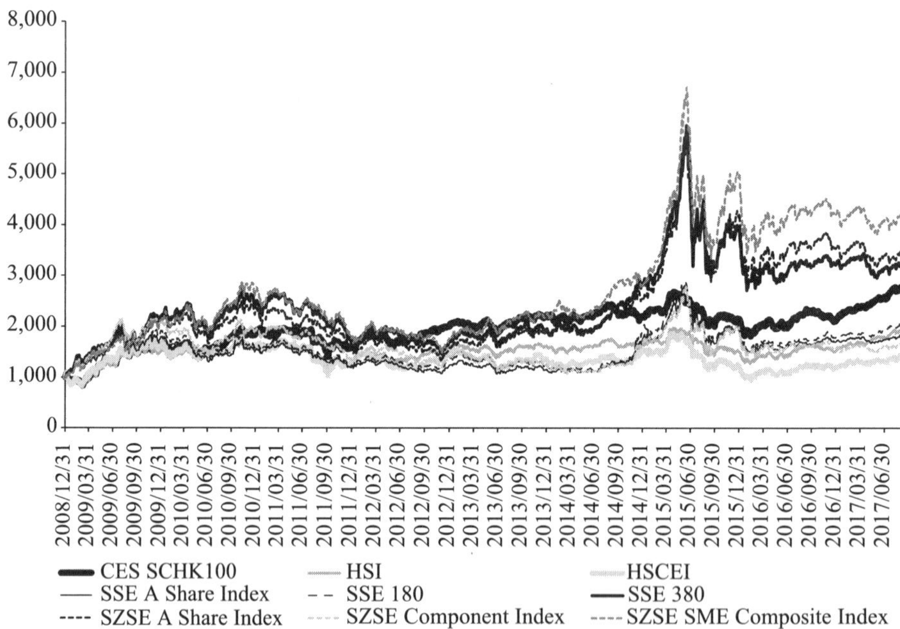

Figure 4-8 Daily closings of CES SCHK100 and key Hong Kong and Mainland indices (Rebased on 31 Dec 2008) (31 Dec 2008 — 31 Aug 2017)

Source: CESC for CES SCHK100, Thomson Reuters for other indices.

Table 4-3 Cumulative returns of CES SCHK100 and key Hong Kong and Mainland indices (31 Dec 2008 — 31 Aug 2017)

Index	Cumulative return
CES SCHK100	102.23%
HSI	66.48%
HSCEI	35.86%
SSE A Share Index	61.03%
SSE 180	72.52%
SSE 380	118.58%
SZSE A share Index	125.23%
SZSE Component Index	51.15%
SZSE SME Composite Index	144.08%
ChiNext Composite Index	74.67%

Note: Returns are natural logarithmic returns.

Source: Calculated from daily closings of indices — CESC for CES SCHK100, Thomson Reuters for other indices.

CES SCHK100 was found to have better historical return performance both in the short term and in the long term than the Hong Kong key indices.

On the other hand, Mainland indices showed bigger fluctuation in their return performance over time, especially for the SZSE indices. Their returns fluctuated a lot in the past years and were at a much lower (or negative) level in the recent year compared to the positive return achieved by CES SCHK100.

In fact, CES SCHK100 has an annualised volatility of daily returns lower than the key Hong Kong and Mainland indices for most of the years since its launch.

(See Table 4-4 and Figure 4-9 for details.)

Despite the different return performance, CES SCHK100 had a relatively high correlation of daily returns with the key Hong Kong indices of HSI and HSCEI — correlation coefficients of 0.978 and 0.899 respectively with HSI and HSCEI during the period from January 2009 to August 2017.

On the contrary, the correlation of the daily returns of CES SCHK100 with the Mainland key indices was at a moderate, lower level — a correlation coefficient of 0.5 or below (see Table 4-5).

Table 4-4 Period returns of CES SCHK100 and key Hong Kong and Mainland indices up to 31 Aug 2017

Index	1-year	3-year	5-year	7-year
CES SCHK100	21.41%	15.26%	46.11%	54.55%
HSI	19.67%	12.26%	36.16%	30.89%
HSCEI	16.87%	2.98%	19.65%	–0.95%
SSE A Share Index	8.59%	41.64%	49.56%	24.15%
SSE 180	15.79%	49.27%	56.52%	31.00%
SSE 380	0.01%	41.02%	68.42%	36.73%
SZSE A share Index	–4.44%	47.44%	84.14%	50.93%
SZSE Component Index	0.54%	32.16%	27.56%	–4.71%
SZSE SME Composite Index	–2.35%	48.21%	88.19%	54.82%
ChiNext Composite Index	–16.09%	45.57%	121.22%	83.82%

Note: Returns are natural logarithmic returns.

Source: Calculated from daily closings of indices — CESC for CES SCHK100, Thomson Reuters for other indices.

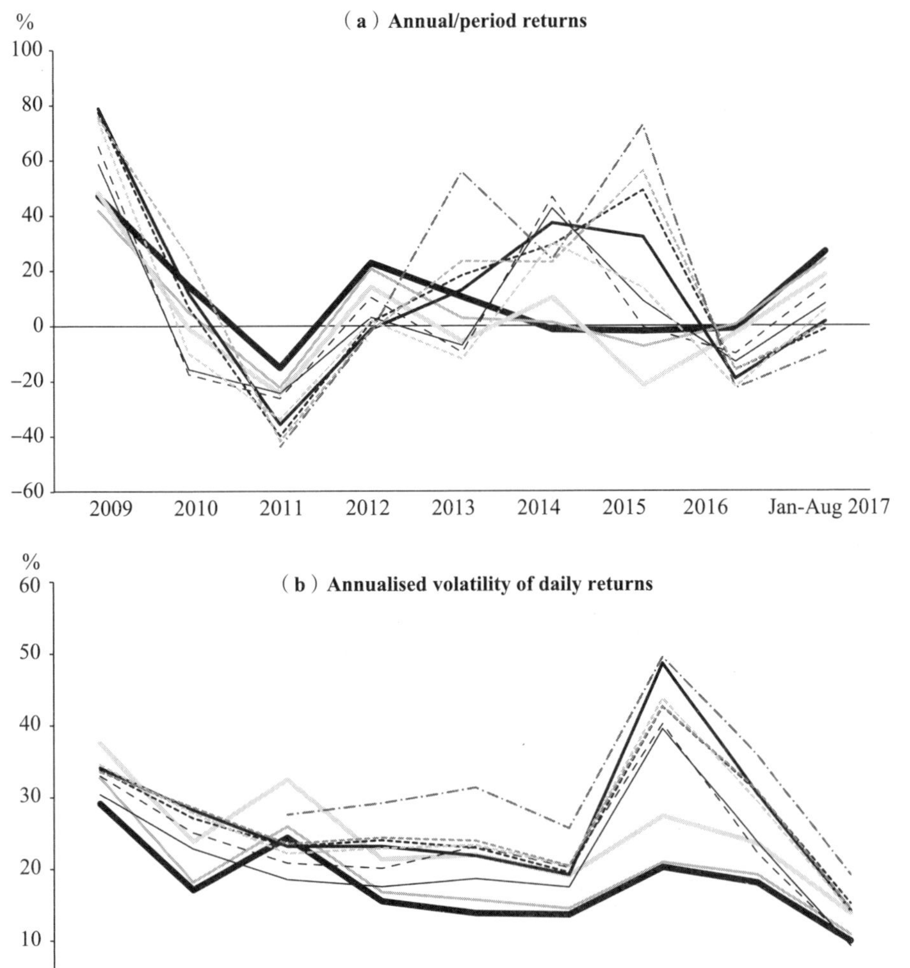

Figure 4-9 Return and volatility of CES SCHK100 and key Hong Kong and Mainland indices (2009 — Aug 2017)

Note: Returns are natural logarithmic returns. Annualised volatility is the annualised standard deviation of daily returns during the period.

Source: Calculated from daily closings of indices — CESC for CES SCHK100, Thomson Reuters for other indices.

Table 4-5 Correlation coefficients of daily returns of CES SCHK100 with key Hong Kong and Mainland indices (Jan 2009 — Aug 2017)

Correlation with index	Correlation coefficient
HSI	0.978
HSCEI	0.899
SSE A Share Index	0.507
SSE 180	0.509
SSE 380	0.435
SZSE A share Index	0.437
SZSE Component Index	0.461
SZSE SME Composite Index	0.407
ChiNext Composite Index	0.341

Note: Correlation coefficients are Pearson correlation coefficients; all are statistically significant at 0.1% level.

Source: Calculated from daily closings of indices — CESC for CES SCHK100, Thomson Reuters for other indices.

Among indices tracking Hong Kong stocks only, the month-end price-earnings (PE) ratios of CES SCHK100 was higher than those of HSCEI all the time and also higher than those of HSI for most of the time during December 2014 to August 2017, albeit it had a lower dividend yield than the two indices for most of the time during the same period[①] (see Figure 4-10). It might reflect that the constituents of CES SCHK100 come more from the growth sector at the current stage of economic development (see Section above), generating capital gains from profit reinvestment rather than distributing profits as dividends, while many constituents of HSI and HSCEI would be companies in the traditional economy which are at a relatively mature stage of development.

Moreover, compared to the Shenzhen stock market which is generally perceived to comprise of growth stocks, CES SCHK100 has a higher dividend yield (3.08%) than the SZSE Component Index (1.04%), the SME Index (0.84%) and the ChiNext Index (0.69%) as of end-August 2017[②].

① PE ratios and dividend yields for the indices are weighted average of those of the respective index constituents.

② Source of dividend yields of SZSE indices: CNINDEX monthly index report, August 2017 (http://index.cninfo.com.cn/).

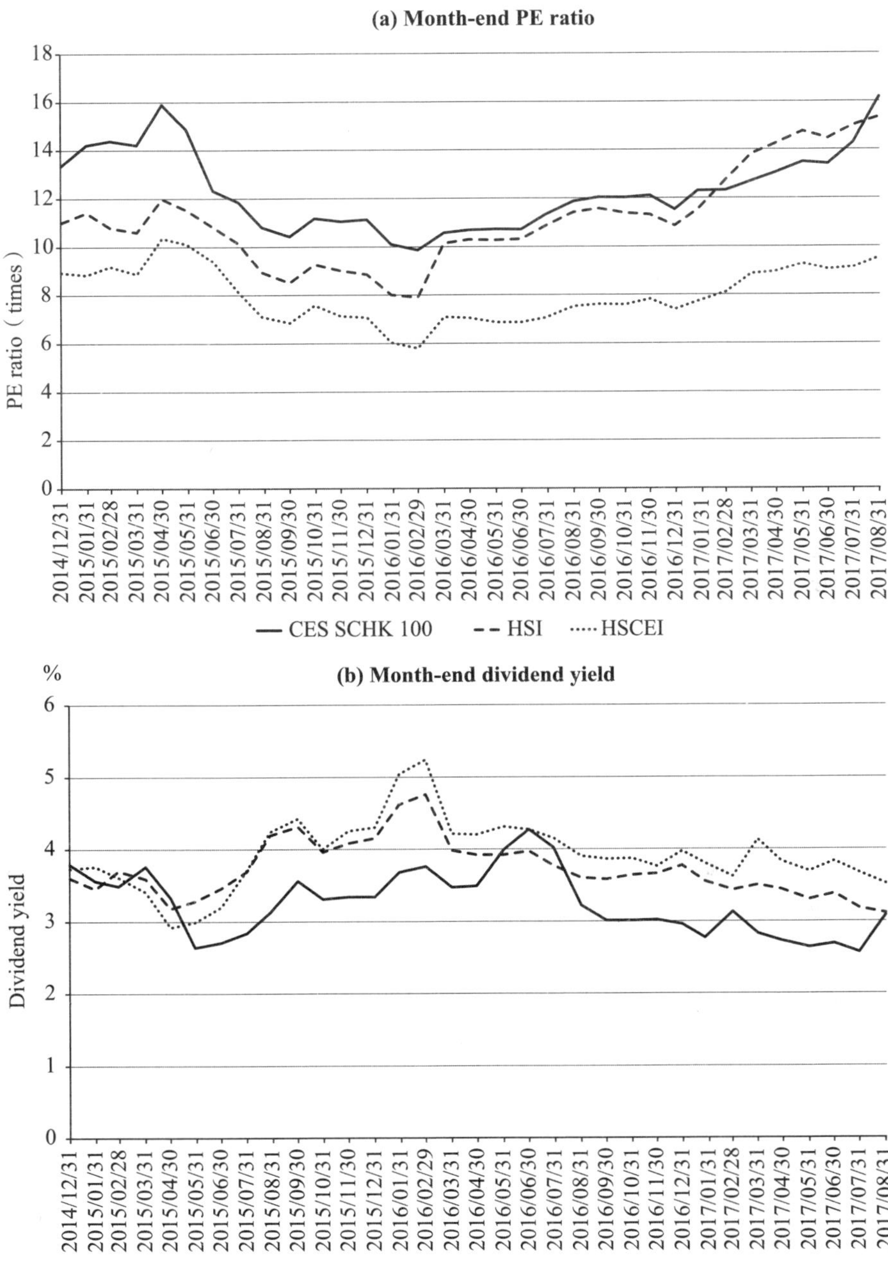

Figure 4-10 PE ratios and dividend yields of CES SCHK100 and key Hong Kong indices (Dec 2014 — Aug 2017)

Note: The figures are weighted average of those of the respective index constituents.

Source: CESC for CES SCHK100, Hang Seng Indexes website for HSI and HSCEI.

5. Opportunities offered by CES SCHK100 for Southbound investment

In summary, CES SCHK100 has the following characteristics for tracking investment through Southbound Trading under Stock Connect:

- Having a relatively high coverage of Southbound stocks in terms of market capitalisation and turnover value;
- Tracking investment of a pure Hong Kong concept, with a high representativeness of stocks listed in Hong Kong and not in the Mainland market at the same time, therefore representing pure investment opportunities outside Mainland China, with only moderate correlation with movements in the Mainland domestic stock market;
- Having a relatively high coverage of stocks of the growth sectors among Southbound stocks, e.g. MPEs and stocks in the New Economy industries;
- Owing to its stock composition, having historically higher PE ratio but lower dividend yield than HSI and HSCEI, and also lower return volatility than the key Hong Kong and Mainland indices, for most of the time since its launch.

Interestingly, despite the above facts, it was found that during 2017 up to August the share of Southbound Trading in the total market turnover of constituent stocks of CES SCHK100 (10%) was to a lesser degree than that in the overall market turnover of all Southbound stocks (14%).

The same observation was obtained whether in terms of different stock types or in terms of different industry sectors (see Figure 4-11).

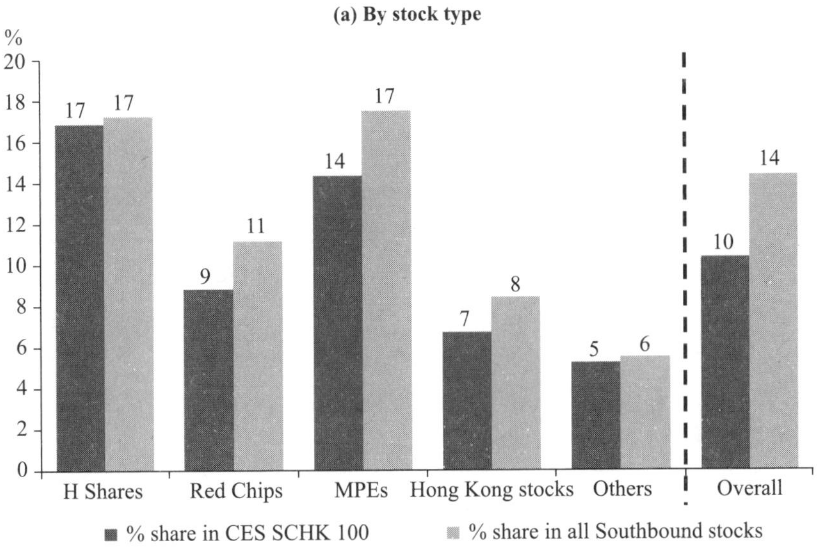

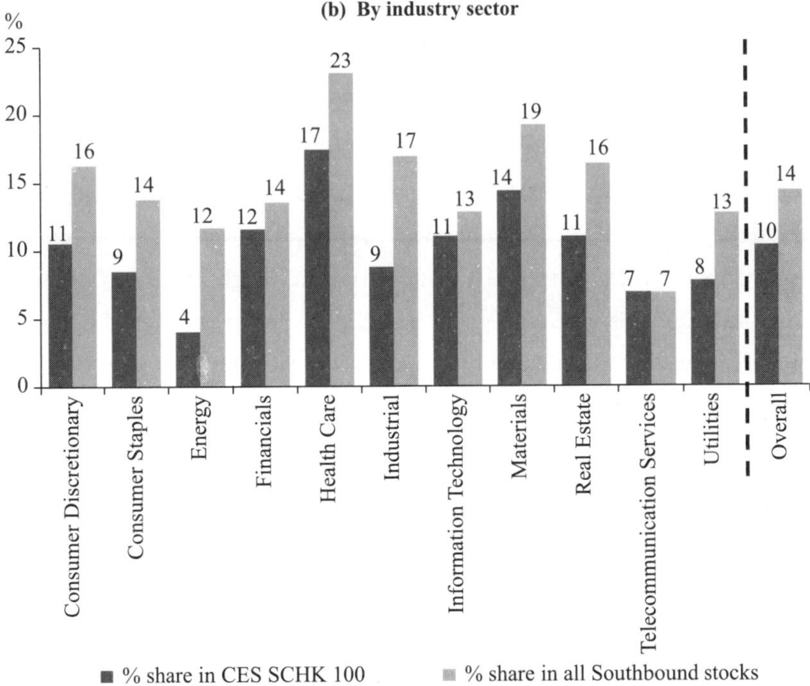

Figure 4-11 Percentage share of Southbound Trading in total market turnover of CES SCHK100 and of all Southbound stocks (Jan — Aug 2017)

Source: Websites of HKEX, SSE, SZSE and CESC for stock lists; HKEX for market data.

In other words, **the potential of investment opportunities in CES SCHK100 stocks is yet to be exploited further through Southbound Trading**. The index fulfills the pre-requisites to support the development of passive investment instruments like ETFs for Southbound Trading — the index constituents are tradable in a free and open market and trading of the constituents is expected to have little market impact as they are the top 100 Southbound stocks by size (see sections above on the conditions for the success of ETFs). CES SCHK100 therefore would be a useful benchmark for developing passive investment instruments like ETFs for Southbound Trading.

Conclusion

The establishment of the Mainland-Hong Kong Mutual Market after the launch of the Stock Connect scheme has opened up more opportunities for Mainland investors, with fewer restrictions than previous channels like QDII, for investing in overseas markets. Statistics show that there is a strong and growing interest from the Mainland investors in trading stocks listed in Hong Kong through Southbound Trading under the scheme.

CESC SCHK100 is a unique Stock Connect-related index that tracks the Hong Kong stocks available for Southbound Trading, representing pure investment opportunities outside Mainland China. Given its high representativeness of Southbound eligible stocks and growth-sector stocks in the New Economy, the potential of investment opportunities in its constituent stocks is yet to be exploited further through Southbound Trading. Towards this end, CES SCHK100 is potentially a useful benchmark for developing passive investment instruments like ETFs for Southbound Trading.

Appendix 1 Southbound Trading activities under Stock Connect

Since the launch of Shanghai Connect, Northbound Trading had been much more than Southbound Trading in terms of average daily trading value (ADT) for most of the time before 2016. A rising trend of Southbound Trading was observed since late 2015, slowly at the beginning and in a rapid pace after the launch of Shenzhen Connect in December 2016 (see Figure 4-A1). The ratio of Southbound Trading relative to the SEHK Main Board total market trading rose from 1.0% of the Main Board ADT[①] in September 2015 to the highest level of 6.1% in September 2017. This compared to about 1% for the ADT of Northbound Trading as a percentage of the Mainland total A-share market (see Figure 4-A2). Moreover, Southbound ADT exceeded Northbound ADT time and again in a number of months during the period.

Moreover, Southbound Trading had much higher average daily net buy trade values than Northbound Trading for most of the time since late 2015. Net sell trade value was recorded for Southbound Trading in only two months since launch up to September 2017, vis-à-vis 6 months for Northbound Trading (see Figure 4-A3). Up to September 2017, the cumulative net buy-in value of Hong Kong stocks by Mainland investors through Southbound Trading was HK$604.0 billion, compared to the cumulative net buy-in value of RMB 314.5 billion (~HK$372.0 billion) of Mainland stocks by global investors through Northbound Trading.

① For more appropriate comparison, total Southbound Trading on 2-sided basis (buy and sell) was divided by two to give a figure on one-sided basis for calculating the ratio relative to the SEHK Main Board total turnover value (also on a one-sided basis). The same approach is applied in calculating the ratio of Northbound Trading to the Mainland total A-share market turnover value.

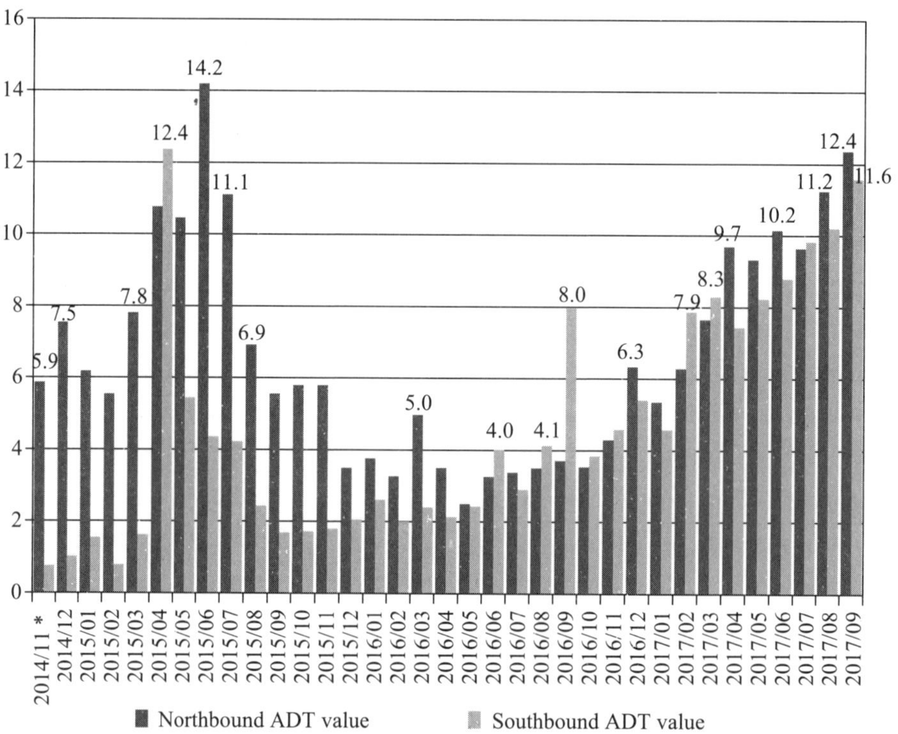

Figure 4-A1 Average daily value of Stock Connect total trading (buy and sell) — Northbound and Southbound (Nov 2014 — Sep 2017)

* Starting from 17 Nov 2014 when Shanghai Connect was launched.

Note: Stock Connect total trading values include buy and sell trades. Northbound Trading values are converted to HKD using month-end exchange rates from Hong Kong Monetary Authority website. Shenzhen Connect data is included since the launch date of Shenzhen Connect (5 Dec 2016).

Source: HKEX.

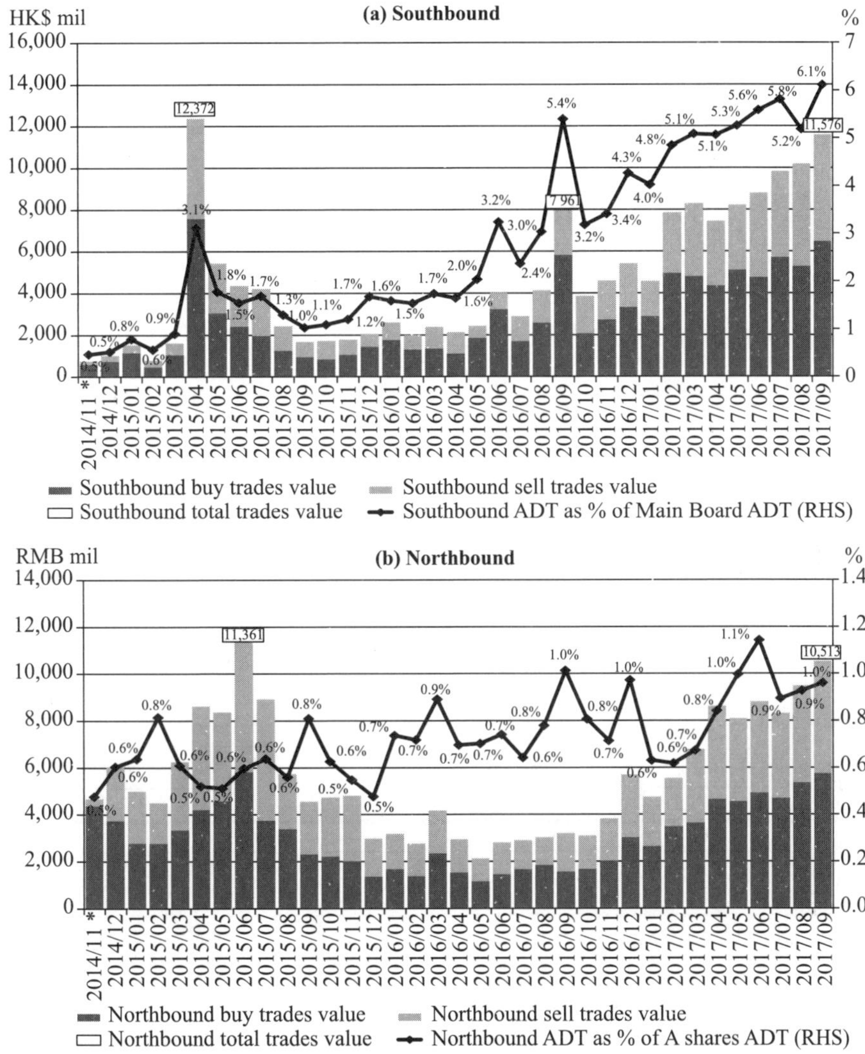

Figure 4-A2 Stock Connect average daily trading value and percentage share of market total (Nov 2014 — Sep 2017)

* Starting from 17 Nov 2014 when Shanghai Connect was launched.

Note: In calculating the ratio to the total market ADT, Northbound/Southbound Trading total value (buy and sell) was divided by two to give one-sided figures before calculating its percentage share of the one-sided total market trading value (buy and sell counted in a single transaction value). Shenzhen Connect data is included since the launch date of Shenzhen Connect (5 Dec 2016). The base reference data of Mainland A-share market includes SZSE A-share market since that date.

Source: HKEX.

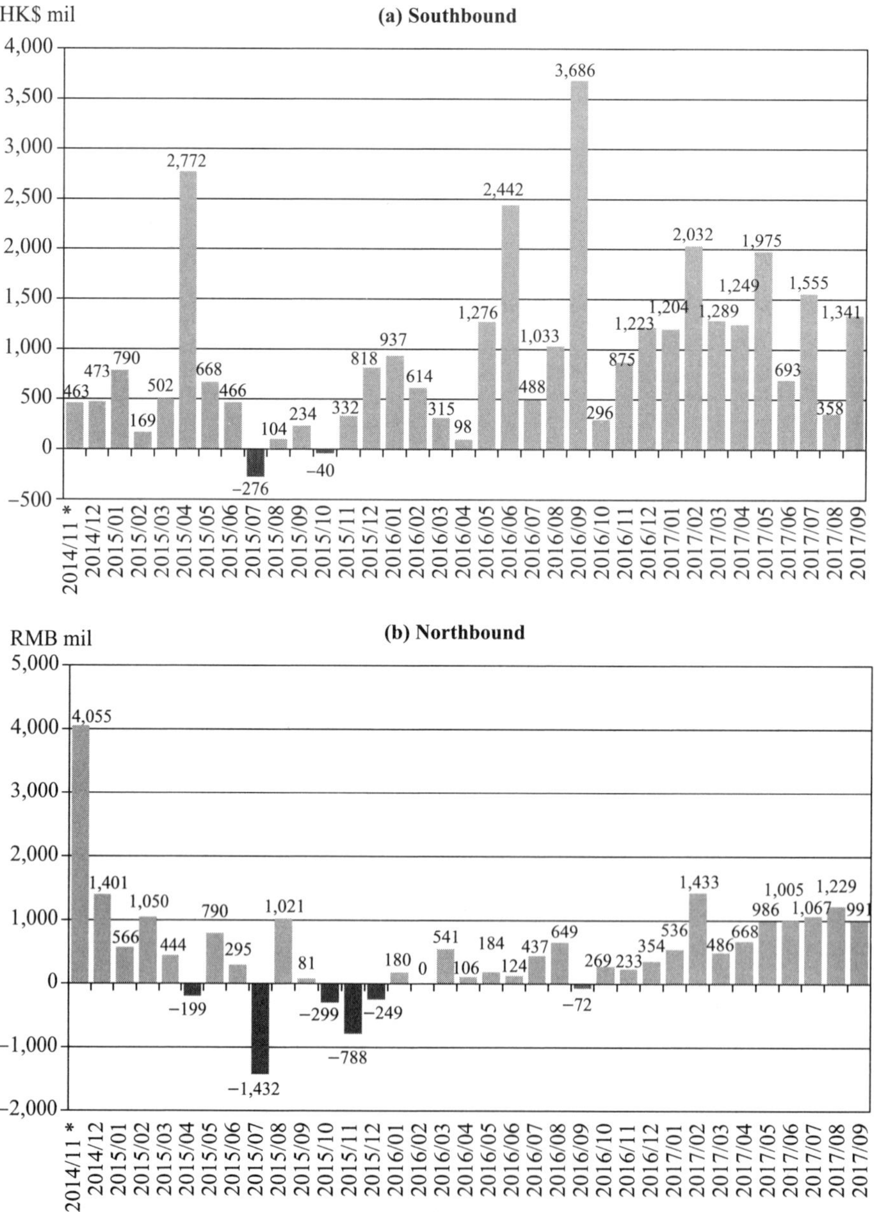

Figure 4-A3 Average daily net buy/sell trade value in Stock Connect Southbound and Northbound Trading (Nov 2014 — Sep2017)

* Starting from 17 Nov 2014 when Shanghai Connect was launched.

Note: Shenzhen Connect data is included since the launch date of Shenzhen Connect (5 Dec 2016).

Source: HKEX.

Appendix 2 List of constituent stocks of CES SCHK100 (End-September 2017)

Table 4-A1 List of constituent stocks of CES SCHK100 (End-September 2017)

Stock code	Stock name	Weight (%)
700	Tencent Holdings Limited	11.27
5	HSBC Holdings plc (Hong Kong)	10.21
1299	AIA Group Limited	7.89
941	China Mobile Limited	5.52
1	CK Hutchison Holdings Limited	3.06
388	Hong Kong Exchanges and Clearing Limited	2.93
2888	Standard Chartered PLC	2.87
16	Sun Hung Kai Properties Limited	2.09
883	CNOOC Limited	2.04
1113	CK Asset Holdings Limited	1.91
2388	BOC Hong Kong (Holdings) Limited	1.82
11	Hang Seng Bank	1.65
2	CLP Holdings Limited	1.61
27	Galaxy Entertainment Group Limited	1.60
2007	Country Garden Holdings Company Limited	1.50
3	The Hong Kong and China Gas Company Limited	1.40
175	Geely Automobile Holdings Limited	1.34
688	China Overseas Land & Investment Limited	1.26
3333	China Evergrande Group	1.21

(*Continued*)

Stock code	Stock name	Weight (%)
6	Power Assets Holdings Ltd	1.15
1928	Sands China Limited	1.12
2018	AAC Technologies Holdings Inc	1.10
2382	Sunny Optical Technology (Group) Company Limited	1.08
1658	Postal Savings Bank of China Company Limited	1.01
4	Wharf Holdings Limited	0.96
66	MTR Corporation Limited	0.92
762	China Unicom (Hong Kong) Limited	0.89
267	CITIC Limited	0.76
17	New World Development Company Limited	0.75
1109	China Resources Land Limited	0.75
2328	PICC Property & Casualty Company Limited	0.72
12	Henderson Land Development Company Limited	0.71
1114	Brilliance China Automotive Holding Limited	0.71
669	Techtronic Industries Company Limited	0.69
2319	China Mengniu Dairy Company Limited	0.68
728	China Telecom Corporation Limited	0.63
1093	CSPC Pharma Pharmaceutical Group Limited	0.63
1038	CKI Infrastructure Holdings Limited	0.61
1044	Hengan International Group Company Limited	0.61
288	WH Group Limited	0.55
384	China Gas Holdings Limited	0.53
23	Bank of East Asia Limited	0.52
2313	Shenzhou International Group Holdings Limited	0.52

(*Continued*)

Stock code	Stock name	Weight (%)
20	Wheelock and Company Limited	0.51
83	Sino Land Company Limited	0.49
1177	Sino Biopharmaceutical Limited	0.49
2688	ENN Energy Holdings Limited	0.49
656	Fosun International Limited	0.48
19	Swire Pacific Limited	0.47
101	Hang Lung Properties Limited	0.47
151	Want Want China Holdings Limited	0.47
1099	Sinopharm Holdings Company Limited	0.47
1359	China Cinda Asset Management Company Limited	0.44
144	China Merchants Port Holdings Company Limited	0.43
966	China Taiping Insurance Holdings Company Limited	0.43
270	Guangdong Investment Limited	0.41
291	China Resources Beer (Holdings) Company Limited	0.39
960	Longfor Properties Company Limited	0.39
992	Lenovo Group Limited	0.38
371	Beijing Enterprises Water Group Limited	0.37
522	ASM Pacific Technology Limited	0.37
1128	Wynn Macau Limited	0.37
1357	Meitu Inc.	0.37
1972	Swire Properties Limited	0.35
2689	Nine Dragons Paper Holdings Limited	0.33
425	Minth Group Limited	0.32
2282	MGM China Holdings Limited	0.32

(*Continued*)

Stock code	Stock name	Weight (%)
586	China Conch Venture Holdings Limited	0.31
836	China Resources Power Holdings Company Limited	0.31
6808	Sun Art Retail Group Limited	0.31
10	Hang Lung Group Limited	0.30
257	China Everbright International Limited	0.30
322	Tingyi (Cayman Islands) Holding Corporation	0.30
607	Fullshare Holdings Limited	0.30
1169	Haier Electronics Group Company Limited	0.30
2020	ANTA Sports Products Limited	0.30
69	Shangri-La Asia Limited	0.29
135	KunLun Energy Company Limited	0.28
551	Yue Yuen Industrial (Holdings) Limited	0.28
981	Semiconductor Manufacturing International	0.28
1193	China Resources Gas Group Limited	0.28
659	NWS Holdings Limited	0.27
683	Kerry Properties Limited	0.27
1816	CGN Power Company Limited	0.27
14	Hysan Development Company Limited	0.26
494	Li & Fung Limited	0.26
813	Shimao Property Holdings Limited	0.26
3311	China State Construction International Holdings	0.26
392	Beijing Enterprises Holdings Limited	0.24
867	China Medical System Holdings	0.23
8	PCCW Limited	0.22

(*Continued*)

Stock code	Stock name	Weight (%)
1060	Alibaba Pictures Group Limited	0.22
3377	Sino-Ocean Group Holding Limited	0.22
165	China Everbright Limited	0.21
3320	China Resources Pharmaceutical Group Limited	0.20
880	SJM Holdings Limited	0.18
293	Cathay Pacific Airways Limited	0.16
241	Alibaba Health Information Technology Limited	0.13
3799	Dali Foods Group Company Limited	0.13
1929	Chow Tai Fook Jewellery Group Limited	0.12

05

The Rise of China's New Economy Sector

Financing needs and Hong Kong's new role

December 2017

Summary

As traditional growth drivers such as investment and exports recede, the new-economy sector, which is typically characterised by new industries, new industry forms and new business models, has developed rapidly and gradually becomes the driving force for the structural transformation of the Chinese economy and its new growth impetus. However, the lack of a diversified and multi-layer financial market has restricted the growth of China's emerging industries. On one hand, the traditional model of bank lending and private equity venture funds has not been able to fully satisfy the financing needs of new-economy companies. On the other hand, the path of listing with initial public offering may not be able to satisfactorily resolve the issues about the founder(s) shareholding structure. How to enhance the financing capabilities of the capital market with the funds raising suitable for innovative technology companies will be crucial for promoting the development of these companies and for the rapid growth of the new-economy sector.

Setting up an open, diversified and innovative financial market would be conducive to enhancing the international competitiveness of China's new-economy sector. Mainland's economic transformation and the rise of its innovation industries will provide impetus to Hong Kong to assume a new role and positioning in the process of Mainland's economic liberalisation and Mainland companies' internationalisation.

Rise of new-economy industries adds new impetus to China's economy

The current change in China's industrial structure is unprecedented. The growth engine is gradually shifting away from the traditional model of exports and investment to a new direction characterised by economic transformation and business innovation.

1. As traditional growth engines weakened, the old economy of investment and exports began to stagnate

China has undergone the world's longest period of the highest and the most extensive economic growth in the past 40 years. This was driven by investment and exports, relying heavily on capital-intensive, energy-intensive and labour-intensive economic structure. Between 1978 and 2016, Mainland China had an average annual growth rate of 9.6% in gross domestic product (GDP) and has become the world's second largest economy, with the GDP per capita rising from RMB 385 to RMB 53,980 (see Figure 5-1).

Figure5-1 China's GDP per capita and GDP growth rate (1978 — 2016)

Source: Wind.

However, the global financial crisis of 2008 led the world economy into stagnation and precipitated tremendous changes in the international economic landscape. China's economy also saw signs of a cyclical decline under the superimposition of three economic adjustment periods and growth hit a bottleneck. The economic growth impetus offered by investment has been decreasing as the marginal return on investment continues to decline. Fixed-asset investment growth per annum has subsided from 24.33% in 2006 to 8.1% in 2016. As a result, the contribution of investments to total GDP growth had reduced from the peak of 8.0% to 2.8% in 2016. As for trade, global trade volume has also shrunk substantially to below 3% for the past 5 years. China's growth in trade declined nearly 8% in 2015 and further declined in 2016①. At the current time of de-globalisation, China's trade growth is no longer expected to outpace global trade's average growth. The contribution of trade to China's GDP growth has been negative since 2009 (see Figure 5-2).

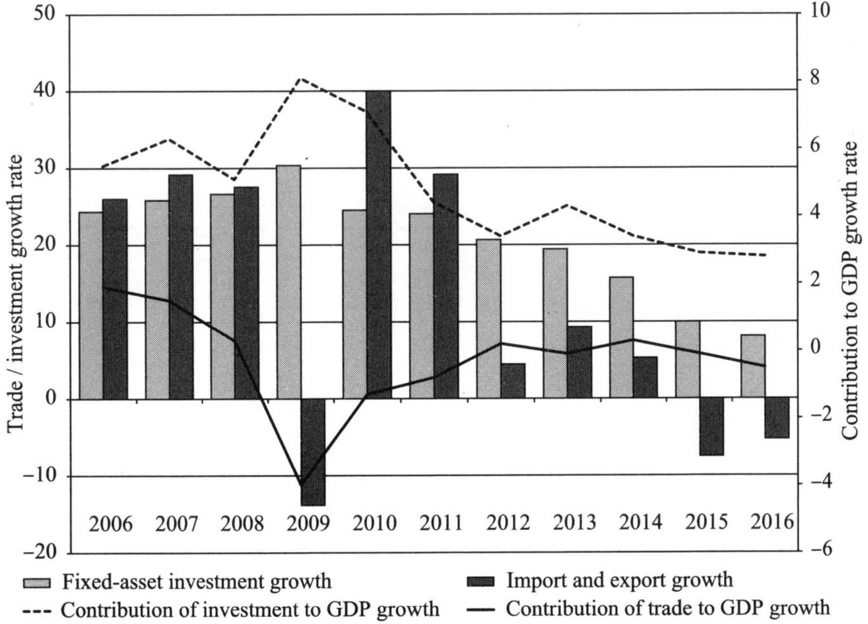

Figure 5-2 China's trade and investment growth (1996 — 2016)

Source: Wind.

① Source: National Bureau of Statistics of China.

2. Technology and policies drive new-economy sector

Characterised by new industries, new industry forms and new business models, the new-economy sector is developing rapidlyin China and gradually becomes a major driver of the development and structural transformation of the Chinese economy.

The rise of the new-economy sector is attributable to two key factors.

Firstly, new technologies have enabled revolutionary changes in business models. This is particularly apparent in five major areas.

- The internet has evolved from an instrument that improves communication to a core infrastructure that supports the entire businesses. Digitalisation of business operations have led to new business models and changes in consumer behaviour.
- Data has become a new kind of resources. There is a new wave of revolution driven by technologies such as knowledge innovation, cloud computing, artificial intelligence and big data.
- Sharing economy is a model to match supply and demand of idle resources at lower cost and with higher efficiency. This model is applied in multiple sectors ranging from accommodation (e.g. Airbnb) to transport (e.g. Didi Chuxing) and have facilitated brand new business models such as collaborative consumption, cooperative economy and point-to-point economy.
- Financial technology (Fintech) covers payment and clearing, digital currency, online lending, blockchain, robo adviser, smart contracts and many other fields. The combination of finance and technology creates new business models and are revolutionising traditional services in the financial market. A research by McKinsey[①] indicates that an average of 40% of traditional banking revenue would be affected by the extensive adoption of digital banking.
- An industry-wide upgrade of manufacturing. The adoption of new energy, new materials and high-end equipment manufacturing has become a new direction for the world's industrial growth and is also providing a solid support for the structural recovery of the global economy.

---

① Source: *Where Is the Future of Chinese Banking Industry*, McKinsey research, 2016.

Secondly, a series of policies and strategies have been introduced by various countries after the 2008 Global Financial Crisis, providing guidance and institutional support for new-economy industries (see Table 5-1).

On the global front, developed countries shifted their focus back to the real economy following the financial crisis. Apart from formulating re-industrialisation strategies that focus on reinvigorating the manufacturing sector, incentive-based policies were introduced in biopharmaceuticals, electronic equipment, intelligent technology, materials technology, clean energy and other new-economy industries as an attempt to cultivate new economic growth drivers.

The US government was the first to actively support emerging industries including advanced manufacturing technologies, intelligence manufacturing, new energy, biotechnology and information-driven businesses. The aim is to encourage the return of high-end manufacturing to the country to create more high value-added and high-tech domestic jobs, so as to re-establish a new and highly competitive industrial framework in the US. In December 2009, the US announced a framework to reinvigorate the country's manufacturing sector, followed by the implementation of the Advanced Manufacturing Partnership and a National Strategic Plan for Advanced Manufacturing in June 2011 and February 2012 respectively. Under the "re-industrialisation" strategy, the US' share of the world's manufacturing industry rose steadily to 16.6% in 2014 and by the end of 2015, the manufacturing sector had added a total of 700,000 people to its workforce, showing some early positive results in the rebuilding of the industry in the US[①].

European governments have also implemented policies that reinvigorate industries or reshape future industries. Germany introduced the "Industry 4.0" national strategy which targets emerging industries and aim for an upgrade of the entire manufacturing value chains to improve competitive advantage. This induces great repercussions throughout the world. The strategy signifies the integration of internet technology (e.g. cloud computing, big data, 3D printing, network security) with the manufacturing sector. The key purpose is to enhance the intelligence level of the manufacturing industry and to create adaptive and resource-efficient intelligent manufacturing factories. Since the introduction of "Industry 4.0", 47% of companies in Germany

① Source: U.S. Bureau of Labor Statistics.

have participated in the scheme, and 12% have implemented the strategy[①] and have become the key drivers of economic transition and growth in the local market and in Europe.

In China, the Decision of the State Council on Accelerating the Cultivation and Development of Strategic Emerging Industries was announced in 2010, followed by the "Made-in-China 2025" strategic plan in 2015. The strategic objective of these is the creation of a strong manufacturing country, with nine strategic missions and focuses[②] specified. It is hoped that with global vision and strategic thinking, technology revolution can penetrate the entire manufacturing industry to give the country's manufacturing sector a new competitive edge. Such policy initiative not only provides an important strategic guideline for China to capture a commanding position in the future development of the new-economy and high-tech industries, it also has important strategic significance in the transformation of China's economic growth dynamics that will move China forward as a manufacturing superpower.

Table 5-1 Comparison of major policies that support high-tech manufacturing in US, ermany, China and other countries

Country	Time	Major policies
US	2009	A Framework for Revitalising American Manufacturing
	2011	Advanced Manufacturing Partnership
	2012	National Strategic Plan for Advanced Manufacturing
	2013	A Roadmap for U.S. Robotics — From Internet to Robotics
	2015	A Strategy for American Innovation
Germany	2010	High-Tech Strategy 2020 for Germany
European Union (EU)	2006	Creating an Innovative Europe
	2010	Europe 2020
	2014	EU's Horizon 2020

① Source: Findings of surveys by Germany's three major associations (German Machine Tool Builders' Association, German Association for Information Technology, Telecommunications and New Media, and German Electrical and Electronic Manufacturers' Association).

② The focus areas are the new generation IT industry, high-end CNC machine tools and robots, aerospace equipment, marine engineering equipment and high-tech vessels, advanced rail transportation equipment, energy saving and new energy vehicles, power equipment, agricultural equipment, new materials, biomedical and high-performance medical equipment and production services ancillary to these industries.

(*Continued*)

Country	Time	Major policies
Japan	2007	Japan's Innovation Strategy 2025
Korea	2009	Planning and Development Strategies for New Growth Drivers
China	2010	Decision of the State Council on Accelerating the Cultivation and Development of Strategic Emerging Industries
	2015	Made-in-China 2025

Source: Government websites of the respective countries and related news.

3. China's new-economy industries enter a phase of critical strategic development

The restructuring of the global economy and technological revolution have brought about major opportunities for the Chinese new-economy sector and yet the Chinese economy also needs innovation to improve the quality, efficiency and sustainability of its development. Once the new economy replaces the old economy as the crucial driver of future economic and productivity growth, this will signify China's departure from the "L-shaped" economic trend and the success of its economic transformation.

According to China's 13th Five-Year Plan, the output value of strategic emerging industries would exceed RMB 60 trillion by 2020, contributing more than 15% of GDP. According to Mckinsey's projections, the 12 major technological breakthroughs including mobile internet, cloud computing, advanced robots, new-generation genomes, etc. would directly produce an annual economic value of US$14-33 trillion by 2025[①]. It is apparent that the next 10 years will be a critical strategic development phase for the sectors of high-end equipment manufacturing, new-generation information technology (IT) and information services, new materials, new energy, energy saving and environmental protection and other emerging industries in China.

The growth of emerging industries[②] has outpaced the overall economic growth as the Chinese economy's structural enhancement accelerates (see Figure 5-3 and Figure

① Source:《麦肯锡发布 12 大颠覆技术 物联网、云、机器人、自动汽车在列》, Xinhua website, 29 September 2015.

② In this paper, the concept of "emerging industries" falls within the scope of new economy.

5-4). By the end of 2016, there were 1,152 A-share listed companies in strategic emerging industries, representing 38% of the total number of listed companies. Their operating revenue in 2016 was RMB 3.25 trillion, up 17.7% year-on-year, and has been growing for four consecutive years. Their profits in the same year grew by 22.3% — the growth rate was up 8.5%-point from that in the previous year and was 16.2%-point above the average growth rate of all listed companies, showing further elevation in their relative performance. The average gross profit margin was 25.1%, which was 7.5%-point above the A-share market average. The sector continued to be the market leader in term of effectiveness. According to Caixin China New Economy Index, the input in new-economy sector accounted for 31.8% of the input in total economy as of April 2017①. It is apparent that there is a rebalancing between the old and new economies in China — the new-economy sector, characterised by new industries, new industry forms and new business models has preliminarily become the major force supporting the performance of Chinese enterprises.

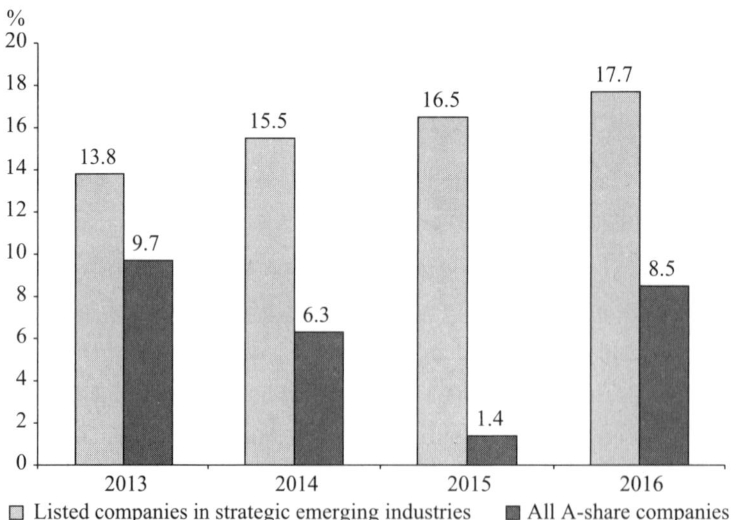

Figure 5-3 Comparison of annual growth in operating revenue between listed companies in strategic emerging industries and all A-share companies (2013 — 2016)

Source: State Information Centre of China.

① Source: Caixin (财新智库) website (http://pmi.caixin.com/2017-05-02/101085054.html).

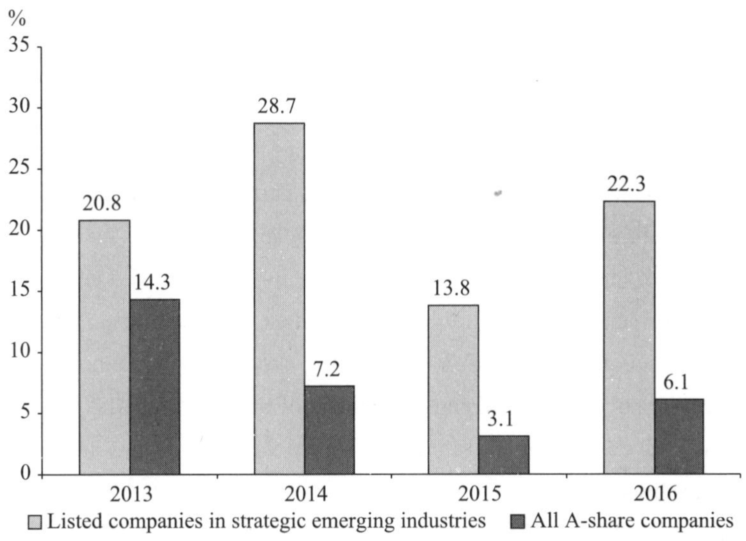

Figure 5-4 Comparison of average profit growth rates between listed companies in strategic emerging industries and all A-share companies (2013 — 2016)

Source: State Information Centre of China.

Existing channels fail to fully satisfy the financing needs of new-economy sector

Technology companies carry different risk characteristics and financing needs at different stages of development. Start-ups of innovative enterprises in general would have core technologies and intellectual property rights, but suffer from the lack of capital, long establishment period and high risks and uncertainties. They are typically in need of a greater array of financing tools and a nurturing environment that can support innovation and industrialisation of new technologies.

Noteworthily, China's diversified and multi-layer investment and financing mechanism is not yet well developed. This has constrained the growth of new-economy sector in the country. Capital raising on the Shenzhen Stock Exchange (SZSE)'s Small and Medium-Sized Enterprises Board (SME Board) and ChiNext, where Mainland private enterprises dominate, accounted for only a small portion of the entire financing system in China. In 2016, the SME Board and ChiNext raised RMB706.8 billion in total, compared to the total social financing of RMB17.8 trillion in China. Of all social financing, RMB 2.9 trillion was raised through corporate bonds and RMB 1.7 trillion was equity financing in the stock market by non-financial enterprises (see Figure 5-5). Furthermore, a research indicated that more than 85% of medium to large non-state-owned enterprises relied on self-owned funds, while the remaining companies sought capital from outside parties (of which, two-thirds relied on bank loans and one-third raised funds via the capital market) (see Figure 5-6). It is clear that bank lending, bond and equity financing constituted a small proportion of financing for innovative technology companies, indicating that these existing channels are inadequate to satisfy the financing needs of new-economy industries. The enhancement of the fund-raising capabilities of the capital market will be crucial for promoting the development of innovative technology companies and for the rapid growth of the new-economy sector in China.

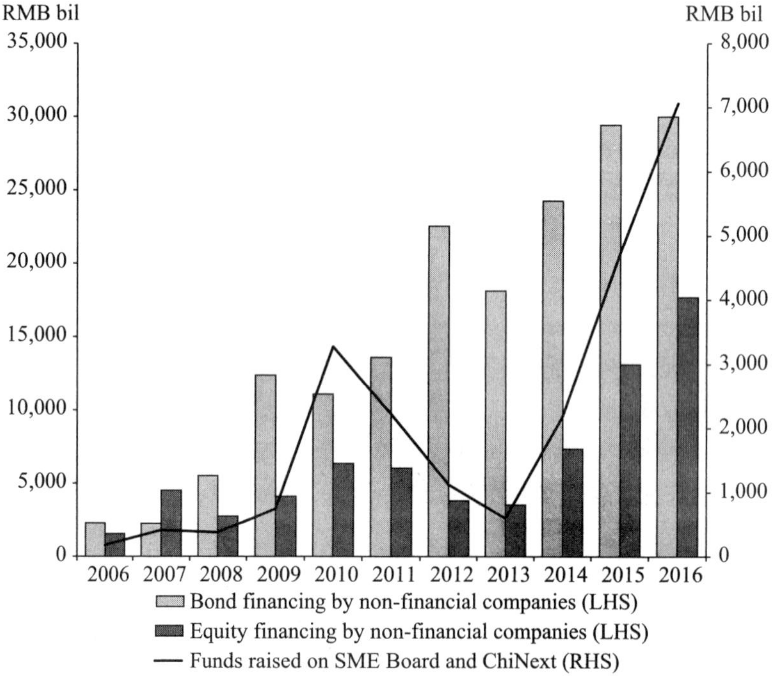

Figure 5-5 Funding through SME Board and ChiNext, bond financing and equity financing (2006 — 2016)

Source: Wind.

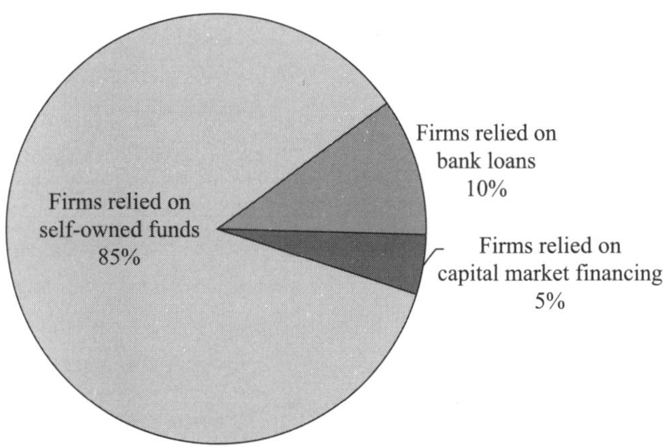

Figure 5-6 Medium to large non-state-owned enterprises' reliance on different sources of fund (2016)

Source: A research report on the development of private enterprises in China (《中国民营企业发展研究报告》) published in a think-tank magazine (《民银智库研究》), issue 57.

1. Bank lending

New-economy companies usually find it difficult to obtain bank loans at their early stage of development for a number of reasons owing to their special characteristics.

Firstly, new technologies and their innovative models involve a considerable degree of uncertainty and specialties which do not conform to banks' conventional way of assessing businesses. Secondly, unlike traditional industries, new-economy companies (especially those in the internet business) are typically asset-light with low barriers of entry. Therefore, these companies usually deploy significant amount of resources (before making any profits) to expand market share in order to deter competition in their early days of development. From the banks' perspective, these companies typically lack profit track records or a profit model and a stable cash-flow history; nor do they have a sound credit record and suitable guarantors. These factors make it difficult for banks to extend credit to them due to risk considerations. Thirdly, financial institutions can only charge technology innovative enterprises a fixed interest rate under existing laws in China such that the return cannot reflect the high risk premium. This reduces the incentive of financial institutions to extend credit to technology innovative enterprises.

As a result, the financing support provided by China's existing commercial banks to new-economy and high-tech companies is significantly insufficient. As of the end of 2015, outstanding bank loans offered to new-economy and high-tech companies[①] amounted to only RMB 562.7 billion, or less than 1% of total bank loans provided in the country. It is also significantly lower than the share of new-economy sector's contribution to China's GDP (see Figure 5-7).

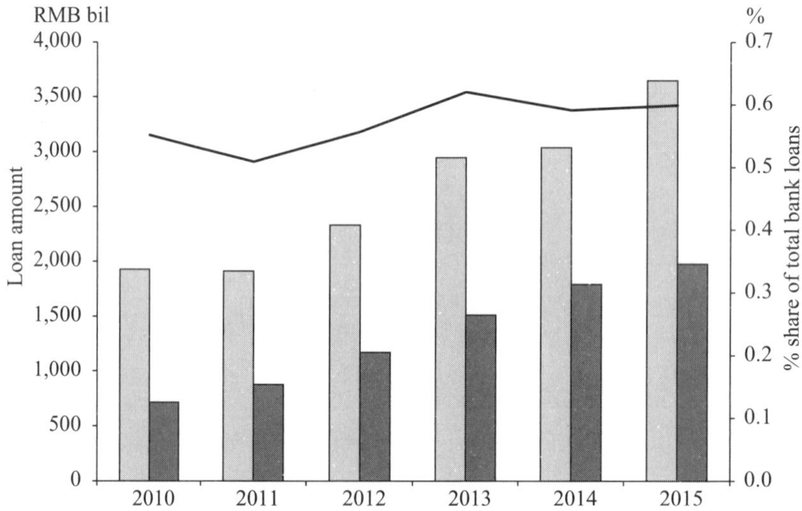

Figure 5-7 Funding obtained by new-economy and high-tech enterprises from banks — Amount and percentage share (2010 — 2015)

Source: Wind.

2. Venture capital and private equity funds

Venture capital (VC) and private equity (PE) funds are the major sources of financing for new-economy and technology enterprises, the latter is more important for the development of new-economy companies with larger fund size. Investment in the new-economy sector was on the rise globally. Worldwide PE investment increased from US$45.2 billion in 2012 to US$128.5 billion in 2015 (see Figure 5-8).

① These refer to companies in the industry sectors of "information transmission, computer services and software", and "scientific research, technical services and geological exploration".

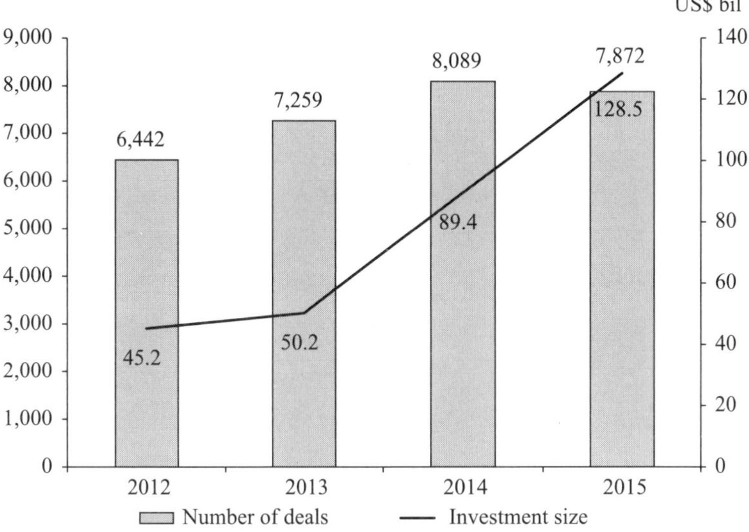

Figure 5-8 The annual trend of global PE investment (2012 — 2015)

Source: Venture Plus Q4 2015, KPMG and CB Insights.

Generally speaking, early-stage technology companies benefit more from PE than from going public.

Firstly, from a strategic point of view, PE support enables companies to focus on long-term strategies unhindered by short-term performance, minimising the time and resources spent by management on communication with external shareholders. This allows the companies to maintain their competitive edge without disclosing their business secret.

Secondly, PE funds also provide a series of value-added services in addition to financial capital. Out of a desire to add value to their investment, PE institutions usually assist these enterprises to improve their management and governance and deploy resources in areas such as human capital, marketing and business strategy to nurture enterprise development. In addition, they may also provide industry knowledge, supplier and client information that could assist these enterprises to grasp a timely understanding of the industry and enhance their competitiveness with integrated internal and external resources.

Thirdly, as a result of continuous global monetary easing, PE funds has been able to provide technology companies with sufficient long-term funding. There are an increasing number of companies which have obtained valuations exceeding US$1 billion through funding in the primary market.

This explains why a large number of technology companies procrastinates their listings. In 2014, the average age for a technology company going public is 11 years, compared to around 4 yearsin 1999. The extension of time-to-listing has resulted in much longer investment periods before most venture capitalists can realise their investment returns in the public market①.

However, from the investor's perspective, general investors would demand a higher degree of transparency and information disclosurefrom the technology companies than what could be offered by companies with private equity funding. PE investors, on the other hand, often ask for a commitment of earnings within 7 to 10 years from the partnership with new-economy companies. Going for a listing or doing mergers and acquisitions are, therefore, the major ways to realise returns on their investment. This is the main reason that PE investors would urge their invested companies to go for a listing.

3. Initial public offerings (IPO) and listing

IPO is not only the primary channel for PE funds to exit their investment, but also a means whereby a company can obtain substantial capital from the stock market, enhance company reputation, and achieve business objectives and strategic breakthrough for the company's long-term development.

Due to the unique nature of new-economy companies in terms of business model and technological innovation, such companies will not only consider the basic criteria of a listing venue such as its funding capacity and liquidity, but also other factors relevant to the strategic development of a technology company. For example, they will consider whether the listing venue choice of industry peers favours the development of an industry conglomeration effect, whether there are enough analysts to conduct

① Source: McKinsey research, *Grow Fast Or Die Slow: Why Unicorns Are Staying Private*, May 2016.

in-depth analysis of the unique business models of new-economy companies and whether after listing they can foster a greater momentum in new innovation with the technological capabilities in the local market.

Another factor not to be overlooked is the fact that the equity interest of founders would gradually be diluted after listing along with continuous expansion of equity financing, affecting their control over the company's strategic direction. Such development is especially unfavourable to technology companies where the business model is centred on the founders. Although tapping into new capital will allow the listed company to realise new opportunities and value creation, the transition from controlling management by the founders to the democratic and transparent governance mechanism of a listed company may lead to conflicts. Striking a balance between growth and control is therefore a key consideration for technology entrepreneurs whose companies have gone public or are preparing to go public.

The prevailing practice to satisfy the needs of enterprises, especially those of private investors or founders of technology companies, is the adoption of a dual-class share structure (weighted voting rights). This is a flexible design in governance structure which allows founders of technology companies, after an IPO, to maintain control of the company even if they no longer hold the majority of its shares. Take the example of Baidu, which is listed on NASDAQ. Baidu adopted a dual-class share structure similar to that of Google — the newly issued and publicly offered A shares in the US and the original B shares. B shares have 10 voting rights per share while A shares have only one voting right per share. B shares can be converted into A shares at the ratio of 1 : 1, but A shares cannot be converted into B shares. This weighted voting rights structure enables Baidu's founding shareholder to have controlling voting rights by holding only a small percentage of shares, thereby maintaining effective control over the enterprise after its listing. In this way, not only Baidu successfully raised the capital it required, its founders are also able to maintain control at the same time.

Hong Kong will assume a new role in the internationalisation of China's new-economy companies

Hong Kong, with its unique geographical advantages and highly professional and international investment landscape, has always been a market connector between Mainland China and the rest of the world. Against the backdrop of economic transformation and the rise of innovation industries in the Mainland, how should Hong Kong co-exist and integrate with new-economy companies in the Mainland and provide them with a suitable international platform? And how would such integration drive the development of Hong Kong's science and innovation ecosystem, thereby turning it into a new impetus for the city's economic transformation?

1. Having the "home advantage" in adopting international practices on Chinese soil, Hong Kong can become the preferred capital market of new-economy companies

Looking beyond major factors such as market size and turnover, regulatory transparency, legal landscape, market valuation and fund-raising efficiency, the familiarity with Chinese companies and the ability to attract international investors are also crucial factors that Chinese companies would take into account when choosing the listing and fund-raising venue (referred to as "home country effect"). These are the reasons why Hong Kong has been selected by many Mainland companies as their first stop towards internationalisation.

In the past 30 years of growth in Mainland enterprises, Hong Kong has demonstrated itself as a hub connecting international capital and Mainland enterprises, and performed multiple functions for Mainland enterprises in their quest for financing, reform and transformation. Since the first Mainland-incorporated company listed in Hong Kong in 1993, Hong Kong has become the primary overseas capital market for Mainland companies to raise capital. Overseas-incorporated red-chip companies were already seen in the Hong Kong market back in the 1980s. As of end-November 2017, 1,041 Mainland companies (including H shares, red chips and private enterprises) were listed in Hong Kong, which accounted for 50% of the total number of listed companies and 66% of the total market capitalisation on the Hong Kong stock market[①].

① Source: Hong Kong Exchanges and Clearing Ltd. (HKEX).

These statistics reflect that Hong Kong has a unique home advantage when it comes to the overseas listing of Mainland companies. With these advantages, Hong Kong could offer better value discovery and pricing capabilities for Mainland's new-economy companies than its counterparts in the US and other markets. It therefore can provide the most suitable international platform for these companies' capital deployment, restructuring, mergers and acquisitions (M&A) and expansion during their different stages of strategic development and growth. The Hong Kong capital market can be transformed to help cultivate quality technology companies with transformative and innovative traits for Mainland China.

2. Hong Kong can make use of its open and international environment to help new-economy companies set up regional headquarters and internationalise

Hong Kong is a well-recognised international financial centre (IFC) with the key success factors of an international fund-raising platform — an open market, the rule of law, international regulatory and market structures, professional talent pool and an English/Chinese bilingual environment. Amid the rapid development of the Mainland financial market in recent years, Hong Kong still possesses these unique advantages as an IFC that provides important functional support for Mainland companies' overseas investment and their quest for business partners.

In recent years, an increasing number of Mainland-based high-tech and new-economy companies have ventured out of the Mainland to expand their outbound investment. They acquire overseas advanced technologies, research and development (R&D) capabilities and dominant projects, and set up regional headquarters overseas. In supporting the "out-going" strategy of Mainland enterprises, apart from providing a low-cost financing platform, Hong Kong can utilise its advantages of management resources and communication convenience to help Mainland high-tech enterprises break through trade barriers and regulatory obstacles, and formulate effective strategies for their global expansion. For example, China Everbright leveraged on its Hong Kong's arm to acquire Lampmaster, a global leader in sophisticated industrial equipment, in 2015. Based on its Hong Kong platform, the company not only set up a global M&A fund to raise capital, but also benefited from Hong Kong's legal environment and pool of talents. Another example is Gold Wind Science & Technology which acquired the direct-drive permanent magnet technology from Germany's wind turbine manufacturer, Vensys. The acquisition expanded the company's technological know-how and facilitated further advancement based on the US technology, making it China's leading wind turbine manufacturer today. Gold Wind has operations in Europe, Australia, South Africa and Latin America, and hires Hong Kong employees for managerial roles in its overseas operations to stay connected with overseas markets and to better align with client needs.

Going forward, when more high-tech and innovative companies engage in investment and financing businesses in the international market, they can make use of Hong Kong's flexible range of financial tools and structures, and enjoy the convenience ensued from it. Hong Kong could connect these companies with different overseas markets and would become the cradle for their growth. It would establish a platform for Mainland companies to acquire international counterparts and advanced technology, to seek overseas technology partners, to arrange for technological cooperation and to formulate global plans.

3. Hong Kong can connect global investors with China's new-economy assets and become a key platform for their asset allocation to China's new-economy sector

A significant feature of China's new-economy companies is that precedents of technology or innovation are adopted from developed countries, cultivated in China and transformed into new manifestations with global significance. For instance, CB Insights database shows that there are 183 unicorn companies[①] in the world, of which 43 are from China. Among those with a valuation of US$10-60 billion are Ant Financial, Xiaomi, Didi Chuxin, Lu.com, Zhong An Online Insurance[②], DJI and Meituan. All of these are operating in the most active fields of the new economy sector, including internet finance, e-commerce and media. Each of these companies has the potential to become a mega offering when it gets listed. However, the growth of such companies could be a complicated and lengthy process, and so their investors

① Unicorn companies refer to companies that were set up within 10 years' time, have a valuation exceeding US$1 billion, had obtained private equity investment but are not yet listed.

② ZhongAn Online Insurance was listed on HKEX on 28 September 2017.

are bound to face tremendous risks and uncertainties.

Hong Kong's strength lies in its position not only as the primary market for Mainland companies to venture overseas, but also as the platform that international investors are most familiar with for investing in Mainland assets. New-economy assets with various forms have been taking shapes in China. Taking the list of unicorn companies announced by Great Wall Enterprise Institute and the Torch Centre under China's Ministry of Science and Technology, China's 131 unicorn companies① have an overall valuation amounting to US$487.6 billion or an average valuation of US$3.72 billion per company. China is now the world's secon ecountry after the US with the largest number of unicorn companies. Hong Kong is more familiar with the operations of Mainland enterprises and their profit models compared to other markets. It is also easier for investors in Hong Kong to communicate with the management of Mainland technology companies and to exert external governance. The gathering of new-economy companies in Hong Kong will shape an ecosystem for further development of new-economy sectors and the associated investor base. Through its wide array of products and its well-established pool of professionals and market functions, Hong Kong can establish an effective link between China's new-economy assets and global capital, achieving connection and integration of global financial resources with Mainland assets, and convert the achievements of new-economy technology companies into growth drivers of the Mainland economy. At the same time, international new-economy companies which have a favour for China's market can use Hong Kong as a springboard — getting a listing in Hong Kong as the first step to tap into China's market, and then expanding their business in China afterwards.

4. Convergence of technology companies and their capital in Hong Kong will accelerate the development of Hong Kong's technology ecosystem, and promote the co-existence, integration and collaborative development of Hong Kong and Mainland new-economy companies

Technological innovation is growing rapidly in the Hong Kong local market. A series of developments including the establishment of the Innovation and Technology Bureau and the Academy of Sciences of Hong Kong, innovative technology measures

① The definition of unicorn enterprise in this survey is somewhat different from the one used by CB Insights.

and plans for future technology infrastructure mentioned in the 2016-2017 Financial Budget, and the technology and innovation policies mentioned in the Policy Addresses in 2015 and 2016 that involve more than HK$18.2 billion in government spending have instilled great confidence into Hong Kong's technology and innovation industry development[①]. The entry of Mainland and global new-economy companies will enrich the landscape of upstream, midstream and downstream companies in the technology industry, leading to the formation of regional innovation core system, and strengthening the competitive advantage of companies in the industry agglomeration. Combined with the Hong Kong government's development plan for "a smart city, healthy aging and robotics", attracting the entry of new-economy companies will speed up the formation of a "smart city ecosystem" and promote Hong Kong's sustainable development as an international metropolis and green eco-city.

Through the creation of an open, diversified and innovative multi-layer financial market, new energy of technological innovation and urban transformation can be injected into Hong Kong. Hong Kong can also help enhance the international competitiveness of Mainland's new-economy companies, and assume a new role and positioning in the process of China's economic liberalisation and Mainland companies' internationalisation.

① Source: Hong Kong's Innovation and Technology Bureau website.

Part II

Fixed Income and Currency (FIC)

06

TR/HKEX RMB Currency Indices (RXY)

October 2016

Summary

The TR/HKEX RMB Currency Indices (RXY Indices) provide an independent, transparent and unbiased valuation of the RMB against the currencies of China's most important trading partners.

The RXY Indices adopt a reliable unambiguous calculation methodology, based on WM/Reuters[①] Intraday Spot Rates and strictly follow the International Organisation of Securities Commissions (IOSCO) principles for financial benchmarks. This gives the RXY Indices the advantage of becoming commonly used RMB benchmarks in comparison with any in-house RMB valuation models developed by market players which are mostly not disclosed to the public.

The RXY Indices complements the Mainland Central Bank's CFETS RMB Index — the most regarded RMB Index developed for policy purpose — by being highly correlated with the latter and at the same time delivering hourly valuations, transparency and

① WM/Reuters is "World Markets Company/Reuters".

accessibility to all market participants. The RXY Indices are probably the only currently RMB tradable indices that are publicly available to the market. They are suitable for serving as references for financial instruments including futures, options and exchange traded funds (ETFs). This would help market participants who are looking for more RMB investment and hedging tools in the course of increasing internationalisation of the RMB and liberalisation of the Mainland financial market.

SERVING THE NEED FOR A TRADABLE RMB INDEX

1. The increasing internationalisation of the Renminbi (RMB)

On 11 December 2015, the Mainland Central Bank — the People's Bank of China (PBOC) — launched three new RMB currency policy indices on the China Foreign Exchange Trade System (CFETS) to benchmark the RMB performance against baskets of major international currencies. These comprise the CFETS RMB Index, the BIS Currency Basket RMB Index and the SDR Currency Basket RMB Index[①].

The new policy addresses the importance of shifting global emphasis of the RMB exchange rate from against the US dollar (USD) towards against multiple currencies. Such a move aims to decrease the perceived volatility of the RMB on the dual exchange rate screen, where large swings in the currency rate sometimes are caused merely by economic events in the USA, and may have little relationship with the international value of the RMB.

The move to a multicurrency basket in measuring the RMB lies in the fact that China undoubtedly had grown into a major international trading country and the RMB is increasingly used in international trade and financial activities. A bilateral exchange rate of USD to onshore RMB (USD/CNY) could not reflect the trade and financial relationships of China with multiple countries across the globe.

In recent years, China has traded with an increaseing number of countries around

---

① CFETS RMB Index mainly refers to CFETS currency basket, including CNY versus FX currency pair listed on CFETS. BIS Currency Basket RMB Index refers to the Bank of International Settlements (BIS) currency basket. The SDR Currency Basket RMB Index refers to the International Monetary Fund (IMF)'s Special Drawing Right (SDR) currency basket.

the world, and become the major trading partner for many of them. The World Trade Organisation (WTO) trading statistics① show that China overtook Japan as the leading exporter in 2004, surpassed the USA in 2007 and Germany in 2009, and became the world's leading exporter. In 2015, China's merchandise exports were USD2.27 trillion, maintaining the first place in the world ranking. The range and diversity of China's trading partners boosts demand for the RMB and highlights the limitations of using a bilateral exchange rate for measuring the RMB. (See Figure 6-1.)

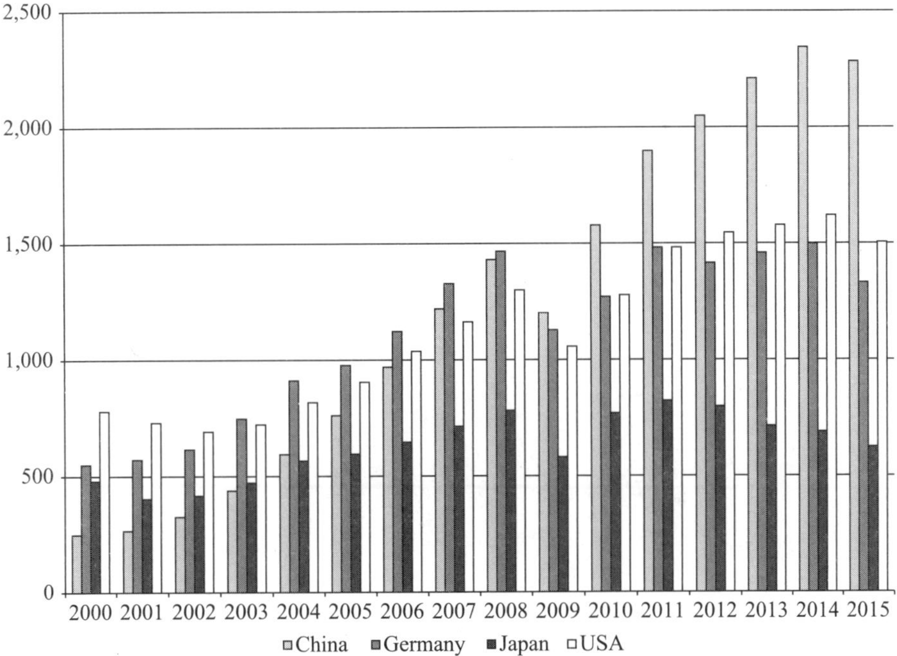

Figure 6-1 Exports of China versus other major countries (USD billion)

Source: UN Commodities trading database.

In addition to China's strong position in international trade, the use of the RMB as a settlement and investment currency also increases over time. According to SWIFT②, the market share of the RMB as an international payment currency ranked fifth in July 2016, moving up two notches in two years' time (see Figure 6-2).

① WTO, *World Trade in 2015-2016*, April 2016.

② SWIFT, *RMB Tracker*, August 2016.

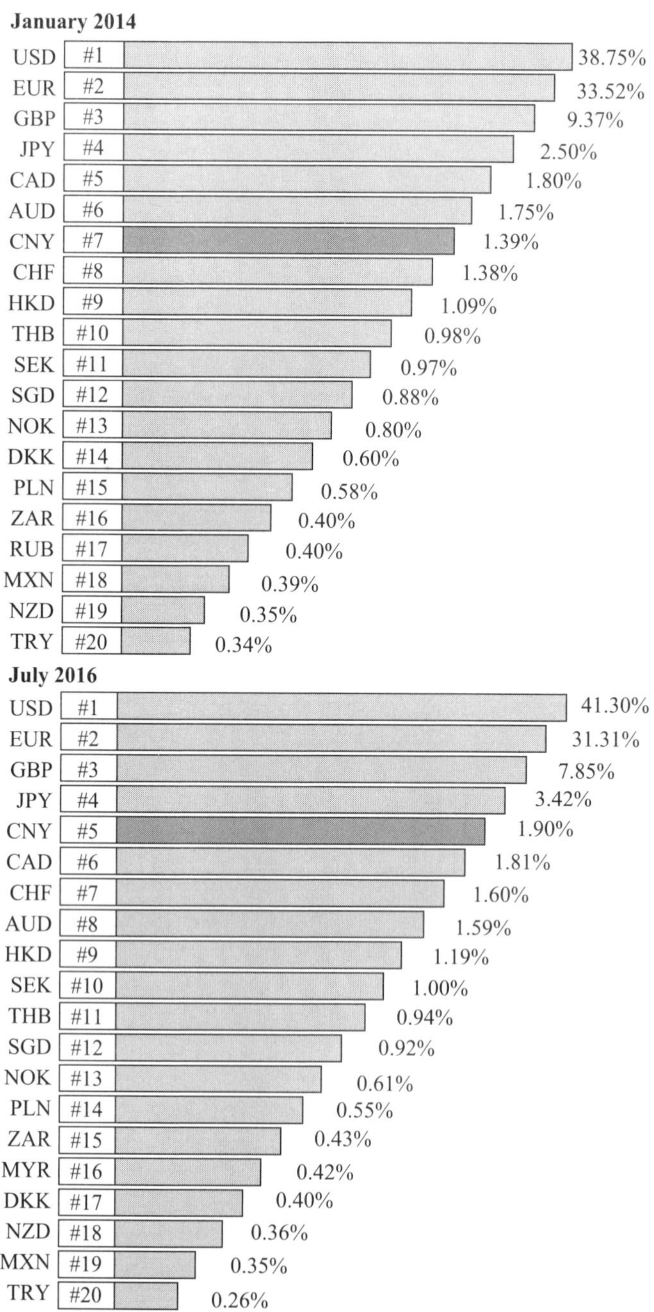

Figure 6-2 RMB's share as an international payment currency

Note: Customer initiated and institutional payments; messages exchanged on SWIFT (based on value).

Source: SWIFT, *RMB Tracker*, July 2016.

The demand for RMB will likely continue to grow, to be supported by the grand Belt and Road Initiative launched by China in 2013. Implementation of this development initiative will connect China with Asia, East Asia, Europe and Africa by land (the "Silk Road Economic Belt") and by sea (the "Maritime Silk Road") by enhancing existing trade infrastructure and building up new infrastructure. China has committed USD40 billion to China's Silk Road infrastructure fund①, USD100 billion to the Asian Infrastructure Investment Bank (AIIB)②, and USD50 billion to the New Development Bank③ to support projects under the initiative. This will likely extend the span of RMB internationalisation and boost demand in RMB for trade and financial transactions relating to the Belt and Road.

2. Liberalisation of the RMB market

Over the last two decades, China has demonstrated tremendous economic growth, supported by development of its exchange rate infrastructure. At the initial stage of China's globalisation, the RMB was pegged to the USD. In 2005, the pegged regime was switched to a managed floating rate system, which allowed the RMB to trade in a daily band of ±0.3% against the USD④. The band was widened to ±2% in March 2014⑤. A milestone exchange rate system reform in fact occurred in 2015, which is a cornerstone in RMB internationalisation. On 11 August 2015, the PBOC introduced a major change in the USD/CNY fixing regime, under which the exchange rate is to be fixed with market makers' submitted rates that make "reference to the closing rate of the interbank foreign exchange market on the previous day, in conjunction with demand and supply conditions in the foreign exchange market and exchange rate movement of the major currencies in the international market"⑥.

The shift to the new market-based fixing regime shows the readiness of China to allow the RMB, to a considerable extent, to be driven by market forces with reference to major currencies. The steps taken by the Chinese government towards RMB internationalisation

① *China's Silk Road Dream Falls into Place with US$40b Fund*, South China Morning Post, 17 February 2015.

② *China Ratifies Asian Infrastructure Investment Bank agreement*, Economic Times, 4 November 2015.

③ New Development Bank website, http://www.ndb.int/brics-bank-to-begin-funding-of-projects-from-april-kamath.php

④ *A Managed Floating Exchange Rate Regime is an Established Policy*, PBOC, 15 July 2010.

⑤ *Public Announcement No.* 5, PBOC, 17 March 2014.

⑥ *China Defends New Currency Regime*, Financial Times, 13 August 2015.

were applauded by the International Monetary Fund (IMF), which announced in November 2015 the inclusion of the RMB in SDR, to be effective in October 2016.

The marketisation reform of the foreign exchange regime laid a solid foundation for more liberalised cross-border financial activities using the RMB. Further liberalisation measures were subsequently introduced. These include the relaxation of quotas and streamlining of the application process for Qualified Foreign Institutional Investors (QFII), and the opening of direct access of foreign investors to the China Interbank Bond Market (CIBM). Further market liberalisation creates an increasing demand from global market participants and policy makers for a clear RMB benchmark for analysing movements of the RMB, to better observe trends and directions for gauging their global RMB exposure and to better balance policy mandates relating to RMB.

Shortly after implementation of the new USD/CNY fixing regime, the PBOC launched the CFETS RMB Index in December 2015, which includes 13 currencies of China's key trading partners. The index was launched together with the BIS Currency Basket RMB Index and the SDR Currency Basket RMB Index. The indices provide new benchmarks of the RMB exchange rate movements in world economic activities.

Table 6-1　Recent policy path on the internationalisation of RMB towards a global reserve currency

Date	Policy
11 Aug 2015	PBOC USD/CNY fixing regime reform
30 Nov 2015	Announcement of RMB inclusion in Special Drawing Rights (SDR) by IMF
11 Dec 2015	CFETS RMB Index launch
4 Feb 2016	State Administration of Foreign Exchange (SAFE) relaxation on Qualified Foreign Institutional Investors (QFII) quota and simplification of application process
24 Feb 2016	PBOC announcement on allowing direct access of foreign institutional investors to the China Interbank Bond Market (CIBM)
27 May 2016	PBOC & SAFE announcement of implementation rules for CIBM direct access scheme
1 Oct 2016	Inclusion of RMB in SDR by IMF

Apart from the need for monitoring RMB movements, there will be increasing demand from global market participants for hedging their RMB exchange rate risk when managing their RMB investment portfolios or for monetising their views on the RMB exchange rate. To serve such needs, a transparent and tradable RMB index and exchange rate tools based on it are desirable. It is on this background that the TR/HKEX RMB Currency Index series (RXY Indices or RXY Index series) is designed and introduced. Jointly developed by HKEX and Thomson Reuters, RXY Index series was officially launched on 23 June 2016. The index series is believed to be able to meet market needs that otherwise could not be met by existing RMB indices (see elaboration in the following two sections).

INTERNATIONAL EXPERIENCE IN EXCHANGE RATE INDICES

1. Central Banks' indices

The modern history of foreign exchange (FX) markets shows that the Central Banks of many countries have developed currency indices as economic indicators for comparing the exchange rates of their country's currencies against their major trading partners. One example is the Trade-Weighted Dollar Index introduced by the US Federal Reserve in 1973. Currently the Index includes 26 currencies and their weightings are revised on an annual basis. The index's primary function is to serve as a policy macroeconomic indicator. Despite its supremacy, the index has not developed into a financial tradable instrument.

In the Euro area, starting from 1999 the European Central Bank (ECB) publishes two effective exchange rates (EERs) of the Euro. One of the Euro EERs is calculated against 19 currencies of major trading partners of the Euro zone and the other one reflects the trade relations with a broader currency set of 38 countries. In a similar way as the Trade-Weighted Dollar Index, the broad-based Euro EER has the currency weightings revised on an annual basis and is a strong indicator of the currency value. Both Euro EERs are predominantly used as important indicators for assessing the external economic conditions and international price and cost competitiveness. The EERs' behavior is also an important element of the ECB's evaluation of the monetary situation in the Euro area and setting up strategies for the EU monetary policy.

The most recent notable development in Central Banks' FX indices is the CFETS RMB Index, launched in November 2015. Although the methodology of the index composition is not fully transparent to the public, the index reflects China's currency value against currencies of its important trade partners. The index is calculated with reference to a basket of 13 currencies directly traded against the RMB on CFETS. The weight of each currency in the index is calculated by international trade weight with adjustments of re-export trade factors[①]. Since its launch, the CFETS RMB Index has undoubtedly played an important role in guiding the FX market participants' attention away from the bilateral USD/CNY rate to the reference to a basket of currencies when measuring RMB performance.

2. Tradable indices

In contrast to the policy currency indices run by the Central Banks, financial market players have developed other currency benchmarks, which are adapted to the financial markets' requirements and are more suitable for trading. One of the most successful examples is the USD Index (USDX) created by the Intercontinental Exchange (ICE) Futures U.S., which includes only six currencies (CAD, CHF, EUR, GBP, JPY, SEK). USDX futures contracts were subsequently listed in November 1985 on the ICE Futures U.S. Since the inception, the currency weights in the index were revised only once in 1999 for replacing a few European currencies with the Euro (EUR). Despite the fact that the current basket of the USDX does not entirely reflect the latest US economic relationships due to the shift in the economic landscape towards China over the last decade, the USDX futures have become the world's most widely-recognised traded currency index futures, with 12 million contracts traded in 2015[②]. A number of multimillion exchange traded funds (ETFs) are linked to the index (e.g. Powershares DB Bullish and Bearish funds, WisdomTree Bloomberg USDX fund).

Another example is the Euro Index (EURX or EXY) launched in January 2006 by the New York Board of Trade (NYBOT) which was later acquired by the ICE. The

① Source: CFETS website (http://www.chinamoney.com.cn).

② The ICE, *US Dollar Index Futures*, Historical Monthly Volumes.

ICE Euro Index measured the value of the Euro against a basket of five currencies (USD, GBP, JPY, CHF, and SEK) and initially reflected the weightings calculated by the ECB for deriving the EERs. However, in May 2011 the ICE Futures U.S. ended the trading of futures and options on the index and shortly after that discontinued the calculation of the ICE Euro Index.

While USD and EUR are major international currencies inducing demand for development of their corresponding tradable indices, there are rarely indices developed on currencies of developing countries. The RXY Index series is the latest example of tradable currency indices, for the first time on RMB, in the course of the currency's internationalisation process. The primary index of this series — TR/HKEX Global CNH Index (Global RXY Index) — is particularly of relevance (see Table 6-2).

Table 6-2 Comparison of Central Banks' indices and their tradable peers

Central Bank's index	**Federal Reserve's Trade-Weighted Dollar Index**	**European Central Bank's Euro Effective Exchange Rates (EERs)**	**CFETS RMB Index**
Launch	1973	1999	2015
Publisher	Federal Reserve	ECB	PBOC
Number of constituents	26	19/38	13
Rebalancing	Annually	Annually	Annually
Calculation	Geometric average	Geometric average	Geometric average
Weighting	Trade weighted	Trade weighted	Trade weighted
Tradability	nil	nil	nil
Tradable index	**USDX / DXY**	**EURO / EXY**	**Global RXY CNH**
Launch	1985	2006	2016
Publisher	ICE Futures U.S.	ICE Futures U.S.	Thomson Reuters/HKEX
Number of constituents	6	5	14

(*Continued*)

Central Bank's index	Federal Reserve's Trade-Weighted Dollar Index	European Central Bank's Euro Effective Exchange Rates (EERs)	CFETS RMB Index
Rebalancing	Fixed	Fixed	Annually Adjusted
Tradable products	Futures, Options, ETFs	Futures, Options	Not yet available*

* Products including futures, options and ETFs may be introduced based on RXY Indices. HKEX is considering introducing RXY Index futures, subject to regulatory approval.

Source: Board of Governors of the Federal Reserve System, European Central Bank, CFETS, HKEX, ICE Futures U.S.

3. Other indices

In the RMB market, some market participants initiated their own in-house indices to measure RMB performance. Banks often develop their internal benchmarks for conducting macroeconomic analysis and look at the FX market's trends. For such purposes real effective exchange rate (REER) indices, or in other words, indices adjusted for domestic inflation rate, are the best indicators as they demonstrate relative strength or weakness of the domestic currency in comparison to other currencies. In addition to REERs, banks also create RMB models focusing on some specific areas (e.g. exports or certain industry sectors) or on some aspects of RMB development, such as the theme of globalisation. Some banks use their internal RMB indices as benchmarks or reference rates for developing FX derivatives strategy.

On the asset management side, in-house RMB indices are often used for reference by market institutions' trading desks as indicators of directions of RMB movement. Such internal instruments are also often used to analyse performance of RMB-denominated assets in investment portfolios or to identify hedging strategy of the RMB exposure. However, due to competition among investment managers and their desire to produce higher returns, in most cases the internal models are not disclosed to the public.

The in-house indices described above of various market institutions including banks, securities firms or asset management companies, whilst may be good benchmarks for in-house valuation purposes, cannot become the financial industry's leading RMB measuring instruments. Part of the reason is that these indices are built by the institutions to meet their internal targets which would be different from one another, for which independence would be an issue. Secondly, in-house RMB indices are rarely in compliance with international standards like the International Organisation of Securities Commissions (IOSCO) principles, partly due to the costs and labour involved in aligning, maintaining and certifying the internal benchmarks in accordance with the international principles. Therefore, in-house instruments cannot become industry benchmarks due to their non-independence, non-compliance with the international rules for financial benchmarks and often non-transparency in their calculation methodologies.

THE RXY INDEX SERIES

The RXY Indices are developed by independent parties — HKEX and Thomson Reuters — with the objective of offering market participants a RMB performance indicator of the highest industry standard.

The RXY Indices comprise a Primary Index — the **TR/HKEX Global CNH Index** — and three variant indices — **TR/HKEX Global CNY, TR/HKEX Reference CNH** and **TR/HKEX Reference CNY**. The indices differ by their base currency basket — a global basket which includes 14 currencies, and a reference basket which consists of 13 currencies (more information on the baskets' constituent currencies is provided in the sub-section below) — and the RMB measure — onshore RMB (CNY) and offshore RMB (CNH). They have a base date of 31 December 2014 with a base value of 100, same as the CFETS RMB Index, and the historical data of the RXY Indices is available back to 31 Dec 2010. Figure 6-3 gives a summary of the four indices and Figure 6-4 shows their historical performance.

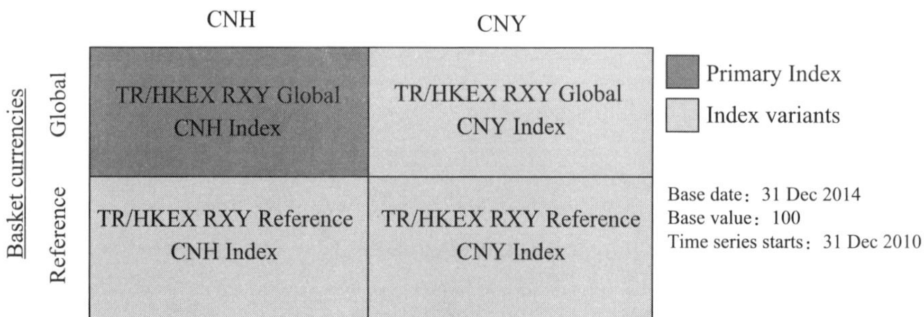

Figure 6-3 The four RXY indices

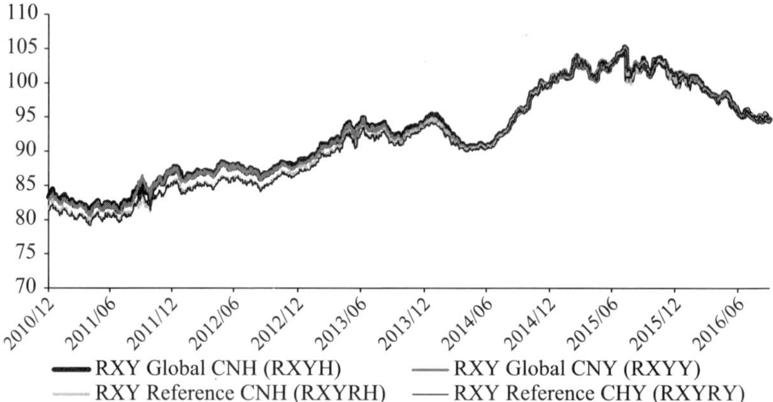

Figure 6-4 Historical performance of the four TR/HKEX RXY indices (31 Dec 2010 — 30 Sep 2016)

Source: HKEX.

The RXY Indices are managed in accordance with the IOSCO principles for financial benchmarks[①], which ensure that governance of the indices is objective and rules-based, and that the indices are transparently calculated from underlying rates supplied by WM/Reuters. Being in compliance with the IOSCO principles, the RXY Indices have the advantage of being qualified not only as benchmarks for RMB valuation, but also as underlying references for financial instruments such as futures, options and ETFs. Furthermore, market regulations imposed on investment products have become more stringent after the 2008 Global Financial Crisis and require higher product transparency and integrity, including those of the products' references or

① www.iosco.org/library/pubdocs/pdf/IOSCOPD415.pdf

underlying assets. Under such regulatory environment, being IOSCO-complaint enables the RXY Indices to be used for issuing investment products to meet the needs of different types of institutional and retail investors.

Thomson Reuters administers the RXY Indices. Through a framework that includes a committee of subject matter experts and a dedicated index manager, Thomson Reuters is responsible for maintaining the integrity and quality of the RXY Indices, and for carrying out regular work and duties, including the following:

- To interpret the index methodology and implement the annual rebalance procedure;
- To review feedback received from index stakeholders;
- To develop and implement changes to the index methodology if required by feedback from stakeholders or by market events;
- To manage interaction with the **Index Advisory Group** ("IAG") and **Index Action Committee** ("IAC") in respect of rebalances and index methodology changes; and
- To report to the **Thomson Reuters Benchmarks Oversight Committee** ("TRBOC").

Following interaction with the "IAC" and, where required, the IAG, the Index Manager is responsible for determining any changes to the index methodology.

The IAC is an internal Thomson Reuters group of subject matter experts (indices as well as asset classes) that support the Index Manager with additional advice related to methodology interpretation or changes to the methodology. Specifically, the Index Manager may communicate the feedback obtained from the IAG, which includes a representative from HKEX, and/or index stakeholders to the IAC and solicit its advice. The IAC in turn reports to the TRBOC.

1. Product design

The RXY Indices are designed in such a way that the index will rise when the base currency (CNY or CNH) appreciates in value against the base basket of currencies, and will decline when the base currency depreciates in value against the base basket of currencies. The indices are calculated on an hourly basis and have their close values at 4 pm Hong Kong time on the trading day.

Each RXY index, I_t, is computed at any point of time, t, in accordance with the formula below:

$$I_t = I_0 * \Pi_i \left(\frac{FX_{i,t}}{FX_{i,0}}\right)^{w_i}$$

Where $FX_{i,t}$ is the spot FX rate of currency i in the basket against the base currency, at time t. I_0 and $FX_{i,0}$ are the index and spot FX rates at the last rebalance time respectively, and w_i is the weight of currency i (such that $\sum w_i=1$). The indices are calculated using geometric averaging algorithm and spot FX rates conversion (all FX rates used in the above formula are derived from spot FX rates against USD).

The RXY Indices are based on two baskets: the global basket which consists of 14 currencies, and the reference basket which consists of 13 currencies. Each currency basket is trade-weighted, where the weighting of each currency is determined by the actual trade volume between China and the corresponding country of the currency.

The 14 currencies included in the global basket are:

- AUD — Australian dollar
- CAD — Canadian dollar
- CHF — Swiss franc
- EUR — Euro
- GBP — British pound
- HKD — Hong Kong dollar
- JPY — Japanese yen
- KRW — Korean won
- MYR — Malaysian ringgit
- NZD — New Zealand dollar
- RUB — Russian ruble
- SGD — Singaporean dollar
- THB — Thailand baht
- USD — US dollar

The reference basket exclude KRW, i.e. having the same set of 13 currencies as currently in the CFETS RMB Index basket, with similar weightings as well (see Figure 6-5). The currency weightings in the RXY Indices are rebalanced on an annual basis in order to reflect the most recently available trading data. The weightings are derived from the United Nations Commodities Trade Statistics (UN Comtrade)①, which provides annual trade volumes between China and other countries. The trade

① United Nations Commodities trade statistics, www.comtrade.un.org.

data from the Hong Kong Census and Statistics Department① is used to adjust the annual bilateral exports from Mainland China to Hong Kong as reported by the UN Comtrade. Such adjustment reflects the fact that a substantial amount of the exports from Mainland China to Hong Kong is not for domestic use and requires recalculation to obtain the actual amount of exports from Mainland China that are absorbed by Hong Kong. The reference to the international source of trade statistics and transparent mechanism of the weighting composition of the RXY Indices make the changes in the indices' constituents highly predictable.

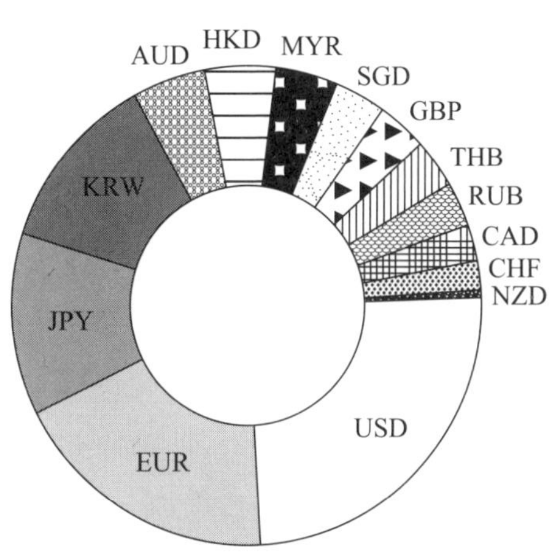

Currency Weights			
Currency	RXY Global Currency Indices [1]	RXY Reference Currency Indices [1]	CFETS RMB Index [2]
USD	24.69%	28.09%	26.40%
EUR	18.47%	21.03%	21.39%
JPY	12.27%	13.97%	14.68%
KRW	12.14%	0.00%	0.00%
AUD	5.02%	5.72%	6.27%
HKD	4.89%	5.56%	6.55%
MYR	4.29%	4.88%	4.67%
SGD	3.55%	4.04%	3.82%
GBP	3.46%	3.93%	3.86%
THB	3.32%	3.78%	3.33%
RUB	2.99%	3.41%	4.36%
CAD	2.45%	2.79%	2.53%
CHF	1.95%	2.22%	1.51%
NZD	0.51%	0.58%	0.65%

Figure 6-5 Currency weights in RXY and CFETS RMB Indices

Notes:

(1) Weights in RXY Indices are effective from 3 October 2016 until 29 Sep 2017.

(2) CFETS RMB Index was introduced on 11 December 2015. The currency weights in the index were obtained from CFETS's announcement on its website on that date.

Source: HKEX, CFETS.

The rebalancing of the RXY Indices involves updating the weightings of constituents in each index basket on an annual basis, with the rebalancing cycle starting in June of each year, after the UN Comtrade and Hong Kong Census and Statistics Department's annual trade statistics become available. The IAG studies the preliminary weighting calculations and announces the updated weightings on the last business day of June. The new weightings become effective from the first trading day of October.

① Hong Kong Census and Statistics Department, http://www.censtatd.gov.hk/home/.

The RXY Index series is designed to possess the characteristics of a tradable index — regulatory compliance, reliable data source, reputable compiler, transparent methodology and frequent publishing (hourly). These may not be fulfilled by the only other publicly available official CFETS RMB Index.

2. Usage and benefits

The RXY Indices are based on FX rates provided by WM/Reuters, which is regulated by the UK Financial Conduct Authority. WM/Reuters spot FX rates are continuously monitored to ensure that they meet the highest standards of industry best practice, and therefore minimise the chance of price manipulation or control.

From a policy perspective, the RXY Indices offer market analysts and economists a transparent, hourly benchmark for analysing the behaviour of the RMB and for building their predictions on the RMB trends. The RXY Indices would be reliable proxies for the CFETS RMB Index due to their high degree of correlation with the latter, and they therefore also provide convenient tools to the market for analysing Chinese authorities' FX policy. By monitoring movements of the USD/CNY fixing rate announced by the PBOC on a daily basis and comparing it with the RXY Indices, market participants can see the direction of the Chinese FX policy (see Figure 6-6).

From a trading perspective, the RXY Indices could serve as good indicators of the market-driven direction of RMB movements and market participants could capitalise on taking their views on the RMB directions. International players with RMB exposure may use the RXY Indices for better management of their currency risks (see Table 6-3).

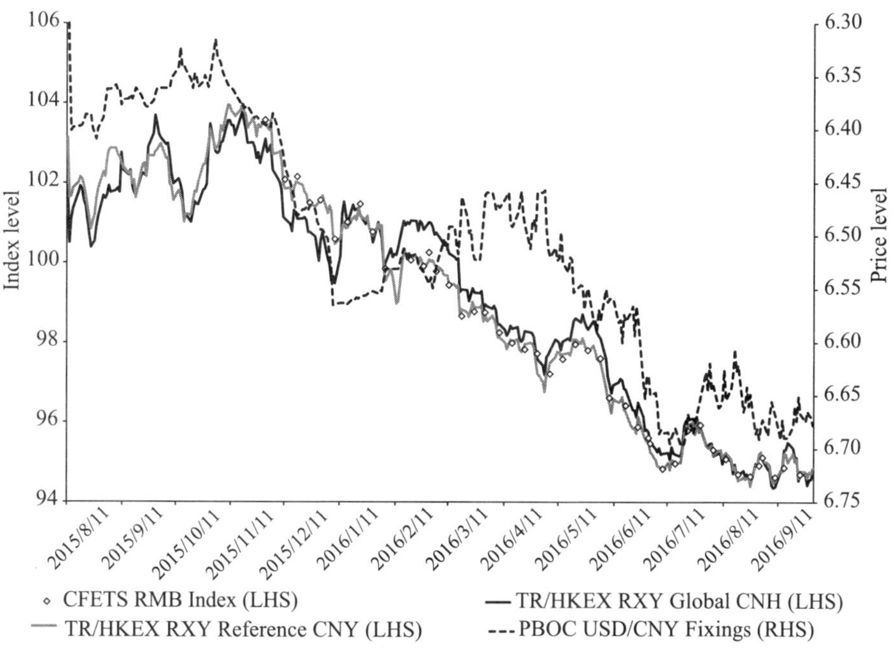

Figure 6-6 RXY and CFETS RMB Indices performance versus USD/CNY fixing (11 Aug 2015 — 30 Sep 2016)

Note: For comparison purpose, the CFETS RMB Index is rebased on 30 November 2015 to the same level as the TR/HKEX RXY Reference CNY Index.

Source: HKEX, CFETS, Thomson Reuters.

Table 6-3 Risk and return profile of the RXY indices

Index	Return						Risk			Correlation with CFETS RMB Index	Beta vs CFETS RMB Index
	Jul 2016		Aug 2016		Sep 2016		30-day realised volatility (ending)				
	M-o-M	Y-o-Y	M-o-M	Y-o-Y	M-o-M	Y-o-Y	2016/07/29	2016/08/31	2016/09/30	(2015/11/30 – 2016/09/30)	(2015/11/30 – 2016/09/30)
TR/HKEX RXY Global CNH (RXYH)	0.09%	-8.30%	-0.74%	-6.43%	-0.46%	-8.48%	3.44%	3.38%	3.95%	0.9963	0.6432
TR/HKEX RXY Global CNY (RXYY)	-0.05%	-8.34%	-0.68%	-7.28%	-0.46%	-8.02%	3.40%	2.97%	3.43%	0.9817	0.6703
TR/HKEX RXY Reference CNH (RXYRH)	0.48%	-7.99%	-0.72%	-6.06%	-0.38%	-8.30%	3.31%	3.22%	3.90%	0.9933	0.6570
TR/HKEX RXY Reference CNY (RXYRY)	0.34%	-8.02%	-0.65%	-6.90%	-0.38%	-7.72%	3.55%	3.09%	3.57%	0.9860	0.6533

Note: "M-o-M" return is the month-on-month return of the index as of the month-end date relative to the previous month-end index; "Y-o-Y" return is the year-on-year return of the index as of the month-end date relative to the corresponding month-end of the previous year.

Source: HKEX, Thomson Reuters, CFETS.

In addition, the RXY Indices can also become useful tools for the Chinese authorities. The open dialog between the PBOC and the major FX market players about the mechanism of setting the exchange rates may suggest that, driven by market forces, the RXY Indices could possibly be used as a price discovery tool by the relevant Chinese authorities.

The RXY Indices are designed to **provide references for financial instruments including futures, options and ETFs**. The design of the indices aims at ensuring that any derivatives referenced to the RXY Indices can be priced fairly by permitting arbitrage trades. To meet the fast development of RMB internationalisation and the consequent growing demand for RMB financial products, RMB hedging tools such as futures and options contracts on RXY Indices would be useful. RXY Indices would have the potential to develop into an extremely important tool in the chain of FX products creation and valuation.

07

HKEX's Five-Year China Ministry of Finance Treasury Bond Futures

The world's first RMB bond derivatives accessible to offshore investors

April 2017

Summary

China's debt capital market has now become the third largest in the world at RMB56.3 trillion, or about US$8.1 trillion, after a rapid expansion over years. China also made significant strides to advance RMB internationalisation and the openness of the domestic financial market.

Although the current share of foreign holdings of Chinese bonds is still at a low level, foreign capital shows a strong appetite for Chinese sovereign bonds, and foreign holdings in the sovereign bond segment has significantly increased after the formal inclusion of RMB into the International Monetary Fund's Special Drawing Right (SDR) basket in October 2016. If China implements the pilot Bond Connect scheme between Hong Kong and the Mainland in the near future, the increased foreign investment in Chinese bonds would result in a surging demand for related risk management.

Developing effective hedging support and providing foreign exchange (FX) access are important for foreign investors to increase their exposure to RMB assets. To date, there are a number of interest rate risk management products in the onshore market, which provides supportive tools to hedge RMB interest rate risks. Along with further opening up of the domestic foreign exchange market to foreign investors recently, some eligible foreign investors can also directly access mainland derivatives. HKEX's T-Bond Futures utilizes the product strength of offshore market and is carefully designed with a few distinguishing features, in order to ensure that the trading of this product would unlikely have an adverse impact on the onshore market.

Based on the experience of developed countries, the introduction of treasury bond futures plays an important role in improving the pricing function of the underlying bond market, promoting the liquidity of spot market and enriching the means of interest rate risk management of bond investors. A majority of empirical studies finds either no significant effect, or else a decrease in volatility, of the spot market following the introduction of treasury bond futures. HKEX's T-Bond Futures provides a solid tool for foreign investors to hedge against interest rate volatility of RMB assets, and could be regarded as a quickening step to support the development of the onshore fixed income market and facilitate foreign capital flows into China's domestic bond market. Banks, asset management companies, brokerage firms and insurance companies are the main target users of this product.

The openness of China's domestic bond market

China's debt capital market has now become the third largest in the world at RMB 56.3 trillion, or about US$8.1 trillion, after a rapid expansion at a simple average annual growth rate of 21% in outstanding value over the past five years (see Figure 7-1).

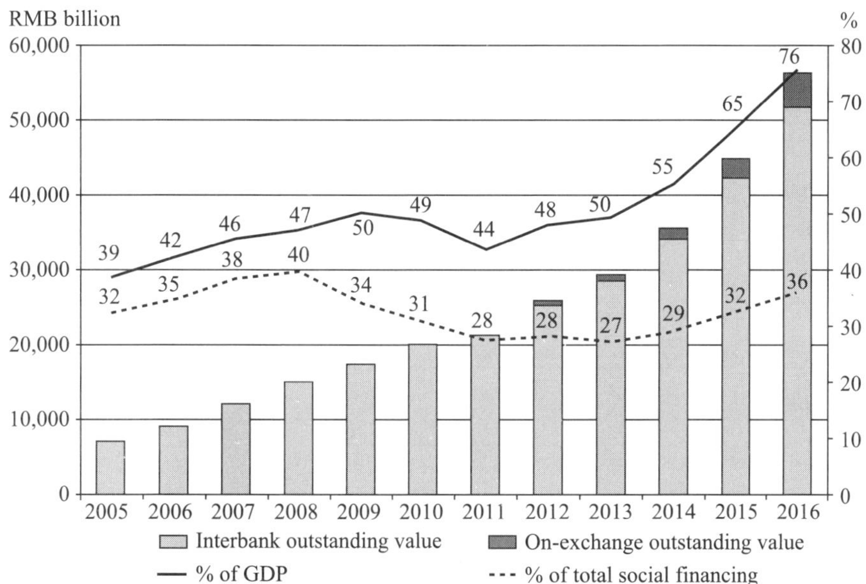

Figure 7-1 Year-end outstanding value of China's debt securities and its share of GDP and total social financing (TSF) (2005 — 2016)

Source: China Central Depository & Clearing (CCDC) annual reports on statistical analysis of bond market (《债券市场年度统计分析报告》) (2011-2016), excluding data for on-exchange market and bonds settled in Shanghai Clearing House (SCH) (2005-2011) due to data unavailability. GDP and TSF data are from Wind.

China has promoted its debt capital market to play a more prominent role in financial resources allocation. Meanwhile, it also made significant strides to advance RMB internationalisation and the openness of the domestic financial market. One major direction is to invite more foreign participation to tap into the domestic bond market in order to boost the diversity and variety of the bond sector and further increase the scale and depth of the domestic financial market. In 2010, China took the first step to allow qualified institutions to use offshore RMB to invest in the interbank bond market, and then introduced Renminbi Qualified Foreign International Investor (RQFII) program in 2011 and relaxed the investment restrictions of Qualified Foreign International Investor (QFII) in 2013 as another steps towards opening domestic bond market.

Since 2015, a number of notable liberalisation measures were launched to further facilitate foreign investors to access China's interbank bond market (CIBM).

Specifically, in late-May 2015, the People's Bank of China (PBOC) allows offshore RMB clearing and participating banks to conduct repurchase (repo) financing by using their onshore bond holdings. In mid-July 2015, the PBOC further eased the scope of eligible bond transactions by allowing eligible entities to engage in bond trading, bond repo, bond lending, bond futures, interest rate swaps and other trades permitted by the PBOC in the interbank market. In February 2016, the PBOC released new regulations which relaxed the rules applicable to foreign institutional investors accessing the interbank bond market. In May 2016, China further published the detailed rules to clarify the investment procedure of foreign institutional investors in the interbank bond market.

Those policy moves, to some extent, pass on a message to the market that China is on the way to further open its capital account and encourage more foreign capital inflows.

The surging demand for Chinese sovereign bonds

Given the formal inclusion of RMB into the SDR basket in 2016, the demand for RMB assets, especially RMB bond assets, would steadily grow when central banks and global investors started to consider reallocating funds into RMB-denominated assets. The achievement of SDR status increases the global acceptance of RMB as a global investment and reserve currency, which would most likely trigger an increasing demand for RMB-denominated assets from both public-sectors and private-sectors internationally. According to our estimation, if the holding share of RMB assets by global institutions or individuals could reach to 10% of total domestic bond market, it could be expected that over RMB 9.5 trillion would flow into relevant RMB bond assets in the coming years.

Typically, debt securities, especially the sovereign bonds are a top asset class for central banks and global fund managers in assets management. Although the share of foreign holdings of Chinese bonds are still at a low level, foreign capital shows a strong appetite for Chinese sovereign bonds, and foreign holdings in the sovereign bond segment have significantly increased recently. In 2016, the foreign holdings of Chinese government and policy-bank bonds increased by RMB 233 billion, a six-fold rise compared with RMB 35 billion in 2015. The foreign ownership in China's sovereign bond market rose to 3.93% from 2.62% at end-2015 (see Figure7-2). Due to the current low (or negative) yield environment among sovereign bonds of major developed countries, the movement of capital reallocation from other financial segments to Chinese sovereign bond segment would likely be stronger after China takes more welcoming steps to foreign participants.

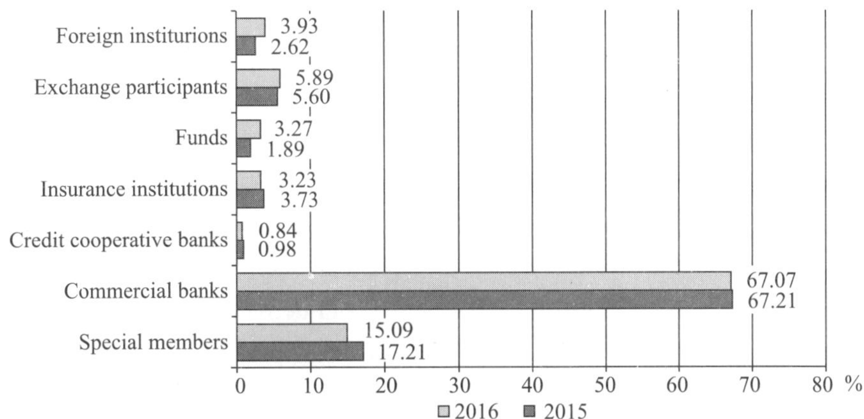

Figure 7-2 The share in China's sovereign bond market by investor type (End-2016)

Source: Wind.

The advantage of offshore market in risk hedging and accessibility

Developing an effective hedging support and providing the FX access are important for foreign investors to increase their exposure to RMB assets. Currently, China's domestic FIC derivatives market is relatively deep and liquid, with a range of FX products available (including spot, forwards, swaps, and options) and also treasury bond futures products available. However, foreign institutions are not yet to be allowed access to the domestic treasury bond futures for risk hedging. Moreover, domestic insurance companies and banks, the main holders of Treasury cash bonds, are not yet to be allowed to participate in the trading of treasury bond futures. Such segmentation of the domestic bond market could split liquidity and market depth.

The availability of bond futures with better liquidity can help foreign investors improve their ability to hedge against interest rate risks via risk transfer and channeling, and increase their willingness to hold a larger portion of Chinese bond assets. On 15 March 2017, Li Keqiang, the Premier of the State Council of the People's Republic of China, publicly stated the plan to set up bond market links between Hong Kong and Mainland China①. Under such pilot Bond Connect scheme to be implemented in future, the increased foreign investment in Chinese bonds could result in a surging demand for related risk management.

It is on this backdrop that HKEX's 5-Year China Ministry of Finance Treasury Bond Futures (T-Bond Futures) is designed and introduced. To date, there are a number of interest rate risk management products in the onshore market, which provides supportive tools to hedge RMB interest rate. Along with further opening up of the domestic foreign exchange market for foreign investors recently, certain eligible foreign investors can also directly access mainland derivatives. HKEX's T-Bond Futures utilises the product strength of offshore market to provide such differentiation. Its introduction in the offshore market provides a solid tool to help foreign investors hedge against interest rate volatility of RMB assets, could be regarded as a quickening step to facilitate foreign capital flows into China's domestic bond market.

Onshore and offshore hedging tools for Chinese bond assets

Sovereign bond futures are an important section in the exchange-traded interest rate derivatives market. They are designed to allow price convergence to the most liquid sovereign bonds at the stated maturity (e.g. 2-year, 5-year,10-year or 30-year). This makes sovereign bond futures a valuable instrument for hedging interest rate exposure represented by sovereign bond yields. For example, sovereign bond derivatives can be used for hedging by a corporate borrowing at a fixed spread above the government treasuries, or a fund manager investing in this corporate's bonds.

① Mr Li answered questions from domestic and foreign journalists at a news conference after the national legislature's annual session concluded in Beijing on 15 March 2017 and stated that China are preparing to implement for this year a pilot bond market scheme connecting between Hong Kong and the Mainland allowing for the first time overseas capital to buy Mainland RMB bonds.

Currently, the sovereign bond futures available in the China's domestic market are the 5-year and 10-year MOF T-Bond Futures contracts listed on the China Financial Futures Exchange (CFFEX). The 5-year contract was introduced on 6 September 2013, followed by the 10-year contract on 20 March 2015. As of March 2017, the average daily volume (ADV) of these bond futures amounted to RMB 67.73 billion with an open interest (OI) of RMB 84.57 billion (see Figure 7-3). However, these products have not been available for foreign investors to hedge interest rate risks of RMB assets, and the liquidity is limited due to the absence of major participants, such as domestic insurance companies and banks.

The offshore market also lacks efficient RMB rates hedging tools for mid-term to long-term yield curve before the launch of T-Bond Futures. Previously, the management tools for hedging RMB interest rate risks in the offshore market are the non-deliverable interest rate swap ("NDIRS") and offshore RMB (CNH) interest rate swap ("IRS"). The pricing of NDIRS is more influenced by speculative factors instead of fundamental capital flows, and NDIRS is therefore not generally regarded as an efficient tool to hedge RMB interest rate exposure. Along with the growth of CNH money market, CNH IRS has developed further and more market transactions have shifted from NDIRS to CNH IRS.

However, the key issue in CNH IRS pricing is that the offshore RMB deposit rates differ from the rates onshore due to the relatively low market liquidity and lack of demand for lending. This contributes to a different pricing of the CNH IRS from the rates in the domestic market (see Figure 7-4). HKEX's MOF T-Bond Futures can serve as a benchmark tool of long-term interest rate of Chinese domestic assets for offshore investors, supplementing the existing CNY NDIRS yield curve.

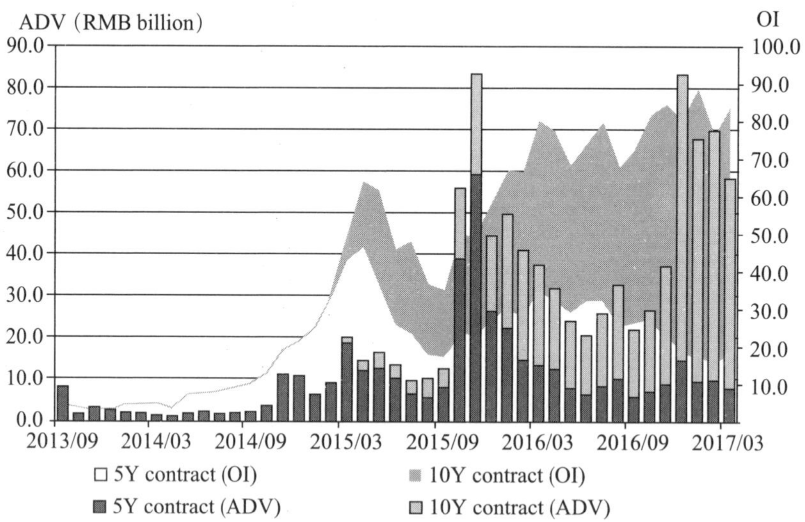

Figure 7-3 The turnover of the 5-year and 10-year MOF T-Bond Futures contracts listed on CFFEX (March 2017)

Source: Bloomberg.

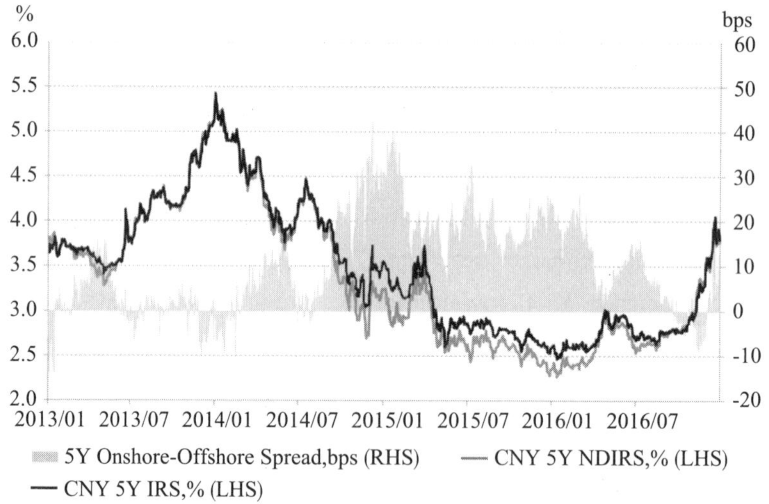

Figure 7-4 The performance of NDIRS and CNY IRS (End-2016)

Source: Bloomberg.

Product design: methodology and applications

HKEX's T-Bond Futures is designed in a similar way as CFFEX's bond futures contract in that the underlying is the onshore China Ministry of Finance treasury bonds and the coupon rate is 3% per annum. The difference is that the domestic bond futures adopt a physical delivery design, known as "cheapest-to-deliver", which allows the short-position holder to deliver the cheapest among the eligible bond securities to the long position at contract expiry. Moreover, the product design of HKEX's T-Bond Futures has similarities[①] with the government bond futures listed on the Australian Securities Exchange (ASX) and Korea Exchange (KRX).

1. Principles for construction of the bond basket

Construction of the bond basket of HKEX's T-Bond Futures is based on the principles including transparency, predictability, liquidity, ease of replication and reliability.

(1) **Transparency and predictability:** The bond basket and reference price is based on a rule-based design, with its methodology made publicly available, including pricing and valuation process, formula and models. HKEX reserves the right to exercise discretion, when necessary, due to the substantial changes in China's treasury bond issuance policy.

(2) **Constituents liquidity:** The bond basket constituents should exhibit good liquidity in general for hedging purposes. Therefore, the bonds selected as the bond basket constituents must be in the top 3 most liquid issues based on ChinaBond's[②] relative liquidity measure as of the date of basket construction.

(3) **Ease of replication:** Based on historical performance, the bond basket's total trading volume should represent at least 50% of that of the bond universe. Futures based on the bond basket should track the 5-year MOF T-Bond performance closely. Therefore, investors can easily replicate the underlying bond basket for hedging purposes.

---

① Similar to the government bond futures listed on ASX and KRX, the HKEX's T-Bond Futures contract is based on a cash settlement methodology based on an underlying basket of bonds. Both ASX and KRX will announce the underlying basket of bonds ahead of the contract's first trading day. On the last trading day, the contract will be cash settled based on the average yield of the bond constituents in the bond basket.

② ChinaBond is China Central Depository & Clearing Co. Ltd., the domestic central depository of Chinese bonds.

(4) **Price reliability:** The reference price of the bond basket (5-year MOF T-Bond) is provided by ChinaBond on a daily basis. ChinaBond, is a fully state-owned non-bank official financial institution authorised by the China MOF to develop and operate the national treasury bond depository system.

2. Determination of daily reference price for each futures contract

ChinaBond shall, in accordance with the procedures and methodologies provided by Hong Kong Futures Exchange, a fully-owned subsidiary of HKEX, determine the bond basket and calculate the daily reference price of the bond basket for each Futures Contract.

The bond basket before the listing of each futures contract (quarterly) is determined according to the below arrangements:

(1) The date of basket determination is defined as 5 working days before the listing date of the futures contract.

(2) The bonds must be in the top 3 most liquid issuances based on ChinaBond's relative liquidity measure.

(3) The liquidity measure is based on the trading data for the last 22 working days dating back from the date of basket determination.

Similar to the design of ASX and KRX Government Bond Futures, daily reference price for each futures contract is calculated based on the formulas as below:

(1) Collect the yield from ChinaBond for the constituent bonds in the Basket of Bonds, denoting as r_1, r_2, r_3

(2) Calculate the simple average yield to maturity of the Basket of Bonds with formula:

$$r = \frac{\sum_{i=1}^{3} r_i}{3}$$

(3) Calculate daily reference price of the bond basket: Nominal 5-year term bond with coupon rate of 3% paid on an annual basis, with formula:

$$\sum_{i=1}^{5} \frac{3\% \quad 100}{(1+r)^i} + \frac{100}{(1+r)^5}$$

Where r is the average yield to maturity calculated in (2).

3. Hypothetical examples for illustration[①]

Example 1 – Hedging against interest rate movement

Assume a fund manager, concerned about a potential tightening of monetary conditions in China, wants to hedge against the interest rate risk. On 31 October 2016, the fund manager holds RMB 100 million nominal value of treasury bond 160014.IB at price 101.813 with a duration of 5.901. HKEX's T-Bond Futures Mar-17 contract is traded at 102.282, with a duration of 4.80. With the objective of neutralising the dollar duration, he hedges his holding by selling 245 contracts of HKEX's T-Bond Futures Mar-17. By 26 Jan 2017, the yield has gone up and the value of the bond has decreased to 98.439 (–3.374), recording a loss of RMB 3.4 million. The price of HKEX's T-Bond Futures Mar-17 drops to 99.480 (–2.802). The portfolio manager closes the position, gaining RMB 3.4 million. The loss of RMB 3.4 million from the cash bond holding is covered by RMB 3.4 million profit from T-Bond futures positions.

Example 2 – Duration management

Assume a portfolio manager has a diversified bond portfolio of RMB 300 million market value with duration of 7.00. She has the flexibility to adjust duration either up or down by 10% under the fund's stated investment objectives. The portfolio manager expects rates to fall. She therefore intends to increase duration to 7.70. HKEX's T-Bond Futures contract is currently traded at 102.282, with a duration of 4.80. She can buy 86 contracts of HKEX's T-Bond Futures.

Example 3 – Synthetic bond

Assume a foreign institutional investor does not have access to China's onshore bond market, but wishes to create a synthetic cash bond position in order to gain proxy

① These examples do not constitute investment advice and independent advice should be sought where appropriate. In the case of risky strategies, investors may lose the entirety of their investment.

bond exposure due to the China market's yield differential. He can buy 100 contracts of HKEX's T-Bond Futures, creating a proxy bond position with notional value of RMB 50 million.

Example 4 – Credit spread trade

Assume an investor expects the yield of a corporate bond to diverge from the yield of the HKEX's T-Bond Futures. If the investor expects the credit spread (the yield of a corporate bond minus the yield of the HKEX's T-Bond Futures) to narrow, he can consider buying the corporate bond and selling the HKEX's T-Bond Futures. Alternatively, if the investor expects the credit spread to widen, he can consider selling the corporate bond and buying the HKEX's T-Bond Futures.

4. Pro-forma performance analysis

The reference price of the HKEX's pro-forma futures has an annualised correlation of 92.1% against CFFEX's futures (September 2013-December 2016), which is based on a physically-delivered design (see Figure 7-5). Therefore, it could facilitate international investors to effectively address the growing interest rate risk management demand. Banks, asset management companies, brokerage firms and insurance companies will be the main target users of this product.

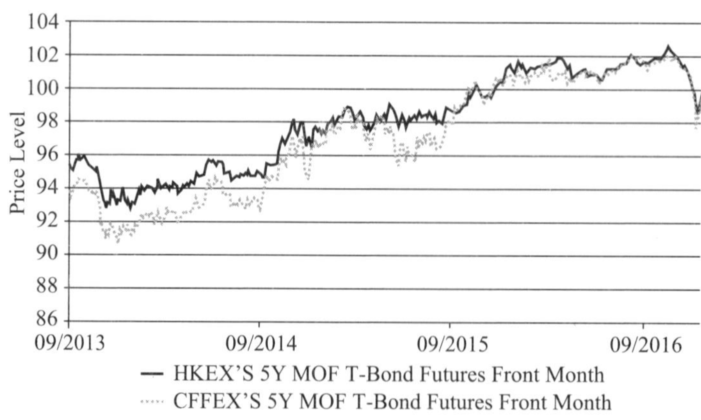

Figure 7-5 Correlation between HKEX's pro-forma futuresagainst CFFEX's futures (Sep 2013 — End 2016)

Source: Bloomberg, HKEX.

In addition, HKEX's T-Bond Futures could be regarded as a proxy for the RMB bond yield index due to the high degree of correlation between the two. HKEX's pro-forma futures bond basket yield tracks closely the Sovereign Bond Yield (5Y) published by ChinaBond (see Figure 7-6). The yield-to-maturity (YTM) of the two series has an annualised correlation of 98.3% over the past six years (2011-2016). Therefore, HKEX's T-Bond Futures provide a relatively convenient tool for the market to evaluate Chinese bond assets.

Figure 7-6 Correlation between HKEX's pro-forma futures against ChinaBond's Government Bond Yield (End-2016)

Source: Wind, HKEX.

Interaction and effectiveness

Based on the experience of developed countries, the introduction of treasury bond futures plays an important role in improving the pricing function of the underlying bond market, promoting the liquidity of spot market and enriching the means of interest rate risk management of bond investors. Across the market literature, a majority of empirical studies finds either no significant effect, or else a decrease in volatility, of the spot market following the introduction of treasury bond futures[①].

① *The Impact of Futures Trading on the Spot Market for Treasury Bonds*, Shantaram Hegde, 1994; *The Impact of Derivatives on Cash Markets: What Have We Learned?*, Stewart Mayhew, 2000.

HKEX's T-Bond Futures is carefully designed with a few distinguishing features to ensure that the trading of this product would unlikely have an adverse impact on the onshore market. In fact, this product serves the function of supporting the development of the onshore fixed income market. These features are as below:

(1) HKEX's T-Bond Futures contract is cash settled for difference in RMB cash in the offshore market. At each futures contract expiry, the amount of transactions to be exchanged between market participants for settlement purpose happen in the offshore market, and only represent a fraction of the full contract notional amount. The impact of settlement process on liquidity is therefore considerably less compared to a physically-delivered futures contract.

(2) HKEX's T-Bond Futures contract is settled to the price based on the average yield of three constituent bonds in the bond basket, which represents the top three most liquid onshore T-Bonds within the bond universe. This final settlement price design reduces the risk of manipulation on any individual underlying bond. Under such design, HKEX's T-Bond Futures in effect provide investors the exposure to a part of the bond yield curve, rather than the exposure to individual bond (please refer to above for further details of the final settlement price).

In addition, as the HKEX's T-Bond Futures contract will converge to the final settlement price at expiry, any significant price deviation between HKEX's T-Bond Futures and the similar onshore product would be costly and for offshore market participants to take on more positions. A case in point was the CNH IRS market where the pricing differential between the onshore and offshore rates contributed to a lack of liquidity. Based on the pro-forma analysis, the average yield of HKEX's T-Bond Futures contract dummy bond basket has a high correlation with the onshore 5-year treasury bond yield (98.3% from 2011 to 2016), and the daily reference price of HKEX's T-Bond Futures contract is also highly correlated with CFFEX's T-bond futures price (92.1% from September 2013 to December 2016) (please refer to above for further details). Taking a one-way position in HKEX's T-Bond Futures contract that is of sufficient magnitude to affect the onshore market stability would be very difficult, if not impossible, in practice.

(3) HKEX's T-Bond Futures contract is traded in a regulated, centralised and

transparent exchange platform. This improves the market transparency and offers useful information to participants on price expectations and open interest levels.

(4) As is the case with other HKEX listed futures products, there are several measures in HKEX's trading and clearing rules and in relevant Securities and Futures Commission regulations, which can be used to deter the accumulation of large open positions of the T-Bond Futures contract, and thus may minimise the risk of unwanted volatility in the market, such as:

- Requiring additional concentration collateral from clearing participants with a large share of the outstanding open interest, thus effectively lowering the leverage on large open positions.
- Requiring exchange participants (either acting for their own account or on behalf of any client) to report large open positions (LOPs) in the contract to the HKEX. HKEX also has the power to require additional contextual information from any LOP holders to justify their large positions.
- Imposing position limits to cap the position that can be held by a single beneficial owner. Position limits are taken seriously, and breaching them might constitute a breach of relevant HKEX rules and the Securities and Futures Ordinance, including potential criminal liability. HKEX and the SFC both can take remedial action against any breaches, including forcing a participant to reduce their positions in a timely and orderly manner where appropriate.

China is now the fastest growing bond market in the world and is the third largest after the United States and Japan. International participation in China's bond market continues to increase, driven by the further opening up of China interbank bond market, the broadening of international acceptance of the RMB, the inclusion in the emerging markets bond indices and the yield differential compared to developed markets. HKEX's 5-Year China Ministry of Finance T-Bond Futures contract is the world's first bond derivatives accessible to offshore investors. It is an efficient, transparent and easy-to-access tool which may help investors to manage against China interest rate risk exposure.

08

Tapping into China's Domestic Bond Market in an International Perspective

May 2017

Summary

A well-developed RMB bond market with a high level of foreign participation is an essential attribute that underpins RMB as an international reserve currency. The growth potential of foreign holdings of RMB bonds would be considerably large, given the size of China's economy and the RMB bond market. However, due to the restrictions under the current market opening programmes for foreign investors, the degree of foreign participation in China's bond market is significantly lower than those in the countries with international currencies and even some emerging markets. This reveals the needs to enhance market infrastructure, trading rules and financial products with innovative measures in order to further advance RMB internationalisation.

At present, China runs three main programs that allow foreign investors to access the domestic bond market, namely the Qualified Foreign Institutional Investor (QFII) scheme, the Renminbi Qualified Foreign Institutional Investor (RQFII) scheme and eligible institutions in the Mainland's interbank bond market (PBOC Eligible-Institutions scheme). Although related regulations have been gradually relaxed, the rules on quota administration, account management, or fund remittance are still major hurdles in effective investment strategies and funds allocations of foreign participants. Moreover, some institutional features of the domestic market are of key concerns that need to be addressed in order to promote more active foreign participation. These include issues like market fragmentation, less diversified market structure, under-developed credit rating system, and potential credit risk.

Domestic bond market development has been one of the state policy priorities for both the Mainland capital market development and RMB internationalisation. To further promote foreign participation in China's domestic bond market, the following potential improvements can be considered: (1) Further integrating trading platforms and foreign participation schemes; (2) Accelerating the pace of cross-border product innovation to bridge the offshore foreign exchange (FX) market strength with the domestic bond market; and (3) Linking up onshore and offshore bond markets, as the Bond Connect scheme jointly announced by the People's Bank of China (PBOC) and Hong Kong Monetary Authority (HKMA), to diffuse international practices and standards to the domestic market. A cross-border Bond Connect platform will offer a well-developed financial infrastructure and market practices in line with international legal and regulatory standards. This would reduce regulatory burdens and offer a more convenient trading environment for both foreign participants and domestic investors. This measure could be regarded as part of a wider effort to further open China's capital markets and to make RMB-denominated assets more accessible to foreign participants, and strengthen the role of Hong Kong as a gateway between the Mainland and international markets.

The potential for foreign participation in China's domestic bond market

Over the past decade, China has made significant progress in developing its bond market, with measures ranging from steadily liberalising interest rates to gradually easing capital controls. As a result, China's bond market experienced a rapid expansion at a simple average annual growth rate of 21% in outstanding value over the past five years, and has become the third largest in the world at RMB56.3 trillion①.

However, China's bond market is still modest as a percentage of gross domestic products (GDP) compared to countries with international currencies. Foreign participation in China's bond market has remained minimal at around 2.52% of the whole market, and 3.93% of the sovereign debt market②, significantly lower than that in Japan, U.S. and even some emerging markets (see Figure 8-1), indicating a large room to advance the foreign participation in China's domestic bond market.

The inclusion of RMB in the Special Drawing Right (SDR) basket of the International Monetary Fund (IMF) opens a special window for global participants to tap into China's bond market. Entering SDR basket is regarded as an official endorsement of RMB as part of the international financial system and is an important milestone for China to integrate into the global financial system. The importance of SDR status is more than symbolic. From an investment perspective, SDR inclusion itself will not directly spur significant investment needs, as the SDR basket is a supplementary international reserve asset of around US$288 billion, within which RMB accounts only for 10.92% weighting③. However, the attainment of a SDR status will increase the global acceptance of RMB as a global investment and reserve currency, which would most likely trigger an increasing demand for RMB-denominated assets from both public-sectors and private-sectors internationally, and hence would lead to a steady global asset diversification from other financial segments into Chinese assets, especially into RMB-denominated bonds and relevant financial products.

① Please refer to Figure 7-1 in Chapter 7, *HKEX's Five-Year China Ministry of Finance Treasury Bond Futures — The world's first RMB bond derivatives accessible to offshore investors.*

② Source: CCDC, as of end-2016.

③ Source: IMF website.

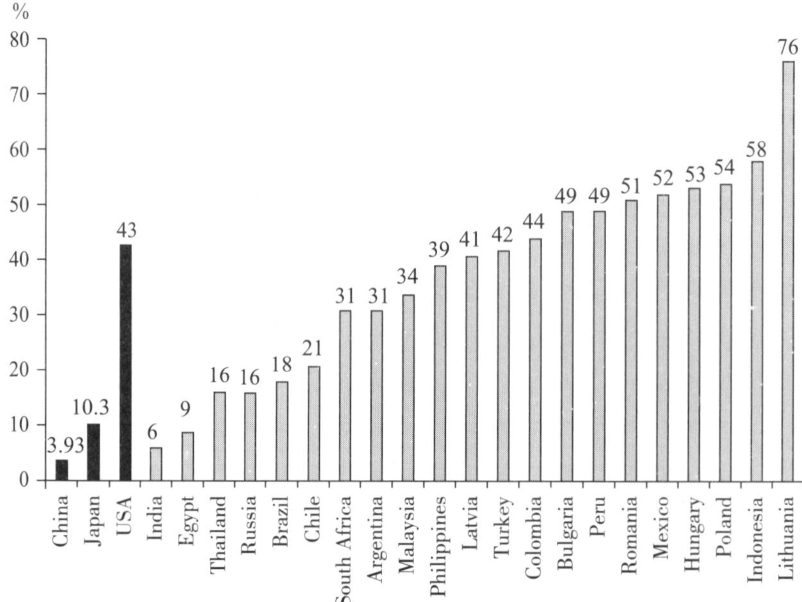

Figure 8-1 The shares of foreign ownership in sovereign debt market in China, Japan, US and major emerging economies

Note: The black bars refer to the shares of foreign ownerships in China, Japan and USA, and the grery bars refer to those in major emerging market economies.

Source: Emerging markets data are from BIS and IMF report (2015); China data is from Wind, as of end-2016; Japanese data is from Asian bonds online, as of end-2015; US data is from Federal Reserve, U.S. Treasury, as of end-2016.

In respect of the public sector, current holdings of RMB assets (including bonds, stocks, loans and deposits) by foreign governments and quasi-official sectors amounted to RMB 666.7 billion①, equivalent to around 1% of total official foreign exchange reserves worldwide②. This is much smaller than the share of Australian Dollar (AUD) or Japanese Yen (JPY) in official global foreign exchange reserves, which are 1.94% and 4.48% respectively as of end of 2016Q3 (see Figure 8-2). If the foreign holdings of RMB by public sector could roughly reach the level of AUD, US$110 billion of global reserve would be shifted into RMB assets. A further rise to a level comparable to that of JPY in global FX reserves could result in a US$400 billion capital inflow into RMB assets.

① See *RMB Internationalisation Report (2015)* (《人民币国际化报告（2015）》, the PBOC.

② Similarly, the RMB constituted 1.1% of total official foreign currency assets in 2015, according to IMF statistics.

In respect of the private sector, China's bond assets are not well represented in international benchmarks at present. If Chinese assets were included in some international indices, such as J.P. Morgan Emerging Markets Bond Index (EMBI Global Index) which is widely-used as the central reference point in international fixed income market, China's weight in the index would be about one-third, according to an IMF report (see Figure 8-3). Furthermore, if supporting policies are in place to facilitate bigger access by institutional investors and private investors to the domestic bond market, foreign holdings of Chinese bonds could increase to a level comparable to those in other international currencies, e.g. about 10% of total bond market.

Assuming that the growth rate of China's bond market in the next few years is same as compound annual growth rate of TSF in the past five years, i.e. 14%, and that foreign holdings of Chinese bonds reach the level of 10% of the whole market, then the foreign holdings of Chinese bonds could reach RMB 9.51 trillion, or 9.93% of GDP, by 2020 (see Table 8-1). The growth potential of foreign participation in China's domestic bond market would then be considerably large.

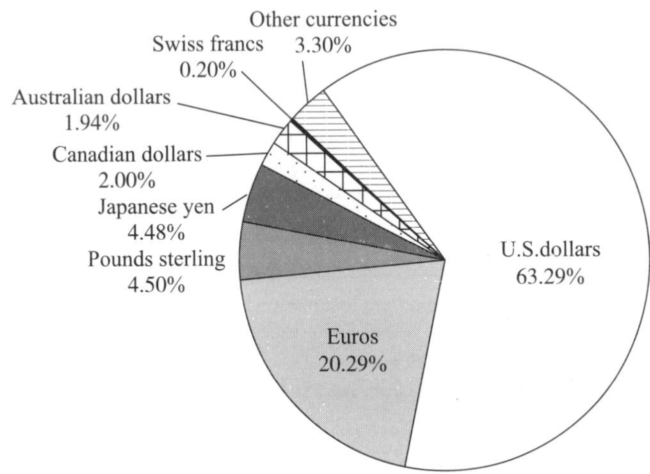

Figure 8-2 Currency composition of official foreign exchange reserves (End-2016Q3)

Note: The renminbi was included in the category of "other currencies".

Source: International Financial Statistics (IFS).

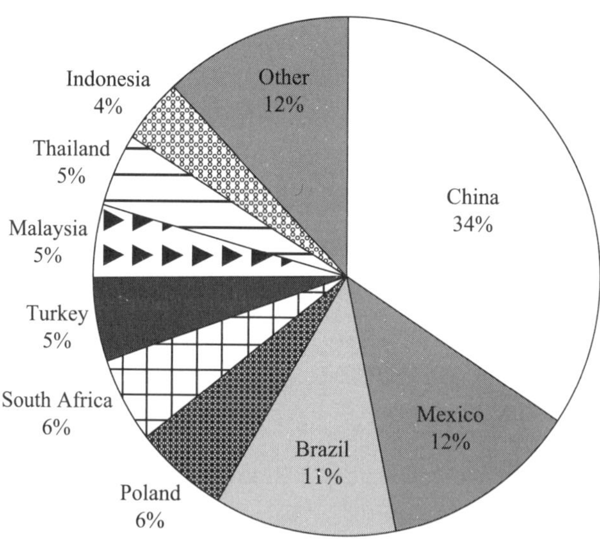

Figure 8-3 EMBI Global Index, if including Chinese bonds

Source: IMF Global Financial Stability Report, April 2016.

Table 8-1 The projection of foreign participation in China's domestic bond market (by 2020)

	2016	2020
GDP (RMB billion)	74,413	95,730
Total domestic bond market (RMB billion)	56,305	95,100
Foreign holdings in domestic bond market (RMB billion)	853	9,510
As % of GDP	1.15%	9.93%

Note: Calculations are based on the following assumptions — (1) The annual growth rates of GDP and China's bond market are 6.5% and 14% respectively; (2) Foreign holdings account for 10% of total debt outstanding value.

Source: Foreign holdings data in 2016 is from the PBOC; Wind for 2016 data; author's calculations for 2020 estimation.

The benefit of increased foreign participation in the domestic bond market

Firstly, having investors with different investment objectives will spur a wider range of investment strategies, and help to channel capitals towards the most productive industries. Therefore, encouraging various types of foreign investors to enter into the domestic bond market would help build a diversified investor structure, activate trading and contribute to a more competitive market. This would further increase the scale and depth of the domestic financial market.

Secondly, facilitating foreign holdings of Chinese bonds is a key to increase the international use of the RMB. Increasing foreign holdings would be one of the important factors in the assessment of a currency to be widely usable or not. However, current foreign holdings of China's bonds are much lower than that of the economies with international currencies. Take the case of the US treasury market where the investors broadly consist of financial institutions, private individual investors and foreign entities. As of end-2016, government entities (Federal Reserve and local governments) accounted for 23% of total holdings of US treasures. Apart from them, mutual funds and foreign investors are also major participants. In particular, the share held by foreign participants was over 40% of total outstanding value. The rest was owned by banks (less than 5%), insurance companies, and an assortment of trusts and other types of investors (see Figure 8-4). Since debt securities are typically a top asset class for central banks and global fund managers, the tradability and usability of China's bond assets for foreign investors are crucial to advance RMB internationalisation and support RMB as a meaningful reserve currency.

Thirdly, a deep bond market with a wide variety of instruments and long-term investors would help to absorb the impact of fluctuations of foreign capital flows and enhance global investors' confidence in holding RMB-denominated assets. In 2016, foreign holdings of China's domestic bonds continued to increase, in spite of the weak RMB exchange rate (see below). Even foreign participation in other asset types fell, foreign capitals showed a steady preference for bond assets. Foreign participation in China's bond market is expected to increase, which would compensate the capital outflow and back up the exchange rate of the RMB in the medium term.

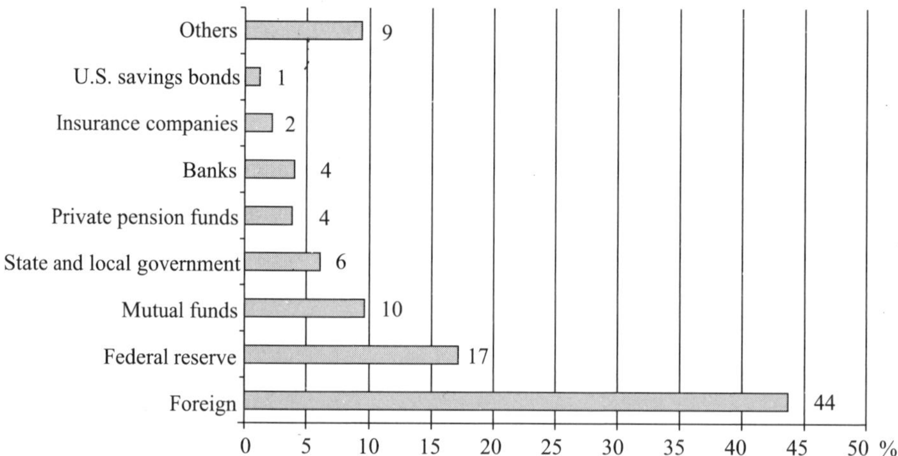

Figure 8-4 Percentage of outstanding value held by the diversified investor base in the US sovereign bond market (End-2016)

Note: The debts include treasury bills, notes, bonds, and special State and Local Government Series securities.

Source: Federal Reserve, U.S. Treasury.

Current structure of China's domestic bonds held by foreign participants

China is on its way of setting up an enlarged regime for promoting foreign participation in its domestic bond market. Along with the broad reach of offshore Renminbi centres around the world, and bilateral currency swap lines with a wide range of countries, China's approvals of qualified investors and investment quota under the RQFII and QFII schemes have been accelerating over the past few years. Meanwhile, the PBOC has also provided faster approvals for foreign institutions to gain access to the interbank bond market.

Therefore, foreign capital inflows to China's onshore bond market have steadily increased. As of end-2016, foreign holdings of China's domestic bonds have reached a new high of RMB 852.6 billion, 13% higher than the previous year[①].

① Source: Wind.

Figure 8-5 shows that the overall foreign holdings of Chinese domestic assets, including bonds, equities (stocks), loans and deposits, amounted to RMB 3.03 trillion at the end of 2016. Among them, foreign holdings inbonds and equities continued to increase, while those in deposits and loans fell significantly.

Notably, the share of bond assets in overall foreign holdings rose to 28% from 20% at end-2015, versus a decline in the share of deposits from 41% to 30% during the period (see Figure 8-5), reflecting a significant shift in foreign capital's allocation to bond assets.

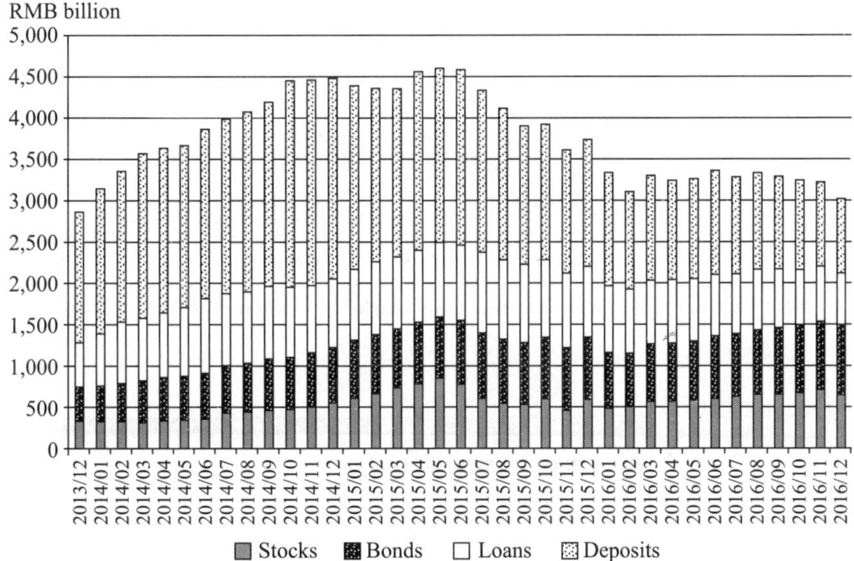

Figure 8-5 Total foreign holdings in China's domestic market by asset type (Dec 2013 — Dec 2016)

Source: the PBOC.

Within bond allocations, most of the foreign capital flowed into rates rather than credit bonds. Foreign participants increased their holdings by RMB233 billion of government and policy-bank bonds in 2016, a six-fold rise compared with RMB35 billion in 2015①. Foreign participation in China's sovereign bond market rose to 3.93% from 2.62% at end-2015 (see Figure 8-6).

Among the investor types with increased holding value of sovereign bonds in

① Source: Wind.

2016, foreign investors contributed 13% of the total increased value, behind only nationwide commercial banks (38%) and city-level commercial banks (19%), becoming the third-biggest buyer of sovereign bonds in 2016. In contrast, foreign holdings in credit bonds fell to a record low of RMB49.4 billion, accounting for only 6% of total foreign holdings in bond assets at the end of 2016(see Figure 8-7 and Figure 8-8).

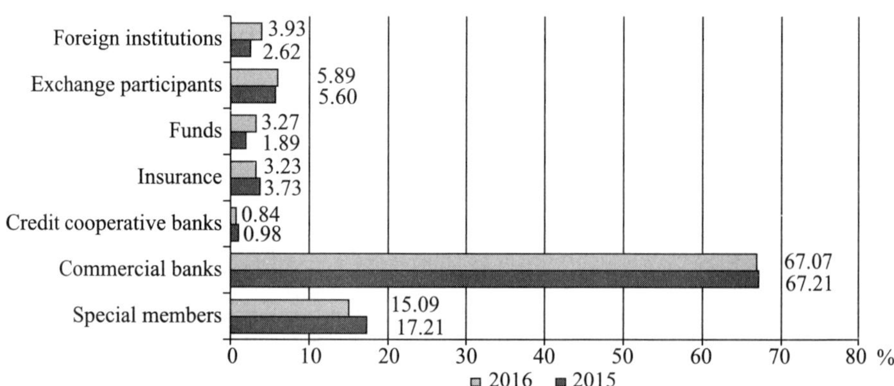

Figure 8-6 The share in China's sovereign bond marketby investor type (End of 2015 & 2016)

Source: Wind

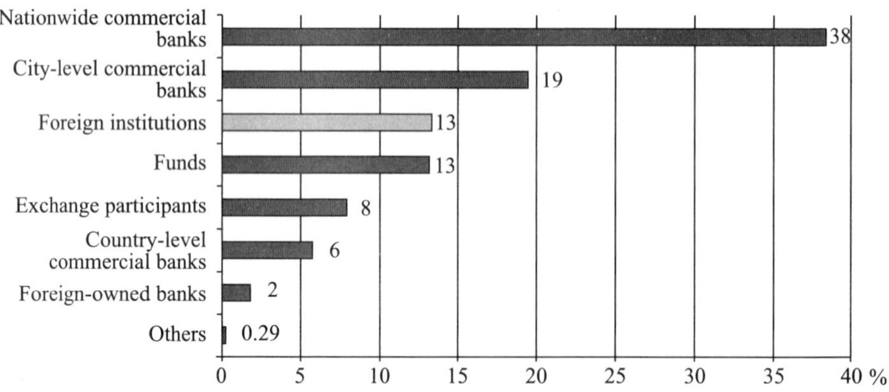

Figure 8-7 The share in increased value of sovereign bonds by investor type in 2016

Note: Excluding the following investor types which had their sovereign bond holding value decreased in 2016: special members, rural cooperative banks, credit cooperative banks, securities companies and insurance institutions.

"Others" include rural banks, other commercial banks, non-bank financial institutions, non-financial institutions, individuals and other institutes.

Source: ChinaBond website.

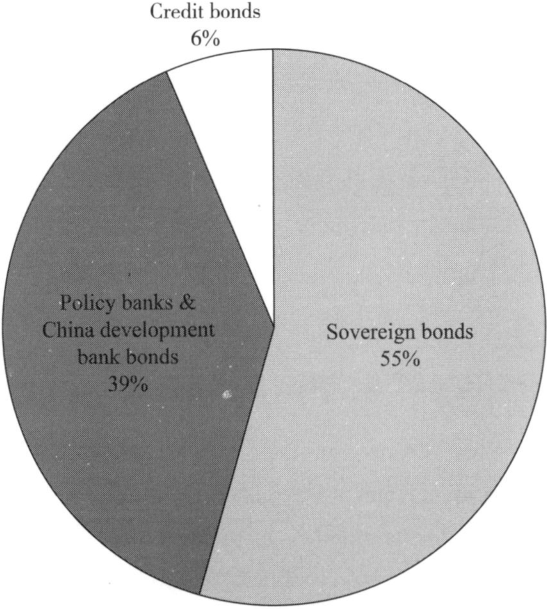

Figure 8-8 Foreign holdings by bond type in value terms (End-2016)

Notes: Foreign holdings of credit bonds include enterprises bonds recorded at CCDC, medium-term notes (MTNs) recorded at CCDC and SCH, commercial papers (CPs) and super commercial papers (SCPs) recorded at Shanghai Clearing House (SCH).

Source: Wind.

The increased proportion of sovereign bonds in foreign holdings may reflect the fact that foreign investors are prone to be more cautious to Chinese assets amid increasing credit defaults in China's bond market recently. Due to China's weak market infrastructure, particularly the lack of creditable rating agencies, foreign institutions tend to hold sovereign and high-rating bonds as part of their foreign exchange reserves. However, the incentive of diversifying to higher-yield assets and credit bonds would likely be stronger in the near future, given the currently low (or negative) yield environment in major developed markets. In this spirit, the credit bond sector could expand faster than government bond sector, once the market infrastructure and credit issues in China's bond market are considerably improved.

Overall, at the end of 2016, foreign holdings of Chinese bonds increased to 2.52% of total outstanding value from 2.03% as of end-2015①, with 411 foreign institutions registered in China's bond market②. However, the foreign participation in China's bond market is still at an early stage due to the restrictions under the current market opening programs. This reveals the need to enhance market infrastructure, trading rules and financial products with innovative measures in order to further broaden and deepen China's bond market.

The latest policy changes in current schemes

In the past, China had remained prudent towards opening up its financial market and sought to restrict the movement of capital in-and-out of the country that might impose potential threats to the stability of the domestic financial system. Hence, China's bond market has been largely closed to foreign investors, resulting in the low share of foreign ownership in the domestic bond market. In recent years, China has taken steps to open up its bond market to catch up with the rapid pace of capital account liberalisation and RMB internationalisation.

At present, China runs three main schemes that allow foreign investors to access the domestic bond market, namely the QFII, the RQFII and the PBOC Eligible-Institutions schemes, as explained below (see Table 8-2).

1. The Qualified Foreign Institutional Investor (QFII) scheme

The QFII scheme was launched in 2002 which initially allowed foreign investors to access the exchange market including bonds traded on the exchange market. Subsequently, there were substantial changes in the QFII regime, lowering entry barriers for foreign institutions and expanding the investment scope. In March 2013, the authorities relaxed the QFII investment restrictions and QFIIs are allowed to access the interbank bond market. In 2016, the Mainland authorities further relaxed the controls by simplifying the administration of investment quotas, the capital

① The calculation is based on the data from ChinaBond website.

② Source: ChinaBond website.

remittance and repatriation arrangements, and shortening the lock-up period (see details in Table 2). By the end of 2016, US$87.3 billion of investment quota were granted to 276 QFIIs[①].

2. The Renminbi Qualified Foreign Institutional Investor (RQFII) scheme

The RQFII scheme was introduced as an extension of the QFII scheme in December 2011. Under this scheme, foreign investors can deploy offshore RMB funds to invest in onshore assets. In the first phase, Hong Kong-based subsidiaries of Chinese fund management and securities companies could apply for a RQFII license and investment quota to invest in China's capital market. The RQFII regime was subsequently expanded to more countries and regions, including developing and developed countries. As of end-2016, the aggregate quota was increased to RMB 1,510 billion from RMB 270 billion initially, and a total of RMB 528 billion quota was granted to 175 RQFIIs[②].

Similar to the QFII scheme, the rules for RQFII scheme have been gradually relaxed. In 2013, major policy changes of RQFII were made under which the "20% equities/80% bonds" restriction on asset allocation was removed and the scope of permitted investment was expanded to include stock index futures and fixed income products traded on the interbank bond market.

In 2016, the RQFII and QFII schemes were significantly liberalised. In February, the State Administration of Foreign Exchange (SAFE) issued the *Foreign Exchange Administrative Rules on Domestic Securities Investment by QFIIs*. In September, the PBOC and SAFE jointly issued *the Circular Concerning the Relevant Matters on Domestic Securities Investment by RQFIIs*. The changes under this "New Regime" are mainly in respect of quota administration, account management, and fund remittance of QFIIs and RQFIIs, which have been the major hurdles in effective investment strategies and fund allocations of foreign participants. The major changes are:

(1) New administration on investment quota: Under the New Regime, an investment quota is calculated according to a certain percentage of asset scale rather

① Source: SAFE website.

② Source: SAFE website.

than the original investment quota limit. Moreover, investment quotas for foreign sovereign wealth funds, central banks and monetary authorities are unlimited based on their actual needs.

(2) Relaxation on inward remittance of principal amount and relevant lock-up period: The New Regime removes the restriction on remitting the principal amount into China within 6 months after their investment quota being approved, and shortens the lock-up period of the principal amount for QFIIs/RQFIIs to 3 months upon the aggregate principal amount remitted into China reaching RMB 100 million for RQFIIs, or US$20 million for QFIIs.

(3) Relaxation on outward remittance of funds: The New Regime permits outward remittance of funds by RQFIIs after the expiry of the relevant lock-up period. In terms of QFIIs, outward remittance of principal is no longer subject to prior SAFE approval. However, outward remittance of funds by QFIIs is still subject to threshold limitations.

(4) Improved account management: The New Regime liberalises the quantity limitation on opening bank accounts on each QFII. Account management on QFIIs and RQFIIs is also unified.

3. Eligible institutions in the Mainland's interbank bond market (PBOC Eligible-Institutions scheme)

This pilot scheme was launched by the PBOC in 2010 to allow qualified foreign institutions to use offshore RMB to invest in the interbank bond market. At launch, three types of institutions were eligible, including foreign central banks or monetary authorities, offshore RMB clearing and participating banks. Meanwhile, sovereign wealth funds and international organizations may also access the domestic interbank bond market under this scheme.

Since 2015, a number of notable liberalisation measures under this scheme were introduced to further facilitate foreign investors to enter China's interbank bond market. Specifically, in late-May 2015, the PBOC allows offshore RMB clearing and participating banks to conduct repurchase (repo) financing by using their onshore bond holdings. In mid-July 2015, the PBOC further eased the scope of eligible bond transactions by allowing eligible entities to participate in onshore interbank bond market to engage in bond trading, bond repo, bond lending, bond futures, interest rate swaps and other trades permitted by the PBOC, without any prior approval by the PBOC or any quota restrictions.

In February 2016, the PBOC released No. 3 Announcement① which further relaxed the rules applicable to foreign institutional investors accessing the interbank bond market. Firstly, the categories of eligible foreign institutional participants were extended to all qualified foreign institutional investors, including commercial banks, insurance companies, securities companies, fund management companies, as well as other types of financial institutions and medium-to-long-term institutional investors recognised by the PBOC. Secondly, the No. 3 Announcement further relaxed FX limitations which have been imposed on the foreign institutional investors. And thirdly, the No. 3 Announcement abides by the macro-prudential administration regime, and hence does not impose quota limit on specific investors. In May 2016, China further published the detailed rules to clarify the investment procedure of foreign institutional investors in the interbank bond market to facilitate the implementation of the No.3 Announcement.

The measures in 2016 moved a further step to open up the domestic bond market. However, further enhancements are advisable. For example, the current scope of qualified investors is still limited to financial institutions; some restrictions exist on bond products and quote limit, etc.; and the access procedure of the domestic interbank bond market could be further simplified and clarified in order to attract more foreign participation.

① See《中国人民银行公告 2016 年第 3 号》.

Table 8-2 Current framework for QFII, RQFII and PBOC Eligible-Institutions schemes

	QFII	RQFII	PBOC Eligible-Institutions scheme
Regulatory approvals	• CSRC: QFII/RQFII license • SAFE: QFII quota • PBOC: Pre-filing for CIBM access		Pre-filing with PBOC
Investment quota	• Only needs to pre-file with SAFE if requested quota is within the base quota or obtain approval if the requested quota exceeds base quota • The base quota is calculated according to a certain percentage of asset scale		• Employment of the macro-prudential administration regime to foreign investors • No specific investment quota requirements. Applicant may pre-file with PBOC the anticipated investment value
Eligible fixed income products	• On-exchange market: government bonds, enterprise bonds, corporate bonds, convertible bonds, etc. • Interbank market: cash bonds		• Foreign reserves institutions: all cash bonds, repos, bond borrowing and lending, bond forwards, IRS, FRA, etc. • Other foreign institutions: all cash bonds and other products permitted by the PBOC, offshore RMB clearing / participating banks can also trade repos
Foreign exchange management	Onshore with the local custodian	Has to remit in offshore RMB (obtain from offshore)	Onshore/offshore
Lock-up period on principal repatriation	3 months	3 months, no restriction on open-ended fund clients	Nil
Frequency of repatriation and restrictions	Daily for open-ended funds, with threshold limitations	Daily for open-ended funds	The ratio of accumulated outward remittance need to meet some basic requirements

Source: As of end-2016. Please refer to the websites of PBOC, CSRC and SAFE for the most updated rules and policies.

Abbreviations

CSRC China Securities Regulatory Commission

IRS Interest Rate Swap

FRA Forward Rate Agreement

CIBM China's interbank bond market

Institutional features that may limit foreign participation

In addition to restrictive access to the domestic market, certain institutional features are of key concerns that need to be addressed in order to promote more active foreign participation.

1. Fragmented framework across both trading platforms and instruments

The Chinese domestic bond market remains fragmented in terms of its regulatory framework across both instruments and trading platforms. As shown in Table 8-3, there are multiple regulators supervising various debt instruments traded on different markets, mainly the stock exchanges and the interbank bond market. Depending on the product and the market, foreign participants need approvals from different regulators.

Table 8-3 Two major domestic bond markets in China

	Interbank Bond Market	On-exchange Market
Regulator	PBOC	CSRC
Trading platform	China Foreign Exchange Trade System	Shanghai / Shenzhen Stock Exchanges
Central securities depository	China Central Depository & Clearing (CCDC) / Shanghai Clearing House (SCH)	China Securities Depository and Clearing Corporation (CSDCC)
Available instruments	Central government bonds, local government bonds, policy bank bonds, central bank bills, enterprise bonds, medium-term Notes (MTNs), commercial papers (CPs), commercial bank bonds, financial institution bonds, interbank negotiable certificates of deposit, asset-backed securities, repos, bond lending, bond forwards, interest rate swap,etc.	Central government bonds, local government bonds, municipal bonds, enterprise bonds, corporate bonds, convertible bonds, asset-backed securities, private placement bond issued by small and medium-sized enterprise
Key investors	Institutional investors (banks, securities companies, insurance companies, funds, financial companies, enterprises, offshore institutions, etc.)	Securities companies, insurance companies, funds, financial companies, individual investors, enterprises

Source: PBOC, CSRC.

Domestic institutional investors mainly trade in the interbank bond market, leading to over 90% of total bond turnover taking place in the interbank market, and less than 10% on the Shanghai and Shenzhen stock exchanges in 2016①. Each trading platform has their own set of restrictions, and not all products can be traded in both markets. Basically, several types of bond (government bonds, enterprise bonds and corporate bonds) can be traded on both the interbank and exchange markets, while most of the rest (such as policy bank bonds, financial bonds, central bank bills, MTNs, CPs, repos, bond lending, etc.) are traded only in the interbank market. Convertible bonds and private placement bonds are traded in the exchange market.

As the bond market is divided into multiple segments with different regulators, liquidity is split and the market depth is depressed. Moreover, most hedging products are traded only in the interbank bond market. This raises the risk issue for most foreign participants, especially funds and securities companies, as most of them mainly access exchange market through QFII and RQFII schemes.

2. The concentrated investor base in the domestic bond market

Another key factor which hampers the liquidity of China's bond market would be the high concentration of investor structure. As of end-2016, commercial banks held 58.5% of the overall bond outstanding value. If special institutions (mostly the PBOC and policy banks) are included, the combined holdings by the banking sector account for over 60% of the total market. The holdings are even more concentrated in the government bond sector where the domestic banks held around 80% of outstanding value.

In comparison, the proportion held by other non-bank financials, including insurance companies, funds and exchange participants, who tend to trade more actively, was 32% of the overall bond outstanding value at the end of 2016②.

Such a lopsided investor base is hardly to nurture bond market liquidity. China's bond turnover ratio, at 2.79 in 2016, is much lower than in the US, and is also lower than the levels of Japan and the Republic of Korea when they started to

---

① Source: Wind.

② Source: Wind.

internationalise their currencies and when commercial banks dominated the bond markets in the 1990s[1]. The lower turnover ratio in China can be explained by the less diversified investor profile, as well as the dominance of commercial banks in the bond markets. A well-diversified investor base and the resulting higher market liquidity are two essential attributes for an international RMB as well as for a well-developed bond market in China.

3. Lack of differentiation and transparency in credit ratings

Currently, nearly 90% of the domestic bonds are given AA or above grading by the domestic rating agencies[2]. The credit spreads of Chinese bonds, especially credit bonds, are often not wide enough to compensate for the underlying credit risk. Compared to international standards, there exists a huge credit rating gap and difference in assessment metrics between domestic and international rating agencies, making it quite difficult for foreign investors to identify credit differentials of Chinese corporate bonds. It is necessary to align the domestic market more with international rating standards and practices and to allow the entry of international rating agencies as well, so that foreign investors can easily track China's credit quality and to derive more sound differentiation in credit risks.

Possible improvements

To further promote foreign participation in China's domestic bond market, the following market size potential improvement could be considered.

1. Integrate trading platforms and current foreign participation schemes

Liquidity are the key attributes to the trading and pricing efficiency in the bond market. As mentioned in section above, most of China's domestic bonds are still issued and traded separately on the interbank and exchange markets, with only a small

① See details in the *People's Republic of China's Financial Market: Are They Deep and Liquid Enough for RMB Internationalization?,* ADBI working paper, April 2014.

② Source: Wind.

portion of instruments available on both markets. Moreover, the trading volumes of these two markets are extremely imbalanced. The trading volume on interbank market is far exceeding 90%, while the liquidity on exchange traded bonds is relatively low.

Most of the foreign participants under QFII and RQFII schemes, such as securities companies, funds, or small and medium-sized institutional investors, gain access only to the exchange market, as the entry requirements and transaction cost on the interbank market are relatively high. The exchange market is less liquid and much smaller, leading to a higher credit spread and weak hedging capability. A more integrated trading platform could help to build up a favorable critical mass to improve pricing capability.

Furthermore, the recent policy changes under QFII and RQFI schemes have made their respective policies on investment quota, fund remittance and account management closer to each other. There would likely be further unification or integration of the QFII and the RQFII schemes, so as to reduce transaction cost and better support a more diversified investor base.

2. Accelerate the pace of cross-border product innovation to effectively bridge the offshore FX product strength with the domestic bond market

Increased foreign investment in Chinese bonds would result in a surging demand in related risk management. To facilitate risk diversification in RMB bond investment, it is necessary to introduce more instruments in the domestic bond market. Besides, FX instruments are also essential to hedge RMB exchange rate risk of RMB bond investment for foreign investors.

Despite the further opening up of the domestic FX market recently to foreign investors, leveraging on the strength and abundant supply of hedging tools in the offshore market to hedge the domestic bond assets could be another effective way. On 10 April 2017, Hong Kong Exchanges and Clearing Limited launched 5-Year China Ministry of Finance Treasury Bond Futures contract. As the world's first onshore interest rates product accessible to off shore players, the new contract is an efficient, transparent and easy-to-access tool to manage against China interest rate risk exposure[①].

The advantage of offshore RMB market lies in that it is freely accessible to anyone, including private-sector entities. The liquidity of the offshore FX market has also improved considerably, with the FX turnover in RMB reaching a significant proportion of the onshore turnover volume. The Hong Kong offshore RMB market provides a solid foundation for the sustained development of RMB derivatives and hedging tools to facilitate foreign participants' risk management in FX volatility for holding Chinese bond assets.

3. Link up onshore and offshore bond markets to diffuse international practices and standards to the domestic market comprehensively

Similar to the Shanghai/Shenzhen-Hong Kong Stock Connect schemes, setting up a cross-border platform and developing a mutual market access to both the onshore and offshore bond markets (Bond Connect) can be a promising solution to further improve trading convenience and pricing efficiency in RMB bonds. Investors in one market would be able to trade bonds in the other market through the bridging of the Hong Kong and Mainland financial infrastructure institutions.

From the trading perspective, Bond Connect scheme would enable bond market integration across the border and between on-exchange market and interbank bond market, thereby improving liquidity. Furthermore, this integrated market can make available more standardised instruments for developing effective benchmarks for RMB-denominated assets and improve the pricing efficiency of Chinese bond assets.

Although international investors can now directly participate in the domestic RMB market, including FX and bond markets, the offshore market still serves as one central pillar supporting the RMB as a global currency. Given the well-developed offshore financial environment and infrastructure in Hong Kong, a cross-border Bond Connect scheme could reduce regulatory burdens and offer more convenient institutional conditions for foreign investors, such as credit rating with international standards and better investor protection.

---

① See Chapter 7, *HKEX's Five-Year China Ministry of Finance Treasury Bond Futures — The world's first RMB bond derivatives accessible to offshore investors*, in this book.

Through Bond Connect, a great variety of international bonds will also be made available to the Mainland investors for their global asset allocation strategies. Through participating in an international trading platform together with professional international investors, Mainland investors could also gain experience in international market practice and regulation. In this way, Bond Connect could help develop a mature and professional investor base in, and the breadth and depth of, the Mainland domestic bond market.

09

The HKEX USD/CNH Options Contract

An indispensable RMB currency risk management tool

August 2017

Summary

The introduction of the HKEX's Renminbi (RMB) currency options is driven by the growing demand from market participants for diversified tools for trading and hedging the offshore RMB (CNH) exchange rate.

HKEX's RMB currency options contracts are complementary to the family of HKEX's RMB currency futures contracts. These options products could serve as risk management tools against non-linear sensitivities and offers volatility trading opportunities on RMB exchange rates, addressing market demand not previously satisfied by HKEX's RMB currency futures[①]. In the course of ongoing RMB exchange rates liberalisation process and the associated policy developments, the exchange rates are in transition from policy rates to market-driven rates. This is expected to create higher volatility in the USD/CNH exchange rate. The one-month implied volatility of USD/CNH was around 1% to 2% in the month before the RMB exchange rate reform in August 2015[②]. It has increased sharply to a range of 4% to 10% in the year subsequent to the reform. The increase in spot USD/

① Compared to currency futures which offer linear exposure of the underlying currency rate, currency options offer exposure of non-linear risk sensitivities such as second-order derivative of the underlying (i.e. gamma), volatility (i.e. vega) and time (i.e. theta).

② Source: Bloomberg.

CNH volatility could provide an opportunity for the introduction of RMB currency options contracts to enable volatility trading and facilitate hedging for market participants.

Furthermore, the global over-the-counter ("OTC") RMB options market already has a sizeable average daily turnover of approximately US$18 billion① with an average transaction size of US$150 million② as of 2016. Unlike two to three years ago when CNH structured forward positions dominated the market risk profile in the OTC CNH derivatives market, almost all new volatility risks are now hedged by vanilla options which are standardised calls/puts with no special features.

In light of the relative lack of transparency in the OTC market, the associated margin requirements by new regulations and the counterparty risks, there is an increasing demand for bringing RMB currency options trading onto the exchange market. The USD/CNH options contracts listed on the Hong Kong Futures Exchange ("HKFE"), and centrally cleared through the HKFE Clearing Corporation Limited ("HKCC"), provide price transparency and reduce counterparty risks in this important and growing CNH options market.

Macro environment: market demand and current support

1. Two-way volatility drives demand for RMB risk management tools

On 11 August 2015, the People's Bank of China (PBOC) introduced a new market-based managed floating framework for RMB exchange rate fixing, which is based on the previous close of the onshore RMB (CNY) rate, together with market supply and demand factors with reference to a basket of currencies (the reform). As shown in Figure 9-1, the 1-month implied volatility of the USD/CNH rate increased from 1%-2% in the month before the August 2015 reform to 4%-10% in the year subsequent to the reform.

① *Triennial Central Bank Survey of Foreign Exchange and OTC Derivatives Markets in 2016*, Bank of International Settlement.

② *Emerging Markets Currency Guide 2016*, HSBC.

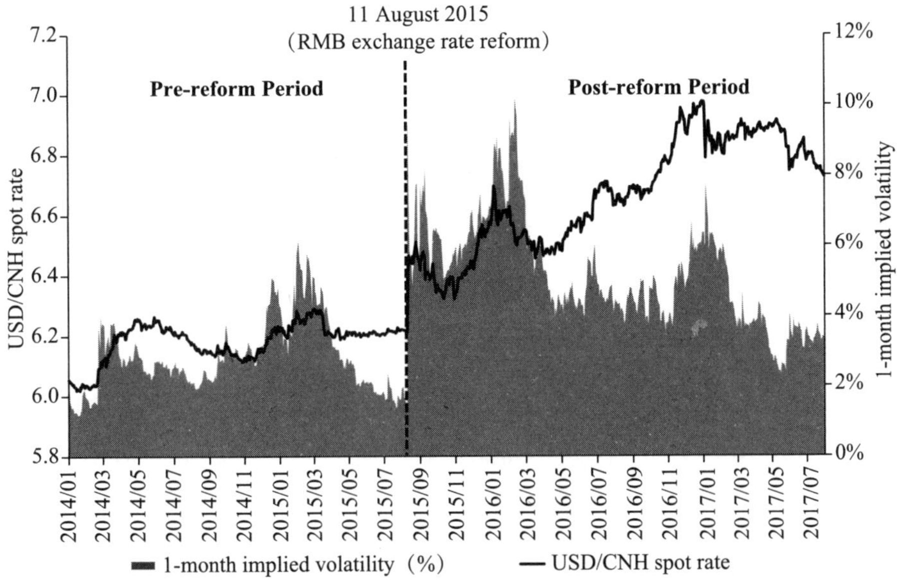

Figure 9-1 Daily USD/CNH spot rate and volatility (Jan 2014 — Jul 2017)

Source: Bloomberg.

The internationalisation of the RMB has entered a new stage. Hong Kong's role as the most critical offshore RMB hub connecting the Mainland and the world has become increasingly important. Hong Kong should continue to build on its own strength and, based on its new role as a "mutual market", open up bigger room for innovation for the better of its long-term development. Such a new role may be perceived from three different angles: (1) an enhanced offshore RMB market; (2) a RMB risk management centre; and (3) a gateway market. These are elaborated below.

(1) For the offshore RMB market, the impetus of market growth used to heavily rely on RMB appreciation expectations and arbitrage trading between onshore and offshore markets. Now, the market's depth and breadth have been building up as more and more relevant financial products are introduced and more risk management tools are provided for the use of more and more portfolio management tactics. All these serve appropriately the demand for global allocation of RMB assets and the related cross-border capital flows. In developed countries such as Japan, the UK and the US, the size of their credit, equity and

bond markets is more than 5 times of their GDP[①], whereas the corresponding figure is around 2.1 times in China. This indicates substantial room for further development in China in terms of financial market deepening and financial product diversification. Together with the inclusion of RMB in the International Monetary Fund's Special Drawing Right (SDR) basket of currencies, two-way volatility is expected to become the new norm. More and more investors have become increasingly aware of this market change and have started to manage their exchange rate risk exposure.

Through further developing and enriching its range of multi-facet financial products and related financial services, **Hong Kong can continue to well position its offshore RMB market** as a major venue for cross-border investments (especially overseas investments from the Mainland) and related risk management. Now is a good time for Hong Kong to further build up the market depth and effectiveness of its offshore RMB market. Through more effective and sensible pricing benchmarks for onshore and offshore RMB markets, segregation in the RMB pricing structure could be improved and a reasonable price difference between the onshore and offshore RMB markets could be maintained. This would require further connectivity between the onshore and offshore RMB bond markets, foreign exchange (FX) markets and derivatives markets, enhanced market liquidity and an increased number and diversity of market participants.

(2) **Hong Kong is well positioned to become a risk management centre** to facilitate the current transformation and adjustment process of the Mainland economic and financial system. For example, greater flexibility in the RMB exchange rate is broadly expected in the next stage of the currency's path towards internationalisation, and in such process the demand for exchange rate risk management is bound to be substantial. Meanwhile, Mainland companies are expanding their global reach and their participation in projects in countries along the Belt and Road. In this process, Hong Kong is also well positioned to serve the demand from these companies for overseas investment risk management and their global presence.

① Source: International Monetary Fund (IMF) database.

(3) Following the gradual opening of China's financial market, Hong Kong will not only be an active destination market for investment purposes by Mainland entities, but is also becoming **the gateway market** for Mainland entities to invest in other markets. This is becoming more evident after the launch of the Mainland-Hong Kong Mutual Market Access pilot programme. The launch of Shanghai-Hong Kong Stock Connect (Shanghai Connect) in November 2014, the Shenzhen-Hong Kong Stock Connect (Shenzhen Connect) in December 2016, and the mutual bond market access on bond markets (Bond Connect) in July 2017, has linked up Hong Kong, Shenzhen and Shanghai into a sizeable mutual market. With Hong Kong as the gateway, such a mutual market will support the global asset allocation of Mainland funds and provide sound infrastructure and platforms for international funds to invest in the Mainland capital market. Foreseeably, if such a framework of connectivity is expanded to other product types, Hong Kong's key role as a gateway market will be further strengthened. With the increasing cross-border investment activities, the demand for risk management is expected to increase, possibly multi-fold.

2. The support offered by HKEX's RMB products and platforms

Against the macro backdrop analysed above, the overseas market saw growing interest in China's fixed income and currency (FIC) market and greater demand for risk management and investment. HKEX has been devoting efforts in multiple dimensions with an aim to be an offshore RMB product trading and risk management centre. HKEX's platforms now have a variety of RMB products including bonds, exchange traded funds (ETFs), real estate investment trust (REIT), equities, RMB fixed income and currency (FIC) derivatives and commodity derivatives. The HKEX RMB product suite is provided with an aim to match market demands.

HKEX launched its USD/CNH Futures contract in 2012, which has seen turnover take off since 2015 and is now one of the most actively traded RMB futures contract in the world[①]. HKEX then moved to diversify its product offerings by launching new CNH currency pairs against the Japanese yen, Euro, and Australian dollar, which

① See Chapter 14, *HKEX Towards an Offshore RMB Product Trading and Risk Management Centre,* in this book.

began trading on 30 May 2016 to facilitate cross-currency hedging. In addition to RMB currency risk management tools, RMB interest rate risk management tools on HKEX were also enriched upon the introduction of HKEX's Five-Year China Ministry of Finance Treasury Bond Futures (Bond Futures) on 10 April 2017. The Bond Futures would be useful tools for interest rate hedging, especially upon the launch of the connectivity scheme between the bond markets in Mainland and Hong Kong (Bond Connect) on 3 July 2017. Bond Connect is a pilot scheme that connects China's interbank bond market with the world, giving international investors "Northbound" access to trade bonds directly on the China Foreign Exchange Trading System (CFETS), the Mainland interbank bond market trading platform, for the first time.

There is also tremendous potential market demand for an RMB Currency Index benchmark as the RMB becomes a reserve currency and the market focuses on the relationship between the RMB and global currencies. In June 2016, HKEX launched the TR/HKEX RMB Currency Index series (RXY Indices or RXY Index series) which is jointly developed with Thomson Reuters, allowing market participants to conveniently monitor the RMB's movements. HKEX also plan to introduce futures and options on the index in the future to provide the market with effective RMB risk management tools.

In addition, HKEX plans to launch a full suite of different RMB products. As a start in the commodities segment, HKEX launched dual-currency (USD and RMB pricing and settlement) physical delivery Gold Futures Contracts on 10 July 2017. This new product offers gold producers, users and investors a practical solution to manage risks arising from the gaps between the gold spot and futures markets, as well as the price difference between the RMB and USD.

Furthermore, enhancements in HKEX's infrastructural platforms add to a solid foundation for further development of RMB derivatives in Hong Kong. HKEX's subsidiary, OTC Clearing Hong Kong Ltd. (OTC Clear), commenced business in 2013. This is a key piece of infrastructure to serve clearing service needs of FIC market participants, especially in regionally-traded products and in particular RMB-based derivatives.

3. HKEX USD/CNH Futures: one of the world's most liquid USD/CNH contracts

There is an increased market awareness of the merits or even necessity of hedging RMB exchange rates. The first RMB derivative product traded on HKEX was the USD/CNH Futures launched in September 2012. Investors, both individuals and institutions, have started to realise how the RMB FX volatility can have an impact on their investment portfolios in terms of RMB assets, liabilities and cash flow. The RMB's two-way movement has become accepted as a metric in investors' risk management framework.

As shown in Figure 9-2, in 2016, the HKEX USD/CNH Futures recorded historical highs of annual contract volume and year-end open interest①. The record-breaking total trading volume of the product in 2016 was 538,594 contracts, an annual increase of 105%; and the record high year-end open interest was 45,635 contracts, a year-on-year increase of 98%. Its average daily volume climbed to 4,325 contracts in December 2016. The cash-settled CNH/USD futures also showed a growing contract volume in 2016 H2 and its open interest has been continuously building up since launch. Its average daily volume achieved 95 contracts in December 2016; and its open interest reached the highest of 1,494 contracts at year-end.

Entering into 2017, new records of performance were seen in this product:

- Record single-day turnover of 20,338 contracts (notional value of US$2 billion) on 5 January 2017; followed by the second and third record turnovers of over 8,600 contracts (notional value of more than US$860 million) on 31 May and 1 June 2017.
- Open interest record of 46,711 contracts (notional value of US$4.7 billion) on 4 January 2017.
- Night-session record of 3,642 contracts (notional value of US$360 million) on 4 January 2017.
- Increased market participation, bringing the total number of exchange participants (EPs) having traded the product to 112.

① Source: HKEX.

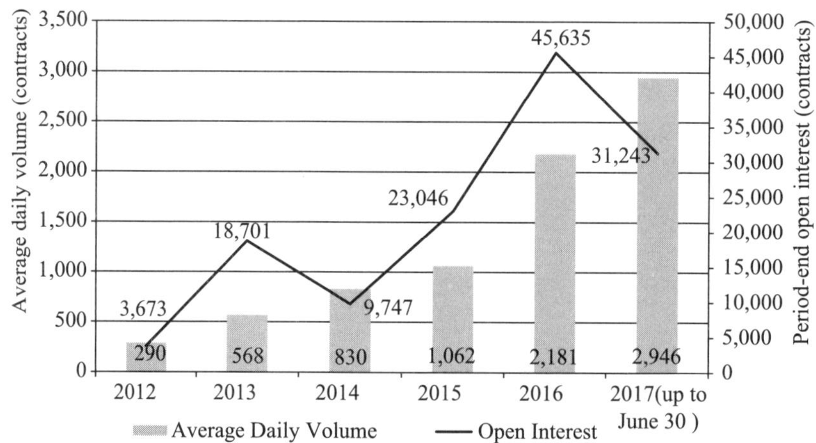

Figure 9-2 HKEX USD/CNH Futures trading performance (2012 — 2017 H1)

Source: HKEX.

HKEX USD/CNH options: the risk management tool made available on exchange market

Currently, a sizeable OTC RMB options market already exists, with an average daily trading volume of US$18 billion[①] and an average transaction size US$150 million[②] (see Figure 9-3).

Unlike two to three years ago when CNH structured forward positions dominated the market risk profile in the OTC CNH derivatives market, almost all new volatility risks are now hedged by vanilla options which are standardised calls / puts with no special features. This demonstrates an increasing market demand to hedge currency risk using vanilla options instead of exotic-style options.

① *Triennial Central Bank Survey of Foreign Exchange and OTC Derivatives Markets in 2016*, Bank of International Settlement.

② *Emerging Markets Currency Guide 2016*, HSBC.

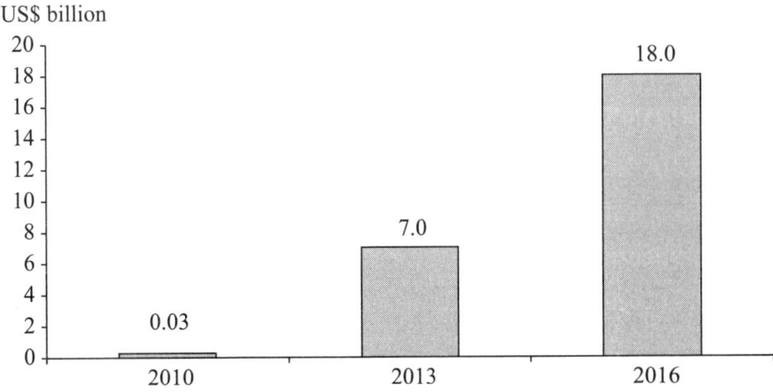

Figure 9-3 Average daily turnover OTC RMB currency options globally

Source: *Triennial Central Bank Survey of Foreign Exchange and OTC Derivatives Markets*, Bank of International Settlement.

Compared to the OTC RMB currency options market, HKEX's currency options market has several characteristics, explained in sub-sections below.

1. Continuous quotation

Traditionally, OTC RMB currency options market is operated on a bilateral dealing, request-for-quote (RFQ) basis. Investors have to source, contact and negotiate with price providers individually to get a quote on options price and compare the prices among themselves, which might not be the most efficient way for price discovery.

In this regard, HKEX's USD/CNH Options offer a different role on trade execution and price discovery. Typically, continuous quotations on around 150 option series are available provided by dedicated liquidity providers, with the average spreads of 12-40 pips for short tenors and 80-160 pips for long tenors[①]. Such streaming of bid/ask quotations allows investors to freely execute trades at their desired strike and tenor, facilitating liquidity development. In addition to continuous quotation, investors can also submit quote requests to dedicated liquidity providers on specific strike and tenor.

One of the special characteristics of an exchange-traded market for RMB derivatives traditionally traded OTC is that it acts as a liquidity aggregator offering continuous and tight bid/ask liquidity. The regulatory and capital benefits (see section

① Source: HKEX, July 2017; "pip" refers to percentage in point (0.0001), which is the minimum price fluctuation for a currency pair.

below) of trading listed products have become more pronounced. The exchange market offers a marketplace for orderly and transparent trading on an equal basis.

2. Capital efficiency

New rules in Europe (EMIR①) and the United States (CFTC②) are affecting existing OTC participants. From 1 March 2017, all in-scope counterparties (primarily financial entities and systemically important non-financial entities) with uncleared OTC portfolios must exchange variation margin daily. This requirement is relatively new for many users of OTC products, and the requirement to exchange initial margin is being made mandatory in stages over time towards full implementation by September 2020.

RMB exchange-traded derivatives provide capital efficiency to investors as a result of their comparative advantages in various aspects vis-à-vis the OTC market. Table 9-1 presents a table of comparison between exchange-traded RMB derivative products and OTC products.

Table 9-1 Comparison between RMB exchange-traded derivatives products and RMB OTC derivatives products

Item	RMB OTC derivatives	RMB exchange-traded derivatives
Price transparency	Relatively less transparent — Need to contact each counterparty to get the price	Highly transparent — option prices are available on the HKEX website, and through information vendors and trading platforms of brokers
Central clearing	Bilateral and no central clearing	Central clearing counterparty for both sides of transactions
Credit and collateral	Need to negotiate credit lines and collateral arrangements with banks	Margin-based and cash collateral is accepted
Settlement risk	RMB is not an eligible currency in CLS③, therefore cannot utilise the CLS system for position netting	Position netting is available for exchange traded derivatives

Source: HKEX analysis.

① *European Market Infrastructure Regulation (EMIR)*, is the regulatory technical standards pursuant to Article 11 European Market Infrastructure Regulation (EU) No. 648/2012 of the European Parliament and of the Council.

② Commodity Exchange Act of the U.S. Commodity Futures Trading Commission (CFTC).

③ Continuous Linked Settlement System — a global clearing and settlement system for cross-border foreign exchange transactions.

3. Versatile hedging tool due to unique risk and reward profile

HKEX's USD/CNH Options contract is designed to mirror the characteristics of the USD/CNH futures contract to allow for cross-product hedging and cross-margining benefits, as well as to provide alternative product payoff structures for the same notional contract size.

(1) Cross-product hedging

USD/CNH options are directly complementary to the existing HKEX USD/CNH Futures, which together could allow investors to deploy trading and hedging strategies under various market conditions with relatively low counterparty risk in comparison to OTC derivatives. They provide investors a hedging tool against RMB volatility amid the ongoing RMB liberalisation process and policy development towards a market-driven framework (See Table 9-2 for a comparison between options and futures).

(2) Cross-margining benefits

HKEX's USD/CNH Options contract is traded on a margin-basis under the SPAN methodology[①] adopted by HKCC, where net delta is a key determinant of margin requirement for futures and options of the same underlying. A client can therefore enjoy cross-margining benefits when holding USD/CNH Futures and Options positions at the same time, paying less margin compared to those required for separate outrights.

From a risk management perspective, Options contract is a versatile tool due to options' unique risk and reward profile. With a variety of options/futures strategies deployable, Options contracts provide exposure to multiple market parameters, e.g. spot rate, volatility and time.

Options contract is suitable for various RMB market conditions, providing flexibility of strategies to cater for various market conditions — they can be utilised in bullish, bearish, range-bound or volatile markets. (See below on the basic applications of the product.)

---

① SPAN — Standard Portfolio Analysis of Risk. Please refer to the margining methodology document at www.hkex.com.hk/eng/market/rm/rm_dcrm/rm_dcrm_clearing/dmrm_clearing_settlement.htm.

Table 9-2 **Options versus futures**

Options	Futures
• Gives the buyer the right, but not the obligation, on or before a pre-determined date, to buy (or sell) an underlying asset at a pre-determined price (the "strike price"); and the seller the obligation to sell (or buy) the asset at the strike price if the buyer exercise the right • The option price has a non-linear relationship with the underlying asset, and has a unique risk and reward structure • The buyer pays upfront price as the option's premium	• Gives the buyer the obligation to buy an asset at a pre-determined price and the seller the obligation to sell at the pre-determined price, at a specified time in the future • Futures prices have linear relationship with the underlying assets • No upfront cost (apart from margin and other fees related to trading)
Illustrations	
• **Options:** An investor buys a (European-style) call option on the USD/CNH rate with the strike price at 7.0 expiring in three months. Three months' later on the option's expiry date, the investor will have the right, but not the obligation, to buy USD at the exchange rate of RMB 7.0 per USD. • **Futures:** An investor enters into a long position of USD/CNH futures at 7.0 expiring in three months. Three months' later on the futures' expiry date, the investor will have the obligation to buy USD at the exchange rate of RMB 7.0 per USD. • Currency options are more complex than options on other asset classes, due to the fact that a call on one currency is also a put on the other currency.	

Source: HKEX analysis.

4. Other characteristics of exchange trading

- **Cost effectiveness**: In general, options contract traded on exchange provides leverage① and cost effectiveness as it is traded on an option premium and margin basis, and requires upfront payment of only a fraction of the notional value. For the HKEX USD/CNH Options, related transaction cost is further reduced as the trading fee is waived for the first six months (20 March 2017 – 29 September 2017) and the SFC levy is not applied.

① Currency options and leverage are of high risk and not suitable for inexperienced investors or people who are less risk tolerant. For further information, please refer to HKEX website.

- **Transparency:** Being exchange-traded options, options contract is standardised, trading of which is orderly and transparent. Investors can access real-time exchange-traded options prices via information vendors (see Appendix 3 for list of source of market information for USD/CNH options) and the trading platforms of brokers.
- **Ease-of-Access:** In general, exchange is available to different investor types, including but not limited to retail investors, corporate users, asset managers and hedge fund managers. For example, in HKEX, investors can access the product through the existing distribution with over 120 RMB-enabled EPs. In comparison, OTC RMB currency options market is restricted to institutional users only.

Supported by the aforementioned characteristics, the trading volume and open interest of HKEX's USD/CNH Options continue to accumulate. As shown in Figure 9-4, up to 31 July 2017, the total trading volume since launch was 4,914 contracts (i.e. US$491 million in notional amount) and the open interest continues to hit record high. As of 31 July 2017, the open interest across all contract months reached 1,727 contracts (i.e. US$173 million in notional amount).

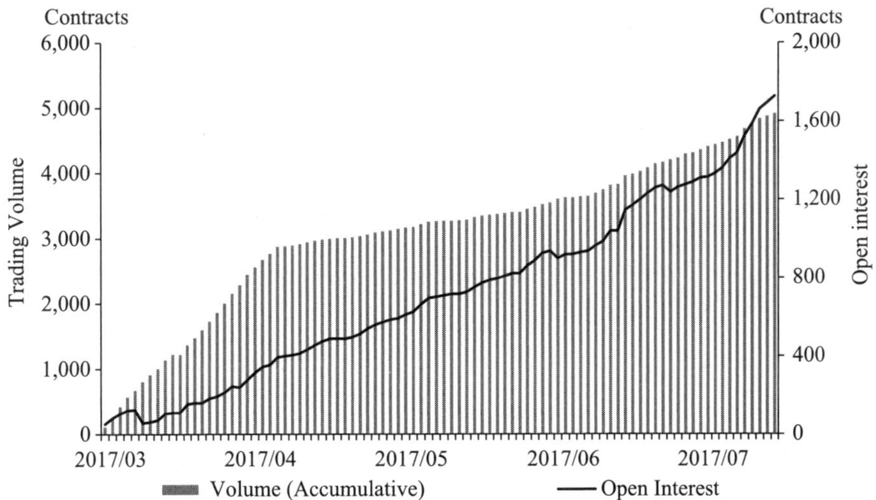

Figure 9-4 HKEX's USD/CNH options accumulated volume and open interest (since March 2017)

Source: HKEX, data as of 31 July 2017.

HKEX USD/CNH Options: product design and applications

HKEX's USD/CNH Options contract is a European-style option on spot, exercisable only at expiration date but not before. This is designed based on the prevailing OTC market practice (where the majority of FX options exist in European-style forms). Exercise at expiry results in the delivery of USD against RMB with full principal amount at the strike price, which meets the demand for principal exchange from options users.

1. Pricing behaviours and risk factors to monitor

The option premium, i.e. the option price, is a function of a certain number of factors including the underlying asset's strike price and spot price, interest rates (of the two underlying currencies), tenor and volatility. The Black-Scholes pricing model, commonly used for equity options, was extended by Garman and Kohlhagen① to price currency options.

Currency options are multi-dimensional instruments and their prices in the secondary market respond to various market parameters. Due to the diversity in the terms of options, i.e. tenor, strike, etc., it is impractical for a market participant to hedge with exactly the same options in the market. As such, option traders act as risk managers and manage their risks by closely monitoring various market parameters. There are specific measurements of the sensitivity of the option value with respect to different market parameters. These measurements are collectively known as the "Greeks". Analysis of Greeks is crucial to option valuation and risk management.

The Greeks decompose the risks contained in an option price or a portfolio of options into their various constituent parts, which in turn allows traders to decide which risks to retain and which to hedge. The different risk measures in the Greeks include:

- **Delta:** Change in price of the option for a change in the spot price of the underlying

① *Foreign Currency Option Values*, Journal of International Money and Finance, M.B. Garman, S.W. Kohlhagen, 1983, vol. 2.

- **Gamma:** Change in delta for a change in the spot price of the underlying
- **Theta:** Time decay of the option, i.e. change in price of the option for the passage of time
- **Vega:** Change in price of the option for a change in volatility of the underlying
- **Phi:** Change in the base currency's risk-free interest rate[①]
- **Rho:** Change in the pricing currency's risk-free interest rate[②]

2. Product applications of HKEX USD/CNH options

Main users of RMB currency options and futures would include corporates, asset management firms and fund houses, proprietary trading firms, brokerage firms and professional investors. These different user types could use the RMB currency products for various purposes.

Listed below are hypothetical illustrations of product applications of the RMB currency options (the analysis does not include transaction costs and past performance is not an indicator for future performance).

Basic applications

(1) Protection on RMB depreciation

Situation

An investor worries about RMB depreciation. He needs to sell his RMB assets and convert back to USD after 3 months.

Possible application

Buying a 3-month call options (i.e. buy USD, sell RMB) with strike 6.8500 as an example.

Scenario

At expiry, if USD/CNH fixing rate appreciates to 6.7000, the option expires and

---

① In a currency pair, the currency used as a reference to quote is the "pricing currency" (bottom), and the currency that is quoted in relation is called the "base currency" (top). For example, for EUR/USD, EUR is the base currency and USD is the pricing currency.

② Ditto.

is not exercised. The investor can sell his RMB assets and covert RMB to USD at a better level at 6.7000. If USD/CNH fixing rate depreciates to 7.0000, the option is exercised and the investor can sell his RMB assets and covert RMB to USD at the original strike rate (i.e. 6.8500).

Potential Risks and Returns

Potential returns: The investor is able to covert RMB to USD at a better price if the RMB depreciates.

Potential risks: The investor has to pay options premium to buy the protection.

(2) Protection on RMB appreciation

Situation

An investor worries about RMB appreciation. He needs to sell his USD assets and convert back to RMB after 3 months.

Possible application

Buying a 3-month put options (i.e. sell USD, buy RMB) with strike 6.8500 as an example

Scenario

At expiry, if USD/CNH fixing rate depreciates to 7.0000, the option expires and is not exercised. The investor can sell his USD assets and covert USD to RMB at a better level at 7.0000. If USD/CNH fixing rate appreciates to 6.7000, the option is exercised and the investor can sell his USD assets and convert USD to RMB at the original strike rate (i.e. 6.8500).

Potential Risks and Returns

Potential returns: The investor is able to covert USD to RMB at a better price if the RMB appreciates.

Potential risks: The investor has to pay options premium to buy the protection.

Advanced applications

(1) Yield enhancement — sell covered call

Situation

An exporter has USD receivables due in three months and targets to convert the

USD into the CNH at a better rate than futures price. The exporter does not need to sell the USD upon receipt so he would rather sell it at a better rate. The exporter also wants to make some extra yield from this expected cash inflow.

Possible application

The exporter sells a Mar 2017 expiry USD/CNH call option with strike 7.1000 and receives the CNH premium of 775 pips. USD/CNH spot rate: 6.9300, Mar 2017 futures price: 7.0450, Volatility: 7.40 bid.

Scenario

At expiry, if USD/CNH fixing rate is less than 7.1000, the option expires out-of-the-money and is not exercised. The exporter keeps the CNH premium as an extra return from taking the position. If USD/CNH fixing rate is greater than 7.1000, the option is exercised and the exporter sells USD against CNH at 7.1000 which is still better than the futures price if he had hedged three months ago. The exporter keeps the CNH premium which makes his effective selling rate 7.1775.

Potential Risks and Returns

Potential returns: The exporter makes an extra return on the usage of idle cash by selling options. The exporter sells at an effectively better rate even if the option is exercised by the buyer.

Potential risks: Should the USD appreciate significantly against the CNH, the exporter may incur opportunity cost compared to selling at the prevailing market rate.

(2) Cost Reduction — Buy call spread

Situation

A portfolio manager, who has exposure to RMB-denominated assets, plans to hedge CNH depreciation by buying USD/CNH call options. The portfolio manager's hedging horizon is one year. However the long-tenor USD/CNH call option is very costly due to the time value, upward sloping volatility curve and futures curve. For example, Dec 2017 expiry USD/CNH call option with strike 7.2500 is priced at 2,515 pips. (USD/CNH spot rate: 6.9300, Dec 2017 futures price: 7.2650, volatility: 8.85 offer)

Possible application

The portfolio manager can sell Dec 2017 expiry USD/CNH call option with strike 7.5000 and receives a premium of 1,585 pips with the view that USD/CNH may depreciate, but not to the level of 7.5000. (7.5000 strike volatility 9.06 bid). The premium from the 7.5000 strike call reduces the net cost of the hedging strategy of buying USD/CNH call options with a lower strike of 7.2500. The portfolio now pays a net premium of 930 pips.

Scenario

At expiry, if USD/CNH fixing rate is less than 7.2500, both options expire out-of-the-money and are not exercised. The portfolio manager bears the net option premium as hedging cost, but it is cheaper than not adopting the strategy. If USD/CNH fixing rate is greater than 7.2500, but less than 7.5000, the portfolio manager exercises the option he has bought and let the option he sells to expire. This is the best scenario because he keeps the hedge and has reduced the hedging cost. If USD/CNH fixing rate is greater than 7.5000, both options are exercised. The portfolio manager loses the hedge, however he makes a net cash flow of 2500 pips in the CNH, which helps compensate his hedge in the spot market.

Potential Risks and Returns

Potential returns: The strategy reduces the hedging cost by taking a view on the movement of the USD/CNH exchange rate.

Potential risks: The strategy may become a partial hedge under some circumstances.

(3) Risk reversal

Scenario

A trader has the view that USD/CNH spot rate will go higher in the next three months. He buys a Mar 2017 expiry USD/CNH call with strike 7.1500 and pays option premium 715 pips (volatility 8.35 offer). However he does not want to bear the full amount of option premium nor to be too aggressive in taking positions. He chooses to sell a Mar 2017 expiry USD/CNH put with strike 6.9500 and receives option premium 525 pips (volatility 6.70 bid). His net cost is 190 pips.

Result

USD/CNH spot rate and forward/futures curve both move up. Assuming there is a parallel shift in the spot rate and futures prices by 600 pips, the call option is worth 955 pips and put option is worth 355 pips. Net value of the strategy is priced at 600 pips. The trader has realised 200% profit by taking the right view. Alternatively the trader can choose to wait till expiry date for the call option to be exercised and the put option to expire.

Potential returns

There are several ways to capture potential return from risk reversal:

- If USD/CNH spot rate and forward rates/futures prices go higher, the call option will be worth more than the put option and the trader can choose to take profit by closing the positions.
- If market has more demand for USD/CNH call options than put options, the call option will be worth more than the put option in terms of implied volatility. (This is called the volatility skew.)

Potential risks

If USD/CNH moves to the unfavourable direction, the trader not only loses the option premium he pays for the call option, but also incurs losses from his short position on the put option. In this case, the losses have been enlarged although the initial cost is lower.

(4) Volatility play — Straddle (two options with the same strike)

Scenario

A trader has the view that USD/CNH spot rate will remain volatile trading in the near future so the volatility curve may shift higher. He buys a Dec 2017 expiry USD/CNH call with strike 7.2500 together with a Dec 2017 expiry USD/CNH put with strike 7.2500. The call option is priced at 2,490 pips (volatility 8.85 offer) and put option is priced at 2,350 pips. The total premium is 4,840 pips.

Result

The vega position from the straddle is 550 pips (275 pips for each option). Assuming implied volatility for Dec 2017 with strike 7.2500 increases to 10.00, the call option is worth 2,810 pips and the put option is worth 2,670 pips. The strategy is now priced at 5,480 pips. The value change is 640 pips (approximately 1.15 vega).

Potential returns

A long-dated straddle gives traders the largest exposure to volatility movement. It is a direct way to trade and realise traders' view on the volatility curve. (Straddle is usually delta-neutral at the inception of the transaction.) Short-dated straddles can be used to trade volatile movement of underlyings (gamma trading).

Potential risks

Traders are exposed to volatility risk by trading straddles. In a situation where the underlying moves but the volatility does not change much, traders have to manage delta while not making money from volatility.

Other possible applications

Trades can trade strangle (long one call and one put with different strikes) for higher volatility movement. This is called "trade the wings". Traders can trade butterfly (long straddle and short strangle) if they expect there will be volatility in certain price range but not too much. So they are "financing" straddle by selling strangles.

3. Physical delivery on exercise

Call options

Assumptions:

Strike price (k) = 6.90; Official settlement price (s) = 6.95

If the settlement price > strike price, the option is exercised, if the settlement price ⩽ strike price, the option expires worthless.

Physical delivery process (see Figure 9-5):

If the call option is exercised, on physical delivery, the buyer pays the final settlement value, i.e. contract size (100,000 USD) × k (6.90) = 690,000 CNH, to the clearing house and receives the underlying currency value equalled to the contract size (100,000 USD) from the clearing house.

On the other hand, the seller delivers the underlying currency value equalled to the contract size (100,000 USD) to the clearing house and receives the final settlement value, i.e. contract size (100,000 USD) × k (6.90) = 690,000 CNH, from the clearing house.

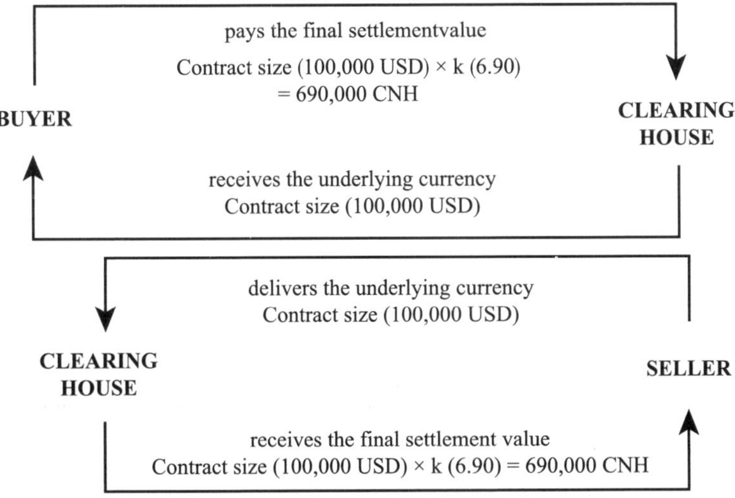

Figure 9-5 Physical delivery on exercise for call options

Source: HKEX.

Put options

Assumptions:

Strike price (k) = 6.90; Official settlement price (s) = 6.85

If the settlement price < strike price, the option is exercised, if the settlement price ⩾ strike price, the option expires worthless.

Physical delivery process (see Figure 9-6):

If the put option is exercised, on physical delivery, the buyer receives the final settlement value, i.e. contract size (100,000 USD) × k (6.90) = 690,000 CNH, from the clearing house and delivers the underlying currency value equalled to the contract size (100,000 USD) to the clearing house.

On the other hand, the seller receives the underlying currency value equalled to the contract size (100,000 USD) from the clearing house and pays the final settlement value, i.e. contract size (100,000 USD) × k (6.90) = 690,000 CNH, to the clearing house.

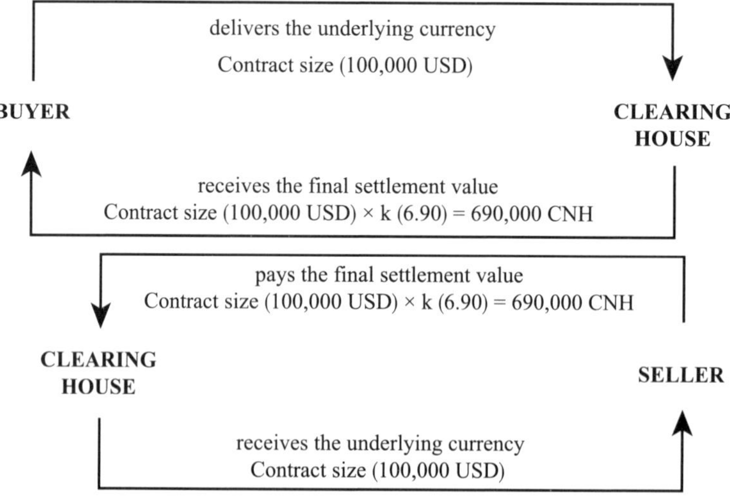

Figure 9-6 Physical delivery on exercise for put options

Source: HKEX.

Appendix 1 HKEX USD/CNH Options contract specifications

Table 9-A1 HKEX USD/CNH Options contract specifications

<table>
<tr><th>Item</th><th colspan="3">HKEX USD/CNH Options Contract Features</th><th>Remark</th></tr>
<tr><td>Underlying</td><td colspan="3">USD/CNH currency pair</td><td></td></tr>
<tr><td>Contract Size</td><td colspan="3">US$100,000</td><td>Same as Futures</td></tr>
<tr><td>Options Premium Quotation</td><td colspan="3">Quoted in 4 decimal places (i.e. 0.0001) on amount of RMB per USD.</td><td>Follows current OTC market quotation method</td></tr>
<tr><td>Strike Prices</td><td colspan="3">Strike intervals will be set at 0.05</td><td>Allows liquidity aggregation at specific strikes</td></tr>
<tr><td>Official Settlement Price</td><td colspan="3">USD/CNY (HK) Spot Rate published by Hong Kong Treasury Markets Association (TMA) at or around 11:30 a.m. on the Expiry Day</td><td>Market benchmark in the CNH spot market</td></tr>
<tr><td rowspan="4">Settlement on Exercise</td><td colspan="3">Physical delivery on exercise</td><td rowspan="4">To meet the demand for principal exchange from options users</td></tr>
<tr><td></td><td>Holder</td><td>Writer</td></tr>
<tr><td>Call Options</td><td>Payment of the Final Settlement Value in RMB</td><td>Delivery of US dollars</td></tr>
<tr><td>Put Options</td><td>Delivery of US dollars</td><td>Payment of the Final Settlement Value in RMB</td></tr>
<tr><td>Exercise Style</td><td colspan="3">European style</td><td>Most popular in OTC market</td></tr>
<tr><td>Contract Months</td><td colspan="3">Spot month, the next three calendar months and the next four calendar quarter months</td><td>Same as Futures (except the furthest fifth calendar quarter month)</td></tr>
<tr><td>Final Settlement Day</td><td colspan="3">Third Wednesday of the Contract Month</td><td>Same as Futures</td></tr>
<tr><td>Expiry Day</td><td colspan="3">Two Hong Kong Business Days prior to the Final Settlement Day</td><td>Same as Futures</td></tr>
<tr><td>Position Limit</td><td colspan="3">For the USD/CNH Futures Contract, CNH/USD Futures Contract and USD/CNH Option Contract combined, a position delta of 8,000 long or short in all Contract Months combined provided that:
• Position delta for the Spot Month USD/CNH Futures Contract and the Spot Month USD/CNH Option Contract combined during the five Hong Kong Business Day up to and including the Expiry Day shall not exceed 2,000 long or short
• The position for CNH/USD Futures Contract shall not at any time exceed 16,000 net long or short contracts in all Contract Months combined</td><td>Combined position delta is used across RMB currency futures and options</td></tr>
<tr><td>Large Open Positions</td><td colspan="3">500 open contracts in any one series</td><td></td></tr>
</table>

Appendix 2 Trading and clearing arrangements of HKEX USD/CNH Options contracts

Maximum order size

Maximum order size is 1,000 contracts. Exchange Participants are required to submit their requests to HKEX for setting up their order size limits based on their business needs and risk management requirements.

Block trade

Block trade facilities are supported by the exchange's derivatives trading system. The volume threshold for block trades is 50 contracts (notional of US$5 million). The permissible price range is 10% for prices over or equal to 0.4, and 0.0400 for prices below 0.4.

Price makers

Some Liquidity Providers will provide continuous quotes on common strikes on screen, whereas some Liquidity Providers will quote prices upon requests for quote (RFQ).

Clearing arrangements

For clearing, Clearing Participants (CPs) have to arrange for RMB and USD settlement capability. They need to set up RMB and USD account with the Settlement Banks appointed by the HKCC and to maintain relevant mandates. Furthermore, CPs have to ensure these bank accounts are in active status and ready for physical delivery. Meanwhile, non-CPs should contact their General CPs to ascertain eligibility of clearing.

For details, please refer to the HKEX website.

Appendix 3 Accessing market information on HKEX USD/CNH Options

(1) Information vendor access codes

Table 9-A2 Information vendor access codes

Vendor	Access Code
AAStocks	340900
Activ Financial	CUS/1701/9999P.HF
AFE Solution	873181-7
Bloomberg	CSX Curncy OMON <GO>
CQG	C/P.CUS
DBPower	CUS
Eastmoney	CUS
Esunny	CUS
ETNet	CUS
Fidessa	CUS_Osmy.HF
FIS Global	CUS+<STRIKE PRICE>+<MONTH CODE>+<LAST DIGIT OF THE YEAR>
Hexin Flush Financial Information Network Ltd	CUS
Infocast	CUS (Menu > Derivatives > Options > Select “”CUS””)
Interactive Data	O:CUS\MYYDD\[Strike Price]
Market Prizm	CUS <Strikes> my
QPI	P11370-P11375
SIX Financial	CUSmy
Shanghai DZH	CUS[mmyy][C/P][Strike]

(*Continued*)

Vendor	Access Code
Shanghai Pobo	CUSyymm-C/P-SSSSS
Telequote	CUSOmy
Tele-Trend	Open->Options->CUS
Thomson Reuters	0#HCUS*.HF
Wind	Quant -> CUSO.HK

(2) Real-time prices in HKEX website

http://www.hkex.com.hk/eng/ddp/Contract_RT_Details.asp?PId=388

(3) List of Exchange Participants offering trading services for USD/CNH Options

http: //www.hkex.com.hk/eng/prod/drprod/rmb/ep-fxo.htm

(4) List of Exchange Participants Enabled for RMB derivatives trading

http://www.hkex.com.hk/eng/prod/drprod/rmb/brokerlist.htm

10

Supporting the Opening Up of the Mainland Financial Market

Innovations and implications of Bond Connect

November 2017

Summary

Bond Connect is an arrangement that enables Mainland and overseas investors to trade bonds on the Mainland and Hong Kong bond markets through the connectivity established between the financial infrastructure institutions in the Mainland and Hong Kong. Bond Connect is a major milestone of deepening mutual market access between the Mainland and Hong Kong. As a more efficient market opening channel that runs in parallel to the existing ones, Bond Connect is an innovative and explorative initiative in many ways, one which can attracta broader group of overseas investors to participate in the China Interbank Bond Market and an arrangement that international investors can better adapt to and more familiar with.

The innovations under Bond Connect are manifested in the areas of market admission in pre-trade, price discovery and information communication in trading, and custody and settlement arrangements in post-trade. It effectively connects the Mainland bond market with international practices, at lower access costs and higher market efficiency. On 3 July 2017, the Northbound Trading Link of Bond Connect was officially launched. A trading volume of more than RMB 7 billion was recorded that day. Within three months after launch, foreign holdings of the domestic debt securities increased significantly from RMB 842.5 billion to RMB 1,061.0 billion[①], which might be attributable to the launch of Bond Connect. This reflects to some extent the positive impact of Bond Connect on overseas participation in the Mainland bond market.

Bond Connect further opens up the Mainland bond market in a controlled manner, thereby providing new impetus to the market's international participation, the continued market open-up and reform, as well as to RMB internationalisation. Through Bond Connect, Hong Kong could become a convenient window for overseas investors to gain access to the Mainland bond market. This would further reinforce Hong Kong's position as an offshore RMB centre, foster the building up of an ecosystem of onshore and offshore RMB products around Bond Connect, and strengthen Hong Kong's role as an international financial centre and its intermediary function for capital flows into and out of the Mainland.

As a new breakthrough in the opening up of the Mainland financial market, Bond Connect has significant implications in attracting international capital to the Mainland bond market

Bond Connect is an arrangement that enables Mainland and overseas investors to trade bonds on the Mainland and Hong Kong bond markets through the connectivity established between the institutional financial infrastructure in the Mainland and Hong Kong. On 16 May 2017, the People's Bank of China (PBOC) and the Hong Kong Monetary Authority (HKMA) jointly announced their approval of the establishment of Bond Connect. On 3 July, the Northbound Trading Link of Bond Connect was officially launched[②], further opening up the Mainland financial market. With the continuous development of the mutual market access between the Mainland and Hong

---

① Source: China Central Depository & Clearing Co, Ltd. (CCDC) and Shanghai Clearing House (SCH) websites.

② According to current arrangements, the initial phase of Bond Connect is confined to Northbound Trading. Overseas investors from Hong Kong of China and other countries and areas (hereafter called "overseas investors") are allowed to invest in the China Interbank Bond Market (CIBM) through the mutual access arrangements established between the Hong Kong and Mainland financial infrastructure operating institutions in respect of trading, custody, settlement, etc.

Kong in recent years and the successive launch of the Shanghai and Shenzhen Stock Connect schemes[①] (collectively referred to as the "Stock Connect"), mutual market access is basically achieved between the Mainland and Hong Kong stock markets. As bond market is another key component of the capital market, Bond Connect is considered to be another innovative breakthrough in the opening up of the Mainland financial market in view of the tremendous room for development in the Mainland bond market and the growing international demand for RMB assets.

1. Tremendous room for development in the Mainland bond market

As the Mainland financial market continues to transform, the opening up of the bond market has become a critical force driving the opening up of the Mainland financial market and the internationalisation of the Renminbi (RMB).

At the end of March 2017, the Mainland bond market was the world's third largest after the US and Japan, with a total outstanding value of RMB 66 trillion and with the total outstanding value of corporate credit bonds being Asia's largest and the world's second largest[②].

Nevertheless, foreign participation in the Mainland bond market remains relatively low. If appropriate opening-up measures are adopted to attract more foreign participation in the Mainland bond market, not only will the reform of international balance of payments inflow be facilitated and the ability to reduce fluctuations in the international balance of payments be improved in the short-term, the liquidity of the Mainland bond market will also be enhanced in the medium to long term.

2. The pace of opening up the Mainland bond market to overseas investors has accelerated in recent years

The Mainland opened up its interbank bond market for the first time to qualified foreign institutions in 2010 and launched the RMB Qualified Foreign Institutional Investor (RQFII) scheme in 2011. Two years later, in 2013, Qualified Foreign

① Stock Connect is a Mainland-Hong Kong Mutual Market Access pilot programme, under which investors in the Mainland and Hong Kong are,for the first time, able to gain direct access to each other's stock markets. Shanghai-Hong Kong Stock Connect (Shanghai Connect) was launched in November 2014 and Shenzhen-Hong Kong Stock Connect(Shenzhen Connect)was launched in December 2016.

② Source: PBOC website.

Institutional Investors (QFIIs) were allowed to participate in the China Interbank Bond Market (CIBM). In 2015, various initiatives that substantively facilitated overseas investors' access to the CIBM were implemented.

These include: in June 2015, the PBOC allowed overseas RMB clearing banks and participating banks that had entered CIBM to conduct repurchase (repo) transactions in Mainland bonds; in July 2015, the PBOC adopted policies to further facilitate investments on CIBM by overseas central banks and institutions of a similar nature (including foreign central banks or monetary authorities, sovereign wealth funds and international financial institutions), allowing them to expand their investments to cash bonds, bond repos, bond lending, bond forwards, interest rate swaps (IRS), and forward interest rate agreements (FRA), etc.; in February 2016, the PBOC announced new rules that further relaxed the eligibility of foreign institutional investors for entering CIBM, with detailed rules released in May 2016 to expand the scope of eligible foreign institutional investor types and eligible trading instruments, to abolish the investment quota and to simplify the investment procedures. Prior to the launch of Bond Connect, there were 473 overseas investors participating in CIBM, with bond holdings exceeding RMB 800 billion[①].

3. Bond Connect has positive impact in attracting international capital

The above measures in exploring the opening up of the Mainland bond market have laid the foundation for the launch of Bond Connect. However, at the end of 2016, foreign holdings in Mainland bonds remained under 2%, which was notably below the average level of opened-up bond markets in developed economies (see Figure 10-1).

The existing access channels of the Mainland bond market mentioned above mainly suit overseas central banks and large institutions that are relatively more familiar with the Mainland bond market and can afford higher operational costs to participate in it.

For a large number of small to medium-sized overseas investors, new channels are needed to attract their participation and to address the challenges they encounter when participating in the Mainland bond market. It is against such a background that Bond

① Source: PBOC website.

Connect was launched.

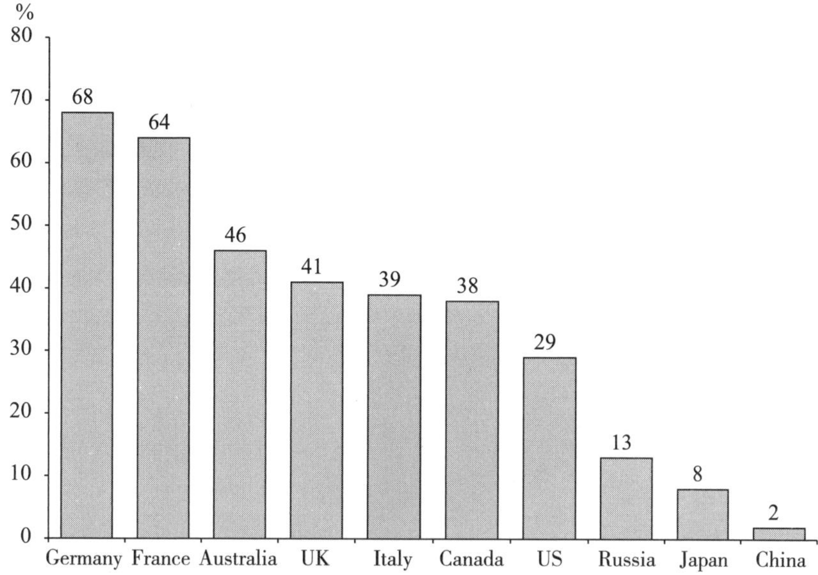

Figure 10-1 Percentage of foreign holdings in the bond markets of developed countries (by value) (End of 2016)

Source: Bloomberg, Bank for International Settlements, PBOC.

As shown in Figure 10-2, in October 2016, the RMB was officially included in the Special Drawing Right (SDR) currency basket of the International Monetary Fund (IMF) with a weighting of 10.92%. This would bring new participants and capital flow into bond assets denominated in RMB and enhance the global acceptance of the RMB currency as a global investment and reserve currency, thereby boosting international institutional demand for RMB assets in both the public and private sectors. However, the proportion of RMB in official foreign exchange (FX) reserves and FX transactions are currently far below 10.92%. This suggests that the driver for RMB internationalisation in the next stage will come from the proliferation of a diverse suite of investable offshore and onshore RMB-denominated financial assets for international investors. In this context, the opening of the Mainland bond market is a crucial factor. Opening up of the bond market to a larger extent will also foster closer ties between the Mainland regulators and the international market, and promote further internationalisation of participants in the onshore financial infrastructure.

Onshore Mainland financial institutions can also develop closer business connections with foreign institutional investors through Bond Connect, paving the way for greater participation by Mainland financial institutions in overseas markets.

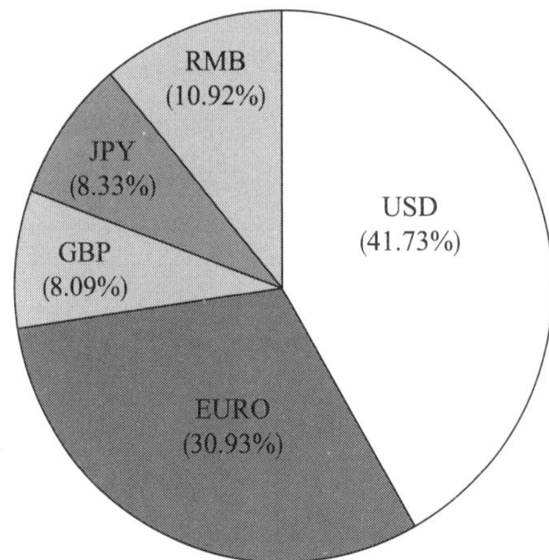

Figure 10-2 The share of RMB in IMF's SDR currency basket (End of 2016)

Source: IMF.

Bond connect effectively connects the Mainland bond market with international practices at lower access costs and higher market efficiency

Before the launch of Bond Connect, overseas investors can participate in the Mainland bond market through three main channels — QFII scheme, RQFII scheme and foreign institutions' direct access to CIBM (CIBM scheme, see above). Compared to these existing channels, Bond Connect is an innovative breakthrough in the "pre-trade", "trading" and "post-trade" processes. It has addressed expectations and demands of international investors seeking to participate in the Mainland bond market.

1. Pre-trade: Market admission and parallel channels

Same as the scope of eligible investors trading in the Mainland bond market through existing channels as regulated by the PBOC's Public Notice No. 3 [2016], overseas investors trading under Bond Connect are mainly central-bank-type institutions and medium-term to long-term investors with a focus on asset allocation.

This reflects that the Mainland is steadily implementing its strategy to open up the RMB capital and financial accounts and provide new alternative and convenient channels in terms of market admission, filing procedures, eligibility approval and other areas for the entry of long-term capital into the Mainland bond market.

While existing channels might satisfy the needs of overseas central banks and large institutional investors to invest in the Mainland bond market, there are certain investors who are interested in investing in the Mainland bond market but are reluctant to bear the high participation cost. That is to say, under Bond Connect, there is no need for overseas investors to have in-depth understanding of the onshore trading and settlement systems of the Mainland bond market and the related Mainland laws and regulations. They only need to use the current trading and settlement practices they are familiar with.

Such an arrangement considerably lowers the entry barriers and costs for overseas investors to participate in the Mainland bond market. Bond Connect is therefore a more user-friendly bond investment channel for overseas investors, as illustrated below.

Firstly, before the launch of Bond Connect, overseas investors mainly accessed CIBM through settlement agents, i.e. as "Type C" participants. In this way, foreign institutions are required to complete the necessary filing and account opening procedures through a domestic CIBM settlement agent for market entry. These procedures, to a certain extent, created obstacles for certain institutional investors to tap into the Mainland bond market.

On the contrary, under the more liberalised Bond Connect mechanism, foreign institutions can gain access to the Mainland bond market through a single entry point via offshore infrastructures. Overseas investors do not need to open Mainland settlement and custody accounts and are not required to directly deal with Mainland authorities for market admission, trading qualifications and other related issues. They can make use of their existing accounts in Hong Kong to directly access the Mainland bond market. They are assured at the outset of trading that they can adhere to their familiar international laws and trading practices and at the same time fulfill market admission and filing requirements through offshore financial infrastructures. There is no need for them to get familiarised with the Mainland market practices that differ from their long-established trading and settlement practices.

In operation, the Bond Connect Company Limited (BCCL), established offshore jointly by Hong Kong Exchanges and Clearing Ltd (HKEX) and China Foreign Exchange Trade System (CFETS), provides professional guidance on market access, application review and other market-access preparation support. The time taken to process an admission filing with the PBOC is substantially shortened. In terms of operational procedures, accessing the Mainland's onshore bond market via Bond Connect aligns more with the trading practices of international investors, particularly for those institutional investors who would like to access the Mainland bond market but are unfamiliar with its rules. Bond Connect essentially enhances the pace of market entry and participation efficiency of these investors in the Mainland bond market.

Secondly, under the current regulatory requirements, overseas investors investing in the Mainland bond market through the QFII, RQFII and CIBM schemes are required to comply with certain requirements upon market entry, including those on fund remittance and lock-up period. They are also required to specify at the outset their planned investment amounts that have to be fulfilled in subsequent transactions[①]. This, at times, may not align with the investment strategies of certain foreign institutions for flexible utilisation of funds. This is also an attribute that has deterred foreign institutions from entering the onshore bond market. Bond Connect, on the contrary, has no such restrictions at market admission, such that overseas institutions face far fewer obstacles at market entry and can directly manage their onshore transactions, allowing greater flexibility in their RMB asset allocation. This will undoubtedly increase the incentive for overseas institutions, particularly the small to medium-sized institutional investors, to participate in the Mainland bond market.

---

① Please refer to Table 8-2 in Chapter 8, *Tapping into China's Domestic Bond Market in an International Perspective*.

Thirdly, the market access channel of Bond Connect co-exists with the existing QFII, RQFII and CIBM schemes. Overseas investors can now choose among the multiple channels with flexibility. After the launch of Bond Connect, overseas investors are able to choose an investment channel that better suits their strategies. This enables diversified and effective asset allocation and product development in the Mainland's onshore financial market. Similar adjustments in the choice of investment channels were observed after the launch of Stock Connect. This shows that existing market opening channels are complementary to each other, rather than a replacement or substitution, to serve different investment needs of a diverse investor base. Bond Connect advances the opening up of the Mainland bond market, and helps drive forward RMB internationalisation and the Mainland's capital account liberalisation.

2. Trading: price discovery and information efficiency

The Mainland bond market adopted three trading modes: voice trading, click-to-trade and Request-for-Quote (RFQ). As voice trading is done offline, bond trading in the Mainland market could be difficult for overseas institutions to understand in depth. Under Bond Connect, overseas investors can conduct interbank cash bond trading with the Mainland market makers by way of submitting RFQ via offshore platform, after which market makers can provide tradable price quotes for overseas investors to choose and confirm transactions. To overseas institutional investors who are not so familiar with the Mainland bond market, such trading arrangement is simpler and the price and transaction data is more transparent, symmetric and more conducive for price discovery.

Moreover, under the agent bank model, overseas investors cannot directly trade with a Mainland counterpart. They can only entrust agent banks in the Mainland to do trades on their behalf. Under Bond Connect, overseas investors can freely select a market maker for quotes and decide the timing of a transaction via an overseas electronic trading platform using an interface and trading mode they are familiar with. As a result, these overseas investors who invest in the Mainland bond market through Bond Connect do not have significant switching costs during actual operations. To those small to medium-sized overseas institutional investors who are sensitive to transaction costs, this factor is particularly important. At present, Tradeweb is the first overseas electronic trading platform available to investors for Bond Connect. Bloomberg and other electronic platforms are actively progressing on connecting with the Bond Connect platform and will launch their systems once they are ready. The ability of overseas institutions to directly request for price quotes and trade with Mainland institutions without the need to change their own trading practices has enhanced the transparency and efficiency of the entire trading process.

From the perspective of market operation, Bond Connect provides overseas investors with a channel of direct trading alternative to the existing model of agency trading as "Type C" participants. To overseas investors, particularly the institutional investors who are not so familiar with the Mainland market, Bond Connect has, to some extent, reduced agency and communication costs and increased trading efficiency, thereby contributing to the enhancement of market liquidity.

3. Post-trade: custody and settlement

The Mainland bond market currently adopts a single-level depository system, which is an important arrangement after due consideration following a long period of practical experience to conform to the characteristics of the Mainland bond market. In the offshore market, however, a multi-level depository arrangement with a nominee system has been the long-standing practice. Such difference in practices has created obstacles for overseas institutions to participate in the Mainland bond market. As the multi-level depository arrangement and nominee system in the international bond market have evolved over years to its present form, the business operations of overseas institutional investors have become strongly adapted to it. Should there be any major changes in this operating model, the compliance and back-end operation departments of overseas institutional investors, and the relevant regulators in the local jurisdictions, will face significant adjustment difficulties. This will restrain certain institutional investors from participating in the Mainland bond market.

Bond Connect effectively connects the "single-level depository system" as required under the see-through custodian model of the Mainland and the "multi-level depository system" under the nominee model adopted in the international bond market. For the registration, depository, clearing and settlement of bonds for overseas investors, a settlement link is established between CCDC and SCH as the onshore central depository institutions, and the Central Moneymarkets Unit of the HKMA (HKMA-CMU) as the offshore central depository institution. In this way, overseas institutions can observe Mainland market rules while adopting their long-established international practices at the same time, thereby effectively reducing the access costs involved in the operation under different market structures. The arrangement is also conducive to the development of related financial products and business models after the launch of Bond Connect. (See Figure 10-3 for the operating system set-up of Northbound Trading under Bond Connect.)

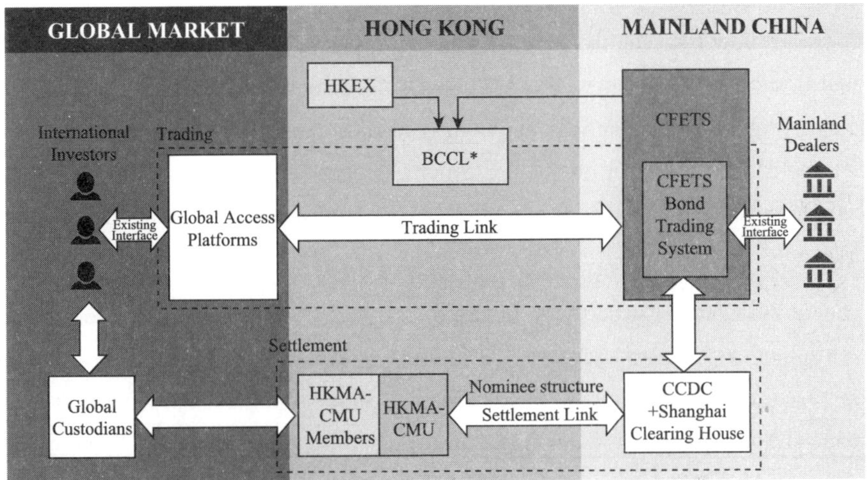

Figure 10-3 Northbound operating model of Bond Connect

* Bond Connect Company Limited.
Source: HKEX.

In terms of legal framework compatibility, the trading and settlement activities under the Northbound Link of Bond Connect shall comply with the regulations and business rules of the place where these activities take place. Under the nominee holding structure, overseas investors shall exercise their rights over the bond issuers through HKMA-CMU as the nominee holder. If there is a default in bond redemption, HKMA-CMU as the nominee holder of the overseas investor and registered as the bondholder, may exercise the rights of bondholder and take legal actions. Meanwhile, the overseas investor as the beneficial owner of bonds, upon provision of relevant evidence, may also take legal actions in its own name in Mainland China.

Bond Connect helps drive Mainland financial market opening and development of the offshore RMB centre in Hong Kong

1. Further opening up the Mainland bond market in a controlled manner

Similar to Stock Connect that has been smoothly operating, Bond Connect has also adopted a closed-loop design ensuring that the market opening brought about by the scheme is under control. In other words, it is an innovative method deployed to further open up the Mainland bond market. Stock Connect is a breakthrough achieving two-way capital flow between the Mainland and Hong Kong stock markets. Compared to the QFII and RQFII schemes, Stock Connect offers more relaxed investor eligibility and more flexible quota controls, and involves lower transaction and conversion costs. After abolishing the aggregate quota in Stock Connect, the closed-loop design reduces the risks caused by substantial capital flow into and out of the Mainland financial market.

For Bond Connect which was launched in July 2017 beginning with Northbound trading, there is also no aggregate quota and the system also operates in a closed-loop structure. By connecting cash bond markets in the Mainland and Hong Kong, the scheme is expected to help funnel international capital into the Mainland bond market, facilitating the internationalisation of the Mainland capital market.

2. Further strengthening and reinforcing Hong Kong's status as an offshore RMB centre

Hong Kong has been a global offshore RMB business hub①. The use of RMB is no longer limited to cross-border trade settlement as in the initial stage, but has also extended to a considerable level to the areas of investment, financing, hedging and foreign reserves management. Offshore RMB FX trading volume has also continued to grow②. The sequential launch of Shanghai Connect and Shenzhen Connect, together with the abolition of their aggregate quota, provide new channels for the opening of

① *HONG KONG: The Global Offshore Renminbi Business Hub*, HKMA website, 2016.

② *Triennial Central Bank Survey of Foreign Exchange and OTC Derivatives Markets*, Bank for International Settlements, 2016.

the Mainland capital market. Bond Connect serves a bigger purpose of complementing Hong Kong's capability in its bond market development as an international financial centre (IFC). The Southbound Bond Connect will be explored at a later stage, which is expected to attract even more Mainland capital into Hong Kong, bringing greater momentum to Hong Kong's bond market and its overall financial system.

3. Building an ecosystem of onshore and offshore Renminbi products associated with Bond Connect

Given the specific characteristics of the Mainland bond markets, the BCCL is expected to perform a prominent role in investor education and market coordination. The launch of Bond Connect and the smooth operation of BCCL would have a profound effect on the Mainland's onshore and offshore bond markets, in particular, in shaping the onshore and offshore financial markets towards an ecosystem associated with bond asset allocation. As bond markets are dominated by institutional investors, bond trading is closely intertwined with demands for financial derivatives trading and risk management. Bond Connect is expected to bring more international bond investors to Hong Kong to trade offshore debt products on Mainland assets. This could bring impetus to Hong Kong's bond market and drive demand for professional services in financial derivatives and risk management in RMB, and thereby benefiting the overall industry.

Currently, the Mainland domestic derivatives market offers a variety of tradable products (including forwards, swaps, options and treasury bond futures), with considerable depth and liquidity, to support hedging against RMB-related risks. Lately, the further opening up of the domestic FX market has made it possible for certain qualified overseas investors to directly make use of the domestic derivative products. Concurrently, the Hong Kong OTC market offers a series of RMB products, including RMB FX spots, forwards, swaps and options. Similar exchange-traded products, including RMB currency futures, options and treasury bond futures[①], are also available on HKEX. All these products enable overseas participants to better hedge against their exposure in Mainland bond assets and FX risks. Upon the launch

① HKEX's pilot scheme on RMB treasury bond futures was suspended on the maturity of the December 2017 contracts. HKEX is now working on a series of risk management instruments that support Bond Connect. New RMB interest rate products will be launched in due course.

of Bond Connect, professional services in Hong Kong that are ancillary to the scheme, such as risk management and innovative RMB-denominated financial instruments, are expected to gain further traction.

4. Smooth operation drives overseas participation in the primary market of domestic bond issuance

The Northbound Trading Links of Bond Connect was launched on 3 July 2017 with active turnover. A total of 19 participating dealers and 70 overseas institutions executed an aggregate of 142 trades, amounting to RMB 7,048 million, on its debut. By the end of September, 184 overseas institutions have tapped into Mainland bond market via Bond Connect. Foreign holdings of Mainland domestic bonds also significantly increased from RMB 842.5 billion as of end-June before launch to RMB 1,061.0 billion① as of end-September. Such an increase may be attributable to the open channel and innovative regime of Bond Connect.

Direct subscription of Mainland bond issues by overseas investors was also allowed at the inception of Bond Connect. Five debt financing instruments with an aggregate value of RMB 7 billion were issued by non-financial enterprises on the scheme's debut. During the first month after launch, 4 financial bonds and 14 commercial papers with a total issue size of RMB 60.68 billion and RMB 15.5 billion respectively were issued to Mainland domestic investors and overseas investors②. On 26 July, the Hungarian Government was the first to issue a three-year Panda Bond of RMB 1 billion③, which was available for subscription via Bond Connect. By the end of August 2017, CIBM bond issuers using Bond Connect included state-owned enterprises, local government enterprises and overseas governments, covering the sectors of power, telecommunications, transportation, metals, agriculture and forestry, etc. This shows that Bond Connect is gradually becoming a key channel through which overseas institutions participate in the Mainland primary bond market and has facilitated the diversification of the investor base in the market.

① Source: CCDC and SCH website.

② Source: Wind.

③ Panda bonds are RMB-denominated bonds issued in China's domestic bond market by foreign institutions.

Conclusion

In conclusion, Bond Connect allows, for the first-time in history, overseas funds to trade onshore Mainland bonds via offshore infrastructure in Hong Kong for trading and settlement. Drawing on the success of Stock Connect, Bond Connect expands the channels through which overseas investors can trade in Mainland onshore bonds, and further opens up the market while retaining the long-established trading and settlement practices in overseas markets. The innovations of Bond Connect are manifested in pre-trade market admission, price discovery and information communication during trading, and post-trade custody and settlement. This effectively connects international practices and the Mainland bond market at lower access costs and higher market efficiency.

As a major IFC in the region, Hong Kong provides Bond Connect with a trading and settlement platform that conforms to international practices, bridging the Mainland and global capital markets. More entities would be attracted to participate in the Hong Kong financial market, bringing in more capital and widening the range of RMB financial products in the city. All these would facilitate the development of Hong Kong as a RMB asset allocation centre and solidify Hong Kong's status as an offshore RMB centre.

In the long term, Bond Connect would significantly improve the efficiency of cross-border investment capital flow and enhance the internationalisation of the Mainland market. The implementation of Bond Connect is expected to foster the further development of financial products and services associated with onshore RMB bonds, and contribute to the development of a more diversified investor base and a more open bond market for the Mainland.

Part III
Commodities

11

Hong Kong is Building Up itself to be an Asian Gold Pricing Centre

July 2017

Summary

Hong Kong Exchanges and Clearing Limited ("HKEX") launched dual-currency (USD and RMB pricing and settlement) physical delivery Gold Futures Contracts ("Gold Contracts") through its subsidiary, the Hong Kong Futures Exchange ("HKFE"), on 10 July 2017.

HKEX acquired the London Metal Exchange ("LME") in 2012 and, consistent with the vision drawn in its 2016-2018 Group Strategic Plan, aims to transform itself into a global vertically-integrated multi-asset class exchange. Commodities are one of the core pillars of HKEX's four-pronged multi-asset strategy. The launch of the HKEX Gold Contracts is a clear demonstration of HKEX's commitment to offer attractive commodity products in Asia.

Although the Hong Kong gold market has over 100 years of history, it still lags behind other global gold trading centres such as New York and London in term of benchmarking, liquidity, and completeness of product and service offerings. However, as a global financial centre located at the gateway of the world's second largest economy and the biggest gold consumer — China, Hong Kong has the right ingredients to become an

Asian gold pricing centre.

Given Hong Kong's advantages as a free market and an entrepot trade centre, Hong Kong has an active physical gold trading market and enjoys the status as one of the major bullion markets in the world. In addition, being the largest offshore RMB centre, Hong Kong has a unique position in facilitating China's RMB internationalisation. The introduction of physically delivered gold futures in Hong Kong would be a stepping stone to achieving this objective.

The fundamental market demand for gold trading in China together with the trading demand from the rest of the world, and the related risk management demand well position Hong Kong to build itself up to be an Asian gold pricing centre. In order for Hong Kong to cultivate a new gold pricing benchmark, it is necessary to form a well-functioning marketplace to link up the spot market and the futures market and to provide efficient channels to serve these markets in Hong Kong, and to complete the gold ecosystem to include other gold-related financial products and services such as gold leasing and related derivatives.The formation of the new Hong Kong Asian benchmark will be established naturally as the liquidity grows via these channels within the ecosystem.

The nature and uses of gold

Gold is a dense, bright, orange-yellow precious metal, which is soft, malleable and ductile. Due to its relative rarity and chemical nobility, gold is highly valued for jewellery and other decorative purposes, as an investment, and historically as a form of money. It is still a major component of central bank reserves as shown in Table 11-1.

Table 11-1 Top 20 reported official gold holdings (as at March 2017)

Rank	Economy / Multilateral Organisation	Tonnes	% of central bank reserves
1	United States	8,133.5	75%
2	Germany	3,377.9	69%
3	International Monetary Fund (IMF)	2,814.0	—

(*Continued*)

Rank	Economy / Multilateral Organisation	Tonnes	% of central bank reserves
4	Italy	2,451.8	68%
5	France	2,435.9	64%
6	Mainland China	1,842.6	2%
7	Russia	1,680.1	17%
8	Switzerland	1,040.0	6%
9	Japan	765.2	2%
10	Netherlands	612.5	64%
11	India	557.8	6%
12	European Central Bank (ECB)	504.8	27%
13	Turkey	427.8	16%
14	Taiwan China	423.6	4%
15	Portugal	382.5	55%
16	Saudi Arabia	322.9	2%
17	United Kingdom	310.3	9%
18	Lebanon	286.8	21%
19	Spain	281.6	17%
20	Austria	280.0	46%

Source: IMF International Financial Statistics Database, World Gold Council.

The history of human understanding of gold can be traced back to the ancient Egyptian era more than five thousand years ago. Since then, gold and human development have been inseparably intertwined.

Chemically, gold is an element with the symbol Au (from Latin aurum) and atomic number 79 — one of the highest of the naturally-occurring elements. Gold occurs most often in free elemental form as nuggets or grains in rocks and alluvial deposits; there are also significant quantities of gold in the sea. Since the 1880s, South Africa has been the major source of world gold supply, having produced about 50%[①] of cumulative production to date. However, South Africa has recently been eclipsed by other producers, especially China.

The world's first gold coins were struck in Lydia Asia Minor around 600 BC, and gold was the base for monetary systems for most of subsequent human history. The world gold standard was abandoned only in 1971, and Switzerland continued using gold to back up 40% of its currency until 1999. Today, many central banks still keep a portion of their reserves in gold. Gold remains an important investment instrument — in the form of bullion, paper gold, derivatives and exchange traded funds (ETFs) — and in turbulent times gold is viewed as a safe haven investment. Surges in the gold price tend to come at times of war, and more recently, the 2008 Global Financial Crisis. However, as the investment universe has grown, gold's relative importance has declined.

Gold resists most acids and most alkalis, while conducting electricity well. These properties lead to its continuing use for corrosion-resistant conductors in computerised devices and electrical devices, its main industrial application. A typical mobile phone may include 50mg of gold, worth around US$2.00 in today's market price. Gold is also used in infrared shielding, coloured glass production and gold leaf. Gold is harmless when ingested, and is sometimes used for food decoration; gold salts are still used medically as anti-inflammatories.

As stated above, gold has been used as money throughout human history. The global development of trading and exchange of gold has been formed since 200 years ago. Figure 11-1 shows some key events of this development in modern history — most of these happened after the abandonment of the gold standard when the Bretton Woods system collapsed in 1971.

① World Gold Council.

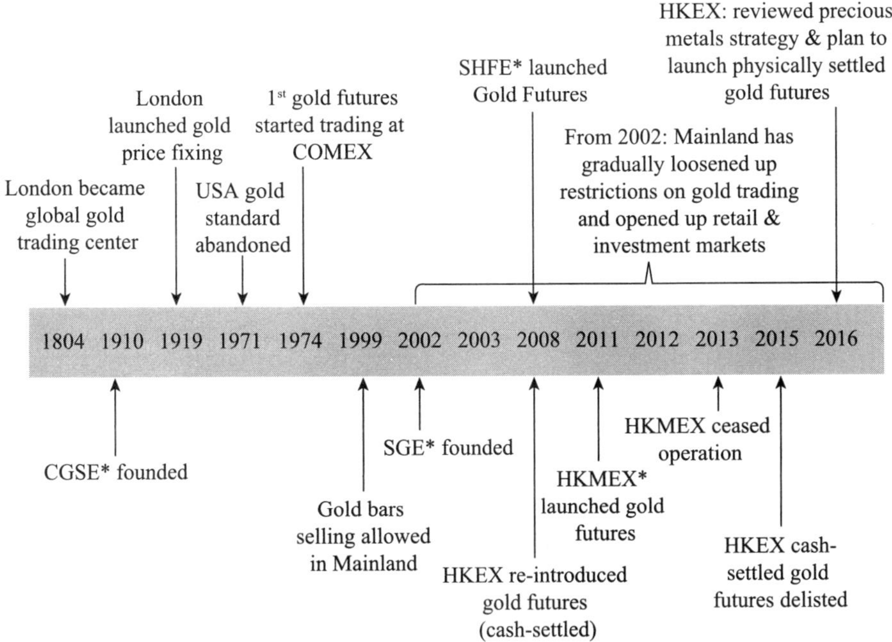

Figure 11-1 Gold market development history

* CGSE — The Chinese Gold & Silver Exchange Society
HKMEX — Hong Kong Mercantile Exchange
SGE — Shanghai Gold Exchange
SHFE — Shanghai Futures Exchange
Source: HKEX, analysis on public sources of information.

Gold fundamentals

1. Gold supply and demand

About 53% of the world's 2016 consumption of gold is for jewellery, 37% for investments and 10% for industrial uses (see Figure 11-2). Since gold does not decay or easily react with other substances, most of the gold that have been mined by mankind over the millennia still exist, although a great part is likely lost, buried in graves, or (in the case of gold used for industrial purposes) embedded in junk in landfills. Nonetheless, gold scrap from existing privately-held stocks of jewellery and bullion, together with gold scrap from recycled industrial products, are a significant source of annual supply alongside newly mined gold.

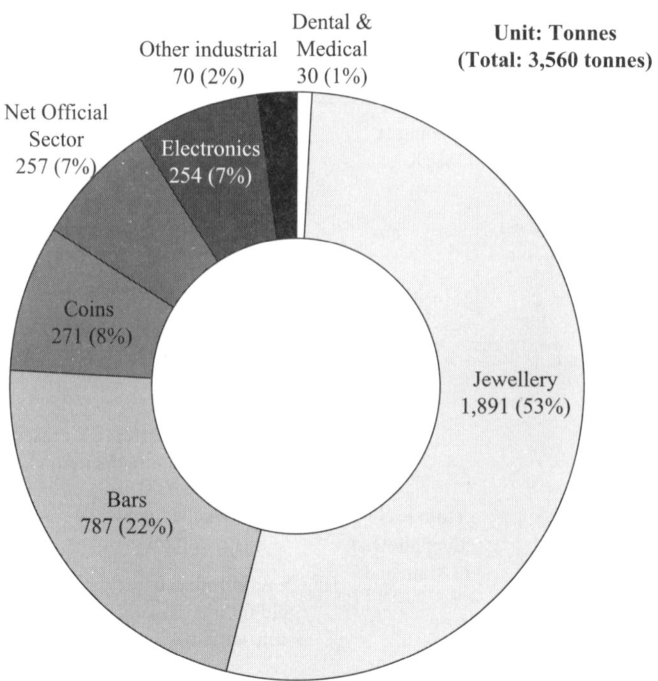

Figure 11-2 World physical demand for gold (2016)

Source: Gold Fields Mineral Services ("GFMS").

The price of gold, like that of other commodities, is driven by the balance between demand for the metal for jewellery and other purposes, and physical supply from mines and scrap. However, given the magnitude of useable above-ground stocks, physical surpluses or deficits are less important than in the case of other commodities in determining price (although they may impact lead times, premia and margins along the value chain). Because gold is still an investment instrument, monetary conditions and confidence in the economy are important drivers of its price. Throughout the history, gold has acted as a safe haven during time of uncertainties and market turmoil. As shown in Figure 11-3, gold prices spiked up to US$870 per troy oz during hyperinflation and energy crisis in 1980, and reached US$1,895 per troy oz in 2011 after the 2008 Global Financial Crisis.

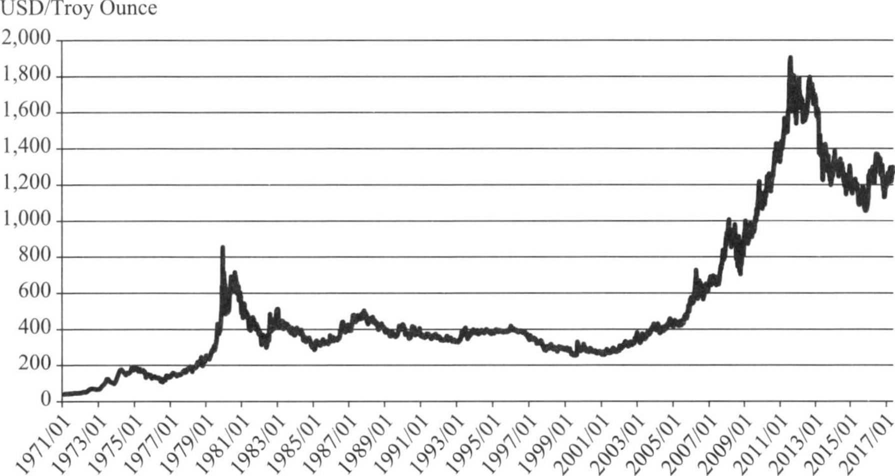

Figure 11-3 Historical daily gold spot prices (Jan 1971 — June 2017)

Source: Bloomberg.

Gold mine production has been increasing over the past decade to exceed 3,000 tonnes annually as shown in Table 11-2. Gold scrap supply increased in 2016 by 8% year-on-year to 1,268 tonnes, in line with the recent increase in the gold price. And this is reversing the recent decline trend as it hit the lowest point of 1,158 of scrap supply in 2014 as shown in Table 11-2.

Table 11-2 World gold supply and demand (tonnes)

	2007	2008	2009	2010	2011	2012	2013	2014	2015	2016
Supply										
Mine production	2,538	2,467	2,651	2,775	2,868	2,883	3,077	3,172	3,209	3,222
Scrap	1,029	1,388	1,765	1,743	1,704	1,700	1,303	1,158	1,172	1,268
Net hedging supply	–432	–357	–234	–106	18	–40	–39	108	21	21
Total supply	**3,135**	**3,498**	**4,182**	**4,412**	**4,590**	**4,543**	**4,341**	**4,438**	**4,402**	**4,511**
Demand										
Jewellery	2,474	2,355	1,866	2,083	2,091	2,061	2,610	2,469	2,395	1,891
Industrial fabrication	492	479	427	480	471	429	421	403	366	354
Electronics	345	334	295	346	343	307	300	290	258	254
Dental & medical	58	56	53	48	43	39	36	34	32	30
Other industrial	89	89	79	86	85	83	85	79	76	70

(*Continued*)

	2007	2008	2009	2010	2011	2012	2013	2014	2015	2016
Net official sector	–484	–235	–34	77	457	544	409	466	436	257
Retail investment	449	937	866	1,263	1,616	1,407	1,873	1,164	1,162	1,058
Bars	238	667	562	946	1,247	1,056	1,444	886	876	787
Coins	211	270	304	317	369	351	429	278	286	271
Total physical demand	**2,931**	**3,536**	**3,125**	**3,903**	**4,635**	**4,441**	**5,313**	**4,502**	**4,359**	**3,560**
Physical surplus/ deficit	**204**	**–38**	**1,057**	**509**	**–45**	**102**	**–972**	**–64**	**43**	**951**
ETF inventory build	253	321	623	382	185	279	–880	–155	–125	524
Exchange inventory build	–10	34	39	54	–6	–10	–98	1	–48	86
Net balance	**–39**	**–393**	**395**	**73**	**–224**	**–167**	**6**	**90**	**216**	**341**

Source: GFMS.

As shown in Table 11-2, the total physical demand for gold continued to fall by 18% in 2016 to a three-year low of 3,560 tonnes, with declines in all demand areas. Jewellery remained the biggest source of demand, followed by retail investment. However, jewellery demand fell by 21%, largely because of a sharp fall in Indian and Chinese consumption[①]. Industrial fabrication continued to decline, falling by 3% to 354 tonnes, the lowest level in a decade, because of the weak demand in all major sectors, particularly in electronics (along with ongoing substitution of gold usage in the industry) and in dental and decorative uses. However, the total non-physical investment in gold increased to 610 tonnes (largely due to ETF buying in the year compared with the net sale recorded in the previous year), as investors allocating more funds to the ETF and futures trading.

According to GFMS, the total above-ground gold stocks (defined as the cumulative historical total of mine production) increased by 1% year-on-year to 187,200 tonnes in 2016. This is equivalent to a value of about US$7.6 trillion as of June 21, 2017.As shown in Figure 11-4, jewellery stocks were the largest component which accounted for about 48%, followed by private investment and official holdings which accounted for about 38%.

① World Gold Council.

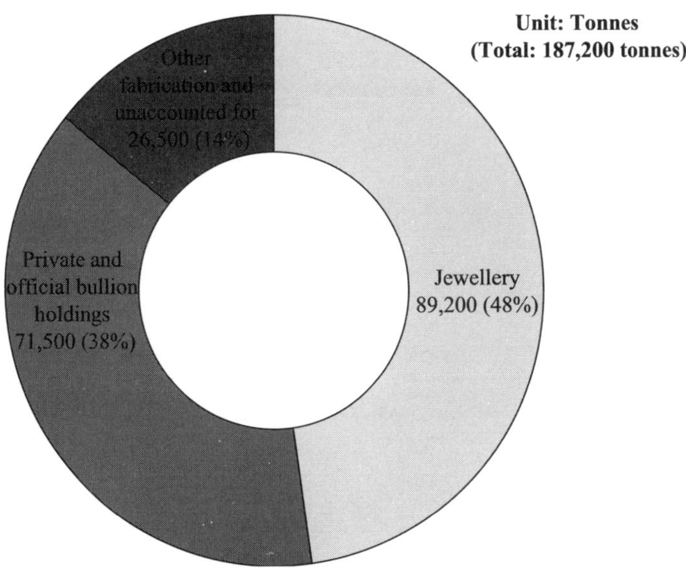

Figure 11-4 Total global above-ground gold stocks (2016)

Source: GFMS.

2. Main players in the gold value chain

There is an ecosystem of different players in the gold value chain as shown in Figure 11-5.

Miners extract and process ore to deliver raw gold to processors which further refine and distribute it to consumers which in turn fabricate the gold into products that can be distributed to end-users, namely retail consumers, investors, industrial users and central banks.

The value chain is supported by numerous service providers such as assayers who certify the quality and weight of gold bars, custodians who keep gold safe in their vaults, information vendors who disseminate gold prices and exchanges providing marketplaces for their members to trade gold contracts.

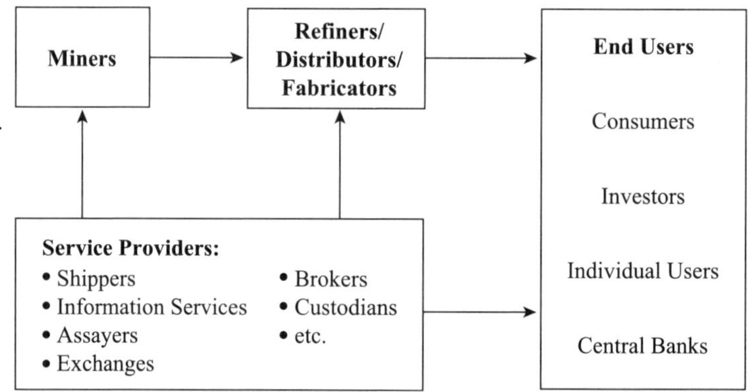

Figure 11-5 Gold value chain

Source: HKEX.

Global gold markets

The global gold market is largely distributed but dominated by London-centric over-the-counter (OTC) trading. Nevertheless, there are significant volumes as recorded in a small number of futures exchanges, principally COMEX of the CME Group and the Shanghai Futures Exchange (SHFE). Information that affects the price of gold can be generated in many places, including mines, jewellery demand, central bank transactions, and macro-economic developments. The gold market ecosystem has been well established in the western world as they are ranging from spot trading to forward trading, gold leasing, and financing and other derivatives products. Currently, the global gold prices are set in spot fixing from London and futures trading from New York. These two western markets and the eastern markets, Mainland China and Hong Kong, are described below.

1. Western markets

London-based OTC market

London gold market development history can be traced back to over 200 years ago when London overtook Amsterdam to become the centre of the world's gold trading in 1804. London Bullion Market Association (LBMA) — a wholesale OTC market for the trading of gold and silver — began operation in 1919, and the daily market prices were set by the five major bullion merchants and banks. The London price also influenced the gold prices in New York and Hong Kong. Currently, London is still the world's largest gold spot trading market, and global bullion trades still make reference to the London gold price as the benchmark.

In 2016, LBMA clearing members transferred and cleared around 157,828[①] tonnes of gold with a value of US$6.3 trillion. The activity at LBMA, largely among commercial banks, may lead to physical movements of gold or merely paper movements. Such 157,828 tonnes of gold transfers by LBMA clearing members in 2016 amount to around one-eighth of London market trading volume. The contribution of London volume to the world total has dropped from 90% to 65% in 2016 because of the rise of trading centres in China, Thailand and Singapore. Total world turnover for 2016 is estimated at 1,867,000 tonnes with a value of US$75 trillion. This is equivalent to 580 times mine production. Because of such ample liquidity, gold (like most currencies) trades at full carry.

Zurich gold market

The gold market of Zurich is not in any formal establishment as in London. Instead, the market is mainly supported by the three major Swiss banks providing liquidity and clearing services in the OTC market. Switzerland is the world's largest gold transit hub as it hosts some of the world's most recognised gold refiners, such as PAMP and Metalor. In addition, it is also the world's largest private gold storage centre mainly due to its special legal framework which provides additional protection to gold owners.

CME Group's COMEX futures market

COMEX (currently under CME Group), formerly known as the Commodity Exchange Inc., was established in 1974 after the US abandoned the gold standard in favour of a flexible mechanism for the pricing of gold against the US dollar and as a result of increasing arbitrage or investment demand from the majority of legal entities in the US.

① The transferred and cleared figure by the LBMA clearing members is obtained from the LBMA Website, and the figures in the rest of the paragraph are estimated by HKEX based on various of channels including gold news articles and consulting with major bullion players in the gold industry.

Prompted by the sharp volatility of the US dollar and other factors, the US gold futures market expanded rapidly in the years from 1978 to 1980. Today, COMEX is the world's largest gold futures trading centre by trading volumes, with tremendous influence on spot gold prices. The COMEX gold futures are monthly contracts with daily delivery mechanism during the delivery month. All of the delivery points are in New York City and the nearby State of Delaware. In 2016, COMEX had a total notional trading volume of 179,000 tonnes in gold futures[①].

2. Eastern markets

Mainland China gold market

In 1950, China prohibited private ownership of bullion and put the gold industry under state control. During the initial phase of economic reform from 1978 onwards, the gold market cautiously opened, mainly in the form of jewellery manufacturing in the Shenzhen Special Economic Zone. The central role of the People's Bank of China (PBOC) in the regulation, supervision and control of the purchase and distribution of gold and silver in China was confirmed by the 1983 Regulations on the Administration of Gold and Silver. The PBOC was also given the responsibility for managing the country's gold reserves. Following the 2001 abandonment by the PBOC of its controls on the purchase, allocation and pricing of gold, private sector demand for jewellery and, more recently, investment gold, expanded rapidly.

With the PBOC relinquishing direct control, prices were set on the Shanghai Gold Exchange (SGE), of which the PBOC was the key founder and key stakeholder. The SGE commenced trading on 20 October 2002. All refined gold was sold on the SGE, which was the only market for the purchase of gold by industry and financial institutions. All imported bullion was made available through the SGE. Further liberalisation took place in 2003 when the licensing system for running businesses in gold and silver products was abolished, and in 2004 when private persons were allowed to own and trade bullion.

The Chinese gold market remains under indirect state control. While private trade in gold has largely been liberalised, the interaction between China and international

① FIA.

markets remains restricted which is a key element of capital account controls. The SGE's launch of an International Board for gold in the Shanghai Free Trade Zone (FTZ) in 2014, which admits international trading participants, is a further cautious liberalisation measure. However, there has been little trading to date.

Key milestones in China's gold policy and market development are shown in Table 11-3.

Table 11-3 Milestones in China's gold policy and key market developments

Year	Description
1950	• Gold industry under state control • Private holding of bullion prohibited
1983	• PBOC Regulations on administration of gold
1995	• Consumption tax on gold jewellery halved from 10% to 5%
1996	• New jewellery pricing structure — raw material cost separated from labour cost
1998	• PBOC Shenzhen Branch commenced gold imports from UBS, HSBC, Investco
2001	• China Gold Association established • Retail price control abolished by State Price Bureau
2002	• SGE started formal trading, trading exempt from value-added tax ("VAT")
2004	• Prohibition on gold bullion lifted
2007	• China became world's biggest gold producer
2008	• Foreign bank members admitted to SGE: HSBC, Scotia Mocatta, ANA, UBS, Standard Chartered • SHFE gold futures launched
2010	• ICBC launched Gold Accumulation Plan • Four more banks given licences to import gold
2011	• First foreign banks allowed to trade gold on SHFE: ANZ, HSBC
2012	• OTC interbank trading permitted, cleared through SGE
2013	• China world's biggest gold consumer • First China gold ETF launched in July • Foreign banks granted licences to import gold: ANZ, HSBC
2014	• Launch of SGE International Board in Shanghai FTZ
2016	• Launch of SGE Gold Fixing

Source: World Gold Council.

In 1978, China's gold production was less than 10 tonnes per annum. By 2016, production had increased to 453 tonnes. Measures taken to boost output included setting up the forerunner of China National Gold Group Corporation and the establishment of a special gold mining unit of the People's Liberation Army to prospect for gold and develop gold mines. Facilitative policies and investments were introduced in the 1981-1985 and 1986-1990 Five-Year Plans, bringing China's annual gold production to 100 tonnes in the early 1990s, with growth continuing strongly thereafter. China became the world's largest gold producer in 2007, and accounted for 14% of production in 2016.

Although gold supply from domestic production and recycling of gold has risen in recent years, it has been outstripped by domestic demand, with the result that China has swung from a gold surplus to a large gold deficit. Even though China does not publish figures on its gold imports, and China's gold imports have increased considerably since 2010, of which most was imported via Hong Kong[①].

China's gold trading is mainly concentrated on the SGE and the SHFE.The SGE is China's only legitimate physical spot gold trading venue, which connects gold production and consumption demands. The SHFE was launched in 2008 and is only the gold futures market place in Mainland China.

The SGE trades spot, and more recently spot-deferred contracts. Retail investors can trade gold by opening accounts with banks that are members of the exchange. Initially this was via a pilot scheme operated by ICBC, but the contract size of 1 kg was too large for retail investors. In July 2007, retail investors were allowed to start trading Au9999 and Au100g contracts via banks. According to SGE, by 2010, some 1.8 million retail investors accounted for 19% of the exchange's trading[②]. That year the SGE traded 5,715 tonnes, and in 2016 it traded over 23,000 tonnes[③]. All gold contracts on the SGE can now be traded by retail investors. The contracts are settled by physical delivery, but most are traded for speculative purposes with positions closed before settlement.

① Source: Metals Focus.

② Source: Shanghai Gold Exchange.

③ Source: Shanghai Gold Exchange.

In September 2014, the SGE opened an International Board in the Shanghai FTZ with RMB-denominated futures contracts. The contract traded a modest 78 tonnes of notional gold in the period from launch to the end of 2014, rising somewhat to 50 tonnes in the first two months of 2015. In April 2016, the SGE launched a RMB gold price fixing for the first time in history.

According to Futures Industry Association (FIA), the SHFE gold futures trading volume has been ranked second by number of contracts behind the COMEX gold globally since 2013, and the volume comparison in the past few years between the two exchange is shown in Figure 11-6.

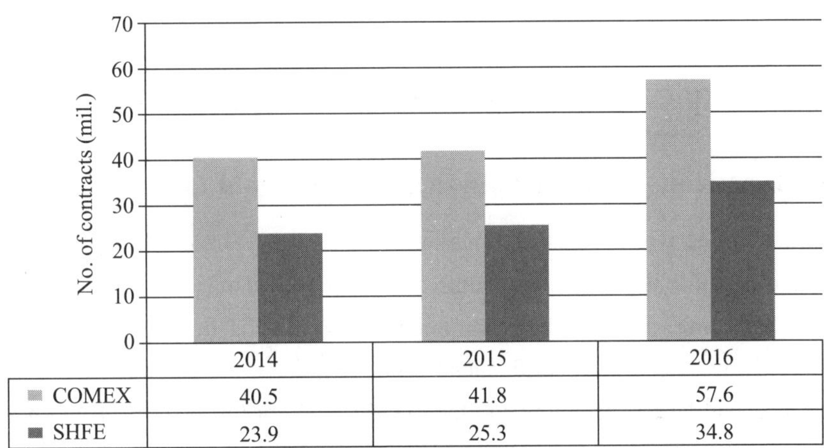

	2014	2015	2016
COMEX	40.5	41.8	57.6
SHFE	23.9	25.3	34.8

Figure 11-6 Trading volume of COMEX and SHFE gold futures

Source: FIA and SHFE.

Hong Kong gold market

Hong Kong, with its proximity to the national gold fabrication centre of Shenzhen, is the main source of Mainland China's gold imports, recording 867[①] tonnes in 2016, accounting for about 86% of the China's total gold imports.

Hong Kong has been a significant centre for gold trading for over a century. As the Mainland China market opens up, Hong Kong also has a significant role as a centre for physical gold trading between Mainland China and the world.

① Source: Metal Focus.

The formation of the gold market in Hong Kong emerged upon the establishment of the Chinese Gold and Silver Exchange Society (CGSE) in 1910. Since the Hong Kong Government revoked its controls over gold imports and exports in 1974, the Hong Kong gold market has boomed. The Hong Kong gold market has now become an important gold investment and trading hub in Asia, connecting with the other time zones in Europe and the Americas. Given Hong Kong's significance in global gold trading, the five major gold merchants from London and the three major banks from Switzerland have set up trading desks and branches in Hong Kong. With the strong participation from the foreign major bullion players, gold pricing in the Hong Kong market has made reference to the London benchmark ever since.

Feasibility of building a Hong Kong benchmark

1. Is Hong Kong ready for physical delivery gold futures?

Although the Hong Kong gold market has over 100 years of history, it still lags behind other global gold trading centres such as New York and London in terms of benchmarking, liquidity, and completeness of offering in related products and services. However, as a global financial centre located at the gateway of China, the world's second largest economy and the biggest gold consumer, Hong Kong has the right ingredients to become the Asian gold pricing centre. Backed by the city's well established financial market, this special mission can be accomplished by HKEX and the major financial institutions as well as relevant regulators working together to meet the needs of the market, to ride on the international gold market trends, and gradually increase the Hong Kong gold market's pricing power outside the European and the American trading hours. With reference to the history development of the world's major commodity markets' pricing, the formation of a new pricing centre should meet two basic conditions as explained below.

(1) High fundamental market demand for trading and risk management

One of the key natural factors in forming a price benchmark is the need for large-scale physical trading activities. According to Metals Focus' 2016 data, China imported about one-quarter of the world's gold supply, and about 70% of such imports went through Hong Kong.

With such high volume, it is fundamentally sound to develop related derivatives market to serve the risk management needs as these markets developed in New York and London previously.

(2) A sound marketplace with effective usage of spot and derivatives market

In order for Hong Kong to cultivate a new gold pricing benchmark, it is necessary to form a well-functioning marketplace to link up the spot market and the futures market and to provide efficient channels to serve these markets in Hong Kong, needless to say the offering of other gold-related financial products and services such as gold leasing and related derivatives as the London and New York markets provide currently.

2. The golden opportunity for Hong Kong

During the past century, Hong Kong's spot gold market has been very active, from refining, processing, inspection, to wholesale and retail, to trading and hedging. These constitute an impetus to Hong Kong's gold import and re-export trade. However, the Hong Kong gold market has been opaque and retroactive, in which the physical trading volume has been traditionally linked to London gold as the basis for pricing benchmark due to the dominance of the London benchmark globally.

Even though the SGE and SHFE have dominated activities in the Mainland Chinese gold onshore market, due to differences in the laws and regulations between the onshore market and the offshore market, and the capital and gold import/export control, and the Mainland gold benchmarks cannot be referenced commercially from Hong Kong. Therefore, the HKEX has a unique timeframe and geographical advantage to develop the right products to serve the market needs.

It is the time for Hong Kong to act to gain the pricing power in one way or another. One of the effective ways is the launch of the dual-currency (USD and RMB pricing and physical settlement) physical-delivery gold futures products by HKEX. With the launch of the HKEX gold futures market, the picture of spot and futures trading in gold will be completed in Hong Kong. The ecosystem built up can be extended to connect Mainland China with the developed western markets in both spot and derivatives trading in gold by the major bullion players via various channels as they see trading opportunities across the market. The result of which would be the formation of the new Hong Kong Asian benchmark as the liquidity grows and as world recognition is being established.

In addition, LME, the London entity of the HKEX Group, also launched gold futures (along with silver futures contracts) on London on 10 July 2017. This will provide round-the-clock, dual-location coverage for gold futures trading to meet the commercial needs of the HKEX Group clients. This can enhance London gold trading via "financialising" and "futurising" the spot trading activities into the LME liquidity pool.

As the gold futures (priced in both USD and RMB) market grows, more effective interactions between other related areas supporting the gold-trading ecosystem can be promoted. These areas include the interest rates, foreign exchange (FX) rates and gold-leasing markets. As the gold market ecosystem matures, along with an active gold futures market, this will offer fundamental support to the offshore RMB interest rate market, and ultimately RMB internationalisation. In the end, a new Asian gold benchmark can be formed naturally.

HKEX gold futures: product design and key technical points

1. New market landscape

HKEX acquired LME in 2012 and, as the vision drawn in its 2016-2018 Group Strategic Plan, aims to transform itself into a global vertically-integrated multi-asset class exchange. Commodities is one of the core pillars of HKEX's four-pronged multi-asset strategy. The launch of the HKEX Gold Contracts is a clear demonstration of HKEX's commitment to offer attractive commodity products in Asia.

As stated above, given Hong Kong's advantages as a free market and an entrepot trade centre, Hong Kong has an active physical gold trading market and enjoys the status as one of the major bullion markets in the world.

In addition, being the largest offshore RMB centre, Hong Kong has a unique position in facilitating the Mainland's RMB internationalisation. The introduction of the physically delivered gold futures in Hong Kong is a stepping stone to achieving this objective as physical gold can be used as a "backing" for a fiat currency via an interest rate of RMB and leasing interest rate of gold mechanism similar to the current USD and gold relationship.

2. Product design and key factors for consideration

In order to meet customers' needs, the following key factors were considered when the contracts were designed:

- **Underlying and contract size**: Gold not less than 0.9999 fineness and 1 kilogram is commonly traded by Asian customers, especially in Greater China; the physical delivery mechanism ensures market price converging to the real physical spot market to establish the new benchmark in Hong Kong, providing a robust risk management tool for the end users.

- **Trading and settlement currency**: The trading and settlement currency in USD and CNH will attract both USD- and CNH-based investors. The dual-currency Gold Contracts will generate an implied USD/CNH FX rate as the Gold Contracts have the same underlying. There will be arbitrage opportunities between this rate and other rates in the FX market, hence increasing the overall liquidity of USD/CNH while improving and smoothing out the forward curves among these markets.

- **Contract months**: The spot plus 11 following consecutive calendar months will cover the most liquid trading months in both international and Mainland futures markets and will provide the physical market with more hedging tools.

3. Product applications and users of HKEX gold futures

The value proposition of introducing the Gold Contracts for investors include but are not limited to the following:

- To facilitate the Mainland and international investors' access to the gold market via a robust trading hub at HKEX in an Asian time zone.

- To provide hedging and risk management options for investors and end users.
- To provide more investment options for the growing offshore RMB deposits.
- To attract investors who prefer gold exposure in their portfolio.

The potential users and customers of the Gold Contracts are:

- Physical players such as gold refiners, fabricators and jewellers who need to hedge gold price risk.
- Financial players such as banks and funds who utilise the futures market to link with their gold-related investment products, and arbitrageurs who trade price disparity between onshore and offshore markets i.e. between New York, London, Shanghai and Hong Kong markets and deploy other trading strategies for FX and interest rate disparity.
- Other investors and traders who have an appetite for gold exposure.

Appendix 1 HKEX Gold Futures contract specifications

Table 11-A1 HKEX Gold Futures contract specifications[①]

Contract	USD Gold Futures	CNH Gold Futures
Underlying	1 kilogram gold of not less than 0.9999 fineness, bearing a serial number and identifying stamp of a Recognised Refiner	
Contract Size	1 kilogram	
Trading Currency	US dollars	RMB
Contract Months	Spot Month and the next eleven calendar months	
Minimum Fluctuation / Tick Size	USD0.01 per gram	RMB0.05 per gram
Trading Hours (Hong Kong Time)	8:30 am to 4:30 pm (day trading session), and 5:15 pm to 1:00 am the next morning (after-hours trading session)	
Last Trading Day	The third Monday of the Contract Month (postponed to the next business day if it is a Hong Kong public holiday)	
Final Settlement Day	The second Hong Kong Business Day after the Last Trading Day	
Settlement Type	Physical settlement	
Exchange Fees[②]	Trading Fee: USD1.00 per contract per side Settlement Fee: USD2.00 per contract per side	Trading Fee: RMB6.00 per contract per side Settlement Fee: RMB12.00 per contract per side

① All first-letter capitalised terms are defined in the trading and clearing rules amendments for the gold products, accessible via the following links:
http://www.hkex.com.hk/eng/rulesreg/traderules/traderuleupdate-hkfe/Documents/49-17-HKFE-Star_e.pdf
http://www.hkex.com.hk/eng/rulesreg/clearrules/clrruleupdate_hkcc/Documents/50-17-HKCC-Star_e.pdf

② The amount indicated is subject to change by the Exchange from time to time.

Appendix 2　Trading and settlement arrangement and requirements[①]

1. Trading and settlement arrangement

The trading and settlement arrangement is shown as in the chart below.

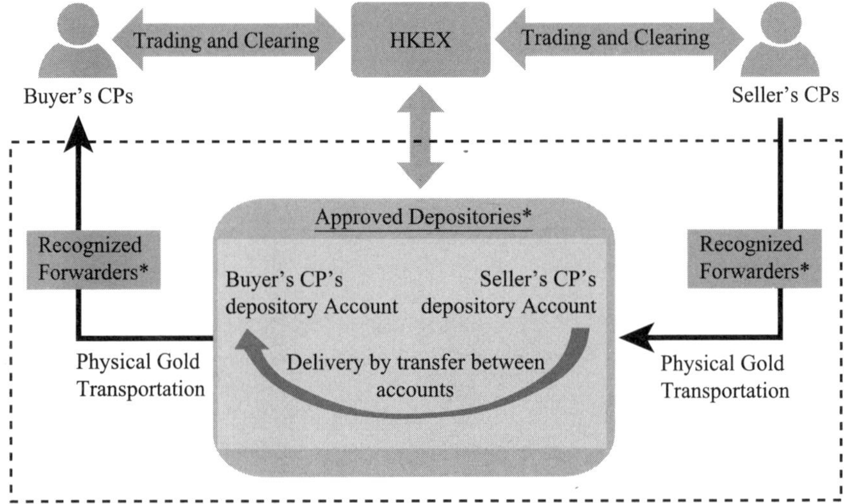

Figure 11-A1　Trading and settlement arrangement

* List of Approved Depositories, Recognised Forwarders will be published on the HKEX website and updated from time to time.

Source: HKEX.

① All first-letter capitalised terms are defined in the trading and clearing rules amendments for the gold products, accessible via the following links:
http://www.hkex.com.hk/eng/rulesreg/traderules/traderuleupdate-hkfe/Documents/49-17-HKFE-Star_e.pdf
http://www.hkex.com.hk/eng/rulesreg/clearrules/clrruleupdate_hkcc/Documents/50-17-HKCC-Star_e.pdf

2. Trading and settlement requirements

An HKFE Clearing Corporation Limited ("HKCC") Participant who wants to take/make physical delivery needs to have: USD and/or CNH settlement account(s) with Settlement Banks; and opened accounts with each of the Approved Depositories or signed Delivery Agreement with another Clearing Participants with delivery capability.

Appendix 3 Chain of integrity[①]

In order to build and maintain a robust and sound mechanism for the quality of the gold bars delivered into the HKEX market, a chain of integrity which is vital in the bullion market globally is formed as below to protect the Exchange and its members.

HKEX requires all Deliverable Metals to be certified by a Recognised Refiner and must be accompanied by documentation issued by the HKCC Participant or its Recognised Forwarder, evidencing that the Deliverable Metals have been shipped or transported to an Approved Depository by a Recognised Forwarder from another Approved Depository, a Recognised Assayer, Recognised Refiner or a Recognised Depository.

Brink's Hong Kong Limited ("Brink's") is appointed as the first Approved Depository to support physical settlement of the gold futures contracts. All HKCC Participants who want to take/make physical delivery are required to open storage accounts with Brink's.

The latest lists of the Recognised Forwarder, Recognised Assayer, Recognised Refiner and Recognised Depository will be published on HKEX Website.

① All first-letter capitalised terms are defined in the trading and clearing rules amendments for the gold products, accessible via the following links:
http://www.hkex.com.hk/eng/rulesreg/traderules/traderuleupdate-hkfe/Documents/49-17-HKFE-Star_e.pdf
http://www.hkex.com.hk/eng/rulesreg/clearrules/clrruleupdate_hkcc/Documents/50-17-HKCC-Star_e.pdf

12

The Opportunities for Hong Kong to Develop an Iron Ore Derivatives Market

November 2017

Summary

Hong Kong Exchanges and Clearing Limited (HKEX) launched USD-denominated cash-settled TSI Iron Ore Fines 62% Fe CFR China Futures on its subsidiary, the Hong Kong Futures Exchange (HKFE), on 13 November 2017. It is the first product in the ferrous suite offered by HKEX. Leveraged on HKFE's integrated electronic trading and clearing system, this product aims to enhance price transparency and improve price discovery efficiency in the iron ore derivatives market outside Mainland China.

Iron ore is the key raw material used for making steel and also the second-largest global commodity by trade value after crude oil①. China is the world's single largest importer and consumer of iron ore. Given China's high reliance on imported iron ore and its rapid economic growth, the China factor, including China's major economic policies and national development initiative such as the supply-side reform and the Belt and Road initiative (B&R), would have significant implications on the potential demand and pricing of this commodity.

With rapid developments in recent years, the global iron ore derivatives market,

① Source: *The Lore of Ore*, The Economist, 13 October 2012 (http://www.economist.com).

including the Mainland market, continues to gain record turnover. Notwithstanding this, there is still potential for further development. The Mainland domestic market is very active but lacks overseas participation. As for overseas markets, the majority of liquidity resides in the over-the-counter (OTC) swap market which relies on voice broking for trade execution, while the on-exchange markets, which offer more efficient screen-based trading execution, have insufficient liquidity and market depth. Hong Kong sees opportunities in complementing the existing markets and improving the iron ore price discovery on screen through the introduction of iron ore futures on HKEX:

- HKEX's iron ore futures contract is an exchange-traded product with screen-based trading. Compared with the OTC market, it is expected to improve trading convenience, transparency and price discovery efficiency by building up liquidity on screen.
- The iron ore derivatives market has a relatively short development history and its growth potential is yet to be fully realised. The launch of iron ore futures on HKEX's screen-based derivatives market would help further expand the capacity of this market by attracting a broader investor base and enhancing market access through a convenient and transparent infrastructure.
- Given the transformation of the pricing model of physical iron ore in the past decade, whether the current index-linked pricing model last or evolve again in the future is to be observed. A new path to this might emerge upon the establishment of a liquid and transparent futures market facilitated by HKEX's iron ore futures.

While the China factor in the iron ore market is significant, the accessibility between the iron ore derivatives market in the Mainland and overseas is yet to be enhanced. Given Hong Kong's strategic position as a global financial centre located at the gateway to China, building a transparent and liquid offshore iron ore futures market in Hong Kong would not only help satisfy the commodity price risk management needs for users of the physical commodity and the trading community, but also offer an attractive investment product of China relevance for institutional and retail investors.

China's significance in the iron ore market

1. The largest destination market of iron ore

Iron ore is the key raw material to make steel and the second-largest global commodity by trade value after crude oil①.

Steel is heavily used in many downstream industries, such as real estate, transportation, car manufacturing, energy supply networks, machineries, ship building and home appliances. With the rapid development in the Chinese economy and the growing demand for steel over the past 20 years, China's crude steel production has seen 8-fold increase and reached 808 million tonnes in 2016, making up half of the world's total crude steel production②. Being the primary ingredient for steelmaking, iron ore's consumption in China has grown more than 20 folds in the past 20 years to 1.3 billion tonnes in 2016③.

As shown in Figure 12-1, China is the world's largest iron ore importer in the world, importing 1,024 million tonnes in 2016, and constituting 70% of the world's seaborne trades④. With the domestic iron ore reserves being low in grade⑤ and high in impurity, to fulfil China's huge demand on medium to high grade iron ore, it has to rely heavily on imports (about 84%⑥) from Australia, Brazil, South Africa, and India, etc.

Due to its heavy industrial reliance on this commodity, China is an active participant in both iron ore physical and derivatives trading. Many Chinese state-owned and private steel mills and trading companies have established a presence overseas. Many of them have trading and financing operations set up in Hong Kong, Singapore or other offshore tax harbours, and some owns overseas mine investment in iron ore reserve-rich regions such as Australia, West Africa, South America and North America.

---

① Source: *The Lore of Ore*, The Economist, 13 October 2012 (http://www.economist.com).

② Source: Wind, data as of 2016.

③ Source: China Iron and Steel Association, Bloomberg, as of 2016.

④ Source: General Administration of Customs of People's Republic of China, as of 2016.

⑤ China domestic iron ore is around 30% in iron (Fe) content.

⑥ China has a high reliance on imported iron ore — in every 100 tonnes of iron ore it consumes, 84 tonnes are imported. Source: China Iron & Steel Association, as of 2015.

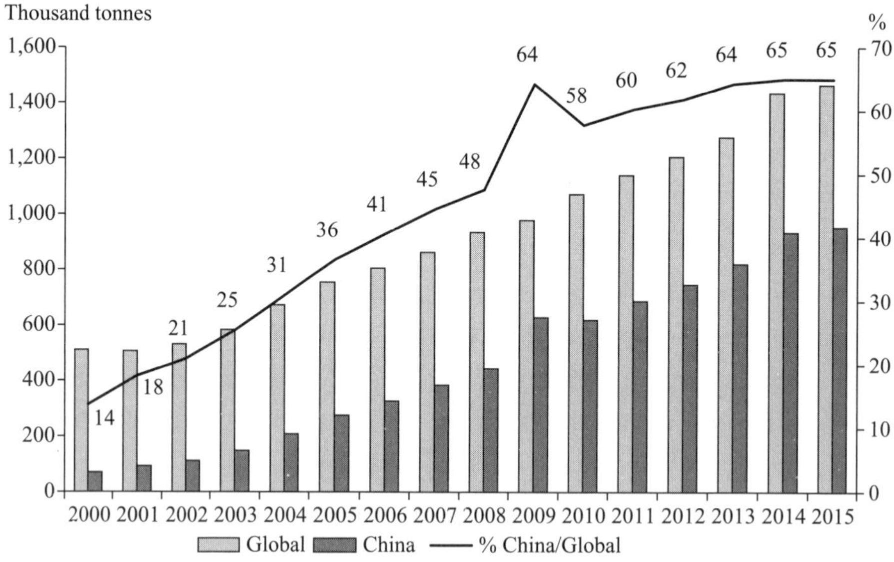

Figure 12-1 Global imports of iron ore (2000 — 2015)

Source: Wind.

2. China's policies impacting the steel industry

With its economic growth adjusted to around 6.5% in 2017 (compared with the growth rate of 6.7% in 2016), China is firmly undertaking a structural reform with a target of eliminating excess capacity and upgrading production efficiency. There are two overarching policies that impact China's steel industry, in particular.

(1) The Belt and Road (B&R)

B&R consists of the Silk Road Economic Belt and the 21st Century Maritime Silk Road. The initiative includes exporting excess capital and capacity to promote trade and building infrastructure networks that connect China with Asia, Europe and Africa along the ancient trade routes. The policy will lead to over 60 bilateral cooperation deals that worth US$100 billion and encompass some 65 countries[①]. The initiative also brings historic opportunities to the steel industry to support exports and relieve overcapacities in China, as per target objectives laid down in the 2017 Government Report (see Table 12-1).

① Source: National Development and Reform Commission (NDRC), as of 2016.

Table 12-1 2017 Government Report — Steel industry-related achievements and objectives

2016 Achievements	2017 Target objectives
• Cut overcapacity and excess inventory, deleverage, reduce costs, and strengthen weaknesses • Exceeded the annual target by successfully cutting overcapacity in the steel industry by 65 million tonnes and the production of coal (a raw material for producing steel) by 290 million tonnes • Achieved initial results in supply-side structural reforms • The B&R initiative made significant progress and successfully launched a number of major international industrial cooperative projects, created synergy and strengthened ties with participating countries	• Continue to focus on supply-side structural reforms, reduce excess supply and increase vital supply in order to efficiently meet industry demand • Continue to cut overcapacity and excess inventory, deleverage, reduce costs, and strengthen weaknesses: further cut steel production by 50 million tonnes and lower coal production by 150 million tonnes • Strictly enforce environmental, consumption, health and safety regulations; promote corporate mergers and acquisitions; eliminate inferior and excess production capacity • Raise domestic consumption and enhance efficiency to create synergy between supply-side and demand-side reforms, so to unleash the country's full potential

(2) Supply-Side Reform

The 13th Five-Year Plan stated the focus of the steel industry, which is to be on the consolidation of steel mills, reduction of excess capacity, and production efficiency upgrades. The Opinions of the State Council on Reducing Overcapacity in the Iron and Steel Industry restricts new production capacity from being registered and enforces the environmental quality standards to be strictly in compliance with relevant rules and regulations[①]. As of 2016, the industry has cut down 65 million tonnes of capacity successfully, with targeted permanent capacity reduction of 100-150 million metric tonnes by 2020[②].

The B&R initiative and the supply-side reform target to resolve overcapacity, to stimulate demand and to improve profit margin for the steel-making sector. They also have profound implications on steel and steel-making raw materials prices (such as iron ore, coking coal and coke). Therefore, the importance of risk management by industrial players and other market participants against the price volatility of these commodities is ever-growing.

① Source: The Ministry of Industry and Information Technology of China.

② Source: The State Council's "Government Work Report 2017".

Evolution of the physical market and development of the derivatives market

1. Transformation of the iron ore physical market

Since 1960s, iron ore physical trades followed a pattern of annual benchmark pricing, where the sale and purchase price was fixed once a year between global miners (representing the supply side) and leading steel makers (representing the demand side). The price fixed will then become the benchmark to be followed by the rest of the industry. This traditional pricing model was inflexible and lost sight of the changing spot market conditions during the year, leading to increasing defaults in contract performance once the market price deviated from the benchmark price.

The turning point was in 2010, when China rejected the price set by Vale, BHP Billiton and Japanese steel mills. This marked the end of the decades-old annual benchmark pricing and the industry moved on to a quarterly and eventually monthly index-based pricing model. Iron Ore is not the only commodity that underwent such transformation. In fact, similar evolution had happened to thermal coal (in early 2000s), aluminium (in early 1980s), and crude oil (in late 1970s), where the annual benchmark pricing model was abolished and replaced by shorter-term and more flexible pricing models.

For index-based pricing, the physical iron ore price is negotiated based on the monthly average of one or more market-recognised spot price indices, published by price reporting agencies like Platts, The Steel Index (TSI), Metals Bulletin (MB) or some Chinese index providers. This creates flexibility and ensures that the price aligns with the spot market and reflects current market supply and demand. Since then, the spot market in iron ore, which had been constrained by the inflexible annual benchmark pricing model, has started to grow (see Figure 12-2).

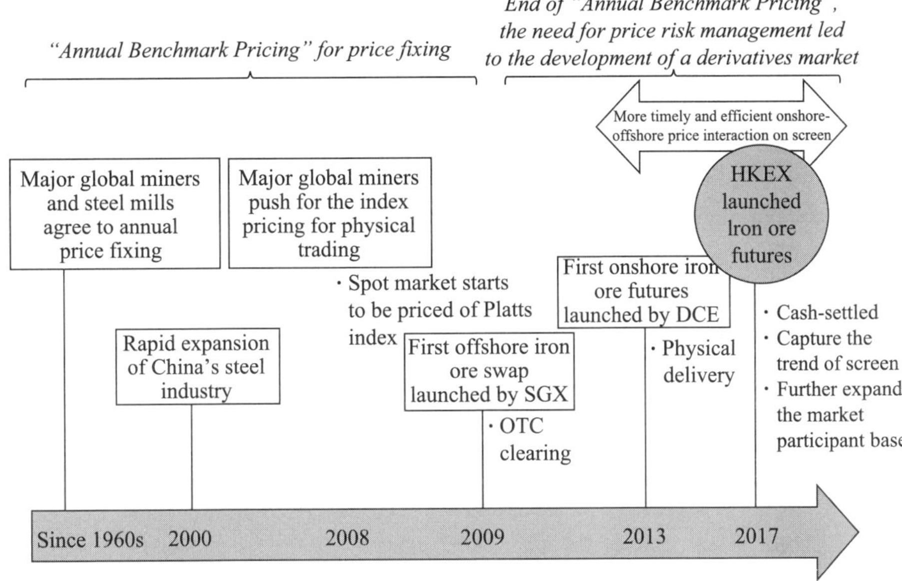

Figure12- 2 Key milestones in iron ore spot and derivatives markets

Note: DCE – Dalian Commodity Exchange; SGX – Singapore Exchange.

Source: Thomson Reuters, China Iron and Steel Association.

2. Emergence of the offshore iron ore derivatives market

Following the rise of indexation and the growth of the iron ore spot market, prices have been increasingly volatile and the need to manage price risks became essential for all users along the value chain — producers, consumers, shippers, traders and financers (banks). The burgeoning needs marked the beginning of the iron ore derivatives market. The first iron ore swap was launched in 2009 by the Singapore Exchange Limited (SGX).

Over the past 9 years, the global iron ore derivatives market (excluding Mainland China) has grown exponentially at an annual rate of 89%[①]. The annual trading volume and year-end open interest in cleared iron ore derivatives outside China reached approximately 1.42 billion tonnes and 72 million tonnes respectively in 2016[②]. To date, a handful of overseas exchanges including SGX, Chicago Mercantile Exchange

① Source: SGX and CME websites.

② Source: Futures Industry Association (FIA), as of 2016.

(CME), Intercontinental Exchange (ICE), LCH Clearnet[①] and Nasdaq Clearing[②] have offered trading and/or clearing services for the products in the offshore market outside Mainland China. Amongst the underlyings of the offshore derivatives, the TSI Iron Ore Fines 62% CFR China Price Index (TSI 62 Index) is the most commonly referenced benchmark index, representing spot physical iron ore price in USD delivered to North China[③] (see Figure 12-3).

Figure 12-3 Historical iron ore spot prices — TSI 62% Fe CFR China Price Index (USD/tonne)

Source: TSI.

After development for a decade, the global iron ore derivatives market outside Mainland China has successfully attracted participation from steel mills, traders, producers and banks. However, as understood from market participants, the market is still predominantly over-the-counter (OTC) with trades matched through voice broking via inter-dealer brokers, with relatively thin liquidity and market depth on screen (transactions are only about 10% of the OTC volume on-exchange[④]). The OTC market has its merit for negotiating large trade or tailor-made transactions. However,

① LCH Clearnet is part of the LCH Group, which is a leading multi-asset class clearing house, serving a broad number of major exchanges and platforms as well as a range of OTC markets.

② Nasdaq Clearing is a leading, European Market Infrastructure Regulation (EMIR) authorised, clearing house providing central counterparty clearing for a broad range of markets and asset classes.

③ The TSI 62% CFR China index refers to the delivery price into North China excluding Qingdao port.

④ An informal estimation by clearing brokers for this research exercise.

it is not an efficient and cost-effective way for trading vanilla products where there are naturally plenty of buyers and sellers. Lacking an active screen-based trading platform prevents a diverse investor base from participating in this market. This limits, to some extent, the growth of the iron ore derivatives market outside Mainland China.

3. Rapid development of the Mainland's iron ore derivatives market

Dalian Commodity Exchange (DCE) launched a RMB-denominated physically deliverable iron ore futures contract in October 2013, the first iron ore derivatives in Mainland China. Given China's huge risk management and speculative demands, DCE has quickly grown into the world's largest iron ore derivatives market, with annual trading volume and year-end open interest reaching 34 billion tonnes (more than 24 times the entire offshore market trading volume in the period) and 55 million tonnes respectively in 2016[①], surpassing all its counterparts globally.

Although the iron ore derivatives market on DCE continues to attract retail investors, financial institutions and physical users, it is still a domestic market and is not yet opened for direct access to international investors. There are also certain key challenges to be addressed, such as building liquidity across contract months and encourage a higher participation from industrial users.

The establishment and fast development of the onshore derivatives market, nevertheless, has facilitated the liquidity build-up in the offshore market and improved the overall price discovery mechanism for the iron ore market. After DCE introduced its own futures contracts, the trading volume of the iron ore futures on overseas market such as SGX doubled and trading was found to be the most active during the DCE trading hours[②]. According to market observation, cross-market price interaction also became more timely. This proves that a healthy development of the Mainland's onshore futures market adds significant value to the overall price discovery efficiency and also the growth of the offshore market.

---

① Source: FIA.

② Source: SGX website.

Opportunities for Hong Kong to develop an iron ore derivatives market

1. The offshore market calls for higher price transparency

While the overseas iron ore derivatives market was established in 2009, the Mainland market did not come into existence until late 2013. Yet the current size ratio of the Mainland's onshore market to the offshore market is about 24:1[①]. The exponential growth seen in the onshore market could be attributed to a number of reasons such as the abundance of investment money and increased speculative trading. Nevertheless, the screen-based trading model of the onshore market undoubtedly has contributed to the market's rapid growth by facilitating price transparency, thereby attracting diverse participants. In contrast, as understood from market participants, trading in the offshore market (mainly in iron ore swaps) still remains largely OTC via voice broking and the liquidity on screen is still thin. Will a more liquid and transparent offshore screen-based trading benefit the market? The answer is definitely yes.

Table 12-2 Comparison between exchange-traded derivatives products and OTC derivatives products

Feature	Exchange-traded derivatives	OTC derivatives
Price transparency	High transparency: Transparent bid/ask spread	Low transparency: Obscure bid/ask spread
Trading efficiency	High efficiency: Centrally matched on electronic platform; ability to match a large amount of orders timely and fairly	Low efficiency: Bilaterally agreed via voice-brokers
Counterparty risk	Centrally cleared, instantly novated at the time of transaction to minimise counterparty risk	Minimised counterparty risk if centrally cleared; but there is often a time gap between the time when the trade is verbally confirmed and the time when the trade is actually novated
Credit and collateral	Margin-based and cash collateral is accepted	Need to negotiate credit lines and collateral arrangements with banks
Documentation	Only account opening documents are needed	Bilateral documents such as International Swap and Derivatives Agreement (ISDA) are required

① Reference is made to the trading volume data in tonnes of reported exchanges for 2016 in FIA statistics.

An OTC swap market has its merits too, which include (1) being bilateral and off-the-screen (i.e. without market impact) for big trade volumes, and (2) the flexibility to negotiate on bespoke structures. However, voice broking for execution in the OTC market is a very traditional way to discover price and conclude trades. There is no comparison in its speed, accuracy and efficiency with modern electronic trading platforms that offer centralised auto-matching and clearing. In addition, the market price lacks transparency as it is not widely accessible by market participants. This leads to higher cost of trading and asymmetric information. The advantages of screen-based trading (generally adopted for exchange-traded derivatives) are apparent as stated in Table 12-2. Given these comparative advantages, a rising trend in both volume and open interest in exchange-traded derivatives is observed in recent years.

Given the benefits and the increasing market preference for electronic trading, the launch of an exchange-traded iron ore futures contract on HKEX, with integrated price discovery, trading and clearing on one platform, is expected to bring higher transparency, a smoother price discovery process and lower transaction cost to the iron ore market.

2. The significant growth potential for iron ore derivatives market

In the past several years, the iron ore derivatives market has grown from scratch to a size of 36 billion metric tonnes globally (including Mainland China) in 2016[①]. Despite this rapid growth, the global derivatives-to-physical trading volume ratio for iron ore is only around 25 times in 2016, compared to the ratio of around 80-100 times for more mature commodities such as gold and copper[②]. The ratio for iron ore is even down to 1.25 times if only the USD-denominated iron ore derivatives volume outside Mainland China was counted[③]. This is due to the shorter history of the iron ore derivatives market. Compared to the derivatives markets of base metals, energy and precious metals, which have a trading history of decades or over a century, iron ore derivatives are still in its early stage of development and the growth potential is

① In terms of notional trading volume of reported exchanges in FIA statistics.

② The ratio for a specific commodity is the global derivatives trading volume (including Mainland China) in tonnes on that commodity divided by the global trading volume (including Mainland China) of the physical commodity in tonnes. (Source: FIA, World Gold Council, Bloomberg.)

③ The Mainland iron ore derivatives market offers only futures contracts while the offshore derivatives markets offer swaps, futures and options contracts.

yet to be fully realised (See Figure 12-4).

Given their hedging needs, the trading community of the physical commodity are often the first and the core participants of the commodity's derivatives. As the market evolves, more diverse participants including various types of financial institutions, investment funds and retail investors will join the market for hedging or speculation.

As the investor base becomes more diversified, the market will become more sophisticated, driving up the capacity and the liquidity of the market. This is exactly what is happening for iron ore derivatives now. The transparency and convenience offered by screen-based trading will greatly improve the price discovery efficiency and enables the market to expand.

No one could have correctly envisioned the growth trajectory of the iron ore derivatives market when it was first launched in 2009. Looking forward, it is certain that the iron ore derivatives market structure and dynamics, the composition of market participants and the product offerings will all evolve and improve over time.

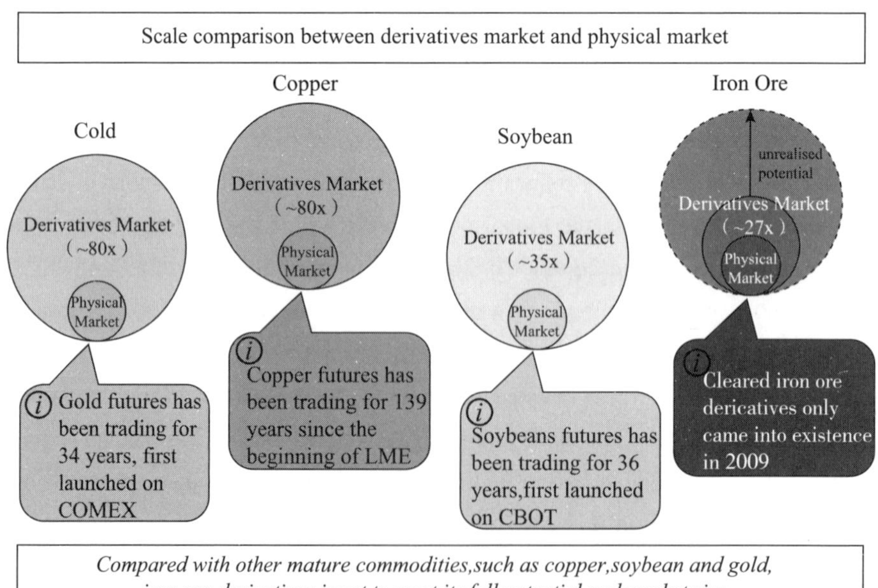

Figure 12-4 Unrealised potential of the iron ore derivatives market

Note: CBOT – Chicago Board of Trade; COMEX – Commodity Exchange, Inc.; LME – The London Metal Exchange.

Source of market volumes: FIA, as of 2016.

3. What is the future for iron ore pricing?

Tremendous changes have taken place in the physical iron ore market since 2010, when the "annual benchmark pricing" model ceased to function and was succeeded by index pricing. The index pricing model, along with the emergence of index-linked derivatives, have fundamentally changed the physical pricing and how market manages its price risk. However, as the market continues to evolve, will new pricing model emerge in the future that better suits the market needs?

Referencing to the trajectory of some commodities with a longer derivatives market history, such as soybeans, copper and crude oil, a "pricing" mechanism is widely adopted in their physical spot trading. This is a spot pricing mechanism to determine a spot commodity price between a buyer and a seller by agreeing upon a basis (premium or discount) over a futures market price for a particular month. So when the spot trade is negotiated, the terms agreed is not a fixed sales price, but an agreed basis (the price difference between the physical spot price and the futures price) plus a futures price (see Figure 12-5). The buyer will have the right to fix the price based on the prices of futures contracts traded on a specific commodity futures market during the agreed Quotational Period ("QP"). This pricing model is considered an effective and market-reflective price determination mechanism. It minimises the default risk as the buyer has some flexibility in determining the timing of "pricing" and therefore the price. Moreover, by fixing the physical price with reference to a futures market, it facilitates seamless hedging as it eliminates the basis risk between physical and futures market at the time of pricing.

One of the core functions of the futures market is price discovery. By using the futures price to form the basis of physical spot trade, the pricing model based on futures prices is an ultimate demonstration of the price discovery role of the futures market.

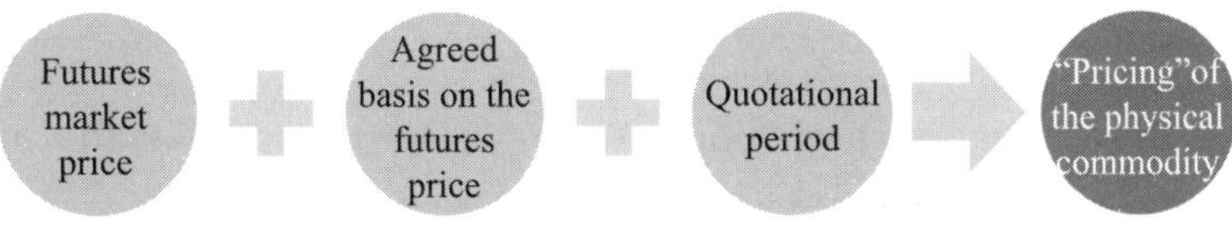

Figure 12- 5 The pricing model of commodities based on futures prices

For iron ore, an interesting trial application of the pricing model was seen in November 2016. At that time, there was a physical deal of 10,000 metric tonnes transacted on Beijing Iron Ore Trading Centre Corporation (COREX) which was priced on the iron ore futures price on DCE with a basis.

Usually, for this pricing mechanism to work, certain key conditions have to be fulfilled:

- Having a fully functional **liquid and transparent futures market** is the key. The futures price at any point of time must be visible and accessible to all market participants so that the pricing can be done at any given time during the day.
- The buyers and sellers in the market need to **trust and recognise the price** of the futures market as indicative and representative of the underlying physical market.

Change will take time. The ferrous market will itself determine what the best for the industry is and whether to evolve out a new pricing model or craft something of its own. This is worth paying close attention to.

4. The strategic positioning of Hong Kong and HKEX

As a global financial centre located at the gateway of China, which is the world's second largest economy and the biggest iron ore importer and dominant consumer, Hong Kong has been acting as a "super-connector" between Mainland China and the rest of the world. It is well positioned to build up an iron ore derivatives market to better serve the risk management needs from Chinese enterprises, regional commodity trading firms as well as their business partners across the globe.

HKEX, after its acquisition of the London Metal Exchange (LME) in 2012, has also geared up to better serve the real economy in commodities. The launch of the HKEX Iron Ore Futures contracts on 13 November 2017 is considered a constructive move.

(1) Hong Kong's strategic positioning: The key gateway to Mainland China and the "Super-Connector" between Mainland China and the world

Hong Kong, strategically positioned as the gateway of China, is a "super-connector" between Mainland China and the world. Hong Kong has achieved many breakthroughs and innovations by connecting the two in respect of the financial market. These include the launch of the Stock Connect scheme and various initiatives that have driven itself to become the world's largest offshore RMB centre.

As a major shipping centre and an international trade centre in Asia, around half (US$454 billion in 2016) of Hong Kong's trade was re-exports[①]. Around 20% of Mainland's international trade is routed via Hong Kong. Busy shipping routes and highly efficient ports and logistics make this city prosper. Hong Kong is also a world-class international financial centre (IFC) offering a comprehensive range of financial products and services and a business centre with a large number of international and Mainland enterprises setting up offices in it. Thanks to its free market economy and rule of law, Hong Kong establishes itself as the single largest destination market for Mainland outbound investments, providing a one-stop solution with a wide range of financial services. It also accumulates the world's largest offshore RMB liquidity pool. Moreover, Hong Kong is the market-of-choice for international investors to access Mainland China. The HKEX securities market ranked first among global market in terms of funds raised by initial public offerings in 2015 and 2016. More than half of the companies listed on HKEX are Mainland enterprises and there are over 150 listed companies in the natural resources related sector as of 31 December 2016[②].

Hong Kong provides the necessary financial infrastructure to serve the business needs of enterprises in all dimensions of import/export activities, fund raising, trade finance, asset management and financial risk management. Among these, financial risk management, in particular the management of asset price risk, is especially important for enterprises engaging in commodities trading. Commodities price risk management is therefore considered a key area of development in the Hong Kong financial market. On one hand, such value-added service would be essential for the commodities trading community to prosper in Hong Kong. On the other hand, it would facilitate China in gaining internationalpricing power in commodities.

---

① Source: Hong Kong Trade Development Council (HKTDC) Research website. Subsequent quotations of Hong Kong's economic data in this paragraph are also from this source.

② Source: HKEX

(2) Initiatives like B&R have given Hong Kong a historic opportunity to facilitate Chinese enterprises to expand their market and services abroad

As mentioned above, China's policy initiative B&R brings historic opportunities to the steel industry to support exports and relieve overcapacities in China. This stimulates risk management and investment needs in the iron ore industry as Chinese enterprises in the industry to expand their market and services abroad. As a result, Hong Kong is provided with a historic opportunity to contribute by leveraging on its strengths in finance, trade and logistics, and its wealth of professionals in a wide range of services. Hong Kong's expertise and unique position as the gateway of China will allow it to continue to play an important role in raising capital, managing risks, leading projects and exporting professional services. Hong Kong is therefore well positioned to develop an offshore iron ore derivatives market for Chinese enterprises to manage their offshore risks.

(3) HKEX, as the financial market operator in Hong Kong, shall enhance Hong Kong's status as an IFC by building a steady and liquid commodity derivatives market to better serve the asset price risk management needs of Mainland, local and international enterprises

Given the unique position of the Hong Kong financial market in connecting Mainland China and the world and the historic opportunities offered by China's strategic development initiatives, HKEX has the comparative advantages, as the financial market infrastructure operator in Hong Kong, to excel in its role to better serve the needs in the commodity derivatives market for China and the world. These advantages include:

- Running one of the most robust securities and derivatives trading, clearing and settlement systems in the world.
- Offering a wide range of products and services covering the segments of equities, equity derivatives, fixed-income and currency (FIC) products and commodity products.
- Operating in a sound regulatory regime, with market rules and regulations aligned with the highest international standards and with emphasis put on investor protection.

In recent years, HKEX has spearheaded a series of innovations and strategic moves to offer support to the gradual opening up of the Mainland financial market. In the equities segment, it launched the Stock Connect scheme jointly with the Shanghai Stock Exchange in October 2014 and the Shenzhen Stock Exchange in December 2016, which essentially led to the establishment of a cross-border mutual market[①]. In the FIC segment, it launched the world's first exchange-traded deliverable RMB currency futures product in September 2012 — the US dollar / offshore RMB (USD/CNH) currency futures, and Bond Connect Northbound trading[②] in July 2017. In the commodities segment, it acquired in 2012 the world's largest base metals marketplace, LME, and launched its first physically delivered dual-currency gold futures on its own Hong Kong platform in July 2017. Further product offering and expansion are being made into the ferrous product line, with the launch of iron ore futures as the first product. This new product aims to serve the needs of the region's physical trading community and financial institutions for the commodity's price risk management (See Appendix 1 on the product's key features and Appendix 2 on the product's contract specifications).

① See Chapter 2, *Shanghai and Shenzhen Stock Connect — A "mutual market" for Mainland and global investors,* in this book.

② Bond Connect is a mutual market access programme that enables overseas investors to trade bonds on the China Interbank Bond Market in the Mainland (Northbound trading), and Mainland investors to trade bonds in the Hong Kong market (Southbound trading) through the connectivity links established between the institutional financial infrastructure in the Mainland and Hong Kong. The initial launch is confined to Northbound trading.

Appendix 1 Key features of HKEX's iron ore futures

1. Exchange-traded futures

The Iron Ore futures contract provides a high level of price transparency and an efficient price discovery process.

2. Quarterly contracts

The product makes available the first quarterly contracts in the global on-exchange market. This offers market participants a more transparent and convenient platform than OTC swaps to execute order and hedge their positions in quarterly trades, and to facilitate price discovery in forward price curve.

3. Day trading session and after-hours trading (AHT) session

Trading hours span, from 9:00 am to 1:00 am the next morning (Day trading session: 9:00 am to 4:30 pm; AHT session: 5:15 pm to 1:00 am the next morning). This would serve market participants from across the globe, covering business hours of Mainland China and major offshore markets.

4. Block trades

Block trade facility is available to facilitate the ease of reporting OTC volume, for them to be cleared on the exchange, reducing counterparty risks.

5. Tracking the most recognised derivatives benchmark as underlying

The contract settles against the TSI Iron Ore Fines 62% Fe CFR China Index, which is widely referenced in the physical trade of iron ore and is also chosen as the settlement price for the majority of USD-denominated iron ore derivatives contracts.

Appendix 2　Contract specifications of HKEX Iron Ore Futures

Table 12-A1　Contract specifications of HKEX Iron Ore Futures

TSI Iron Ore Fines 62% Fe CFR China Futures		
Feature	**Monthly Contracts**	**Quarterly Contracts**
Trading code	FEM	FEQ
Contract size	100 tonnes	
Minimum fluctuation	US$0.01 per tonne	
Underlying index	TSI Iron Ore Fines 62% Fe CFR China Index (TSI 62 Index) ①	
Settlement method	Cash settled	
Contract months	Spot month and the next 23 calendar months	Spot quarter and the next seven calendar quarters (i.e. calendar quarters are January to March, April to June, July to September and October to December)
Trading hours ② (Hong Kong time)	9:00 am to 4:30 pm (day trading session) and 5:15 pm to 1:00 am (after-hours trading session)	
Trading hours on last trading day ③ (Hong Kong time)	9:00 am – 4:30 pm (day trading session) and 5:15 pm – 6:30 pm (after-hours trading session)	
Last trading day (LTD)	The last Hong Kong Business Day of a calendar month that is not a Singapore public holiday	The LTD of the last Monthly Contract in the calendar quarter
Final settlement price (FSP)	Arithmetic average of all TSI Iron Ore Fines 62% Fe CFR China Index values published in that contract month, rounded to 2 decimal places	Arithmetic average of the FSP of the three corresponding Monthly Contracts in that contract quarter, rounded to 2 decimal places
Final settlement day	The second Hong Kong Business Day after the LTD ①	

① According to an announcement from Platts on 6 July 2017, TSI62 Index will merge with the Platts IODEX index starting from 2 January 2018. For details, please refer to Platts Subscriber Notes and Methodology and Specifications Guide.

② There is no trading after 12:30 pm on the eves of Christmas, New Year and Lunar New Year. The trading hours on those three days shall be 9:00 am – 12:30 pm

③ There is no trading after 12:30 pm on the Last Trading Day that is the last Hong Kong Business Day before the New Year's Day or the Lunar New Year, and which is also the last day before the New Year's Day or the Lunar New Year on which the TSI Iron Ore Fines 62% Fe CFR China Index is published. The trading hours on those two days shall be 9:00 am – 12: 30 pm

(*Continued*)

TSI Iron Ore Fines 62% Fe CFR China Futures		
Feature	**Monthly Contracts**	**Quarterly Contracts**
Exchange fee	Trading fee: US$1.00 per contract per side;[2,3] Settlement fee: US$1.00 per contract per side[4]	
Levies	USD 0.07 per contract per side[5,6]	
Block trade threshold	Minimum 50 lots	
Holiday schedule	Follow HKFE holiday schedule	

① Final Settlement Day shall be the first Hong Kong Business Day after the Last Trading Day if (1) the Last Trading Day is on the last Hong Kong Business Day before the New Year's Day or the Lunar New Year, (2) the Trading Hours of the Spot Month Contract and the Spot Quarter Contract end at 12:30 pm., and (3) the day trading session of other Contract Months ends at 4:30 pm.For further details please refer to the related regulations and contract specifications on the HKEX website.

② The amount indicated above is subject to change by the Exchange from time to time.

③ Waived from 13 November 2017 to 11 May 2018, both dates inclusive, excluding the After-Hours Futures Trading Session on 11 May 2018.

④ The amount indicated above is subject to change by the Exchange from time to time.

⑤ The current rate is set at HK$ 0.54 per contract, for which the USD equivalent will be determined by the Exchange from time to time.

⑥ Waived from 13 November 2017 to 11 May 2018, both dates inclusive, excluding the After-Hours Futures Trading Session on 11 May 2018.

Part IV
Offshore RMB Products Centre

13

The Liquidity Provision Mechanism for Offshore RMB Market

Current status, impact and possible improvements

January 2017

Summary

The liquidity provision mechanism for offshore RMB market can be basically stratified into two layers: Long-term liquidity comes mainly from the onshore market through real economic activities (via cross-border trade settlement); while short-term liquidity is mainly provided under the scheme of currency swap agreement among monetary authorities and market financing.

Current status and structural issues of the offshore RMB liquidity provision mechanism: The provision of long-term liquidity for the offshore RMB market largely relies on the channel of cross-border trade settlement which is easily susceptible to the fluctuation of the RMB exchange rate. The short-term liquidity provision lags behind the rapid market development in terms of efficiency, scale and operation time. Also, there is still room for improvement in reducing the imbalance of offshore RMB capital allocation. Sharp volatility in the short-term interest rate of offshore RMB market would most likely pressurise on the steady expansion of offshore bond market, increase the hedging costs of offshore entities holding RMB assets and may even trigger short-term speculative cross-border capital flows.

Given the inclusion of RMB into the Special Drawing Rights (SDR) basket of the International Monetary Fund (IMF), the demand for RMB assets continues to grow. The sufficient offshore RMB liquidity is essential to enhance market depth and underpin the growth of cross-border trade, offshore RMB investment and financing, foreign exchange transactions and other economic activities. Continuous widening of two-way cross-border capital flows and the improvement of existing market mechanism will effectively pave the way for RMB as a fully convertible international currency and to be widely used in global investment and foreign reserves.

Two layers of offshore RMB liquidity provision mechanism

Given the unique development path of offshore RMB market, the liquidity provision for offshore RMB market can be basically classified into long-term and short-term levels.

Long-term liquidity comes mainly from the onshore market through real economic activities (via cross-border trade settlement). Since the launch of cross-border trade settlement in July 2009, the payments settled in RMB from onshore to offshore market have always exceeded the receipts, even the ratio of RMB payment over receipt has been slowly declining from 1:5 in Q1 of 2011 to 1:0.96 at the end of 2015, it was still a net RMB capital outflow. Consequently, cross-border trade settlement has become the main channel to export RMB liquidity to the offshore market. At the end of 2014, the total offshore RMB liquidity pool reached a historical high of RMB 1.6 trillion, including RMB 1.15 trillion (offshore RMB deposits and certificates of deposit) in Hong Kong, RMB 302.2 billion deposits in Taiwan, more than RMB 200 billion deposits in Singapore, most of which are channelled through cross-border trade settlement.

Within the trade-settlement process, Mainland importers and exporters facilitated the expansion of the offshore RMB liquidity pool by settling trades in RMB or USD depending on the relative exchange rate of RMB across markets. The arbitrage mechanism is that when the RMB's exchange rate was expected to appreciate, the

RMB exchange rate against USD in the Hong Kong offshore market (CNH) will be much appreciated relative to the onshore RMB exchange rate against USD (CNY). The premium of CNH means that RMB is more valuable in the offshore market, offering an opportunity for enterprises to earn extra benefit if settling imports in RMB. Therefore, the market has the incentive to pay RMB instead of USD for importing, thereby causing an outflow of RMB liquidity from onshore to offshore market① (see Figure 13-1).

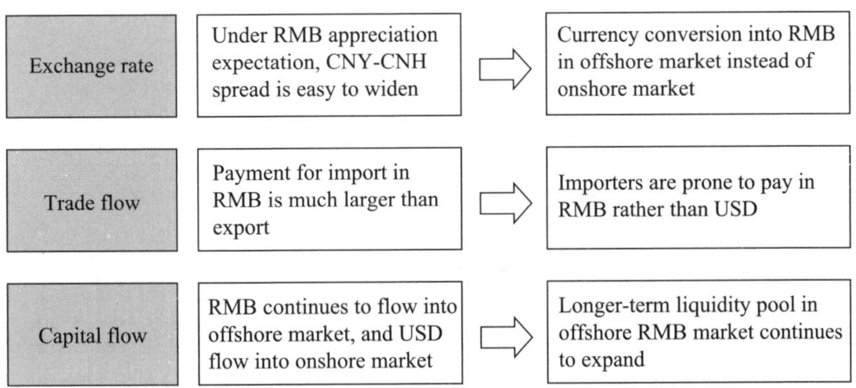

Figure 13-1 Expansion of offshore RMB liquidity pool under cross-border arbitrage — settle cross-border trade in different locations based on the deviations between CNH and CNY

The short-term RMB liquidity is mainly provided under the scheme of currency swap agreements between monetary authorities and market financing. As shown in Table 13-1, from the official channels, short-term liquidity provision includes one-day and one-week liquidity arrangements (T+1 settlement in both cases) and overnight liquidity arrangement (T+0 settlement) provided by the Hong Kong Monetary Authority (HKMA). In 2014, the HKMA offered an additional short-term RMB funding up to RMB 10 billion per day to welcome the launch of the Shanghai-Hong Kong Stock Connect Programme, and also designated a number of banks active in the CNH market as Primary Liquidity Providers (PLPs), offering a repurchase (repo) line of RMB 2 billion to each of the PLPs so as to facilitate more market-making and other business activities in the CNH market②.

① *A Review of RMB Internationalisation from Exchange Rate Perspective* (《从当前的人民币汇率波动看人民币国际化》), International Economic Review (《国际经济评论》), Issue Ⅰ, 2012.

② On 27 October 2016, the HKMA announced to expand the schemefrom seven PLPs to nine PLPs with the total PLP facility increased from RMB 14 billion to RMB 18 billion.

Table13-1 Short-term liquidity provision mechanism via the official channels (as of October 2016)

Term structure	Interest rate	Scale and funding source
One-week liquidity arrangement (T+1 settlement)	By reference to prevailing market interest rates	Funding from currency swap agreements between monetary authorities
One-day liquidity arrangement (T+1 settlement)	By reference to prevailing market interest rates	Funding from currency swap agreements between monetary authorities
Overnight funding (T+0 settlement)	Average of the three most recent Treasury Markets Association (TMA) overnight CNH HIBOR fixings (inclusive of the fixing on the same day of the repo), plus 50 bps, subject to a minimum at 0.50%	Estimated not to exceed RMB 10 billion in the inception of this arrangement
Intraday funding (T+0 settlement)	Average of the three most recent TMA overnight CNH HIBOR fixings (inclusive of the fixing on the same day of the repo), subject to a minimum of 0%, and to be charged based on the actual time used during the day on a per-minute basis	Not to exceed RMB 10 billion
Primary Liquidity Providers (PLPs)	By reference to prevailing market interest rates	RMB 18 billion in total

Source: HKMA.

In addition, the shortfall of short-term RMB liquidity in the offshore market can also be substituted via foreign exchange (FX) swap market. FX swaps refer to the purchasing of a spot FX contract and simultaneously selling a forward FX contract of the same currency, or selling a spot FX contract and simultaneously purchasing a forward FX contract of the same currency. Currently, the offshore FX swap is available to cover the tenor from intraday, overnight to one-year funding.

Apart from the above, participants in the offshore market can obtain short-term liquidity via the offshore interbank lending market and the repo facilities offered by the offshore clearing bank, which together with the funding from official channels constitute a comprehensive mechanism to provide short-term RMB liquidity to the offshore market.

Current status and structural issues

1. The long-term liquidity provision has shrank significantly (mainly relying on cross-border trade settlement) since the 811 exchange rate reform

As mentioned above, cross-border RMB settlement is the main channel to obtain long-term RMB liquidity. However, it also causes that the flow and scale of offshore long-term liquidity is so susceptible to the fluctuations of the RMB exchange rate. Since the 811 exchange-rate reform in 2015[①], CNH rate in the offshore market shows more depreciation than CNY rate, leading to a reversal of the arbitrage mechanism and the flowing back of RMB capital to the onshore market. Specifically, when CNH depreciation exceeds that of CNY to a certain basis point, it implies that RMB is valued more onshore, stimulating traders to buy RMB in the offshore market and sell RMB on the onshore market, and then to repatriate RMB capital to the onshore market through cross-border trade channel so as to get the extra benefit from the exchange rate arbitrage. Meanwhile, offshore investors became less confident to hold RMB assets under the RMB depreciation expectation, thereby converting their RMB deposits back into USD or HKD assets. These effects combined led to a drop of RMB deposits in the Hong Kong market from the peak of RMB 1,003.5 billion to RMB 652.9 billion[②], a decline of about 23% compared to the end of 2015.

2. The current mechanism for short-term liquidity provision lags behind market development in terms of efficiency, scale and operation time

First, the intra-day RMB liquidity is quite limited in the offshore market. By contrast, offshore transactions have significantly increased, reaching an average daily turnover of RMB 770 billion which, at times, even exceeds that of the HKD settlement volume (see Figure 13-2 and Figure 13-3). According to the Triennial Survey from Bank of International Settlements (BIS) in 2016, the average daily turnover of over-the-counter (OTC) transactions in the offshore RMB market, including spot, forward

① On 11 August 2015, the Mainland Central Bank started to reform its daily USD/CNY mid-price fixing mechanism, which is generally regarded as an important step in RMB exchange rate liberalisation.

② Source: HKMA, as of end-August 2016.

and FX swap, totalled US$202 billion, implying a strong market demand for intraday short-term liquidity.

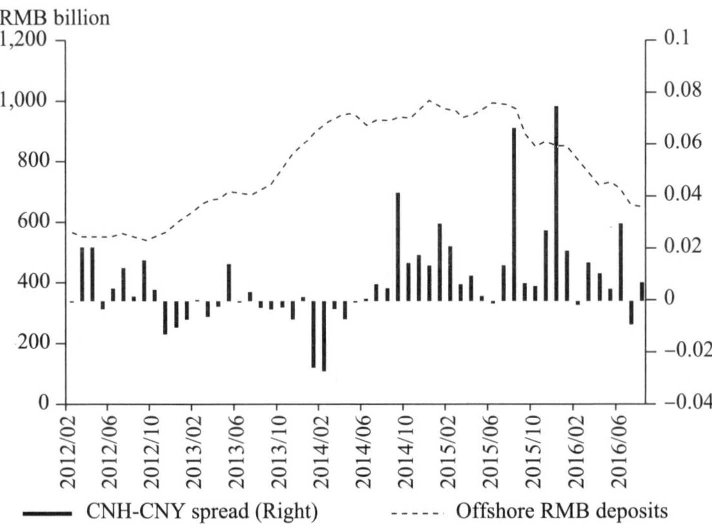

Figure 13-2 Hong Kong's offshore RMB liquidity pool shrunk since exchange rate reform on 11 August 2015

Source: Bloomberg.

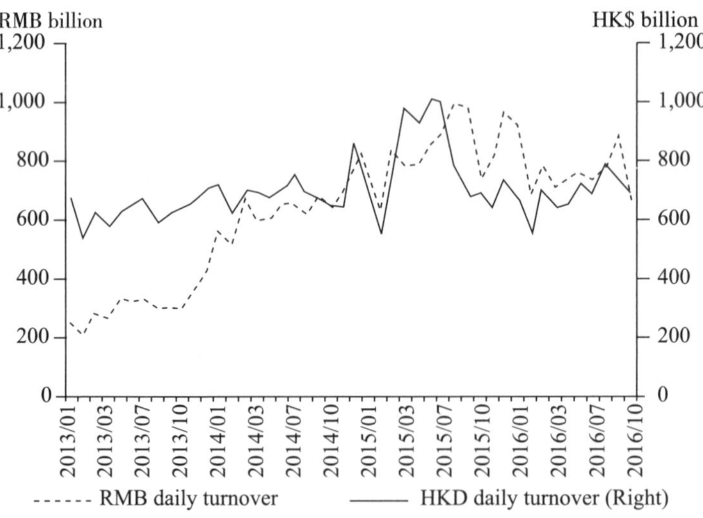

Figure 13-3 RMB's average daily turnover exceeded that of HKD during some periods after 2015 H2

Source: Hong Kong Interbank Clearing Ltd.

Second, a considerable portion of RMB short-term funding is provided under the official scheme of currency swap agreement with the Mainland central bank (the PBOC), however, the usage of which is subject to the operating hours of the Mainland's interbank market and its clearing systems as well. As a result, the offshore market is most likely to face short-term funding pressures during Mainland long holidays when the onshore clearing systems and funding facilities are suspended.

Third, the offshore RMB swap market, a major funding source for offshore short-term RMB liquidity, easily becomes volatile under global financial shocks, especially under the upcoming US dollar rate hike cycle.

The fourth issue is a lack of effective cross-border funding channel between onshore and offshore money markets. As mentioned above, the existing cross-border RMB liquidity provided to the offshore market is mainly accomplished under the current account and the mid-term to long-term capital accounts, including cross-border RMB trade settlement, foreign direct investments (FDI), three types of eligible institutions in the Mainland's interbank bond market and RMB Qualified Foreign Institutional Investors (RQFII), etc., while the onshore money market is still largely closed to non-residents as the RMB is not yet fully convertible[①]. There is, so far, no direct channel linking onshore and offshore markets for short-term liquidity flows, in particular, for overnight and one-week short-term liquidity, except the currency swap arrangement.

3. The offshore RMB funding allocation is concentrated in domestic long-term assets, indicating a certain degree of allocation imbalance

As shown in Figure 13-4, currently, offshore RMB funds are mainly allocated in: RQFII with RMB 270 billion quota; about RMB 500 billion in Dim Sum Bonds; and RMB 281.6 billion in cross-border RMB loans[②]. Although the RMB loans can facilitate the expansion of the offshore RMB liquidity pool due to the multiplier effect, the above allocations have mostly used up offshore RMB capital. The allocation of offshore RMB funding is largely concentrated on long-term assets in the domestic

① For details, see the article *China is Basically Ready for Further Opening Up Capital Account* (《我国加快资本账户开放的条件基本成熟》) in 2012, *Survey and Statistics Department of People's Bank of China* (《中国人民银行调查统计司课题组报告（2012）》).

② Source: HKMA, as of end of March 2016.

market, which are neither actively traded nor convenient for repurchasing, making it difficult for offshore financial institutions to adjust their RMB portfolios once a sharp demand for short-term RMB money arises in the offshore market, and thereby resulting in short-term liquidity strains.

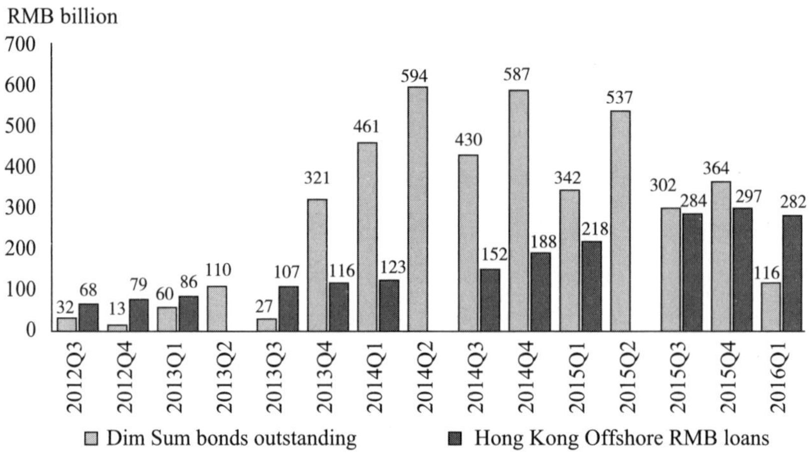

Figure 13-4 Offshore RMB funds are mainly allocated in the segments of Dim Sum Bonds and offshore RMB loans

Source: Bloomberg.

The allocation imbalance of offshore RMB capital might be augmented owing to current contraction of overall offshore RMB liquidity pool, particularly before Mainland holidays (such as, Mid-Autumn Festival and the National Holiday, etc.) when the seasonal factor leads one-way capital flow back to onshore market ahead of the closing of the Mainland interbank market during holidays. In this context, the short-term interest rate in the offshore RMB market has experienced a sharp volatility at the end of September and early October of 2016.

Impact of short-term interest rates volatility on the offshore RMB market

1. Imposing pressures on the steady expansion of the offshore bond market

Hong Kong has been the world's largest offshore RMB bond market and, also, the major market for overseas institutions investing in RMB bonds. However, since the 811 exchange rate reform in 2015, the contraction of overall offshore liquidity pool pushed up the offshore RMB financing costs. One-year deposit rates rose to an average of above 4% and the financing costs for three-year Dim Sum Bonds notably jumped almost 200 basis points, while the onshore market adopted a more loosening monetary policy with ample liquidity available. The gradual widening of the interest rate spreads between the onshore and offshore bond markets urged many Dim Sum Bond issuers to move back to the onshore market, leading to a significant drop in offshore bond issuance. For example, nearly 60 percent of property enterprises returned onshore to issue bonds in 2015, most of which have been active in the offshore bond market, causing a fall of bond issuance in the real estate sector from US$24.8 billion in 2014 to US$9.6 billion in the offshore market①.

2. Increasing hedging difficulty for offshore entities in holding RMB assets

Given the inclusion of RMB into the SDR basket, the demand for RMB assets continues to grow when central banks and global investors consider to reallocate into RMB-denominated assets. SDR inclusion itself will not directly spur significant investment need, as SDR assets only accounts for 2.4% of international reserves. However, the achievement of SDR status increases the global acceptance of RMB as a global investment and reserve currency. If the holding share of RMB assets by global institutions or individuals could reach to a level comparable to that of the Japanese yen in global FX reserve assets, it could be expected that over RMB 2 trillion would flow into relevant RMB assets.

Increasing investments result in a surging demand in risk management. Sharp volatility in offshore short-term RMB liquidity will weaken the ability of offshore entities in developing effective interest rate benchmarks for offshore RMB floating loans and appropriate pricing models for RMB assets, or introducing RMB risk management products, thereby imposing hedging difficulties on international investors. It is necessary to develop more instruments to eliminate the effect of interest

① See *Recent Developments of Offshore RMB Bond Market: Attributes and Trends* (《近期离岸人民币债券市场的发展态势、原因及趋势》), China Money (《中国货币市场》), Issue 1, 2016.

rate volatility and direct market entities to adjust their FX trading strategies in order to facilitate more foreign capital to participate in the offshore market.

3. The widening interest rate spreads between onshore and offshore markets may trigger short-term speculative cross-border capital flows

With successive cuts of onshore interest rates and the reserve requirement ratio, the decline in onshore RMB yield drives domestic RMB capital to look for more profitable opportunities. The widening of interest rate spreads between the onshore and offshore markets may trigger interest rate arbitrage, which has not been obvious in cross-border capital flow at present, and spur potential capital outflow via unofficial channels, aggravating liquidity pressures domestically (see Figure 13-5).

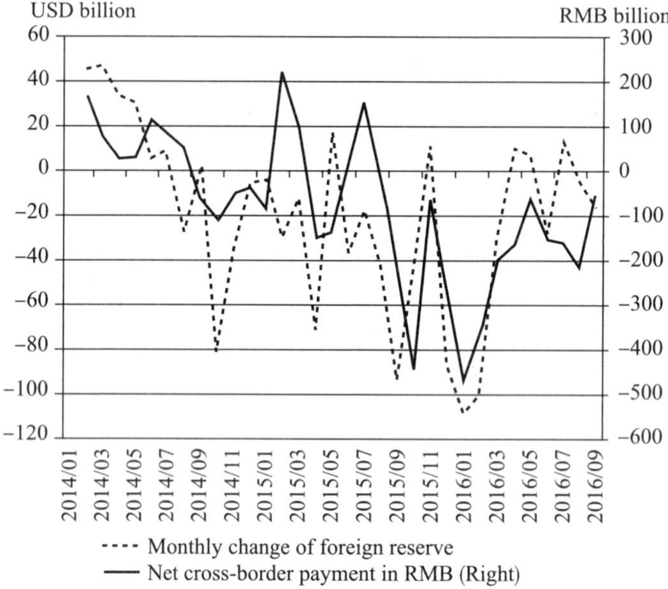

Figure 13-5 Continuing net payments in RMB from onshore market may aggravate capital outflow pressure

Source: Wind.

Possible improvements

Given the increasing RMB transaction and investment activities in the offshore market in terms of RQFII, Shanghai Connect and Shenzhen Connect, both financial transactions and long-term financing need adequate RMB liquidity as a fundamental support. Sufficient liquidity is critical in enhancing market depth and developing of cross-border trades, investments, FX transactions and other economic activities.

It is noteworthy that although international investors can now more directly participate in domestic RMB businesses and RMB transactions have gradually shifted to the onshore market, the development experience of the US dollar and other international currencies demonstrates that currency internationalisation should be accompanied hand in hand by the development of an offshore market, which plays a key role in facilitating the RMB's circulation outside the domestic market and is widely used in the global economy.

To further improve the offshore RMB liquidity conditions, the following potential solutions may be considered.

1. Steadily promoting RMB internationalisation and further opening up two-way channels for cross-border capital flows

As mentioned above, the RMB exchange rate is a major determinant in the expansion of the overall offshore RMB liquidity pool as well as its long-term liquidity provision. Previously, to support the RMB exchange rate reform, onshore market focused more on the stabilisation of the RMB exchange rate. When the market has got used to the new exchange rate pricing mechanism and the policy effects have been gradually showing up, an appropriate facilitation of onshore RMB capital flows to the offshore market and further opening up two-way cross-border flows could be considered for expanding offshore RMB liquidity pool and enhancing the development of the offshore market.

With regard to the offshore circulation channel, a bottleneck has emerged in driving the global use of the RMB via the current account and trade settlement, due to the sluggish global economy and the decline in China's foreign trade. Relying more on direct investment under the capital account, particularly through overseas direct investment (ODI), mainland enterprises' going overseas and The Belt and Road initiative, will enhance global acceptance of the RMB and address the stagnated development of the offshore RMB market[①].

2. Further utilising existing policies to link up onshore and offshore repo markets

In 2015, the PBOC introduced a new policy related to bond repo agreements[②], allowing offshore institutions to conduct bond repos in the Mainland interbank market in order to channel liquidity from onshore to offshore. Such a move could, to some extent, connect the onshore and offshore capital markets and ease the offshore liquidity issue.

Furthermore, setting up a Bond Connect, a cross-border platform linking the onshore and offshore bond markets could be another potential solution to further improve the convenience and efficiency. The above bond repo policy, which permits overseas institutions to acquire liquidity through bond repo transactions, only applies to onshore bonds, i.e. offshore RMB bonds cannot be used as collateral in the onshore repo market. In addition, neither can onshore RMB bonds held by RQFIIs nor by the three types of eligible institutions be repurchased in the offshore market. Notably, the average outstanding of offshore RMB bonds has amounted to about RMB 500 billion[③] at present, close to the level of bonds holding by foreign participants onshore. Setting up a cross-border Bond Connect platform could facilitate foreign institutions to conduct repo transactions on offshore bond holdings and obtain RMB funding from the onshore market, which will not only increase the offshore RMB liquidity, but also improve the tradability and usability of offshore RMB assets and sustain the stability of the offshore RMB market.

---

① *Moving forward amid the restructuring of the Hong Kong offshore RMB market* (《香港离岸市场在调整中前行》), Issue 15, 2016, China Forex (《中国外汇》).

② For details, see the PBOC Circular on Offshore RMB Clearing Banks, Offshore Participating Banks Transacting in Bond Repurchase Transactions on Inter-bank Bond Market 2015 (《中国人民银行关于境外人民币业务清算行、境外参加银行开展银行间债券市场债券回购交易的通知》(2015)).

③ Source: Bloomberg

3. Developing a market benchmark for interest rate swaps and other derivative products, thereby strengthening the pricing efficiency and risk management capabilities in the offshore RMB market

To promote interest rates marketisation, the PBOC puts greater emphasis on developing market-oriented mechanism in determining interest rates, and gradually reduces the gaps between different yield curves and maturities of interest rate, leading to an increasing correlation between onshore and offshore rates and strengthening the pricing efficiency of CNH Hibor fixing (see Figure 13-6). Increased stability and efficiency of the CNH Hibor fixing will facilitate the introduction of RMB products related to both bond repos and interest rate swaps, strengthen the hedging capability of the offshore RMB market, and ultimately develop a deep market environment for offshore RMB transactions.

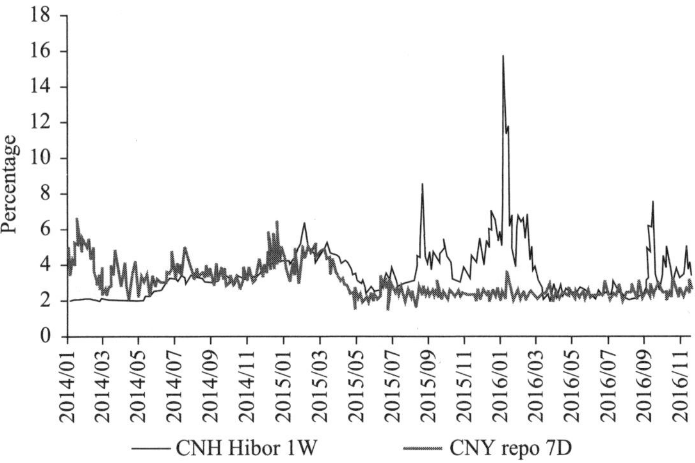

Figure 13-6 Divergence between CNH Hibor fixing and Shibor since 2015 H2

4. Widening the scale and types of offshore RMB products and further expanding offshore RMB liquidity pool

Removing the aggregate quota for the Shanghai Connect and Shenzhen Connect Programmes and the expansion of Qualified Foreign Institutional Investors (QFII) and RQFII scheme will continue widening the range of investment channels of the offshore RMB market and encouraging large RMB circulation in the offshore markets.

Furthermore, along with RMB internationalisation and the opening up of the capital account, the Mutual Market Connectivity Model could be further expanded to more segments, including bonds and commodities. This will attract more overseas investors to tap into the Mainland market through Hong Kong, inducing more RMB capital to be accumulated in the offshore market as a greater variety of instruments are available.

14

HKEX Towards an Offshore RMB Product Trading and Risk Management Centre

April 2017

Summary

Hong Kong is the first market in the world to start offshore Renminbi (RMB) business upon authorisation by the Mainland government in 2003. Following subsequent Mainland policy liberalisation and facilitation by central policy support, RMB financial products began to prosper in Hong Kong, both off-exchange and on-exchange. RMB products on HKEX now comprise bonds, exchange traded funds (ETFs), real estate investment trust (REIT), equities, RMB fixed income and currency (FIC) derivatives and commodity derivatives. RMB ETFs have been the most actively traded RMB product on the HKEX securities market while RMB currency futures are the most popular product on the HKEX derivatives market and achieved record volume in 2016.

HKEX takes the lead in the listing and trading of RMB products, both securities and derivatives, among world exchanges. Only several RMB securities products are found to be offered by a few other exchanges, with low trading in them. On the other hand, RMB currency futures and options are rather popular products offered by a number of exchanges around the globe. Nevertheless, trading is concentrated on the Asian exchanges and among which HKEX has been the most active venue. In fact, trading statistics showed that the RMB futures contracts on HKEX well exhibited their functionality as RMB currency risk management tools at times of high volatility in RMB exchange rate.

The comparative advantages of HKEX for offshore RMB product trading and risk management lie in a number of factors, including geographically in the centre of the Belt and Road initiative, the active RMB businesses in Hong Kong supported by a large RMB pool, the international investor base of the HKEX markets and the infrastructural efficiency that the markets offer.

An offshore market with a rich supply of RMB products and risk management instruments is fundamental to support the internationalisation of RMB and at the same time maintaining a steady exchange rate level. Towards this end, HKEX's RMB product suite will continuously be enriched, both in the securities and derivatives markets, to serve the growing investor needs as the RMB steadily progresses on its internationalisation. In addition to the recently launched USD/CNH options and Mainland treasury bond futures, other RMB risk management tools would possibly be introduced in the future. HKEX is well positioned to be the offshore RMB product trading and risk management centre for global investors.

Background

Renminbi (RMB) business in Hong Kong began in 2004 after China's central bank, the People's Bank of China (PBOC), and the Hong Kong Monetary Authority (HKMA) signed a Memorandum of Understanding in November 2003 which allowed Hong Kong banks to conduct RMB business for individuals.

The scope of services was initially limited to remittance, exchange and RMB credit cards. RMB investment products in Hong Kong started with the issuance of RMB bonds, commonly referred to as "dim-sum" bonds, after the State Council of China gave consent to the expansion of RMB business in Hong Kong in January 2007 — allowing Mainland financial institutions to issue RMB financial bonds in Hong Kong. Related rules were issued in June 2007 for implementation of this state policy[①] and late in the same month the first RMB bond was offered in Hong Kong by a Mainland state-owned policy bank[②].

Subsequent policy relaxations have driven the rapid development of the RMB bond market in Hong Kong. In February 2010, according to policy clarification[③], the range of eligible issuers, issue arrangement and target investors of RMB bonds in Hong Kong can be determined in accordance with the applicable regulations and market conditions in Hong Kong. In the same month, the PBOC gave its permission to allow financial institutions to open RMB accounts in Hong Kong that are related to debt financing, which enables the launch of RMB bond funds in Hong Kong. In October 2011, new rules were introduced to allow overseas RMB obtained through legitimate channels, e.g. by overseas issuance of RMB bonds and stocks, to be engaged in direct investment in the Mainland[④].

Fuelled by the increasingly extensive scope of eligible RMB businesses in the Hong Kong financial sector and the Mainland government's central policy support[⑤], RMB financial products began to prosper in Hong Kong, both off-exchange and on-exchange, to beyond RMB bonds. In the exchange ***securities*** market, RMB bonds have the most listings in number terms while RMB-traded exchange traded funds (ETFs) have become the most actively traded RMB products. In the exchange ***derivatives*** market, the RMB futures contract has exhibited its role in RMB exchange

① *Provisional Measures for the Administration of the Issuance of RMB Bonds in the Hong Kong Special Administrative Region by Domestic Financial Institutions* (《境内金融机构赴香港特别行政区发行人民币债券管理暂行办法》) issued jointly by the PBOC and the National Development and Reform Commission (NDRC) on 8 June 2007.

② The RMB bond was offered by China Development Bank which had an offer size of RMB 5 billion, a coupon rate of 3% and a maturity of 2 years. At least 20% of the issue was offered to retail investors.

③ HKMA's letter of elucidation of supervisory principles and operational arrangements regarding RMB business in Hong Kong, 11 February 2010.

④ *Administrative Measures for the Clearing and Settlement of Foreign Direct Investment in Renminbi* (《外商直接投资人民币结算业务管理办法》) issued by the PBOC; Notification About Issues Relating to Cross-Border Direct Investment in Renminbi (《关于跨境人民币直接投资有关问题的通知》) issued by the Ministry of Commerce (MoC).

⑤ In August 2011, the then Vice Premier Li Keqiang disclosed a series of central policies about Hong Kong development during his visit to Hong Kong. Specifically, policy support would be offered for Hong Kong's development into an offshore RMB business centre; this would include the development of innovative offshore RMB financial products in Hong Kong, an increase in the number of eligible institutions to issue RMB bonds in Hong Kong with an enlarged issue scale. In June 2012, the Mainland Government formally announced a set of policy measures to strengthen cooperation between the Mainland and Hong Kong, among which is the policy support in developing Hong Kong into an offshore RMB business centre.

rate risk management at times of high exchange rate volatility. (See the next section below.)

This report gives an account of HKEX's RMB product development in comparison with other exchanges in the world, showing that HKEX takes the lead in exchange-traded RMB products among world markets and drives itself towards a RMB product trading and risk management centre.

HKEX's RMB product development

1. Securities products

HKEX saw the first listing of RMB bonds on its securities market on 22 October 2010, three years after the issuance of the first RMB bond outside China. This was a ten-year bond issued by an *international financial institution*, the Asian Development Bank.

The listing of the first RMB bond of a *Mainland entity* was seen in January 2012, issued by the Agricultural Bank of China. The first listings of two RMB *Mainland government bonds* took place in July 2012, about three years after the issuance of the first offshore RMB Mainland government bond in Hong Kong in September 2009.

Listed RMB security types shortly extended beyond RMB bonds. The first RMB real estate investment trust (REIT) was listed in April 2011; the first RMB ETF (on gold) was listed in February 2012; the first RMB equity was listed in October 2012; and the first RMB warrant was listed in December 2012. By the end of 2016, the total number of listed RMB securities has grown to 179.

Figure 14-1 shows the historical average daily turnover, and the growth in number, of RMB securities on HKEX.

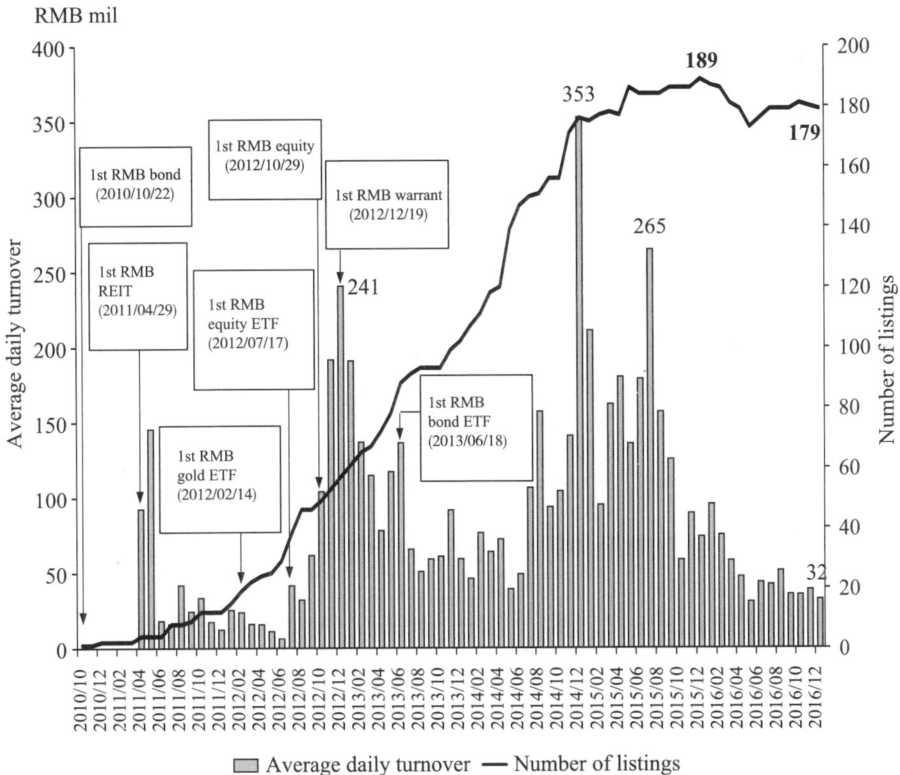

Figure 14-1 Turnover and number of RMB securities listed on HKEX (Oct 2010 — Dec 2016)

Source: HKEX.

The percentage share of RMB securities in number terms rose to 2% of all listed Main Board securities by the end of 2016. At end-2016, RMB securities consisted mainly of RMB bonds (75%) and ETFs (23%). Among RMB ETFs, stock index ETFs constituted the most (20% of all RMB securities).

The proportion of RMB securities in number, though small in respect of all security types on the Main Board, was rather significant for ETFs (31%) and to a considerable extent for debt securities (15%).

(See Figure 14-2 to Figure 14-4.)

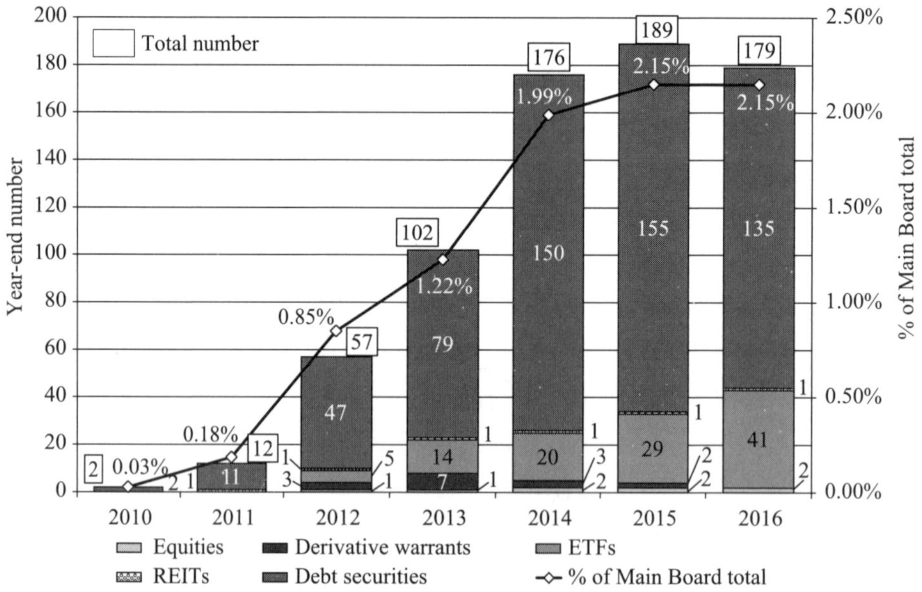

Figure 14-2 Year-end number of RMB securities listed on HKEX by type (2010 — 2016)

Source: HKEX.

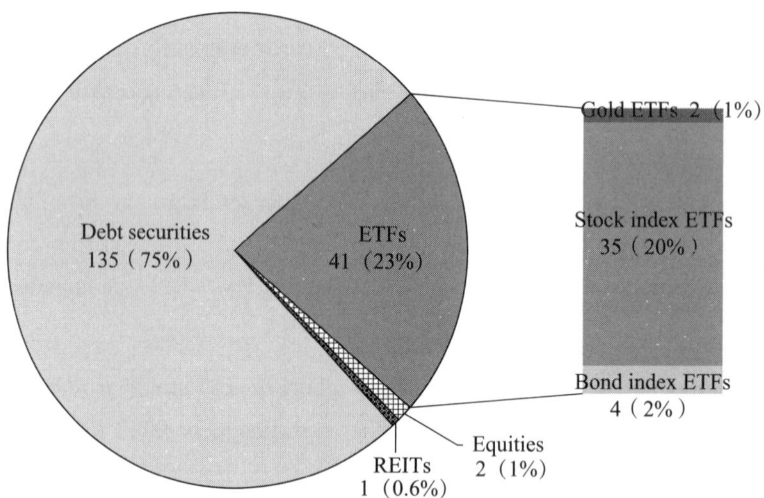

Figure 14-3 Number of RMB securities listed on HKEX by type (End-2016)

Note: Percentages may not add up to 100% due to rounding.

Source: HKEX.

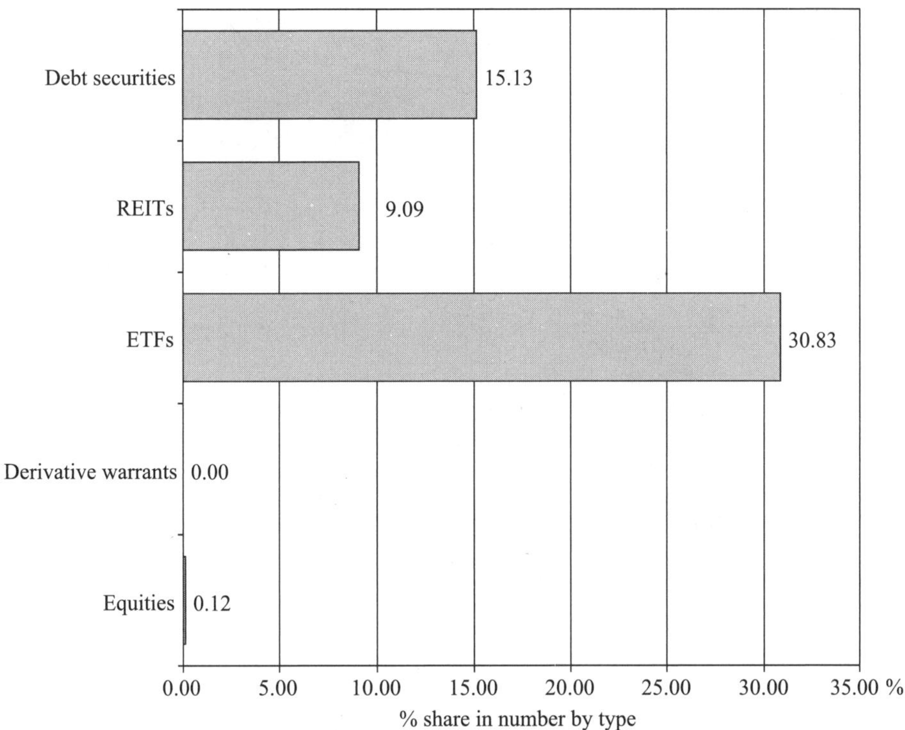

Figure 14-4 Number of RMB securities as percentage of total number of securities listed on HKEX by type (End-2016)

Source: HKEX.

Trading in RMB securities grew for 4 consecutive years since 2011 before a contraction in 2016. Owing to the small number of listings, securities traded in RMB had only a negligible share of the Main Board market total turnover. Among them, RMB ETFs had the biggest share in each year since their launch year of 2012 — 77% in 2016, mainly from stock index ETFs. The only one REIT came second (20% in 2016). Although RMB bonds had the most listings, they had only a small share by turnover (3%). (See Figure 14-5 and Figure 14-6.)

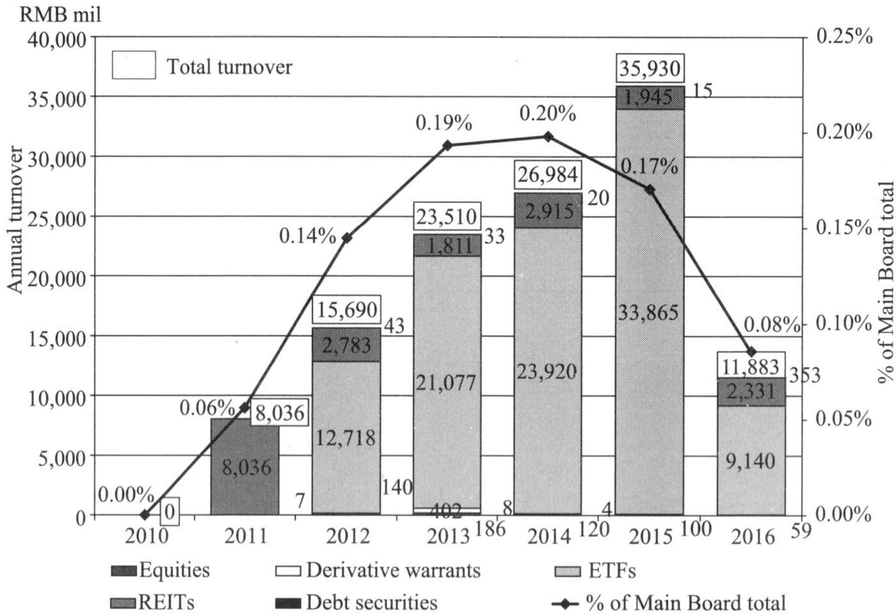

Figure 14-5 Annual RMB turnover of RMB securities listed on HKEX by type (2010 — 2016)

Note: RMB turnover refers to the turnover of RMB trading counters of the RMB securities.

Source: HKEX.

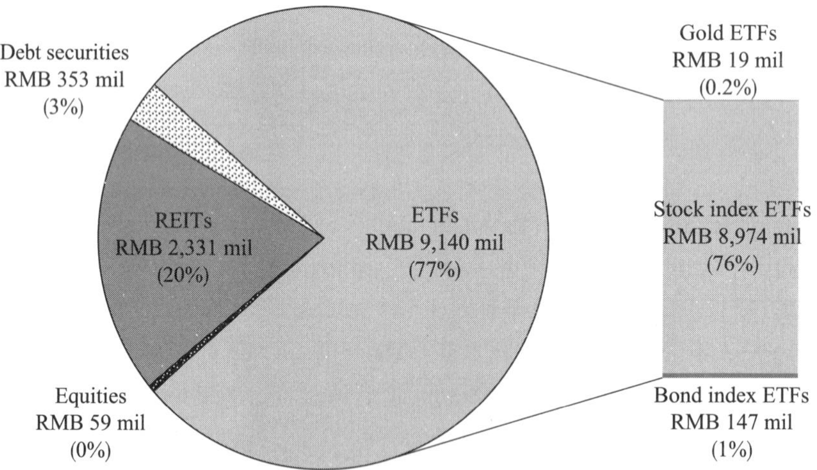

Figure 14-6 Share in RMB turnover of RMB securities listed on HKEX by type (2016)

Note: RMB turnover refers to the turnover of RMB trading counters of the RMB securities.

Source: HKEX.

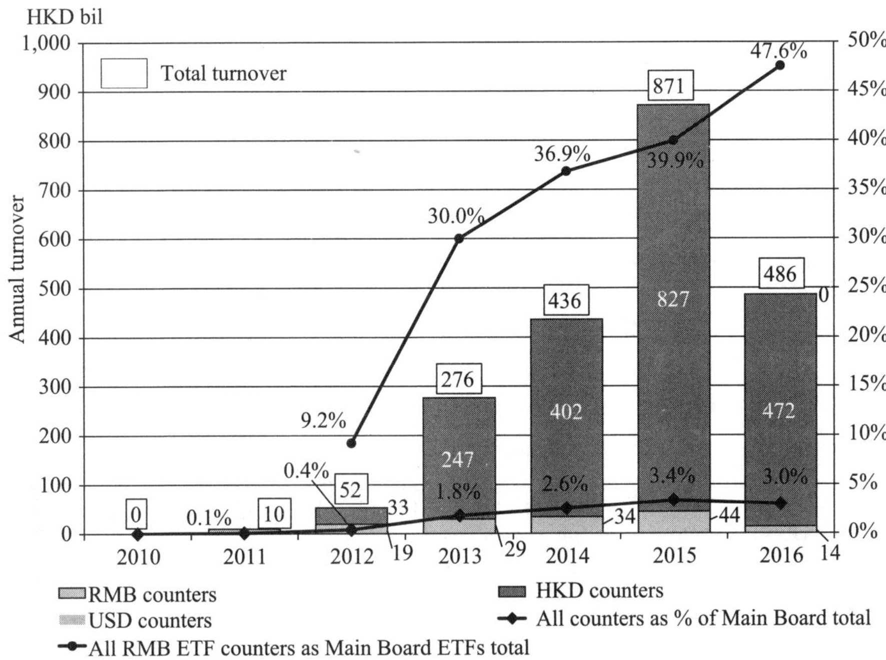

Figure 14-7 Turnover of all counters of RMB securities listed on HKEX by counter (2016)

Note: The first dual counters of a RMB security were listed on 12 October 2012.

Source: HKEX.

Starting from October 2012, dual counter trading of RMB securities in other currencies, mainly Hong Kong dollar (HKD) and to a lesser extent US dollar (USD), is available. As at the end of 2016, there are 41 HKD dual counters and 9 USD dual counters of RMB securities on HKEX — one of the two RMB equity securities has a HKD counter; all RMB ETFs except one gold ETF had HKD counters and 9 of them also had USD counters. Compared to RMB counters, trading in the HKD counters of RMB securities were more active. In fact, most of the trading of RMB securities across all counters was concentrated in the HKD counters (over 97% in 2016). The combined turnover of all counters of RMB securities rose to about 3% of Main Board total turnover in 2015 and 2016. In particular, the combined turnover of all counters of RMB ETFs (almost all were stock index ETFs) had an ever increasing share of the total turnover of all ETFs on the Main Board since their launch in 2012, reaching the all-time high of 48% in 2016 (compared to a 31% share of all ETFs in number terms). (See Figure 14-7.)

In summary, RMB securities on HKEX experienced a steady development. The introduction of dual-counter trading in HKD provides trading convenience to investors and attracted considerable degree of trading. RMB ETFs, mainly stock index ETFs, are particularly attractive to investors, albeit most of the trading was concentrated in the HKD counters.

2. Derivative products

The first RMB derivative product traded on HKEX was the US dollar to offshore RMB (USD/CNH) futures launched in September 2012. The product was introduced to provide the market with the currency risk management tool and investment tool in the course of gradual RMB internationalisation. After a modest start, active trading in the product was ignited by the policy move of the PBOC on 11 August 2015 on the formation mechanism of the central parity rate of RMB against US dollar in the Interbank foreign exchange (FX) market to make the currency rate more market-driven. The trading momentum further picked up in 2016 along with increased RMB exchange rate volatility in the year. To serve anticipated increasing demand for more RMB currency derivatives in view of increasing global economic activities conducted in RMB, HKEX introduced three new RMB-traded currency futures of offshore RMB against euro, Japanese yen and Australian dollar — EUR/CNH, JPY/CNH and AUD/CNH, and the USD-traded CNH/USD futures on 30 May 2016.

Another product initiative to support the international use of the RMB and RMB pricing in the real economy is the introduction of RMB-traded commodity futures contracts in December 2014. The first batch of products launched were London metal mini futures contracts on aluminium, copper and zinc. The underlying three metals are those which China has significant shares in global consumption[①] and which have the most liquid futures contracts traded on the London Metal Exchange (LME)[②], a subsidiary of HKEX. A year later, three more metal mini futures were launched — lead, nickel and tin. These six RMB-traded metal contracts are cash-settled mini contracts

① China's share in global consumption was 36% for aluminium in 2015 (24,960 kilo tonnes out of 69,374 kilo tonnes, source: World Aluminium, http://www.world-aluminium.org), 46% for copper in 2015 (9,942 kilo tonnes out of 21.8 mil tonnes, source: The Statistics Portal, https://www.statista.com) and 45% for zinc in 2014 (about 6.25 mil tonnes out of 13.75 mil tonnes, source: Metal Bulletin, The Statistics Portal).

② In 2016, trading volume in futures contracts of aluminium, copper and zinc on LME constituted 35.5%, 24.7% and 18.0% of the total futures trading volume on LME (source: LME).

of the corresponding physically-settled contracts traded on LME. They are the first metal products outside China which provides for RMB exposure in the underlying assets, supporting RMB benchmarking for metals in the Asian time zone.

Figure 14-8 shows the historical average daily volume and open interest of RMB derivatives on HKEX since launch.

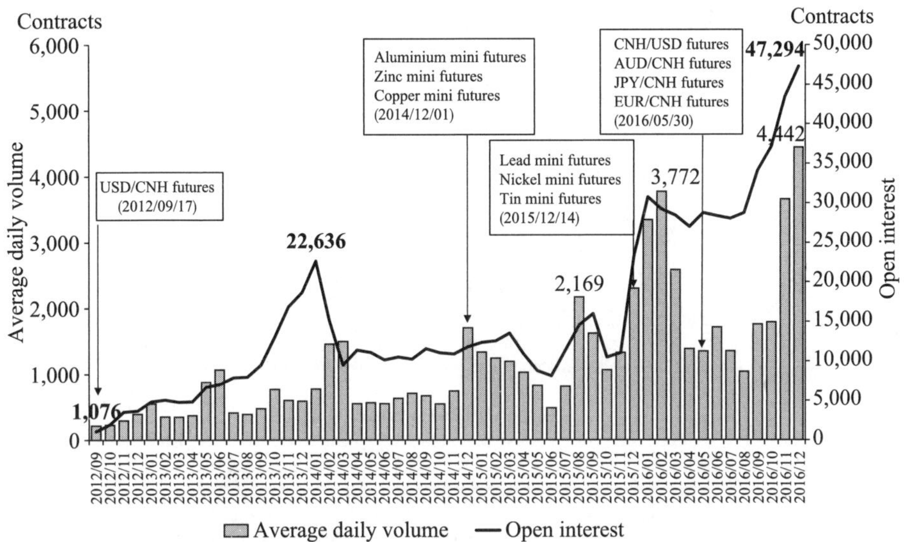

Figure 14-8 Volume and open interest of RMB derivatives on HKEX (Sep 2012 — Dec 2016)

Source: HKEX.

Among the RMB derivatives, the two futures contracts on the CNH rate against the USD are by far the most active ones. The **USD/CNH futures** on HKEX achieved remarkable performance in 2016, recording historical highs of annual contract volume and year-end open interest. The record-breaking total trading volume of the product in 2016 was 538,594 contracts, an annual increase of 105%; and the record high year-end open interest was 45,635 contracts, a year-on-year increase of 98%. Its average daily volume climbed to 4,325 contracts in December 2016. The newly introduced **CNH/USD futures** also showed a growing contract volume in 2016H2 and its open interest has been continuously building up since launch. Its average daily volume achieved 95 contracts in December 2016; and its open interest reached the highest of 1,494 contracts at year-end. (See Figure 14-9.)

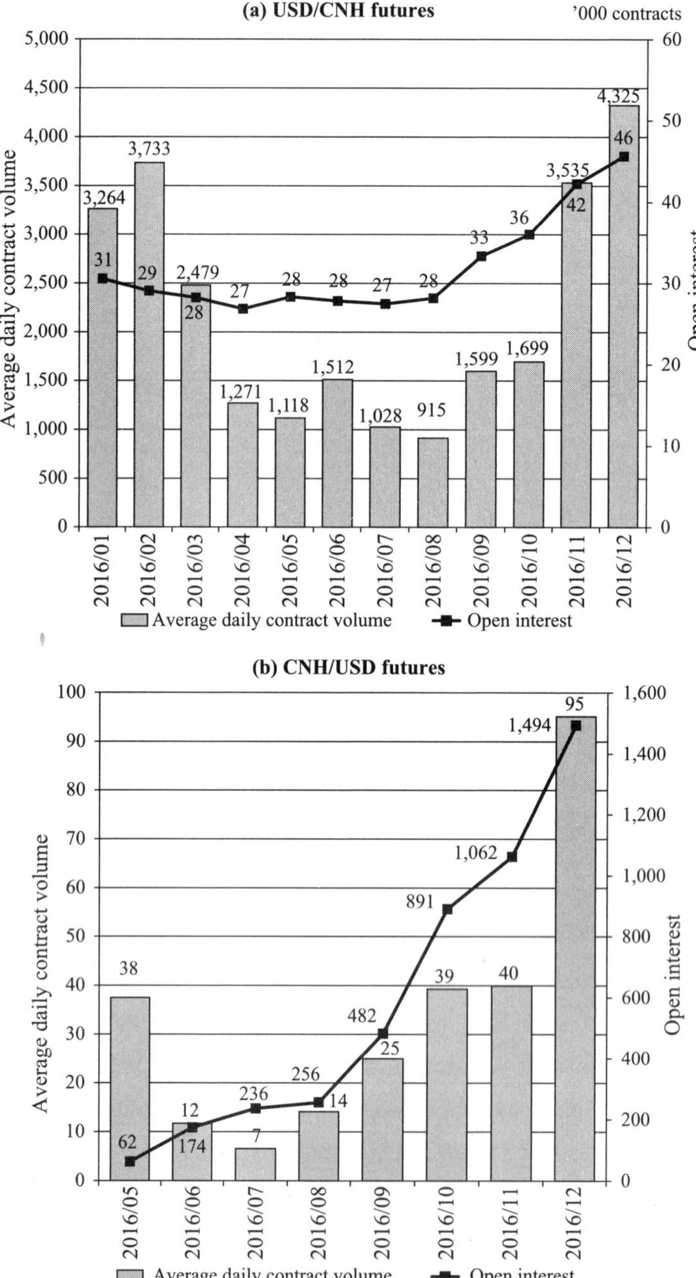

Figure 14-9 Volume and open interest of USD/CNH and CNH/USD contracts on HKEX (2016)

Source: HKEX.

In fact, the increased volume and open interest in the two futures contracts on HKEX reflects that their functionality as RMB currency hedging tools is being realised. High trading volumes were observed in the contracts at times of high volatility in offshore RMB (CNH) to USD exchange rate (see Figure 14-10 and Figure 14-11). On 5 January 2017 when CNH rate saw big fluctuations and the overnight (O/N) CNH Hibor fixing rate surged to 33.335%, the full-day trading volume and open interest in USD/CNH futures reached all-time highs of 20,338 contracts and 46,711 contacts respectively. On the day before (4 January 2017), the after-hours futures trading (AHFT) in the USD/CNH contract also reached an all-time high of 3,642 contracts. The risk management functionality of the RMB currency products is also observed in the fact that a moderate but statistically significant degree of correlation (a correlation coefficient of about 0.4 to 0.5) was found between the daily contract volume and open interest of the two products with the CNH Hibor O/N rate during 2016. That is, the higher the liquidity problem of offshore RMB, trading in the futures products tends to be more active and the open interest tends to be higher.

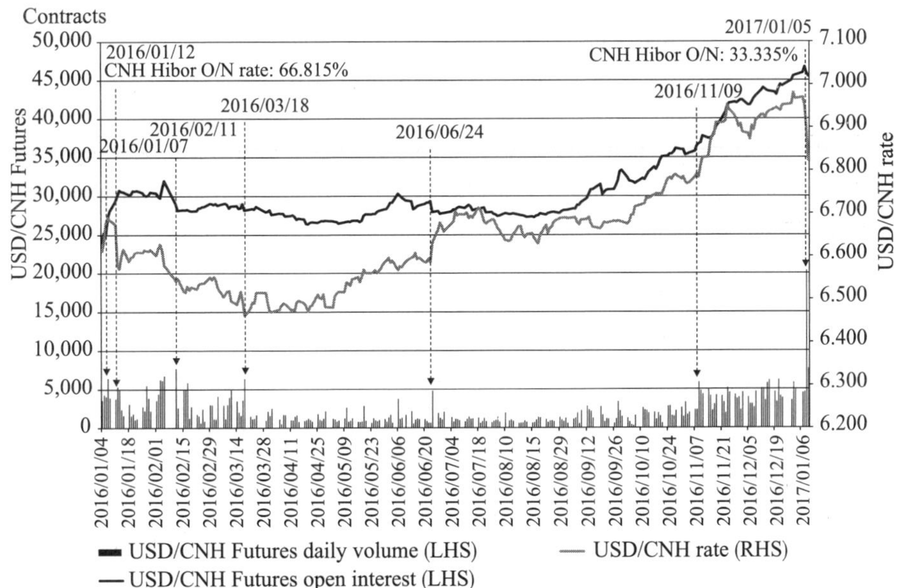

Figure 14-10 Daily volume and open interest of USD/CNH futures on HKEX and USD/CNH exchange rate (4 Jan 2016 — 6 Jan 2017)

Source: HKEX for futures data; Thomson Reuters for USD/CNH rate.

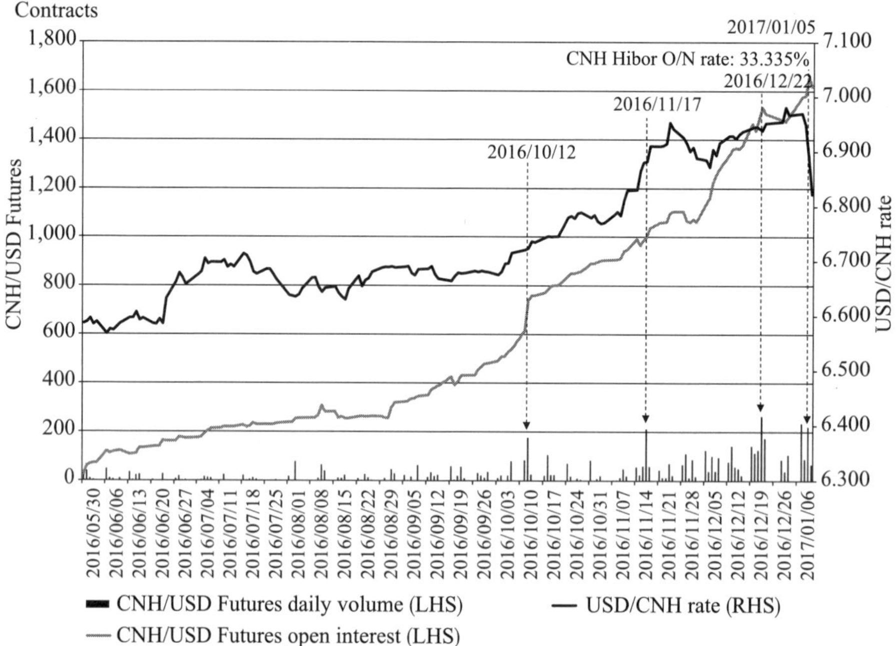

Figure 14-11 Daily volume and open interest of CNH/USD futures on HKEX and USD/CNH exchange rate (30 May 2016 — 6 Jan 2017)

Source: HKEX for futures data; Thomson Reuters for USD/CNH rate.

RMB currency risk management tools on HKEX are further enriched upon the introduction on 20 March 2017 of the first RMB currency options contract, **USD/CNH Options**, which had a first-day trading volume of 109 contracts and an average daily volume of 122 contracts up to the end of March 2017. The increased product variety would also provide opportunities for investors to adopt different investment strategies for their RMB exposure.

On the backdrop of the increasing internationalisation of the RMB and liberalisation of the RMB market, the demand from global investors for hedging against their RMB exposure is ever increasing. To better serve investor needs, HKEX continues to pursue new product initiatives. In June 2016, it launched the **TR/HKEX RMB Currency Index series** (RXY Indices or RXY Index series) which is jointly developed with Thomson Reuters①. The RXY Index series is the first tradable index series on RMB outside Mainland China. **Related index futures** with RXY as the

① See Chapter 6, *TR/HKEX RMB Currency Indices (RXY),* in this book.

underlying could then be launched when conditions are mature.

Furthermore, futures contracts on treasury bonds issued by China's Ministry of Finance (**MOF T-bond futures**) had just been launched on 10 April 2017. RMB derivatives would be useful tools for interest rate hedging, especially under the **Bond Connect scheme** between the bond markets in Mainland and Hong Kong which was publicly addressed by Premier Le Keqiang on 15 March 2017 at the press conference after the close of the National People's Congress meeting.

In summary, RMB currency products are in high demand by global investors in the course of RMB internationalisation, and the RMB currency derivatives on HKEX have been well received by investors to meet their needs. HKEX's RMB derivative product suite is continuously being enriched with more FIC products to serve the growing investor demand.

RMB products offered by world exchanges

Not many major exchanges in the world are found to have RMB-traded securities or derivative products listed on their markets[①]. These findings are described in sub-sections below.

1. Securities products

From the official websites of major exchanges, those found to have listed RMB-traded securities include Deutsche Börse (DB), Japan Exchange Group (JPX), London Stock Exchange (LSE), Singapore Exchange (SGX) and Taiwan Stock Exchange (TWSE)[②].

DB formed a joint venture — **China Europe International Exchange (CEINEX)** — with the Shanghai Stock Exchange (SSE) and the China Financial Futures Exchange (CFFEX), which commenced business on 18 November 2015. CEINEX is positioned as the trading and pricing centre for offshore RMB assets in Europe. At the initial

① Information search was done on selected world exchanges' official websites on a best-efforts basis and comprehensiveness and accuracy are not guaranteed.

② See Appendix 1 for the list of identified RMB-traded securities on HKEX and overseas exchanges.

stage, product development would be focused on cash securities products traded and settled in RMB and later on derivative products when conditions become mature. As at the end of 2016, RMB-traded securities on CEINDEX consist of two ETFs and three debt securities. There are some 14 other ETFs with Chinese assets as underlyings but these are traded in euro. CEINEX introduced the first ETF derivatives (ETF futures with the Mainland stock index, CSI300, as the underlying index) on 20 February 2017; but the product is traded in euro. Following the ETF futures, the corresponding ETF options, also traded in euro, would be launched.

JPX had two RMB-traded bonds on its Pro-Bond Market as of end-2016, the first one was listed in July 2015. There were also a few China-related ETFs, but all were traded in JPY.

LSE offered RMB-trading in two ETFs and over 100 bonds as of end-2016. The first RMB ETF was listed on in March 2015, followed by the second one later in September 2016. There were other China-related ETFs but these are traded in GBP or USD.

SGX had one dual-counter stock — a Chinese company (Yangzijiang Shipping Holdings Ltd) — traded in both Singapore dollar (SGD) and RMB, and 96 RMB-traded bonds as of end-2016. There were no RMB-traded ETFs but 6 China-related ETFs, five traded in USD and one in SGD.

TWSE implemented a Dual-Currency Trading Mechanism for Exchange Traded Funds (ETFs), known as "DC-ETF(s)", on 8 August 2016. This is the first time that TWSE opens up foreign currency counters for its securities products. By the end of 2016, there were two RMB-traded counters of DC-ETFs.

There are some other major exchanges found to have some China-related ETFs, but these are traded in their domestic currencies. They include Australian Securities Exchange (ASX), Korea Exchange (KRX), New York Stock Exchange (NYSE) and Nasdaq.

As for RMB bonds, it was found that over 400 offshore products were traded on other exchanges. These include Frankfurt Stock Exchange, MarketAxess, Luxembourg

Stock Exchange, Taipei Exchange (Gretai Securities Market)[①].

2. Derivative products

The RMB derivatives found to be traded on exchanges other than HKEX are confined to RMB currency futures and options only. These include CME Group and BM&FBovespa (BMFB) in Americas; SGX, ICE Futures Singapore (ICE SGP), Taiwan Futures Exchange (TAIFEX) and Moscow Exchange (MOEX) in Asia; Johannesburg Stock Exchange (JSE) in Africa; and Dubai Gold and Commodities Exchange (DGCX) in the Middle East[②]. No exchanges other than HKEX were found to have RMB-traded commodity contracts.

CME Group offers the largest number of RMB currency products among the identified exchanges — 8 futures and 2 options contracts on onshore RMB (CNY) or offshore RMB (CNH) as of end-2016. These are traded on the Group's two sister exchanges:

- **Chicago Mercantile Exchange (CME)** — 4 futures and 2 options. Two CNY futures (one standard and one mini contract) were delisted in May 2016.
- **CME Europe Exchange (CMED)** — 4 futures.

As of end-2016, **SGX** had 5 RMB currency futures on CNY or CNH paired with currencies USD, SGD and euro, and one option on RMB currency futures; **ICE SGP** had two RMB currency mini futures on CNY or CNH paired with USD; and TAIFEX had two futures and two options on offshore RMB paired with USD — one standard contract and one mini contract respectively for futures and options.

The other exchanges — **BM&FBovespa**, **DGCX**, **JSE** and **MOEX** — each had a RMB currency futures contract as of end-2016.

① Source: Thomson Reuters, 6 January 2017. The number would include multiple counting as the same RMB bond may be traded on multiple exchanges. Note that the list cannot be verified with the official sources of the exchanges.

② See Appendix 2 for the list of identified RMB derivatives on HKEX and overseas exchanges.

Comparison of RMB products on HKEX with world exchanges

1. Securities products

HKEX offers by far the largest number of RMB-traded securities, ahead of any other exchanges in the world①. **ETF is the most popular on-exchange RMB-traded product type in markets outside Mainland China.** Although there are also a considerable number of listings of RMB-denominated bonds, on-exchange trading is negligible, if any②.

Table 14-1 RMB-traded listed securities on HKEX and selected exchanges (Dec 2016)

Exchange	Equity	ETF	REIT	Debt	Total
HKEX	2	41	1	135	179
CEINEX	0	2	0	3	5
JPX	0	0	0	2	2
LSE	0	2	0	101	103
SGX	1	0	0	96	97
TWSE	0	2	0	0	2

Note: Compiled on a best-efforts basis.
Source: HKEX for HKEX data, the respective exchanges' websites for others.

Table 14-1 gives a comparison of the number of RMB-traded securities products on HKEX with exchanges in the world found to offer RMB-traded securities.

Table 14-2 gives a comparison of their trading in RMB ETFs. The average daily turnover (ADT) of RMB ETFs on HKEX in 2016 was RMB 37 million, higher than the other exchanges, even on a per-security basis.

① As far as known from available data and information.

② Bond trading is often done over-the-counter (OTC) rather than on exchanges. Bond listings on exchanges may be pursued by issuers to enable trading by institutional investors and fund managers who are required in their mandate to invest in securities that are listed on a recognised stock exchange.

Table 14-2 Total and average daily turnover of RMB ETFs (2016)

Exchange	Total (RMB mil)	ADT (RMB mil)
HKEX	9,140	37.0
CEINEX*	74	0.3
LSE	0.5	0.0
TWSE	141	1.4

* RMB products are traded on DB platforms.

2. Derivative products

RMB currency futures have become the most popular RMB-traded derivatives in the world, with at least 8 other exchanges offering them in addition to HKEX. Contracts in currency pair of USD/CNH receive the greatest investor interest, reflected by their relatively high trading volume. Contracts on RMB against another international currency, Euro, and other domestic currencies such as SGD had negligible or no trading in the past two years (according to the official sources of the exchanges examined). Table 14-3 gives the number of RMB derivatives on HKEX and exchanges in the world found to offer RMB derivatives.

Table 14-3 RMB derivatives on HKEX and selected exchanges (Dec 2016)

Exchange	Currency		Commodity		Total		Grand total
	Futures	Options	Futures	Options	Futures	Options	
HKEX	5	0	6	0	11	0	**11**
BMFB	1	0	0	0	1	0	**1**
CME Group (1)	8	2	0	0	8	2	**10**
DGCX	1	0	0	0	1	0	**1**
ICE SGX	2	0	0	0	2	0	**2**
JSE	1	0	0	0	1	0	**1**
MOEX	1	0	0	0	1	0	**1**
SGX	5	1	0	0	5	1	**6**
TAIFEX	2	2	0	0	2	2	**4**
Total	**26**	**5**	**6**	**0**	**32**	**5**	**37**

(1) Offered by Chicago Mercantile Exchange (CME) — 4 futures and 2 options, and by CME Europe Exchange (CMED) — 4 futures.

Note: Compiled on a best-efforts basis.

Source: HKEX for HKEX data, the respective exchanges' websites for others.

HKEX was the top among world exchanges in respect of the average daily notional trading value (US$219 million) and year-end open interest of RMB currency derivatives (47,294 contracts) in 2016 (see Figure 14-12). SGX and TAIFEX had considerable trading volume in their RMB currency derivatives, probably in relation to the degree of economic activities of Singapore and Taiwan of China with Mainland China①. On the face, TAIFEX had a higher contract volume of its RMB derivatives in 2016 than HKEX. However, this was concentrated on the mini contracts and the relatively high notional trading value achieved by TAIFEX in 2015 did not sustain in 2016. As for SGX, the contract volume and notional trading value were relatively high in 2016, while the open interest as at end-2016 was less than 40% of that on HKEX.

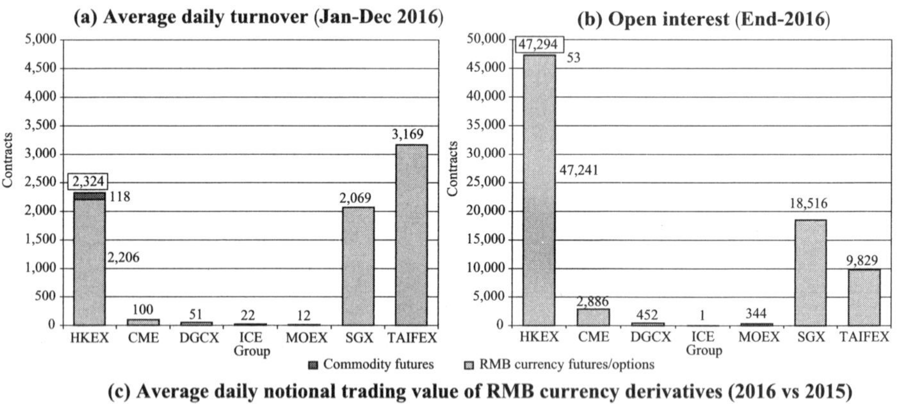

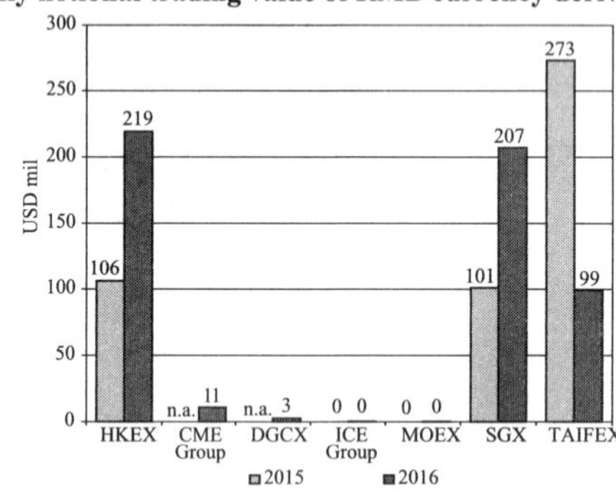

Figure 14-12 Trading and open interest of RMB derivatives on HKEX and selected exchanges (2016)

n.a.: Not available.

Source: HKEX for HKEX data, the respective exchanges' websites for others.

① According to People's Bank of China's *RMB Internationalisation Report 2015* (June 2015), Singapore and Taiwan of China had the biggest RMB trade settlement amount following Hong Kong of China.

Among RMB currency futures, four other exchanges offer similar products with the same contract size as the HKEX's standard futures, USD/CNH futures. HKEX also took the lead in trading of the standard contract (see Figure 14-13).

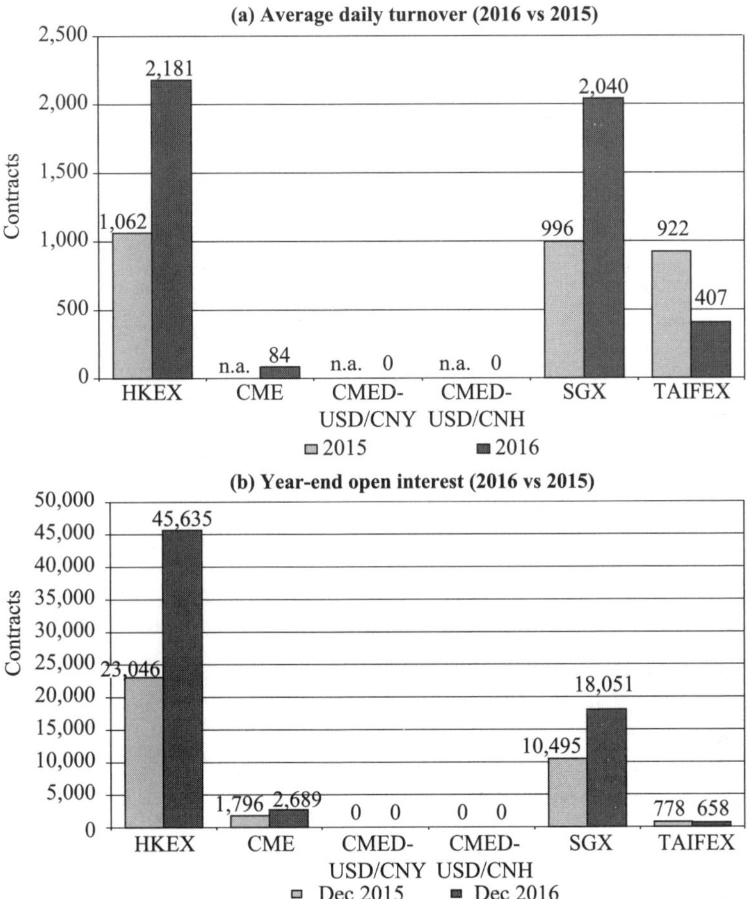

Figure 14-13 Trading and open interest of the standard USD/RMB contracts on HKEX and selected exchanges (2016 vs 2015)

n.a.: Not available.

Note: Standard contract size is USD100,000. Unless otherwise stated, currency pair is USD/Offshore RMB (CNH).

Source: HKEX for HKEX data, the respective exchanges' websites for others.

See Appendix 3 on the average daily volume in 2016 of each RMB currency product on the different exchanges.

HKEX as an offshore RMB product trading and risk management centre

HKEX has achieved a leading position in the listing and trading of RMB products among world exchanges outside Mainland China. RMB ETFs are by far the most well received offshore RMB securities product. While offshore RMB ETFs have achieved modest trading, offshore RMB currency derivatives have gained momentum — a global notional trading value of about US$134 billion (~RMB 935 billion), over 60% growth compared to about US$83 billion (~RMB 539 billion) in 2015[①].

Upon the RMB exchange rate mechanism reform in August 2016 and the increasing marketisation of the exchange rate system in China, there is increasing market acceptance of an increased volatility in the RMB exchange rate. According to the Society for Worldwide Interbank Financial Telecommunication (SWIFT) statistics, the RMB has ranked the top 5th or 6th most active currency for international payments by value — a share of 1.68% in January 2017 (6th position) compared to a share of 2.31% in December 2015 (5th position). In the offshore FX market, RMB is said to have the potential to be in the top five most traded currencies[②] and RMB FX risk management tools such as swaps and options have become increasingly popular. In addition, there is a growing diversity in the client base of the RMB currency — all types of bank, institutional investors like Qualified Foreign Institutional Investors (QFIIs), speculators like hedge funds and retail investors in addition to the pioneer group of commercial corporations doing business with China. RMB currency futures and options add to the suite of hedging tools for these investors in RMB FX trading.

Exchanges around the world rush in to offer various risk management instruments for the RMB, to a certain extent, to support the increasing economic activities in RMB with China. HKEX stands out as the leading exchange in RMB products, especially in RMB derivatives, owing to a number of reasons:

(1) Geography

According to the Bank of International Settlement (BIS) Triennial Survey, Hong

① Source: HKEX and respective exchanges' websites, as per analysis given in the above section.

② By Executive Director of FX products at CME Group, quoted in *China's Offshore RMB Endgame, Part III: From Shadow Banking to Cyberspace*, Global Capital Euroweek, 24 April 2015.

Kong contributed the largest proportion (39%) of total over-the-counter (OTC) trading in RMB FX instruments outside Mainland China①. This was followed by Singapore (22%) and the US (12%). Given China's ***Belt and Road Initiative (B&R)*** put forward by China in 2013, China's current and near future economic development with the rest of the world would focus on the Asian area.

To support infrastructural projects and economic activities in B&R, further internationalisation and the use of RMB is expected. It is therefore expected that trading needs of RMB futures for risk management purposes would be the highest in Asia. As Hong Kong is the international financial centre at the centre of B&R, RMB products and services, both on-exchange and off-exchange, are expected to further prosper.

(2) RMB liquidity pool and RMB businesses in Hong Kong

Since offshore RMB business was offered firstly in Hong Kong back in 2004, Hong Kong has become the global hub for RMB trade settlement, financing and asset management. As noted in the section above, Hong Kong served the biggest amount of RMB trade settlement in 2015. The dimsum bond market in Hong Kong is now the largest outside Mainland China②.

Offshore RMB services in Hong Kong now embrace RMB retail and corporate banking, RMB capital markets, RMB money and FX market and RMB insurance. These services are supported by the formation of a large RMB liquidity pool, which together are conducive to the development of a wide range of RMB products. The expanded variety and usage of RMB products and services in need by customers or investors in turn would boost or help sustain the RMB liquidity pool.

Despite the shrinkage of global offshore RMB liquidity pool in the recent wave of RMB depreciation, HK maintains the largest offshore RMB deposits in the world: RMB 522.5 billion (end-January 2017), compared to RMB 310.7 billion in Taiwan

① In terms of daily average notional turnover value in USD. Source: Triennial Survey statistics on turnover, BIS website.

② Quoted in *Hong Kong — The Global Offshore Renminbi Business Hub*, Hong Kong Monetary Authority, January 2016.

(end-January 2017) and RMB 126 billion in Singapore (end-December 2016)[①]. A large RMB pool supports all RMB activities and active RMB securities and derivatives markets.

(3) International investor base

Hong Kong is a well-known international financial centre and participants in HKEX's markets come from all over the world. According to HKEX's surveys, international investors contributed 39% of the securities market trading (same as local investors) and 28% of the derivatives market trading (larger than the 21% from local investors) in value terms[②]. Active international investor participation contributes to the international pricing of RMB products.

(4) Infrastructural efficiency

The efficient and robust market infrastructure in Hong Kong is fundamental in supporting the activity and continuous development of RMB business and services in Hong Kong. This includes the HKMA's SWIFT-based ***RMB Real Time Gross Settlement (RTGS) system*** that facilitates market participants from all over the world to handle RMB transactions both with Mainland China and among the offshore markets. While governed by Hong Kong laws[③], the RMB RTGS system in Hong Kong is directly linked up with Mainland China's National Advanced Payment System (CNAPS), enabling the system to handle RMB transactions with Mainland China. There are also linkages with HKD, USD and euro RTGS systems. The RMB RTGS system not only processes RMB interbank payments on an RTGS basis, but also handles RMB bulk clearing and settlement of payment items similar to those handled by the Hong Kong dollar RTGS system. Statistics from SWIFT show that the value of RMB settlement handled by banks in Hong Kong accounted for some 70% of the total offshore RMB payments conducted vis-à-vis Mainland China and within the offshore market globally[④].

---

① Source: HKMA, Bank of China (Hong Kong) Offshore RMB Express 2017 No. 3, Monetary Authority of Singapore website.

② Source: HKEX's Cash Market Transaction Survey 2014/15 and Derivatives Market Transaction Survey 2014/15.

③ Settlement finality is protected by the Clearing and Settlement Systems Ordinance in Hong Kong.

④ Quoted in HKMA's "Hong Kong — The Global Offshore Renminbi Business Hub", January 2016.

RMB RTGS system is accompanied by the ***RMB Liquidity Facility*** provided by the HKMA to enhance short-term liquidity in the offshore RMB market, which may be affected due to seasonal factors or capital market activities. The facility provides short-term funding need (intraday, overnight, 1-day, 1-week) to banks. In addition, from 27 October 2016, nine banks are appointed as Primary Liquidity Providers (PLPs) for the offshore RMB market.

Apart from the strong support from Hong Kong's overall financial system for the offshore RMB market, the ***exchange's infrastructure*** also offers efficient support. HKEX's derivatives clearing house, HKFE Clearing Corporation Ltd (HKCC), offers central clearing for exchange-traded derivatives. HKCC is CPSS-IOSCO[①] compliant and operates under an internationally recognised regulatory regime and the protection of Hong Kong laws. International participants are subject to lower capital charges come with HKCC's "Qualifying Central Counterparty (CCP)" status under Basel III. In late September 2016, HKCC relaxed its cash collateral policy, allowing Clearing Participants (CPs) to satisfy their RMB margin requirement of up to RMB 1 billion[②] by any acceptable cash and/or non-cash collateral. This policy relaxation helps reduce investors' funding costs when trading RMB-denominated derivative products. In addition, Hong Kong has an equivalent infrastructure in the OTC derivatives with the launch of ***OTC Clear*** by HKEX in 2013. The services of OTC Clear now cover certain interest rate swaps (IRS), non-deliverable IRS (NDIRS), cross-currency IRS (CCS) and non-deliverable currency forwards (NDF).

The above platforms form a solid foundation for further development of RMB derivatives in Hong Kong.

As stated in the Chinese Government's work report delivered on 5 March 2017, the RMB would be a significant currency in the international monetary system and RMB exchange rate would be at a basically steady level. An offshore market with a rich supply of RMB products and risk management instruments is fundamental to support the internationalisation of RMB and at the same time maintaining a steady exchange rate level. Towards this end, HKEX's RMB product suite will

① Committee on Payment and Settlement Systems (CPSS) and the Technical Committee of the International Organisation of Securities Commissions (IOSCO).

② Beyond which HKCC CPs must satisfy their RMB margin requirement by RMB cash.

continuously be enriched, both in the securities and derivatives markets, to serve the growing investor needs as the RMB steadily progresses on its internationalisation. In addition to the recently launched USD/CNH options and T-bond futures, other RMB risk management tools would possibly be introduced in the future. HKEX is well positioned to be the offshore RMB product trading and risk management centre for global investors.

Appendix 1 List of RMB-traded equities, ETFs and REITs on HKEX and overseas exchanges (end-2016)

Table 14-A1 List of RMB-traded equities, ETFs and REITs on HKEX and overseas exchanges (end-2016)

HKEX		
Type	**Stock code**	**Product**
Equity	80737	Hopewell Highway Infrastructure Ltd.
Equity	84602	ICBC RMB 6.00% Non-Cum, Non-Part, Perpetual Offshore Pref. Shs
ETF	82808	E Fund Citi Chinese Government Bond 5-10 Years Index ETF
ETF	82811	Haitong CSI300 Index ETF
ETF	82822	CSOP FTSE China A50 ETF
ETF	82828	Hang Seng H-Share Index ETF
ETF	82832	Bosera FTSE China A50 Index ETF
ETF	82833	Hang Seng Index ETF
ETF	82834	iShares NASDAQ 100 Index ETF
ETF	82836	iShares Core S&P BSE SENSEX India Index ETF
ETF	82843	Amundi FTSE China A50 Index ETF
ETF	82847	iShares FTSE 100 Index ETF
ETF	83008	C-Shares CSI 300 Index ETF
ETF	83010	iShares Core MSCI AC Asia ex Japan Index ETF
ETF	83012	AMUNDI Hang Seng HK 35 Index ETF
ETF	83074	iShares Core MSCI Taiwan Index ETF
ETF	83081	Value Gold ETF
ETF	83095	Value China A-Share ETF

(*Continued*)

HKEX		
Type	**Stock code**	**Product**
ETF	83100	E Fund CSI 100 A-Share Index ETF
ETF	83107	C-Shares CSI Consumer Staples Index ETF
ETF	83115	iShares Core Hang Seng Index ETF
ETF	83118	Harvest MSCI China A Index ETF
ETF	83120	E Fund CES China 120 Index ETF
ETF	83122	CSOP China Ultra Short-Term Bond ETF
ETF	83127	Horizons CSI 300 ETF
ETF	83128	Hang Seng China A Industry Top Index ETF
ETF	83129	CSOP China CSI 300 Smart ETF
ETF	83132	C-Shares CSI Healthcare Index ETF
ETF	83136	Harvest MSCI China A 50 Index ETF
ETF	83137	CSOP CES China A80 ETF
ETF	83139	iShares RMB Bond Index ETF
ETF	83146	iShares DAX Index ETF
ETF	83147	CSOP SZSE ChiNext ETF
ETF	83149	CSOP MSCI China A International ETF
ETF	83150	Harvest CSI Smallcap 500 Index ETF
ETF	83155	iShares EURO STOXX 50 Index ETF
ETF	83156	GFI MSCI China A International ETF
ETF	83162	iShares MSCI China A International Index ETF
ETF	83168	Hang Seng RMB Gold ETF
ETF	83170	iShares Core KOSPI 200 Index ETF

(*Continued*)

HKEX		
Type	**Stock code**	**Product**
ETF	83180	ChinaAMC CES China A80 Index ETF
ETF	83188	ChinaAMC CSI 300 Index ETF
ETF	83199	CSOP China 5-Year Treasury Bond ETF
REIT	87001	Hui Xian Real Estate Investment Trust

Overseas exchange	Type	Product
China Europe International Exchange (CEINEX) [Products traded on platforms of Deutsche Börse (DB)]	ETF	BOCI Commerzbank SSE 50 A Share Index UCITS ETF
	ETF	Commerzbank CCBI RQFII Money Market UCITS ETF
London Stock Exchange (LSE)	ETF	Commerzbank CCBI RQFII Money Market UCITS ETF
	ETF	ICBC Credit Suisse UCITS ETF SICAV
Singapore Exchange (SGX)	Equity	Yangzijiang Shipbulding Holdings Ltd
Taiwan Stock Exchange (TWSE)	ETF	Fubon SSE180 ETF
	ETF	Capital SZSE SME Price Index ETF

Sources: HKEX for HKEX products; the respective exchanges' websites for their RMB products.

Appendix 2 List of RMB currency futures/options on HKEX and overseas exchanges (end-2016)

Table 14-A2 List of RMB currency futures/options on HKEX and overseas exchanges (end-2016)

Exchange	Product	Contract size	Trading currency*	Settlement
HKEX	RMB Currency Futures — USD/CNH Futures	USD100,000	CNH	Deliverable
	RMB Currency Futures — EUR/CNH Futures	EUR 50,000	CNH	Cash settled
	RMB Currency Futures — JPY/CNH Futures	JPY 6,000,000	CNH	Cash settled
	RMB Currency Futures — AUD/CNH Futures	AUD 80,000	CNH	Cash settled
	RMB Currency Futures — CNH/USD Futures	RMB 300,000	USD	Cash settled
	London Aluminium Mini Futures	5 tonnes	CNH	Cash settled
	London Zinc Mini Futures	5 tonnes	CNH	Cash settled
	London Copper Mini Futures	5 tonnes	CNH	Cash settled
	London Lead Mini Futures	5 tonnes	CNH	Cash settled
	London Nickel Mini Futures	1 tonne	CNH	Cash settled
	London Tin Mini Futures	1 tonne	CNH	Cash settled
BMFB	Chinese Yuan Futures	CNY 350,000	BRL	Cash settled
CME	Standard-Size USD/Offshore RMB (CNH) Futures	USD 100,000	CNH	Deliverable
	E-micro Size USD/Offshore RMB (CNH) Futures	USD 10,000	CNH	Deliverable
	Chinese Renminbi/USD Futures	CNY 1,000,000	USD	Cash settled
	Chinese Renminbi/Euro Futures	CNY 1,000,000	EUR	Cash settled
	Chinese Renminbi/USD Options on Futures	CNY 1,000,000	USD	Deliverable

(*Continued*)

Exchange	Product	Contract size	Trading currency*	Settlement
CME	Chinese Renminbi/Euro Options on Futures	CNY 1,000,000	EUR	Deliverable
CMED	Euro/Chinese Offshore Renminbi (EUR/CNH) Physically Deliverable Futures	EUR 100,000	CNH	Deliverable
	U.S. Dollar / Chinese Renminbi (USD/CNY) Cash Settled Futures	USD 100,000	CNY	Cash settled
	U.S. Dollar / Chinese Offshore Renminbi (USD/CNH) Physically Deliverable Futures	USD 100,000	CNH	Deliverable
	Euro/Chinese Renminbi (EUR/CNY) Cash Settled Futures	EUR 100,000	CNY	Cash settled
DGCX	US Dollar / Chinese Yuan Futures	USD 50,000	CNH	Cash settled
ICE	Mini Offshore Renminbi Futures	USD 10,000	CNH	Deliverable
	Mini Onshore Renminbi Futures	CNY 100,000	USD	Cash settled
JSE	Chinese Renminbi/Rand Currency Futures	CNY 10,000	ZAR	Cash settled
MOEX	CNY/RUB Exchange Rate Futures	CNY 10,000	RUB	Cash settled
SGX	CNY/SGD FX Futures	CNY 500,000	SGD	Cash settled
	CNY/USD FX Futures	CNY 500,000	USD	Cash settled
	EUR/CNH FX Futures	EUR 100,000	CNH	Cash settled
	SGD/CNH FX Futures	SGD 100,000	CNH	Cash settled
	USD/CNH FX Futures	USD 100,000	CNH	Cash settled
	USD/CNH FX Options on Futures	USD 100,000	CNH	Cash settled
TAIFEX	USD/CNH FX Futures	USD 100,000	CNH	Cash settled
	USD/CNT FX Futures	USD 20,000	CNH	Cash settled
	USD/CNH FX Options	USD 100,000	CNH	Cash settled
	USD/CNT FX Options	USD 20,000	CNH	Cash settled

* CNH = Offshore RMB; CNY = Onshore RMB

Sources: HKEX for HKEX products; the respective exchanges' websites for their RMB products

Appendix 3 Average daily trading volume and year-end open interest of RMB currency products on HKEX and key overseas exchanges (2016 vs 2015)

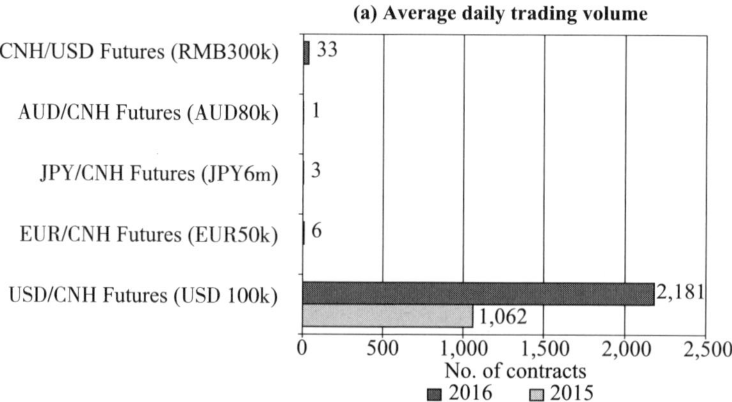

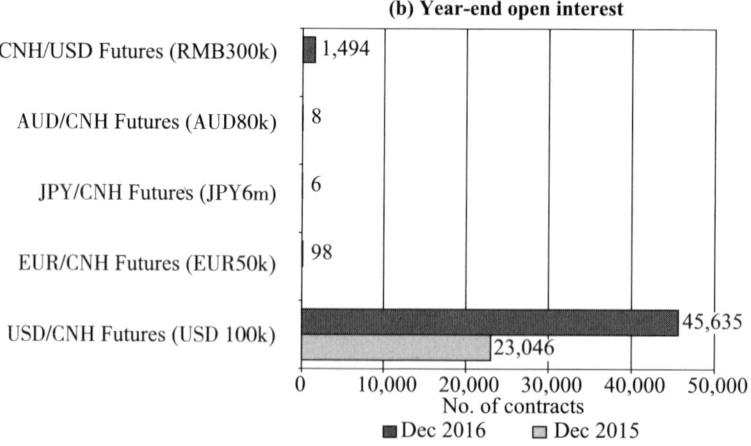

Figure 14-A1 HKEX

Note: EUR/CNH, JPY/CNH, AUD/CNH and CNH/USD futures contracts were launched on 30 May 2016.

Source: HKEX.

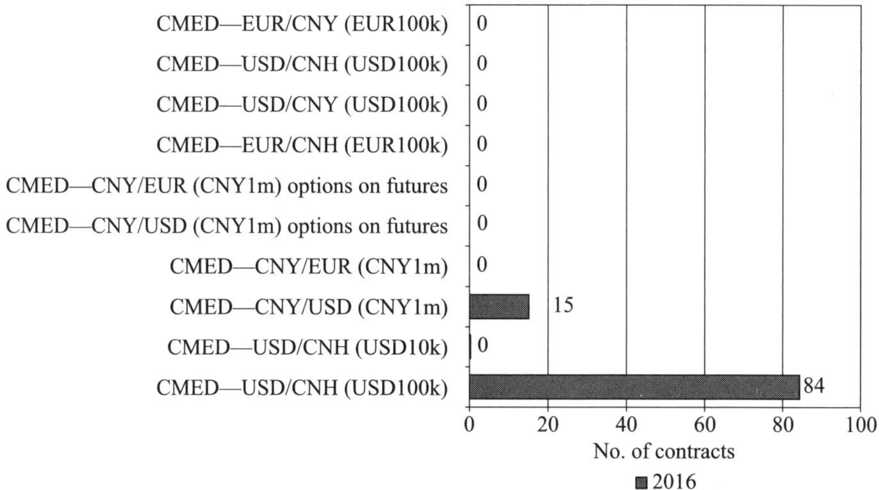

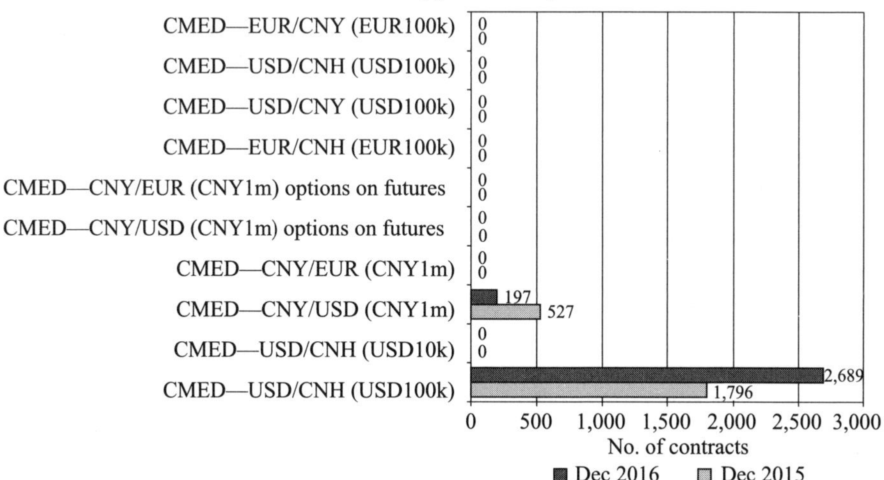

Figure 14-A2 CME Group

Note: 2015 data is not available.

Source: CME Group website.

(a) Average daily trading volume

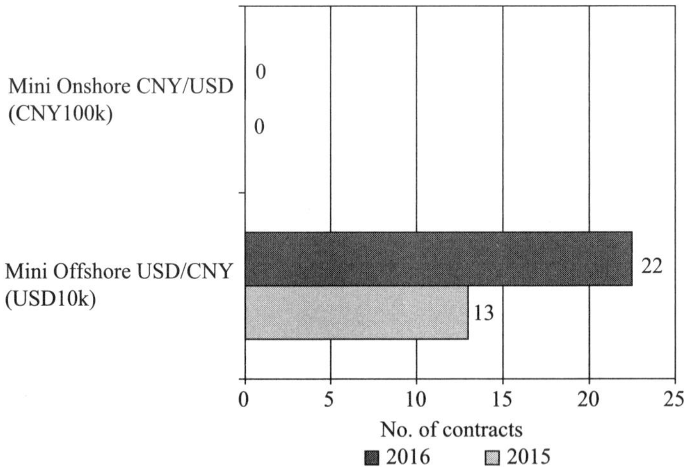

(b) Year-end open interest

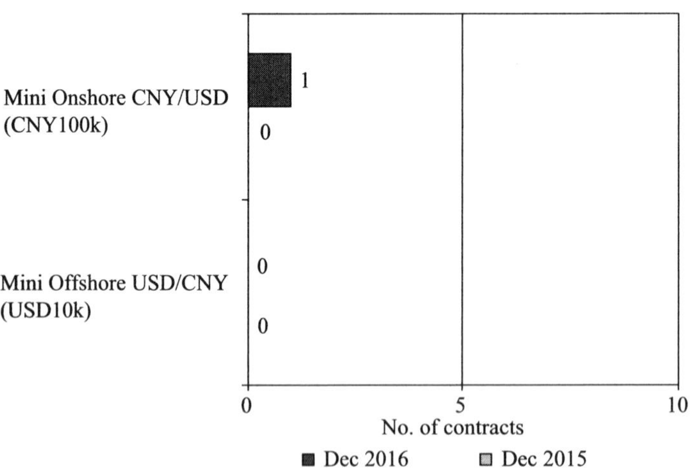

Figure 14-A3 ICE Futures Singapore

Source: ICE website.

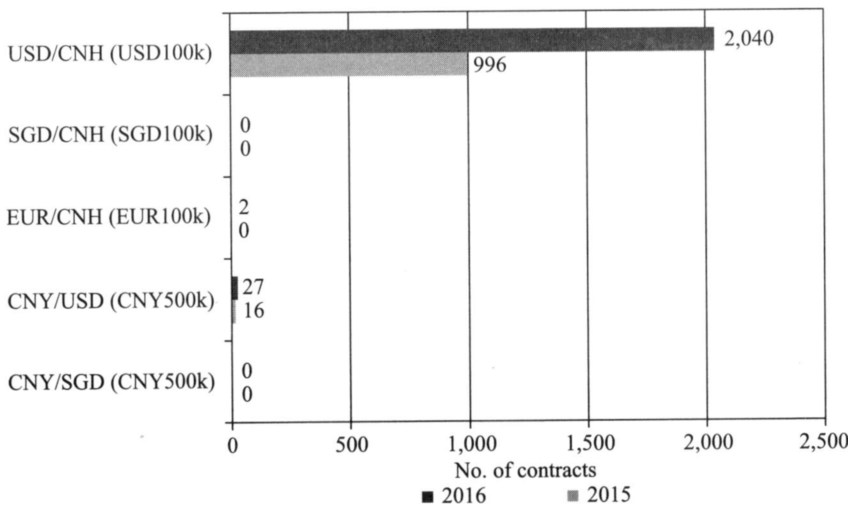

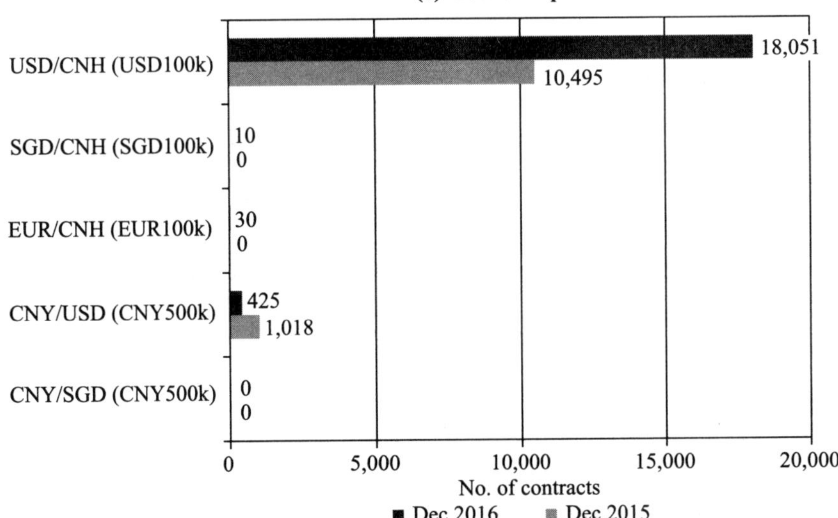

Figure 14-A4 Singapore Exchange

Note: The above charts exclude the USD/CNH FX Options on Futures introduced in December 2016.

Source: Singapore Exchange website.

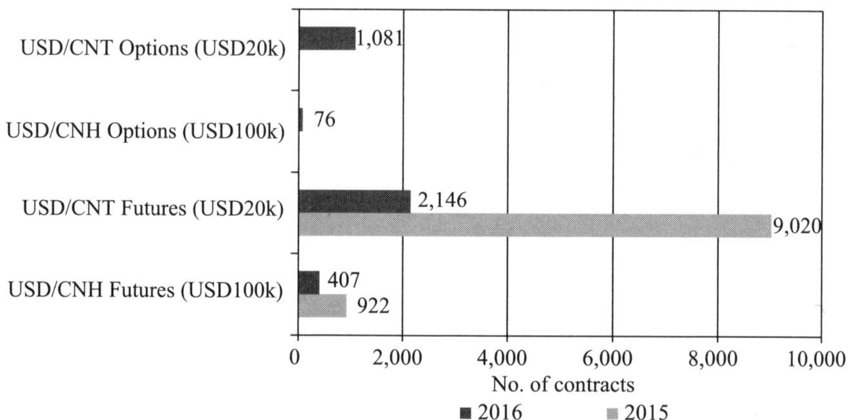

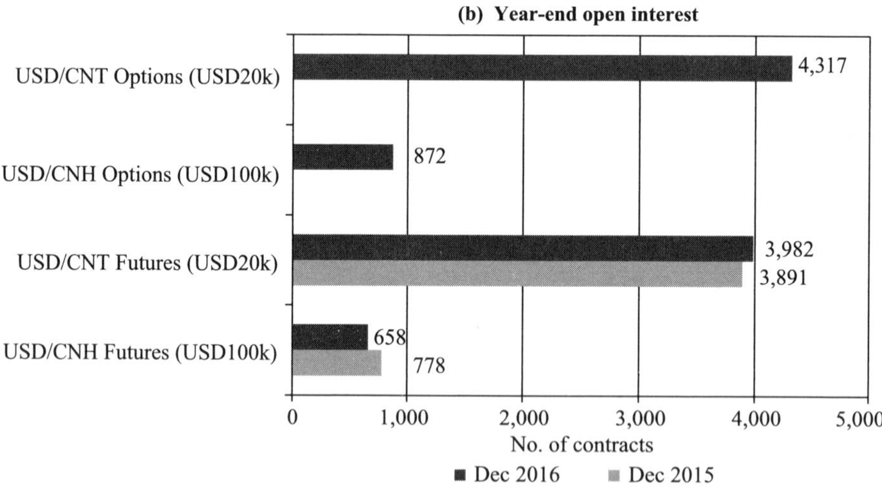

Figure 14-A5 TAIFEX

Note: USD/CNH FX Options and USD/CNT FX Options were launched on 27 June 2016.

Source: TAIFEX website.

15

OTC Clearing Solution for Mainland China's Increasing Cross-Border Derivatives Trading

November 2017

Summary

In the course of Mainland China's market economy reforms, there has been increasing trading activities in over-the-counter (OTC) derivatives by Mainland financial institutions for risk management purposes. Domestically, trading value in interest rate swaps on the interbank market surged as they are increasingly used for hedging against the increased volatility in interest rates along with the market-based interest rate reform. Rapid growth was also seen in the trading of foreign exchange (FX) derivatives on the domestic interbank market, which are used for hedging the increasing FX risk along with the market-based FX rate reform.

Alongside, Mainland financial institutions are increasingly engaged in international businesses with overseas parties in the course of China's market opening and economic development. As a result of providing the funding needs for international trade, infrastructure projects under the Belt and Road initiative and Mainland enterprises' international business developments, Mainland financial institutions would have an increasing proportion of their balance sheet in foreign currency, the majority of which would be US dollar, the mostly used global currency in international trade and finance. Interest income in foreign currency assets is susceptible to interest rate risk as well as to FX rate risk. Therefore, in addition to the increasing utilisation of risk management instruments in the domestic OTC market, there is also an increasing demand by Mainland financial institutions for hedging their growing foreign asset positions by engaging in OTC interest rate and FX derivatives transactions with foreign institutions.

Under the tightened global regulatory framework for risk management of OTC derivatives after the 2008 Global Financial Crisis, financial institutions would either have to do mandatory central clearing for standardised OTC derivatives or to be subject to higher capital and margin requirements for bilaterally cleared OTC derivatives. In the latter case, they may voluntarily opt for central clearing in order to reduce the transaction costs. International participants domiciled in Europe or the US generally use major clearing houses recognised by their home regulators, such as LCH or Eurex Clearing in Europe, or CME Clearing in the US. Mainland banks which execute OTC derivatives transactions with foreign institutions would have to centrally clear the trades via a recognised central counterparty (CCP). Very often, Mainland banks would not be able to become direct clearing members of the foreign CCPs owing to the uncertainty in the status of the People's Republic of China (PRC) as a netting jurisdiction. As a result, clearing and settlement is usually done via a clearing broker which is a clearing member of an overseas CCP and which acts as the agent for the Mainland banks.

In the Asian time zone, the subsidiary of Hong Kong Exchanges and Clearing Ltd (HKEX) — OTC Clearing Hong Kong Ltd (HKEX OTC Clear) — is a recognised clearing house for OTC derivatives in Hong Kong and is also a qualified central counterparty for US and European institutions to treat risk exposure facing CCP under preferential capital treatment. It is also the only overseas CCP that can accept PRC banks with a Hong Kong branch to be direct clearing members. This practice is unparalleled in the US and European clearing houses. Given that many of the Mainland banks have set up branches or subsidiaries in Hong Kong, becoming a direct member of HKEX OTC Clear would be more cost-effective than appointing a clearing broker for clearing their derivatives transactions in an overseas CCP. Under the solution offered by HKEX OTC Clear, the Mainland banks can do direct clearing via their Hong Kong subsidiaries or branches.

Hence, compared to other clearing houses, HKEX OTC Clear offers a more convenient and cost-effective solution to Mainland banks for central clearing of their OTC derivatives transactions. Moreover, in addition to serving OTC transactions in USD and other major currencies, HKEX OTC Clear is more capable, compared to its overseas counterparts, to support Mainland and global financial institutions' OTC transactions in offshore RMB, which are believed to have a high growth potential.

The increasing OTC derivatives activities of Mainland financial institutions

Over-the-counter (OTC) derivatives were introduced in Mainland China only a little more than a decade ago. There are virtually no OTC derivatives markets other than the one operated by the **China Foreign Exchange Trade System (CFETS)** which is under the supervision of the People's Bank of China (PBOC) and the State Administration of Foreign Exchange (SAFE). The first derivative product introduced on CFETS was bond forwards in June 2005. The product range is now extended to include foreign exchange (FX), interest rate and credit derivatives.

1. CFETS and its products

CFETS, also known as the National Interbank Funding Center, is a sub-institution of the PBOC established on 18 April 1994. Its main functions are to provide services for interbank FX trading, Renminbi (RMB) borrowing and lending, trading in bonds (including commercial papers) and derivatives, and the associated clearing, information, risk management and supervision services.

In the money market, CFETS operates the FX market and the RMB market. In the FX market, CFETS is responsible for calculating and disseminating the central rates of the RMB against major currencies including the US dollar (USD), the Euro (EUR), Japanese yen (JPY), British pound (GBP) and Hong Kong dollar (HKD). The RMB market consists of the interbank borrowing and lending market, certificates of deposit, loan transfers, the bond market (including asset-backed securities) and the RMB derivatives market.

The first derivative product formally launched in the interbank market was **bond forwards** in June 2005, nine years after the establishment of the interbank bond market in 1996 and the introduction of treasury bond repos in the same year. Given the acceleration of the market-based interest rate reform, Mainland financial institutions were exposed to increased interest rate risk but were facing increasing difficulties in hedging that risk through existing tools like bond repos and forwards. To provide more interest rate risk management tools, **RMB interest rate swaps (IRS)** were introduced in the interbank bond market on a pilot basis in February 2006. Under the pilot, certain qualified institutions were allowed to conduct RMB IRS within certain limits. The pilot programme ended in a full launch of the product in February 2008. Adding to the suite of hedging and risk management tools, **RMB forward rate agreements (FRA)** were introduced in November 2007, followed by **standardised interest rate derivatives**[①] in November 2014, and credit risk mitigation (CRM) instruments, including **CRM warranty (CRMW)** in 2010 and **credit default swaps (CDS)** in September 2016.

In the interbank FX market, **currency forwards** (RMB against foreign currencies) were introduced in August 2005. **Currency swaps** (RMB against foreign currencies) were introduced as a pilot in April 2006[②] and formally in August 2007 upon release of the related rules. **Currency options** were subsequently introduced in April 2011, followed by **standardised currency swaps** in February 2015 and **standardised currency forwards** in May 2016. These products provide the hedging tools for banks, allowing banks greater flexibility in managing their foreign currency positions.

Participants in CFETS include banks and non-bank financial institutions such as securities companies, insurance companies, trust investment companies, funds and fund management companies, asset management companies and social security funds. The interbank bond market was the first in the interbank market to open to foreign participation (in 2010) — initial qualified participants included central bank-type institutions, RMB clearing banks and participating banks, Qualified Foreign Institutional Investors (QFIIs) and Renminbi QFIIs (RQFIIs). Authorised foreign

① Standardised interest rate derivatives are IRS and FRA products with standardised expiry and interest duration.

② RMB swaps against foreign currencies between banks and their customers were introduced earlier in August 2005.

participants were later expanded to include all legitimately registered financial institutions and their investment products, pension funds and charity funds. Along with subsequent policy relaxations, certain foreign institutional investors including central bank-type institutions, international financial institutions and sovereign funds can now access a wide range of products on the interbank market, including the spot bond and FX market, bond derivatives and interest rate derivatives.

Clearing and settlement services for OTC derivatives transactions on CFETS are provided by three institutions — CFETS itself, the China Central Depository & Clearing Co., Ltd. (CCDC) and the Shanghai Clearing House (SCH). CFETS provides trade confirmation and straight-through processing (STP) to support the clearing and settlement of transactions in its FX market and RMB market via the PBOC's payment and settlement system. It also provides trade offsetting/compression services for IRS and FX swaps. CCDC provides clearing and settlement services for bond and bond derivatives transactions on CFETS. SCH provides central clearing services for a variety of derivatives transactions. In particular, it was designated by the PBOC in February 2014 to be the central counterparty (CCP) for mandatory central clearing of RMB IRS traded on CFETS①.

2. Derivatives trading activities in the domestic OTC market

As shown in Figure 15-1, IRS has dominated the trading in bond/interest rate derivatives since 2010. Trading in bond forwards diminished after 2009 and was almost completely taken over by trading in IRS. The trading value of IRS reached RMB 9,920 billion (~US$1.4 trillion) in 2016, with a compound annual growth rate (CAGR) of 76% during the period from 2006 to 2016. However, the trading level is still low in comparison with major international markets — the average daily turnover value in OTC single currency interest rate derivatives in China was about US$4 billion in April 2016, which was 0.3% as much as the daily average of US$1,241 billion in the US and US$1,180 billion in the UK②. In terms of currency kind, the OTC single currency interest rate derivatives in RMB had an average daily trading value of US$10

① PBOC announcement《中国人民银行关于建立场外金融衍生产品集中清算机制及开展人民币利率互换集中清算业务有关事宜的通知》, 21 February 2014.

② Source: Bank for International Settlements (BIS) Triennial Survey statistics on OTC derivatives (April 2016), BIS website; daily averages are on "net-gross" basis.

billion in April 2016, which was about 0.7% that in USD, 1.6% that in EUR and 4% that in GBP①.

As for FX derivatives, RMB/FX swaps (including cross currency swaps)② are the dominant product type in terms of trading in nominal principal amount. They reached a total trading value of US$10 trillion in 2016, with a CAGR of 121% during 2006 to 2016 (see Figure 15-2). In comparison with major international markets, the average daily turnover of OTC FX derivatives (forwards, swaps and options) in RMB was US$134 billion in April 2016, which was about 4% that in USD, 12% in EUR, 19% that in JPY and 30% in GBP③.

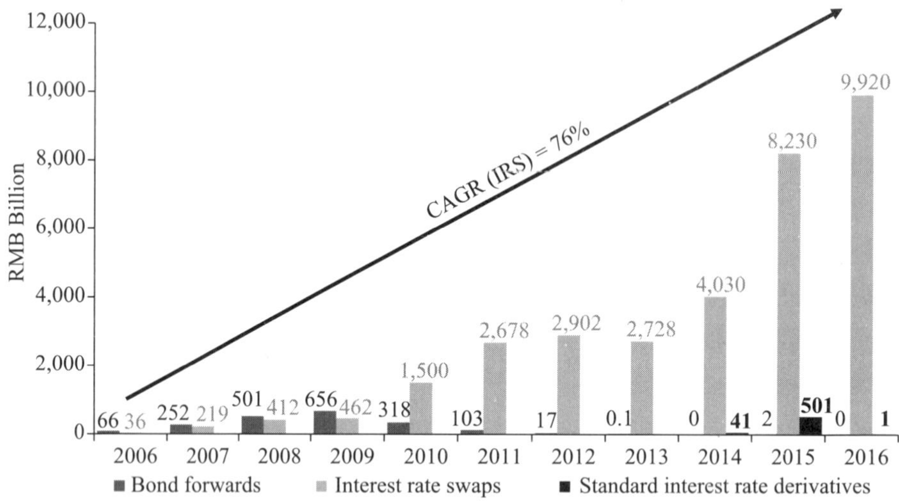

Figure 15-1 Annual turnover value of bond and interest rate derivatives (2006-2016)

Source: PBOC Annual Reports 2006-2016.

① The average daily turnover of OTC single currency interest rate derivatives in USD, EUR and GBP was respectively US$1,357 billion, US$641 billion and US$237 billion in April 2016, on "net-net" basis. Source: BIS Triennial Survey statistics on OTC derivatives (April 2016), BIS website.

② RMB/FX swap involves the actual exchange of two currencies (RMB against FX) on a specific date at a rate agreed in the contract, and a reverse exchange of the same currencies on a specific date further in the future at another rate. RMB/FX cross currency swap involves the exchange of interest payments in two currencies (RMB and FX) for an agreed period of time and may involve also the exchange of principal amounts of the two currencies at a pre-agreed exchange rate at an agreed time in the future.

③ The average daily turnover in OTC FX derivatives in USD, EUR, JPY and GBP in April 2016 were respectively US$3,053 billion, US$1,072 billion, US$701 billion and US$438 billion. Source: BIS Triennial Survey statistics on OTC derivatives (April 2016), BIS website; daily averages are on "net-net" basis.

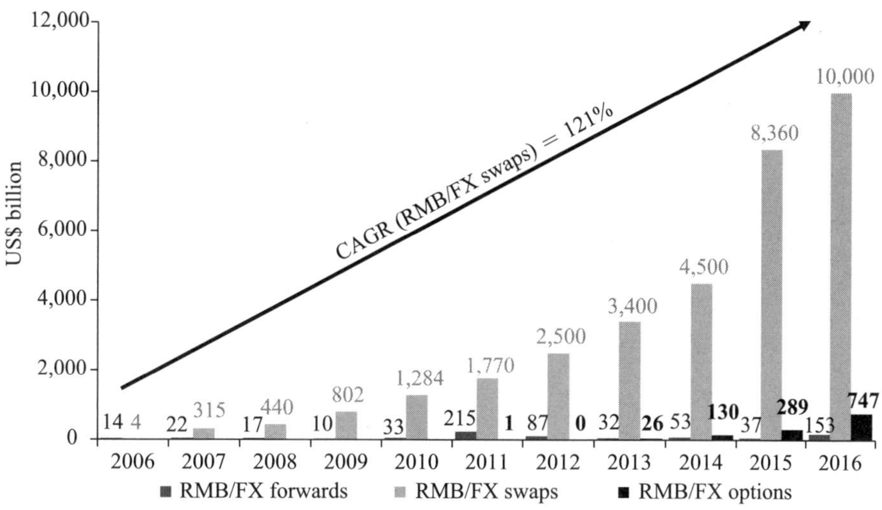

Figure 15-2 Annual turnover value of RMB/FX derivatives (2006-2016)

Note: Interbank transactions only, excluding transactions between banks and their clients.

Source: PBOC Annual Reports 2006-2016.

With the rapid growth in FX derivatives trading, especially in RMB/FX swaps instruments, the trading value of FX derivatives has exceeded that in the FX spot market — total FX derivatives trading in 2016 was 1.3 times the trading in the FX spot market (see Table 15-1).

Table 15-1 RMB/FX market trading value (2016)

(US$ trillion)	Bank-Client	Interbank	Total
Overall RMB/FX market	**3.4**	**16.8**	**20.3**
Spot FX	2.9	5.9	8.8
FX derivatives	0.5	10.9	11.5
RMB/FX Forward	0.2	0.2	0.4
RMB/FX swaps & cross-currency swaps	0.1	10.0	10.1
RMB/FX options	0.2	0.7	1.0

Note: Numbers may not add up to total due to rounding.

Source: PBOC Annual Report 2016.

Apart from the specified derivative products for trading on the regulated OTC market on CFETS, there would also be interbank trading of other OTC derivatives pursuant to the business needs of the banks. Same as the case in markets around the world, these OTC derivatives would be products created by the buyer/seller to meet their specific needs with customised terms, bilateral trading and settlement. For example, **banks in the Mainland which have corporate clients doing business with foreign partners may need currency or interest rate hedging tools in foreign currencies like USD**. However, no official statistics are available for these trading activities.

3. Big growth potential in Mainland OTC derivatives trading

The rapid growth in the trading of IRS could be attributed to the continuous efforts of market-based interest rate reform in the Mainland in the past decade. Along with market economy reform, certain moves of interest rate liberalisation began in early 2000s. The floating range of lending rates were relaxed in January 2004 and was further broadened in October 2004 along with allowing financial institutions to lower the RMB deposit rates below the benchmark rates. Market-based interest rate reform was ascertained by the State Council Standing Committee in June 2013 to be a key financial policy to support economic restructuring. On 24 September 2013, the Market Interest Rate Pricing Mechanism was established as a self-regulatory and coordinative mechanism among financial institutions in the Mainland. It is responsible for self-regulatory management of interest rates in the financial market in accordance with the state's related regulations on interest rates.

In March 2014, the China (Shanghai) Pilot Free Trade Zone became the pioneer in implementing fully market-based foreign currency deposit interest rates in the Mainland. The deposit insurance regulation, which became effective on 1 May 2015, helps pave the way towards full liberalisation of interest rates in the Mainland. The launch of negotiable certificate of deposit (NCD)[①] in June 2016, of which the interest rates are market-driven, signified a further step towards full liberalisation of interest rates.

---

① NCDs are RMB-denominated book-entry form of deposit instruments issued by banks to investors who are non-financial institutions.

Market-driven interest rates mean that the borrowing and lending interest rates will fluctuate in consideration of changes in market and economic conditions. **In the light of increasing volatility in interest rates, financial institutions would have increasing demand for interest rate hedging tools such as IRS in the OTC market.** The RMB IRS traded on the interbank market mainly use 7-day repurchase (repo) fixing rate and the Shanghai Interbank Offer Rate (SHIBOR) as the reference rate for the floating end. Figure 15-3 shows the daily movements of the 1-week SHIBOR, which exhibited a fluctuating rising trend from January 2016 to July 2017.

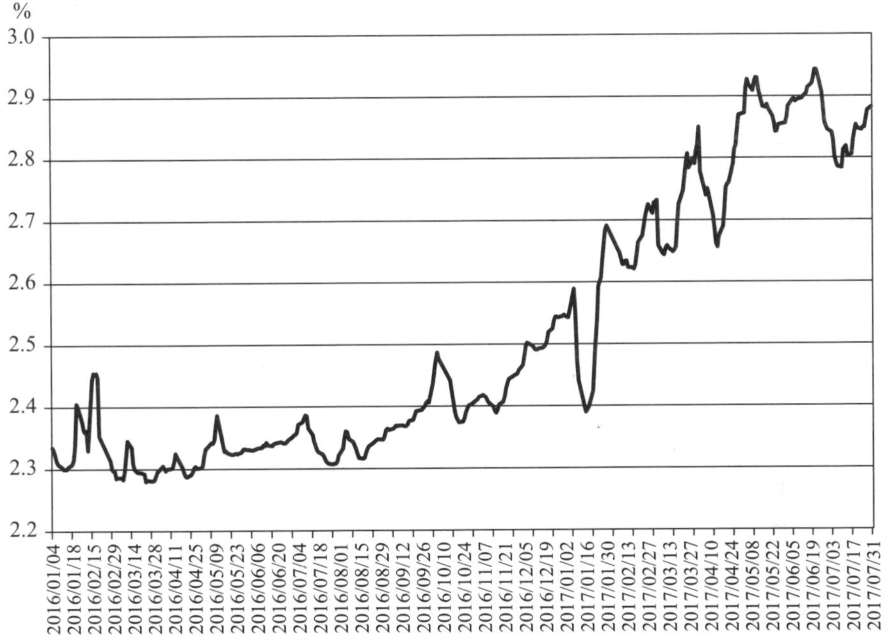

Figure 15-3 Daily movements of 1-week SHIBOR (4 Jan 2006 — 31 Jul 2017)

Source: SHIBOR website (http://www.shibor.org).

In addition to domestic RMB borrowing and lending activities that would require RMB interest rate risk management, there are increasing overseas financial activities carried out in foreign currencies by Mainland financial institutions.

Firstly, along with interest rate liberalisation, the Mainland economy is also increasingly opened resulting in more and more business and financial activities with the world. As a result, **Mainland financial institutions are increasingly engaged in**

international businesses with overseas parties, resulting in increasing foreign assets and liabilities. Statistics from SAFE showed that foreign bond assets of Mainland banks (excluding the Central Bank, i.e. the PBOC) had almost doubled from US$48.4 billion at the end of 2015 in a year's time to US$95.2 billion at the end of 2016, rising from 7% to 11% of total foreign financial assets (see Figure 15-4). Data from the PBOC showed that overseas loans of Mainland financial institutions increased by 50% from RMB 2,328 billion (~US$371 billion) in January 2015 to RMB 3,500 billion (~US$507 billion) in April 2017 (see Figure 15-5).

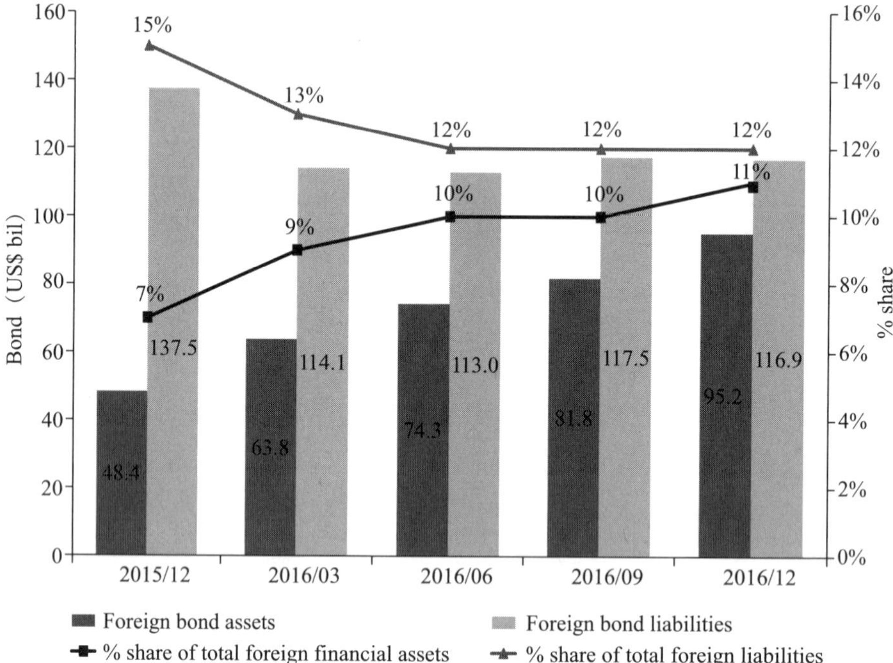

Figure 15-4 Foreign bond assets and liabilities of Mainland banks (excluding Central Bank) (Dec 2015 — Dec 2016)

Source: SAFE data from Wind.

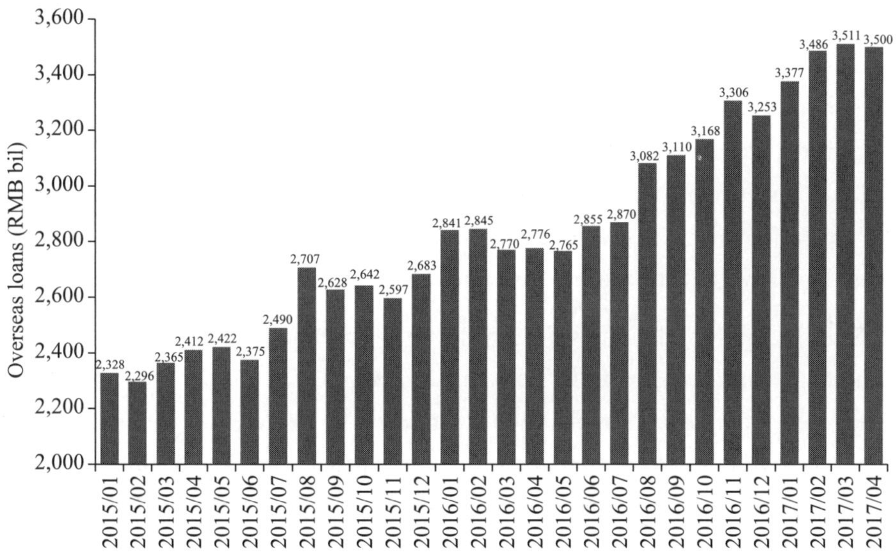

Figure 15-5 Overseas loans of Mainland financial institutions (Jan 2015 — Apr 2017)

Source: PBOC website.

Secondly, given China's **Belt and Road (B&R) initiative**, there will be substantial infrastructure projects to be run along the B&R countries and China is expected to play a significant role in funding these projects. According to an estimate made by PwC, total new announced project value along the B&R countries rose 2.1% in 2016 year-on-year to roughly US$400 billion; the final value could rise by as much as 10%①. According to a report by the Asian Development Bank (ADB)②, developing Asia will need to invest US$26 trillion in total or US$1.7 trillion per year in infrastructure until 2030 to maintain its growth momentum, tackle poverty and respond to climate change (or US$1.5 trillion without climate change mitigation and adaptation costs). The infrastructure investment gap — the difference between investment needs and current investment levels — was estimated to be 2.4% of projected gross domestic products (GDP) for the 5-year period from 2016 to 2020. ADB expected the gap could be bridged to 40% by fiscal reforms and 60% by the private sector.

① *China and Belt & Road Infrastructure, 2016 review and outlook*, PwC, February 2017.

② *Meeting Asia's infrastructure needs*, ADB, February 2017.

Mainland financial institutions including policy banks and commercial banks, together with specialised investment funds[①] **and multilateral financial institutions promoted by China**[②] **would play a role in funding the B&R projects.** In 2016, China had a trade volume with B&R countries of about US$953.59 billion and a total project contract value of about US$126.03 billion[③]. Funding means for B&R projects include preferential loans, bank syndicate loans, exports credit insurance, industry funds, bond investments, entrusted asset management, equity holdings, etc.

Thirdly, the Mainland government has been encouraging the "going-out" of domestic enterprises as part of its enterprise reform, especially for the state-owned enterprises. **Enterprises' international business development** including mergers and acquisitions (M&A) is therefore a key development direction. **Mainland banks would provide funding to these enterprises in foreign currencies by means of bond issuance.**

As a result of the above funding needs for international trade, B&R infrastructure projects and enterprise international business developments, Mainland financial institutions would have an increasing proportion of their balance sheet in foreign currencies, the majority of which would be USD, the mostly used global currency in international trade and finance. **Interest income in foreign currency assets is susceptible to interest rate risk as well as to FX rate risk.** The latter has become more prominent after the exchange rate system reform in August 2015 as a result of which the formation mechanism of the central parity rate of RMB against USD in the interbank FX market has become more market-driven[④].

Mainland financial institutions therefore would have an increasing demand for hedging their foreign currency assets against interest rate and exchange rate risks through the use of risk management instruments. While the standardised

---

① Including the Silk Road Fund, China-ASEAN Investment Cooperation Fund and China-Africa Development Fund.

② Including the Asian Infrastructure Investment Bank (AIIB) and BRICS Development Bank.

③ Source:《一带一路资金支持再盘点》, China Merchants Securities, 14 May 2017.

④ See Figure 9-1 in Chapter 9, *The HKEX USD/CNH Options Contract*, in this book, which shows the increased volatility of the offshore RMB (CNH) to USD exchange rate (USD/CNH rate) after the reform.

on-exchange tools like bond futures may not be suitable for their customised needs, they would often go for OTC products like IRS and FX swaps with customised terms to match the payment terms of their assets denominated in foreign currencies[①]. These OTC transactions in foreign currencies undertaken by Mainland financial institutions had been mostly in USD — 21% of China's OTC single currency interest rate derivatives turnover in April 2016 was in USD, compared to 79% in RMB and negligible proportions in Australian dollar (AUD) and euro (EUR)[②].

Global requirements for risk management of OTC derivatives

1. Mandatory clearing and margin requirements

The 2008 Global Financial Crisis exposed significant weaknesses in the resiliency of banks and other market participants to financial and economic shocks. In particular, the lack of transparency in the OTC derivatives markets together with the increasing complexity of derivative instruments and their nexus within the financial sector are considered a major systemic risk factor. The absence of regulation and the bilateral nature of OTC derivatives transactions are causes of the market opaqueness. In response, the Group of Twenty (G20) initiated a reform programme in 2009 to reduce the systemic risk from OTC derivatives. The reform programme initially comprised the following[③]:

- All standardised OTC derivatives should be traded on exchanges or electronic platforms, where appropriate;

① Domestically, available on-exchange tools are the RMB bond futures — 5-Year and 10-Year Treasury Bond Futures — traded on the China Financial Futures Exchange (CFFEX), the only exchange in Mainland China for trading financial derivatives. Mainland domestic banks may also deal in foreign currency bond derivatives on overseas exchanges upon authorisation obtained from the Mainland authorities.

② Source: BIS Triennial Survey statistics on OTC derivatives (April 2016), BIS website; the percentages are based on daily averages on "net-gross" basis.

③ Source: *Margin Requirements for Non-Centrally Cleared Derivatives*, Basel Committee on Banking Supervision and Board of the International Organisation of Securities Commissions (IOSCO), BIS, March 2015.

- All standardised OTC derivatives should be cleared through CCPs;
- OTC derivatives contracts should be reported to trade repositories;
- Non-centrally cleared derivatives contracts should be subject to higher capital requirements.

In 2011, the G20 agreed to add margin requirements on non-centrally cleared derivatives to the reform programme. Universal adoption of the G20 margin requirements is expected since, if otherwise, the effectiveness of margin requirements could be undermined (i.e. regulatory arbitrage) and it will not be a level-playing field as financial institutions in the low-margin locations could gain a competitive advantage①.

One of the key principles is that all financial firms and systemically important non-financial entities that engage in non-centrally cleared derivatives must exchange initial and variation margin as appropriate to the counterparty risks. Initial margin should be exchanged without netting. Such bilateral margin would be higher than the initial margin that would be charged by a CCP if these trades are cleared through it. The standardised initial margins required would depend on the asset class, ranging from 1% to 15% of the notional amount of the trade. As required by regulators in the US, Hong Kong and European Union (EU), variation margin requirements would become generally applicable in March 2017. By that date, certain regulated derivatives entities in these regions, including swap dealers in the US and authorised institutions in Hong Kong, are required to collect and post variation margin with covered counterparties.

2. Basel III capital requirements

Global financial institutions are now subject to more stringent capital requirements upon the implementation of Basel III②. The Basel III framework aims at strengthening the regulation of both capital and liquidity, and to improve the stability and resilience of individual banks and the banking sector as a whole. Banks are required to maintain **a minimum ratio of capital to risk-weighted assets (RWA)**. RWA is calculated by

---

① Ditto.

② Pursuant to the report "Basel III: A Global Regulatory Framework for More Resilient Banks and Banking Systems" published by the Basel Committee on Banking Supervision in December 2010, worldwide adoption of the Basel III accord is being phased in from 2013 to 2019.

applying a weighting factor (the risk weight) to the asset values, such that "safer" assets are discounted and can therefore be backed by less capital. OTC derivatives are generally considered risky assets and the risk weights would vary according to the type of counterparties. For OTC transactions that are cleared through CCPs which are qualifying (QCCPs①), the risk weight could be as low as 2%-4%; otherwise it could be at least 20% on a bilateral basis②.

3. Implementation of global requirements in the US, EU and Hong Kong

In the US, the Commodities Futures Trading Commission (CFTC) took a phased-in approach depending on the category of the trading entity, to implement mandatory central clearing of OTC derivatives transactions, initially for certain classes of IRS and CDS from December 2012 to complete by 9 September 2013③. "End-user" clearing exception applies only to counterparties that are not financial entities. On 2 July 2013, the Board of Governors of the Federal Reserve System approved a final rule to establish a new comprehensive regulatory capital framework for all US banking organisations to implement the Basel III capital regime (the Basel III US Final Rule).

In the EU, the European Commission adopted new rules in the European Market Infrastructure Regulation (EMIR) in August 2015 to make it mandatory for certain OTC interest rate derivatives transactions to be cleared through CCPs and subsequently in March 2016 to make the same for certain OTC credit derivatives transactions. EMIR's risk mitigation requirements apply to all non-centrally cleared OTC derivatives transactions, which would require the exchange of collateral and bilateral margining. The clearing obligation under Article 4 of EMIR took effect from 21 June 2016 subject to phase-ins that are based on firms' categorisation

① Basel III defines a QCCP as an entity that is licensed to operate as a CCP by the relevant regulator and that is based and prudentially supervised in a jurisdiction where the relevant regulator has implemented domestic rules for financial market infrastructures that are consistent with the Principles for Financial Market Infrastructures by CPMI-IOSCO — The Committee on Payments and Market Infrastructures (CPMI) of the IOSCO.

② Reference is made to the "Final Rule" approved by the US Board of Governors of the Federal Reserve System for implementing Basel III.

③ OTC *Derivatives Central Clearing In the US*, Risk Advisors Inc., February 2013.

and derivatives volumes. The clearing obligation applies to contracts between any combination of financial counterparties and non-financial counterparties who exceed the clearing threshold (in terms of gross notional value). The final timeline for all combination of firm categories in OTC transactions to comply with the clearing obligation is 21 December 2018①.

In Hong Kong of China, in line with global efforts, the Hong Kong Monetary Authority (HKMA) and the Securities and Futures Commission (SFC), jointly with the Hong Kong Government and stakeholders, have been developing a regulatory regime for the OTC derivatives market in Hong Kong. A series of market consultation has been going on and conclusion actions are and being implemented. Towards establishing an OTC derivatives regulatory regime, the HKMA established the **OTC Derivatives Trade Repository**, which launched its reporting service in July 2013; and the Hong Kong Exchanges and Clearing Limited (HKEX) established the **OTC Clearing Hong Kong Ltd. (HKEX OTC Clear)**, which commenced business in November 2013. Phase 1 mandatory central clearing of OTC derivatives transactions commenced in September 2016②, which covers certain standardised IRS entered into between major dealers.

According to the Basel Committee on Banking Supervision's progress report on adoption of the Basel regulatory framework in April 2017, the US margin requirements for non-centrally cleared derivatives are phased-in beginning on 1 September 2016 and would be fully effective on 1 September 2020. For the EU, the initial margin requirements are being phased in depending on the type of counterparty from 4 February 2017 and the variable margin requirements began to apply from 1 March 2017. For Hong Kong, the margin requirements are in force from 1 March 2017 (subject to a 6-month transitional period).

4. Implications to Mainland financial institutions

As a result of the strengthened regulatory requirements discussed above, Mainland financial institutions participating in the OTC derivatives markets, especially when

① Source: UK Financial Conduct Authority website (https://www.fca.org.uk).

② Applicable in effect to in-scope transactions entered into on or after 1 July 2017.

dealing with foreign counterparties, are obliged to follow the overseas mandatory clearing and reporting requirements, and need to take into consideration the cost impacts of non-centrally cleared OTC transactions. Table 15-2 summarises the implications.

In conclusion, under the latest global regulatory requirements for OTC derivatives, **Mainland financial institutions dealing with foreign counterparties in OTC derivatives would be subject to high costs for not using central clearing services for their transactions**. Moreover, the multilateral netting process in central clearing would substantially reduce the margin requirements to a level much lower than the total margins required in the case of bilateral clearing with multiple counterparties. **It would therefore be more preferable for Mainland financial institutions to opt for central clearing of their increasing OTC derivatives transactions with foreign counterparties. The key consideration for the Mainland financial institutions is the practical choice of a relatively low cost central clearer.**

Table 15-2 Implications of global requirements on OTC derivatives transactions

Regulatory requirement	Global basis	Implications
Capital ratio to risk-weighted assets	Basel III	• Bilateral OTC derivatives transactions would have a much higher risk weight than CCP derivatives transactions, implying a higher pricing of non-centrally-cleared OTC contracts to the Mainland counterparty[①].
Mandatory central clearing	G20	• Financial institutions trading with counterparties in jurisdictions that require mandatory central clearing of their OTC derivatives trades are obliged to follow suit; otherwise, they would not be able to trade with these counterparties. • Utilising clearing houses recognised by the home regulator of the overseas counterparties will need to establish connectivity, e.g. via a clearing broker. This may be costly as the clearing broker will charge a commission fee in addition to the clearing fee that is charged by the CCP.

① The counterparty will price-in the capital charge when quoting the price to the Mainland bank. The Mainland bank would therefore be subject to a higher pricing, especially when there is no International Swaps and Derivatives Association (ISDA) collateral agreement in place for credit risk protection for the transaction.

(*Continued*)

Regulatory requirement	Global basis	Implications
Margining for non-centrally cleared derivatives	G20	• Initial margin and variation margin, on a non-netting basis, will be required for bilateral OTC derivatives trades with foreign counterparties where the jurisdiction follows the G20 requirements, which implies high funding and operating costs than central clearing. • In bilateral clearing, as there are still uncertainties in PRC being a netting jurisdiction①, Mainland banks would face challenges in executing ISDA collateral agreement② with foreign counterparties and therefore may not be accepted by foreign institutions as counterparties in executing OTC derivatives transactions, or even being accepted, may be charged higher margin requirements③.

OTC clearing services for Mainland banks

Mainland banks which execute OTC derivatives transactions with foreign counterparties may be obliged to adopt the practice of the foreign counterparties to centrally clear the transactions via an international clearing house. Prominent ones in the developed markets include LCH and Eurex Clearing (a company of Deutsche Börse AG) in Europe and CME Clearing in the US. Compared to these clearing houses in the western markets, the OTC clearing arm of HKEX in Hong Kong — HKEX OTC Clear — may offer a preferable alternative.

---

① The status as a "netting jurisdiction" provides for the enforceability of close-out netting for OTC derivative transactions under the ISDA master agreement in case of bankruptcy of a counterparty. (See *China — The New Netting Jurisdiction*, Derivatives Week, Vol. XXIII, No.5, 10 February 2014, and *ISDA publishes updated memoranda on China close-out netting*, King&Wood Mallesons, 3 April 2017.

② This refers to the Credit Support Annex (CSA) of the ISDA Master Agreement, which defines the terms or rules under which collateral is posted or transferred between swap counterparties to mitigate the credit risk arising from "in-the-money" derivatives positions.

③ To clarify on the enforceability of close-out netting provisions under master derivative agreements with Mainland financial institutions, the China Banking Regulatory Commission (CBRC) issued a reply document dated 4 July 2017 in response to related questions to the Financial and Economic Affairs Committee of the National People's Congress. The reply document states that China's Enterprise Bankruptcy Law in principle does not conflict with the close-out netting provisions of ISDA's related regulations (the Master Agreement) and yet the PRC judiciary ultimately has the power to determine the validity of close-out netting provisions.

1. LCH[①]

LCH operates a number of clearing arms under LCH.Clearnet Ltd. for OTC derivatives clearing — among others, **SwapClear** for IRS and **ForexClear** for FX derivatives which the Mainland banks would be active in.

SwapClear services cover different swap classes (IRS / zero coupon / basis / inflation / FRA), indexes (overnight index swaps (OIS)) and maturities (variable notional swaps). In 2017 up to 28 July, the notional value of OTC transactions cleared by SwapClear amounted to US$526.44 trillion, of which 54% was in USD; and US$122.69 trillion was client clearing, of which 62% was in USD. During the same period, 29% of total cleared volume in notional terms was in IRS (i.e. US$154.28 trillion, of which US$58.69 trillion or 38% was in USD); 30% of client clearing volume in notional terms was in IRS (i.e. US$37.04 trillion, of which 46% was in USD). According to SwapClear, it clears more than 50% of all OTC IRSs and more than 95% of the overall cleared OTC IRS market in the world.

ForexClear serves the non-deliverable currency forwards (NDF) market, covering currency pairs of USD against 12 currencies as of the end of July 2017, including Chinese yuan (CNY). In November 2013, client clearing was launched on ForexClear, allowing clients to access through Futures Commission Merchants (FCMs)[②]. In 2017 up to 22 July 2017, the total volume cleared by ForexClear amounted to US$5.45 trillion, of which 13% (US$712 billion) was in USD/CNY.

OTC transactions must be submitted to LCH for clearing by SwapClear or ForexClear via an Approved Trade Source System (e.g. Bloomberg, MarkitWire) as defined in the LCH rulebook. Membership of SwapClear consists of two types — SwapClear Clearing Members (SCMs) and FCM Clearing Members (FCMs). SCMs are direct Clearing Members that can clear proprietary business and non-US domiciled client business. FCMs are direct Clearing Members that can clear proprietary business, US domiciled client business and non-US domiciled client business. As for ForexClear, participants include FX Clearing Members (FXCCMs), FCM Clearing

① Relevant data and information are obtained from the LCH website (http://www.lch.com).

② A FCM is an entity that solicits or accepts orders to buy or sell futures contracts, options on futures, retail off-exchange forex contracts or swaps, and accepts money or other assets from customers to support such orders.

Members, dealers or clients. Dealers register trades in ForexClear via a clearing agreement with an FXCCM. A client can clear through a FXCCM or FCM.

Applicants for membership of LCH.Clearnet need to satisfy a full range of requirements including minimum net capital requirements and operational requirements such as proper system setups, and certain additional criteria for clearing OTC trades in SwapClear or ForexClear. If the applicant is a bank, it must at all times be appropriately authorised by the banking supervisors of its home country and additionally meet any notification or authorisation requirements set by banking supervisors in the UK.

LCH meets the Basel III criteria of a QCCP in a number of regulatory regimes, including the US, the EU and Hong Kong of China. In other words, OTC derivatives exposure of banks using LCH's central clearing service would subject to lower capital charges.

Becoming a clearing member of LCH would probably not practical for Mainland banks since the PRC may not be accepted as a netting jurisdiction (see Table 15-2 and associated footnotes). In the usual case, Mainland banks which use LCH service for clearing their cross-border OTC transactions would have to select the Clearing Member of SwapClear or ForexClear as the case may be to be their clearing agent. Legal documents such as a Client Clearing Agreement and a Security Deed[①] with the clearing member that are in compliance with the related rules and regulations governing the clearer would be required. SwapClear charges booking fee and maintenance fee for client clearing, on a per-million notional basis. Blended rate and multilateral compression fee schedule are applied to compression service, which enables market participants to reduce the overall notional and number of line items in their portfolios by netting trades. ForexClear charges a per-million notional fee for client clearing and client compression fee is also chargeable for using compression service.

① A Security Deed is required by the clearing house where no exempt client clearing rule is available for the jurisdiction in question. This acts as a form of protective mechanism that entitles the clearing house to deal with the client assets in case the clearing member defaults, for protection of the client's interests.

2. CME Group OTC Clearing[①]

In the IRS market, CME Group OTC Clearing (CME OTC Clear) covers similar product types as the LCH's SwapClear (fixed/float swaps, OIS, basis swaps, FRAs, etc.) in 21 currencies. In the FX derivatives market, it covers NDFs in 12 currencies including CNY, and cash-settled forwards (CSFs). In the first half of 2017, it had a total clearing volume of US$16.38 trillion in IRS and US$21 million in FX derivatives.

OTC clearing members that will clear OTC derivatives for customers must be registered with the US CFTC as a FCM. OTC clearing members that are incorporated/domiciled in non-US jurisdictions must be subject to a legal and insolvency regime acceptable to the clearing house.

The clearing arms of CME Group — CME Clearing and CME Clearing Europe — meet the criteria established for a QCCP at its US and European clearing houses respectively, covering the OTC derivatives products.

Additionally, the operating company of CME Clearing received recognition from the European Securities and Markets Authority (ESMA) to qualify as a QCCP. Therefore, European clients are able to treat CME Clearing as a QCCP.

Similar to the case of clearing at LCH, Mainland banks that clear through CME OTC Clear have to select a clearing firm at CME OTC Clear and complete a Futures Account Agreement with a Cleared OTC Derivatives Addendum. Clearing fee and maintenance fee are applicable on a per-million notional basis. Multilateral compression service is available at a fee.

3. Eurex Clearing[②]

Eurex Clearing's OTC clearing services (EurexOTC Clear) covers IRS, basis swaps, OIS, zero coupon inflation and FRAs. In December 2016, Eurex Clearing announced that Eurex OTC Clear planned to introduce the clearing of OTC FX swaps,

---

① Relevant data and information are obtained from the CME Group website (http://www.cmegroup.com/clearing.html).

② Relevant data and information are obtained from the Eurex Clearing website (http://www.eurexclearing.com/clearing-en/).

OTC FX spots and OTC FX forwards in currency pairs EUR/USD and GBP/USD. In the first half of 2017, a total notional value of €739,625 million (~US$845 billion) in IRS was cleared at EurexOTC Clear.

There are three types of membership at Eurex Clearing for OTC clearing — General Clearing Member (GCM) which can clear their own business and those of all clients; Direct Clearing Member (DCM) which can clear their own business; Basic Clearing Member (BCM) which combines elements of direct clearing membership and traditional service relationship in client clearing.

BCMs have principal relationship with the CCP, but require the support of a Clearing Agent for client clearing. GCMs can act as Clearing Agents. Clients in OTC clearing must be disclosed and known to Eurex Clearing as Registered Customers and as such need to enter a tripartite agreement with Eurex Clearing and their Clearing Member.

Eurex Clearing received a conditional registration from the US CFTC as a derivatives clearing organisation under the Commodity Exchange Act, which will become effective after Eurex Clearing meets CFTC's "straight-through processing" requirements. In this situation, Eurex Clearing may clear proprietary positions in IRS for US clearing members but not yet for FCM customer positions[①].

Applicable fees include booking fee, maintenance fee, other administrative charges and fees for additional services like trade netting or multilateral compression.

4. HKEX OTC Clear[②]

HKEX OTC Clear was established in 2013 in response to G20's reform programme in 2009, to provide clearing services for OTC derivatives as a CCP. It commenced business on 25 November 2013 after being recognised by the SFC as Recognised Clearing House and was designated by the SFC in August 2016 as a CCP for mandatory clearing for OTC derivatives transactions specified under the Hong Kong OTC derivatives regulatory regime. Client clearing service was subsequently launched in March 2017.

① Source: CFTC Release pr7316-16, 1 February 2016.

② Source: HKEX.

Both proprietary clearing and client clearing services are offered for IRS, basis swaps, cross-currency swaps (CCS), non-deliverable IRS (NDIRS) and NDFs (see Appendix 1 for the list of products covered).

The clearing volume in notional terms experienced a CAGR of 343% since launch to 2017 and an even higher CAGR of 484% since the full-year operation in 2014 (see Figure 15-6).

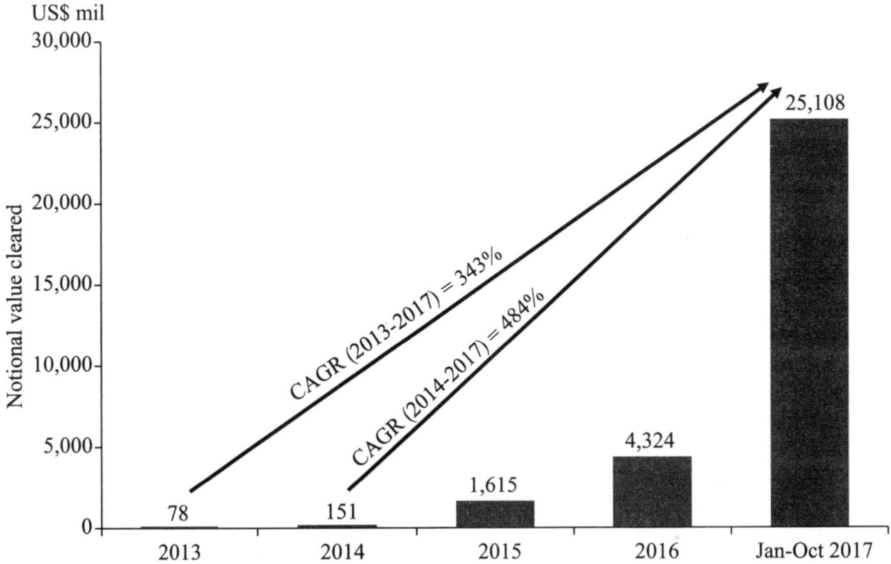

Figure 15-6 Notional clearing value at HKEX OTC Clear (2013-Oct 2017)

Note: CAGR is calculated using the 12-month pro-rata figure of 2017 based on Jan-Oct 2017 figure.
Source: HKEX.

HKEX OTC Clear accepts Clearing Members which are either Authorised Institutions (AIs) licensed by the HKMA or corporations licensed by the SFC (Licensed Corporations). The OTC clearing and settlement system accepts OTC derivatives transactions from two Approved Trade Registration Systems (ATRS) — MarkitWire, and DSMatch.

In April 2015, HKEX OTC Clear was recognised as a "Third Country CCP" by the ESMA in Europe for OTC derivatives clearing. In September 2015, it received a prescribed CCP status facility under Australia's mandatory clearing regime by the

Australia Securities and Investments Commission. In December 2015, it obtained exemption from the US CFTC, allowing it to offer clearing services to US persons for their proprietary transactions without being registered as a Derivatives Clearing Organisation. With these international recognised OTC CCP clearing statuses, HKEX OTC Clear is well positioned to offer central clearing services for Mainland banks' OTC transactions in USD, EUR and RMB with foreign counterparties. The product coverage would be expanded to cover deliverable FX currency forwards and swaps, and FX options in the future, subject to regulatory approval. Trade compression service is also scheduled to be launched in late 2017 to cater for customer needs.

Applicable fees for client clearing services include registration fee and maintenance fee for IRS and registration fee for NDF, in addition to other fees charged on services used by the Clearing Member.

5. A choice for Mainland banks

HKEX OTC Clear is the only Recognised Clearing House for OTC derivatives in Hong Kong and is also a QCCP for US and European clients. It operates in the Asian time zone in the Asian international financial centre, Hong Kong, in which the major Mainland banks have set up branches and have been in business operations for years. Moreover, Hong Kong is a major trading market in OTC FX and interest rate instruments in the world[①] and also a prominent offshore RMB centre[②].

In Hong Kong, the HKMA's SWIFT-based **RMB Real Time Gross Settlement (RTGS)** ***system*** facilitates market participants from all over the world to handle RMB transactions both with Mainland China and among the offshore markets.

The RMB RTGS system has Bank of China (Hong Kong) Limited as its Clearing Bank, which maintains a settlement account with the PBOC and is a member of the China National Advanced Payment System (CNAPS). The RMB RTGS system in

① Hong Kong ranked 4th in the turnover of OTC FX instruments and 3rd in the turnover of OTC single currency interest rate derivatives in the world. Source: BIS Triennial Survey statistics on OTC derivatives (April 2016), BIS website; daily averages are on "net-gross" basis.

② Total RMB deposits in Hong Kong was RMB 534.73 billion as at the end-July 2017 (source: HKMA website), compared to RMB 138 billion as of end-June 2017 for Singapore (preliminary data, source: Monetary Authority of Singapore website), GBP 9 billion (~RMB 77 billion) as of end-March 2017 for the UK (source: Bank of England website) and RMB 307.8 billion as of end-April 2017 for Taiwan (source: Offshore RMB Express No. 6, 2017, Bank of China (Hong Kong)).

Hong Kong is directly linked up with CNAPS and can be regarded as a technical extension of CNAPS in Mainland China, but governed by Hong Kong laws.

There are also inter-linkages between RMB, HKD, USD and euro RTGS systems in Hong Kong, enabling payment-versus-payment (PvP) settlement to improve settlement efficiency and to eliminate settlement risk arising from time lags in transactions or time-zone differences. Statistics from SWIFT show that the value of RMB settlement handled by banks in Hong Kong accounted for some 70% of the total offshore RMB payments conducted vis-à-vis Mainland China and within the offshore market globally[①].

In view of the progress of RMB internationalisation, offshore RMB derivatives trading is believed to have a high growth potential for the purpose of RMB risk management[②]. In this respect, the participation from Mainland institutions is believed to increase, offering RMB liquidity to meet the demand from global institutions for their increasing RMB assets. With access to the RMB RTGS payment system in Hong Kong, HKEX OTC Clear is able to support Mainland and global financial institutions' OTC transactions in offshore RMB[③], in addition to serving OTC transactions in USD and other major currencies. On the contrary, overseas clearing houses using FX settlement services offered by overseas platforms like CLS would not be able to offer RMB settlement services[④].

With the strategic position of being an OTC clearing house in the Asian region serving Mainland market participants, shareholders of HKEX OTC Clear include five Mainland financial institutions — Agricultural Bank of China Ltd., Bank of China (Hong Kong) Ltd., Bank of Communications Co., Ltd Hong Kong Branch, CCB International Securities Ltd. and the Industrial and Commercial Bank of China (Asia) Ltd.

---

① Quoted in HKMA's *Hong Kong — The Global Offshore Renminbi Business Hub*, January 2016.

② See also Chapter 14, *HKEX Towards an Offshore RMB Product Trading and Risk Management Centre*, in this book.

③ Hong Kong Interbank Clearing Ltd. (HKICL), the operator of the payment systems, has a total of 141 local RMB clearing members and 68 overseas RMB clearing members as of 25 September 2017 (source: HKMA website).

④ CLS currently provides FX settlement services covering 18 sovereign currencies through accounts established with each of the central banks of the respective currencies. These do not include the RMB and the PBOC. (Source: CLS website.)

Mainland-incorporated banks' Hong Kong subsidiaries which are AIs or Licensed Corporations can become members of HKEX OTC Clear upon satisfying the membership requirements. Given the extensive business operations of Mainland banks in Hong Kong, this would be relatively more cost-effective than the direct application of Mainland-incorporated banks for membership in the US or Europe clearing houses. For Mainland banks which are not members of major clearing houses of LCH in Europe or the CME Group in the US, client clearing through a clearing broker will be needed in executing OTC derivatives transactions with foreign parties. This would be more costly due to higher transaction fee and commission fee to pay to the clearing broker to compensate for netting and capital cost, and would also be subject to the default risk of the clearing broker.

Besides, the issues about operational efficiency and hitches for client clearing via a clearing agent may also be concerns to the Mainland banks. These would include the long onboarding process in engaging a clearing agent whenever the need arises, the dependence on the system infrastructure of the clearing agent and the dependence on the agent's gaining approval for acceptance by the CCP for central clearing of the transaction.

Moreover, HKEX OTC Clear has developed a special solution for admitting Mainland-incorporated licensed banks to be its Clearing Members, within the governance of the Hong Kong regulatory framework. This practice and the resultant clearing solution for Mainland banks are unparalleled in the US and European clearing houses due to the uncertainty in the status of the PRC as a netting jurisdiction. Details are presented in the section below.

HKEX OTC Clear's solution for Mainland banks

1. PRC Clearing Members

PRC-incorporated banks with Hong Kong branches which are Authorized Institutions regulated by HKMA can be admitted as direct clearing members (referred to as "PRC Clearing Members") of HKEX OTC Clear.

Since HKEX OTC Clear has obtained legal opinions confirming the enforceability of its clearing rules under Hong Kong and PRC law (including provisions relating to close out and set off), it is able to margin PRC Clearing Members on the basis of their net exposure across their entire cleared portfolio. In addition, HKEX OTC Clear enjoys finality protection for payments made in respect of cleared contracts and actions taken against PRC Clearing Members under the default provisions of its clearing rules under Hong Kong law (which is the law governing the clearing rules and collateral posted by PRC Clearing Members and held by HKEX OTC Clear).[①]

Currently, four PRC-incorporated banks — Agricultural Bank of China Ltd., Bank of Communications Co., Ltd., China Minsheng Banking Corporation, Ltd. and Shanghai Pudong Development Bank Co., Ltd. — have been admitted as direct Clearing Members of HKEX OTC Clear via their Hong Kong branches. Direct members also include the Hong Kong subsidiaries of three other PRC-incorporated banks. (See Appendix 2 for the Clearing Members of HKEX OTC Clear.)

2. Clearing models for cross-border clearing with international counterparties

With direct membership, Mainland banks are able to conduct direct clearing with HKEX OTC Clear without the need to use a clearing broker, thereby avoiding the default risk of the clearing broker and saving commission costs and transaction fees. Direct clearing may be done through the Mainland bank's Hong Kong subsidiary which is a Clearing Member of HKEX OTC Clear, or through its Hong Kong branch if itself is a Clearing Member of HKEX OTC Clear via its Hong Kong branch. The respective operations are illustrated in Figure 15-7 and Figure 15-8.

---

① Source: HKEX.

(a) Trade registration

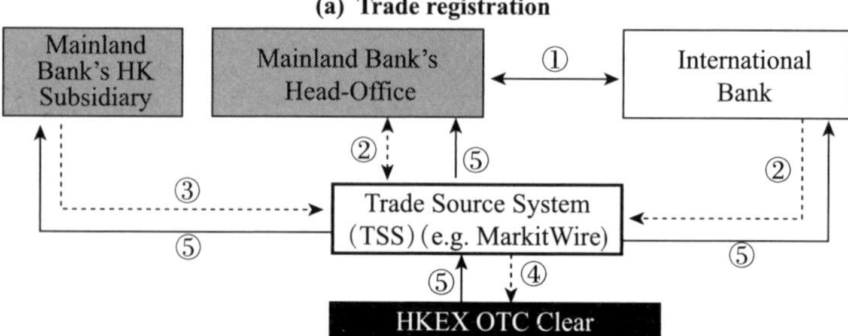

① Bi-lateral trades done between Mainland Bank's Head-Office and International Bank.

② Clearing request submitted by both the Mainland Bank's Head-Office (act as a client) and International Bank via TSS.

③ Mainland Bank's HK Subsidiary (act as clearing broker) checks the credit limits before accepting the request.

④ Once accepted, TSS sends the matched record to HKEX OTC Clear for product, margin and credit checks.

⑤ After the trade is accepted by registration, HKEX OTC Clear will inform Mainland Bank's HK Subsidiary, Mainland Bank's Head-Office and International Bank about the trade clearing status through TSS, and trade will be novated:

- HKEX OTC Clear vs International Bank
- HKEX OTC Clear vs Clearing Mainland Bank's HK Subsidiary
- Mainland Bank's HK Subsidiary vs Mainland Bank's Head-Office

(b) Margin settlement and collateral management

Mainland Bank's Head-Office

Settlements ③ ↕ ↑② Margin call

Mainland Bank's HK Subsidiary

Settlements ④ ↕ ↑① Margin call

HKEX OTC Clear

① HKEX OTC Clear will issue initial margin and variation margin call to the Mainland Bank's HK Subsidiary.

② Mainland Bank's HK Subsidiary will inform Mainland Bank's Head-Office for the relevant initial and variation margin required by HKEX OTC Clear.

③ Mainland Bank's Head-Office will settle the initial margin and variation margin to Mainland Bank's HK Subsidiary.

④ Mainland Bank's HK Subsidiary will then settle the initial margin and variation margin of Mainland Bank's Head-Office to HKEX OTC Clear.

Figure 15-7 Operating model for clearing via the Mainland bank's Hong Kong subsidiary

Source: HKEX OTC Clear.

(a) Trade registration

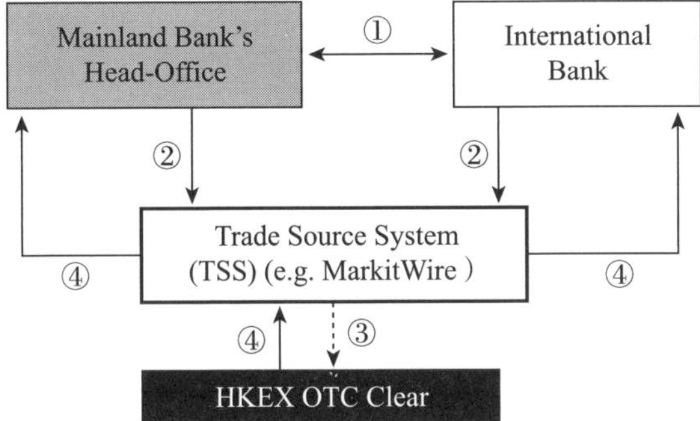

① Bi-lateral trades done between Mainland Bank's Head-Office and International Bank.

② Clearing request submitted by Mainland Bank's Head-Office and International Bank via TSS.

③ Once accepted, TSS sends the matched record to HKEX OTC Clear for product, margin and credit checks.

④ After the trade is accepted by registration, HKEX OTC Clear will inform Mainland Bank's HK Branch, Mainland Bank's Head-Office and International Bank about the trade clearing status through TSS, and trade will be novated:

- HKEX OTC Clear vs International Bank
- HKEX OTC Clear vs Mainland Bank's Head-Office (under membership of Mainland Bank via its HK Branch)

(b) Margin settlement and collateral management

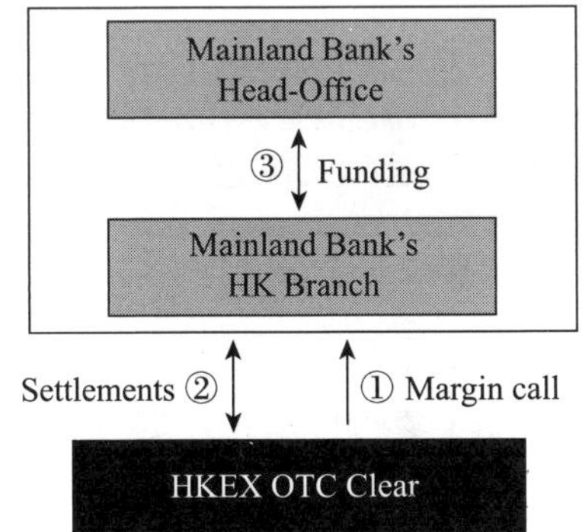

① HKEX OTC Clear will issue initial margin and variation margin call to the Mainland Bank's HK Branch. The initial and variation margin will be calculated based on all trades cleared by Head-Office and HK Branch.

② Mainland Bank's HK Branch settles the initial margin and variation margin to HKEX OTC Clear.

③ Internal funding arrangement is required between Mainland Bank's Head-Office and its HK Branch.

Figure 15-8 Operating model for clearing via the Mainland bank's Hong Kong branch

Source: HKEX OTC Clear.

The above clearing models would provide a more convenient solution and at lower costs than the model for clearing through a clearing broker, as illustrated in Figure 15-9.

(a) Trade registration

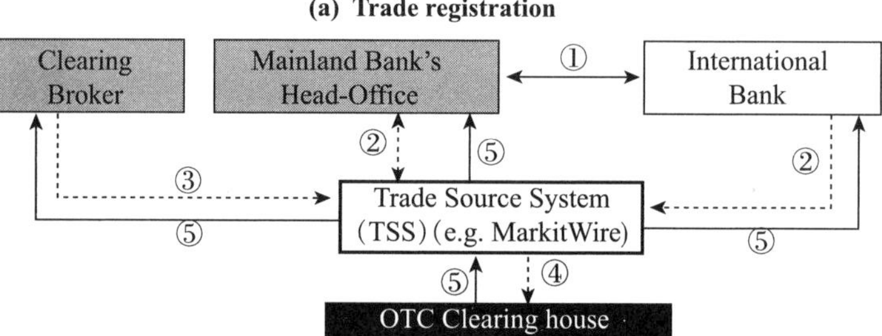

① Bi-lateral trades done between Mainland Bank's Head-Office and international bank.

② Clearing request submitted by both the Mainland Bank's Head-Office (act as a client) and International Bank via TSS.

③ Clearing Broker checks the credit limits before accepting the request.

④ Once accepted, TSS sends the matched record to OTC clearing house for product, margin and credit checks.

⑤ After the trade is accepted by registration, OTC clearing house will inform Clearing Broker, Mainland Bank's Head-Office and International Bank about the trade clearing status through TSS, and trade will be novated:

- OTC clearing house vs International Bank
- OTC clearing house vs Clearing Broker
- Clearing Broker vs Mainland Bank's Head-Office

(b) Margin settlement and collateral management

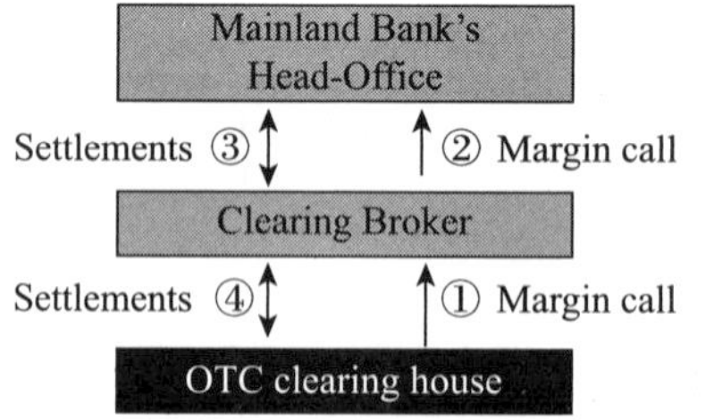

① OTC clearing house will issue initial margin and variation margin call to the Clearing Broker.

② Clearing Broker will issue statement to Mainland Bank's Head-Office for the relevant initial and variation margin required by OTC clearing house.

③ Mainland Bank's Head-Office will settle the initial margin and variation margin to Clearing Broker.

④ Clearing Broker will then settle the initial margin and variation margin of Mainland Bank's Head-Office to OTC clearing house.

Figure 15-9 Operating model for clearing by Mainland banks via a clearing broker at LCH

Source: HKEX OTC Clear.

3. Comparative advantages vis-à-vis other CCPs

As an alternative to indirect clearing through clearing brokers at clearing houses in the US and Europe, the comparative advantages for Mainland banks to do direct clearing with HKEX OTC Clear would include time zone convenience, lower risk exposure and lower costs (see Table 15-3).

Table 15-3 Brief comparison of HKEX OTC Clear with other major OTC clearing houses

Attribute	HKEX OTC Clear	CME OTC Clear	LCH (SwapClear/ ForexClear)	EurexOTC Clear
Service hours	**HK time** 08:30 – 19:00 07:30 – 23:00 (Web Portal)	23 hours and 45 minutes per day	**SwapClear** 07:30 – 24:00 (GMT) 14:30 – 07:00 (HK time) **ForexClear** 24 hours weekdays 20:00 (GMT) Sunday – 01:00 (GMT) Saturday	8:00 – 22:00 CET
Diversity of membership	EU, US, Mainland China, HK P. R. China and other Asian banks	Mainly international banks		
Product coverage	Various types of IRS and NDF	Various types of IRS, NDF, CSF	Various types of IRS, NDF	Various types of IRS
Currency coverage	EUR, USD, RMB and other Asian currencies	Major international currencies		
Membership for Mainland banks	• Direct membership of HK subsidiary • Direct membership of Mainland-incorporated bank via HK branch	The bank (not the branch) may apply for direct membership if satisfying additional regulatory requirements of the jurisdiction		
Clearing mode for Mainland banks	Direct clearing via the Hong Kong subsidiary which is a clearing member; or via its Hong Kong branch if itself is a clearing member via its HK branch	Indirect clearing via a Clearing Broker (another international bank)		
Risk	Lower risk as direct clearing is done via intra-group entities	Subject to default risk of Clearing Broker		
Cost	Lower transaction cost and no commission fee	Higher transaction fee and commission fee for using Clearing Broker to compensate for netting and capital cost		

Note: GMT — Greenwich Mean Time; CET — Central European Time.

Source: HKEX OTC Clear, websites of the respective clearing houses.

Operating in Hong Kong which is a financial hub for Mainland and international users and an offshore RMB centre, HKEX OTC Clear provides a platform for connecting Mainland banks with their international counterparts in clearing their OTC derivatives transactions in both global currencies and RMB. This is as illustrated in Figure 15-10.

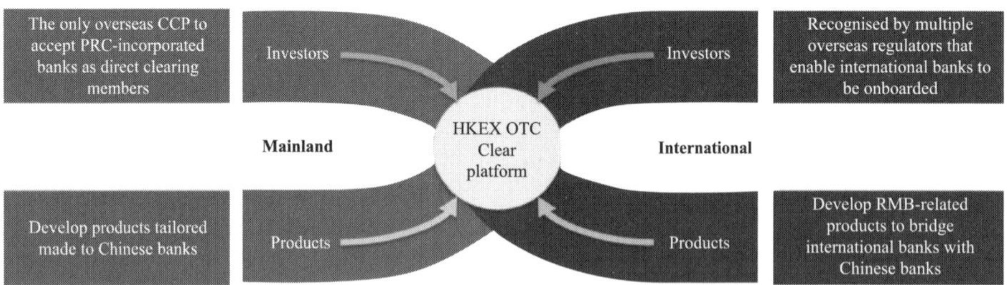

Figure 15-10 The connectivity platform of HKEX OTC Clear for Mainland and international banks

Conclusion

Given the increasing exposure to interest rate risk in foreign currencies and FX risk due to increasing foreign assets held by Mainland financial institutions in USD and other foreign currencies, there is an increasing demand for them to engage in cross-border OTC transactions with foreign counterparties in risk management instruments like IRS and FX derivatives in foreign currencies for hedging their exposure.

Under the tightened global regulatory framework for risk management of OTC derivatives after the 2008 Global Financial Crisis, financial institutions would either have to do mandatory central clearing for standardised OTC derivatives or to be subject to higher capital and margin requirements for bilaterally cleared OTC derivatives. In the latter case, they may voluntarily opt for central clearing in order to reduce the transaction costs.

Unparalleled in the US and European clearing houses, HKEX OTC Clear accepts PRC-incorporated Mainland banks as direct clearing members via their Hong Kong branches so that the Mainland banks can do direct clearing via their Hong Kong branches. In this way, HKEX OTC Clear offers a more convenient and cost-effective solution to Mainland banks for central clearing of their OTC derivatives transactions.

Moreover, there is likely a high growth potential in offshore RMB derivatives trading for RMB risk management in the course of RMB internationalisation. Compared to its overseas counterparts, HKEX OTC Clear is more capable to support Mainland and global financial institutions' OTC transactions in offshore RMB, in addition to serving OTC transactions in USD and other major currencies.

Appendix 1 Products served by HKEX OTC Clear

Table 15-A1 Products served by HKEX OTC Clear

Product	Currency	Maximum residual term
Single currency interest rate swap (IRS)	CNH (offshore Renminbi)	10 years
	USD	
	EUR	
	HKD	
Single currency basis swap	USD	10 years
	EUR	
	HKD	
Non-deliverable IRS	CNY (onshore Renminbi)	5 years
	INR (Indian Rupee)	10 years
	MYR (Malaysian Ringgit)	
	KRW (Korean Won)	
	THB (Thai Baht)	
	TWD (New Taiwan Dollar)	
Cross currency swap (CCS)	USD vs CNH (offshore Renminbi)	10 years
Non-deliverable currency forward (NDF)	USD / CNY (onshore Renminbi)	2 years
	USD / INR (Indian Rupee)	
	USD / KRW (Korean Won)	
	USD / TWD (New Taiwan Dollar)	

Appendix 2 Clearing members of HKEX OTC Clear (as of September 2017)

Table 15-A2 Clearing members of HKEX OTC Clear (as of September 2017)

Hong Kong
1. The Bank of East Asia, Limited
2. Hang Seng Bank, Limited
3. The Hongkong and Shanghai Banking Corporation Limited
Mainland China
4. Agricultural Bank of China Limited
5. Bank of China (Hong Kong) Limited
6. Bank of Communications Co., Ltd.
7. CCB International Securities Limited
8. China Minsheng Banking Corporation, Ltd.
9. Industrial and Commercial Bank of China (Asia) Limited
10. Shanghai Pudong Development Bank Co., Ltd.
Europe
11. BNP Paribas
12. Deutsche Bank Aktiengesellschaft
13. Standard Chartered Bank
US
14. Citibank N.A.
15. JP Morgan Bank, National Association
Asia Pacific
16. DBS Bank Ltd.
17. Australia and New Zealand Banking Group Limited (ANZ)

Abbreviations

AI	Authorised Institutions in Hong Kong
BIS	Bank for International Settlements
CCDC	China Central Depository & Clearing Co., Ltd
CCP	Central counterparty
CDS	Credit default swap
CFETS	China Foreign Exchange Trade System
CFTC	Commodity Futures Trading Commission in the US
CNAPS	China National Advanced Payment System
CRM	Credit risk mitigation
CRMW	Credit risk mitigation warrant
CSF	Cash-settled forward
EMIR	European Market Infrastructure Regulation
ESMA	European Securities and Markets Authority
EU	European Union
FRA	Forward rate agreement
FX	Foreign exchange
IRS	Interest rate swap
ISDA	International Swaps and Derivatives Association
NDF	Non-deliverable currency forwards
OIS	Overnight index swap
OTC	Over-the-counter
PBOC	People's Bank of China
QCCP	Qualified central counterparty
QFII	Qualified Foreign Institutional Investor
RQFII	Renminbi Qualified Foreign Institutional Investor
RTGS	Real time gross settlement
SAFE	State Administration of Foreign Exchange in China
SCH	Shanghai Clearing House
SFC	Securities and Futures Commission in Hong Kong
SHIBOR	Shanghai Interbank Offered Rate

Risks of securities trading

Trading in securities carries risks. The prices of securities fluctuate, sometimes dramatically. The price of a security may move up or down, and may become valueless. It is as likely that losses will be incurred rather than profit made as a result of buying and selling securities.

Risks of trading futures and options

Futures and options involve a high degree of risk. Losses from futures and options trading can exceed initial margin funds and investors may be required to pay additional margin funds on short notice. Failure to do so may result in the position being liquidated and the investor being liable for any resulting deficit. Investors must therefore understand the risks of trading in futures and options and should assess whether they are right for them. Investors are encouraged to consult a broker or financial adviser on their suitability for futures and options trading in light of their financial position and investment objectives before trading.

Disclaimer

All information and views contained in this book are for informational purposes only and does not constitute an offer, solicitation, invitation or recommendation to buy or sell any securities, futures contracts or other products or to provide any advice or service of any kind. The views expressed in this book do not necessarily represent the position of Hong Kong Exchanges and Clearing Limited ("HKEX"). Nothing in this book constitutes or should be regarded as investment or professional advice. While information contained in this book is obtained or compiled from sources believed to be reliable, neither HKEX nor any of its subsidiaries, directors or employees guarantee its accuracy, timeliness or completeness for any particular purpose. Neither HKEX nor any of its subsidiaries, directors or employees shall be responsible for any loss or damage arising from the use of, or reliance upon, any information contained in this book.

Afterword

Playing the Exchange's Unique Role in the Development of the Renminbi Offshore Market

Professor Ba Shusong
Chief China Economist, Hong Kong Exchanges and Clearing Limited
Chief Economist, China Banking Association

In the rapidly changing world of global finance, exchanges are financial infrastructure with special functions. They are important trading platforms as well as front-line market organisers and innovation promoters. Major international exchanges are increasingly breaking away from the traditional business model and step into more diversified and innovative fields that cover a greater variety of products across multiple markets. HKEX, as an active international exchange in the global avenue, has notably taken such a path in recent years. In particular, with new strategic positioning, it has launched a series of innovative products across multiple asset classes which, to a large extent, have enriched and diversified its product lines.

The launch of each of HKEX's new products, from design, internal and external system adjustments, testing and communication, to post-launch exchanges with the market, requires tremendous time and efforts from different institutions and professionals. In these processes, HKEX Chief China Economist's Office has contributed in various ways and in different areas. To increase Mainland and offshore markets' understanding of renminbi offshore product innovations in Hong Kong, we have worked with various business departments to make a comprehensive overview of HKEX's recent progress on the connectivity programme and renminbi products. This book of collection of research reports, entitled "Building a Renminbi Offshore Products Centre: HKEX's Product Innovations", is the result of such efforts.

In our opinion, in order for market participants to know a new product well, they must understand the background for the product's launch from a macro and industry level, the development trends in related industries and products in international market as well as the objectives of HKEX's product design. They must also know the risks and returns of such product type from a micro and technical perspective, and its potential application in practical investment. This would require the collaboration of a specialised research department with various business departments, legal and regulatory compliance departments. Each report in this book is a product of cooperation between different HKEX departments and certain HKEX subsidiaries. In producing the reports, the Chief China Economist's Office, as the research organiser, worked well in cooperation with various departments and teams within HKEX, including the equity product development team, the fixed income and currency product team, the commodities team, OTC Clearing Hong Kong, and China Exchanges Services Company Ltd. We jointly produced the drafts for these reports and had addressed the views of many departments in the process of report revision and publishing.

We learned from our interaction with market participants that there is increasing market dissatisfaction with fragmented information about individual products as our product lines continues to expand. Market participants now want more systematic and comprehensive introduction on the basket of products. We hope that through this book which gives a systematic picture on a range of products, financial institutions and HKEX's related business teams can have a reference to rely on when introducing a certain product to the market. Making a reference to the book will help understand HKEX's latest product innovations in multiple dimensions.

HKEX Chief China Economist's Office is currently positioned as an in-house think tank, an external thought leader, and a provider of value-added support to HKEX's strategic projects and product innovations. These functions are, in varying degrees, closely related to product innovation, and let us acquire better background knowledge in the course of the product innovations.

I would like to express my special gratitude to HKEX Chief Executive Charles Li for his continuous support and encouragement during the production of this book. I must also thank the regulatory compliance team, the legal services team and the corporate communications team of HKEX for their strong assistance. Without their cooperation and recommendations, this book would hardly be published.

HKEX's growth and development has, in a sense, exemplified the development of the Hong Kong financial industry. It also, from a specific angle, reflects international and Mainland China's economic and financial transformation. Different financial products had been active at different stages of HKEX's development. In other words, these representative, specific product innovations have become symbols of the specific stages of development of HKEX and Hong Kong financial market. From this perspective, the HKEX product innovations discussed in this book manifest the financial innovation currently under way in Hong Kong's financial market and, to a certain extent, reflect the new trend of changes in global finance.

This book may have imperfection considering the fast-changing environment in the Mainland and in the international financial market. We welcome any comments you may have for future improvements.

未来，属于终身学习者

我这辈子遇到的聪明人（来自各行各业的聪明人）没有不每天阅读的——没有，一个都没有。巴菲特读书之多，我读书之多，可能会让你感到吃惊。孩子们都笑话我。他们觉得我是一本长了两条腿的书。

——查理·芒格

互联网改变了信息连接的方式；指数型技术在迅速颠覆着现有的商业世界；人工智能已经开始抢占人类的工作岗位……

未来，到底需要什么样的人才？

改变命运唯一的策略是你要变成终身学习者。未来世界将不再需要单一的技能型人才，而是需要具备完善的知识结构、极强逻辑思考力和高感知力的复合型人才。优秀的人往往通过阅读建立足够强大的抽象思维能力，获得异于众人的思考和整合能力。未来，将属于终身学习者！而阅读必定和终身学习形影不离。

很多人读书，追求的是干货，寻求的是立刻行之有效的解决方案。其实这是一种留在舒适区的阅读方法。在这个充满不确定性的年代，答案不会简单地出现在书里，因为生活根本就没有标准确切的答案，你也不能期望过去的经验能解决未来的问题。

湛庐阅读APP：与最聪明的人共同进化

有人常常把成本支出的焦点放在书价上，把读完一本书当做阅读的终结。其实不然。

时间是读者付出的最大阅读成本
怎么读是读者面临的最大阅读障碍
“读书破万卷”不仅仅在“万”，更重要的是在“破”！

现在，我们构建了全新的“湛庐阅读”APP。它将成为你“破万卷”的新居所。在这里：

- 不用考虑读什么，你可以便捷找到纸书、有声书和各种声音产品；
- 你可以学会怎么读，你将发现集泛读、通读、精读于一体的阅读解决方案；
- 你会与作者、译者、专家、推荐人和阅读教练相遇，他们是优质思想的发源地；
- 你会与优秀的读者和终身学习者为伍，他们对阅读和学习有着持久的热情和源源不绝的内驱力。

从单一到复合，从知道到精通，从理解到创造，湛庐希望建立一个“与最聪明的人共同进化”的社区，成为人类先进思想交汇的聚集地，共同迎接未来。

与此同时，我们希望能够重新定义你的学习场景，让你随时随地收获有内容、有价值的思想，通过阅读实现终身学习。这是我们的使命和价值。

湛庐阅读APP玩转指南

湛庐阅读APP结构图：

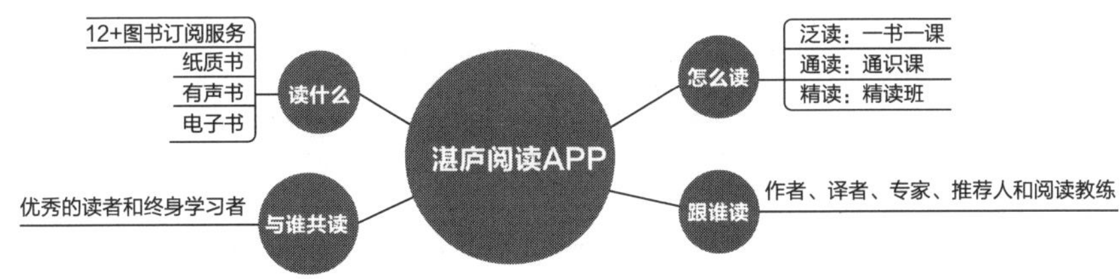

三步玩转湛庐阅读APP：

APP获取方式：

安卓用户前往各大应用市场、苹果用户前往APP Store

直接下载“湛庐阅读”APP，与最聪明的人共同进化！

使用APP扫一扫功能，
遇见书里书外更大的世界！

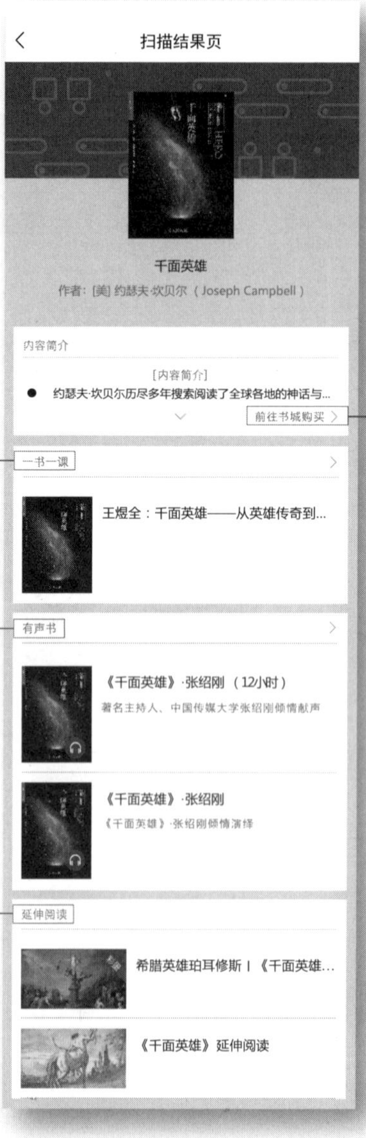

扫描结果页

千面英雄

作者：[美] 约瑟夫·坎贝尔（Joseph Campbell）

内容简介

[内容简介]

● 约瑟夫·坎贝尔历尽多年搜索阅读了全球各地的神话与...

前往书城购买 >

快速了解本书内容，
湛庐千册图书一键购买！

一书一课

王煜全：千面英雄——从英雄传奇到...

大咖优质课、
献声朗读全本一键了解，
为你读书、讲书、拆书！

有声书

《千面英雄》·张绍刚（12小时）

著名主持人、中国传媒大学张绍刚倾情献声

《千面英雄》·张绍刚

《千面英雄》·张绍刚倾情演绎

延伸阅读

希腊英雄珀耳修斯 | 《千面英雄...

《千面英雄》延伸阅读

你想知道的彩蛋
和本书更多知识、资讯，
尽在延伸阅读！

延伸阅读

《2017年中国资产管理行业发展报告》

◎中国银行业协会首席经济学家巴曙松带领团队，连续12年权威发布，堪称“中国资产管理行业的年度晴雨表”，被公认为资产管理从业者必备书。

◎聚焦互联网金融等热点话题，透过抽丝拨茧式细致分析，解读新兴力量的发展脉搏、商业模式，并对于传统资管企业如何应对全新挑战提供思路和方法。

◎通过对政策的深入解读，以及对世界资管格局的洞察，深入股票、债券、保险等子行业，揭示整个资管行业未来的总趋势。

《证券分析》（原书第6版）

◎投资者的圣经，巴菲特灵魂导师、“华尔街教父”本杰明·格雷厄姆不朽巨著。

◎中国银行业协会首席经济学家巴曙松领衔业内专业人士全新翻译。

◎上海证券交易所总经理黄红元，国泰基金管理公司总经理金旭，兴业银行行长李仁杰鼎力推荐。

《共同基金常识》（10周年纪念版）

◎指数基金教父约翰·博格先生的心血力作，历经市场十年洗礼之后的升级版，堪称投资界的经典必读书。

◎中国银行业协会首席经济学家巴曙松领衔翻译。

◎高瓴资本创始人兼首席执行官张磊、中国人民保险集团副董事长缪建民、耶鲁大学首席投资官大卫·斯文森专文作序推荐。

《资本之王》（经典版）

◎唯一一部透视黑石集团运作内幕的权威巨作，首度展现黑石创始人史蒂夫·施瓦茨曼叱咤风云的私募传奇。

◎中国银行业协会首席经济学家巴曙松领衔翻译。

◎描述了黑石集团所参与过的每一笔交易，对私募股权业进行了一番全面彻底的检视，为读者奉上一堂百科全书式的收购案例大课。

图书在版编目（CIP）数据

打造人民币离岸产品中心：香港交易所的创新产品巡礼 / 巴曙松主编 . —杭州：浙江人民出版社，2018.5

ISBN 978-7-213-08724-0

Ⅰ.①打… Ⅱ.①巴… Ⅲ.①人民币－国际金融中心－研究 Ⅳ.① F832.3

中国版本图书馆 CIP 数据核字（2018）第 070328 号

上架指导：资产管理 / 金融投资

打造人民币离岸产品中心：香港交易所的创新产品巡礼

巴曙松　主编　　蔡秀清　副主编

出版发行：浙江人民出版社（杭州体育场路 347 号　邮编　310006）
市场部电话：（0571）85061682　85176516
集团网址：浙江出版联合集团　http://www.zjcb.com
责任编辑：尚　婧　傅　越
责任校对：陈　春　王欢燕　杨　帆
印　　刷：河北鹏润伟业印刷有限公司
开　　本：720mm × 965mm 1/16　　印　　张：47.75
字　　数：828 千字　　插　　页：2
版　　次：2018 年 5 月第 1 版　　印　　次：2018 年 5 月第 1 次印刷
书　　号：ISBN 978-7-213-08724-0
定　　价：199.90 元